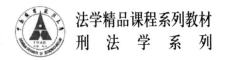

法学精品课程系列教材
刑法学系列

吴汉东 总主编

主编、副主编简介

齐文远 内蒙古赤峰人。中南财经政法大学党委副书记、教授、法学博士、博士生导师。中国刑法学研究会副会长、湖北省法学会副会长，湖北省新世纪高层次人才工程人选，享受国务院政府特殊津贴专家。丹麦哥本哈根大学访问学者。在《法学研究》《中国法学》《哥本哈根大学犯罪学年刊》等学术刊物上发表论文七十余篇。先后出版《刑法、刑事责任与刑事政策》《国际犯罪与跨国犯罪研究》《刑法学》《刑法的原理与实务》《刑法概论》等著作近二十部，主持国家社科基金重点项目、教育部人文社科基地重大招标项目、司法部法治项目等各类国家级、省部级科研项目十多项，获司法部优秀法学科研成果奖、湖北省政府社会科学优秀成果奖、钱端升法学研究成果奖等各类奖项十余项。

夏　勇 江苏高邮人。中南财经政法大学刑事司法学院教授、法学博士、博士生导师。我国军事法学的拓荒人，任中国刑法学研究会理事、中国检察学研究会理事、中国犯罪学研究会理事等多种学术职务。公开发表论文、出版专著、教材和工具书等共百余项，其中多篇文章被《新华文摘》《人大报刊复印资料》《高等学校文科学报文摘》《中国刑法学精粹》等转载。主持国家社会科学基金项目、教育部人文社会科学研究项目、司法部部级科研项目、湖北省人民检察院科研项目等多项。科研成果曾获中国法学会优秀论文一等奖、第二届钱端升法学研究成果奖三等奖。

苏彩霞 湖北武穴人。中南财经政法大学刑事司法学院副院长、教授、法学博士、博士生导师。中国刑法学研究会理事。第二届湖北省十大杰出青年法学家、入选"教育部新世纪人才计划"。在《法学研究》《中国法学》等发表论文七十余篇，出版专著《累犯制度比较研究》《中国刑法国际化研究》《〈联合国反腐败公约〉与我国刑事法的协调完善》。主持国家社科基金项目、教育部人文社科项目等科研项目十余项，获教育部霍英东基金会研究基金奖、司法部全国法学教材与科研成果优秀奖、首届钱端升法学研究成果奖三等奖、武汉市社会科学优秀成果一等奖等多项科研奖励。

刑法学

（第三版）

主　编　齐文远

副主编　夏　勇　苏彩霞

撰稿人　（以撰写章节先后为序）

齐文远　童德华　王安异　夏　勇

王良顺　郭泽强　苏彩霞　辛忠孝

赵俊新　黄洪波　夏朝晖　欧阳竹筠

Criminal Law
(Third Edition)

图书在版编目(CIP)数据

刑法学/齐文远主编. —3 版. —北京:北京大学出版社,2016.1
法学精品课程系列教材
ISBN 978-7-301-26704-2

Ⅰ.①刑… Ⅱ.①齐… Ⅲ.①刑法—法的理论—中国—高等学校—教材 Ⅳ.①D924.01

中国版本图书馆 CIP 数据核字(2015)第 309784 号

书　　　名	刑法学(第三版) Xingfaxue
著作责任者	齐文远　主编　夏勇　苏彩霞　副主编
责任编辑	王　晶
标准书号	ISBN 978-7-301-26704-2
出版发行	北京大学出版社
地　　　址	北京市海淀区成府路 205 号　100871
网　　　址	http://www.pup.cn
电子信箱	law@pup.pku.edu.cn
新浪微博	@北京大学出版社　@北大出版社法律图书
电　　　话	邮购部 010-62752015　发行部 010-62750672　编辑部 010-62752027
印　刷　者	河北滦县鑫华书刊印刷厂
经　销　者	新华书店
	730 毫米×980 毫米　16 开本　39 印张　808 千字 2007 年 4 月第 1 版　2011 年 8 月第 2 版 2016 年 1 月第 3 版　2019 年 6 月第 4 次印刷
定　　　价	86.00 元

未经许可,不得以任何方式复制或抄袭本书之部分或全部内容。
版权所有,侵权必究
举报电话: 010-62752024　电子信箱: fd@pup.pku.edu.cn
图书如有印装质量问题,请与出版部联系,电话: 010-62756370

《法学精品课程系列教材》编委会名单

总主编 吴汉东

编委会 （以姓氏拼音为序）

蔡 虹	曹新明	陈景良	陈小君	樊启荣
范忠信	方世荣	韩 轶	雷兴虎	李汉昌
李希慧	刘大洪	刘茂林	刘仁山	刘嗣元
刘 笋	刘 焯	吕忠梅	麻昌华	齐文远
乔新生	覃有土	石佑启	王广辉	吴汉东
吴志忠	夏 勇	徐涤宇	姚 莉	张德淼
张桂红	张继成	赵家仪	郑祝君	朱雪忠

总　　序

法学教育的目标和任务在于培养法律人才。提高培养质量,造就社会需要的高素质法律职业人才是法学教育的生命线。根据教育部关于高等学校教学质量与教学改革工程精品课程建设的精神和要求,结合中南财经政法大学精品课程建设的总体规划,在全面总结我国法学教育经验和分析法律人才社会需求的基础上,我校确立了以培养高素质法律人才为目的,以教材建设为核心,强化理论教学与实践教学的融会,稳步推进法学精品课程建设的方案。两年来,我校法学精品课程建设取得了阶段性的成果,已有民法、知识产权法等十余门课程被确定为国家、省、校三级精品课程,并在此基础上推出了《法学精品课程系列教材》。

《法学精品课程系列教材》是一套法学专业本科教材及其配套用书,涵盖了我校法学本科全程培养方案所列全部课程,由教材、案(事)例演习和教学参考资料三个层次的教材和教学用书构成,分为法理学、法律史学、宪法与行政法学、刑法学、民商法学、诉讼法学、经济法学、环境与资源法学、国际法学和法律职业实训等十个系列。

《法学精品课程系列教材》由我校一批具有良好学术素养和丰富教学经验的教授、副教授担纲撰写,同时根据需要约请法学界和实务部门的知名学者和专家加盟,主要以独著、合著的形式合力完成。《法学精品课程系列教材》遵循理论与实际相结合的原则,以法学理论的前沿性、法律知识的系统性、法律制度的针对性、法律运作的可操作性为编撰宗旨,以先进的教学内容和科学的课程体系的统一为追求,融法学教育的新理论、新方法和新手段于一体,力图打造成一套优秀的法学精品课程系列化教材。

《法学精品课程系列教材》是我校在推进法学教育创新,深化法学教学改革,加强教材建设方面的一次尝试,也是对以"一流教师队伍、一流教学内容、一流教学方法、一流教材、一流教学管理"等为特点的法学精品课程在教材建设方面的探索。

我相信《法学精品课程系列教材》的出版,能为广大读者研习法学理论、提高法学素养、掌握法律技能提供有效的帮助。同时,我衷心希望学界同仁和读者提出宝贵的批评和建议,以便这套教材不断修订完善,使之成为真正的法学精品课程教材!

是为序。

2005年3月

第三版重印说明

根据立法司法的最新变化，我们对本书第三版进行了小范围的修订。主要涉及：《中华人民共和国刑法修正案(十)》中所规定的"侮辱国歌罪"；修订的《关于办理减刑、假释案件具体应用法律的规定》；《关于办理组织、利用邪教组织破坏法律实施等刑事案件适用法律若干问题的解释》；走私文物的界定、强奸罪的认定、枪支管理的规定、安全管理的规定、个人信息的界定、虚假诉讼的界定、污染环境的界定、组织卖淫罪的认定、挪用公款罪的认定等内容。此外，我们修正了第三版中存在的一些问题。

刘代华老师承担了内容增补和文字修订方面的工作；全书最后由主编齐文远教授审定。因这次修订的内容比较少，所以没有改版。特此说明。

我们将一如既往地保持对学术追求的热情，追踪刑法学理论发展与创新，谦恭地聆听读者们对本书的批评和建议。

编者
2018 年 12 月 3 日

第三版修订说明

自本教材在中南财经政法大学法学本科生的刑法教学中使用以来,一直获得本校师生和其他广大读者的好评。应北京大学出版社之邀,结合第二版出版以来刑法立法、司法和刑法理论的新发展,我们组织了修订小组进行了第三版的修订。修订小组由齐文远教授、苏彩霞教授、刘代华老师组成,首先由齐文远教授和苏彩霞教授共同确定了本次修订的指导思想和原则,然后由刘代华老师负责修订的具体文字工作,再由苏彩霞教授进行统稿润色,最后由齐文远教授定稿。第三版主要围绕以下内容进行了修订:

(1)反映与吸纳刑法的最新立法修订、立法解释与司法诠释。我们根据本书自2011年第2版出版以后出台的立法解释、司法解释与立法发展,包括最新的2015年8月29日第十二届全国人民代表大会常务委员会第十六次会议通过《中华人民共和国刑法修正案(九)》以及最高人民法院2015年10月19日通过了《关于〈中华人民共和国刑法修正案(九)〉时间效力问题的解释》和最高人民法院、最高人民检察院《关于执行〈中华人民共和国刑法〉确定罪名的补充规定(六)》,对本书的相关内容进行了修订。

(2)增加了一些刑法理论与实践发展最新成果的内容,如社区矫正、量刑规范化改革、禁止令,修改了一些不合时宜的表述;另外,为节约篇幅删除了第二版中对分则具体罪名法定刑规定的叙述,校正了一些印刷错误,从而使本书的内容更加完善、确切与贴近实际。

我们深知,本书的第三版虽然尽力反映已有的刑法理论与实践成果,但生命之树常青,刑法理论与刑法实务一直都在生动活泼的发展与深化,而教科书则难以及时准确地反映理论和实践的最新发展,因此我们期待读者对本书的不足、错漏之处多提批评与建议。

编者
2015年11月1日

目　　录

导　论 ………………………………………………………………………… (1)

上编　刑法总论

第一章　刑法概说 ………………………………………………………… (9)
　　第一节　刑法的概念和性质 ………………………………………… (9)
　　第二节　刑法的根据和任务 ………………………………………… (14)
　　第三节　刑法的体系和解释 ………………………………………… (16)

第二章　刑法的基本原则 ………………………………………………… (22)
　　第一节　刑法基本原则概述 ………………………………………… (22)
　　第二节　罪刑法定原则 ……………………………………………… (23)
　　第三节　适用刑法平等原则 ………………………………………… (28)
　　第四节　罪责刑相适应原则 ………………………………………… (29)

第三章　刑法的效力范围 ………………………………………………… (34)
　　第一节　刑法的空间效力 …………………………………………… (34)
　　第二节　刑法的时间效力 …………………………………………… (39)

第四章　犯罪的概念与构成 ……………………………………………… (45)
　　第一节　犯罪的概念与分类 ………………………………………… (45)
　　第二节　犯罪构成 …………………………………………………… (51)

第五章　犯罪的客体要件 ………………………………………………… (62)
　　第一节　犯罪的客体要件概述 ……………………………………… (62)
　　第二节　犯罪客体要件的分类 ……………………………………… (65)
　　第三节　犯罪客体要件的识别 ……………………………………… (67)

第六章　犯罪的客观方面要件 …………………………………………… (76)
　　第一节　犯罪的客观方面要件概述 ………………………………… (76)
　　第二节　危害行为 …………………………………………………… (79)
　　第三节　危害结果 …………………………………………………… (85)
　　第四节　刑法中的因果关系 ………………………………………… (90)
　　第五节　犯罪客观方面的其他要件 ………………………………… (94)

第七章 犯罪的主体要件 (97)
第一节 犯罪主体要件概述 (97)
第二节 自然人犯罪主体 (100)
第三节 单位犯罪主体 (107)

第八章 犯罪的主观方面要件 (114)
第一节 犯罪的主观方面要件概述 (114)
第二节 犯罪故意 (116)
第三节 犯罪过失 (121)
第四节 意外事件与不可抗力 (124)
第五节 犯罪目的和动机 (126)
第六节 刑法中的认识错误 (127)

第九章 故意犯罪的停止形态 (136)
第一节 故意犯罪的停止形态概述 (136)
第二节 犯罪既遂 (139)
第三节 犯罪预备 (142)
第四节 犯罪未遂 (144)
第五节 犯罪中止 (148)

第十章 共同犯罪 (155)
第一节 共同犯罪概述 (155)
第二节 共同犯罪的构成 (157)
第三节 共同犯罪形态 (160)
第四节 共同犯罪人的分类与刑事责任 (163)
第五节 共同犯罪中的特殊问题 (168)

第十一章 一罪和数罪 (174)
第一节 罪数问题概述 (174)
第二节 一罪的类型 (177)
第三节 数罪的类型 (188)

第十二章 阻却犯罪性的事由 (192)
第一节 阻却犯罪性的事由的概念和特征 (192)
第二节 正当防卫 (193)
第三节 紧急避险 (199)
第四节 其他阻却犯罪性的事由 (203)

第十三章 刑事责任 (208)
第一节 刑事责任概述 (208)
第二节 刑事责任的根据 (213)

第三节　刑事责任的发展阶段与解决方式 …………………………(217)

第十四章　刑罚概说 ………………………………………………………(226)
　　第一节　刑罚的概念 ……………………………………………………(226)
　　第二节　刑罚的功能 ……………………………………………………(228)
　　第三节　刑罚的目的 ……………………………………………………(230)

第十五章　刑罚的体系和种类 ……………………………………………(236)
　　第一节　刑罚体系概述 …………………………………………………(236)
　　第二节　主刑 ……………………………………………………………(237)
　　第三节　附加刑 …………………………………………………………(245)
　　第四节　非刑罚处罚方法 ………………………………………………(252)

第十六章　刑罚的裁量 ……………………………………………………(257)
　　第一节　刑罚裁量概述 …………………………………………………(257)
　　第二节　量刑原则 ………………………………………………………(258)
　　第三节　量刑情节 ………………………………………………………(261)

第十七章　刑罚裁量制度 …………………………………………………(267)
　　第一节　累犯 ……………………………………………………………(267)
　　第二节　自首、坦白与立功 ……………………………………………(269)
　　第三节　数罪并罚 ………………………………………………………(274)
　　第四节　缓刑 ……………………………………………………………(281)

第十八章　刑罚的执行 ……………………………………………………(286)
　　第一节　刑罚的执行概述 ………………………………………………(286)
　　第二节　减刑制度 ………………………………………………………(287)
　　第三节　假释制度 ………………………………………………………(290)

第十九章　刑罚的消灭 ……………………………………………………(295)
　　第一节　刑罚消灭概述 …………………………………………………(295)
　　第二节　时效 ……………………………………………………………(297)
　　第三节　赦免 ……………………………………………………………(299)

下编　刑法分论

第二十章　刑法分论概述 …………………………………………………(305)
　　第一节　刑法分则的体系 ………………………………………………(305)
　　第二节　刑法分则的条文的要素 ………………………………………(307)
　　第三节　刑法分则的法条竞合 …………………………………………(315)

第二十一章 危害国家安全罪 (318)
- 第一节 危害国家、颠覆国家政权的犯罪 (318)
- 第二节 叛变、叛逃的犯罪 (321)
- 第三节 间谍、资敌的犯罪 (322)

第二十二章 危害公共安全罪 (326)
- 第一节 以危险方法危害公共安全的犯罪 (326)
- 第二节 破坏公用工具、设施危害公共安全的犯罪 (332)
- 第三节 实施恐怖、危险活动危害公共安全的犯罪 (337)
- 第四节 违反枪支、弹药、爆炸物、危险物质管理规定危害公共安全的犯罪 (342)
- 第五节 过失造成重大事故危害公共安全的犯罪 (349)

第二十三章 破坏社会主义市场经济秩序罪 (363)
- 第一节 生产、销售伪劣商品罪 (363)
- 第二节 走私罪 (372)
- 第三节 妨害对公司、企业的管理秩序罪 (377)
- 第四节 破坏金融管理秩序罪 (384)
- 第五节 金融诈骗罪 (397)
- 第六节 危害税收征管罪 (403)
- 第七节 侵犯知识产权罪 (409)
- 第八节 扰乱市场秩序罪 (416)

第二十四章 侵犯公民人身权利、民主权利罪 (426)
- 第一节 侵犯公民人身权利罪 (426)
- 第二节 侵犯公民民主权利罪 (453)

第二十五章 侵犯财产罪 (461)
- 第一节 暴力、胁迫型财产犯罪 (461)
- 第二节 窃取、骗取型财产犯罪 (468)
- 第三节 侵占、挪用型财产犯罪 (474)
- 第四节 毁坏、破坏型财产犯罪 (479)

第二十六章 妨害社会管理秩序罪 (482)
- 第一节 扰乱公共秩序罪 (482)
- 第二节 妨害司法罪 (505)
- 第三节 妨害国(边)境管理罪 (514)
- 第四节 妨害文物管理罪 (517)
- 第五节 危害公共卫生罪 (520)
- 第六节 破坏环境资源保护罪 (524)

第七节　走私、贩卖、运输、制造毒品罪 …………………………… (532)
　　第八节　组织、强迫、引诱、容留、介绍卖淫罪 …………………… (539)
　　第九节　制作、贩卖、传播淫秽物品罪 ……………………………… (543)

第二十七章　危害国防利益罪 ……………………………………………… (547)
　　第一节　危害军事行动的犯罪 ………………………………………… (547)
　　第二节　危害国防物质基础的犯罪 …………………………………… (550)
　　第三节　危害国防管理秩序的犯罪 …………………………………… (552)
　　第四节　危害国家武装力量的犯罪 …………………………………… (554)

第二十八章　贪污贿赂罪 …………………………………………………… (559)
　　第一节　贪污犯罪 ……………………………………………………… (559)
　　第二节　挪用公款罪 …………………………………………………… (565)
　　第三节　贿赂罪 ………………………………………………………… (568)

第二十九章　渎职罪 ………………………………………………………… (578)
　　第一节　滥用职权型渎职罪 …………………………………………… (578)
　　第二节　玩忽职守型渎职罪 …………………………………………… (584)
　　第三节　泄露国家秘密型渎职罪 ……………………………………… (587)
　　第四节　徇私舞弊型渎职罪 …………………………………………… (588)

第三十章　军人违反职责罪 ………………………………………………… (594)
　　第一节　危害军队作战行动的犯罪 …………………………………… (595)
　　第二节　危害军队勤务和管理的犯罪 ………………………………… (598)
　　第三节　危害军事秘密的犯罪 ………………………………………… (602)
　　第四节　危害军队物质基础的犯罪 …………………………………… (603)
　　第五节　危害军队声誉和人道主义的犯罪 …………………………… (605)

后　记 ………………………………………………………………………… (610)

导　　论

一、刑法学的历史发展

刑法学以刑法的规范与实务为研究对象,是法学的一个分支学科,属于应用法学的范畴。概括而言,刑法学是研究刑法所规定的犯罪、刑事责任与刑罚及其适用中的问题的科学。

刑法学就其研究内容来讲,源远流长。早在奴隶制时代,就有了关于犯罪与刑罚的文字记载和思想论述,如我国先秦时期就开始有了所谓的刑名法术之学。但是,作为一门相对独立的法律科学的刑法学却到了欧洲资产阶级革命时期才开始出现。一般认为,意大利人贝卡里亚于1764年出版的《论犯罪与刑罚》一书,奠定了近代刑法学的基础。该书以资产阶级启蒙思想家的视角,在总结了过去刑法文化成果的基础上较为深入地论述了刑法学的一些基本问题,特别是该书对罪刑法定、罪刑均衡、刑罚人道等刑法基本理念的阐述,对后人产生了极大的影响。德国人费尔巴哈发展了贝卡里亚的思想并使之系统化和规范化。在他们的带动下,形成了强调个人意志自由和道义责任的刑事古典学派。以后又先后产生了以提出"天生犯罪人"理论而著名的意大利人龙勃罗梭为代表的刑事人类学派和由德国人李斯特为旗手的以关注犯罪与社会环境的关系为特征的刑事社会学派。这三大学派的出现和相互论战,可以说基本上涵盖了资产阶级刑法学的发展历程。

社会主义刑法学是在俄国十月革命胜利之后诞生的。原苏联的一批刑法学家如 A. H. 特拉伊宁等以马克思列宁主义的学说为指导,在批判地借鉴资产阶级刑法学研究成果的基础上总结了本国刑事立法和司法实践经验,创立了对后来的社会主义国家影响深远的着眼于犯罪的阶级属性的苏联刑法学理论。

由于新民主主义革命和国际冷战格局的影响,新中国自诞生之时就彻底否定自清朝灭亡前夕开始建立的模仿西方资本主义国家的旧法统,自觉地清算与资产阶级刑法学的联系,尝试在中国化了的马克思列宁主义即毛泽东思想的指导下将前苏联的刑法理论与本国的具体情况相结合以创建自己的刑法学。六十多年来,经过几代人的呕心沥血,特别是通过对新中国刑事立法与司法实践经验的总结,中国刑法学已经形成了自己的特色。当然,随着经济社会的变革和刑法学研究的深入,我国学者也充分地意识到,我们不仅可以继承苏联刑法学中的一些优秀成果,而且西方资产阶级刑法学中的许多具体科学资料和实际结论,比如罪刑法定、罪刑均衡、刑罚人道等,也完全可以成为我们的刑法文化遗产。总之,只有不断地反映和总结刑事立法和司法实践中的新情况、新问题和新经验,并善于吸收古今中外一切对我们有用的刑法文明成果,我国的刑法学科才能进一步发展、完善。因此,近些年来,我国刑法学在立足于国情的前提下,十分注重研究、借鉴和吸收国外刑法理论特别是欧洲大陆法系国家刑法学的理论体系和制度,呈现出了一个百花齐放的繁荣景象。

二、刑法学的理论体系

体系是指"若干有关事物或某些意识互相联系而构成的一个整体"①,刑法学的理论体系则是指依据一定的原理原则所构成的刑法理论的有机整体。

刑法学理论体系的结构取决于其研究对象的范围。早期刑法学的研究对象十分广泛,不仅包括实体的刑法规范及其应用,还包括犯罪的原因与对策、刑事诉讼程序、刑罚的执行等,因而其体系庞杂。随着立法的发展和法学的发达,除英、美等国还在刑法学中研究刑事诉讼程序外,在大多数国家中,上述许多内容逐渐演变为独立的学科,如犯罪学、刑事诉讼法学、刑事侦查学和监狱学等。犯罪学以犯罪现象、犯罪原因与犯罪对策为研究对象;刑事诉讼法学是研究对犯罪如何侦察、起诉、审理和判决等整个刑事诉讼程序的科学;刑事侦查学以犯罪侦查的专门策略方法与技术手段为研究对象;而监狱学则是研究监狱立法和对服刑的罪犯如何进行管理、教育和改造的学科。虽然这些学科的研究对象都与犯罪有关,但在我国这些学科都已经独立于刑法学理论体系之外。

如前所述,刑法学以刑法规范及其实务为研究对象。因此,我国刑法学体系主要是根据我国刑法典的体系而建立起来的。应当指出的是,一个国家的刑法学体系不可能完全脱离开本国刑法典的体系,但也不能是法典条文的机械照搬。刑法学作为一门法律科学,既要参照刑法的体系,又要照顾到自己内在的理论联系和逻辑结构以及叙述的便利,这样才能建立起科学的理论体系。而就刑法学的教科书而言,还要充分照顾到教学规律特别是定型性、启发性和融通性的需要。

根据上述考虑,本书除导论外分上下两编。上编为刑法总论,主要以刑法典总则编的规定为线索,任务是研究刑法及其所规定的犯罪、刑事责任与刑罚的一般原理、原则。其内容分设19章,依次为:刑法概说;刑法的基本原则;刑法的效力范围;犯罪的概念与构成;犯罪的客体要件;犯罪的客观方面要件;犯罪的主体要件;犯罪的主观方面要件;故意犯罪的停止形态;共同犯罪;一罪与数罪;阻却犯罪性的事由;刑事责任;刑罚概说;刑罚的体系和种类;刑罚的裁量;刑罚裁量制度;刑罚的执行;刑罚的消灭。下编为刑法分论,目的是研究刑法典分则编和其他有刑罚规定的法律中包含的各种犯罪及其法定刑的罪刑规范的具体适用。其内容分列11章,依顺序为:刑法分论概述;危害国家安全罪;危害公共安全罪;破坏社会主义市场经济秩序罪;侵犯公民人身权利、民主权利罪;侵犯财产罪;妨害社会管理秩序罪;危害国防利益罪;贪污贿赂罪;渎职罪;军人违反职责罪。

我们认为,上述理论体系既维护了刑法学基本理论的稳定性和通识性,同时又

---

① 中国社会科学院语言研究所词典编辑室编:《现代汉语词典》(第5版),商务印书馆2005年版,第1342页。

可容纳最新的刑事立法、司法经验和刑法理论的前沿性成果,从而准确体现了刑法学研究对象的完整性和内容的丰富性,能够很好地满足刑法学的教学需要。

三、刑法学的研究方法

(一) 刑法学研究的方法论基础

研究刑法学和研究其他社会科学一样,应以辩证唯物主义和历史唯物主义为其方法论基础。

1. 要运用阶级分析的方法研究刑法

辩证唯物主义与历史唯物主义认为,对法的关系不能仅仅只从法律形式上来解释,而应当从物质生活的生产方式来理解。"物质生活的生产方式制约着整个社会生活、政治生活和精神生活的过程。"[①]"犯罪——孤立的个人反对统治关系的斗争,和法一样,也不是随心所欲地产生的。相反的,犯罪和现行统治都产生于相同的条件。同样也就是那些把法和法律看作是某些独立自在的一般意志的统治的幻想家才会把犯罪看成单纯是对法和法律的破坏。"[②]无论是物质生活的生产方式,还是犯罪所针对的统治关系,实际上都只能归结为一种阶级关系。刑法体现统治阶级的意志,维护统治阶级的利益,反映并服务于自己的经济基础。因此,研究刑法必须始终牢记刑法规范不是一种纯粹的法律现象,它有着深刻的阶级本质,即应该紧密联系我国的社会制度和人民群众的利益要求来研究刑法,从而发挥刑法对构建社会主义和谐社会的作用。

2. 要运用历史的、发展的观点研究刑法

辩证唯物主义和历史唯物主义认为,任何事物都是存在于特定历史时空中的,而同时又是不断发展变化的。刑法也是如此。因此,我们既不能无视我国的历史发展状况和现实国情而随意构建刑法理论,也不能将刑法理论看成静止的、固定不变的东西而恪守传统的观点和习惯。正确的态度是将刑法的规定与历史状况和现实场景结合起来进行研究。只有这样,才能深刻理解刑法的立法精神,才能准确把握刑法的发展变化规律,才能稳步地推动刑法的修改完善。反之,如果缺乏历史的、发展的眼光,不了解我国刑法制定和存在的历史背景,不清楚经济社会的变化对刑法的现实要求,就不能正确地阐释刑法的条文,不能明确认清犯罪的本质与表现形式,不能有效地运用刑法应对新情况和解决新问题。

3. 要理论联系实际地研究刑法

辩证唯物主义与历史唯物主义认为,物质决定精神,实践是检验和发展认识的真理性的唯一标准。刑法学研究也是如此。作为一种理论,刑法学来源于实践,并且其认识是否正确必须由实践来加以判断。换言之,实践是刑法理论的源泉、发动机与检验标准。刑法学是一门实践性非常强的应用法学,具体的刑法理论也只有在

---

① 《马克思恩格斯选集》第 2 卷,人民出版社 1995 年版,第 32 页。
② 《马克思恩格斯全集》第 3 卷,人民出版社 1960 年版,第 379 页。

实际运用中才能得到检验、丰富和发展,因此必须联系实际来学习和研究刑法。具体而言:(1)要联系本国国情,即应当充分考虑我国的经济社会现状和发展不平衡的事实。只有如此,才能深刻领会刑法的精神,才能准确理解犯罪现象的复杂性和多变性,才能正确运用适合现实国情的刑罚制度。(2)要联系中国的刑事立法。刑事立法包括立法背景、立法理由和法律文本,这些都是学习和研究刑法所不能忽视的。特别是要注意避免那种完全不顾我国刑法的具体规定而盲目地照搬外国刑法学说的做法。(3)要联系中国的司法实践。我国的刑事司法实践既为刑法学积累了丰富的经验,同时又提出了许多新的研究课题。刑法学研究一方面应对这些经验进行理论上的总结和概括提炼,另一方面应对这些新情况和新问题进行理论上的探讨以寻求解决的路径。如果我们不联系我国的刑事司法实践来学习和研究刑法,最后所掌握的就是一些没有生命张力的呆板教条。这种对现实失去解释力的理论,无论多么复杂奥妙,对于社会都没有任何意义,不过是纯粹的文字游戏罢了。

(二)刑法学的具体研究方法

1. 注释方法

注释方法又称分析研究法,是指对刑法条文的文字进行逐字逐句的解释、分析,从而使刑法的意义得以明确的方法。注释方法是研究法律的一种古老方法,如我国公元7世纪问世并对后代产生深远影响的《唐律疏议》,就是一部律条与注释合而为一的经典。在11世纪前后的西方,也曾产生过因运用注释方法研究法律而得名的注释法学派。时至今日,注释方法仍然是包括刑法学在内的法学研究的一种非常重要的方法,因为法律的规定是十分概括的,刑法条文的用语在大多数情况下都不能一目了然,因此要理解和实施刑法,必须首先对刑法规定的文字进行解释与分析。刑法学研究从一定角度来看就是对现行刑法所作的注释。本书在很大程度上也是依据马克思主义的普遍原理和我国的实践经验,在注释的基础上展开的。

2. 比较方法

该方法是指对不同国家的刑法进行比较研究,从中探讨各自的特性,剖析是非优劣,评述利弊得失,吸取经验教训。德国比较法学家克茨通过引申本国著名诗人歌德的一句名言而强调,如果不具备有关外国法律制度的知识,就不能正确地理解本国的法律。① 这说明比较方法是法学研究中的一种重要方法。因此,它也是刑法学研究的重要方法。因为不同国家的刑法虽然性质与内容不完全相同,但也不乏相通之处。对各国刑法进行比较研究,有助于开阔视野,并从中发现可供我们借鉴的一些认识和做法,从而推动我国刑法科学的发展。需要指出的是,我国比较刑法的研究虽然起步时间不长,但却成果丰硕,出版了大量外国刑事立法和刑法学的译著和其他著述,为我们使用比较方法研究中国刑法学提供了宝贵的资料。

---

① 参见〔德〕K.茨威格特、H.克茨:《比较法总论》,潘汉典等译,法律出版社2003年版,中译本序第1页。歌德的原话是,不知别国语言者,对自己的语言便也一无所知。

3. 历史方法

这是指对刑法进行历史的考察,研究刑法的来龙去脉的方法。如果说比较方法主要是横向比较的话,那么历史方法则主要体现在纵向比较方面。刑法有着明显的继承性,而且其发展完善是一个过程,有着自身的发展变化规律。对刑法的历史发展过程及其原因进行考察,对不同历史时期的刑法思想、刑事立法和刑法制度的产生、发展和演变情况进行对照研究,有助于我们获得刑法内在规律性的认识,从而有利于我们理解现行刑法和把握刑法未来的发展趋势。因此,刑法学研究也常常使用历史回顾的方法。

4. 案例方法

这是指运用疑难典型刑事案例来研究刑法理论的一种方法。如前所述,刑法学是一门实践性很强的应用学科,刑法理论必须紧密联系实际,任何一种理论学说都必须经受住实践的检验后才能成立并得以丰富和发展。采用案例方法是刑法学研究中理论联系实际的重要途径。典型案例不仅可以帮助我们掌握、消化和巩固所学的刑法理论,还有助于检验刑法理论是否正确,而且我们还可以通过疑难复杂的案例去丰富和发展刑法理论。例如德国刑法学中的期待可能性理论,最初就是通过一个实际案例而产生的。这种情况并非偶然。实际上,疑难案件往往能促使刑法学者对刑法规定作出更深入的思考,从而作出新的解释,于是刑法理论便借助于这种新的解释而得到了发展。因此,案例方法也是刑法学研究中经常使用的具体方法。

5. 社会学方法

这是指对刑法与整个社会的关系、刑法的社会作用与效果进行考察,根据和谐社会发展的需要来研究刑法理论的一种方法。刑法并非孤立存在的社会现象,也不存在独立于和谐社会发展要求之外的刑法价值,故必须联系整个社会来研究刑法,使刑法与社会的健康发展相吻合。一般而言,刑法由于所使用的手段,在发挥维护或者改革社会关系的作用时常常具有双刃剑的效果。即如果使用不当,很可能会阻碍社会的发展。因此,刑法学研究应当从整个社会的角度进行考量,把握社会的现状,了解社会大众的心理,明确哪些社会关系需要动用刑法来改革,什么样的合法权益需要通过刑法来维护,从而使所形成的刑法理论与整个社会的发展目标相协调,并在促进和谐社会的实现方面发挥应有的功能。

上 编

刑 法 总 论

第一章 刑法概说

内容提要

本章主要阐述了刑法的概念、渊源与分类,我国刑法的阶级性质与法律性质,我国刑法的根据与任务、我国刑法的体系,刑法解释的概念与分类。重点在于刑法的概念、刑法的渊源与分类、刑法的体系和刑法解释的分类。

关键词

刑法　刑法典　单行刑法　附属刑法　刑法体系　刑法解释

第一节　刑法的概念和性质

一、刑法的概念

（一）刑法的内涵

刑法是指掌握政权的阶级即统治阶级,为了维护本阶级政治上的统治和经济上的利益,根据自己的意志,规定哪些行为是犯罪和应负刑事责任,并对被确定为犯罪的人给予什么样的刑事制裁（主要是指处以何种具体的刑罚）的法律。由于犯罪、刑事责任与刑罚是刑法的基本内容,因此我国刑法学界一般认为:刑法就是规定犯罪、刑事责任与刑罚的法律。①

刑法是解决刑事问题的主要法律根据。但是,仅凭刑法本身还不能完成确定犯罪的存在、追究犯罪人刑事责任和实现对犯罪人的刑罚处罚的工作。一般而言,一个刑事案件发生后,要经过立案侦查、审查起诉、审理判决和刑罚执行等一系列司法及相关环节。刑法只是处理刑事案件的实体法,此外还有规定认定犯罪、追究刑事责任和判处刑罚程序的刑事诉讼法②和规定刑罚执行程序的监狱法等。这些法律互相依存、相互衔接,共同服务于整个刑事司法活动,故统称为刑事法。在这个意义上,刑法是刑事法的组成部分,当然是其中的主干部分。

（二）刑法的渊源

刑法的渊源即刑法规范的具体表现形式。在我国,刑法的渊源主要有刑法典、

---

① 参见高铭暄、马克昌主编:《刑法学》（上编）,中国法制出版社1999年版,第3页。
② 大陆法系国家一般采用这样的模式,而在英、美等国,刑法中也同时包含了刑事诉讼程序的内容。

刑法修正案、单行刑法与附属刑法。

刑法典是指冠以刑法名称而颁布的、系统规定犯罪、刑事责任和刑罚的法律。我国1979年制定颁行的《中华人民共和国刑法》(以下简称1979年《刑法》)和1997年修订颁布的《中华人民共和国刑法》(以下简称《刑法》)即为刑法典。根据最高人民法院的有关通知，裁判文书引用1997年修订的刑法条文，应当根据具体情况分别表述：(1)有关刑法条文在修订的刑法施行后未经修正，或者经过修正，但引用的是现行有效条文，表述为"《中华人民共和国刑法》第××条"。(2)有关刑法条文经过修正，引用修正前的条文，表述为"1997年修订的《中华人民共和国刑法》第××条"。(3)有关刑法条文经两次以上修正，引用经修正、且为最后一次修正前的条文，表述为"经××××年《中华人民共和国刑法修正案(×)》修正的《中华人民共和国刑法》第××条"。(4)根据案件情况，裁判文书引用1997年修订前的刑法条文，应当表述为"1979年《中华人民共和国刑法》第××条"。

刑法修正案是指通过直接在现行刑法典框架内对相应条文进行补充或修改的方式所形成的刑法文件。具体做法是，如果增加规定新罪名及其法定刑标准或其他方面的裁判规范，就列在内容相近的刑法典条文之后，作为该条之一、之二、之三等。例如，1999年12月25日全国人民代表大会常务委员会通过的《中华人民共和国刑法修正案》(以下简称《刑法修正案》)第1条规定："第162条后增加一条，作为第162条之一：'隐匿或者故意销毁依法应当保存的会计凭证、会计账簿、财务会计报告，情节严重的，处5年以下有期徒刑或者拘役，并处或者单处2万元以上20万元以下罚金。……'"。又如，2011年2月25日全国人民代表大会常务委员会通过的《中华人民共和国刑法修正案(八)》(以下简称《刑法修正案(八)》)第1条规定，在《刑法》第17条后增加一条，作为第17条之一："已满75周岁的人故意犯罪的，可以从轻或者减轻处罚；过失犯罪的，应当从轻或者减轻处罚。"如果修改原有的裁判规范，则直接修改规定该规范的刑法典条文，如2001年8月31日全国人民代表大会常务委员会通过的《中华人民共和国刑法修正案(二)》(以下简称《刑法修正案(二)》)规定："为了惩治毁林开垦和乱占滥用林地的犯罪，切实保护森林资源，将《刑法》第342条修改为：'违法土地管理法规，非法占用耕地、林地等农用地，改变被占用土地用途，数量较大，造成耕地、林地等农用地大量毁坏的，处5年以下有期徒刑或者拘役，并处或者单处罚金'。"再如，上述《刑法修正案(八)》第7条将《刑法》第66条规定的"危害国家安全的犯罪分子在刑罚执行完毕或者赦免以后，在任何时候再犯危害国家安全罪的，都以累犯论处"修改为"危害国家安全犯罪、恐怖活动犯罪、黑社会性质的组织犯罪的犯罪分子，在刑罚执行完毕或者赦免以后，在任何时候再犯上述任一类罪的，都以累犯论处"。由于采用刑法修正案的形式修改补充刑法不改变法典的条文序数，有利于维护刑法典结构的稳定性和完整性，因此自1999年12月25日以来，我国已先后颁布了10个刑法修正案。这些刑法修正案和现行刑法典一起，构成我国刑法的主体。

单行刑法是指以通令、办法、条例、决定或者补充规定等名称颁布的、规定某一类犯罪及其法律后果或者刑法某一事项的刑事法律。我国在制定1979年《刑法》以前(主要是在新中国建立初期)曾颁布了一些单行刑法以满足同犯罪作斗争的需要,如1950年的《关于严禁鸦片烟毒的通令》、1951年的《禁止国家货币出入国境办法》、1952年的《惩治贪污条例》等;在1979年《刑法》颁行后,又陆续制定了一系列单行刑法来补充和修改该法典,如1981年6月至1995年10月先后通过了《惩治军人违反职责罪暂行条例》等24个单行刑法。[①] 1997年修订的《刑法》颁布施行后,全国人民代表大会常务委员会又于1998年12月29日通过了《关于惩治骗购外汇、逃汇和非法买卖外汇犯罪的决定》(以下简称《惩治外汇犯罪的决定》)。应当说明的是,上述制定于两个刑法典颁行以前的单行刑法或者已被废止,或者其内容中有关刑事责任的规定已被纳入刑法典而不再继续有效。[②] 换言之,目前只有《惩治外汇犯罪的决定》属于现行刑法中的单行刑法形式。根据案件情况,裁判文书引用有关单行刑法条文,应当直接引用相应该条例、补充规定或者决定的具体条款。

附属刑法是指立法机关在经济法、行政法等非刑事法律中附带规定的刑事责任条款。自1979年《刑法》施行以来,立法机关先后在100多部非刑事法律中设置了附属刑法条款,如《中华人民共和国海关法》第47条、《中华人民共和国进出口商品检验法》第26条、《中华人民共和国传染病防治法》第47条以及修正后的《中华人民共和国兵役法》第65条等。在过去,附属刑法规定对惩治相关犯罪起到了重要的作用,因此被认为是刑法的主要表现形式之一。但由于立法者于1997年修订刑法时已根据需要有选择地将原来附属刑法规定的内容纳入到新刑法典之中,所以对附属刑法条款的效力及其补充性意义需要加以认真的研究。

严格地讲,我国民族自治地方的省级人民代表大会根据当地民族政治、经济、文化的特点和刑法典的基本原则制定的变通或补充规定,以及我国香港特别行政区、澳门特别行政区、台湾地区所适用的刑法都属于中国刑法的组成部分。但由于这些法律规范只在特定的区域内适用,没有普遍的效力,故本书将不涉及这些"地方性刑法"的具体内容。

(三) 刑法的分类

依据不同的标准对研究对象进行分类考察以便全面地探讨研究对象的特点,是科学研究的一种重要手段。因此,了解刑法的分类有助于进一步准确把握刑法的概念,有助于更恰当地运用刑法。刑法理论上一般对刑法作如下分类:

(1) 广义刑法与狭义刑法。广义刑法是指所有规定犯罪、刑事责任和刑罚的法律规范的总和,包括刑法典、刑法修正案、单行刑法和附属刑法等。狭义刑法则仅指刑法典及刑法修正案。"刑法"一词出现在法律文书中或者以"《中华人民共和国刑

---

① 除我国《刑法》附件一和附件二所列之外,还包括全国人民代表大会常务委员会于1987年6月通过的《关于对中华人民共和国缔结或者参加的国际条约所规定的罪行行使管辖权的决定》。

② 但这并不意味在我国现行刑法典颁行后绝对不能再适用以前的单行刑法,在具备一定条件的情况下仍应以过去的单行刑法作为处理刑事案件的准绳。对此的详细论述见本书第三章第二节。

法》"或"《刑法》"的方式出现时,一般是在狭义上被使用;在其他的场合则也可能是指广义上的刑法。

(2) 普通刑法与特别刑法。普通刑法是指具有普遍适用的性质与效力的刑法。一般而言,其主要表现形式为刑法典及刑法修正案。特别刑法是指仅适用于特别人、特别时、特别地或者特别事(犯罪)的刑法。单行刑法与附属刑法通常被认为是特别刑法。需要指出的是,这种区分是就大的方面即刑法渊源的角度而言的。如果从具体罪刑规范的角度看,刑法典内部也存在普通刑法(普通法条)与特别刑法(特别法条)之分。例如规定军人违反职责罪的《刑法》分则第 10 章,由于其适用对象限于军人,相对于分则其他章而言就属于特别刑法。又如,规定有价证券诈骗罪的《刑法》第 197 条与规定诈骗罪的《刑法》第 266 条之间,也具有特别刑法(特别法条)与普通刑法(普通法条)的关系。区分普通刑法与特别刑法的意义在于,当某种行为同时符合普通刑法与特别刑法的规定时,通常应当根据特别法优于普通法的原则优先适用特别刑法。

(3) 形式刑法与实质刑法。形式刑法是指从外形上或名称上一看便知其为刑法的法律,刑法典、刑法修正案及单行刑法均属形式刑法。实质刑法是指从外形上或名称上看不是刑法,但其内容里却规定了犯罪及其刑事责任或者刑罚处罚的法律条款,例如附属刑法。把握这一分类的意义在于:由于外形上或名称上的原因,决定了形式刑法比实质刑法更容易为人们所知悉,其威慑力更大一些,所以应将严重犯罪在形式刑法中具体加以规定。

(4) 伦理刑法与行政刑法。伦理刑法,又称固有刑法,是指规定以违反基本的伦理道德为前提的犯罪的刑法。我国刑法典中规定放火、杀人、强奸、抢劫、诈骗等犯罪的条文,都属于伦理刑法的类型。行政刑法则是指规定对严重违反行政法的行为追究刑事责任即给予刑事制裁的法律条款。[①] 可见,行政刑法不过是对规定在行政法中的附属刑法的另一种称谓而已。把握这一分类的意义在于:行政刑法应被视为刑法的组成部分,而不属于行政法的范畴。

二、刑法的性质

刑法的性质有两方面的含义:一是刑法的阶级性质;二是刑法的法律性质。

(一) 刑法的阶级性质

刑法的阶级性质表现在:刑法不是自古就有的,也不是永恒存在的,而是阶级社会的产物,它是随着私有制、阶级、国家的出现而产生的;刑法是掌握政权的统治阶级制定的,是统治阶级意志的体现;刑法所维护的是统治阶级的利益,是作为统治阶级的统治手段而存在的;刑法的阶级性是由国家的阶级性决定的,有什么性质的国

[①] 一般认为,行政刑法有广义与狭义之分。广义的行政刑法,是指规定对违反行政法的行为加以行政制裁与刑事制裁的一切法律。狭义的行政刑法,则是专指行政法中规定刑事制裁的法规或法律条款。这里所称的行政刑法是狭义的行政刑法。

家就有什么性质的刑法。

研究刑法的阶级性质有助于正确把握我国刑法的本质。我国刑法是社会主义类型的刑法,它建立在以生产资料公有制为主体、多种经济成分共同发展的经济基础之上,反映了工人阶级和广大人民群众的意志,是人民民主制度的重要组成部分,与西方资本主义国家的刑法具有根本区别。

(二) 刑法的法律性质

刑法的法律性质是指刑法区别于民法、经济法等其他法律的特有属性。刑法所特有的法律属性主要表现在以下几点:

(1) 规定内容上的特定性。如前所述,刑法是规定犯罪、刑事责任和刑罚的法律,即以禁止、处罚犯罪行为为其内容的法律规范,故刑法规范又被称作罪刑规范。其他法律则不具有这样的内容。

(2) 调整领域的广泛性。一般部门法只是调整和保护某一方面的社会关系,如民法调整平等主体之间的财产关系和人身关系;经济法只是调整经济管理关系;行政法只是调整特定的行政关系。刑法调整和保护的社会关系则涉及社会生活的各个领域,其中包括政治的、经济的、财产的、人身的、婚姻家庭的、社会秩序的等许多方面的社会关系。准确地说,刑法保护的是所有受到犯罪行为侵犯的社会关系,因而一般部门法调整和保护的社会关系在一定情况下也受刑法的调整和保护。例如,一般的妨害婚姻家庭关系的行为应由婚姻法处理,但严重破坏社会主义婚姻家庭关系的行为如重婚行为则属于犯罪行为,应由司法机关依照刑法的规定予以惩处。从这一意义上讲,刑法是一般部门法的保障和后盾。"没有刑法作后盾、作保证,其他部门法往往难以贯彻实施。"[①]

(3) 制裁手段的严厉性。任何侵犯法律所保护的社会关系的行为人都必须承担相应的法律后果,受到应有的制裁,故一般部门法对违反本法的行为也规定了制裁方法,如赔偿损失、恢复原状、赔礼道歉、警告、罚款、行政拘留等。这些制裁手段显然并不严厉,而且在许多情况下,当事人之间可以自行和解。刑法规定的制裁方法主要是刑罚,在各种法律的制裁手段中,刑罚无疑是最严厉的,它不仅可以表现为剥夺犯罪人的财产与政治权利,而且可以表现为剥夺其一定期限的或终身的自由,甚至可以表现为剥夺其生命。不仅如此,刑法制裁手段的严厉性还表现在其强制适用上,与民法上权利人通常情况下可以自愿放弃权利的情形不同,在刑法上,除极少数"亲告罪"(被害人告诉才处理的犯罪)外,在绝大多数情况下,犯罪人与被害人之间不得自行和解,"私了"刑事案件。

(4) 处罚范围的不完备性。这种不完备性表现在,首先,刑法作为一般部门法的后盾,在整个法律体系中起着最后手段的作用,即只有在其他部门法无法保护合法权益时才予以发动,因此,刑法并不是把所有侵犯法律保护之社会关系的行为均

---

① 高铭暄主编:《中国刑法学》,中国人民大学出版社1989年版,第12页。

规定为犯罪,而只是筛选其中一部分严重侵犯合法权益或者侵犯重要合法权益的行为将其设定为犯罪。其次,即便是面对严重侵犯合法权益的行为,刑法也可能因为考虑到人权保障、预防效果、司法成本或者手段选择等因素而不将其规定为犯罪。最后,有些严重侵犯合法权益的行为也可能由于立法者认识上的局限性而没有被刑法规定为犯罪。强调刑法处罚范围的不完备性,意义在于要求司法机关面对为刑法"遗漏"的严重侵犯合法权益的行为,必须克制处罚冲动,不得将这种行为作为犯罪来处理。

第二节 刑法的根据和任务

一、刑法的根据

《刑法》第1条开宗明义地规定了制定我国刑法的根据,包括上位法根据和实践根据两个方面。

(一) 刑法的上位法根据

《刑法》第1条明确指出,制定我国刑法的上位法根据是宪法。这是因为,宪法是国家的根本法,具有最高的法律效力,任何机关、政党、团体和个人的活动,包括立法机关制定、修订刑法的立法活动,都必须以宪法为基本的活动准则。因此,我国宪法关于国家政治、经济制度的规定,关于国家机关组织和活动原则的规定,关于公民基本权利和义务的规定,特别是关于"国家维护社会秩序,镇压叛国和其他危害国家安全的犯罪活动,制裁危害社会治安、破坏社会主义经济和其他犯罪的活动,惩办和改造犯罪分子"的规定,都是制定和修订刑法所必须遵循的。具体而言:刑法的制定和修订必须以宪法为指导;刑法必须具体体现宪法的精神和原则;刑法的规定和解释不能与宪法相抵触;刑法的制定与修订必须根据宪法所规定的立法权限和立法程序进行。总之,刑法必须不折不扣地贯彻落实宪法的要求,并通过具体刑法规范及其适用,保障宪法的有效实施。

(二) 刑法的实践根据

根据《刑法》第1条的规定,我国同犯罪作斗争的具体经验和实际情况,是制定刑法的实践根据。一切从实际出发,实事求是,是马克思列宁主义、毛泽东思想和邓小平理论的精髓,也应当成为我们制定刑法的根据。因此,制定和修订刑法,首先,应当着眼于社会主义中国的基本国情,包括政治、经济、文化、社会治安等现实情况,不能脱离我国实际,超越现实发展阶段;其次,应当注意吸收我国长期以来同犯罪行为作斗争的实际经验,例如对社会治安实行综合治理的方针,惩办与宽大相结合的基本刑事政策,区别对待、打击少数、争取教育多数的策略等。这些方针、政策和策略经过长期的司法实践检验,被认为是行之有效的,故亦应成为我们制定和修订刑法的实践根据。需要指出的是,强调着眼于本国国情并不意味着我国不能吸取国外成熟的立法经验,我国刑法无疑应吸收和借鉴古今中外人类社会创造的一切文明成果,特别是应当顺应当代国际社会刑法改革的进步趋势,但这种吸收和借鉴不能脱离中国的基本国情,而必须立足于以我国同犯罪作斗争的具体经验及实际情况为基本出发点这一基础之上。

二、刑法的任务

《刑法》第 2 条明确规定了我国刑法的任务。概括地讲,我国刑法的任务是用刑罚惩罚犯罪行为,以保护人民利益,其中惩罚犯罪是手段,保护人民利益是目的,两者密切联系,有机统一。具体而言,我国刑法的任务包括以下四个方面:

(1) 保卫国家安全、人民民主专政政权和社会主义制度。国家的安全是中华民族生存和发展的根本前提,人民民主专政的政权和社会主义制度是我国最广大人民利益的集中体现。故保卫中华人民共和国国家安全、人民民主专政的政权和社会主义制度,被视为我国刑法的首要任务。因此,我国刑法非常重视对危害国家安全的犯罪的惩办,在《刑法》分则中将危害国家安全罪列为各类犯罪之首并规定了严厉的刑罚,另外《刑法》总则中有关附加剥夺政治权利以及累犯等规定也体现了对此类犯罪从严惩治的精神。[1]

(2) 保护社会主义的经济基础。社会主义经济基础是我国进行社会主义市场经济建设、提高人民群众物质文化生活水平的基本保障。根据经济基础决定上层建筑、上层建筑服务于经济基础的原理,作为社会主义上层建筑组成部分的我国刑法必然要将保护社会主义经济基础当作自己的一项重要任务。刑法这一任务集中表现在两方面:一是维护正常的经济秩序;二是保护公共财产和公民私人所有的合法财产不受侵犯。为此,《刑法》分则第 3 章和第 5 章分别规定了破坏社会主义市场经济秩序罪和侵犯财产罪,运用刑罚手段同各种破坏、动摇社会主义经济基础的犯罪行为作坚决的斗争。

(3) 保护公民的各项权利。将切实保障公民的人身权利、民主权利与其他权利不受非法侵犯作为我国刑法的又一项重要任务,是由我们国家的人民民主性质所决定的,是我国宪法的要求。公民的人身权利是指生命权、健康权、人身自由权及人格名誉权等与人身有关的各项权利;民主权利是指公民依法参加国家管理和社会政治生活的权利,如选举权与被选举权等;其他权利是指公民人身权利、民主权利以外的权利,如婚姻自由权,年老、年幼及患病的家庭成员受抚养的权利等。从《刑法》分则第 4 章规定中可以发现,我国刑法十分重视对公民各项权利的保护,各种侵犯公民人身权利、民主权利的犯罪都必将受到追究。

(4) 维护良好的社会秩序和安定的生活局面。良好的秩序与安定的局面对于维护国家和人民群众利益以及保障社会主义建设事业顺利进行具有前提的意义。没有一个良好的秩序和安定的局面,社会就会不稳定,人民就不能安居乐业,国家的

---

[1] 参见我国《刑法》第 56、66 条的规定。《刑法修正案(八)》对《刑法》第 66 条作了修改,但严厉惩治危害国家安全犯罪的精神没有变化。

改革开放和社会主义现代化建设也就无法正常进行。因此,我国刑法将维护良好的社会秩序和安定的局面也作为自己的一项基本任务,《刑法》分则分别规定了危害公共安全罪、妨害社会管理秩序罪等犯罪类型,为运用刑罚武器同破坏社会秩序和安定局面的犯罪行为作斗争提供了必要的法律根据。

第三节 刑法的体系和解释

一、刑法的体系

对刑法的体系可以有两种理解:广义的刑法体系是指刑法的各种渊源及其相互关系;狭义的刑法体系则是指刑法典的体系,即刑法典的组成和结构。这里所讨论的是狭义的刑法体系。

我国现行《刑法》从总体上分为两编和附则三部分。第一编是总则,内容为一般规定;第二编称分则,内容为具体规定。两者之间是一般与特殊、抽象与具体的关系。总则指导分则的适用,分则具体体现总则的规定。总则规定的内容不仅适用于分则,而且适用于其他有刑罚规定的法律(但其他法律有特别规定的除外)。编以下再根据法律规范的性质和内容划分为章、节、条、款、项5个层次(但附则只有条、款层次,而没有编、章、节的划分)。详言之,总则编下分5章,内容分别为刑法的任务、基本原则和适用范围;犯罪;刑罚;刑罚的具体运用;其他规定。分则编下共10章,分别规定了10大类犯罪。章以下为节,总则编除第1章和第5章外,其余3章各分为若干节;分则大多数章下不设节,只有第3章"破坏社会主义市场经济秩序罪"和第6章"妨害社会管理秩序罪"因内容庞杂而分别被分作8节和9节。节(或不设节的章)以下是条,条是刑法典的基本组成单位,《刑法》的全部条文按统一的顺序进行编排,不受编、章、节的影响。条下的单位为款,款本身没有编号,其标志为另起一段。例如,作为《刑法》附则的第452条有3个自然段,这意味该条有3款。但也有许多条文只有一个自然段,在这种情况下便只能称作"第××条",而不能称"第××条第1款"。项是款(或不设款的条)下的单位,用另起一段且以带括号的基数词的方式来表示,如《刑法》第78条第1款下设有6项,第87条下设有4项等。由于《中华人民共和国刑法修正案(九)》(以下简称《刑法修正案(九)》)删除了《刑法》第199条的内容,因此,我国《刑法》第一次出现了只有刑法条文编号,而没有具体内容的情况。需要强调的是,《刑法》条文的条、款、项结构是十分严谨的,引用时必须规范,不能随意指称。

刑法条款是传达立法意图的载体,同一条款可能只表达一个意思,也可能包含两个以上意思。如《刑法》第21条第2款规定:"紧急避险超过必要限度造成不应有的损害,应当负刑事责任,但是应当减轻或者免除处罚。"该条表达了两个意思,理论上称表达前一意思的文字为前段,称表达后一意思的文字为后段。如果同一条款表达了三个意思,则应分别称作前段、中段和后段。在这种具有两段以上意思的条款中,如果后面一段文字的意思是对前段内容作出相反、例外、限制或补充规定的,往往使用"但是"一词予以表示。这种以"但是"开始的文字被称作"但书"[①],其含义有以下四种:(1)与前段意思相反。如《刑法》第13条中,前段规定什么是犯罪,但书则规定行为"情节显著轻微危害不大的,不认为是犯罪"。(2)前段意思的例外。如经《刑法修正案(八)》修改的《刑法》第65条第1款规定:"被判处有期徒刑以上刑罚的犯罪分子,刑罚执行完毕或者赦免以后,在5年以内再犯应当判处有期徒刑以上刑罚之罪的,是累犯,应当从重处罚,但是过失犯罪和不满18周岁的人犯罪的除外。"(3)对前段意思的限制。如《刑法》第73条第1款规定:"拘役的缓刑考验期限为原判刑期以上1年以下,但是不能少于2个月。"(4)对前段意思予以补充,例如前述《刑法》第21条第2款的规定。可见,"但书"对准确表达立法意图起着重要的作用,在制定、解释和适用刑法时对其不可忽视。

二、刑法的解释

(一)刑法解释的意义

刑法的解释,是指对刑法规定含义的说明。刑法解释的对象是刑法规定,目的是为了准确理解和适用刑法。由于刑法规定所使用的语言和普通用语一样往往具有多义性,而刑法条文又是高度抽象概括的,故容易导致人们对刑法规定作出不同理解,因此需要通过解释来统一认识;加之刑法规定本身不可避免地存在某些缺陷,需要通过解释来加以消除;同时由于一方面刑法规定必须具有相对的稳定性而不能朝令夕改,另一方面现实生活又是不断发展变化的,故也需要通过解释以便使稳定的刑法规定能适应不断变化的形势。由此可见,刑法的解释是整个刑法实践活动中不可缺少的重要环节,是连接刑法的立法与司法的桥梁和纽带,它有助于对刑法规定的含义和精神的正确把握,有利于刑法的统一实施,有助于克服刑法自身的缺陷,有利于刑法的发展和完善。

解释刑法的重要性决定刑法解释必须恪守一定的规则。例如依据前面提出的宪法是刑法制定的上位法根据,刑法解释不能违反宪法的要求,所得出的结论必须符合宪法规定的精神;根据后面一章所提到的罪刑法定原则,刑法的解释应严格遵循语言规范,即只能立足于刑法规定所使用的语言基础上进行解释,而不能超出刑法规定用语可能包括的含义。不过,这里需要特别指出两点:一是在结论不同的情况下,各种刑法解释的效力取决于解释主体的权威性;二是刑法解释的可信度取决于方法的科学、严谨。

(二)刑法解释的效力

在刑法解释方面,现实中常常出现的问题是,由于各自所处的地位和看问题的角度不同,不是所有的解释者对同一规定的解释结论均完全一致。故当存在不同的

[①] 应注意的是,并非所有刑法中以"但是"开始的文字都属于"但书",还要看上下文的关系,例如我国《刑法》第16条中的"但是"及以后的文字就不具有"但书"的意义。

解释结论时，必须按一定的规则加以取舍，不然会令人感到无所适从。因此，就需要研究刑法解释的效力。如上所述，不同解释主体作出的解释的效力不同。因此，刑法理论上一般根据解释主体的不同从效力上将刑法解释分为立法解释、司法解释和学理解释。其中，前两种解释又被称作正式的刑法解释。

（1）立法解释，是指由国家立法机关即全国人民代表大会及其常务委员会所作的刑法解释。由于立法解释的主体就是立法机关，加之我国《宪法》第67条第4项也明确规定解释法律是全国人民代表大会常务委员会的基本职权之一，所以刑法的立法解释具有最高的法律效力，即和刑法规范一样的普遍约束力，故立法解释又可称为有权解释。一般认为，刑法的立法解释包括三种情况：第一，在刑法中用条文对有关用语所作的解释。例如《刑法》第94条规定："本法所称司法工作人员，是指有侦查、检察、审判、监管职责的工作人员。"第二，在刑法文件的起草说明或者修订说明中所作的解释。例如1981年全国人民代表大会常务委员会制定的《关于处理逃跑或者重新犯罪的劳改犯和劳教人员的决定》中"加重处罚"的规定，当时负责起草这一单行刑法的全国人民代表大会常务委员会法制工作委员会负责人在讨论通过该法律文件的全国人民代表大会常务委员会会议上解释说：这里的加重处罚"不是可以无限制地加重，而是罪加一等，即在法定最高刑以上一格判处"。这一说明经全国人民代表大会常务委员会认可后，便成为对"加重处罚"的立法解释。① 第三，在刑法施行过程中，国家立法机关对发生歧义的刑法规定所作的解释。例如，2000年4月29日全国人民代表大会常务委员会应最高人民法院和最高人民检察院的建议，针对村民委员会等村基层组织人员在从事何种管理事务工作时属于《刑法》规定的"其他依照法律从事公务的人员"的问题，所作的《关于〈刑法〉第93条第2款的解释》就属于这种立法解释。

（2）司法解释，是指由国家最高司法机关依据法律的授权对刑法规定的含义所作的说明。1981年10月第五届全国人民代表大会常务委员会第十九次会议通过的《关于加强法律解释工作的决议》规定："凡属于法院审判工作中具体应用法律、法令的问题，由最高人民法院进行解释。凡属于检察院检察工作中具体应用法律、法令的问题，由最高人民检察院进行解释。最高人民法院和最高人民检察院的解释如果有原则性的分歧，报请全国人民代表大会常务委员会解释或决定。"故司法解释亦可称作授权解释。尽管司法解释的效力低于立法解释，但由于法律上的授权，它在一定范围内也具有普遍的约束力，表现为下级人民法院和人民检察院在实际工作中必须遵循最高人民法院和最高人民检察院的司法解释，而不能自行其是。需要指出的是，近些年来，最高人民法院和最高人民检察院就审判工作和检察工作中具体应用刑法作出了大量的司法解释，对正确理解和执行刑法起到了十分重要的作用，因此在学习、研究刑法时不能忽略司法解释。

---

① 根据我国《刑法》第452条的规定，《关于处理逃跑或者重新犯罪的劳改犯和劳教人员的决定》已被废止，故这一立法解释也和"加重处罚"的规定一同失去法律效力。

（3）学理解释，是指由未经国家立法机构授权的机关、单位、社会团体、学术组织以及专家学者个人对刑法所作的解释，例如刑法典释义、刑法教科书、学术论文、专著等。学理解释属于非正式的刑法解释，不具有任何强制性的效力，更不能作为定案的依据。但是，科学的学理解释有助于正确理解与把握刑法规定的含义，有助于促进刑法科学的发展，对于司法实践乃至立法工作也具有重要的参考价值。

（三）刑法解释的方法

进行刑法解释时，方法问题也是十分重要的。科学、严谨的解释方法可以保证解释结论恰当、可信；采用不恰当的方法则会使所作出的解释缺乏可信度。在刑法的解释方面，常见的解释方法有两类：文理解释和论理解释。

（1）文理解释，又称文法解释、字面解释等，是指从刑法条款用语的语义及通常使用方式出发来说明刑法规定含义的解释方法。其主要根据是语词的含义、语法结构、标点及标题。《刑法》第91—99条的规定，从解释方法上看均属于文理解释。文理解释的特点是严格依照刑法条款的字面含义进行解释，既不扩大，也不缩小。例如《刑法》第97条规定："本法所称首要分子，是指在犯罪集团或者聚众犯罪中起组织、策划、指挥作用的犯罪分子。"可见，文理解释是一种基本的但并非不重要的解释方法，从严格依法办事的角度讲，在进行刑法解释时，应首先考虑这种解释方法。

（2）论理解释，是指按照立法精神，联系刑法产生的缘由、沿革及其他有关事项，对刑法规定作逻辑分析，从而阐明其真实含义的解释方法。一般而言，当文理解释的结论不合理或形成多种结论时，就应当采取论理解释方法进行解释。在刑法的解释中，最常见的论理解释是扩张解释、限制解释和当然解释。

第一，扩张解释。即刑法规定的字面通常含义较其真实含义窄时，扩张其字面含义，使其符合刑法规定的真实含义。如1998年4月6日最高人民法院审判委员会通过的《关于处理自首和立功具体应用法律若干问题的解释》（以下简称《自首和立功解释》），将"自动投案"解释为包括"罪行尚未被司法机关发觉，仅因形迹可疑，被有关组织或者司法机关盘问、教育后，主动交代自己的罪行的"等情况，就属于扩大解释。

第二，限制解释。即刑法规定的字面通常含义比其真实含义广时，限制其字面含义，使其符合刑法规定的真实含义。如将《刑法》第22条第1款中的"为了犯罪"解释成"为了实行犯罪"，而不包括为了预备犯罪的情况，就属于限制解释。

第三，当然解释。即刑法规定虽未明示某一事项，但依规范目的和事物属性的逻辑推理，将该事项解释为包括在刑法规定的适用范围之内。例如经《刑法修正案（七）》修改的《刑法》第201条第1款规定了逃税罪罪刑规范后，其第3款规定："有第一款行为，经税务机关依法下达追缴通知后，补缴应纳税款，缴纳滞纳金，已受行政处罚的，不予追究刑事责任；但是，五年内因逃避缴纳税款受过刑事处罚或者被税务机关给予二次以上行政处罚的除外。"据此，认定5年内因逃避缴纳税款被税务机关给予3次以上行政处罚后又逃税的属于应当追究刑事责任的犯罪行为，就属当然解释。

本章重点问题提示

一、关于刑法概念的争议

对于"什么是刑法",我国刑法理论界有不同看法,主要存在以下三种基本认识:(1)"刑法是掌握政权的统治阶级,为了维护本阶级的统治和利益,根据自己的意志,规定何种行为是犯罪并对该行为处以何种刑罚的法律"[①],亦即刑法是规定犯罪与刑罚的法律。(2)"刑法是规定犯罪、刑事责任和刑罚的法律。"[②]这是目前的主流观点。(3)刑法是"规定犯罪及其刑事责任的法律规范的总和"[③]。以上三种观点实际上表明对刑法学理论体系的基本框架,即对刑事责任在刑法中的地位,尤其是刑事责任与刑罚及为非刑罚处理方法的关系的不同看法。本书第十三章将具体讨论刑事责任在刑法中以及刑法理论上的地位问题。

二、关于刑法解释立场的争议

对于刑法解释应立足于何种立场上,刑法理论上主要有主观说、客观说与折中说三种不同的观点。

主观说又称主观解释论、立法者意思说。该说认为,刑法解释的目标应是阐明立法时立法者的意思。主观说的哲学基础为传统解释学。传统解释学一直假定并相信作品中有立于解释之外的"原意",并认为通过正确的理解可以重现这种原意。在传统解释学那里,"原意"既是理解和解释的客观标准,也是判定解释与理解是否正确的尺度。主观解释学的政治学基础为三权分立学说。根据这一学说,法律只能由立法机关制定,司法机关的任务就是按照立法者的意思适用法律;否则,即为越权。这样,作为适用法律前提的法律解释就必须以探求立法者的立法原意为目的。主观说的法理学基础即是强调法律的安全价值和保障机能。主观说的主张者认为,法律是用来规范人们行为的,必须具有稳定性,这样才能给人们提供安全感。而要保持法律的稳定性,实现法律的安全价值,就必须将立法原意作为解释和适用法律的唯一标准。舍弃立法原意这一标准,就会使法律的解释和适用具有随意性,从而导致人们在法律面前感到恐惧不安,法律就不可能实现其安全价值了。另外,法律是用来保障公民权利的,具有人权保障机能,而要发挥法律的保障机能,也必须将立法原意作为解释和适用法律的标准。如果允许超越立法原意来解释和适用法律,势必导致法律运用的恣意,在法律被滥用的情况下,公民的权利就难免会受到侵犯,法律的保障机能就无从实现。

客观说又称客观解释论、法律客观意思说。该说认为,刑法解释应揭示的是适用时刑法之外的意思,而不是立法者制定刑法时主观上所赋予条文的意思。客观说

---

① 何秉松主编:《刑法教程》,中国法制出版社1998年版,第8页。
② 高铭暄、马克昌主编:《刑法学》(上编),中国法制出版社1999年版,第3页。
③ 苏惠渔主编:《刑法学》,中国政法大学出版社1994年版,第13页。

是在批判主观说的过程中形成的,其哲学基础和法理学基础与主观说迥然不同。客观说的哲学基础为哲学解释学。哲学解释学认为,独立于解释者理解之外的作品意义是不存在的,作品的意义只能出现在解释者与作品的对话之中。哲学解释学在否定作品原意存在的基础上进一步指出,作品的意义并不是恒定的,而是随着时代变化而变化的。客观说的法理学基础则是强调法律的公正价值和保护机能。客观说的主张者认为,应将法律的公正价值放在优于法律安全价值的位置上,只要对某项法律的解释能够保证该项法律的适用得到公正的结果,即使该解释超越了立法原意(假定有原意的话),有损于法律的安定性,那也是适当的。在他们看来,法律不是机械的文字、僵化的规则,它富有生命力。法律的生命力在于它对社会现实需要的满足,对社会正常发展的保护。法律如果不能满足社会的实际需要,不能保护社会的正常发展,那么就会失去其存在的意义。因此,为了使稳定的法律保持活力,充分发挥其保护机能,就必须紧密联系解释时的社会实际来阐明法律的含义,而不能拘泥于法律制定时立法者所赋予法律的原意。

折中说是调和主观说和客观说的一种法律解释学说,又称综合解释论。其理论基础具有中和的色彩。从哲学基础来讲,折中说既赞成传统解释学关于"原意"的理论,肯定了立法原意的存在,同时又同意哲学解释学关于解释对象的意义随时代变化而变化的命题,认为立法原意也是可以超越的。就法理学基础而言,折中说既关心法的安全价值,也重视法的公正价值;既强调法律的保障机能,也关注法律的保护机能。当然,从理论上讲,折中说也不是绝对不偏不倚,也存在以主观说为基础兼顾客观说还是以客观说为基础而兼顾主观说的问题。故折中说可以分成以主观说为基础的折中说和以客观说为基础的折中说。[①]

思考题

1. 我国刑法的渊源有哪些?
2. 如何理解刑法的性质?
3. 我国刑法的制定根据是什么?
4. 如何理解我国刑法的体系?
5. 刑法的解释有哪些类型?

---

① 李希慧:《刑法解释论》,中国人民公安大学出版社1995年版。

第二章　刑法的基本原则

内容提要

本章主要阐述了刑法基本原则的概念、刑法基本原则对刑事立法与刑事司法的指导意义,罪刑法定原则、适用刑法平等原则、罪责刑相适应原则的内涵及其立法体现和司法运用。重点在于刑法基本原则的含义、我国刑法三大基本原则的内涵及体现。

关键词

刑法基本原则　罪刑法定　适用刑法平等　罪责刑相适应

第一节　刑法基本原则概述

一、刑法基本原则的概念

刑法基本原则,是指贯穿整个刑法、具有指导和制约全部刑事立法和刑事司法意义并直接体现一个国家刑事法治基本精神的根本准则。

刑法基本原则具有以下三个特征:首先,刑法基本原则必须贯穿刑法始终。只有在整个刑法中具有全局性、根本性价值即其作用贯穿全部刑法规范的准则,才能成为刑法基本原则。刑法为解决某些局部性问题而采用的原则,如对国际性犯罪的普遍管辖原则、对一人犯数罪进行合并处罚的数罚并罚原则等,都不属于刑法基本原则。其次,刑法基本原则必须具有指导和制约全部刑事立法和刑事司法的意义,即必须得到刑事立法和刑事司法以及相关活动的普遍遵循。再次,刑法基本原则必须直接体现一国刑事法治的基本精神,即直接体现宪法对刑法提出的要求,如公民在法律面前一律平等、国家尊重和保障人权等,不是直接体现一国刑事法治基本精神的规则,例如法条竞合适用原则等,也不能成为我国刑法的基本原则。

刑法基本原则是近现代刑法的产物。在反对封建专制的大革命中,资产阶级启蒙思想家和法学家针对封建社会的罪刑擅断、轻罪重判和惩罚残酷等特点,提出了罪刑法定主义、罪刑等价主义和刑罚人道主义的主张。这些主张在革命胜利后建立起来的资本主义国家刑法里得到一定的体现,因而被称为刑法的三大基本原则。资产阶级刑法中的这三大原则相对于封建社会刑法而言,无疑是人类文明史上一个明显的进步。

一个国家将哪些准则确定为本国刑法的基本原则,是由本国的国情和实际需要决定的。我国1979年《刑法》对刑法的基本原则未予规定,1997年修订的《刑法》在第3条、第4条和第5条中明确地规定我国刑法的基本原则为罪刑法定原则、适用刑法平等原则和罪责刑相适应原则。

二、刑法基本原则的意义

刑法基本原则是刑法以宪法为根据的具体体现,是整个刑法的方向所在。刑法中许多重大问题,如犯罪概念的界定、犯罪构成要件的确立、刑事责任程度的衡量、刑罚方法的设置、刑罚裁量与执行制度的设计以及具体犯罪及其法定刑的确定,都是在刑法基本原则的指导下进行的。总之,刑法基本原则直接反映宪法的精神和刑法的目的,规范着刑法的基本制度,决定着刑法的体系和适用。因此,不了解我国刑法的基本原则,就不能深刻理解和准确适用我国现行刑法。

刑法基本原则不仅体现在现行刑法中,而且还对以后的刑事立法具有指导意义。今后的刑法修改、补充工作,也必须严格遵循《刑法》所确立的刑法基本原则。即如果因社会需要而对刑法规范加以废、改、立,一定要以刑法基本原则为指导并使刑法的修改与完善工作受到这些原则的制约,确保罪刑规范更加明确、具体,刑法的适用更加平等、公正,罪与刑的关系更加均衡、相称,从而既进一步有利于维护社会的秩序,又更加有利于保障个人的人权。

刑事司法工作也必须始终不移地贯彻刑法基本原则。换言之,刑事司法人员应在刑法基本原则的指导下解释和适用刑法,强化法治意识、平等观念和公正无私的思想,严格依法办事,公正司法和准确裁量,使所办理的案件能经得起历史的检验。

总之,刑法基本原则的深入贯彻必将促进我国刑事立法更加完善、科学,刑事司法更加公正、文明,从而使我国刑法能更好地保障中国特色社会主义建设事业的顺利进行与建立和谐社会目标的真正实现。

第二节 罪刑法定原则

一、罪刑法定原则的渊源与含义

(一) 罪刑法定原则的渊源

国内外不少学者认为,1215年英王约翰签署的《大宪章》(Magna Charta)第39条所确定的"正当法律程序"是罪刑法定思想的最早萌芽。[①] 该条规定:"凡是自由民除经其贵族依法判决或遵照国内法律之规定外,不得加以扣留、监禁、没收财产、

---

① 参见高铭暄主编:《刑法专论》(上编),高等教育出版社2002年版,第63页;高铭暄、马克昌主编:《刑法学》,北京大学出版社、高等教育出版社2000年版,第26页;张明楷:《刑法学》(上),法律出版社1997年版,第39页。

褫夺其法律保护权,或加以放逐、伤害、搜索或逮捕。"这一"正当法律程序"的思想后来为英国1628年的《权利请愿书》(Petition of Right)和1689年的《权利法案》(Bill of Rights)所继承,并在美国的权利宣言和宪法中得到体现。但是刑法理论上一般认为,近代实体法意义上的罪刑法定原则是随着资产阶级自由主义思想的产生和发展而形成的。①

从严格意义上讲,罪刑法定的早期思想基础是自然法理论、三权分立主张和心理强制学说。由霍布斯、洛克等为代表的资产阶级启蒙思想家倡导的自然法理论,主张用制定法来限制根据契约建立起来的国家权力对个人自然权利的过分干预。法国启蒙思想家孟德斯鸠提出的三权分立思想要求由立法机关制定刑法,而由司法机关适用刑法,以避免法官的专断和保障个人的权利与自由。由德国刑法学家费尔巴哈创立的心理强制学说主张:为了预防犯罪,必须事先明文规定犯罪与刑罚的关系,从而才可以促使人们在权衡犯罪带来的快乐和受刑罚处罚的痛苦之后作出趋利避害的选择。上述思想对罪刑法定得以成为刑法的基本原则起到了有力的推动作用,最终罪刑法定主义以"没有法律就没有犯罪,没有法律就没有刑罚"(Nullum crimen sine lege, nulla poena sine lege)的确切表述而出现在费尔巴哈1801年所著的《刑法教科书》中。

罪刑法定主义从学说到法律原则的转变,是在法国大革命胜利以后完成的。换言之,罪刑法定原则的法律渊源是法国1789年颁布的《人权宣言》、1791年的《法国宪法》和1810年的《法国刑法典》。1789年的法国《人权宣言》第8条明确规定:"法律只应规定确实需要和显然不可少的刑罚,而且除非根据在犯法前已经制定和公布的且系依法施行的法律以外,不得处罚任何人。"这一规定确定了近代意义上罪刑法定原则的基本方向。1791年的《法国宪法》充分体现了这一思想。1810年的《法国刑法典》第4条最早在刑法中明确规定:"没有在犯罪行为时以明文规定刑罚的法律,对任何人不得处以违警罪、轻罪和重罪。"自那以后,罪刑法定原则被越来越多的国家所采纳,逐渐成为近现代世界各国刑法公认的一项基本原则。

需要说明的是,尽管罪刑法定被世界各国刑法普遍规定为基本原则,但数百年来,围绕这一原则的争论始终没有平息,罪刑法定原则的基础与性质也在争论中发生着变化。②(1)作为罪刑法定原则最初思想基础的自然法理论、三权分立主张与心理强制学说受到了广泛的置疑,被认为是缺乏实证根据的、僵硬的和不符合社会现实状况的。经过讨论,罪刑法定的思想基础现在被确定为民主主义与尊重人权主义。民主主义是指,什么行为是犯罪,对犯罪应处以什么样的刑罚,应当由国民决定,其途径是由国民选举自己的代表组成立法机关制定刑法来确定。尊重人权主义的含义是指,为了保障人权,不妨碍公民的自由,同时不致使公民产生不安感,必须使他们事先能够预测自己行为的性质与法律后果,因此何种行为属于犯罪,对犯罪

---

① 参见〔日〕大塚仁:《刑法概说》(总论),冯军译,中国人民大学出版社2003年版,第60页。
② 实际上,罪刑法定的内容也在发生一些变化,对此将在下面予以提及。

给予何种处罚,必须在事前明确予以规定。① (2)随着社会的发展,特别是随着经济生活的变迁和人类认识的不断深化,自由资本主义的缺陷渐趋明显,成文法存在着严重的局限性也日益成为人们的共识,因此最初那种严格的、完全不允许选择或变通的绝对罪刑法定规则越来越多地受到批判乃至否定,取而代之的是具有一定灵活性和开放性并允许司法者在适当范围内行使自由裁量权的相对的罪刑法定原则。②这些变化既减弱了罪刑法定原则的形式主义缺陷,从而加强了其生命力,也使得这一原则的价值得到提升,更有利于对人权的保障。

(二) 罪刑法定原则的含义

罪刑法定原则的基本含义是:什么是犯罪,哪些行为属于犯罪,各种犯罪的构成条件是什么,有哪些刑罚方法,各种刑罚方法如何适用,对各种具体犯罪应在什么样的幅度内裁量决定刑罚等,均只能由刑法明文加以规定。对于刑法分则没有明文规定为犯罪的行为,不得认定为犯罪和给予刑罚处罚。对于刑法没有明文规定为刑罚的处罚方法,不能当成刑罚来使用。

一般而言,罪刑法定原则的含义首先表现为以下四项内容:(1)排斥习惯法,即禁止对刑法没有明文规定为犯罪的行为通过适用习惯来定罪判刑。(2)禁止事后法,即禁止根据行为后开始实施的法律对行为人定罪处罚,除非适用这种事后法比适用行为时的法律对被告人更有利。(3)禁止有罪类推,即禁止对刑法分则没有明文规定为犯罪的行为比照类似的刑法分则条文定罪判刑。(4)排斥绝对不确定刑,即禁止对被告人适用完全不确定具体刑种与刑期幅度的刑罚。综上,排斥习惯法、禁止重法溯及既往、禁止有罪类推、排斥绝对不确定刑,是罪刑法定原则的四项基本要求,背离其中任何一项要求,都意味着对罪刑法定原则的破坏。

但应当指出的是,上述四项基本要求主要是从罪刑法定的字面意思出发来展开的,只是强调了罪刑法定原则形式层面的含义,因此被认为只是对这一原则内容的传统理解。实际上,仅仅对罪刑法定作上述形式的理解并不能完全实现民主主义和尊重人权主义的要求。例如,如果由立法机关制定的成文刑法用语含糊不清,意义不明确,使人无法据以判断自己行为的法律后果,仍然可能严重损害国民的自由;再如,如果成文刑法的规定不适当,将不应当作为犯罪来处罚的行为规定为犯罪或者为犯罪配置了不人道、不均衡的刑罚,也必然违反民主主义与尊重人权主义。因此晚近以来,主张应当从实质层面来理解罪刑法定原则的含义的见解得到广泛的赞同。国内外刑法理论界现在一般都认为,明确性和适当性是罪刑法定原则实质层面的要求。明确性是指,刑法规定的用语必须内涵明确,外延清楚,意义不能含糊不清,以便国民能够根据刑法比较准确地预测自己行为的法律后果,同时这样也有利于防止可能发生的司法人员的深文周纳。适当性则包含刑法处罚的范围必须适当和惩罚的手段必须适当两个方面,即刑法既不能将不应当用刑罚处罚的行为规定为

---

① 参见张明楷:《刑法学》(上),法律出版社1997年版,第40页。
② 参见高铭暄主编:《刑法专论》(上编),高等教育出版社2002年版,第66—70页。

犯罪,也不能规定不人道或者与犯罪行为不均衡的刑罚方法。① 因此,排斥不明确的和不适当的刑罚法规,也属于罪刑法定原则的应有含义。

二、罪刑法定原则在我国刑法中的具体体现

我国现行《刑法》明文规定了罪刑法定原则。《刑法》第 3 条郑重宣示:"法律明文规定为犯罪行为的,依照法律定罪处刑;法律没有明文规定为犯罪行为的,不得定罪处刑。"相应地,罪刑法定原则的思想和内在要求,也在《刑法》中得到了较为全面、系统的体现。

(1)《刑法》不断地加强犯罪的法定化和刑罚的法定化,并尽可能做到详细、完备,从而排除了适用习惯法处理刑事案件的可能性。犯罪的法定化体现为:不仅在总则条文中规定了构成犯罪的共同性要件,即成立各种犯罪均必须具备的条件,而且在分则条文中对每一种犯罪的具体构成要件作了尽可能详细的描述。刑罚的法定化则表现为确切限定了刑罚的种类,详细规定了量刑的原则和各种刑罚制度,周密设定了各种犯罪的具体法定刑幅度。另外,1997 年修订的《刑法》克服过去刑事立法简单粗疏的缺陷而力求周详、完备,将其分则条文由 1979 年《刑法》的 103 条增加到 350 条,其中的罪名数量由 1979 年《刑法》的 130 个增加到 413 个。这些加上全国人民代表大会常务委员会于 1998 年 12 月 29 日通过的《关于惩治骗购外汇、逃汇和非法买卖外汇犯罪的决定》和 1999 年 12 月 25 日以来通过的九个《刑法修正案》补充、修改的内容,不仅反映了罪刑法定原则关于规范应当详备的要求,而且也因其准确地反映了现实犯罪情况及同犯罪作斗争的实际需要而增强了这一原则的现实可行性。

(2)《刑法》重申了 1979 年《刑法》为解决刑法溯及力问题而确定的从旧兼从轻规则,纠正了过去的一些单行刑法中所出现的对这一规则的偏离倾向,杜绝了根据事后法作出不利于当事人的处理决定的现象。②

(3)《刑法》取消了 1979 年《刑法》第 79 条关于刑事类推的规定,废止了这一和罪刑法定原则的内容相冲突的具体制度。

(4)《刑法》在法定刑的设置上进一步细化量刑幅度以降低刑罚的不确定性,这在我国目前的政治、经济、文化背景下无疑是具体贯彻罪刑法定原则内在要求的有力举措。

(5)《刑法》在罪刑规范的表述方面力求尽可能的清楚、确切,以体现罪刑法定原则的明确性要求。具体表现在:改变 1979 年《刑法》中所采用的规定一些笼统、不

---

① 参见高铭暄主编:《刑法专论》(上编),高等教育出版社 2002 年版,第 82—84 页;马克昌主编:《刑法学》,高等教育出版社 2003 年版,第 11—12 页;张明楷:《刑法学》(上),法律出版社 1997 年版,第 41—42 页。

② 详见本书第三章第二节的内容。

明确的"口袋罪名"的做法①,使所规定的每一种犯罪内涵具体,外延明确;对于具体犯罪的描述,尽量使用叙明罪状②并注意用语含义的清晰度;在具体犯罪的处罚规定上,注重量刑情节的具体化,尽可能地少用意义含糊不清的概括表述。

(6)《刑法》进一步强调刑法规定的适当性,很好地贯彻了罪刑法定原则的这一实质要求。这首先表现为《刑法》第13条明文规定犯罪是危害社会的、依照法律应当受刑罚处罚的行为,同时还规定"情节显著轻微危害不大的,不认为是犯罪",从而较好地限定了刑法的处罚范围;其次,在对1979年《刑法》中规定的"口袋罪名"进行分解的时候,将一些不应当作为犯罪处理的情形排除于刑法禁止之列,即进行非犯罪化处理;再次,通过刑种(刑罚方法)的规定禁止采用残虐的、不人道的刑罚手段,并将罪责刑相适应明文规定为我国刑法的另一项基本原则(本书后面将对该原则具体加以论述);最后,《刑法修正案(八)》通过了对已满75周岁的人犯罪从宽处罚和废除13种犯罪的死刑等的修改;《刑法修正案(九)》提高了死缓改为死刑立即执行的条件,还取消了集资诈骗罪等9个罪名的死刑规定。这些都在体现罪刑法定原则的适当性要求方面又迈出了新的步伐。

三、罪刑法定原则的司法适用

在刑法中规定和体现了罪刑法定原则,还不能说这一原则已经得到了实现,罪刑法定原则的最终实现还有赖于司法机关的实际司法活动。如果不能在司法实践中得到适用,那么罪刑法定原则就仅仅是一句空洞的口号,而没有实际意义。从我国的刑事司法实践来看,切实贯彻执行罪刑法定原则,必须注意以下几个问题:

(1)严格依法认定犯罪。就整个刑事司法工作而言,认定行为人的行为是否成立某种犯罪是最基本的一个环节,是刑罚裁量与刑罚执行环节的基础,也是最容易引起争议的环节。在这一环节中,司法机关必须强化法律至上的观念,以事实为根据,以法律为准绳,坚决抵制以言代法、以权压法的错误做法,严格依据法律的规定来认定犯罪;对于刑法明文规定的各种犯罪,必须认真把握犯罪的本质特征和构成要件,准确区分罪与非罪、此罪与彼罪的界限,做到定性准确,不枉不纵,于法有据,名实相符。这里需要特别指出的是,强调严格依法认定犯罪的意义在于,当受理的是具有严重危害性而刑法又没有明文规定为犯罪的行为时,司法人员必须坚定不移地对这样的行为做无罪处理。

(2)准确裁量、执行刑罚。刑罚的裁量是认定犯罪存在后的必经环节,刑罚执行则是将对犯罪判决的刑罚由宣告变成现实的具体途径。这两个环节也必须符合罪刑法定原则的要求。具体而言,刑事审判部门在对犯罪裁量决定刑罚时,必须严

---

① 参见王汉斌1997年3月6日在第八届全国人民代表大会第五次会议上所作的《关于〈中华人民共和国刑法(修订草案)〉的说明》。
② 叙明罪状是指对具体犯罪的构成状况作了具体、详细描述的罪状。详见本书第二十章第二节的论述。

格遵循刑法对具体犯罪所规定的量刑幅度,根据刑罚裁量原则,仔细考虑量刑情节及对社会的危害程度,确定适当的处罚;刑罚执行机关在执行刑罚时也必须严格遵守法律规定的刑罚执行制度与程序。需要指出的是,由于刑法规定的抽象性,刑罚的裁量与执行离不开司法人员的自由裁量,罪刑法定原则本身不应当而且也并没有完全否定司法人员在一定范围内的自由裁量权。例如,刑法关于量刑幅度、量刑情节以及刑罚执行制度的规定等,都为司法人员预留了自由裁量的空间。但这种自由裁量空间是有边界的,司法人员只能在罪刑法定原则认可的范围内行使自由裁量权,任何超越刑法规定的自由裁量都不被允许。

(3)正确进行刑事司法解释。如前所述,在我国刑法中,目前还存在某些罪刑规范不够具体明确的问题,在立法机关作出修改完善之前,这样的问题只能由最高司法机关通过司法解释来解决。只有这样,才能弥补立法的不足,统一规范和指导全国有关定罪量刑的司法实务,以防止下级司法机关随心所欲、各行其是的现象发生。但必须强调的是,司法解释权也并非是无限的。最高司法机关在进行刑法司法解释时,亦必须受罪刑法定原则的制约,而不能随心所欲,无论是限制解释,还是扩张解释,都不得曲解法律规定的真实意图,更不能以司法解释变更、取代刑事立法。

第三节 适用刑法平等原则

一、适用刑法平等原则的渊源与含义

追求平等是人类的理想之一。但是在漫长的奴隶社会与封建制社会中,人与人之间却是极端不平等的。资产阶级在反封建革命斗争中,以"人人生而平等"为口号动员人们起来推翻等级特权制度,并在革命胜利后将这一政治口号确立为法律面前人人平等原则。如1789年的法国《人权宣言》第6条明确宣布:"法律对于所有的人,无论是施行保护或者处罚都是一样。在法律面前,所有的公民都是平等的。"1791年的《法国宪法》进一步指出:"平等是指:法律无论是用于保护还是用于惩罚,对一切人都是平等的。它不承认出身的差别,不承认权力的世袭。"法律面前人人平等原则由于具有巨大的历史进步意义,所以不仅为当代资本主义国家所奉行,而且也被社会主义国家作为人类文明遗产而加以继承。就我国而言,适用刑法平等原则是《宪法》所确立的法律面前人人平等原则的具体化。我国《宪法》明确规定:任何组织或个人"都必须遵守宪法和法律","都不得有超越宪法和法律的特权","一切违反宪法和法律的行为,必须予以追究","中华人民共和国公民在法律面前一律平等"。为了使《宪法》的要求得到贯彻执行,我国在一些具体法律中也规定了这一原则,如《刑事诉讼法》《民事诉讼法》都规定公民在适用法律上一律平等。刑法作为惩罚犯罪、保护人民的基本法律,更应当贯彻这一宪法要求,因此《刑法》将适用刑法平等原则确立为我国刑法的一项基本原则。

《刑法》第4条规定:"对任何人犯罪,在适用法律上一律平等。不允许任何人有

超越法律的特权。"据此,适用刑法平等原则的含义是:任何人犯罪,都应当受到法律的追究,任何人都不得享有超越法律规定的特权;对一切犯罪行为,不论犯罪人的社会地位、家庭出身、职业状况、财产数额、政治面貌和才能业绩如何,都应一律平等地适用刑法定罪处罚,不允许任何人有超越法律的特权。

二、适用刑法平等原则的具体体现

作为刑法的一项基本原则,适用刑法平等原则无疑也具有指导立法的意义,我国刑事立法当然也不应背离这一原则。不过从用语上看,这一原则在意义上主要还是就刑事司法而言的。如前所述,刑事司法活动包括认定犯罪、裁量刑罚和刑罚执行三个环节,适用刑法平等原则也具体体现在这三个环节上:

(1) 在认定犯罪上应一律平等。任何人犯罪,无论其身份、地位等如何,应一律平等对待,适用相同的定罪标准。绝不能因为行为人地位高、功劳大而不予定罪,任其逍遥法外;也不能因为被告人是普通百姓就胡乱追究,任意定罪。

(2) 在刑罚裁量方面应一律平等。对性质和严重程度相同的犯罪,应当给予相同的处罚,即做到同罪同罚。当然,同罪同罚并不意味着只要是犯同一性质的犯罪就判处完全相同的刑罚。虽然触犯相同的罪名,但犯罪情节不同,比如有的是累犯或具有其他法定从重处罚的情节,有的是从犯或具有其他法定从轻、减轻或者免除处罚的情节,因此在量刑时也应当有所区别。这种差别是正常、合理的,并不违背适用刑法平等原则,因为对任何人犯罪来说,都有这样一个具体情况具体分析、针对不同情节实行区别对待的问题。但如果是因为权势、地位或财力方面的差别而导致同罪不同罚,则是违背适用刑法平等原则的,因为这等于承认某人享有超越法律的特权。

(3) 在刑罚执行上应一律平等。即在行刑时,对于所有的受刑人平等对待,凡罪行相同、人身危险性相同的,刑罚处遇也应相同,不能因为贫富差距、权势地位不同而对一部分人给予特殊待遇或对另一部分人给予歧视待遇。另外,在掌握法律规定的减刑、假释的条件时也应力求平等,谁符合条件,谁不够条件,都必须严格以法律为准绳,不能分亲疏贵贱。当然,因罪行轻重不同、人身危险性程度不同或改造表现不同而给予差别处遇,是行刑一语的题中应有之义,体现了相同情况相同对待而不同情况区别对待的司法公正精神,因而实质上体现了行刑平等,即从行刑环节体现了适用刑法平等这一刑法基本原则。

第四节 罪责刑相适应原则

一、罪责刑相适应原则的渊源与含义

罪责刑相适应原则是从传统的罪刑相适应原则发展而来的。罪刑相适应的观念,最早可以追溯到原始社会的同态复仇和奴隶社会的等量报复。"以眼还眼、以牙还牙、以血还血"是这一观念最原初的表现形式。但是随着人类文明的发展,到17、

18世纪资产阶级启蒙思想家倡导罪刑相适应(又称为罪刑相当或罪刑均衡)的时候,并非仍然着眼于其中的报复意义,而主要是基于更有效地遏止犯罪以及防止滥用刑罚权的考虑。如法国先贤孟德斯鸠提出:"惩罚总有程度之分,按罪行大小,定惩罚轻重。"①而意大利人贝卡里亚对此作了更具体的论述:"犯罪对公共利益的危害越大,促使人们犯罪的力量越强,制止人们犯罪的手段就应该越强有力。这就需要刑罚与犯罪相对称。"②在他们的呼吁下,罪刑相适应在资产阶级革命胜利后成为一项法律原则。如1789年法国的《人权宣言》第8条明确要求:"法律只应当制定严格的、明显的、必需的刑罚。"

需要指出的是,建立在刑事古典学派理论基础之上的传统罪刑相适应原则以报应主义刑罚观为出发点,机械地强调刑罚应与犯罪所造成的客观危害相适应,并不完全符合人类同犯罪作斗争的实际需要。从19世纪末开始,随着刑事人类学派与刑事社会学派的崛起、行为人中心论和人身危险性理论的形成以及保安处分与不定期刑的适用,这种近代意义上的罪刑相适应思想受到了巨大的挑战,其内容也在逐渐发生变化,即由过去只强调刑罚与客观的犯罪行为相适应发展为既要求刑罚与犯罪行为相适应,又注重刑罚与犯罪人的主观恶性和人身危险性等个人情况相适应。从当前各国的刑事立法来看,传统罪刑相适应演变为现代的罪责刑相适应已经成为一种世界性趋势。我国《刑法》顺应了这一趋势,将罪责刑相适应原则确定为我国刑法的基本原则之一。

《刑法》第5条规定:"刑罚的轻重,应当与犯罪分子所犯罪行和承担的刑事责任相适应。"由这一规定可见,罪责刑相适应原则的含义包括刑罚应与实际犯罪行为相适应和刑罚应与犯罪人的刑事责任相适应这两部分内容。

具体而言,决定刑罚的轻重时不能单纯考虑犯罪分子所犯罪行的轻重,还必须结合犯罪人所承担的刑事责任程度来考虑,即犯罪与刑罚之间以刑事责任为中介并通过这一中介来调整罪刑关系。由于刑事责任大小主要是由犯罪行为与犯罪人两方面的因素决定的,因而刑罚的轻重首先应与实际发生的犯罪行为轻重相适应,即重罪应当重判,轻罪应当轻判;其次应当与犯罪人的个人情况(主要是指反映犯罪人主观恶性和人身危险性的个人情况)相适应,即对行为人主观恶性和人身危险性大的犯罪应重判,反之,则应轻罚。这样既认真考量到实际发生的犯罪对社会的危害,体现了刑法规范的正义属性,又充分注意到了犯罪人改造的难易程度及未来的危险,从而有利于实现刑罚预防犯罪的目的。

因此,依据罪责刑相适应原则的要求,首先,刑事立法对具体犯罪处罚的原则性规定,对刑罚裁量、执行制度及个罪法定刑的设置,不仅要考虑犯罪的社会危害性,而且要考虑行为人的人身危险性;其次,司法实践中的刑罚裁量、执行,不仅要考虑犯罪行为及其危害结果,而且应结合整个犯罪事实和犯罪分子个体的各方面因素分

---

① 〔法〕孟德斯鸠:《波斯人信札》,梁守锵、孙鹏译,漓江出版社1995年版,第140页。
② 〔意〕贝卡里亚:《论犯罪与刑罚》,黄风译,中国大百科全书出版社1993年版,第65页。

析,力求刑罚个别化。

二、罪责刑相适应原则的立法体现

作为《刑法》规定的基本原则,罪责刑相适应的精神被贯彻到整个刑法之中,具体体现在以下几个方面:

(1) 确立了科学严密的刑罚体系。《刑法》总则所确立的刑罚体系由各种不同的刑罚方法构成。从性质上看,该体系包括生命刑、自由刑、财产刑和资格刑;从程度上讲,其中有重刑也有轻刑;从种类上分,该体系中既有主刑又有附加刑。因此,各种刑罚方法既相互区别又互相衔接,完全能够根据犯罪的各种情况被灵活地加以运用,从而为刑事司法实现罪责刑相适应原则奠定了基础。

(2) 确定了区别对待的量刑原则。《刑法》总则根据各种犯罪行为的社会危害性程度和人身危险性大小,分别规定了轻重不同的刑罚裁量原则。例如,规定对于防卫过当、避险过当而构成犯罪的,应当减轻或者免除处罚;对于预备犯,可以比照既遂犯从轻、减轻或者免除处罚;对于未遂犯,可以比照既遂犯从轻或者减轻处罚;对于中止犯,没有造成损害的,应当免除处罚,造成损害的,应当减轻处罚;对共同犯罪的主犯应当按其所参与的或者组织指挥的全部罪行处罚,对从犯应当从轻、减轻处罚或者免除处罚,对胁从犯应当减轻处罚或者免除处罚,对教唆犯应当按照他在共同犯罪中所起的作用处罚等。凡此种种,都是罪责刑相适应原则在刑罚裁量中的具体体现。

(3) 规定了宽严有度的刑罚制度。《刑法》总则根据犯罪人人身危险性的大小,规定了一系列刑罚裁量与执行制度,如累犯制度、自首制度、立功制度、缓刑制度、减刑制度、假释制度等。根据这些刑罚制度的规定,累犯因再犯可能性大而应被从重处罚;自首者和立功者因人身危险性小而应受到从宽处理;适用缓刑的根本条件是根据犯罪分子的犯罪情节和悔罪表现认为适用缓刑确实不致再危害社会;被判处一定刑罚的犯罪人如果在刑罚执行期间确有悔改或者立功表现的,可以对其予以减刑或者假释。上述刑罚制度的确立,无疑为罪责刑相适应原则的具体实现提供了法律上的操作标准。

(4) 设置了轻重不同的量刑幅度。《刑法》分则根据犯罪行为的轻重及其情节的不同,为每一种犯罪设置了有一定幅度的法定刑,其中不少犯罪具有两个或者两个以上的量刑幅度。这种幅度较宽的法定刑,为司法人员按照犯罪人的罪行轻重和刑事责任大小而裁量刑罚留出了充分的空间。如《刑法》第234条规定:"故意伤害他人身体的,处3年以下有期徒刑、拘役或者管制。犯前款罪,致人重伤的,处3年以上10年以下有期徒刑;致人死亡或者以特别残忍手段致人重伤造成严重残疾的,处10年以上有期徒刑、无期徒刑或者死刑。本法另有规定的,依照规定。"可见,在这样的法定刑的基础上,审判机关完全可以根据犯罪人犯罪的性质、情节的轻重和主观恶性的大小等,依法判处符合罪责刑相适应原则要求的刑罚。

三、罪责刑相适应原则的司法适用

上述刑事立法的规定是将罪责刑相适应由原则变为现实的一个不可或缺的前提,但罪责刑相适应原则的最终实现还有赖于刑事司法活动。因此,强调司法实践中应严格贯彻罪责刑相适应原则同样具有非常重要的意义。根据这一原则的基本要求,结合我国刑事司法实践情况,司法实际部门在处理具体刑事案件时,应当着重解决好以下问题:

(1) 纠正重定罪轻量刑的错误倾向,把量刑与定罪置于同等重要的地位。一般而言,我国司法机关在刑事审判活动中,普遍重视对案件的定性,而对量刑工作的重要性,部分司法人员则重视不够。有人甚至错误地认为,我国刑法对犯罪规定的量刑幅度颇大,故只要定性正确即可,至于多判几年或少判几年则无关紧要。现实中存在的对性质相同情节类似的案件量刑轻重差别悬殊的现象,大多与这种错误看法有关。这显然违背了罪责刑相适应原则,也不利于各地法院或法官刑事司法的平衡和协调统一。因此,必须提高司法机关和司法人员对量刑工作重要性的认识,把定性准确和量刑适当作为衡量刑事审判工作质量好坏不可分割的统一标准,以此来检验每一个具体刑事案件的处理结果。

(2) 克服重刑主义思想,强化量刑公正的意识。由于种种复杂的历史和现实原因,作为古代刑法思想重要表现的重刑主义传统,至今在一部分公民的头脑中还根深蒂固。这种思想也在一定程度上反映在刑事审判工作中。少数司法人员崇尚重刑,迷信重刑的功能,认为刑罚愈重愈能有效遏制犯罪。特别是在社会治安不好的时期,重刑主义呼声尤为强烈。必须指出,重刑主义是一种与时代要求不相符的刑法观念,这种观念与罪责刑相适应原则直接对立,也不符合刑罚预防犯罪目的。因此,司法人员必须清醒地认识到重刑主义的危害,确立社会主义现代刑法观念,强化量刑公正的意识,排除各种干扰,切实做到罪责刑相适应。

(3) 改变片面注重惩罚的思路,树立宽严相济的刑罚理念。过去,我国司法机关被视为专政的工具,所强调的是对犯罪的刑罚惩罚。但是,就某些犯罪人而言,不加区别地惩罚不仅不利于他们认罪服法,反而会强化他们及其亲属的抵触情绪,增加社会的不安定因素。因此,必须做到惩办与宽大处理相结合。建立在罪责刑相适应原则基础上的宽严相济的刑罚理念正是实现这种宽大非常恰当的途径,这样既可以防止重罪轻判以至放纵犯罪分子,也可以避免对所有犯罪人都一律判处刑罚或不加区别地一概执行原判刑罚的僵化做法。然而现实中由于传统观念的影响,在严惩严重犯罪方面力度很大,而在对犯罪人依法宽大处理方面则显得不够。这表现为在量刑时对应当免除处罚的没有一律依法免除,缓刑的适用率比较低;在行刑时有时因为种种顾虑对应当减刑与假释的没有及时减刑假释。为了切实贯彻执行罪责刑相适应原则,必须改变这种片面强调刑罚惩罚的思路,在准确认定事实的基础上对犯罪人当判刑则判,不当判刑则免除处罚而采取非刑罚的处理方式,并在量刑时注意缓刑的适用,在行刑时注意依法及时减刑与假释。当然,按照罪责刑相适应原则的要求,那些在量刑与行刑中片面强调从宽,对不应当免除刑罚的犯罪适用免除处罚或者滥用缓刑、减刑、假释制度的做法,也是应当予以防止的。

本章重点问题提示

　　本章所涉及的理论争议,主要是关于刑法基本原则究竟有哪些的问题。由于我国 1979 年《刑法》没有明文规定刑法的基本原则,所以在 1997 年修订的《刑法》通过之前,刑法理论上对我国刑法的基本原则应当包括哪几个存在不同看法。有人提出,刑法基本原则有罪刑法定原则、罪刑相适应原则和罪责自负原则①;有人认为,罪刑法定原则、罪刑相适应原则、主客观相统一原则和惩办与宽大相结合原则属于我国刑法的基本原则②;还有学者主张,我国刑法的基本原则应当是罪刑法定原则、惩办与宽大相结合原则、公民在法律面前一律平等原则和罪责自负而不株连无辜原则③。1997 年修订的《刑法》通过后,仍有不少学者认为,刑法的基本原则并不仅限于《刑法》明文规定的三大原则,如有人提出罪责自负原则与主客观相统一原则也是我国刑法的基本原则④;有人认为我国刑法的基本原则还包括主客观相一致原则和刑法人道主义原则⑤。

思考题

1. 什么是罪刑法定原则?罪刑法定原则在我国刑法中是如何体现的?
2. 如何理解适用刑法平等原则?
3. 什么是罪责刑相适应原则?司法实践中贯彻罪责刑相适应原则应注意哪些问题?

---

① 参见杨春洗、杨敦先主编:《中国刑法论》,北京大学出版社 1994 年版,第 15—19 页。
② 参见苏惠渔主编:《刑法学》,中国政法大学出版社 1994 年版,第 31—36 页。
③ 参见何秉松主编:《刑法教科书》,中国法制出版社 1995 年版,第 30—34 页。
④ 参见赵秉志主编:《新刑法教程》,中国人民大学出版社 1997 年版,第 62—66 页。
⑤ 参见陈明华主编:《刑法学》,中国政法大学出版社 1999 年版,第 56—60 页。

第三章 刑法的效力范围

内容提要

本章主要阐述了刑法空间效力的概念及我国刑法关于空间效力的具体规定,刑法时间效力的概念及我国刑法关于时间效力的具体规定。重点在于刑法空间效力和时间效力的概念,属人管辖原则、属地管辖原则、保护管辖原则、普遍管辖原则以及从旧兼从轻原则。

关键词

刑法的空间效力　刑法的时间效力　刑法溯及力

第一节　刑法的空间效力

一、刑法的空间效力概述

刑法的空间效力,是指刑法在什么地域对什么人具有效力。它由对地域的效力和对人的效力两部分内容所组成。行为人在本国领域内犯罪,由本国司法机关对他进行司法管辖是没有疑义的;但是,如果行为人在本国领域外犯罪,或者一个犯罪跨越两个以上国家的领域,就势必产生由哪一个国家的司法机关对该犯罪进行管辖的问题。这是刑法的空间效力所要解决的主要问题。

刑法的空间效力是基于国家的领土主权和司法主权而产生的,它关系到维护独立主权国家的刑事管辖权、审判权以及国际关系、民族关系等重要问题。解决刑法的空间效力问题,一方面必须维护本国的主权和利益,另一方面必须尊重国际惯例和他国的政治、经济、文化、社会和历史传统。因为各国在政治、经济、历史和文化传统等方面存在着差异,所以各国刑法解决该问题的具体规定不尽相同。

二、刑法处理空间效力的基本原则

概观各国刑法规定,解决刑法空间效力问题所采取的一般原则主要有:

(1)属地原则(主义),或称领土原则。该原则以犯罪地的地域为标准,主张凡是在本国领域内犯罪的,不问是本国人还是外国人(含无国籍人),也不问被侵害的是本国利益还是外国利益,都适用本国刑法。反之,只要是在本国领域外犯罪的,不论是本国人还是外国人,都不适用本国刑法。属地原则有一个补充性的原则,也称旗国主义,即凡在悬挂本国国旗的船舶或者有本国国家归属标志和识别标志的航空器内犯罪的,可以适用本国刑法。①

(2) 属人原则(主义),也称国籍原则。该原则以犯罪人的国籍为标准,主张凡是本国人犯罪,不问是在本国领域内还是在本国领域外,也不问被侵害的是本国利益还是外国国家或公民的利益,都适用本国刑法。反之,外国人犯罪,即使是在本国领域内,侵害了本国国家公民利益,也不适用本国刑法。

(3) 保护原则(主义),也称自卫原则。该原则以保护本国利益为标准,主张凡是侵犯本国国家和公民利益的犯罪,不问犯罪人是本国人还是外国人,也不问犯罪地在本国领域内还是在本国领域外,都适用本国刑法。

(4) 世界原则(主义),也称普遍管辖原则。该原则以保护国际社会的共同利益为标准,主张凡是发生国际条约所规定的侵害国际社会共同利益的犯罪,不论犯罪人的国籍、犯罪地在什么地方,也不论侵犯的是哪一个国家或哪一个国家公民的利益,都适用本国刑法。

在以上所述的各种原则中,属地原则主张本国刑法适用于在本国领域内犯罪的所有人,无论行为人是本国人还是外国人,都体现了对国家主权的维护,因此大多数国家刑法采用此原则。但如果只采用这一原则,也有不利于维护本国利益的一面。具体说,该原则存在以下缺陷:第一,当本国人或者外国人在本国领域外或者在不属于任何国家的领域内,如公海,实施危害本国国家和公民利益的犯罪时,本国刑法没有适用效力。第二,由于各国刑法对犯罪地的标准没有一致规定,因此在确定犯罪地时会发生纠纷,如果没有其他补充规定,就很难确定犯罪地。由于存在上述缺陷,因此很少有国家单独采用该原则。

属人原则隐含着本国不向外国引渡本国国民的法律精神。② 在理论上,属人原则有主动和被动之分:主动的属人原则,是指一国对在国外实施犯罪的本国公民有权适用本国刑法的原则;被动的属人原则,是指外国人在受害人国籍国领域之外对受害人实施的、根据行为地法律也构成犯罪的行为,可以适用受害人国籍国刑法。③ 但属人原则通常限定于主动的情形中,即以犯罪人的国籍为标准,因而即使外国人和无国籍人在本国领域内犯罪,也不能适用本国刑法。这无形中放弃了本国的国家主权。而且,对在国外犯罪的本国人要适用本国刑法,就必然与他国司法管辖权相抵触。因此,世界上也没有单独采用该原则的国家。

保护原则从维护国家和公民利益的角度来说,弥补了属人原则和属地原则的不

---

① 参见齐文远、刘代华:《完善我国刑法空间效力立法的思考》,载《法商研究》2005 年第 1 期;〔日〕大谷实:《刑法讲义总论》,日本成文堂 1996 年版,第 86 页。

② 关于属人原则的依据,在日本有国家忠诚说、代理处罚说以及社会秩序维持说。随着我国社会的发展,属人原则在我国应当获得高度重视。参见〔日〕大谷实:《刑法讲义总论》,日本成文堂 1996 年版,第 87 页。

③ 参见齐文远、刘代华:《完善我国刑法空间效力立法的思考》,载《法商研究》2005 年第 1 期。

足,但它将不可避免地引起国家间的刑事法律冲突,因此亦很难彻底采用这个原则。

世界原则产生的理论依据是连带理论,其现实根据是,由于跨国境犯罪日益增多,犯罪行为危害国际社会,而国际之间合作开展对犯罪的斗争不力,人类整体利益的保护需要促进了国际刑法的发展,无论什么国家都被赋予了惩罚犯罪的义务。①第二次世界大战后,纽伦堡国际军事法庭宪章、远东国防军事法庭宪章及其对战犯的审判,开创了适用世界原则的先例。在当前,如灭绝种族罪、种族隔离罪、空中劫持罪、酷刑罪等犯罪,又如海盗、贩毒、制售毒品、贩卖奴隶以及贩卖淫秽物品等行为都有赖于国际共同协力加以防止。

可见,在对上述各项原则进行选择和运用时,不能只顾其一,不及其余。现代世界各国大都采用折中(综合)的原则,即在属地原则的基础上,兼采其他原则,即凡是在本国领域内犯罪的,不论是本国人还是外国人,都适用本国刑法;本国人或外国人在本国领域外犯罪的,在一定条件下也适用本国刑法。我国刑法也是采用这种折中的原则。

三、我国刑法对空间效力的处理规定

(一) 我国刑法的属地管辖权

我国《刑法》第 6 条第 1 款规定:"凡在中华人民共和国领域内犯罪的,除法律有特别规定的以外,都适用本法。"该规定说明我国刑法普遍适用于中华人民共和国领域内,体现了属地原则。适用本条规定,必须符合两个条件。

1. "在中华人民共和国领域内犯罪"

对此必须注意两点:一是"中华人民共和国领域内"的空间范围,二是"犯罪"的事实范围。

(1) 关于"中华人民共和国领域内"

"中华人民共和国领域内",是指中华人民共和国国境以内的全部区域,也可说是我国国家主权所及的空间区域。具体包括:第一,领陆,即我国国境线以内的陆地,包括地下层。第二,领水,即内水(内河、内湖、内海以及同外国之间界水的一部分,这一部分通常以河流的中心线为界;如果是可通航的河流,以主航道中心线为界)和领海(我国政府于 1958 年 9 月 4 日发表声明,宣布我国的领海宽度为 12 海里)以及其地下层。第三,领空,即领陆、领水的上空。

作为对"中华人民共和国领域内"的补充,我国刑法也采纳了旗国主义。《刑法》第 6 条第 2 款中规定:"凡在中华人民共和国船舶或者航空器内犯罪的,也适用本法。"为了解决司法管辖权问题,根据国际法的有关惯例,悬挂本国国旗航行于公海或停泊在外国港口的船舶、有本国国家归属标志和识别标志的航空器是本国的拟制领土或移动的领土,这里所说的船舶或者航空器既可以是民用的,也可以是军用

---

① 参见赵秉志、黄俊平:《论普遍管辖原则的确立依据》,载《社会科学战线》2005 年第 3 期。

的;既可以是正在航行中的,也可以是处于停泊状态的;既可以处于公海或者公海上空,也可以处于他国领域内。

(2) 关于"在中华人民共和国领域内犯罪"

依据属地原则,一个国家的刑法对于发生在本国领域内的犯罪有管辖权,但司法实践中,犯罪行为和犯罪结果有时不是在同一个地方发生的,刑法理论上把这种情形称为隔地犯。对于如何确定隔地犯的犯罪地,理论上主要有三种主张:第一,犯罪行为地说,主张应以犯罪行为的实行地为犯罪地,进而适用行为地国家的刑法;第二,犯罪结果地说,主张应当以犯罪结果发生地为犯罪地,进而适用结果地国家的刑法;第三,折中说(遍在说),认为犯罪行为与犯罪结果是不可分的,所以主张犯罪地既可以是实行犯罪的地方,也可以是发生犯罪结果的地方。行为地说和结果地说失于片面,不利于维护国家主权,不利于保护国家和公民的利益,而折中说克服了它们的片面性,故为大多数国家所采用。

我国刑法也采取折中说,并在《刑法》第6条第3款中作了明确规定:"犯罪的行为或者结果有一项发生在中华人民共和国领域内的,就认为是在中华人民共和国领域内犯罪。"根据上述规定,以下三种情形可认为是在中华人民共和国领域内犯罪:其一,犯罪行为与犯罪结果都发生在中华人民共和国领域之内;其二,犯罪行为在中华人民共和国领域内实施,而犯罪结果发生在中华人民共和国领域以外;其三,犯罪行为在中华人民共和国领域外实施,而犯罪结果发生在中华人民共和国领域以内。

2. 没有其他法律的"特别规定"

根据《刑法》第6条第1款的规定,虽然犯罪发生在中华人民共和国领域内,但还必须排除"法律有特别规定的"情况,才能"适用本法"。这里所说的"法律有特别规定的",主要包括:

(1)《刑法》第11条关于"享有外交特权和豁免权的外国人的刑事责任,通过外交途径解决"的规定。所谓外交特权和豁免权,是指一个国家为了保证驻在本国的外交代表机构及其工作人员正常执行职务而给予的一种特殊权利和待遇。这种特殊权利和待遇是一种国际惯例,它建立在国家之间相互尊重和对等的原则基础上。但这并不意味着放任上述人在我国领域内犯罪而不闻不问,而是要通过外交途径解决。

根据《维也纳外交关系公约》和1986年9月5日全国人大常委会通过的《中华人民共和国外交特权与豁免条例》,在我国享有外交特权和豁免权的外国人包括:第一,外交官及其家属。外交官包括外交代表和外交职员;外交官的家属指外交官的配偶和未成年子女。第二,外国元首、外国政府首脑及其他高级人员。外国元首指前来我国访问的外国国君、总统以及他们的配偶;外国政府首脑及其他高级人员指前来我国访问的外国政府总理以及进行业务接触、谈判的外交部长或相当人员。第三,享有在我国过境或者逗留期间内必须豁免的人员,如途经我国的外国驻第三国的外交代表和与其共同生活的配偶及未成年子女。另外,根据1963年《维也纳领事关系公约》(1979年我国加入该公约)和1990年10月30日全国人大常委会通过的

《中华人民共和国领事特权和豁免条例》的规定,领事官员享有一定的外交特权和豁免权,其司法豁免权限于非重大犯罪和领事官员职务上的行为。

(2)我国香港特别行政区、澳门特别行政区基本法作出的例外规定。我国已经恢复对香港和澳门行使主权,香港特别行政区和澳门特别行政区也分别于1997年7月1日和1999年12月20日成立。根据特别行政区的基本法,这两个特别行政区享有独立的立法权、司法权和终审权,所以全国性的刑法对这两个地区没有适用效力。如果它们之间发生刑法空间效力的冲突,应该根据区际司法协议的有关规定和原则加以处理。需要说明的是,台湾地区也是中国的一部分,但由于客观原因,目前在台湾地区尚不能适用《中华人民共和国刑法》。

(3)《刑法》第90条关于"民族自治地方不能全部适用本法规定的,可以由自治区或者省的人民代表大会根据当地民族的政治、经济、文化的特点和本法规定的基本原则,制定变通或者补充的规定,报请全国人民代表大会常务委员会批准施行"的规定。这主要是考虑到我国是一个多民族国家,各民族之间在政治、经济、文化等方面具有多样化的特征。

(4)国家立法机关制定的特别刑法规定。根据社会情况的变化,为了惩治新的危害社会的行为,国家立法机关可能在刑法典之外制定特别刑法,如1998年12月29日全国人大常委会通过的《关于惩治骗购外汇、逃汇和非法买卖外汇犯罪的决定》。

(二)我国刑法的属人管辖权

我国刑法也采取了属人管辖原则。《刑法》第7条第1款规定:"中华人民共和国公民在中华人民共和国领域外犯本法规定之罪的,适用本法,但是按本法规定的最高刑为三年以下有期徒刑的,可以不予追究。"也就是说,是否追究,需要人民法院根据情况来决定。《刑法》第7条第2款规定:"中华人民共和国国家工作人员和军人在我国领域外犯本法规定之罪的,适用本法。"

根据上述规定,我国公民在中华人民共和国领域之外犯我国刑法所规定之罪的,无论当地法律是否认为是犯罪,也无论其行为侵犯的是我国国家利益或者我国其他公民利益,还是其他国家的国家利益或者国民利益,一般适用我国刑法。但是在特殊情形下,也可以不追究刑事责任。当然,这里仅仅规定"可以"不追究其刑事责任,而不是"不得"追究,所以不追究的条件是有所保留的。不过,由于国家工作人员和军人具有特殊职责和身份,对他们不能适用上述例外规定,而必须一律追究刑事责任。

根据《刑法》第10条的规定,我国公民凡在中华人民共和国领域外犯罪,依照该法应当负刑事责任的,虽然经过外国审判,仍然可以依照该法处理,但是在外国已经受过刑罚处罚的,可以免除或者减轻处罚。这一方面表明我国作为独立主权国家的司法审判权不受外国审判效力的约束,另一方面也照顾到了实际情况,既然行为人在外国已经接受了部分或全部刑罚,就不应当让他重新接受全部刑罚。这种规定合情合理,体现了原则性和灵活性的结合、定性和定量的统一。

(三) 我国刑法的保护管辖权

我国《刑法》第 8 条规定:"外国人在中华人民共和国领域外对中华人民共和国国家或者公民犯罪,而按本法规定的最低刑为三年以上有期徒刑的,可以适用本法,但是按照犯罪地的法律不受处罚的除外。"

这说明,对外国人在我国领域之外对我国国家或者公民犯罪的,我国刑法也有管辖权。这就可以很好地保护我国的国家利益不受侵犯,保护在国外的我国公民的利益。但是,由于行为人身在国外,而且是外国人,受外国法律保护,如果片面强调我国刑法的管辖权,通常是不太实际的,因此适用我国刑法的保护原则有一定条件:第一,外国人犯罪按照我国刑法规定的最低刑必须是 3 年以上有期徒刑;第二,我国刑法认为是犯罪的行为,在行为地所在国法律中也被处罚。第二个限制条件充分地考虑到了行为实施地国家的国情,一方面有利于协调国家之间的关系,另一方面可以充分保护我国的利益。

(四) 我国刑法的普遍管辖权

我国《刑法》第 9 条规定:"对于中华人民共和国缔结或者参加的国际条约所规定的罪行,中华人民共和国在所承担条约义务的范围内行使刑事管辖权的,适用本法。"我国 1979 年刑法并没有规定普遍管辖的内容,但自改革开放以来,我国与国际社会的交往日益密切,我国先后于 1980 年 10 月加入《海牙公约》《蒙特利尔公约》,1987 年加入《关于防止和惩处侵害应受国际保护人员,包括外交代表的罪行的公约》等国际条约。为进一步协调我国承认的国际法与国内法的关系,1997 年修订的《刑法》正式规定了普遍管辖的原则。这就是说,我国参加防止具有国际性犯罪的条约之后,根据该条约的规定,我国刑法对条约所规定的犯罪行为,也适用本国刑法处罚。即对于我国所参加的国际条约所确定的罪行,不论犯罪分子是本国公民还是外国人,不论犯罪地是在本国领域之内还是在本国领域之外,不论犯罪行为是否直接侵害了我国国家或者我国公民的利益,只要犯罪分子在我国领域内被发现,我国就要在所承担的条约义务范围内行使刑事管辖权。

第二节 刑法的时间效力

一、刑法的时间效力概述

刑法的时间效力,是指刑法生效和失效的时间,以及刑法对它生效以前发生的行为是否具有溯及既往的效力。刑法生效即刑法开始发生效力,刑法失效即刑法对新发生的犯罪不再具有效力。

刑法的时间效力涉及新刑法和旧刑法之间的衔接问题,如果新刑法生效,而旧刑法没有失去效力,那么新、旧刑法就存在冲突;如果新刑法没有生效,而旧刑法已经失效,那么新、旧刑法之间就出现了法律"真空",这容易引起社会秩序的混乱。另外,一个行为可能发生在旧刑法适用期间,但直到新刑法适用期间才被发现,那么是适用旧刑法还是新刑法,无疑是一个重要的问题。可见,规定刑法的时间效力至关重要。

二、我国刑法处理时间效力的基本规定

(一) 刑法生效和失效的时间

1. 刑法生效的时间

根据现行立法例,我国刑法采取两种形式规定刑法生效的时间:(1) 刑法自公布之日起生效,如《关于惩治骗购外汇、逃汇和非法买卖外汇犯罪的决定》规定:"本决定自公布之日起施行"。(2) 刑法公布之后,再经过一定的期限生效。即刑法公布和刑法施行之间有一定的时间间隔。如 1997 年修订的《刑法》颁布的时间是 1997 年 3 月 14 日,施行的时间则是 1997 年 10 月 1 日。我国立法机关对于一些重大法律,通常采取第二种做法,这主要是为了在该法律生效前进行法律宣传教育,让司法工作人员做好实施新法的心理准备、组织准备和业务水平的准备,让广大群众了解新法的内容,知法、懂法。

2. 刑法的失效时间

根据以往的成例,刑法失效的时间一般通过两种方式表现出来:(1) 明示失效,即由国家立法机关明确规定或者宣布某一项法律失去效力。如《刑法》第 452 条第 2 款规定,列于附件一的一系列由全国人民代表大会常务委员会制定的单行刑法,自 1997 年 10 月 1 日起予以废止。(2) 自然失效,即随着新法律、法令的颁布实施,具有同一内容的旧法律、法令失去效力,或者由于法律实施所依存的现实条件已经消失,旧法自动废止。如我国的刑法修正案通常规定"本修正案自公布之日起施行",这意味着当修正案施行(即生效)时,由它所修正的相应刑法条文就自行失效。

(二) 刑法的溯及力

1. 处理刑法溯及力的一般原则

刑法的溯及力,也称为刑法溯及既往的效力,是指刑法对它生效以前发生的未经审判或者判决尚未确定的行为,是否适用的问题。如果适用,就具有溯及力;如果不适用,就没有溯及力。各国立法例和理论上对溯及力有五种主张:

(1) 从旧原则。就是按照旧刑法处理,新刑法对生效前的行为不具有溯及力。

(2) 从新原则。就是按照新刑法处理,即新刑法具有溯及既往的效力。

(3) 从轻原则。就是无论新刑法还是旧刑法,哪个刑法处罚轻就适用哪个刑法。即如果新刑法处罚轻,就有溯及力;反之,就没有溯及力。

(4) 从新兼从轻原则。就是新刑法在原则上具有溯及既往的效力,对生效前未经审判或判决尚未确定的行为一般要适用新刑法,但是如果旧刑法不认为是犯罪或处刑较轻时,则适用旧刑法。

(5) 从旧兼从轻原则。就是新刑法在原则上不溯及既往,生效前未经审判或判决尚未确定的行为一般应适用旧刑法,但是如果新刑法不认为是犯罪或者处刑较轻时,则适用新刑法。

在现代刑法中,要根据罪刑法定原则处理溯及力问题。对以上某个原则的适用,不仅要在形式上体现罪刑法定原则的要求,而且从实质上也要体现罪刑法定原则的要求。从旧原则在形式上符合罪刑法定原则的规定,但是如果旧刑法认为是犯罪或者处罚较重,而新刑法不认为是犯罪或者处罚较轻时,从旧原则就不能体现罪刑法定原则的实质要求,所以存在一定的不足。从新原则在形式上与罪刑法定原则相冲突,这是从新原则的固有缺陷。从新兼从轻原则虽然在一定程度上可以弥补适用新刑法的缺陷,但依旧无法避免与罪刑法定原则的形式要求相冲突的缺陷。相对而言,从旧兼从轻原则较为合理,它不仅体现了罪刑法定原则的形式规定性,而且适应了罪刑法定原则的实质要求。

2. 我国刑法关于溯及力的规定

我国刑法采取从旧兼从轻的原则。《刑法》第 12 条第 1 款规定:"中华人民共和国成立以后本法施行以前的行为,如果当时的法律不认为是犯罪的,适用当时的法律;如果当时的法律认为是犯罪的,依照本法总则第四章第八节的规定应当追诉的,按照当时的法律追究刑事责任,但是如果本法不认为是犯罪或者处刑较轻的,适用本法。"第 12 条第 2 款规定:"本法施行以前,依照当时的法律已经作出的生效判决,继续有效。"

根据刑法所采取的从旧兼从轻原则的规定,对从 1949 年 10 月 1 日新中国成立后到 1997 年 10 月 1 日《刑法》实施前未经审判或者判决尚未确定的行为,应当按下列办法解决:

(1) 行为时的法律不认为是犯罪的,即使刑法规定为犯罪,也适用行为时的法律,不认为是犯罪,刑法没有溯及力。但是,根据 1997 年最高人民检察院高检发释字 4 号司法解释,"但行为连续或者继续到 1997 年 10 月 1 日以后的,对 10 月 1 日以后构成犯罪的行为适用修订刑法追究刑事责任"。

(2) 行为时的法律认为是犯罪,而《刑法》不认为是犯罪的,只要该行为未经审判或者判决尚未确定,就应当适用《刑法》,即刑法具有溯及力。

(3) 行为时的法律和刑法都认为是犯罪,而且是在刑法规定的追诉时效之内的,如果现行刑法处刑较轻,那么现行刑法具有溯及力。所谓"处刑较轻",是指刑法对某种犯罪规定的刑罚即法定刑比修订前刑法轻。一般而言,法定刑较轻是指法定最高刑较轻;如果法定最高刑相同,则指法定最低刑较轻。如果刑法规定的某一犯罪只有一个法定刑幅度,法定最高刑或者最低刑是指该法定刑幅度的最高刑或者最低刑;如果刑法规定的某一犯罪有两个以上的法定刑幅度,法定最高刑或者最低刑是指具体犯罪行为应当适用的法定刑幅度的最高刑或者最低刑。

三、我国刑法立法解释对时间效力的处理规定

刑法立法解释的时间效力,是指刑法立法解释何时生效、何时失效及其立法解释的溯及力。

刑法立法解释的生效时间,以其发布或者规定的日期为准,即(1) 如果刑法立

法解释明确规定了生效时间,以规定的日期为生效日期;(2) 如果刑法立法解释中没有明确生效时间,以其公布的日期为生效时间。在我国,刑法立法解释一般不规定生效时间,因此一般应以其被公布之日为生效时间。

刑法立法解释的失效主要有以下方式:(1) 由于立法的变化而失去效力,这是由于立法解释具有附属刑法条文的性质,如果刑法条文被修改或者被废止,相关立法解释自然失去效力;(2) 与新的刑法规范相冲突而失去效力,这是因为解释不能超越立法条文规定的范围;(3) 与新的立法解释相冲突而失去效力;(4) 随着社会发展,自然丧失其效力。

刑法立法解释的溯及力,就是刑法立法解释生效后,对其生效前的案件是否有溯及力。对此也要根据从旧兼从轻的原则处理,对在刑法立法解释生效前已经作出处理的案件,即使处理不符合后来的立法解释,但从维护社会关系稳定和司法判决权威的角度考虑,刑法立法解释也不具有溯及力。其他具体情形的溯及力,可参考处理司法解释时间效力的方法。

本章重点问题提示

关于刑法司法解释的效力问题

关于刑法司法解释的效力,存在两个主要理论问题:一是刑法司法解释是否有溯及力问题,二是刑法司法解释的溯及力的处理方式。

(一) 刑法司法解释是否有溯及力

对此,有学者认为,司法解释是根据法律所作出的解释,是执行法律的问题,虽然法律本身可能存在溯及力问题,但司法解释和法律不可能混为一谈,司法解释本身不产生溯及力问题。也有学者认为,刑法司法解释应当具有溯及力问题,因为虽然我国刑法司法解释源于刑法,但它有规范和指导刑事司法的功能,在很大程度上弥补了立法缺陷,它还具有促进刑法立法完善、刑法教育、繁荣刑法理论等多项功能。

我们赞同后一种观点。因为从理论上讲,司法解释包括最高人民检察院和最高人民法院的解释,我国各级法院之间不存在领导与被领导的关系,上级人民法院对下级人民法院的审判活动只能进行业务指导,而不能作出命令,而且在审判活动中还有独立审判的原则,所以在法院审判活动中,对于条文不清或者理解不一的,法官有自由裁量的权利,司法解释是否具有溯及力的意义不大;但对于检察机关而言,情况就不同了,上下级检察机关之间属于领导与被领导的关系,所以对于最高人民检察院的解释,下级人民检察院应当执行,这自然涉及对于检察机关的司法解释适用范围的问题,其中也存在溯及力问题。从司法实践上看,由于众所周知的原因,司法解释在一定程度上的确具有上述现实功能,如果忽视这种现象,在实践中将导致许多问题。正因为如此,最高人民法院、最高人民检察院才就有关司法解释的适用效力作了专门规定。因此从实际出发,还是把司法解释中的溯及力问题当作刑法的溯及力问题为妥。

(二) 刑法司法解释的溯及力的处理方式

刑法司法解释是否有溯及力,在司法实践中可以分三种情形处理①:

(1) 对刑法司法解释所解释的刑法规定实施以前发生的案件的溯及力的处理办法。刑法司法解释是对刑法所作的解释,因而其内容不能违背刑法的立法精神和刑法中确定的有关原则。我们认为,刑法司法解释依然应坚持从旧兼从轻原则。《刑法》第12条重申了从旧兼从轻原则,而其后制定的单行刑法和非刑事法律都没有对其溯及力的问题进行专门的规定,因此刑法所确定的有关溯及力的原则对它们也是适用的。即对刑法及单行刑事法律、非刑事法律中的刑法规范进行解释的刑法司法解释,对上述刑事规定生效以前的行为是否具有溯及力,一样应以刑法的规定为准,亦即以从旧兼从轻为其溯及力原则。

(2) 对刑法司法解释所解释的刑法规定实施以后而本解释公布以前发生的案件的溯及力的处理办法。与刑法规定相比,刑法司法解释具有"滞后性"的特点,因而司法实践中必然存在刑法司法解释对其所解释的刑法规定实施以后而该司法解释公布实施以前的案件是否有溯及力的问题。我们认为,解决这一问题仍应以从旧兼从轻原则为准,原则上刑法司法解释对其公布实施前的行为没有溯及力,但如果刑法司法解释的规定更有利于犯罪嫌疑人、被告人和罪犯,则有溯及力。

(3) 刑法司法解释对其解释的刑法规定实施以后而其自己生效以前,已有司法解释正在生效实施,而且新、旧司法解释内容又不一致时发生的案件的溯及力的处理办法。在我国刑事司法实践中,随着刑法规定以及实际情况的变化,刑法司法解释的内容也在不断地变化,对于同一问题有时可能会出现新旧刑法司法解释内容完全不一致的情况,有时对同一问题甚至可能会出现三个内容不同的刑法司法解释的情况。例如,"挪用公款归个人使用"的问题就出现在1989年最高人民法院、最高人民检察院的《关于执行〈关于惩治贪污贿赂罪的补充规定〉若干问题的解答》、1998年最高人民法院的《关于审理挪用公款案件具体应用法律若干问题的解释》以及2001年最高人民法院的《关于如何认定挪用公款归个人使用有关问题的解释》三个司法解释中。其中对于挪用给单位使用是否构成犯罪的问题就分别出现了三种不同的解释。三个司法解释对基本相同的刑法规定作了不同解释,这必然会产生如何适用的问题。最高人民法院在有关1997年修订的刑法适用的通知中曾规定:在新旧刑法条文没有实质变化的情况下,"在新司法解释生效实施前,可参照原作出的司法解释执行",因此在新的刑法司法解释生效以前,如果旧的刑法司法解释与现行刑法的规定不相矛盾,则仍适用旧的刑法司法解释;在新的刑法司法解释生效后,则应根据从旧兼从轻的溯及力原则来确定新的刑法司法解释是否具有溯及力,即第一,

---

① 参见刘宪权:《我国刑法司法解释时间效力的再思考》,载《法学》2002年第2期。

如果犯罪行为发生在新的刑法司法解释生效实施后,处理时应适用新的刑法司法解释;第二,如果犯罪行为发生在新的刑法司法解释施行之前,且未经处理或正在处理中的,原则上应依照旧的刑法司法解释进行处理,如果新的刑法司法解释更有利于行为人,则应适用新的刑法司法解释。

思考题

1. 什么是刑法的效力范围?
2. 处理刑法空间效力范围的基本原则有哪些?
3. 我国刑法是如何处理空间效力的问题的?
4. 我国刑法如何处理刑法的溯及力问题?
5. 世界原则在当前表现出什么样的发展趋势?

第四章　犯罪的概念与构成

内容提要

本章主要阐述了三种类型的犯罪概念,犯罪的基本特征,犯罪的分类,犯罪构成的概念及特征,犯罪构成的分类,研究犯罪构成的意义,犯罪构成的共同要件。重点在于不同类型犯罪概念的差别,犯罪的基本特征,犯罪构成的概念及我国犯罪构成的共同要件。

关键词

犯罪　犯罪构成　构成要件

第一节　犯罪的概念与分类

一、犯罪的概念

(一) 犯罪概念的类型

如果要在各国刑法中找出一个带有普遍性的关键词,那么这个词就是犯罪。然而由于犯罪观的不同,对于究竟什么是犯罪,各国刑法的规定并非完全相同。刑法理论上对如何定义犯罪也没有形成一致的认识。概括地讲,可以将对犯罪一般概念的理解分成三类:(1) 形式的犯罪概念。其特点是仅仅依据犯罪的法律特征来定义犯罪。例如,1810 年的《法国刑法典》第 1 条规定:"法律以违警刑所处罚之犯罪,称为违警罪;法律以惩治刑所处罚之犯罪,称为轻罪;法律以身体刑所处罚之犯罪,称为重罪。"2002 年修订的《丹麦刑法典》第 1 条规定:犯罪是"法律规定之可罚行为或者完全符合法律规定之行为"。在刑法理论上,这种形式的犯罪概念往往被表述为,犯罪是按照法律规定应受刑罚处罚的事实,刑罚是能抽象地界定犯罪的唯一标志[①];或者犯罪是符合构成要件的、违法的、有责的行为。[②] (2) 实质的犯罪概念,即仅仅着眼于揭示犯罪的反社会性实质。如加罗法洛认为:"犯罪是一种既对社会有害又

---

① 参见陈忠林:《意大利刑法原理》,中国人民大学出版社 1999 年版,第 70 页。
② 参见〔日〕大塚仁:《刑法概说》(总论),冯军译,中国人民大学出版社 2003 年版,第 90 页。

侵害了一种或两种最基本怜悯和正直情感的行为。"[①]卡莱顿·阿兰爵士指出:"罪行之所以是罪行,是因为被称为罪行的错误行为对于社会的安全和福利构成了直接的和严重的威胁。"[②]1922年的《苏俄刑法典》第6条则将犯罪定义为"威胁苏维埃制度的基础及工农政权向共产主义过渡时期所建立的法律秩序的一切危害社会的作为或不作为"。(3)形式与实质相统一的犯罪概念,即将犯罪的法律属性和实质特征结合起来作为犯罪的定义。例如1997年施行的《俄罗斯联邦刑法典》第14条规定:"本法典以刑罚相威胁所禁止的有罪过地实施的危害社会的行为,被认为是犯罪。"又如原苏联学者将犯罪定义为"刑事法律所规定的危害社会、侵犯社会主义社会关系并应受到惩罚的行为"[③]。

上述形式的犯罪概念强调了犯罪的法定性,反映了"法无明文规定不为罪"的法律主义思想,但是回避了犯罪的实质,即刑法将某些行为规定为犯罪而加以禁止的根本原因,不利于以正确的犯罪观来指导刑事立法;而实质的犯罪概念虽然揭示了犯罪的反社会性质,但是忽略了法律形式特征在犯罪概念中的不可或缺意义,违反了罪刑法定原则而容易导致司法擅断,因而它们都不够恰当。比较而言,形式与实质相统一的犯罪概念避免了单纯从形式上或实质角度下定义的片面性,既强调了犯罪的法定性,体现了罪刑法定原则的要求,又揭示了犯罪的本质,表明了立法者之所以要用刑法来禁止某些行为的正当理由,故应当被认为是科学的犯罪概念。

(二) 我国刑法中的犯罪概念

我国刑法所采用的是形式与实质相统一的犯罪概念。《刑法》第13条规定:"一切危害国家主权、领土完整和安全,分裂国家、颠覆人民民主专政的政权和推翻社会主义制度,破坏社会秩序和经济秩序,侵犯国有财产或者劳动群众集体所有的财产,侵犯公民私人所有的财产,侵犯公民的人身权利、民主权利和其他权利,以及其他危害社会的行为,依照法律应当受刑罚处罚,都是犯罪,但是情节显著轻微危害不大的,不认为是犯罪。"这一规定从实质和法律形式两个层面对我国社会上形形色色的犯罪现象进行了归纳,是我们认定犯罪、正确区分罪与非罪界限的基本依据。

根据我国《刑法》第13条的规定,犯罪可以被进一步概括为严重危害社会的、刑法所禁止的、应受到刑罚处罚的行为。换言之,犯罪具有三个基本特征。

1. 犯罪是严重危害社会的行为,即具有相当程度的社会危害性

行为具有相当程度的社会危害性,是犯罪最本质、带有决定意义的特征。这种社会危害性,是指行为依据主流社会(在我国即广大人民群众)的价值判断具有对刑法所保护的社会关系造成或可能造成损害的特性,具体表现为《刑法》第13条主要以列举的方式所提到的各种危害。需要指出的是:(1)对这种危害性应当从整体的

---

① 〔意〕加罗法洛:《犯罪学》,耿伟、王新译,中国大百科全书出版社1996年版,第67页。
② 〔英〕J. C. 史密斯、B. 霍根:《英国刑法》,李贵方等译,法律出版社2000年版,第21页。
③ 〔苏联〕H. A. 别利亚耶夫等主编:《苏维埃刑法总论》,马改秀等译,群众出版社1987年版,第68页。

意义上来理解,即犯罪绝不仅仅是加害人和被害人个人之间的私人矛盾,它危害到了整个社会或者说是社会共同体本身。我国是社会主义国家,人民是国家的主人,国家和人民的利益是完全一致的。所以,任何犯罪,都表现为对国家和人民的整体的危害性。犯罪的本质就在于它危害了国家和人民的利益,危害了社会主义社会。某种行为如果根本不可能给社会带来危害,就不可能被规定为犯罪。(2) 犯罪的社会危害性不是指轻微的危害,而是指危害达到相当程度的情况。某种行为虽然有危害,但是情节显著轻微危害不大,例如偶尔小偷小摸的,或者因邻里纠纷殴打他人仅仅造成对方轻微伤害的,也不属于犯罪。由此可见,没有社会危害性,就没有犯罪;危害性没有达到相当的程度,也不成其为犯罪。

那么,在现实中应当如何确定犯罪的这种危害性呢? 一般说来,某种行为有无社会危害性及其程度如何,是由行为对社会主义社会关系有无负面影响及负面影响的大小、行为的手段、后果、时间与地点、行为人的某些自身情况以及行为时的主观心理状态等因素决定的。本书后面将对这些决定社会危害性的有无及大小的因素加以具体讨论。这里要强调的是,在认识行为是否具有犯罪的社会危害性时,应当用历史的、全面的和辩证的观点来看问题。

(1) 从历史的角度看,社会危害性的有无及其程度轻重不是固定不变的,它是随着社会物质生活条件的变化而变化的。如前所述,社会危害性是主流社会价值判断的产物,但主流社会的这种价值判断不是随心所欲作出的,而是建立在社会物质生活条件基础上的。换言之,对行为社会危害性的评价是由评价者所处的社会物质生活条件决定的。故一旦社会物质生活条件发生了变化,则主流社会的价值判断标准和评价尺度也会发生改变,从而导致了行为的社会危害性有无及大小的变化。例如,在新中国建立之初的国民经济恢复时期,私人兴办商业销售粮食、布匹等是有利于改善人民群众物质生活条件的,因此也就没有社会危害性。后来,由于抗美援朝而物资紧张,加之私商囤积居奇、操纵价格,故为了稳定市场和保障人民生活,国家采取了统购统销政策,将私自出售粮食、布匹等生活必需品的行为视为具有社会危害性甚至在一定时期是具有严重的社会危害性的行为。而最近三十多年来,国家实行改革开放政策,并根据社会发展的情况而逐渐由过去的计划经济过渡到市场经济,于是私人正当经营包括粮食、布匹等在内的工农业产品的行为又因适应社会物质生活条件的需要而被认为不再具有社会危害性。这表明,只有运用历史的观点,才能正确认识行为有无社会危害性及其程度大小。

(2) 全面的观点是指由于行为的社会危害性的有无及其程度取决于多种因素,故在具体考察行为时必须综合各种主客观情况进行全面衡量。应当特别指出的是,犯罪的社会危害性从其存在方式来看是主客观相统一的。即只有当某人在危害社会的罪过心理支配下实施的危害社会的行为,才可能具有这种社会危害性。如果仅有邪恶的思想而无客观上的危害行为或者虽有客观损害行为而无主观罪过,则都不具有犯罪的社会危害性。

(3) 在分析具体行为的社会危害性时还应当辩证地看问题,即必须透过现象抓住事物的本质,而不能为表面现象所迷惑。有的行为从表面上看似乎没有也不可能对刑法保护的社会关系造成实际损害,但如果透过现象看本质,就会发现其实质并非如此。例如国家工作人员利用职务上的便利为他人谋取利益并收受他人以感谢的名义给付的大量财物的行为,从表面上看为他人谋取的利益本身是正当的,他人又是自觉自愿地给付财物,这似乎谈不上有社会危害性,但实际上这种行为具有以权换利、权钱交易的性质,因而严重侵犯了国家工作人员职务行为的廉洁性,属于犯罪行为。当然也有相反的例子,有的行为从外表看似乎造成了社会关系的实际损害,但实质上却不具有社会危害性。例如公民见义勇为,对正在实施严重危及人身安全的暴力犯罪的不法侵害人进行暴力反击,造成不法侵害人伤亡,从表面上看似乎这里的致人伤亡和犯罪者伤害、杀害他人没有什么区别,但实际上这种行为却因其正当防卫性质而不仅没有社会危害性,反而对国家和人民有利。可见,唯物辩证法中透过现象认识本质的原理,对于我们分析行为人的行为有无犯罪的社会危害性也是具有重要的指导意义的。

2. 犯罪是刑法所禁止的行为,即具有刑事违法性

犯罪是具有相当程度的社会危害性的行为,但并非行为只要有严重危害社会的性质就当然属于犯罪。在崇尚法治、坚持罪刑法定原则的时代,认定犯罪的标准只能是刑法的规定,只有刑法明文规定禁止的行为,才属于犯罪行为。否则,即便行为有相当的社会危害性,也不能被视为犯罪。由此可见,刑事违法性也是犯罪的一个基本特征。刑事违法性这一特征是行为的严重社会危害性在法律上的体现,因为从立法角度看,国家制定和实施刑法的目的是禁止某些特定的行为,而之所以如此,是因为这些行为具有严重的社会危害性,运用道德舆论或者一些制裁性较弱的法律(如民法、行政法等)已难以对其进行有效规制。所以,一定的社会危害性是刑事违法性存在的根据,两者之间通常而言表现为内容和形式的关系。①

但是,刑事违法性也具有独立的不可替代的意义。(1)它表明犯罪不是一般的违法行为或不道德行为,而是触犯刑法的行为,从而有助于把握犯罪和一般违法行为的区别。(2)从司法角度讲,刑事违法性是犯罪的社会危害性的唯一存在方式和判断尺度,即达到犯罪程度的社会危害性只能以刑事违法性为载体,舍此便无法存在和表现出来,而评价现实中的某种行为是否具有犯罪的社会危害性,也只能以行为是否属刑法所禁止为唯一尺度。

需要指出的是,刑法对犯罪行为的禁止并非仅仅体现在刑法分则性规定中,违反刑法总则中的禁止性规定的行为,如犯罪预备行为、教唆犯罪行为等,也具有刑事违法性。从刑法规范与其他法律规范的关系来看,刑事违法性表现为两种情况:

---

① 就理想状态而言,社会危害性与刑事违法性是一致的,两者之间是内容与形式的关系。但从现实层面讲,由于立法技术、语言特性、立法者的认识能力以及社会生活的复杂多变等因素的影响,或多或少地会发生行为的社会危害性与刑事违法性不一致的情况,因此才有必要将犯罪的社会危害性特征与刑事违法性特征分开加以讨论。参见齐文远、周详:《社会危害性与刑事违法性关系新论》,载《中国法学》2003年第1期。

(1) 行为直接触犯刑法规范,如故意杀人、强奸、抢劫等;(2) 行为因违反其他法律规范情节严重以致为刑法所禁止,如走私、偷税、假冒注册商标等。一般说来,前一种情况的刑事违法性比较容易把握,而后一种情况的刑事违法性只有通过将刑法和其他相关法律规范加以对照才能准确认定。

3. 犯罪是应受到刑罚处罚的行为,即具有刑罚当罚性

任何违法行为都应当承担相应的法律后果,犯罪的法律后果就其具体表现而言主要是刑罚。刑罚作为最严厉的制裁方法,只能适用于犯罪这种严重危害社会并违反刑法规范的行为。不需要用刑罚来处罚的行为,如一般的扰乱社会秩序、妨害公共安全、侵犯公民人身权利或者侵犯公私财产的行为,即便有一定的社会危害性,也不能被认为是犯罪。由于刑法是将作为危害社会的犯罪行为与作为法律后果的刑罚连接在一起的法律规范的总和,以及刑罚与犯罪之间的这种联系本身所具有的表明行为社会危害性程度的直观意义,故《刑法》第 13 条将"应当受刑罚处罚"作为定义犯罪的一个方面。因此,我国刑法学界的通说认为,刑罚当罚性也是犯罪的一个基本特征。① 应当明确的是,刑罚当罚性这一特征也是从犯罪的严重社会危害性中派生出来的,它与刑事违法性一样,必须以严重社会危害性为根据。同时,刑罚当罚性又是行为严重社会危害性和刑事违法性的必然结果。所以,将刑罚当罚性视为犯罪的一个基本特征与前面介绍的将犯罪定义为依法应当受刑罚处罚的行为的形式主义犯罪概念是有本质区别的。

这里还必须指出的是,具有刑罚当罚性不等于实际上一定要判处刑罚。换言之,它并不排斥对有关犯罪适用刑法中"免除处罚"或"免予刑事处罚"的规定。这是因为,刑罚当罚性是指行为具有应当受刑罚处罚的性质,属于"应然"层面的问题,所表明的是对行为的评价,而事实上是否判处了刑罚,是对犯罪行为的实际处理,属于"实然"层面的问题。两者有联系,但不是同一概念。因此,刑法中规定的在一定情况下可以或者应当对犯罪行为"免予刑事处罚"与犯罪的刑罚当罚性特征并不矛盾。而且,"免予刑事处罚"本身是以行为具有刑罚当罚性为前提的,因为只有行为属于犯罪同时又具备免除处罚情节的,如防卫过当、避险过当或者自首后又有重大立功表现的等,才可能或者应当"免除处罚";否则,倘若行为本不应受刑罚处罚,例如情节显著轻微危害不大的行为,就只能对其依法宣告无罪而不能免除处罚。由此可见,刑法中"免除处罚"或者"免予刑事处罚"的规定恰恰表明,刑罚当罚性是犯罪的一个基本特征。不具备这一特征的行为是谈不到"免除处罚"或"免予刑事处罚"问题的。

综上所述,严重社会危害性、刑事违法性和刑罚当罚性是犯罪的三个基本特征,三者既有机联系,又各自从不同角度说明犯罪这一现象。其中,严重社会危害性是犯罪的本质特征,是刑事违法性和刑罚当罚性的存在根据;刑事违法性和刑罚当罚

---

① 关于应否将刑罚当罚性看成是犯罪的基本特征,我国刑法学界有不同主张。参见马克昌主编:《犯罪通论》,武汉大学出版社 1999 年版,第 14—19 页。本书采用的是通说的见解。

性则是严重社会危害性在法律上的表现和后果。

二、犯罪的分类

研究犯罪的分类有助于加深对犯罪概念的理解。一般而言,对犯罪可以依据不同的标准进行各式各样的分类,如以危害行为的形式为标准可分为作为犯和不作为犯、以罪过的形式为标准可分为故意犯和过失犯,以危害结果的表现形态为标准可以分为侵害犯与危险犯(包括具体的危险犯与抽象的危险犯)等。这里仅就以后章节中不再详细讨论的一些犯罪分类作些介绍。

(一) 犯罪的理论分类

(1) 自然犯与法定犯。自然犯也称刑事犯,是指行为本身由于明显违反公共善良风俗和人类伦理而自然蕴涵着罪恶性,因此直接由刑法典和单行刑法所规定的传统型犯罪,如放火罪、强奸罪、抢劫罪等。法定犯又称行政犯,是指行为本身并无罪恶性,而是由于违反行政法规中的禁止性规范并由行政法规中的刑事罚则即附属刑法予以规定的现代型犯罪,如擅自设立金融机构罪、非法吸收公众存款罪等。一般认为,从犯罪人的主观恶性程度来讲,自然犯较之于法定犯要严重。但是在违法性问题上,由于行政法规会因为国家管理目标的改变而时常发生变化,因此法定犯又经常处于变动之中,缺乏像自然犯那样的稳定性。正因为这两类犯罪各有其特殊性,所以对各自的认定方法、刑罚裁量及预防对策均应有所不同。

(2) 隔离犯与非隔离犯。隔离犯是指在犯罪实行行为与犯罪结果之间存在时间上或者地域上的间隔的犯罪。其中,存在时间上间隔的为隔时犯;存在地域上间隔的称隔地犯。非隔离犯则是指犯罪实行行为与犯罪结果之间没有时间、地域间隔的犯罪。进行这一分类的目的之一在于正确确定隔离犯的犯罪时与犯罪地,以便准确地适用刑法和解决刑事管辖问题。一般而言,隔时犯的行为时即为犯罪时;隔地犯的行为地与结果地均为犯罪地。

(二) 犯罪的法定分类

(1) 国事犯与普通犯。国事犯又称政治犯,是指危害国家主权、领土完整和安全,分裂国家、颠覆人民民主专政的政权和推翻社会主义制度的犯罪。我国《刑法》分则第1章规定的危害国家安全罪即属于国事犯。普通犯是指危害国家安全罪以外的刑事犯罪,如危害公共安全罪、破坏社会主义市场经济秩序罪等。从国内法上看,由于国事犯危害的是国家的根基,其社会危害性总体上而言要比普通犯严重得多,所以如前所述,我国《刑法》特别强调对这类犯罪的刑罚惩罚。[①] 而从国际法上讲,由于各国社会政治制度和意识形态的差别,对普通犯的引渡请求比对政治犯的引渡请求要容易被接受一些,一般而言,政治犯不引渡已成为各国处理引渡事宜的一项原则。[②]

[①] 参见本书第一章第二节中关于刑法任务的论述。
[②] 参见齐文远、刘代华:《国际犯罪与跨国犯罪研究》,北京大学出版社2004年版,第238—240页。

(2) 身份犯与非身份犯。身份犯是指刑法规定以特定身份作为构成要件的犯罪,如《刑法》第 247 条规定的刑讯逼供罪、第 254 条规定的报复陷害罪、第 382 条规定的贪污罪和第 384 条规定的挪用公款罪等。非身份犯是指不以特殊身份作为构成要件的犯罪,如破坏交通工具罪、故意杀人罪等。这种分类对正确认定犯罪具有重要意义。在研究身份犯与非身份犯的分类时,还应注意不真正身份犯的概念。不真正身份犯是指刑法将某种特殊身份规定为加重或减轻事由的犯罪。我国《刑法》第 243 条第 2 款对国家工作人员犯诬告陷害罪从重处罚的规定,就是不真正身份犯的立法例。

(3) 亲告罪与非亲告罪。亲告罪即刑法明文规定告诉才处理的犯罪。《刑法》第 98 条规定:"本法所称告诉才处理,是指被害人告诉才处理。如果被害人因受强制、威吓无法告诉的,人民检察院和被害人的近亲属也可以告诉。"可见,对亲告罪是否予以刑事追究原则上取决于被害人是否告诉。刑法没有规定为亲告罪的为非亲告罪,即不问被害人是否告诉、是否同意起诉,人民检察院均应提起公诉的犯罪。在我国刑法中,绝大多数犯罪为非亲告罪,只有《刑法》第 246 条规定的侮辱罪和诽谤罪、第 257 条第 1 款规定的暴力干涉婚姻自由罪、第 260 条第 1 款规定的虐待罪以及第 270 条规定的侵占罪属于亲告罪。《刑法》之所以将这几种犯罪规定为亲告罪,主要是因为这些犯罪危害较轻微,且被害人与行为人之间一般存在较密切的关系,故在是否对被告人进行刑事追究的问题上应充分尊重被害人的意愿。

(4) 基本犯、加重犯与减轻犯。基本犯是指刑法分则条文规定的不具有法定加重或者减轻情节的犯罪,如《刑法》第 234 条第 1 款规定的就是故意伤害罪的基本犯。加重犯是指刑法分则条文以基本犯为基础规定了加重情节与较重法定刑的犯罪,如《刑法》第 234 条第 2 款规定的情况。从分则关于加重犯的规定来看,有的明确将加重情节限定为结果、数额或者手段等,有的则没有具体指明加重的事由,而是以"情节严重""情节特别严重"等表述来概括。减轻犯是指分则条文以基本犯为基础规定了减轻情节与较轻法定刑的犯罪,如《刑法》第 232 条后段规定的情节较轻的故意杀人罪等。这一分类实际上是从量刑的意义上对同一具体犯罪不同情况的区分。

第二节 犯罪构成

一、犯罪构成的理论沿革

(一) 德国、日本的构成要件理论

从理论沿革上看,我国刑法理论中的犯罪构成与德、日刑法理论中的构成要件具有一定的继受关系。构成要件的观念最早可以追溯到中世纪意大利纠问式诉讼程序。1581 年意大利学者法利那休斯提出 Corpus delicti 一词,表示已通过一般纠问程序所证实的犯罪事实。1796 年德国学者克莱因(1774—1810)将 Corpus delicti 翻译成德语 Tatbestand,其字义为"行为情况",后来译成日文时意思成了"构成要件",但它在当时仍然属于诉讼程序上的概念。赋予 Tatbestand 实体法意义的是后来的德国刑法学家斯蒂贝尔(1764—1827)和费尔巴哈,但真正将其抽象为刑法理论体系基干则是 20 世纪初的事情了。一般认为,1906 年德国人贝林(1866—1932)发表的《犯罪的理论》一书,为现代刑法学中的构成要件理论奠定了基础。他认为,行为符合构成要件是成立犯罪的条件之一(另外两个条件分别是违法性和有责性),构成要件是犯罪类型或犯罪类型的轮廓,并且构成要件仅限于记述的、客观的内容,与主观的、规范的要素没有关系。到了晚年,他对自己的上述观点作了修正,认为构成要件与犯罪类型不完全相同,而只是犯罪类型的观念上的指导形象,从而使得构成要件与违法性和有责性相分离。德国学者迈耶在贝林早期观点的基础上推进了构成要件的类型化。他认为,构成要件不仅包括记述的、客观的要素,而且包括规范的、主观的要素;具体事实符合抽象的构成要件是违法性最重要的认识根据或表征,两者就像烟与火的关系一样,只要没有违法阻却事由,具备构成要件符合性的行为就是违法。另一位德国学者梅茨格进一步指出,构成要件是刑法对可罚的违法行为所作的类型性的记述,它不仅是违法性的认识根据,而且是违法性的存在根据。构成要件的理论被引入日本后,小野清一郎等人提出,构成要件不仅是违法的类型,而且是责任类型,即符合构成要件行为原则上不仅是违法的,而且是有责的。①

目前,德、日等国家刑法学界在构成要件问题上形成了以下通说:构成要件符合性、违法性与有责性是成立犯罪的三个条件,故行为符合构成要件并不一定就成立犯罪,还要看是否存在违法阻却事由及行为人有无责任;构成要件是抽象的、观念的概念,而不是具体的事实本身,具体事实与构成要件相一致时,便具有构成要件符合性;构成要件以实行行为为中心,既包括记述的、客观的要素,也包括规范的、主观的要素;构成要件是违法类型,即符合构成要件的行为原则上具有违法性。②

(二) 苏联的犯罪构成理论

如果说德、日等国的构成要件理论和我国的犯罪构成理论还有较大出入的话,那么苏联的犯罪构成理论和我国的理论则可以说是同源同根。苏联的刑法理论认为:"犯罪构成乃是苏维埃法律认为决定具体的、危害社会主义国家的作为(或不作为)为犯罪的一切客观要件和主观要件(因素)的总和。"③苏联的犯罪构成理论具有如下主要特点:

(1) 犯罪构成与社会危害性是相统一的。苏联学者认为,犯罪构成以犯罪的社会危害性为基础,行为符合犯罪构成就具有犯罪的社会危害性。如特拉伊宁指出:"在社会主义的刑法体系中,犯罪构成的学说应当以犯罪的阶级性的一般学说和它

---

① 参见〔日〕大塚仁:《刑法概说》(总论),冯军译,中国人民大学出版社 2003 年版,第 110—112 页;张明楷:《外国刑法纲要》,清华大学出版社 1999 年版,第 71—78 页。
② 参见张明楷:《刑法学》(上),法律出版社 1997 年版,第 94 页。
③ 〔苏联〕A. H. 特拉伊宁:《犯罪构成的一般学说》,薛秉忠、卢佑先、王作富译,中国人民大学出版社 1958 年版,第 48—49 页。

的实质定义与形式定义为基础。立法者也正是通过综合那些统一起来即构成社会危害行为的特征来制定犯罪构成的。"①

（2）犯罪构成要件之间是有机统一的。苏联学者认为，犯罪构成是犯罪成立所必需的客观要件与主观要件的总和。"每个具体的犯罪构成都包含有犯罪主体和犯罪主观方面，以及犯罪客体和犯罪的客观方面要件的总和，犯罪构成的一切要件互相联系；每一个要件都是有机统一体的一个组成部分。在某人的行为中，如果缺少一个要件，那就意味着缺少整个犯罪构成。"②因此，犯罪构成就是成立犯罪的全部条件，行为符合犯罪构成就意味着完全成立犯罪。

（3）犯罪构成与刑事责任是统一的。苏联学者认为："社会主义法制的一个基本原则是：追究一个公民的刑事责任的唯一根据是：在他的行为中应具有刑事法律条文严格规定的犯罪构成。"③可见，只要行为人的行为符合犯罪构成，也就具备了对其追究刑事责任的根据。

（三）我国的犯罪构成理论

我国的犯罪构成理论是在移植前苏联模式的基础上建立起来的。在新中国建立初期，老一代刑法学者即通过翻译、介绍等方式引入苏联的犯罪构成理论，并开始对这一理论进行研究。1957年以后，由于法律虚无主义的泛滥，犯罪构成理论遭到了批判，成为法学中的"禁区"。随着我国1979年《刑法》的颁布，犯罪构成重新开始成为刑法理论研究的重要课题。自那时以来，不仅犯罪构成理论在刑法学体系中的地位得到完全的恢复，而且刑法学界在这一领域内开展了许多深入研究，取得了很大的突破④，已基本上形成了有别于苏联的犯罪构成理论模式。

当然，由于我国对犯罪构成的研究起步较晚，加之长期以来对西方国家的刑法理论带有偏见，所以我国犯罪构成理论在一些具体观点上还不是很成熟，逻辑上还不是特别严谨，体系上也还存在着不协调的情况。⑤ 由此可见，进一步完善具有我国特色的犯罪构成理论体系，仍然是我们这一代学人所肩负的一项重要责任。

二、我国犯罪构成的概念和意义

（一）犯罪构成的概念

犯罪构成，是指刑法规定的、反映某种行为的社会危害性及其程度而为该行为成立犯罪所必须具备的一切客观要件和主观要件的有机整体。从理论上讲，犯

---

① 〔苏联〕A. H. 特拉伊宁：《犯罪构成的一般学说》，薛秉忠、卢佑先、王作富译，中国人民大学出版社1958年版，第43页。
② 〔苏联〕H. A. 别利亚耶夫等主编：《苏维埃刑法总论》，马改秀等译，群众出版社1987年版，第78页。
③ 〔苏联〕皮昂特科夫斯基等：《苏联刑法科学史》，曹子丹等译，法律出版社1984年版，第45—46页。
④ 参见高铭暄主编：《新中国刑法科学简史》，中国人民公安大学出版社1993年版，第83页。
⑤ 参见冯亚东：《理性主义与刑法模式》，中国政法大学出版社1999年版，第181页；劳东燕：《罪刑法定视野中的犯罪构成（A）》，载陈兴良主编：《刑事法评论》（4），中国政法大学出版社2001年版，第29—35页。

罪构成有具体犯罪构成与一般犯罪构成之分。具体犯罪构成,如故意杀人罪的犯罪构成、强奸罪的犯罪构成、抢劫罪的犯罪构成等是罪刑各论研究的内容。这里主要探讨犯罪构成的一般概念。在这一意义上,犯罪构成与《刑法》第13条规定的犯罪概念既有区别又有着密切的联系。如前所述,犯罪概念揭示了犯罪的基本特征,所回答的系什么是犯罪的问题。犯罪构成则表明成立犯罪必须具备的条件,回答的是犯罪如何构成的问题。因此,一方面犯罪构成必须以犯罪概念为基础,离开犯罪概念,犯罪构成就成为失去实质内容的纯粹形式;另一方面犯罪概念所揭示的特征也需要通过犯罪构成来具体体现,离开犯罪构成,犯罪的基本特征就失去了赖以存在的载体,罪与非罪的界限也就无从把握。故犯罪构成是一个十分重要的概念。

根据前述犯罪构成的一般概念,我国刑法中的犯罪构成具有如下几个特征:

(1) 犯罪构成是成立犯罪所必须具备的客观要件和主观要件的有机整体。其一,任何犯罪构成都是由若干要件组成的,是成立犯罪的必要条件的总和。其二,每一种犯罪的构成要件均可被归纳为客观要件和主观要件两大类。客观要件包括对社会关系的侵害或者威胁,危害社会的行为与结果等;主观要件包含实施危害社会行为的人的条件及其在实施危害行为时的主观心理状态(主观罪过)等。其三,犯罪构成是客观要件和主观要件的有机整体,即客观要件和主观要件是彼此联系、相互依存、有机统一的。换言之,一定的客观要件和一定的主观要件互为存在的必要条件。因此,我国刑法既反对只注意行为客观上的危害性而不考虑行为人主观心理状态的"客观归罪",也反对只着眼于主观恶性而不考虑行为的客观危害性的"主观归罪"。

(2) 犯罪构成是由能够表明行为的社会危害性及其程度的要素组成的。在社会生活中,与犯罪有关的事实特征是形形色色、千差万别的。这些事实特征都从不同的侧面及意义上说明、证实着犯罪。例如,犯罪的时间、地点、方法、对象,行为人的相貌、衣着、体态、身高、年龄、身份、口音以及习惯动作等,对于侦破、证实和认定犯罪都有一定的作用。不过,众多的犯罪事实特征并非都能成为犯罪构成的要件。由于犯罪构成是成立犯罪的规格,确定犯罪构成是为了最终解决认定犯罪的标准问题,故根据前述犯罪概念的要求,只能在所有的犯罪事实特征中进行筛选,将其中对表明行为达到犯罪的社会危害性程度具有不可替代作用的事实特征提炼出来,再进行一定的概括和抽象,最后将其确定为犯罪构成的要素,即犯罪构成要件。可见,某种犯罪事实特征能否被选择为犯罪构成的内容,取决于其本身对表明行为的社会危害性及其程度是否具有重要意义。正是因为如此,犯罪构成的各个要件才能够分别从不同角度说明行为的社会危害性,并最终通过犯罪构成整体表明其社会危害性达到了犯罪的程度。

(3) 犯罪构成是由刑法加以规定的。虽然我国《刑法》中没有出现"犯罪构成"这一术语,但不能因此而否定犯罪构成的法定性,由于罪刑法定原则是我国刑法的基本原则之一,所以作为成立犯罪的规格和认定犯罪的标准的犯罪构成必须由《刑法》加以确定。事实上,我国《刑法》对各种犯罪的构成要件都尽可能明确地作了规定。例如,通过对《刑法》第259条规定的分析我们可以得知,破坏军婚罪的特有构成要件为:第一,侵犯的是刑法所保护的军人婚姻关系;第二,在客观上实施了与现役军人的配偶结婚或者同居的行为;第三,在主观上有破坏军人婚姻的故意。由此可见,这一《刑法》分则条文其实是对破坏军婚罪的一些构成要件的规定。需要说明的是,《刑法》对犯罪构成要件的规定,并非仅仅表现在分则条文中,而是通过《刑法》总则条文和分则条文共同来完成的。例如,前述《刑法》第259条没有规定破坏军婚罪的主体要件,但这并不意味着任何人都可以犯破坏军婚罪,实际上破坏军婚罪的犯罪构成中包含着主体方面的限制,不过这一要件没有被规定在《刑法》第259条内,而是被规定在《刑法》第17条这一总则条文中。我们应当看到,任何一个规定具体犯罪的《刑法》分则条文都不可能完整地规定犯罪的全部构成要件,因此必须将分则条文和《刑法》总则的相关规定结合起来才能全面地把握其犯罪构成。

(二) 犯罪构成的意义

犯罪构成的意义主要体现在以下三个方面:

(1) 对加强社会主义法治的意义。如前所述,《刑法》第3条明文规定了罪刑法定原则。这一原则与我国依法治国、建设社会主义法治国家的方针是一脉相承的,是加强法治的一项重要具体举措,而科学、明确的犯罪构成是确保罪刑法定原则得到有效贯彻的一个基本条件。这是因为,唯有恰当和确切的构成犯罪要件或认定犯罪的标准,才能使罪与非罪的界限清楚,令犯罪的人不致逃脱法律的追究,以便维护社会秩序;同时使无罪的人不受刑罚处罚,从而保障公民的人权。否则,罪刑法定原则就难以落到实处,社会主义法治的方针也难免变成一句空洞的口号。由此可见,科学、明确的犯罪构成是依法治国方针在刑法领域的具体化,对加强社会主义法治具有十分重要的现实意义。

(2) 对刑事司法实践的意义。犯罪构成对刑事司法实践具有特别重要的作用,因为无论是刑事起诉、定罪(认定犯罪)或者量刑(裁量决定刑罚)都必须以犯罪构成为指导。在起诉或定罪环节,首先遇到的是该种行为是否成立犯罪的问题。要解决这一问题,必须借助于犯罪构成标准,即以事实为根据、以刑法规定的犯罪构成为准绳来区分罪与非罪,从而将符合某一犯罪构成的行为认定为犯罪;对不符合任何犯罪构成的,不以犯罪论处。其次,如果认定某一行为构成犯罪,则面临的问题是成立什么犯罪,即如何定性。解决这一问题也需要根据事实和刑法规定的各具体犯罪构成进行分析,从而区分此罪与彼罪。最后,在认定行为构成某种犯罪后,还存在该犯罪属于犯罪完成形态抑或未完成形态、是共同犯罪还是单独犯罪以及系一罪还是数罪等问题,这些问题也都需要根据犯罪构成的类型或者犯罪构成的个数为标准加以解决。至于在量刑环节中,尽管犯罪情节在此起重要作用,但其基础还是犯罪的性质,即首先还是应当依据与表明不同社会危害性的犯罪构成相对应的法定刑罚为基准,然后再考虑犯罪的情节来进行具体裁量。可见,在量刑时犯罪构成的作用也是不可低估的。

(3) 对发展和完善刑法理论的意义。刑法理论从大的方面讲分为刑法总论和罪刑各论,其中的刑法总论又可进一步分为绪论、犯罪论与刑罚论,且以犯罪论为中心。犯罪论的体系主要是依据犯罪构成建立起来的,对犯罪构成的不同理解,往往导致建立不同的犯罪论体系。本书后面犯罪论部分各章的内容也都离不开犯罪构成这个主题(其他教科书同样如此)。因此,实际上犯罪论就是犯罪构成论。① 虽然刑罚论以刑罚及其运用为主要研究内容,但如前所述,刑罚的具体运用即量刑同样要以犯罪构成为基础。罪刑各论是以各种具体犯罪及其法定刑为研究对象的,而对具体犯罪的研究主要是指对具体犯罪的构成要件的研究。可见,犯罪构成在整个刑法理论中居于核心的地位。因此,刑法理论的发展与完善必须以犯罪构成为切入点。我国近些年来刑法学研究的状况也表明,整个刑法理论的发展和完善主要建立在对犯罪构成认识深化的基础之上。

二、犯罪构成的分类

现实社会中的犯罪行为不仅在性质上多种多样,而且在表现形式上也是千变万化的,例如故意杀人罪有完成犯罪的状态,也有未完成的状态;有单个人实施的犯罪,也有两人以上共同实施的犯罪。因此,作为认定犯罪标准的犯罪构成也自然地或者表现为各种不同的形态,或者通过不同的表述方式来表达或呈现为不同的内部构造。深入地探讨犯罪构成的途径之一是将刑法规定的各式各样的犯罪构成依据不同的标准从不同的角度进行分类研究。我国刑法理论一般是依据犯罪构成形态上的差别将其划分为基本的犯罪构成与修正的犯罪构成,按照犯罪构成在刑法中表述方式的不同将其划分为叙述的犯罪构成与空白的犯罪构成,根据犯罪构成内部结构上的区别将其划分为简单的犯罪构成与复杂的犯罪构成。

(一) 基本的犯罪构成与修正的犯罪构成

基本的犯罪构成,是指《刑法》分则条文就某一犯罪的既遂状态所规定的犯罪构成,其中大多数基本的犯罪构成是以单个的行为人犯罪的既遂状态为标本而规定的,如《刑法》第 114 条规定的放火罪构成、第 158 条规定的虚报注册资本罪构成、第 239 条规定的绑架罪构成和第 382 条规定的贪污罪构成等;但也有一些是以两个以上行为人犯罪的既遂状态为模式而规定的,如《刑法》第 268 条规定的聚众哄抢罪构成、第 292 条规定的聚众斗殴罪构成以及第 317 条第 1 款规定的组织越狱罪构成等。② 修正的犯罪构成,是指为了适应认定故意犯罪过程中各种停止形态或数个行为人共同犯罪的需要,在以基本的犯罪构成为前提的情况下,通过刑法总则条文对基本构成包含的某些要件加以修改、变更而形成的犯罪构成,如《刑法》第 22 条关于

---

① 参见高铭暄、马克昌主编:《刑法学》(上编),中国法制出版社 1999 年版,第 89 页。
② 这里只是借用了通常的表述方式,实际上任何刑法分则条文都不可能完整地规定具体犯罪的全部构成要件,严格地讲任何犯罪的构成要件都是由刑法分则条文与相关总则条文(如关于规定犯罪主体及犯罪主观方面的总则条文)共同规定的。对此请详见本书第十八章第二节罪状部分的论述。

预备犯的规定是对某一具体犯罪基本构成中客观方面特有要件的修改、变更;第29条关于教唆犯的规定则是对特定犯罪基本构成中主体及客观方面特有要件的修改、变更。

研究基本的犯罪构成与修正的犯罪构成这一分类的目的主要是为了正确理解和适用修正的犯罪构成。由于修正的犯罪构成是在基本的犯罪构成的基础上用总则的条文修改、变更个别要件而形成的,所以确定这类犯罪构成时必须将规定基本构成的条文和修改、变更其中某些要件的总则条文结合起来。而且,在依据修正的犯罪构成认定犯罪的场合,应同时引用规定基本构成的刑法分则条文和规定修改、变更其中某些要件的总则条文。例如,在确定强奸罪之教唆行为的犯罪构成时,需要将具体规定强奸罪的《刑法》第236条与规定教唆犯的《刑法》第29条结合起来;在依据这一修正的犯罪构成惩处强奸罪之教唆犯的司法文书中,也要明确指出行为人被(或应被)认定为犯罪的法律根据是上述两个条文。

(二) 叙述的犯罪构成与空白的犯罪构成

一般认为,叙述的犯罪构成又称为封闭的犯罪构成或完结的犯罪构成,是指刑法条文对具体犯罪的构成要件进行了或详细或简要的描述,从而充分地表明该犯罪事实特征的犯罪构成。例如,《刑法》第305条规定的伪证罪的犯罪构成是通过刑法条文对该罪构成要件作了详细描述之叙述的犯罪构成,《刑法》第173条规定的变造货币罪的犯罪构成则是通过刑法条文对该罪构成要件作了简要描述之叙述的犯罪构成。空白的犯罪构成又称为开放的犯罪构成或待补充的犯罪构成,是指刑法条文对具体犯罪的构成要件没有予以充分的描述,还需要援引其他法律的规定来加以补充的犯罪构成。例如,《刑法》第337条对逃避动植物检疫罪的构成要件并没有给予充分的描述,只是指出该罪系违反进出境动植物检疫法的规定,逃避动植物检疫,引起重大动植物疫情的行为。换言之,《刑法》规定的逃避动植物检疫罪的构成内容中存在部分空白,需要援引进出境动植物检疫法的规定来填充。

研究叙述的犯罪构成与空白的犯罪构成这一分类的意义在于,据此可以清楚地认识到两类犯罪构成的确定根据不同。确定叙述的犯罪构成,只需要分析刑法本身的规定即可;但确定空白的犯罪构成,不仅要分析刑法条文的相应规定,而且还应参考其他有关法律、法规。

(三) 简单的犯罪构成与复杂的犯罪构成

简单的犯罪构成,又称为单一的犯罪构成或单纯的犯罪构成,是指刑法条文规定的具体犯罪各构成要件均属单一的犯罪构成。《刑法》第235条规定的过失致人重伤罪的犯罪构成是其适例。具体而言,构成本罪只要求侵犯的是单一的社会关系——他人的健康权利;实施的是单一的行为——致人重伤行为;主观上是单一罪过——过失。复杂的犯罪构成,是指刑法条文规定的具体犯罪诸构成要件并非均属单一的犯罪构成。它又可以进一步分为选择的犯罪构成与重叠的犯罪构成。选择的犯罪构成是指刑法条文就构成要件规定了若干选项,符合其中任一选项即可成立犯罪的犯罪构成。例如,《刑法》第309条就扰乱法庭秩序罪的构成要件规定了三个选项:(1) 在法庭聚众哄闹;(2) 冲击法庭;(3) 殴打司法工作人员,具备其中一个选项而严重扰乱法庭秩序的,即符合扰乱法庭秩序罪的犯罪构成。选择的犯罪构成情况十分复杂,就选项的内容看,有行为选择(例如前述《刑法》第309条规定的扰乱法庭秩序罪的犯罪构成)、对象选择(如《刑法》第116条规定的破坏交通工具罪的犯罪构成)、结果选择(如《刑法》第332条规定的妨害国境卫生检疫罪的犯罪构成)、主体选择(如《刑法》第316条规定的脱逃罪的犯罪构成)和目的选择(如《刑法》第152条规定的走私淫秽物品罪的犯罪构成)等;就选项所涉及的构成要件数量看,有单层选择(如前述扰乱法庭秩序罪的构成只有行为方面的选择)、双层选择(如《刑法》第352条规定的非法买卖、运输、携带、持有毒品原植物种子、幼苗罪的犯罪构成就包括行为方面的选择与对象方面的选择)及多层选择(如《刑法》第159条规定的虚假出资、抽逃出资罪的犯罪构成中包括了主体选择、行为选择与后果选择等)。重叠的犯罪构成是指刑法条文就某一犯罪的构成要件规定必须是侵犯两种以上的具体社会关系,或者实施两种以上的行为,或者行为人具有两种以上的罪过的犯罪构成。例如,《刑法》第300条第2款规定的组织、利用会道门、邪教组织、利用迷信致人死亡罪的构成要求行为必须既扰乱了公共秩序又侵犯了他人的生命权利,属于所侵犯的社会关系重叠的犯罪构成。《刑法》第175条规定的高利转贷罪的构成则属于要求两种以上行为的犯罪构成,即这里的高利转贷行为是由套取金融机构信贷资金和高利转贷他人两种具体行为结合而成的。至于要求具有两种以上罪过的犯罪构成可以《刑法》第129条规定的丢失枪支不报罪的构成为例,即成立本罪,在主观上必须是依法配备公务用枪的人员丢失枪支后既故意不及时报告又对造成的严重后果存在过失的心理状态。

区分简单的犯罪构成与复杂的犯罪构成的意义在于,可以准确地把握各种犯罪构成的内部结构,从而正确地运用犯罪构成来认定犯罪,特别是准确区别一罪与数罪。

三、犯罪构成的体系

犯罪构成体系,是指犯罪构成的诸要件按照一定顺序和层次组成的有机整体。确立犯罪构成的体系,首先,必须设定犯罪构成要件的个数;其次,要决定构成要件的排列顺序;最后,还要确定犯罪构成要件的层次结构。

关于犯罪构成要件的数量,我国刑法学界的认识尚不是很一致,通说认为,我国刑法中的犯罪构成由四个方面的要件组成,即犯罪客体、犯罪客观方面、犯罪主体与犯罪主观方面。但也有一些学者对此提出异议,如有人认为犯罪客体不是犯罪构成要件,有人主张犯罪主体不是构成要件。我们认为,通说的见解尽管也存在着一些问题,例如未能将《刑法》分则某些规定情节严重或者情节恶劣才构成犯罪的条文(如《刑法》第243、246、249、250、251和252条等)中的严重或恶劣的情节恰当地归入构成要件中,但它比其他观点毕竟要全面一些,而且也已经为司法实际部门所普遍认同,故目前仍应以这种观点作为我们研究犯罪构成体系的基础。

关于犯罪构成要件的排列顺序,我国刑法理论上也有不同的主张。通说按照认定犯罪的过程来排列犯罪构成要件的顺序。司法实践中认定犯罪的过程一般为:首先是发现了某种特定社会关系遭受损害的事实(客体受到侵犯),如某人死亡等。这时就需要查明一定社会关系遭受损害的原因,即是不是由于人的侵害行为造成的。在查明了是由人的侵害行为(存在犯罪的客观方面)造成的以后,例如查明某人死亡原因系他杀之后,则需要了解谁是行为人以及行为人的具体个人情况,如他是否具有负刑事责任的能力等。在确定了行为人具有负刑事责任的能力(有犯罪主体)之后,还必须查明行为人实施侵害行为时的主观心理状态,即分析他是否出于故意或过失。只有在确定行为人是出于故意或者过失的罪过(存在犯罪主观方面)实施了该行为后,才能将行为认定为犯罪。因此,按照通说的见解,犯罪构成要件的排列顺序应为犯罪客体要件、犯罪客观方面要件、犯罪主体要件与犯罪主观方面要件。另外一种有代表性的见解认为,实际犯罪发生的逻辑顺序是符合犯罪主体条件的人,在其犯罪心理态度的支配下,实施一定的犯罪行为,危害一定的客体,即社会主义的某种社会关系。故按照这一逻辑顺序,犯罪构成要件的排列顺序应当是犯罪主体要件、犯罪主观方面要件、犯罪客观方面要件与犯罪客体要件。① 考虑到司法实践的要求,我们在这一问题上采用通说的主张。

关于犯罪构成要件的层次结构,通行的教科书一般都是在犯罪构成整体这一层次下将各种构成要件划分为客观要件与主观要件两大类;然后再进一步将客观要件划分为犯罪客体(要件)与犯罪客观方面(要件),而将主观要件划分为犯罪主体(要件)与犯罪主观方面(要件);最后再在四部分构成要件之下具体探讨构成要件的组成要素,如在犯罪客体要件之下探讨犯罪客体与犯罪对象,在犯罪客观方面要件之下探讨危害行为、危害结果(包括危害行为与危害结果的因果关系)、犯罪方法、犯罪时间与地点,在犯罪主体要件之下探讨一般主体、特殊身份主体与单位犯罪主体,在犯罪主观方面要件之下探讨犯罪故意、犯罪过失、犯罪目的。这样就形成了一个诸要件层次分明、排列有序、联系密切、有机统一的犯罪构成体系。

本章重点问题提示

一、关于犯罪概念的争议

对我国刑法采用形式与实质相统一的犯罪概念,我国刑法学界过去普遍持肯定态度。但近些年来,一些学者开始质疑这一概念的科学性。他们认为,以社会危害性为核心的犯罪概念实际上是犯罪的政治概念或阶级概念,而不是刑法意义上的概念。这一概念是与法律虚无主义联系在一起的。社会危害性是一个有名无实的东

---

① 参见赵秉志、吴振兴主编:《刑法学通论》,高等教育出版社1993年版,第84页以下;赵秉志主编:《刑法新教程》,中国人民大学出版社2001年版,第87页以下;陈明华主编:《刑法学》,中国政法大学出版社1999年版,第108页以下。

西，其本身不具有规范性，但在定罪中却起到了超越法律规范的根据的作用。以社会危害性为实质内容的犯罪概念是与罪刑法定原则相冲突的。因此，刑法上的犯罪概念应当恪守形式的犯罪概念。与此同时，也有许多学者从维护形式与实质相统一的犯罪概念的立场出发进行了反驳。他们认为，将社会危害性引入犯罪概念中的合理性主要在于：从立法角度看，社会危害性是立法者行使刑事立法权的唯一根据；从司法角度讲，社会危害性判断是实现个案正义的需要。以社会危害性为组成要素的犯罪概念有助于在罪刑法定的基础上，进一步将那些形式上违法而实际上不具有犯罪的社会危害性的行为从犯罪圈中排除出去，从而更有利于对人权的保障。这种形式与实质相统一的犯罪概念比形式的犯罪概念更能起到对行为的指导功能和犯罪预防作用。[1]

二、关于犯罪基本特征的争议

这一方面的争鸣主要表现在两个方面：(1) 社会危害性能否被视为犯罪的本质特征；(2) 刑罚当罚性能不能被归纳为犯罪的基本特征之一。关于第一个方面，前述关于犯罪概念的争鸣中已经提到，主张应采纳形式的犯罪概念的学者认为将社会危害性视为犯罪的本质特征在理论上和实践中都会带来诸多问题，因此他们提出将社会危害性从犯罪概念中驱逐出去，而以刑事违法性作为犯罪的最基本特征。[2] 而坚持形式与实质相统一的犯罪概念的学者则认为，我国的刑法学体系都是以社会危害性为中心的，因此否定社会危害性是犯罪的本质特征这一命题，无异于动摇整个中国刑法学大厦的基石。[3] 关于第二个方面，刑法理论界也存在肯定说与否定说两种观点。通说认为，刑罚当罚性也是犯罪的一个基本特征。而否定说认为，只有行为构成了犯罪，才能谈得上刑罚惩罚的问题，因此刑罚当罚性是犯罪的法律后果问题，而不是犯罪本身的特征。我们认为，后一种观点实际上是把应然意义上的刑罚当罚性和实然意义上的刑罚惩罚混为一谈了。[4]

三、关于犯罪构成要件的争议

在犯罪构成方面，我国刑法理论界的主要争点在于犯罪客体是否属于犯罪构成要件。通说认为，犯罪客体是犯罪构成中不可缺少的组成部分。但也有学者认为，犯罪客体实际上是犯罪概念的内容；客体是通过犯罪客观方面要件、犯罪主体要件和犯罪主观方面要件综合反映出来的，行为符合上述三部分要件，就必然存在犯罪客体，不可能出现符合上述三部分要件却没有犯罪客体的现象；犯罪客体与上述三部分要件之间并不处于同一层次，它实际上对确定犯罪构成要件的内容没有决定性意义；外国刑法将我们称作犯罪客体的法益（法律所保护的利益）视为十分重要的概

---

[1] 参见齐文远、周详：《社会危害性与刑事违法性关系新论》，载《中国法学》2003年第1期。
[2] 参见陈兴良：《社会危害性理论：一个反思性检讨》，载《法学研究》2000年第1期；陈兴良：《陈兴良刑法学教科书之规范刑法学》，中国政法大学出版社2003年版，第44页。
[3] 参见齐文远、周详：《社会危害性与刑事违法性关系新论》，载《中国法学》2003年第1期；齐文远：《刑法学人学术品格的重塑》，载《法商研究》2003年第3期。
[4] 参见马克昌主编：《犯罪通论》，武汉大学出版社1999年版，第14—19页。

念,但没有人认为刑法保护的法益是构成要件;主张犯罪客体不是犯罪构成要件,并不会给犯罪定性带来困难。①

思考题

1. 怎样理解我国刑法中的犯罪概念?
2. 研究犯罪在理论上和法律上的分类有什么意义?
3. 什么是犯罪构成?犯罪构成有哪些类型?
4. 如何理解犯罪构成的体系?

---

① 参见张明楷:《犯罪论原理》,武汉大学出版社 1991 年版,第 134—138 页;张明楷:《刑法学》(上),法律出版社 1997 年版,第 107—108 页。

第五章　犯罪的客体要件

> **内容提要**

本章主要论述了犯罪客体要件的定义、特征、定罪量刑的意义，以及犯罪客体要件的分类，与犯罪对象的关系。重点在于犯罪客体要件的定义、几种分类标准及其功能、犯罪客体与犯罪对象的联系与区别。

> **关键词**

犯罪客体　社会关系　直接客体　犯罪对象

第一节　犯罪的客体要件概述

一、犯罪客体要件的定义

犯罪客体要件，在理论上通称为犯罪客体。我国刑法学对犯罪客体的理解有一个发展的过程。20世纪80年代，通说认为："犯罪客体是刑法所保护而为犯罪行为所侵害的社会主义社会关系。"[1]随着社会、经济形势的发展，这一定义渐渐暴露出局限性。从上位法看，1988年4月12日通过的《中华人民共和国宪法修正案》第1条明确规定，国家保护私营经济的合法权利和利益，对刑法保护私有经济提出了要求。从社会现实看，在我国社会主义初级阶段，多种经济成分、社会关系并存，它们客观上都需要刑法的保护。显然，如果对犯罪客体局限于社会主义社会关系，则不利于对社会主义初级阶段各种合法社会关系的保护。有鉴于此，刑法通说的观念相应也发生了变化，认为刑法不仅应该保护社会主义的社会关系，也应该保护其他合法社会关系。我们采用通说观点。确切而言，犯罪客体要件就是刑法所保护的，而为犯罪行为所侵犯的社会关系。

二、犯罪客体要件的法律特征

犯罪客体要件作为犯罪构成要件之一，同时又是犯罪社会危害性的集中体现，具有以下几个法律特征：

---

[1] 高铭暄主编：《中国刑法学》，中国人民大学出版社1989年版，第87页。

1. 犯罪客体是刑法所保护的。我国《刑法》对分则中所有罪名的犯罪客体都有不同形式的规定和保护。有的条文明确规定了犯罪客体的内容,如《刑法》第221条的损害商业信誉、商品声誉罪明确规定其犯罪客体为商业信誉或商品声誉;有些条文虽然在具体条款中没有明确揭示其犯罪客体,但在类罪中进行了一般性的规定,如《刑法》第114条的放火罪、第131条的重大飞行事故罪等有共同犯罪客体即公共安全,集中体现为《刑法》分则第2章"危害公共安全罪"的同类犯罪客体;有些条文通过规定行为对某种法律规范之违反而显示出其犯罪客体,如《刑法》第342条的非法占用农用地罪要求"违反土地管理法规",而土地管理保护制度是土地管理法规所保护的内容,具体到非法占用农用地罪中就是该罪的犯罪客体;有些条文指出了犯罪客体的物质表现,通过物质表现来说明该犯罪的客体,如《刑法》第161条的提供违规披露、不披露重要信息罪,其犯罪客体为国家对公司信息披露制度和股东、社会公众的知情权。还有一些条文虽然没有直接表达出明确的犯罪客体,但是我们从行为方式和手段、被害人等客观构成要件可以推论出犯罪客体的内容,如盗窃罪、寻衅滋事罪、伪证罪等,此类犯罪客体也应该被视为刑法规定的内容。

2. 犯罪客体是刑法所保护的社会关系。社会关系是人们在生活、工作、学习等活动中所结成的人与人之间的关系,是一种客观的关系,受一定经济基础制约。人们在社会生活中所形成的各种关系,如人与国家、人与社会、人与自然等在客观上所形成的管理、开发、利用等关系,无不表现为一种人与人之间的关系。以环境犯罪为例,环境犯罪所侵害的不仅是环境本身,而且还是国家保护环境的制度,后者在法律上具有更重要的意义,最终体现为一种特定的社会关系,是为刑法所保护的犯罪客体。合法的社会关系实际上是一种法律秩序,包括合法利益和义务要求,有时应该保护社会上的合法利益,有时在没有现实的合法利益的情况下则应敦促当事人履行某种义务。①

虽然社会关系范围广泛,但作为犯罪客体的社会关系则范围有限。刑法在我国法律体系中具有规制犯罪、保护权益、保护秩序、保障人权的机能,应符合谦抑性的要求,只有在其他规范均不能有效控制某危害性行为而需要刑法介入时,才能动用刑罚手段。我国《刑法》第13条所规定的应受刑法保护的社会关系包括国家主权、领土完整和安全、人民民主专政的政权、社会主义制度、社会秩序和经济秩序、国有财产或者劳动群众集体所有的财产、公民私人所有的财产、公民的人身权利、民主权利和其他权利等各种关系,既包括一些社会主义的社会关系,也包括其他的合法社会关系。只有刑法所保护的合法社会关系,才应成为犯罪客体。

3. 犯罪客体是犯罪行为所侵犯的社会关系。侵犯包括实际侵害和威胁两种方式。侵害,是指犯罪对合法社会关系现实地造成某种损害结果,如杀死他人、盗窃既遂等均造成了实害的结果;威胁,是指行为客观上没有实际地损害合法社会关系,但

---

① 德、日刑法中出现了法益侵害说和义务违反说的对立,一些学者倾向于对两者进行折中。参见〔日〕大塚仁:《刑法概说》(总论),冯军译,中国人民大学出版社2003年版,第92页。

有造成损害的可能性,即已造成某种现实的危险状态,如犯罪预备、犯罪未遂、危险犯等都需要考虑行为的危险性。

犯罪客体集中体现了犯罪行为对社会的危害,无论行为采取什么方式,只要刑法所保护的某社会关系受到了侵犯,都有可能构成犯罪,如故意杀人罪,无论采取作为还是不作为的方式,均不影响犯罪的成立。在这个意义上,对危害行为的评价必须同时考虑犯罪客体才能得出正确的结论。换言之,"无行为则无犯罪",而无犯罪客体也不存在犯罪。

通过上述对犯罪客体的法律特征之论述可以看出,我国通说的犯罪客体理论正确地揭示了犯罪客体的含义和理论地位,符合其法律特征,有助于正确认识犯罪的本质特征,也有利于理解刑法规范的目的和规范性内容,能够与犯罪构成理论达到逻辑自洽,还有助于司法实践的定罪量刑。

三、犯罪客体的刑法意义

研究犯罪客体具有重要的意义。具体表现为以下几个方面:

(1) 有助于认识犯罪的本质,以正确划分罪与非罪的界限。犯罪的本质特征是行为的严重社会危害性,而确定这种社会危害性首要要确定犯罪行为侵犯了何种犯罪客体。刑法所保护的社会关系不同,犯罪行为的社会危害性也就不同,犯罪客体的性质和受侵犯的程度是认定犯罪社会危害性的关键。刑事立法和司法工作不能忽视对犯罪客体的分析,目的是正确认定犯罪的社会危害性的性质和程度。在立法上,哪些行为应该犯罪化,哪些行为应该非犯罪化,关键看这些行为是否严重侵犯了某种法秩序,是否需要动用刑罚手段予以遏制。在司法实务中,我们不能停留于行为、危害结果等表面现象,而应该深入分析行为所侵犯的社会关系,分析危害结果所体现的刑法保护价值,看其是否属于刑法保护的范围,从而将一些未侵犯犯罪客体的行为排除在刑事制裁之外。

(2) 有助于认定犯罪性质,科学区分此罪与彼罪。犯罪行为所侵犯的客体不同,犯罪的性质也就有差别。如盗窃电线行为,在行为、对象、数额等客观要件均符合破坏电力设备罪和盗窃罪之构成要件的情况下,如果该电线是正在使用中的电力设备,则该盗窃行为侵犯了电力设备安全,可构成破坏电力设备罪;如果该电线存放于仓库中,则该盗窃行为没有侵犯电力设备,仅侵犯了财产所有权,只可能构成盗窃罪。在某些犯罪的罪过、行为要件和犯罪对象等都相同或基本相近的时候,犯罪客体可能成为区分此罪与彼罪的主要依据。

(3) 犯罪客体是法定刑和裁量刑的确定根据。我国《刑法》第5条规定了罪责刑相一致原则,具体到立法和司法实践中,就要求按照犯罪的社会危害性制定和适用刑法,即以社会危害性来设置犯罪的法定刑,根据社会危害性来裁量刑罚的轻重。因为犯罪客体是社会危害性的重要体现,所以在设置犯罪的法定刑、裁量具体刑罚时,首先应从犯罪客体入手,如危害国家安全罪的法定刑一般相对较高,而破坏社会管理秩序罪的法定刑一般则相对较低,而对犯罪客体的侵犯程度影响对犯罪的量刑,如故意伤害致人死亡比一般的故意伤害行为适用更重的刑罚。当然,行为性质、犯罪对象、主观罪过等对制定刑罚和量定刑罚也都有一些影响。

第二节 犯罪客体要件的分类

犯罪客体在犯罪构成理论中居于首要地位,对整个犯罪论体系而言具有重要的意义,发挥着多种功能。从不同的功能出发,犯罪客体表现为三类形式:从犯罪客体是犯罪社会危害性的集中体现和犯罪构成要件的基础看,犯罪客体表现为一般客体;从犯罪客体是建立刑法分则体系的依据看,犯罪客体表现为同类客体;从犯罪客体是区分具体犯罪类型的标准看,犯罪客体表现为直接客体。

这三类犯罪客体同时又分属于三个不同层次,它们之间是一般与特殊、共性与个性、抽象与具体、整体与部分的关系。

一、犯罪的一般客体

犯罪的一般客体,是指一切犯罪行为所共同侵犯的社会关系整体。犯罪的一般客体反映犯罪行为的共同本质,是刑法保护客体的最高层次。犯罪的一般客体集中揭示了犯罪的社会危害性,凡是侵犯犯罪一般客体的行为,均具有严重的社会危害性和犯罪的本质属性;犯罪的一般客体也是刑事立法和设定构成要件的基础。

我国刑法的目的是"惩罚犯罪、保护人民",一般客体与刑法的目的相一致,代表了所有为犯罪所侵犯的合法利益,表明了我国刑法与宪法一致的价值取向。不符合一般客体之要求的刑事立法,不能保护人民利益的刑法规范,也就不符合宪法的精神,不符合我国社会的公正价值基础。在司法实践中,一般客体也有重要的意义,如当两种利益存在冲突时,需要借助于一般客体来进行取舍。如不能为了保护富人的面子而牺牲穷人的尊严,因为人格是平等的,刑法应该平等地保护人民的利益。

在这个意义上,犯罪的一般客体并不是纯粹观念的东西,并不是通常所讲的"犯罪客体",它具有一定的现实功能,具有一定的规范内容,表明了刑法整体的价值取向,指导着刑事立法和司法,诸如各种同类客体的设置、直接客体的认定等都需要依据犯罪的一般客体来确定。

二、犯罪的同类客体

犯罪的同类客体,是指我国刑法所保护的而为某一类犯罪所共同侵犯的社会关系,或者说是某一类犯罪共同侵犯的社会关系的某一方面或者某一部分。

犯罪的同类客体具有犯罪的分类功能和刑法分则体系的建构功能。不同的犯罪常常也存在一些共性,某些犯罪所侵犯的客体是相同的或者相近的,如盗窃罪与诈骗罪都侵犯了财产所有权,故意杀人罪与故意伤害罪都侵犯了人身权利。为了避免刑法结构上杂乱无章,需要按照一定的标准将这些犯罪加以排列组合,分门别类,建立一个体系,即刑法分则体系。我国刑法考虑到犯罪客体在实质上和规范上两方面的意义,采用犯罪客体为标准,建立了刑法分则体系,将刑法分则分成十个部分,分为十大类犯罪。这十大类犯罪分别为:危害国家安全罪;危害公共安全罪;破坏社会主义市场经济秩序罪;侵犯公民人身权利、民主权利罪;侵犯财产罪;妨害社会管理秩序罪;危害国防利益罪;贪污贿赂罪;渎职罪;军人违反职责罪等。每一类犯罪的犯罪客体都具有一定的共同特征,属于同类概念。如生命权、健康权、妇女的性自由和性尊严、人身自由、人格尊严等都属于人身权利、民主权利的范畴,因而人身权利、民主权利就是这些具体社会关系的共性,在刑法上即为犯罪的同类客体。

鉴于刑法分则内容庞杂,为了使体系更加严密,我国《刑法》分则对这十大类犯罪又进行了细分,将两个内容较多的章又分成若干个节,如破坏社会主义市场经济秩序罪中包含着生产、销售伪劣商品罪,走私罪,妨害对公司、企业的管理秩序罪,破坏金融管理秩序罪,金融诈骗罪,危害税收征管,侵犯知识产权罪,扰乱市场秩序罪等八个类别,每个类别又都有一个"次级"的同类客体。如知识产权就是社会主义市场经济秩序之下的一个"次级"同类客体,概括了商标专用权、专利权、著作权等具有一定共性的权利。

犯罪的同类客体还体现了一定的结构功能。不同的同类客体,体现了不同的社会危害性。如危害国家安全罪较之危害公共安全或破坏经济秩序的犯罪更具有全局性和破坏性,社会危害性更大;再如人身权利较之财产权利更值得刑法保护,所以故意杀人罪比盗窃罪有更大的社会危害性。鉴于此,在刑法分则体系的设置方面,特别是在各类犯罪先后顺序的设定上,各个同类客体的结构特点也体现出来,大致是按照社会危害性的大小来设置各类犯罪的先后顺序的。

三、犯罪的直接客体

犯罪的直接客体,是指我国刑法所保护的而为具体犯罪所直接侵犯的社会关系。如交通肇事罪侵犯了交通运输安全,而丢失枪支不报罪侵犯了我国枪支管理制度,交通运输安全和枪支管理制度分别是交通肇事罪和丢失枪支不报罪的直接客体。

直接客体有犯罪性质的确定功能。犯罪的定性不仅应该考虑行为方式、主观方面等要素,而且离不开犯罪的直接客体。如盗窃罪的直接客体为财产所有权,如果盗窃行为所侵犯的只是财产使用权或者财产占有状态,则该行为不能构成盗窃罪。犯罪的直接客体是研究犯罪客体的重点,也是司法实践中依据客体而区分罪与非罪、此罪与彼罪的标准。刑法分则中所提到的犯罪客体通常就是指犯罪的直接客体。

根据犯罪所侵犯的社会关系的单复性,可将犯罪的直接客体分为简单客体和复杂客体。

简单客体也称单一客体,是为某一个具体犯罪所直接侵犯而唯一受刑法保护的社会关系。例如,故意杀人罪的犯罪客体是人的生命权,赌博罪的犯罪客体是社会风尚,强奸罪的犯罪客体是妇女的性自由,诸如此类。我国刑法中所规定的犯罪的客体多数都是简单客体。

复杂客体,是指为某一个具体犯罪所直接侵犯而共同受刑法保护的多个社会关系。例如敲诈勒索罪侵犯了他人的财产权利和人身权利,存在两个直接客体;再如生产销售伪劣产品罪也有两个犯罪直接客体,一个是产品质量管理制度,另一个是消费者的合法权益。区分简单客体和复杂客体也有利于正确定罪量刑。

对复杂客体中的各犯罪客体并不能等量齐观,它们在犯罪中的重要程度并不相同,存在主次之分。根据直接客体在犯罪中的受危害程度以及受刑法保护的情况,可以将复杂客体再分为主要客体和次要客体。

主要客体,是指某一具体犯罪所侵犯的多个社会关系中刑法重点予以保护的社会关系。在复杂客体的情况下,该具体犯罪在分则体系上面临着归属问题。如抢劫罪同时侵犯了财产权利和人身权利,相应出现的问题是:该犯罪是应该划归侵犯人身权利罪,还是划归侵犯财产罪?这种情况通常依据主要客体来确定,如果犯罪主要客体隶属于该犯罪的同类客体,就将该犯罪划归该同类客体所在的章节中。如在抢劫罪中,刑法重点保护的社会关系是财产权利,因而抢劫罪在体系上就属于侵犯财产罪。

次要客体,是指某一具体犯罪所侵犯的多个社会关系中由刑法附带予以保护的社会关系。如在抢劫罪中,人身权利即为刑法附带保护的社会关系,属于次要客体。次要客体是相应犯罪成立的必备条件,不可避免地受到了犯罪的侵犯,因而也影响着定罪量刑。如某一行为构成抢劫罪,就必然同时侵犯了人身权利和财产权利,仅侵犯了财产权利,则不构成抢劫罪。不仅如此,次要客体受侵害的程度直接决定着量刑,如抢劫致人重伤、死亡的,我国《刑法》第263条明文规定应该加重处罚。

第三节 犯罪客体要件的识别

要正确把握犯罪客体,需要区分犯罪客体要件与犯罪对象、刑事被害人的关系。

一、犯罪客体与犯罪对象的关系

(一) 犯罪对象的定义和特征

在语义上,对象与客体并无二致,都是主体的相对概念,是主体的认识和活动所作用的事物。这两个概念在我国法学基础理论和其他部门法学中通常没有区别,如法理学将法律关系客体定义为"权利主体的权利和义务所指向的对象",包括物、人身、精神产品、行为结果等。[1] 德、日刑法理论中也没有区分犯罪对象和犯罪客体,而是将两者都称为客体,前者为行为客体,后者为保护客体。

我国刑法理论中没有采用保护客体和行为客体的概念,而以犯罪客体与犯罪对

---

[1] 参见沈宗灵主编:《法理学》,北京大学出版社1996年版,第391、394页;张文显主编:《法理学》,高等教育出版社、北京大学出版社1999年版,第116—117页。

象来表达相应的内容,那么对这两个概念就应该加以区分,以正确理解这两个概念的特定内涵。

犯罪对象,是指犯罪行为直接作用的人或物。它主要有以下特征:

(1) 犯罪对象是人或物。犯罪对象与犯罪客体一样,也是犯罪主体的行为所作用的事物,与犯罪主体存在一定的关系。犯罪对象是不以人的意志为转移的客观事物,是权利和义务所指向的事物,体现了某种刑法所保护的社会关系。如盗窃罪的对象是财物,体现了财产所有权关系。再如故意毁损文物罪的对象是文物,体现了国家对文物的保护关系。犯罪行为侵犯某一社会关系时,一般会作用于某种体现该社会关系的事物,这就是犯罪对象。即是说,犯罪对象一方面是某种法律保护关系所指向的事物,另一方面又是犯罪行为所作用的事物。

犯罪对象范围非常广泛,既可以是有形的人、尸体、财物,也可以是无形的精神财富、技术信息;既可以是法律允许流通的商品,也可以是危害社会、禁止流通的物品,如毒品、假药、假币、淫秽物品等。状态、位置或时间不是犯罪的对象,因为这些事物往往只是给行为人提供了一定条件,本身不是行为作用之物。行为也不是犯罪对象,因为在刑法中行为是连接主体与对象的纽带,并不是对象。如在传授犯罪方法罪中,犯罪方法是实施犯罪的技术和手段,本身就是行为的一部分,并不是行为作用的对象。对于"信息"是否犯罪客体,理论上存在争议。我们认为,信息本身内容非常广泛,性质也有巨大差异,不宜绝对地将其归于犯罪对象范畴,而应区别对待。如技术信息和商品信息虽然具有一定的经济价值性,但不能被理解为财物,而应被视为一种特殊的物品,盗窃、骗取该信息的行为不能简单地以盗窃罪或诈骗罪论处,只有法律明确规定盗窃、骗取该信息之行为构成犯罪时,才可以将此种信息理解为犯罪对象。

(2) 犯罪对象是实行行为直接作用的人或物。非实行行为一般不会直接作用于犯罪对象,所以犯罪对象仅指实行行为所直接作用的事物。当某危害行为直接作用于犯罪对象的时候,犯罪客体即受到了现实的侵犯。此种"作用"并不是一般意义上"对事物产生某种影响的活动"[①],而是使该对象位置、状态、性质、数量等发生变化,对某种刑法所保护的社会关系的损害或威胁。如果没有体现犯罪客体受损害、威胁的情况,则该事物不能被视为犯罪对象。如所有权人采取盗窃的方式取回了处于他人保管之下的自有财物,虽然该财物为盗窃行为所作用,但这里财产所有权没有受到侵犯,所以该财物并不是盗窃罪的犯罪对象。

犯罪对象还应该与犯罪工具、犯罪所得区分开来。犯罪工具是实行犯罪时所使用的物品,包括金钱、交通工具或其他财物。如生产、销售伪劣产品时,犯罪工具是行为人所使用的加工工具、资金等,而伪劣产品则为犯罪对象。犯罪对象必须受到行为主客观方面因素的直接作用,从而损害该事物所体现的合法秩序;犯罪工具则

[①] 中国社会科学院语言研究所词典编辑室编:《现代汉语词典》(第 5 版),商务印书馆 2005 年版,第 1827 页。

没有体现这种合法社会关系受侵犯的情况。犯罪所得是犯罪人通过犯罪行为所取得的财产或物品,如赌博赢得的财物、贩毒所得的赃款等。犯罪所得体现了犯罪客体受侵害的结果,是一种非法的财物;犯罪对象仅指实行行为所作用的事物,并不局限于非法财物,只表明犯罪客体受到侵犯的具体事物,而不是结果。

(二) 犯罪对象与犯罪客体的联系与区别

犯罪对象与犯罪客体存在密切的联系。在理论上有人将犯罪客体融入犯罪对象之中,从而将犯罪客体排除在犯罪构成之外。其理由是,"任何犯罪对象都代表着国家和人民的利益,对犯罪对象的侵犯是犯罪行为社会危害性的直接体现。"而且,"我国刑法分则许多条文规定,某种行为只有在'数额较大(财物)''后果严重'等情况下才能构成犯罪。这表明,许多违法行为只有在被侵害对象在数量、侵害程度上达到一定标准时,才能认定为犯罪行为。这是一般违法行为和犯罪行为区分的重要界限。因此,只有纳入犯罪对象,即将犯罪客体界定为犯罪对象的犯罪构成,才是完整的犯罪构成。"[①]

我们认为,犯罪对象是刑法所保护的某种社会关系的物质表现,是犯罪客体的表现形式。刑法中绝大多数条文都没有明确规定犯罪客体,往往需要借助于其他方式表现犯罪客体,其中通过犯罪对象来表现犯罪客体的条款占有相当大的比重。如人的生命、健康、人格尊严和行为表明了生命权、健康权、人格权、名誉权以及自由权的存在;不特定多数人的生命和健康,国家机关、社会组织、团体的活动,自然环境和社会环境,少数民族的风俗习惯则分别表明国家安全、声誉、公共安全、国家和社会正常管理秩序等社会关系的存在;注册商标和注册商标标识、专利、作品分别表明了商标专用权、专利权和著作权的客观存在;商业信誉和商品声誉体现了生产者和经营者的名誉权和经济利益关系的存在。这些条款或者直接规定实行行为所作用的物,或者规定作为犯罪对象的人,用以表明犯罪客体的内容。而且,刑法也可以通过实行行为来表现犯罪客体,如传授犯罪方法罪,组织、领导、参加黑社会性质组织罪等就是直接通过实行行为的性质来揭示犯罪客体,如果将犯罪对象等同于犯罪客体的表现,显然是混淆了概念。

犯罪客体的受侵害程度,主要取决于犯罪对象的量度。我国《刑法》分则规定,一些犯罪需要以"数额较大"(财物)、"后果严重"为构成要件,而"数额巨大""数额特别巨大""后果特别严重"等则是加重处罚的要件。也就是说,在这种情况下,犯罪对象的数量直接体现了合法社会关系受侵犯的程度。

不仅如此,犯罪对象与犯罪客体还存在以下几个方面的区别:

(1) 犯罪对象不能决定犯罪的性质,而犯罪客体决定着犯罪的性质。同样是损坏他人的汽车,如果是损坏正在使用中的汽车,可能会使汽车发生倾覆、毁坏危险、危害公共安全的,构成破坏交通工具罪;如果损坏的是未使用的汽车,不致危害公共

[①] 张文、孙仕桂:《从系统论看犯罪构成》,载《中外法学》1996年第1期;徐振华:《犯罪客体新探》,载《法商研究》2002年第2期。

安全的,则只是构成故意毁坏财物罪。由此可见,决定犯罪性质的不是汽车本身,而是体现在汽车背后的合法社会关系,即犯罪客体。

(2) 特定的犯罪对象只是某些犯罪的具体构成要件,而犯罪客体是一切犯罪的共同构成要件。一些犯罪并没有犯罪对象,如脱逃罪、妨害传染病防治罪、偷越国(边)境罪等。某一个犯罪是否存在犯罪对象,需要结合该犯罪的具体犯罪构成来判断,犯罪对象是犯罪的具体构成要件,并不是所有犯罪都必备的要件。犯罪客体则为所有犯罪的共同构成要件,在刑法中具有一定的价值内容,是定罪的价值依据,是所有犯罪必不可少的要件。

(3) 犯罪对象在犯罪中并不一定都受到了损害,而犯罪客体在一切犯罪中都受到了侵害或者威胁。在有些犯罪中,犯罪对象受到了损害,如故意毁坏财物罪中,财物受到了毁坏;在有些犯罪中,犯罪对象则未必受到了损害,如盗窃罪中,犯罪人为了非法占有该财物常常并不损害该财物本身。相反,犯罪客体则在所有犯罪中都受到了行为的侵害,否则该行为不构成犯罪。

(4) 犯罪对象与犯罪客体并不是一一对应的关系,犯罪对象相同,其犯罪客体未必相同,而在犯罪客体相同的情况下,犯罪对象也未必相同。如交通工具在作为盗窃罪的犯罪对象时,刑法所保护的社会关系为财产所有权;在作为破坏交通工具罪的犯罪对象时,刑法保护的社会关系则为交通运输安全。相反,有些犯罪的客体相同,而犯罪对象则有明显区别。如破坏交通工具罪和破坏交通设施罪的犯罪客体相同,都为交通运输安全,但犯罪对象不同,破坏交通工具罪的犯罪对象为交通工具,而破坏交通设施罪的犯罪对象则为交通设施。

二、犯罪客体与刑事被害人之间的关系

也有学者将犯罪客体解释为"刑事被害人"。如"犯罪客体是法律权利和利益遭受犯罪行为侵害的,具有人格特征的自然人、法人(单位)以及国家和社会,也称刑事被害人"①。刑事被害人是刑事法学上的概念,犯罪学、刑事诉讼法学等均对这一概念非常重视。刑事被害人概念有其特定的含义,与犯罪客体和犯罪对象均有密切联系;而刑法解释学中对这一概念则论述不多。为了避免一些不必要的概念上的混乱,有必要进一步研究刑事被害人与犯罪客体的关系,以揭示其对定罪量刑的意义。

(一) 刑事被害人的概念

刑事被害人,是指其人身、财产及其他权益遭受犯罪行为直接侵害的人。②

由于研究目的和着眼点存在差异,刑事法学中不同的学科对于被害人研究的范围和角度也有所不同。犯罪学中,对被害人的研究主要是对被害人与犯罪人之间互动关系进行分析,掌握犯罪的规律,从被害人角度认识、揭示犯罪原因,探讨预防犯

---

① 刘生荣:《犯罪客体新说》,载《郑州大学学报(哲社版)》1997年第3期,第61页。
② 樊崇义:《刑事诉讼法学》,中国政法大学出版社1996年版,第86页;杨正万:《论被害人诉讼地位的理论基础》,载《中国法学》2002年第4期,第167页。

罪、避免被害的对策;刑事侦查学中,对被害人的研究主要是研究被害状况的外部表现,了解犯罪行为发生的地点、方法、手段、后果、行为动机等内容,确定犯罪嫌疑人范围,为侦破案件提供帮助;刑事诉讼法学中,研究被害人,不仅考虑如何加大对犯罪的控诉,而且探讨如何保护被害人合法权益、如何补偿因为被害而遭受的损失;在刑法中,研究被害人的目的则是为了准确定罪量刑。

(二) 刑事被害人与犯罪客体的区别

虽然刑事被害人与犯罪客体一样,都受到了犯罪行为的侵犯,但二者存在明显的区别:

(1) 犯罪客体是犯罪的构成要件,而刑事被害人则不是犯罪的构成要件。如盗窃罪中,犯罪客体为财产所有权,是成立盗窃罪所必备的要件,而被害人则为该财产的持有人,并不是成立犯罪的必备条件。

(2) 所有的犯罪均须具备犯罪客体,而刑事被害人则未必。无犯罪客体,则行为不能构成犯罪;无刑事被害人则不然。我国刑法中也有一些无被害人的犯罪,如赌博罪、聚众淫乱罪、容留他人吸毒罪、容留介绍卖淫罪等,这些犯罪中没有具体的人受到侵犯,受到侵犯的只有犯罪客体。

(3) 犯罪客体是刑法所保护的社会关系,具有抽象的价值内容;而刑事被害人是受到犯罪侵犯的具体的人,表现为具体的形态。犯罪客体在刑法中通常通过犯罪对象表现出来,如盗窃罪的犯罪客体是财产所有权,表现为物,而不是表现为该财物的持有人。

一方面,将犯罪客体理解为刑事被害人,就会将犯罪客体当作一个具体的人,使其具有一定的人格特征,而将刑法保护的社会关系排除在犯罪构成范围之外,使犯罪构成本身失去价值的依托。另一方面,被害人受侵害的情况,特别是其中所体现的价值受损害的情况,在刑法中不能熟视无睹,而应该结合犯罪客体得以认定,并发挥定罪量刑的意义。①

(三) 刑事被害人在刑法中的意义

刑事被害人的行为及其态度影响犯罪的成立和刑罚的裁量。被害人承诺作为超法规的阻却违法事由,已经得到刑法理论的接受。在我国刑法中,刑事被害人有以下研究意义。

(1) 被害人表明犯罪对象特征,对于犯罪构成的判断有重要意义。我国刑法中,某些犯罪的被害人具备了犯罪对象的特征,如奸淫幼女行为中的幼女,再如破坏军婚罪中的被害人为现役军人的配偶等,也即是该犯罪的对象。在这些犯罪中,确定了被害人身份,同时也就确定了犯罪对象的内容。这些犯罪的被害人身份对定罪有重要的影响。

(2) 被害人地位是认定正当防卫的依据。根据《刑法》第 20 条的规定,为了使

---

① 刘生荣:《犯罪客体新说》,载《郑州大学学报(哲社版)》1997 年第 3 期,第 64 页。

自己的人身、财产和其他权利免受正在进行的不法侵害，被害人可以采取相应的防卫措施，以制止不法侵害的行为；如果因防卫而给不法侵害人造成损害的，实施正当防卫的被害人不负刑事责任。在加害人与被害人之间的互动关系中，被害人的地位对于是否成立正当防卫非常关键。互相加害的情况下（如互殴），一般没有明显的被害人，故不成立正当防卫。

（3）被害人承诺可以排除行为的犯罪性。《刑法》中有些犯罪，如强奸罪、强制猥亵罪等，以违背被害人意志为构成要件，如果得到被害人的同意，就不构成犯罪。例如，甲强行与乙发生性关系，乙承认得到自己的同意，则该行为不构成强奸罪。还有一些犯罪，如非法侵入住宅罪，若为了被害人利益而在不得已的情况下实施，也可以推定被害人承诺，也可以排除行为的犯罪性。如甲在乙外出期间，为了给乙家救火，私自进入乙的房间，也不能以非法侵入住宅罪论。

（4）被害人的受损害情况、被害人承诺以及被害人的过错都影响量刑的轻重。在一些犯罪中，被害人并非犯罪的构成要件，如盗窃罪、诈骗罪中的犯罪对象是物，而被害人是人，被害人并不是犯罪对象，其人身、财产的受害情况对定罪没有直接的影响。如盗窃数额为2000元，而被害人实际财产损失达1万元，则定罪时应以2000元为根据，被害人损失仅作为酌定量刑的根据。有些犯罪，如故意杀人罪，即使被害人承诺不能排除行为的犯罪性，也可以影响量刑。对于得到被害人承诺的杀人行为，一般比普通的故意杀人罪处罚较轻。因被害人有严重违法或违反道德行为、有加害行为在先、被告人有防卫因素等，都可以作为犯罪人量刑情节考虑。这种过错行为，往往影响犯罪者主观故意中的动机和目的因素，很多情况下诱发了犯罪，有不良的社会影响，在一定程度上应该作为对犯罪从宽处罚的因素。

本章重点问题提示

关于犯罪客体要件的定义及其地位的争论

关于犯罪客体的概念，理论上主要有以下几种观点：(1) 社会利益说，认为犯罪客体是指刑法所保护的而为犯罪行为所侵害的社会利益[1]；(2) 法秩序说，认为犯罪客体就是刑法所保护的合法秩序[2]；(3) 社会关系与利益说，认为犯罪客体是指行为所侵犯的社会关系和国家、集体、公民个人的利益[3]；(4) 犯罪对象说，认为犯罪客体就是指刑法所保护的而为危害行为指向或影响的对象[4]；(5) 权利说，认为犯罪客体是刑法所保护而为犯罪行为所侵犯的权利[5]。

---

[1] 参见赵廷光主编：《中国刑法原理》，武汉大学出版社1992年版，第164页。
[2] 参见赵长青、邓超：《犯罪客体再探》，载《福建政法管理干部学院学报》2000年第4期。
[3] 参见何秉松：《刑法教科书》，中国法制出版社1999年版，第116页。
[4] 参见李洁：《犯罪对象研究》，中国政法大学出版社1998年版，第41页。
[5] 参见冯亚东：《理性主义与刑法模式》，中国政法大学出版社1999年版，第207页。

近年来,影响最大的一种观点是法益说。这种观点在日本已经取得通说的地位,在我国刑法学中的影响也较大,渐有取代通说之势。我国有学者以建立多元的犯罪论体系为目的,历数现有犯罪论体系的种种弊端①,主张以"合法权益"或"法益"概念取代"社会关系"②或者干脆以"法益"概念代替"犯罪客体",在犯罪构成之外进行研究③。也有学者引进德日传统的递进式犯罪论体系,且不再在构成要件该当性中讨论"法益"或"犯罪客体"问题④,并指出"犯罪客体应从犯罪成立条件中去除,这是必然趋势,同时这也是犯罪客体的去魅过程"。⑤

本章作者认为,法益说值得商榷。理由如下:

(1)"合法权益"或"法益"概念并不能取代"犯罪客体"。这是因为:第一,"蔑视社会秩序的最极端的表现就是犯罪"。⑥犯罪客体所揭示的是一种社会关系,即一种社会秩序,并不仅仅是某种具体利益,以具体的合法利益取代犯罪客体,逻辑上有外延过窄的问题。第二,即使是在法益理论发源地德国,当代刑法通说观点也认为,法益是一种社会关系,是一种"观念上的社会价值",实质上与我国刑法中的犯罪客体概念有异曲同工之处。⑦第三,德国刑法典中出现了"法益"概念,理论上自有论述的必要,刑法体系上也应该有所体现,而我国刑法中则没有这一概念,因而理论上是否需要借鉴该概念来取代我国传统理论中的"犯罪客体"概念,也值得怀疑。

(2)将犯罪客体排除在犯罪构成之外也不妥当。这是因为:第一,马克思已经指出:"犯罪行为的实质并不在于侵害了作为某种物质的林木,而在于侵害了林木的国家神经——所有权本身。"⑧犯罪客体是犯罪构成的实质所在,在犯罪论体系中应该有所体现。第二,德国当代刑法理论中也表明了法益概念与犯罪构成的关系,如"法益是一种特定的、在各个构成要件中进行相近描述的现实关系,表明了人与法律共同体所承认的具体价值——'社会功能一致性(Sozialen Funktionseinheiten)'——之间的关系",即使行为人主体的确定也与该关系有关,"在此关系中,法律秩序之准许,使法律主体可在人格方面自由发展"⑨。第三,在德、日刑法各论中,首先都要研究、揭示犯罪的保护客体,因而从比较法上看,在犯罪构成中摈弃犯罪客体也显得依

---

① 参见张明楷:《构建犯罪论体系的方法论》,载《中外法学》2010年第1期。
② 参见张明楷:《刑法学》(上),法律出版社1997年版,第115页。
③ 参见张明楷:《刑法学》(第三版),法律出版社2007年版,第97页;张明楷:《法益初论》,中国政法大学出版社2000年版,第249—251页。
④ 参见陈兴良主编:《刑法学》(第二版),复旦大学出版社2009年版,第24—26、37—41页。
⑤ 陈兴良:《犯罪客体的祛魅——一个学术史的考察》,载《政治与法律》2009年第12期。
⑥ 《马克思恩格斯全集》第2卷,人民出版社1972年版,第416页。
⑦ Otto, Harro, Grundkurs Strafrecht, Allgemeine Strafrechtslehre, de Gruyter Verlag, Berlin 2004, S. 6. Wessels, Johannes/Beulke, Werner, Strafrecht AT, C. F. Mueller Verlag, Heidelberg 2001, S. 2.
⑧ 《马克思恩格斯全集》第1卷,人民出版社1972年版,第149页。
⑨ Otto, Harro, Grundkurs Strafrecht, Allgemeine Strafrechtslehre, de Gruyter Verlag, Berlin 2004, S. 6. Wessels, Johannes/Beulke, Werner, Strafrecht AT, C. F. Mueller Verlag, Heidelberg 2001, S. 6.

据不足。

有学者认为,犯罪客体即被侵害的法益,一个犯罪行为侵犯了什么样的法益,不能由犯罪客体本身来解决,而应当由犯罪客观(违法)构成要件、主观(责任)构成要件以及符合这些要件的事实综合决定的,区分此罪与彼罪,关键在于分析犯罪主客观方面的特征。① 这一观点的提出,引发了我国刑法理论界对犯罪客体相关理论的重新审视与思考,有学者提出反对意见认为:"犯罪客体具有双重品格、双重意义,即它的意义不仅'被包含在犯罪概念之中',而且也被包含在犯罪构成概念之中。"在犯罪构成中,犯罪客体作为一个构成要件是同犯罪主体、客观要件、主观要件发生联系的,并且犯罪构成的整体性及性能也就存在于它们的联系之中。既然如此,就应当承认犯罪客体已被包含在犯罪构成概念之中。② 有学者从司法活动中司法者认知犯罪的客观过程出发,指出虽然犯罪客体要件属于价值范畴,不具有客观事实的属性,但不能因此否定犯罪客体作为犯罪构成要件之一的理论地位,因为刑法确实要保护某些社会关系,司法在个案裁判中对价值的考量是客观而不可避免的,尽管立法和理论对某些具体犯罪的犯罪客体无法作出准确的描述,但"生活本身就是在一种代代相袭、约定俗成的观念中前进,司法仅凭长期的丰富经验和临场的精准感觉也就基本行通"。③ 还有学者指出,出现"犯罪客体不影响犯罪行为的认定"这一现象的原因在于传统刑法解释学对直接客体的界定过于抽象、模糊,使其丧失了应有的解释力。解决问题的关键在于从刑法分则个罪的犯罪客体的实质内容进行实证化、精确化的研究。取消犯罪构成中的客体要件,将其纳入犯罪的本质范畴,并不能解决"如何发挥犯罪客体的解释论机能"这一问题。④ 而且,犯罪客体也未必能够完全由其他构成要件来决定。例如,刘海洋以硫酸喂熊案,因为该行为侵犯的客体并不是黑熊本身,而是黑熊所表现的动物园财产保护关系,所以其行为构成故意毁坏财物罪。相反,曾经在网上讨论热烈的虐猫事件中,则不存在这样的客体,因而该行为不构成故意毁坏财物罪。所以,在认定罪与非罪、区分此罪与彼罪的时候,人们需要分析犯罪客观要件、主体要件和主观要件,也不可忽略犯罪客体要件。

由此可见,如果将犯罪客体从犯罪构成中逐出,在我国刑法理论体系上改弦更张,则不仅逻辑上难以自洽,而且理论上也不妥当,因为它会导致犯罪构成失去"社会危害性"的内容,而成为一个中性无色的"犯罪定型",从而失去其规范评价属性。如果将犯罪客体中的规范内容融入犯罪构成客观要件之中,同时将犯罪客体当作单纯的犯罪本质,独立存在,也不利于正确定罪。"因此,犯罪客体的唯一归属就是在

---

① 参见张明楷:《刑法学》(第三版),法律出版社2007年版,第97—98页。
② 参见雪千里:《关于犯罪客体的几个问题》,载《中国刑事法杂志》2005年第6期。
③ 冯亚东:《犯罪概念与犯罪客体之功能辨析——以司法客观过程为视角的分析》,载《中外法学》2008年第4期。
④ 周详、齐文远:《犯罪客体研究的实证化思路——以传播淫秽物品罪的客体界定为例》,载《环球法律评论》2009年第1期。

犯罪构成要件中作为一个独立的要件存在,这是犯罪客体在我国犯罪构成理论中的应然命运。"①

思考题

1. 犯罪客体是什么?
2. 犯罪客体可以分为哪几种?其意义何在?
3. 研究犯罪客体有何意义?
4. 犯罪客体与犯罪对象的区别何在?

---

① 李希慧、童伟华:《"犯罪客体"不要说之检讨》,载《法商研究》2005年第3期。

第六章 犯罪的客观方面要件

本章主要阐述了犯罪客观方面的概念及特征,研究犯罪客观方面的意义,危害行为的概念和特征,危害结果的概念,刑法上因果关系的概念及特征,犯罪客观方面的其他要件。重点在于危害行为与危害结果的概念及其各自的地位,危害行为的两种基本形态,不作为构成犯罪的条件,刑法上因果关系的认定。

危害行为　危害结果　因果关系　犯罪时间　犯罪地点　犯罪方法

第一节 犯罪的客观方面要件概述

一、犯罪的客观方面要件的概念与特征

犯罪客观方面,是指刑法所规定的、说明行为对刑法所保护的社会关系造成侵害的客观事实特征。犯罪的客观方面要件是构成犯罪所必须具备的要件。在刑法中,犯罪的客观方面要件具有以下特征:

第一,以客观事实为内容。一般来说,人的具体活动是其主观的外化,即一个人的活动可分为两个层次:首先,是主观方面的心理活动,即主观上有意识、有意志的活动。在犯罪活动中,行为人一般首先要产生某种犯罪的念头,进而形成比较明确的犯罪目的,然后设想通过什么样的方式来实现其目的,并作出是否实行犯罪的决定。如甲贪图享受,见乙家里比较富裕,就产生杀乙图财的念头,并决定采用投毒的方式杀害乙。这就是主观的心理活动。其次,是将主观心理活动外化为危害社会的行为,它主要表现为特定的犯罪行为或者行为后果,如上例,行为人决意杀人后,购买毒物、投放毒物以及投毒导致被害人死亡等。犯罪所侵犯的客体,本来也是犯罪客观方面的一部分,但由于我国犯罪构成理论已经将犯罪客体作为犯罪构成的独立要件,因此在理论上,犯罪客体就是独立于犯罪客观方面的事实要件。

第二,具有刑法规定性。犯罪行为必然发生于特定的时间和空间场合,而行为的实施方式多种多样,如杀人行为,既可以是投放毒物,也可以是用枪械射击,还可以使用其他具体方法,刑法对此不能一一列举,所以刑法分则中的犯罪行为,往往是

抽象化的特定行为类型,如关于杀人罪,刑法很简洁地规定:"故意杀人的……"至于行为发生的具体时间、场所等因素,则未必是这种犯罪成立的必要条件。可以认为,刑法没有规定的客观因素,并不是犯罪客观方面的内容,即犯罪客观方面的内容,一般应在刑法分则条文中得到明确体现。

第三,说明犯罪客体遭受侵害的事实特征。就刑法规定犯罪的意义而言,犯罪的客观方面在形式上必须是由刑法分则条文体现的客观事实特征,在实质上要同犯罪客体密切联系,是能说明侵犯具体客体的行为的社会危害性及其程度的诸客观事实。犯罪构成的各要件,是分别用来说明社会危害性及其程度达到犯罪的,犯罪的客观方面就是从犯罪的外在特征上说明,行为人是在什么条件下、通过什么样的行为使犯罪客体受到侵害的,因而表现出犯罪客观方面与犯罪客体的密切联系。客观的事实特征如果不能说明对犯罪客体的侵害,也就不属于犯罪构成的客观方面的内容。当然,这样的事实特征是具体的,而不是抽象的,这些具体的犯罪要件,是以是否为各种具体犯罪必须具备为标准制定,规定在每一个具体犯罪的构成之中。

第四,是确认犯罪的必要客观因素。犯罪的构成以行为人的客观表现为核心要素,具体体现为刑法分则的规定要正确揭示犯罪客体所遭受的损害。而行为的表现形式很复杂,从实质上看,只有对揭示犯罪客体所遭受的损害具有显著意义的事实特征,才值得为刑法所确定,所以犯罪的客观特征又是确认犯罪的必要客观因素。当然,犯罪的客观特征不仅决定犯罪的成立,也影响量刑。

第五,以危害行为为犯罪构成的核心要素。在犯罪的基本点上,向来有行为与行为人之争,前者认为刑法侧重行为的客观表现,后者认为刑法侧重行为人的主观危险性。我们认为,为了正确掌握刑法的尺度和适用标准,目前应该采取行为中心说,以危害行为作为犯罪构成的核心要素。这要求,在构成要件中明确地确定危害行为的地位,并以危害行为的现实表现为基础,判断行为的社会危害性,分析行为人的人身危险性。

二、犯罪客观方面要件的分类

犯罪客观方面的要件,也称为犯罪客观要件,它是刑法分则中各种具体犯罪所必须具备的客观事实特征的总和。

在犯罪的客观发展过程中,首先表现出一定的危害行为,行为要针对一定的对象,反映出一定的特性,并且表现出犯罪客体遭受损害的程度,而且行为往往发生在一定时间和空间范围内。根据刑法分则的具体规定,危害行为是所有犯罪必须具备的客观要件,危害结果是大多数犯罪所要求的客观要件,而特定的时间、地点和方法或手段,是一些犯罪成立时所要求具备的客观要件。根据刑法分则对各种客观要件的不同要求,我们可以将犯罪客观要件分为必要的客观要件和选择的客观要件。

必要的客观要件,是指每一个具体犯罪都必须具备的客观内容。在刑法中,危害行为是必要的客观要件,这是没有争议的;但对于危害结果是不是必要的客观要件,理论上由于对结果的认识不同,存在分歧。有的观点认为,每一个犯罪都有结果,所以危害结果是必要的客观要件;但是传统观点认为,并非每一个犯罪的成立都要求结果,如行为犯和举动犯,所以危害结果是选择的客观要件。我们认为,根据刑法分则的具体规定,有些犯罪不以危害结果为构成要件,因此传统的观点是可取的,危害结果只是选择的客观要件。

选择的客观要件,是指并非为每一个具体犯罪所具备,但为部分具体犯罪所要求的客观要件,如危害结果、特定的手段、特定的时间和特定的地点等。需要指出的是,选择的客观要件不是可有可无的要件,它们在决定某些具体犯罪是否成立的时候,是必不可少的。

三、犯罪的客观方面要件的意义

犯罪的客观方面要件,是犯罪构成的核心要件,是正确认识犯罪的基础,它具有以下三个方面的机能:

第一,定罪。犯罪客观方面的定罪意义表现为:首先,区分罪与非罪。要确定行为是不是构成犯罪,必须考察行为的客观现实表现和行为人的主观状态,客观现实表现在很大程度上是由客观构成要件所决定的。如果不具备犯罪客观的特征,就不能认为行为是犯罪,如行为人初次盗窃,数额较小,由于不符合盗窃罪所要求的客观特征,就只能作为盗窃行为,根据治安管理处罚法处罚;再如行为人实施合法的行为,对罪犯执行枪决,由于不具备危害性,因此不构成犯罪。其次,区分此罪与彼罪。即使行为人基于同样的犯罪心理实施行为,但由于实施行为的客观表现不同,构成的犯罪也不同,如同样以非法占有为目的,秘密窃取财物和公然夺取财物,分别构成盗窃罪和抢夺罪。再次,区分基本形态的犯罪和修正形态的犯罪。行为人基于特定的犯罪心理,实施特定的行为,一般构成特定犯罪。但是,行为人在实施犯罪的时候,由于客观表现程度不同,其犯罪接近完成的阶段有所区别,行为的后果会不一样,给予行为人的评价也不相同,从而在刑法中,有犯罪的基本形态和修正形态之分。

第二,量刑。犯罪的客观方面,不仅决定危害行为是否构成犯罪、构成何种犯罪、构成何种形态的犯罪,而且对于量刑也具有决定作用。就不同犯罪而言,由于犯罪反映出不同的社会危害性和人身危险性,所以立法确定了不同的刑罚种类和刑罚幅度;就同种犯罪而言,由于客观方面所表现的程度不同,刑法规定了不同的量刑情节。此外,司法机关在裁量决定刑罚时,也要参考犯罪的客观表现。

第三,表现犯罪心理。犯罪的活动分为心理活动和客观外在活动两部分。其中,犯罪的主观方面支配犯罪的客观方面,但是犯罪的主观方面只有通过犯罪的客观方面才能表现出来。反过来说,我们可以通过行为的客观表现,揭示行为人的内心活动,正确认识行为人的罪过、犯罪目的和犯罪动机等,从而为全面、正确认识犯罪提供可靠的客观基础。

第二节 危害行为

一、危害行为概述

犯罪首先是人的一种危害行为,而社会危害性又是从行为的客观现实影响中表现出来的。没有危害社会的行为,或者危害社会的思想活动没有以行为方式表现出来,就无法形成对社会的危害。我们可以说,没有危害行为,就没有犯罪。因此,危害行为是每一个具体犯罪构成的基础,在犯罪论体系中居于核心的地位。

(一)行为学说

"无行为则无犯罪亦无刑罚",这句格言揭示了行为在刑法构造中的基础地位。但是,必须将刑法中的行为和危害行为区别开。刑法中的行为可分为犯罪行为与非犯罪行为(如正当防卫行为),如果把犯罪行为等同于刑法上的行为,就无法对我国刑法上规定的各种行为作出合理的解释。但究竟什么是行为,在理论上有不同的学说,主要包括以下几种①:

(1)自然行为论,认为行为是行为人具有某种意欲(有意性),为实现这种意欲而发动其身体的运动,并由于其身体的运动(有体性)而使外界发生的变化。由于自然行为说不能解释"不作为",为了弥补其不足,有学者主张,意思不单是促成运动神经的物理原因,而且是客观的身体举动的原因,所以只要基于认识并希望身体的动或静这种意思活动而为的身体动静就是行为。

(2)目的行为论,认为行为是行为者基于已知的知识,预见能认识的结果,并以之为目标,选择为了达到该目标所必需的手段,使之向着预定目的的方向进行,从而支配、操纵和指导动作样态,以期实现结果。

(3)人格行为论,认为行为是在人格和环境的相互作用中,根据行为人的主观态度而形成的,且必须将主观的人格现实化。身体的动静必须与主体的人格态度相结合,且必须是行为人的主观现实化时,才能将其理解为行为。

(4)社会行为论,重视行为的社会价值,认为人在社会环境中有不同的举动,但是只有它本身有意义,并对社会也有意义,就被法律认为是行为。

在以上学说中,自然行为的概念无法说明不作为的行为性;目的行为的概念既不能合理解释不作为,也不能解释过失行为;人格行为的概念虽然在今天有一定影响,但由于人格具有多重含义,和目的行为之间的区别不明显,而且人格行为的概念不能说明无意识举动的行为性和对精神病患者采取保安处分的理由。因此,前三说难以说明行为概念。社会行为论则兼顾了行为的社会评价,在很大程度上弥补了前

---

① 参见〔日〕平场安治:《刑法中的行为概念之研究》,日本有信堂1966年版,第61—62页;〔日〕山中敬一:《刑法总论Ⅰ》,日本成文堂1999年版,第137页;〔德〕汉斯·海因里希·耶塞克等:《德国刑法教科书·总论》,徐久生译,中国法制出版社2001年版,第270—271页;洪福增:《刑法理论之基础》,台湾刑事法杂志社1977年版,第41页。

三说的不足,较为可取。

(二) 危害行为的含义

通说认为,危害行为是指人在意志的支配下实施的危害社会的身体动静。这一概念反映出危害行为具有以下三个基本特征:

(1) 有体性。即危害行为是人的身体活动表现出的动静。人的身体活动,既可以表现为积极的动作,也可以表现为相对的静止,即它可以通过作为的方式实行,也可以通过不作为的方式实行。人的身体活动,除了躯干和四肢运动之外,还包括头部和头部器官的运动,如摇头晃脑、以目示意、言语伤人等。强调危害行为的有体性,是为了坚决贯彻"对思想不得为非"的做法,即反对"思想犯罪"。言论是人的思想的外在表述,和人的四肢动作不同,一般不被认为是行为,而且言论自由是我国宪法赋予公民的基本权利之一;但是,公民在行使言论自由权时,不得损害国家、社会的利益和其他公民的合法权利与自由,否则应当承担法律责任。因为言论有时不单纯是思想流露,而是可以伴随人的身体的其他动作外化为行为的一种表现形式,能对社会或他人造成一定的损害,如煽动分裂国家、诬告陷害、作伪证、侮辱、诽谤等言论,所以刑法将严重危害社会的言论也作为犯罪行为。

(2) 有意性。即危害行为是受行为人意志支配的行为。犯罪作为一种危害行为,体现了社会危害性和人身危险性的统一。危害行为也应当反映行为人的主观心理态度,只有在人的意志支配下实施的行为,才具有由刑法进行调整的价值。一般来说,人的行为都受到自己的意志支配:为了支配自己的行为,人首先要对客观外部世界有所认识,然后根据自己的认识形成决定行为的意志,从而在意志的支配下选择是否行动以及实施行为的方式、方法。但是有时人的行为不受自己的意志支配,如梦游者对于自己的梦游行为完全不知道,但在梦游时却可能实施杀人的行为;或者行为人对自己行为的内容有所了解,但是却不能支配行为,如列车扳道工被别人绑住了身体,在应当扳道的时候不能扳道。这些行为在客观上都具有一定的社会危害,但由于不能反映行为者主观心理态度,所以不能作为危害行为。这类无意识或者无意志的行为,主要包括四类:一是人在睡梦中的行为;二是人在精神错乱下的行为;三是人在不可抗力影响下的行为;四是人在身体受到强制时的行为。

(3) 有害性。即人的行为必须给社会造成一定危害。危害行为也要体现社会危害性与人身危险性的统一,虽然行为人具有实施危害社会的行为的意图,但如果他的行为没有产生危害社会的后果,甚至不足以产生危害后果,就不具有社会危害性,也不能被当作危害行为。当然,社会危害性的判断标准很多,国家的民族文化传统、社会政治、经济现状等因素,对认定行为是否具有社会危害性具有不同程度的影响。首先,在不同地方,人们对于行为的社会价值评价是不同的,在不同的国家是这样的,即使在一个国家内部也可能存在这种现象,如我国《刑法》第90条①对于少数民族地方作出变通性的规定,就是因为充分考虑到我国是由多民族组成的,各民族具有自己的传统习俗,民族观念或者伦理观念有所区别,对于特定行为是否具有社会危害性的判断不可能完全一致。其次,一个国家的社会形势总是发展变化的,有些行为在过去不被认为有社会危害性,但现在被认为有社会危害性;有些行为过去被认为有社会危害性,但现在被认为没有社会危害性。如关于淫秽物品的认识在很大程度上取决于人们的性伦理观念,当人们的性伦理观念比较保守时,被认为是淫秽物品的范畴就比较大;反之,当人们的性观念比较开放时,被认为是淫秽物品的范畴就比较小。

二、危害行为的表现形式

危害社会的行为在客观上可以有多种多样的表现形式,我们可以根据行为人实施行为时的主观罪过,将其分为故意行为和过失行为;也可根据危害行为是否属于具体犯罪构成的要件,将其分为实行行为和非实行行为;还可以根据行为违反规范的形式,将其分为作为和不作为。关于故意行为和过失行为、实行行为和非实行行为,将另外叙述,这里主要论述作为与不作为。

(一) 作为

作为,是指行为人用积极的身体活动实施的违反禁止性规范的危害行为。在刑法中的作为,是指行为人违反了禁止性的刑法规范,即刑法禁止人们实施一定的行为,而行为人却积极地施之。我国刑法中规定的大多数犯罪都可以由作为实施,其中许多只能通过作为实施,如强奸罪、抢劫罪、抢夺罪、诬告陷害罪、诽谤罪、诈骗罪等。作为除了要具备危害行为的三个特征之外,还必须表现为身体活动的积极举动,身体的静止不可能实施作为犯罪。

作为在实践中往往由一系列举动组成,如为了盗窃他人家里的财物,行为人要了解被害人的一般活动规律、习惯,了解周围环境,选择适当时机接近要盗窃的对象,然后着手实施盗窃等。在不同的阶段,行为人可以采取不同的方式。在司法实践中,作为的方式主要有以下几类:

(1) 利用自己身体的作为。这是最常见的作为方式。自己的身体活动可以是自己的四肢活动,也可以是自己的五官活动。如大打出手,伤害他人身体;口出秽言,侮辱他人人格;涂改有关文件,扰乱国家管理秩序等。无论身体哪个部位的举动,只要符合上述作为的特点,就是作为的具体实施方式。

(2) 利用物质性工具的作为。行为人除了通过自己的身体向危害对象施加物理力或者精神影响之外,还可以借助物质性的工具产生影响,如用毒药致人死亡、用

---

① 我国《刑法》第90条规定:"民族自治地方不能全部适用本法规定的,可以由自治区或者省的人民代表大会根据当地民族的政治、经济、文化的特点和本法规定的基本原则,制定变通或者补充的规定,报请全国人民代表大会常务委员会批准施行。"

绳索绑人、用枪杀人等,再如用木棍打击一定物品,也可以造成受害人的精神受到压制。随着科学技术的发展,利用网络犯罪更是体现了这种特性。

(3) 利用自然力的作为。自然力包括水、火、雷电、地震和山崩海啸等自然现象。人类行为一般难以控制自然现象的发生或者发展,但是人们完全可以利用自然现象达到危害社会、危害他人的目的,如明明知道某地正处于强烈地震影响之中,而让不知情的人前往该地,意图让他人死亡。由于利用自然力,人们难以支配行为与意图结果之间的因果关系,所以一般不会发生现实的危害结果。但是,应该承认在这种情况下,行为人所追求的结果发生的概率增大,他的行为也并非和结果没有关系,其社会危害性是存在的,在特定条件下,这种行为完全可以构成犯罪。

(4) 利用动物的作为。自然力尚且可以利用,那么利用动物更是可能的,如训练恶犬伤害他人、利用毒蛇致人死亡等。

(5) 利用他人行为的作为。把他人当作工具加以利用也是可能的,如利用没有刑事责任能力的精神病人的行为、利用没有达到刑事责任年龄的未成年人的行为、利用他人的过失行为、利用他人没有意识的行为,甚至还可以利用他人的犯罪行为实现自己的犯罪目的。

(二) 不作为

1. 不作为的概念

不作为是危害行为中与作为相对的另一种表现形式。所谓不作为,是指行为人具有实施某种行为的特定义务,能够履行而不履行的危害行为。不作为和作为的区别,不在于行为人的身体是动或是静,而在于行为人违反了什么样的规范:不作为违反的是命令规范;作为违反的是禁止规范。

不作为也要具备危害行为的三个基本特征。此外,它还有三个特殊的构成条件:

(1) 行为人负有实施某种作为的特定义务。这是构成不作为的前提条件。作为的特定义务,是行为人在特定的社会生活中,基于某种特定的社会关系而产生的必须积极实施某种行为的义务。只有在负有特定义务的前提下,行为人才具有作为的可能性,否则就不是不作为的形式。

(2) 行为人具有履行特定义务的能力。一般认为,这是不作为成立的重要条件。我们认为,这是特定作为义务形成的实质性前提。行为人如果没有选择自己行为的自由,就不应当承担其后果的责任,即行为人如果没有一定的能力条件,就不应承担一定的法律义务,其行为就不构成不作为。

(3) 行为人没有履行作为的特定义务。这是构成不作为的现实条件。只有在行为人具有作为能力,而且也具有作为的义务,却没有实施一定的作为的时候,不作为才成立。

2. 不作为的义务来源

行为人负有实施某种作为的特定义务,是构成不作为的前提条件。在不作为的犯罪中,一般先要判断行为人是否具有实施作为的特定义务,可以说,对于特定作为义务范围的理解,在很大程度上决定了成立不作为犯罪的范围,这就要求我们对于作为的义务根据,即不作为的义务来源,有明确的界限。但是,由于现实生活的复杂性,人们所承担的义务是十分纷繁复杂的,有些义务在法律上有明确的规定,但是有些没有。法律没有明确规定的义务是否可以作为刑法中的不作为义务来源呢?如果可以的话,哪些可以构成作为的法律义务来源?哪些不能构成作为的法律义务来源?这些问题在理论上并不是很容易划分。我国刑法理论通说认为,不作为的义务来源于以下几个方面:

(1) 法律明文规定的义务。刑法中很明确的不作为的义务来源,主要是法律明文规定了的义务。法律明文规定的义务,是指国家立法中被认可的强制性或者命令性的行为规范,包括刑法规定的义务和其他法律规定的义务。其中,刑法中规定的义务可以是刑法本身单独规定的义务,也可以是又包含于其他法律中的义务。其他法律包括宪法、行政法、民法、诉讼法等狭义法律和行政法规、条例、规章等广义法律。如关于夫妻之间互相扶养的义务,不仅为宪法所规定,还为婚姻法所规定,在刑法中也是作为的义务。需要指出的是,其他法律明文规定的作为义务,如果只是为这些法律所规定,在刑法中并没有得到规定,还不能成为刑法中的不作为的义务来源,即它只有在刑法中得到确定,才能成为刑法中的不作为的义务来源。如刑法中没有规定家长对子女应当承担九年义务教育的义务,所以在家长不履行该义务的时候,不能认为家长的行为是刑法中的不作为。

(2) 职务或者业务所要求的义务。由于职务或者业务活动的范围极为广泛,一般法律不可能明文规定对有关人员的要求,但是这并非意味着有关人员的活动不受刑法约束。在刑法中,根据职务或者业务活动的特殊性,一般对相关人员产生特殊的要求,这些要求一样可能并且应当成为不作为的义务来源,如值班医生对病重的患者有抢救的义务、消防队员有消除火患的义务等。职务或者业务所要求的义务并不是没有被明文规定,一般来说,不同行业或者不同的单位对于从事不同职务或者不同业务的人员,都有一些行业性规定或者单位的规章制度。如在医疗卫生系统中,医疗手术有比较具体的操作标准。这些都是司法实践中确定不作为义务来源应当把握的范围。

(3) 法律行为引起的义务。法律行为属于法律明文规定之外、不属于职务或者业务所要求但具有法律约束性的行为,它可以产生权利和义务的关系,因此负有履行特定义务的义务者不积极履行该项义务,致使权利人的权利不能得到保护的,其行为也就给社会造成了侵害,所以在刑法中不能忽视不履行法律行为引起的义务的行为,即法律行为引起的义务也应当被认为是不作为的义务来源。

一般认为,法律行为引起的义务主要是由合同所引起的义务。由于合同是日常生活中一种确定权利和义务关系的重要形式,所以保证实现合同所规定的义务具有重要的社会意义。但是由于合同的形式复杂,约束效力不同,所以关于合同的义务有三个问题存在异议:第一,合同义务是否仅限于书面合同中的义务?《民法通则》

和《合同法》①规定,合同可以包括书面、口头等形式,其中的效力并没有实质区别,这说明口头形式的合同也具有法律效力,那么口头合同所确定的义务也具有法律的后果,所以合同义务不能只限定于书面合同所确定的义务,还包括口头形式的合同所确定的义务。第二,合同成立以后,行为人事实上未承担义务而开始工作,是否产生作为义务?一般认为,合同成立以后,或者合同约定的条件具备以后,行为人就承担作为义务,这一点可以说是客观存在的。至于行为人没有承担义务,是否构成刑法中的不作为,以及该不作为是否构成犯罪,还必须结合其他情形进行认定。第三,合同一方当事人不履行合同规定的义务,是否都产生作为义务?一般认为,合同一方当事人不履行合同规定的义务,通常产生作为义务,至于说该义务是否必须由刑法调整,则还需要考虑不作为是否严重地侵害或者威胁了刑法所保护的社会关系。

(4) 先行行为引起的义务。先行行为是相对于行为人的义务行为而言的,它发生在义务行为之前,通常会导致义务行为。先行行为所引起的义务,是指在行为人的行为使得刑法所保护的社会关系处于危险状态时,要求行为人实行特定的行为,以消除、减轻危害或危险。如果行为人不履行这种义务,就是以不作为的形式实施危害的行为。由于先行行为是一种现实生活中的行为,没有明文的形式或者当事人的约定,所以它的表现形式多种多样,难以一一列举。在刑法中常见的包括:第一,非法先行行为引起的义务。非法先行行为引起的义务是最主要的产生作为义务的行为。如司机超速驾驶致使行人受伤时,根据规定,司机就有义务对伤者进行抢救,假如司机逃逸,就是没有履行自己的义务,如果因此导致伤者死亡的,在特定场合可以认为司机故意杀人。由此可见,非法先行行为既可以是一般的非法行为,也可以是犯罪的行为。第二,意外行为引起的义务。意外行为应当成为作为的义务来源,是由意外本身的后果和合法行为的性质决定的。关于合法行为可否导致作为的义务,理论上存在分歧。有人认为,无论合法行为还是非法行为,既然它可以使某种社会关系处于受到损害的危险状态,行为人就没有理由拒绝消除他能够消除的危险;先前的合法行为不能保证以后行为的合法性。但也有人认为,合法行为引起义务是否公正合理还值得推敲。② 我们认为,如果认为任何合法行为都产生作为的义务,那么在很多情形下会造成混乱,如医生对病者实施手术本身是合法的行为,但假如手术没有成功,是否意味着医生有义务将病者的身体状况复原呢?这种要求显然不妥当。而且既然行为本身是合法的,那么在合法限度之内的结果也是为法律所许可的,因此不可能在法律许可的范围之内重新产生法律的义务。但是,当我们否定合法行为引起的义务时,不能否定在实施合法行为之际,由于意外的原因出现在法律许可范围之外的结果,这种结果由于是行为人导致的,本身不能被认为是违法的,但行为人却应当消除或者减轻危害或者危险状态,如一个人和朋友到深山打猎,由于

---

① 我国《合同法》第 10 条规定:"当事人订立合同,有书面形式、口头形式和其他形式。法律、行政法规规定采用书面形式的,应当采用书面形式。当事人约定采用书面形式的,应当采用书面形式。"

② 参见高铭暄、马克昌主编:《刑法学》,高等教育出版社、北京大学出版社 2000 年版,第 74 页。

意外,他将朋友打伤,在这种情形之下,如果认为行为人没有作为的义务,显然是不妥当的。

对于作为义务的来源,在理论上围绕道德义务出现了重大的争议[①]:(1) 肯定说,主张在刑法中增设"见危不救和见死不救罪",其根据是历史的传统、外国的立法先例,以及促进道德建设的必要性等;(2) 否定说,反对道德义务成为不作为犯罪中作为义务的来源,理由是不能混淆法律与道德的界限,法益侵害说与道德义务主张存在矛盾,在我国的社会现实中还有一些因素制约了将道德义务上升为刑法中的义务。我们认为,法律是道德的底线,说明法律有必要维护基本的道德规范,而且外国立法的类似规定也是为了达到这一目的,至于法益侵害说,与道德义务并无必然冲突,所以赞同肯定说。

3. 不作为犯的理论分类

危害行为可以分为作为和不作为。根据危害行为实施的不同形式,犯罪可以分为作为犯和不作为犯。不作为犯是指行为人以不作为的形式实施的犯罪。在刑法中,有的犯罪只能以作为的形式施行,有的犯罪只能以不作为的形式施行,有许多犯罪既能以作为的形式施行,又能以不作为的形式施行。根据这种情形,理论上将不作为犯分为真正的不作为犯和不真正的不作为犯。

所谓真正的不作为犯,又称为纯正的不作为犯,是指根据刑法的规定,只能单纯以不作为的行为方式才能构成的犯罪。例如刑法规定的遗弃罪、遗弃伤员罪,就是以纯粹的不作为的行为方式构成的。

所谓不真正的不作为犯,又称为不纯正的不作为犯,是指以不作为的行为方式施行刑法中规定的、以作为形式构成的犯罪。例如刑法所规定的故意杀人罪,通常是以积极的作为行为来实施,如枪击、刀砍、斧砸、投毒、绳勒、水淹等。但如果以消极的行为实施杀人行为,如母亲故意不给婴儿喂奶,致婴儿饿死的,也构成故意杀人罪,这就是不真正的不作为。

第三节 危害结果

一、危害结果的概念和特征

(一) 危害结果的概念

关于危害结果的概念,在刑法理论上有许多不同的看法。有的认为,危害结果是犯罪行为已经造成的实际损害结果或者具体的物质性损害结果;有的认为,危害结果是危害行为对刑法所保护的直接客体所造成的实际损害和危险状态;有的认

[①] 参见范忠信:《国民冷漠、怠责与怯懦的法律治疗——欧美刑法强化精神文明的作法与启示》,载《中国法学》1997 年第 4 期;苏彩霞:《论不纯正不作为犯的作为义务来源》,载《政法论丛》2000 年第 1 期;李健、任成玺:《道德义务不应成为我国不作为犯罪中作为义务的来源》,载《河南省政法管理干部学院学报》2001 年第 6 期。

为,危害结果是危害行为给客体即社会关系造成的损害;有的认为危害结果是犯罪行为对刑法所保护的社会关系造成的或者可能造成的一定损害。还有的将危害结果分为广义和狭义两种,广义的危害结果是行为人的危害行为所引起的一切对社会的损害事实,包括危害行为的直接结果和间接结果,属于犯罪构成要件的结果和不属于犯罪构成要件的结果;狭义的危害结果,是作为犯罪构成要件的结果,通常就是对直接客体所造成的损害事实。

以上分歧的关键是,危害结果是不是刑法构成要件中的必要要件。这个问题涉及危害结果是危害行为对危害对象还是对直接客体的侵害,危害结果是具体的还是抽象的,危害结果是直接的结果还是间接的结果。确定危害结果的内涵和外延,要体现危害结果本身在刑法中的价值,即它对于确定犯罪和量刑的影响。如果说危害结果对于定罪和量刑没有意义,那就没有必要研究它。

我们认为,危害结果是指犯罪行为对危害对象施加作用之后已经造成的具体人身伤亡或物质的减少、毁损或者其他合法状态的改变的事实情况及其实在可能状态。

(二) 危害结果的特征

1. 危害结果的客观具体性

结果是一种现象引起的另一种现象,无论何种现象,都是客观的,而不是我们主观臆断的。刑法中的危害结果也具有现实的实在可能性。如果没有结果发生的实在可能性,还不能称为危害结果。这里,应当把危害结果与行为对犯罪客体的侵害和威胁区别开来。任何犯罪都是具有严重社会危害性的行为,所以任何犯罪的危害行为都不可避免地会对刑法所保护的客体造成损害或者威胁。但是,我们不能简单地把这种损害或者威胁等同于构成要件的结果。在犯罪构造中,有些犯罪属于行为犯或者举动犯,行为人只要完成一定的行为或者举动就构成犯罪。然而在具体的犯罪活动中,这种行为并不一定已经现实地引起了合法状态的改变,也可能连导致合法状态改变的现实可能性也不具备,如煽动分裂国家的行为,行为人的行为对国家的统一具有威胁,但是该行为通常并不具备引起国家分裂的具体危险。有的观点认为危害结果是危害行为对犯罪客体作用的结果,这就混淆了危害结果和犯罪的社会危害性之间的界限。犯罪的社会危害性是犯罪行为对犯罪客体的侵害或者危险,由于犯罪客体是一个抽象的社会关系,所以社会危害性的评价是一种比较抽象的判断,尽管我们不能否认它的客观可能性,但是在有些犯罪中,它是依靠理论推理出来的可能性,其范围比危害结果要宽泛。

2. 危害结果的实在性

危害结果不是理论推理的结果,它是实实在在发生的事实或者状态。在有些犯罪中,尽管没有最终发生人身伤亡或物质的减少、毁损或者其他合法状态的改变,但是发生人身伤亡或物质的减少、毁损或者其他合法状态的改变的实在可能状态已经出现。如行为人在铁道路轨上放置一块大石头,意图颠覆列车,他的犯罪行为被人发现后,他人将石头搬走,列车并没有发生倾覆。这是否意味着行为人的行为没有危害结果呢？应该承认,行为人的行为没有引起人员伤亡或者物质毁损,但是它已经产生了导致列车倾覆的实在危险,如果不是被人发现并采取挽救措施,那么该危险就能转化为实际损害。这种危险不是我们臆断的,也不是逻辑推理出来的,它具有实在性。只有具有这种实在性,才能说具有危害结果。

3. 危害结果的因果性

危害结果的因果性,是指危害结果是相对危害行为而言的。对社会能产生破坏性结果的原因很多,有人为原因,有生物界原因,还有来自于大自然的力量等。这些原因力中,只有人的危害行为才具有刑法价值,才是我们评价的对象。所以,没有危害行为,就没有危害结果;不是危害行为引起的结果,也就不是刑法评价的危害结果。这一方面有助于我们确定危害结果的范围,另一方面也有助于我们在以后分析因果关系时,将行为人的行为后果和其他原因引起的后果区别开来。

4. 危害结果的多样性

由于危害行为多种多样,而且危害对象的具体属性不一,因此危害结果的表现具有多样性。它既包括人身的伤亡情况,也包括物质的减少、毁损或者合法状态的改变;它既可以是危害对象直接出现结果,也可以是由犯罪行为导致的其他结果等。

二、危害结果的种类

由于对危害结果的认识不同,所以对它的分类也有许多种。如构成结果和非构成结果、物质性结果和非物质性结果、直接结果与间接结果、实害结果和危险结果、普通结果和加重结果、单一结果和复杂结果等。在以上分类中,有的对于定罪和量刑有重要意义,有的意义不大。

(一) 构成要件的结果和非构成要件的结果

分类标准是危害结果是否属于基本犯罪构成要件。

构成要件的结果,也被称为定罪结果,是指根据刑法分则条文的规定,构成某种基本形态的犯罪必须具备的危害结果,如故意杀人罪中人的死亡、盗窃罪中较大数额的财产被盗等,如果没有发生人的死亡,或者没有较大数额的财产被盗,那么就不能构成故意杀人罪或盗窃罪既遂。我国刑法中的犯罪,可分为故意犯和过失犯,故意犯又可以分为直接故意犯和间接故意犯,其中过失犯和间接故意犯都要求特定的危害结果出现,才成立犯罪。如在过失犯中,成立过失致人死亡罪或者过失致人重伤罪,要求出现被害人死亡或者重伤的结果,否则不构成犯罪。在间接故意犯中情况也是这样,如出于激情原因用刀刺他人的行为,就是根据结果进行评价,如果出现死亡结果,则构成故意杀人罪,如果出现轻伤或者重伤,则构成故意伤害罪;如果没有出现伤亡结果或者仅仅致人轻微伤,就不构成犯罪。

非构成要件的结果,也被称为量刑结果,是指一切危害行为引起的对于确定基本构成要件没有影响、但是影响量刑的危害结果。在犯罪中,危害结果是危害行为对于社会的危害性的直接反映,而且通过危害结果可以表征行为人在人身方面的危险性,所以它不仅在有的犯罪中直接被用于确定行为是否构成犯罪,而且更多的是用来作为量刑的参考情节,如强奸妇女引起被害人精神错乱的结果,盗窃穷苦人家的生活急需品导致受害人自杀的结果,诽谤他人导致被害人家庭破裂的结果等,都是非构成要件的结果。这类结果可以分为:(1) 未完成形态的结果。在直接故意犯罪中,有些犯罪要求特定的危害结果为犯罪基本构成要件的要素,如果没有出现基本构成要件的结果,则只能构成未完成的犯罪形态的结果,如前述故意杀人未遂。未完成的犯罪形态的结果,一般并不能说明犯罪性质,但是在量刑的时候,可以作为比照完成形态的结果的情节,成为量刑的根据。(2) 加重的结果。在基本的犯罪构成要件中的结果,由于存在大小的差别,所以也成为量刑时需要参考的情节,如强奸罪中强奸一人和强奸数人,强奸一人导致他人精神错乱的和未出现其他情形的;盗窃财物较大和盗窃财物巨大的;故意伤害致人轻伤和致人死亡的,这些类似的结果不仅是犯罪构成中的结果,而且也是量刑中的结果。

(二) 实害结果与危险结果

分类标准是,危害结果是危害行为对危害对象所造成的侵害形态。

实害结果是指危害行为造成的人身伤亡或物质减少、毁损或者其他合法状态的改变的事实情况。实害结果是一种已经现实发生的、不可避免的危害事实,如故意杀人中他人死亡的结果,故意伤害中他人的身体机能或者形状的改变等,盗窃罪中财物从一个地方转移到另外一个地方。

危险结果是指危害行为造成人身伤亡或物质减少、毁损或者其他合法状态改变的实在可能状态。危险结果中所蕴涵的人身伤亡或物质减少、毁损或者其他合法状态改变这些事实情况可能发生,也可能不发生,没有发生的原因是特定的时机不具备。如果时机具备,而且没有外界的其他原因介入,它就会自动发生。可能状态之所以没有转化为客观事实情况,主要是由于外界其他原因介入而导致的。所以危险结果和实害结果之间的联系是密切的,如果没有外界原因的介入,危险就必然转化为实害。如破坏交通工具足以使交通工具发生倾覆、毁坏的危险,一般是由于及时发现交通工具被破坏进而采取防范措施,才阻止了交通工具倾覆、毁坏。在刑法理论上,对于要求危险要素的犯罪,称为危险犯。在外国刑法理论中,危险犯分为抽象危险犯和具体危险犯。抽象危险犯是指,只要行为人在特定的条件下或针对特定对象实行某种行为,法律便认为具有危险状态存在的犯罪状态。例如《刑法》第114条规定的放火、决水、爆炸、投放危险物质犯罪,只要行为人在法律所规定的特定地点实行放火、决水、爆炸、投放危险物质以及其他危险行为,就具有危害不特定的人或者财物的危险。至于危险对什么人还是对什么物,以及危险的程度,法律并无特别限制。具体危险犯,是指对于构成某种犯罪,法律不仅要求危险状态的具体内容,还要求危险达到一定的程度,才认为危险存在的犯罪状态。即行为必须在特定条件下或针对特定对象实行,它能否引起法律所要求的特定危险状态,还应当根据具体案情进行分析判断,例如《刑法》第116条规定的破坏交通工具罪,破坏行为应"足以使火车、汽车、电车、船只、航空器发生倾覆、毁坏危险"。这里既有对危险状态具体内容的要求,又有对其程度的要求。只有符合要求的,才能认为危险状态存在。

(三) 物质性结果与非物质性结果

分类的标准是危害结果的表现形态。

物质性结果，是指以物质性变化为表现形态的危害结果。物质性的结果一般是直观具体的，也可以说是有形的，它可以通过人的感官直接感知，或者通过数学、物理、医学等方法进行具体确定。例如被害人已经死亡或者身体受到伤害的程度；财物被损坏的数量、程度或者其存在的位置改变等。

所谓非物质性结果，是指以非物质形态表现出来的危害结果。例如被害人的名誉、人格受到损害；国家机关的威信受到损害等。这种危害结果也是不依人的意志为转移的客观存在，只是不像物质性结果那样具有直观性。但是它绝非不能为人们所认知，而是可以作出适当的估计。如侵犯他人的名誉、人格，可以通过被害人自身的外在表现反映出来，通过周围人的言谈、举止表现出来。因此，非物质性结果并不是不可估计的，只是同物质性结果相比，其认定方式更为复杂、困难罢了。

(四) 直接结果与间接结果

分类标准是危害行为与危害结果的联系形式。

直接结果，是指危害行为作用于危害对象后，对危害对象直接引起的危害结果。直接结果只能发生于具体的危害对象本身，且是危害对象自身在危害行为直接作用下出现的变化情况，如行为人用刀刺受害人致受害人死亡、行为人毁坏他人财物致使他人财物减少。直接结果既可以是构成要件的结果，也可以是非构成要件的结果，既可以表现为物质性的结果，也可以表现为非物质性结果。

间接结果，是指危害行为作用于危害对象之后，对危害对象或者相关因素间接导致的危害结果。间接结果可以发生于具体的危害对象本身，也可以发生于与危害对象相关的人或物上，它必须是危害行为间接导致的结果，如行为人盗窃穷人借来治病的钱财，致使他人因为不能及时就医而死亡；行为人奸淫妇女，导致该妇女精神崩溃或者家庭不幸等。间接结果通常是非构成要件的结果，即对于定罪的意义不大，但是对于量刑很重要。

需要说明的是，由于一种现象总是必然导致另外一种现象，所以犯罪的行为总是必然产生间接结果，一个直接结果可能导致另外一个间接结果，这个间接结果还可能诱发另外一个间接结果，如前述强奸案件中，行为人强奸妇女，该妇女有可能因为无法面对这种现实而自杀，妇女的自杀又可能导致她的亲属自杀或者精神错乱的现象。是否应当让行为人对所有的结果承担责任，或者说应该让行为人对哪些间接结果承担责任，是一个需要研究的问题。

三、危害结果的作用

在刑法中，危害结果对于定罪和量刑都有意义。

(一) 危害结果对定罪的影响

1. 区分罪与非罪

如前所述，危害结果包括构成要件的结果和非构成要件的结果。有无构成要件的结果,对于是否存在犯罪的行为是有影响的,如种植毒品原植物的犯罪,不仅要求所种植的植物属于制造毒品的原生植物,还要求这些植物达到一定的数量。再如盗窃罪一般要求盗窃的财物数额较大;故意伤害罪要求伤害的程度属于轻伤或者重伤。

2. 区分此罪与彼罪

我国刑法规定,行为人实施某些基本的犯罪行为,但造成犯罪构成之外的结果的,则根据故意实施该结果的行为定罪,而不作为基本犯罪处理。如《刑法》第247条规定①,行为人刑讯逼供,如果没有致人伤残、死亡的,构成刑讯逼供罪;如果造成受害人死亡的,则构成故意伤害罪或者故意杀人罪。是否具备特定危害结果,成为区别此罪和彼罪的标准。

3. 区分犯罪的完成形态

在以特定的犯罪结果为基本构成要件的犯罪中,如果行为人的行为没有发生特定的结果,并非说行为人的行为不构成犯罪,而是说行为人的行为不构成基本形态的犯罪,但可以构成修正形态的犯罪。如在故意杀人罪中,行为人的行为没有使他人死亡,可以构成杀人罪的未遂,也应承担刑事责任。另外,在行为人实施杀人行为之后被害人没有死亡之前,行为人中止杀人的行为,并且积极防止他人死亡,但受害人最终还是不治身亡的,行为人的行为也属于完成形态的犯罪。

(二) 危害结果对于量刑的影响

危害结果的形态和程度,反映了行为人的行为对于社会的危害和行为人的危险性。如在杀人的场合,杀害他人并最终导致他人死亡的情形和仅仅导致他人受到伤害的情形相比较,前者使人的生命权丧失,而后者仅仅使他人的身体健康受到损害,在一般观念看来,人的生命是最宝贵的,所以前种情形的社会危害性大。再如贪污罪,刑法根据不同的数额设置不同档次的法定刑。这些对于量刑都有指导意义。而且在贪污罪中,贪污的数额大小不同,可以说明行为对社会产生的不一样的影响,说明行为人的主观恶性程度。可以说,危害结果是量刑时参考的一个主要因素。

第四节 刑法中的因果关系

一、刑法中的因果关系的概念

客观世界的一切运动着的事物,都是普遍联系、相互制约的,其中任何一种现象都会引起、产生另一种现象,也可以说任何现象的产生都是由别的现象所引起的。这种引起一定现象产生的现象叫做原因,被引起、产生的一定现象叫做结果。这种引起和被引起的关系就是因果关系。刑法中的因果关系,也称为刑法中危害行为和

---

① 我国《刑法》第247条规定:"司法工作人员对犯罪嫌疑人、被告人实行刑讯逼供或者使用暴力逼取证人证言的,处3年以下有期徒刑或者拘役。致人伤残、死亡的,依照本法第234条、第232条的规定定罪从重处罚。"

危害结果之间的因果关系,是指危害行为与危害结果之间所发生的引起与被引起的关系。

二、外国刑法中因果关系的理论

刑法中因果关系论的分歧较大,在英美法系刑法体系和大陆法系刑法中都是如此。① 英美刑法从两个层次判断因果关系:一是事实因果关系(factual causation),一是法律因果关系(legal causation),从而形成了所谓的"双层次原因学说"。在判断事实原因时,一般适用"but for"法则,即如果没有行为也会发生结果,那么行为就不是结果的事实原因。法律原因是法律上有价值的原因,也就是事实原因中能够被法律认为应让行为人对所产生的危害结果承担责任的原因。关于如何选择法律因果关系,在英美刑法理论上争议很多。

大陆法系国家刑法理论界从 19 世纪中叶就开始讨论刑法中的因果关系,形成了多种学说,主要有如下几种:(1) 条件说,认为在理论上可以导致结果发生的条件,都是结果的原因。即只要有"如无前者,就无后者"的条件关系时,就可以肯定行为对于结果具有原因力。所以此说又被称为"条件即原因说"。由于它将一切条件视为原因,不问其中价值大小而作同等对待,故又被称为"同等说"或"等价说"。当条件关系比较复杂时,条件说就难以解决因果关系,而且该说把全部条件当做原因,扩大了刑法中因果关系的考察范围,因此受到许多批判。(2) 原因说,也称为原因条件区别说,认为在若干个条件中只存在一个或部分原因,因而也被称为"个别化说"。在决定什么样的条件是原因方面,该说存在分歧,有人主张必要条件是原因,有人主张优势条件是原因,有人主张最后条件是原因,有人主张最有力条件是原因,有人提出动力条件是原因,有人将离规条件当做原因,有人认为最先条件是原因,还有人主张决定条件是原因等。这些主张也表明原因说很不确定,实际上也难以确定原因。(3) 相当因果关系说,相当因果关系说以条件说为基础,认为刑法上的因果关系是理论上的因果关系,但不是一切理论上的因果关系都是刑法上的因果关系。刑法上的因果关系必须立足于社会经验的法则,考虑具有相当性的理论上的因果关系。也就是说,对于数个条件,根据一般人的经验、智识加以判断,只有具有发生结果的相当性的,才是刑法上的原因。至于判断"相当性"的标准,却有主观的相当因果关系说、客观的相当因果关系说和折中的相当因果关系说三种分歧。一般认为,折中的相当因果关系说相对比较合理。(4) 客观归属论,这种理论定型于 20 世纪 70 年代,已经成为德国刑法学的通说,在日本、奥地利等国影响颇大。其判断分三个方面:一是判断有无条件关系;二是根据危险增加原理,判断行为人的行为是否制造了一个特定的危险;三是根据规范的保护目的理论,判断行为人的危险是否在规范保护的范围内实现了。当前的相当因果关系说在一定程度上具有转向客观归属论的趋势。

---

① 以下内容参见童德华:《外国刑法导论》,中国法制出版社 2010 年版,第 96—114 页。

三、我国关于刑法因果关系的基本观点

新中国刑法理论对刑法因果关系的研究,始于20世纪50年代,渊源于原苏联刑法研究,主要方法是运用辩证唯物主义因果关系学说,开展对刑法中危害行为和危害结果的认识:刑法中的因果关系和哲学上的因果关系是个别与普通的关系,在研究刑法中的因果关系时,不能脱离哲学因果关系的指导,但是犯罪是一个社会现象,刑法中的因果关系具有自己的特殊性。根据这种理解,刑法中的因果关系具有五个方面的特征。

（一）因果关系的客观性

因果关系首先表现出客观的属性。任何事物在运动过程中所发生的因果关系都是客观存在,作为原因的前一现象与作为后果的后一现象,首先是客观的,不以人们的意志为转移,而且它们之间相互作用、相互联系的方式也是客观存在的。

在考察刑法中的因果关系时,也必须坚持客观性的认识,既不能以行为人是否预见为前提,也不能以司法人员的主观想象来确定,即使在一些比较特殊的案件中,也应该坚持客观分析的方法。如患者甲腹部动了手术,尚未痊愈,在休养期间散步时,因故与乙发生争执,双方各不相让而动手扭打。乙在将甲摔倒时,也被其揪住一同带倒,膝盖恰好在甲的腹部伤口上顶了一下,将伤口顶破造成甲大出血、感染而死亡。尽管这件事属于意外,但是并不能否定甲的死亡是乙的行为造成的,两者之间的因果关系是明确的。此时就不能因为乙不知道甲手术后伤口未愈或未预见到会发生如此严重的后果而否认因果关系的存在。

（二）因果关系的相对性

在客观世界中,各种客观现象都是普遍联系和互相制约的。在这个普遍的联系中,某一现象可以在一对因果链中作为原因,又可以是另一对因果链中的结果;某一危害结果本身也可以是另一对因果关系中的原因。例如在普通公路上,货车由于超速行驶,撞在前面的小车上,小车被撞向路边,将一行人撞伤。小车被撞向路边,是货车超速行驶的结果,也是造成行人受伤的直接原因。所以,这一现象对于前一现象来说是结果,而对于后一现象来说是原因,原因和结果在现象的普遍联系中只是相对的,而不是绝对的。为了确定原因和结果,就必须将其中一对有联系的现象从若干个相互联系的因果链中抽出来,这样才能显现哪一个是原因,哪一个是结果。此时,原因就是原因,结果就是结果。

（三）因果关系的时间序列性

因果关系的相对性决定我们在考察它时要注意它的时间序列性。因果关系的时间序列性,就是从发生的时间上看,原因必须发生在前,结果只能在原因之后发生。其时间顺序不能颠倒。所以考察因果关系时,只能从危害结果发生以前的危害行为中去找原因。如果查明某人的行为是在危害结果发生之后才实施的,那么就可以肯定两者之间不具有因果关系。例如甲和丙有仇,有次在路上遇到丙,甲借机报复,用木棍打在丙的头上后跑了,丙倒在地上,后来乙路过,也想伤害丙,他走上前对

丙踢了一脚,刚好也踢在头上。第二天发现丙已死亡。在这样的案件中,尽管发现丙的死亡时间是在乙的行为之后,但是不能认为丙的死亡就是发生在乙的行为之后。如果通过法医鉴定发现丙其实在被甲打击之后、乙打击之前就已经死亡,那么乙的行为和丙的死亡之间就没有因果关系。

(四) 因果关系的复杂性

现实生活中发生的因果关系是复杂的,很少以一因一果的形式表现出来。因果关系的复杂性主要表现在两个方面:

(1) "一果多因"。即一个结果由多个原因造成。例如甲由于受到女朋友的奚落和抛弃,到酒吧喝酒,因为心情不好,与食客乙发生争吵,争吵中他将乙打伤,在医院里,医生由于疏忽大意,没有使用消毒器械致使乙感染死亡。在这个案件中,有数个因素是乙死亡的原因,假如甲的女友没有抛弃甲,甲也许不会喝酒;甲不喝酒就不会闹事,也不会打乙,甲不打乙,就不用送乙到医院;在医院,如果不是因为医生的疏忽大意,乙不会死亡。在这么多的原因中找出主要原因,确定对结果承担主要刑事责任的原因,是刑法中考察因果关系的意义。

(2) "一因多果"。即一个原因造成多个结果。例如甲诽谤乙的妻子,造成乙对妻子猜忌,最后将妻子杀死,然后烧毁自家房屋,自己也患上了精神病。在"一因多果"的情形下,首先要考察行为引起的主要结果和次要结果,还要考察直接结果和间接结果。这对于定罪和量刑都有现实意义。

(五) 因果关系不排除偶然性

原因和结果之间的因果关系既是一种必然联系,也是一种偶然联系。但是刑法中的因果关系是否包含偶然的性质呢? 或者说在社会观念中看来是偶然的因果关系是否属于刑法中的因果关系呢? 例如甲将乙打伤,伤势不严重,但在医院就诊过程中,由于医生丙使用了未消毒的器械,乙感染败血症而死亡。乙的死亡与医生丙的玩忽职守行为之间具有因果关系,这是没有争议的。问题在于甲的伤害行为与乙的死亡结果之间是否具有因果关系。

持必然因果关系观点的学者认为,危害行为应该具有使结果发生的实在可能性,即危害行为具有导致结果发生的规律性。如果某种行为不存在使某种危害结果发生的客观根据,那么该行为就不是原因。只有某种行为中包含使某种结果发生的实在可能性,而且这一可能性在具体条件下合乎其本身规律发生该结果时,才能确定具有因果关系;如果因为其他原因的介入而切断了这一发展的过程,那么前行为与结果之间也不具有因果关系。以上例来说,由于甲的行为中不包含致乙死亡的可能性,死亡结果是由医生丙的疏忽大意造成的。因此,甲的伤害行为与乙死亡结果之间不具有因果关系。退一步讲,假如甲造成乙的致命伤,具有造成乙死亡的实在可能性,但由于医生丙的疏忽大意行为的介入,其行为的实在可能性不能转变为现实性,因而其行为与乙死亡结果之间也仍然不具有因果关系。

持偶然因果关系观点的学者认为,除了必然因果关系之外,实践中还存在偶然联系的因果关系。所谓偶然因果关系,是指某种行为本身不包含产生某种危害结果的必然性,但在该因果关系的发展过程中,偶然又有其他作为原因的行为介入,原来的因果关系就偶然地同另一原因相交错,后来介入的作为原因的行为合乎规律地引起了该种危害结果。此时,前一因果关系与后一因果关系之间是一种偶然联系。以上例来说,甲打伤乙之间是一种必然因果关系,丙使用未消毒器械致乙感染败血症而死亡也是一种必然因果关系,这两个必然因果关系偶然联系在一起,就导致了乙的死亡。所以这两个必然因果关系,对死亡来说都具有原因力。因为不可否认的是,正是由于甲打伤乙,乙才去医院,才偶然地碰上不负责任的丙大夫。这就不能说甲的行为与乙的死亡没有任何因果关系,也就不能说甲对乙的死亡不负任何责任。当然,这里的负责任并不是说负杀人罪的责任,而是说对他的伤害行为进行处理时,应考虑乙死亡这一情况。

我们认为,偶然与必然之间是相互转化的,在一定程度上看来是偶然的联系,其实也是必然的;在一定程度上看来是必然的现象,也有偶然性,所以不能排除偶然因果关系。

第五节 犯罪客观方面的其他要件

除了危害行为和危害结果之外,犯罪客观方面的构成要件还包括犯罪时间、地点和方法。

一、犯罪的时间、地点和方法与定罪

对于多数犯罪来说,犯罪的时间、地点和方法并不是犯罪构成的要件,即不是犯罪构成所必需的,不能决定犯罪的性质。但一些犯罪在成立的时候,要求有特定的时间、地点或者方法。如果缺乏这些条件,犯罪也不能构成。如《刑法》第340、341条规定的非法捕捞水产品罪和非法狩猎罪,就包括"禁渔期""禁猎期"的限制性时间条件和"禁渔区""禁猎区"的限制性地点条件或者"使用禁止的工具、方法"等限制性的方法条件,如果不具备这些特别规定的条件,这两个犯罪也不得成立。

二、犯罪的时间、地点和方法与量刑

尽管大多数犯罪在成立的时候,并不要求特定的时间、地点和方法条件,但是一定的时间、地点或者方法对于所有犯罪的量刑都有影响。因为犯罪的各个时间或者地点以及方法的差异,也能反映犯罪本身的社会危害性和行为人的人身危险性。如在比较偏僻的地方发生的抢劫案件和在繁华地带发生的抢劫案件,或者在深夜发生的抢劫案件和在大白天发生的抢劫案件,各自给社会造成的影响是不一样的。再如杀人案件中,使用安眠药让受害人死亡的方法与使用肢解身体的方法让受害人死亡的相比,前一个案件中的行为人的人身危险性比较小,后一个案件中的行为人的人身危险性通常比较大。在司法审判中,特别要注意根据这些因素衡量行为人刑事责任的大小,从而合理量刑。

本章重点问题提示

一、客观归属论[①]概述

客观归属论(objektiveZurechnung, objective imputation),属于因果关系理论的范畴。刑法中解决因果关系问题,现在一般采用相当因果关系说或条件说,但众所周知,在因果关系学说中,相当因果关系说与条件说各具优点,亦各存不足。而在现代社会,由于科学技术的发展、社会分工细密,危险更容易发生。但是许多有潜在危险性的活动,对于社会的进一步发展是有价值的,所以得被法律所容许,这种危险就是"容许的危险"。当然,"容许的危险"不能处于放任状态,因此社会通过严格的组织制度,确定潜在危险的因果链上各个环节的注意义务,形成"危险责任的分担",这种分配表现为特定的注意义务。所以对于现实危险或危害结果,特别是它们由于许多条件先后介入而综合发生时,其中原因力之大小有别,选取何者进行刑法认定,就不能仅仅依据现实的危险,还须另外考虑"规范的评价"。据此,客观归属论作为一种新的理论出现了。该理论发轫于德国刑法学,自20世纪70年代以后被系统移植到刑法理论中,如今已在德国成为通说;日本刑法学界的主流对该理论持否定观点,但也有相当数量的学者持赞成观点,所以围绕客观归属论的讨论,在最近进行得十分激烈。

客观归属在应用上分为三个判断层次:(1)条件关系的判断;(2)危险制造的判断;(3)危险实现的判断。其特点在于危险制造和危险实现的判断中。

二、危险制造的判断

根据客观归属的理论基础,只有当行为人制造或实现了不被容许的危险时,他的行为才有归属的前提性,否则根本不能考虑为是符合客观构成要件的行为。例如买菜刀的人用菜刀杀了人,但卖菜刀的人并不对受害人的死亡负责,因为尽管菜刀有被滥用的危险,但是买卖菜刀的行为不是不被容许的,其风险在被容许的限度内。进一步说,尽管行为人引起了一定结果,但如果该结果没有增加危险,那么它是不可以归属的。

一般在判断危险制造时要考虑以下特殊情形:(1)关于危险减少的情形,如B见石头往A头上砸去,他不能使A完全避免侵害,但在使侵害减轻的场合,由于减少了对法益的危险,所以不能将A的伤害归属于B的行为。(2)关于对法的重要危险的制造,即行为人的行为必须制造一个在法律上重要的危险。例如侄子期待叔父被雷打死,结果叔父真的被雷打死,但由于侄子不能支配因果关系,因此他并没有制造对法而言是重要的危险。

[①] 有关客观归属理论沿革和相关内容更详细的介绍,请参见童德华:《外国刑法导论》,中国法制出版社2010年版,第115—122页。

三、危险实现的判断

不仅行为人要制造一个在法上重要的危险,而且在该危险实现为结果时,该结果还必须在法规范所保护的范围中。为此,经常要注意以下特殊问题:(1) 过失导致自杀、自伤、自己危险行为的。由于不处罚过失的自杀存在着特殊的立法事由,其规范的保护目的性被否定了,所以过失促进自杀的帮助行为不在规范的保护目的内。进一步说,即使对故意地对自己制造危险的行为,也要否定规范的保护目的性。(2) 基于他人同意的危险化同对自己制造危险的场合不一样,但在完全认识危险性的时候,可以视为对自己制造的危险,因此危险化者对被害人所引起的侵害,不在规范的保护目的之内。(3) 作为后续损害,如交通肇事中的被害人在得救之后,身体残疾,寿命大大减少,但由于原因行为者对被害人以后的生活、活动不能施加影响,因此不论被害人是否有过错,原因行为者对于以后的危险没有承担责任的必要。(4) 作为二次侵害,即相对于刑法中的杀人、伤害的禁止规范的目的而言,对身体的作用对象者之外的人,不保护其不受精神上的打击。

思考题

1. 犯罪的客观方面要件可分为哪些类型?它们具有什么意义?
2. 什么是危害行为?它具有哪些基本特征?
3. 不作为包括哪些基本构成条件?
4. 不作为的作为义务来源何在?
5. 什么是危害结果?它具有哪些基本特征?

第七章 犯罪的主体要件

内容提要

本章主要阐述了犯罪主体要件的概念及研究意义,刑事责任能力的概念,影响刑事责任能力的因素,自然人犯罪主体的一般要件与特殊要件,单位犯罪的概念、特征及处罚原则。重点在于刑事责任能力的概念及其影响因素,我国刑法关于刑事责任年龄的规定,我国关于精神障碍、生理功能丧失的规定,单位犯罪的特征及处罚原则。

关键词

犯罪主体　刑事责任能力　刑事责任年龄　单位犯罪

第一节　犯罪主体要件概述

犯罪主体要件,是刑法规定的、实施犯罪行为的主体本身必须具备的条件。犯罪主体要件是犯罪构成不可缺少的重要因素。要判断任何一个犯罪是否成立,都必须认定主体要件。了解和研究犯罪主体要件,对于犯罪构成理论及定罪实践都有重要而直接的意义。

一、犯罪主体的概念

现代各国刑法普遍规定了犯罪主体的实际内容,但都没有为犯罪主体下定义。我国刑法亦不例外。犯罪主体的概念不过是各国刑法学界所揭示的、与本国刑法规定相适应的犯罪主体理论学说。[①] 我国刑法学界一般认为,犯罪主体是指我国刑法规定的实施危害行为、依法应当负刑事责任的自然人和单位。[②] 据此,对于我国犯罪主体的概念,可从以下四个方面加以理解。

（一）犯罪主体是一定的自然人和单位

自然人是指人类中有生命存在的独立个体,以其出生时为开始,至其死亡时为

[①] 参见高铭暄、马克昌主编:《刑法学》(上编),中国法制出版社1999年版,第161页。
[②] 参见苏惠渔主编:《刑法学》,中国政法大学出版社1999年版,第136页;赵秉志主编:《刑法新教程》,中国人民大学出版社2001年版,第89页。

终止。在中外历史上,曾有过把有生命的非人类生物、已无生命的尸体或非生命的自然现象作为刑罚处罚的对象的刑事司法实践,以及认为这些现象也可以成为犯罪的观念,这已为现代刑法所摒弃。其实,无论在现代还是古代的刑法中,自然人都是最基本的犯罪主体,也是最普遍的主体,即实施任何犯罪的主体首先都是自然人。我国刑法也以自然人作为首要的犯罪主体。

我国刑法还规定了与自然人主体相对的另一类犯罪主体——单位。在现代社会的市场经济条件下,与自然人一样,各种社会组织也在民事和经济等活动中作为独立的主体并具有法律上的"人格",当这些独立的主体实施了严重危害社会的行为时,理应与自然人一样承担刑事责任,从而成为犯罪主体。当然,由于单位主体与自然人主体的不同特点,刑法为其规定的承担刑事责任的方式也不完全相同,通常只规定罚金刑。单位作为犯罪主体并承担刑事责任这种法律后果不可避免地要在一定程度上波及该单位的每一个成员,但这与作为封建专制社会特定概念的"株连"有本质区别。株连是基于亲缘等关系,要求某个或某些并没有从事犯罪活动的自然人为他人的犯罪承担连带的刑事责任,并对其加以具有人身性质的严酷刑罚,包括生命刑和身体刑。与此不同的是,追究单位犯罪是针对其整体组织而不是其中具体的自然人,而且只适用财产刑。尽管刑罚的后果会影响到单位成员的利益,但是这就如同会给单位成员造成不利影响的民事赔偿和违约金或者行政罚款一样,并非株连。作为社会组织,单位总是由一定的人员组成的,单位的任何行为都是通过其一定成员的具体行为实施的,故归根结底,实施危害行为的是自然人。这也是我国对单位犯罪实行"双罚制"的基本原因。

(二)犯罪主体是实施了危害行为的自然人或单位

任何犯罪都是一定的行为,任何行为都有实施者,犯罪主体就是危害行为的实施者,具体的犯罪总是与特定犯罪主体实施具体危害行为相联系。没有犯罪主体,就没有犯罪;未实施危害行为者,就不是犯罪主体;未实施某种具体犯罪的危害行为者,就不可能是该种具体犯罪的主体。

犯罪主体实施的危害行为,既可以是某个犯罪的实行行为,也可以是该犯罪的组织行为、教唆行为或帮助行为。实施了某个犯罪的组织行为、教唆行为或帮助行为的犯罪主体与实施该罪的实行行为的犯罪主体构成该罪的共同犯罪主体。犯罪主体实施的危害行为,还可以是犯罪的预备行为。犯罪预备是指为了犯罪而准备工具、制造条件的行为,实施犯罪预备行为者,构成预备犯。

(三)犯罪主体是应当并且能够负担刑事责任的自然人或单位

刑事责任作为犯罪的法律后果,只能由危害行为的实施者来承担,实施犯罪行为的犯罪主体就是刑事责任的当然承担者。现代刑法实行罪责自负原则,坚决反对和禁止株连无辜。未实施任何犯罪的危害行为者,不负任何刑事责任;未实施某种具体犯罪的危害行为者,不能承担此种犯罪的任何形式的刑事责任。

应当负担刑事责任,只是说明犯罪主体与刑事责任主体的一致性,并不意味着犯罪主体必须被实际地处以刑罚。一方面,应当负担刑事责任的犯罪主体可能存在刑法规定的某些免除处罚的情节,此时人民法院在综合考虑基础上,有可能作出对犯罪主体免予处罚的决定。另一方面,刑罚是负担刑事责任的基本和主要形式,但不是唯一形式,根据我国刑法的有关规定,还可能以非刑罚的处理方法来实现犯罪主体的刑事责任。

犯罪主体还应当是能够负担刑事责任的自然人或单位,这就是在后面要展开的刑事责任能力问题。

(四) 犯罪主体是由刑法规定的自然人或单位

根据罪刑法定原则,任何犯罪标准都应当是法律明文规定的,犯罪构成作为定罪的标准,理应规定于刑法之中。我国《刑法》总则与分则均对犯罪主体作了明确的规定。《刑法》总则第17条规定了犯罪主体的刑事责任年龄;第18条规定了特殊人员的刑事责任能力;第19条规定了又聋又哑的人、盲人的刑事责任;第30、31条规定了单位主体的刑事责任;第93、94条分别对特殊的国家工作人员主体和司法工作人员主体的含义作了规定。《刑法》分则对自然人主体的规定采取了对比的方式:(1) 明文表述特殊主体,其余没有主体文字表述的罪名条文自然包含的是一般主体,只是从立法技术考虑,省略了一般主体的文字,但通过与特殊主体的对比,一般主体同样是明确的。例如在侵犯财产罪中,只有《刑法》第271条规定的职务侵占罪规定了特殊主体,其余的抢劫罪、盗窃罪、诈骗罪、抢夺罪等自然就是一般主体的犯罪,因为犯罪主体是一切犯罪必须具备的条件,某种犯罪的主体不是特殊主体,当然就是一般主体。没有明文表述任何主体,实际上就是省略了一般主体的文字表述,并不等于这些罪名条文中不包含一般主体,也不等于这些罪名条文中的一般主体不明确。(2) 明文表述特定对象,作用于该对象的犯罪行为之特殊主体自然得以显现,虽然罪名条文中没有特殊主体的表述,但这仅是出于立法技术上的考虑,省略了特殊主体的文字,通过与特定对象的对比,条文中的特殊主体非常明确地显现出来。例如《刑法》第236条强奸罪明文规定了该罪的对象是"妇女"或"幼女",则表明该罪的实行犯不可能是女性主体,而只能是男性主体。

二、研究犯罪主体要件的意义

在犯罪构成中研究犯罪主体要件,对于在立法上如何确立犯罪主体要件和司法上如何认定犯罪主体要件有着重要的实践意义。从各国刑事立法来看,对于犯罪主体的规定既有相对一致的地方,如精神病人不负刑事责任,也呈现出一些差异,如刑事责任年龄标准不尽相同。那么,立法者确定刑法中犯罪主体标准的理论根据是什么呢? 这就不能不研究犯罪主体要件。从司法实践来看,如何认定案件事实中的行为人是否具备主体资格或怎样判断犯罪主体的标准与实际情况的符合性? 例如户籍上的年龄登记与实际年龄不符,该用哪一个作为确定刑事责任年龄的事实? 单位犯罪主体究竟包括那些单位? 诸如此类的问题也要求必须研究犯罪主体。

(一) 研究犯罪主体是区分罪与非罪的需要

要成为犯罪主体,必须符合刑法为其规定的资格条件,因此是否符合犯罪主体的法定要件就成为区分罪与非罪的重要标准。根据刑法规定的犯罪主体标准,行为时达不到刑事责任年龄或不具有刑事责任能力的人,不构成犯罪;行为时不具有某种特定身份的人,不构成以此种身份为主体要件的犯罪;单位不能构成刑法中仅以自然人为主体要件的那些犯罪等。

(二) 研究犯罪主体也是区分此罪与彼罪的需要

在刑法规定的各种犯罪中,有些犯罪在犯罪构成上的区别主要或突出地体现为犯罪主体的不同,例如贪污罪与职务侵占罪、挪用公款罪与挪用资金罪、受贿罪与公司企业人员受贿罪、行贿罪与对公司企业人员行贿罪、受贿罪与单位受贿罪、阻碍执行军事职务罪与阻碍军人执行职务罪等。在这些情况下,犯罪主体成为区分此罪与彼罪的关键。

(三) 研究犯罪主体还是区分刑事责任大小和刑罚轻重的需要

犯罪主体的某种情况在一些罪名中也会影响到刑事责任的大小及刑罚的轻重,如《刑法》总则规定的未成年人犯罪的处罚原则,聋哑人或盲人犯罪的处罚原则;《刑法》分则关于国家机关工作人员犯诬告陷害罪的处罚规定,司法工作人员滥用职权犯非法搜查罪或非法侵入住宅罪的处罚规定等。这些处罚原则或具体规定都属于量刑情节问题,但又与犯罪主体密切相关。

第二节 自然人犯罪主体

自然人犯罪主体是指具备刑事责任能力且实施了危害行为的自然人。

自然人犯罪主体与自然人的概念既有联系也有区别:自然人犯罪主体必须由自然人构成,但并非任何自然人都是自然人犯罪主体,自然人犯罪主体是实施了危害行为并且在实施行为时具备刑事责任能力的自然人。由此,实施行为时是否具备刑事责任能力,是判断自然人是否符合自然人犯罪主体资格的基本条件,也是行为人是否构成犯罪的实质性要件。这个要件由《刑法》总则第17、18、19条等有关条文明文规定。

在《刑法》分则条文规定的罪名中,凡是以《刑法》总则规定的刑事责任能力基本条件作为符合自然人犯罪主体资格的必要和充足条件的,为一般主体的犯罪;凡是在上述条件的基础上进一步要求自然人必须具备某种特定身份条件或其他条件才符合自然人犯罪主体资格的,为特殊主体的犯罪。在刑法理论上,可以把这两种犯罪中的主体相应的称作一般的自然人主体和特殊的自然人主体,简称为一般主体和特殊主体;可以把上述基本条件称为自然人犯罪主体的一般条件,把身份条件和其他条件称为自然人犯罪主体的特殊条件。自然人犯罪主体的一般条件是任何犯罪的自然人主体都必须具有的,自然人犯罪主体的特殊条件则只是某些犯罪的自然人主体必须具有的。由于《刑法》总则规定了自然人犯罪的一般主体的基本条件,故《刑法》分则中的各个罪名条文只是对自然人犯罪的特殊主体加以规定。当然,《刑法》总则也对分则规定的一些特殊主体给予了必要的解释,如《刑法》第93条对"国家工作人员"含义的解释和第94条对"司法工作人员"含义的解释等。

一、自然人犯罪主体的一般条件

自然人犯罪主体一般条件的内容是自然人的刑事责任能力。刑事责任能力是指实施危害行为的自然人在实施行为时对其行为的辨认能力和控制能力。所谓辨认能力,是指行为人在实施危害行为时具备的、对其行为的社会意义的分辨和认识能力。行为人只有具备了这种能力,才能明辨是非,区分合法与非法,判断犯罪与非罪。所谓控制能力,是指行为人实施危害行为时具备的、对其行为是否实施的决定和推动能力。行为人只有具备了这种能力,才能自主地支配自己的行为,从而才有可能选择是否发动或坚持为刑法所禁止的危害行为。

刑事责任能力所要求的是人应当具有的社会属性,而人的社会属性集中体现在人所特有的主观意识能力上。人之所以不同于其他动物,就在于人能够认识客观外界和改造客观外界。刑法上的犯罪作为人类社会的一种非法活动,同样是基于对客观外界的认识而实施的影响客观外界的行为,它必然要以自然人的主观意识能力为前提。刑事责任能力中的辨认能力和控制能力,体现的正是刑法对自然人犯罪主体的主观意识能力的要求。一个人只有在实施危害行为时具备辨认能力和控制能力,才是社会中具有自主性的独立主体,才具有在法律上受到责备和非难的根据,才能为自己的行为承担责任,其行为才有可能被认定为犯罪。一个具备辨认能力和控制能力的人不一定犯罪,但一个不具备辨认能力和控制能力的人根本不可能犯罪。

需要注意的是,主观意识能力是主观意识的基础,而不是主观意识内容本身。犯罪的成立也需要确认行为人是否具备一定的主观意识内容,但这是犯罪构成主观方面的要件所要解决的问题。要把犯罪主体讨论的主观意识能力与犯罪构成主观方面讨论的主观意识内容区别开来。犯罪主体要解决的问题是行为人是否存在刑法要求的主观意识能力——辨认能力和控制能力。犯罪主观方面要解决的问题是行为人是否存在刑法要求的犯罪主观意识内容——表现为故意或过失的罪过形式。犯罪主观方面的认定要以犯罪主体的存在为前提,但是犯罪主体存在并不意味着一定存在犯罪主观方面,不存在主观上的犯罪故意与过失也不能说明不具有刑事责任能力。例如铁路扳道员因身体受到外力强制而无法履行义务导致危害结果发生,此时他显然不存在主观罪过,却不能说他没有刑事责任能力。

自然人的刑事责任能力主要受到两个基本因素的制约:(1)是否达到一定年龄;(2)精神状况是否健全。前者是自然人主体的刑事责任年龄问题,后者是自然人主体是否有精神病问题。由于刑法中讨论的精神病是基于自然人已经达到刑事责任年龄的前提,故一些刑法学者专门把精神病问题称为"刑事责任能力"而与"刑事责任年龄"相对应。但从问题的实质来看,刑事责任年龄问题与精神病问题都是刑事责任能力问题的下位概念,故我们采取的是广义的"刑事责任能力"概念,它既包括刑事责任年龄问题,也包括精神病问题。不同的是,刑事责任年龄是刑事责任能力的必备因素,而精神病是刑事责任能力必须加以排除的因素。

除了是否达到刑事责任年龄和是否患有精神病两个基本因素之外,自然人的某些感官缺陷(如聋、哑、盲等)导致其对外界的认识受到局限,也会在一定程度上影响刑事责任的大小,但这种因素仅对量刑起作用,不具有犯罪构成的意义。犯罪主体作为犯罪构成的重要方面,其基本的因素是刑事责任年龄和精神病问题。

(一) 刑事责任年龄

辨认和控制的能力不是自然人生来就具有的,而是随其生理和心理的成熟逐渐具备的,一定的年龄就是自然人生理发育和心理发展的基本标志。现代各国刑法都为自然人犯罪主体规定了负刑事责任的年龄下限,这种要求自然人负刑事责任的年龄标准在刑法理论上被称为刑事责任年龄。

刑事责任年龄,通常就是指刑法规定的、自然人对自己实施的危害行为承担刑事责任必须达到的年龄。值得注意的是,年龄相同的不同自然人实际具有的辨认和控制能力存在差异,刑法规定的刑事责任年龄同任何法律标准一样,只针对普遍的一般人的情况,而不是针对特殊的个别人的情况。一般说来,自然人达到刑事责任年龄,就视为具备了刑事责任能力;没有达到刑事责任年龄,就视为没有具备刑事责任能力。即便没有达到刑事责任年龄的自然人实际具备了辨认和控制的能力,也不将其视为具备了刑事责任能力的人。各国在规定刑事责任年龄时,都以本国一般人的普遍情况为基准,但是各国刑法规定的刑事责任年龄不尽相同,甚至差异较大,这不仅仅是因为各国自然人的生理发育和心理发展的时间有差异,还和各国对辨认能力和控制能力之含义的认识和法律传统以及刑事政策有关。

由于自然人的辨认能力和控制能力是随着年龄逐步发展成熟的,刑事责任能力有程度的区分,故各国充分考虑到这一情况,通常都把刑事责任年龄分成几个阶段,但分法不尽相同,有二分法、三分法和四分法等。二分法分为相对无责任年龄(或绝对无责任年龄)和完全责任年龄。三分法分为绝对无责任年龄、相对无责任年龄(或减轻责任年龄)和完全责任年龄。四分法分为绝对无责任年龄、相对无责任年龄、减轻责任年龄和完全责任年龄。采取相同分法的不同国家所采取的具体年龄标准又不完全一样。我国刑法依据我国公民生理和心理发展的规律和特点,并吸收了我国历史上和外国刑事立法中的有益做法,对刑事责任年龄作了具有我国特色的四分法规定。《刑法修正案(八)》又对刑法总则的有关条文进行了修改完善。

1. 完全负刑事责任年龄阶段

根据《刑法》第17条第1款的规定,已满16周岁的人,应对任何犯罪负刑事责任,即16周岁以上的人处于完全刑事责任年龄阶段。已满16周岁的人在生理和心理上都已完全成熟,已具备基本的社会知识和是非观念,对自己行为的性质和后果可以有清晰的认识,也能够根据社会规范来约束自己,因而已经具备了辨认和控制自己行为的能力,可以成为对其危害行为负刑事责任的主体。

2. 相对负刑事责任年龄阶段

根据《刑法》第17条第2款,已满14周岁不满16周岁且具有辨认控制能力的人,犯故意杀人、故意伤害致人重伤或者死亡、强奸、抢劫、贩卖毒品、放火、爆炸、投放危险物质罪的,应当负刑事责任。可见,处于这个年龄阶段的人只对刑法明文规定的犯罪负刑事责任,故这个年龄阶段称为相对刑事责任年龄阶段。这是因为,达到这个年龄阶段的人已经具备了社会常识和大的是非观念,对某些常见的严重犯罪也能够有所认识,并有了基本的自我约束能力,故在一定范围内已经具备了刑事责任能力所要求的辨认和控制能力。但处于这个年龄阶段的人不可能犯《刑法》第17条第2款没有规定的盗窃罪、故意伤害罪致人轻伤的情况以及与贩卖毒品罪构成选择关系的同一罪名(走私、贩卖、运输、制造毒品罪)中的走私毒品罪、运输毒品罪或制造毒品罪等。《刑法》第17条第4款规定,因不满16周岁不予刑事处罚的,责令他的家长或者监护人加以管教;在必要的时候,也可以由政府收容教养。这里的"不予刑事处罚",是指不构成犯罪的情况。

3. 完全不负刑事责任年龄阶段

根据《刑法》第17条的规定,不满14周岁的人,不对任何犯罪负刑事责任。刑法理论将这一年龄阶段称为完全不负刑事责任年龄阶段。从我国的情况出发,不满14周岁的人尚处于幼年时期,生理发育和心理发展都不成熟,因而不具备刑事责任能力,刑法不将其实施的危害行为作为犯罪处罚。不过,对于因不满14周岁不予刑事处罚的实施了危害行为的人,应依法责令其家长或监护人加以管教,对接近14周岁的人也可视需要由政府收养。

4. 限制刑事责任年龄阶段

根据《刑法》第17条的规定,对于实施了危害行为要负刑事责任的已满14周岁不满18周岁的人,应当从轻或者减轻处罚。这是因为,处于这一年龄阶段的人虽然可以成为犯罪主体,但毕竟是未成年人,其主观意识并不定型,可塑性较大,故对其重在教育,适当惩罚。《刑法》第49条也体现了这一精神,规定犯罪的时候不满18周岁的人,不适用死刑。《刑法修正案(八)》还将上述精神进一步延伸到刑事责任的实际承担和法律后果方面:《刑法》第72条增加了对符合缓刑条件的不满18周岁的犯罪分子应当宣告缓刑的规定。《刑法》第100条第2款免除了犯罪的时候不满18周岁被判处5年有期徒刑以下刑罚的人"如实向有关单位报告自己曾受过刑事处罚"的义务。

《刑法修正案(八)》对犯罪主体所作的一项重大修改,是增加对已满75周岁的人犯罪予以轻处的规定。(1)根据《刑法》第17条之一的规定,已满75周岁的人故意犯罪的,可以从轻或者减轻处罚;过失犯罪的,应当从轻或者减轻处罚。(2)根据《刑法》第49条第2款的规定,审判的时候已满75周岁的人,不适用死刑,但以特别残忍手段致人死亡的除外。(3)根据《刑法》第72条的规定,对符合缓刑条件的已满75周岁的犯罪分子应当宣告缓刑。这些规定彰显了社会文明与人道主义精神,对于促进和谐社会有重要意义。

根据有关司法解释,刑事责任年龄是指实足年龄,即周岁。周岁一律按照公历的年、月、日计算,并且以过了周岁生日那一天开始起算。例如,行为人于1985年12月1日出生,至1999年12月2日为已满14周岁,至2001年12月2日为已满16周岁。对于刑事责任年龄,应当按照罪刑法定原则严格认定,哪怕只相差或超过一天,也要根据有效的户籍记载和刑法规定的刑事责任年龄阶段对号处理。例如,差一天满14周岁的人实施了故意杀人的行为,不应当负刑事责任;相反,刚满14周岁一天的人实施了故意杀人行为,必须负刑事责任。

由于刑法上规定了不同的刑事责任年龄阶段,故在实践中,有时会出现跨越不同的年龄段实施危害行为的现象,对此,要在严格分段的基础上处理。主要有两种情况:(1) 行为人已满16周岁后实施了某种犯罪,并在已满14周岁不满16周岁期间也实施过相同的行为,且此行为属于法定的8种犯罪情况的,应一并追究刑事责任;如果实施的是8种犯罪情况之外的行为的,则只能追究行为人在16周岁以后的犯罪。(2) 行为人已满14周岁不满16周岁期间实施了属于法定的8种犯罪情况的行为,并在未满14周岁时也实施过相同的行为的,不应一并追究刑事责任。

当然,年龄并不是刑事责任受到限制的唯一因素。虽然处于完全刑事责任年龄阶段,但是具有法定特殊情况的主体,也可以是限制刑事责任能力人。(1) 根据我国《刑法》第19条的规定,又聋又哑的人或者盲人犯罪可以从轻、减轻或者免除处罚。又聋又哑的人是指聋哑兼备者,仅具其一者不属于限制刑事责任能力的人。聋哑是指完全丧失了听力和语能。盲人是指双目均已丧失视力者。由于听觉、语能、视力这些重要生理功能的丧失会影响自然人对外界的认识和与外界的交往,使其接受教育和开发智力受到限制,故虽然又聋又哑的人和盲人未丧失辨认和控制自己行为的能力,但他们的确与这些生理功能正常的人有所不同,从而在实际负担的刑事责任上可以体现一些区别。应当注意的是,"可以"不等于必须,对那些刑事责任能力在事实上完全不受聋哑盲影响的人,不应从轻、减轻或者免除处罚。(2) 根据《刑法》第72条的规定,在符合缓刑条件的犯罪分子中,对怀孕的妇女,应当宣告缓刑。

(二) 刑法上的精神病问题

一般说来,凡达到刑事责任年龄(无论是完全刑事责任年龄,还是限制刑事责任年龄)的人都具有相应的刑事责任能力而可以成为犯罪主体,但是也不尽然。有时,达到刑事责任年龄的自然人也会因精神病症而不具备辨认和控制的能力,从而不具备犯罪主体的资格。

《刑法》第18条第1款规定,精神病人在不能辨认或者不能控制自己行为的时候造成危害结果,经法定程序鉴定确认的,不负刑事责任,但是应当责令他的家属或者监护人严加看管和医疗;在必要的时候,由政府强制医疗。

精神病是由于人体内部和外部原因引起的严重精神障碍性疾病。"精神病"这一概念在医学和司法精神病学上有着特定的含义和范围,有广义和狭义之分。广义的精神病种类繁多,因其病因及临床表现的不同,可大致分为四类:(1) 重性精神病;(2) 神经官能症;(3) 精神发育不全;(4) 变态人格。狭义的精神病指重性精神病,也是严格意义上的精神病。在各国刑法上,通常只有狭义的精神病才能成为不负刑事责任的根据。其他情况不能成为不负刑事责任的根据,至多成为减轻刑事责任的根据。与此相适应,本书所称精神病应为狭义的,其他情况则属于非精神病性的精神障碍。

精神病与非精神病性的精神障碍根本不同,非精神病性的精神障碍属于心理或意识不完善的情况,而非精神不健全。非精神病性的精神障碍主要有各种神经官能症(包括癔症、神经衰弱、焦虑症、疑病症、神经症性抑郁、人体解体性神经症等);各种人格障碍式变态人格(包括气质性障碍人格);性变态(包括同性恋、露阴癖、恋物癖、恋童癖、性虐待癖等);未达到精神病程度的反应性精神障碍;未达到精神病程度的成瘾药物中毒与戒断反应;轻躁狂与轻性抑郁症;生理性醉酒与单纯慢性酒精中毒;脑震荡后遗症、癫痫性心境恶劣以及其他未到达精神病程度的精神疾病;轻微精神发育不全或愚鲁等。

精神病既有持续性的,也有间歇性的;既可能导致自然人完全丧失辨认和控制的能力,也可能仅导致自然人在一定程度上丧失辨认和控制的能力。间歇性精神病,是指具有间歇性发作特点的精神病,包括精神分裂症、狂躁症、抑郁症、癫痫性精神病、周期精神病、分裂情感性精神病、癔症性精神病等。间歇性精神病人在非发病期属于具有辨认和控制自己行为能力的人。根据《刑法》第18条第2款的规定,间歇性的精神病人在精神正常的时候犯罪,应当负刑事责任。间歇性精神病人在精神正常的时候犯罪的,应当视行为人在实施行为时的具体年龄认定其属于哪一个刑事责任年龄阶段,以要求其承担相应的刑事责任。

根据《刑法》第18条第3款的规定,尚未完全丧失辨认或者控制自己行为能力的精神病人犯罪的,应当负刑事责任,但是可以从轻或者减轻处罚。这类精神病人一般包括处于早期或部分缓解期的精神病患者和某些非精神病性精神障碍人(包括轻至中度的精神发育迟滞者、脑部气质性病变或精神病后遗症所引起的人格变态者以及神经官能症中少数严重的强迫症和癔症患者等)。

根据《刑法》第18条第4款的规定,已达到刑事责任年龄而醉酒的人犯罪,应当负刑事责任。这里的"醉酒",即普通醉酒或生理性醉酒,通常指大量饮酒后因急性酒精中毒而致精神过度兴奋甚至神志不清的情况。现代医学和司法精神病学认为,生理性醉酒不是精神病,有别于属于精神病的病理性醉酒。醉酒的人应对自己实施的危害行为负刑事责任的根据主要是:生理性醉酒只是使人的辨认和控制能力减弱而不是丧失。而且,生理醉酒的人在醉酒前能够非常清醒地认识到醉酒后可能发生的行为和后果,醉酒人在醉酒之前完全可以控制自己的行为,纵饮醉酒是其个人主观选择的结果,此种行为在法律上不值得原谅。《刑法》第133条之一将醉酒驾车行为规定为犯罪,表明法律不仅不能原谅"醉酒",而且还把它作为从严规制和惩处的情节。

无论在何种情况下,精神病要成为自然人不负刑事责任或者减轻刑事责任的理由,都必须经过严格司法程序的专门鉴定,并且证明自然人在实施行为的当时确因精神病而导致辨认和控制能力的完全丧失或某种程度的丧失。

二、自然人犯罪主体的特殊条件

自然人犯罪主体的特殊条件主要是指人的某种特殊身份。一般认为,身份是指人的出身、地位和资格,指人在一定的社会关系中的地位,而刑法中的身份是指刑法规定的影响行为人刑事责任有无以及大小的行为人人身方面特定的资格、地位或状态。① 从人的特殊身份形成的原因看,有自然身份和法定身份之分。自然身份是指人因自然因素而形成的身份。例如,基于性别形成的身份可有男女之分,基于血缘关系可形成亲属身份等。法定身份是指人因法律关系而形成的身份,如国家工作人员、司法工作人员、军职人员、公司企业人员等。凡以特殊身份为要件的犯罪主体,称为特殊主体;不以特殊身份为要件的犯罪主体,称为一般主体。外国刑法理论上把刑法规定的以某种特殊身份作为主体要件或者刑罚加减根据的犯罪,称为身份犯。其中,以特殊身份作为构成要件的犯罪,为真正的身份犯;以特殊身份作为量刑因素的犯罪,为不真正的身份犯。

特殊身份必须是行为人在开始实施危害行为时就已经具有的,而不是在实施危害活动中形成的某种特殊地位(如首要分子),也不是在行为开始前具有而在行为开始时已丧失的身份(如被撤职),更不是在行为结束后才获得的某种身份(如一个盗窃犯后来当上了其盗窃的那个仓库的保管员)。

作为犯罪主体要件的特殊身份,仅仅是针对犯罪的实行犯而言的,教唆犯与帮助犯并不受特殊身份的限制。例如强奸罪的主体必须具有男性的特定身份,但这仅限于实行犯,不具有男性身份的妇女教唆或帮助男性实施强奸妇女行为的,可以成立强奸罪的共犯。同样,非国家工作人员不能成为国家工作人员犯罪的实行犯,却可能成为其共犯;非军人不能成为军人违反职责罪的实行犯,却可能构成这类犯罪的共犯等。

我国刑法从若干角度规定了各种特殊主体:(1) 特定公职人员,包括国家工作人员(如《刑法》第382条贪污罪)、国家机关工作人员(如《刑法》第397条滥用职权罪)、司法工作人员(如《刑法》第399条徇私枉法罪)、邮政工作人员(如《刑法》第253条私自开拆、隐匿、毁弃邮件、电报罪)、国有公司或企业负责人(如《刑法》第166条为亲友非法牟利罪)、军人(如《刑法》第421条战时违抗命令罪)等。

犯罪主体的特殊身份,对于定罪量刑具有重要的实际意义:(1) 自然人是否具有某种特殊身份,是区分罪与非罪的重要标准。例如,非军职人员在战时自伤身体的行为,就不可能构成任何犯罪。(2) 自然人是否具有某种特殊身份,是区分此罪与彼罪的重要标准。例如,行为人是国家工作人员还是非国有公司企业人员,关系到贪污罪与职务侵占罪的界限。(3) 自然人是否具有某种特殊身份,是区分罪行轻重的重要标准。例如,《刑法》规定国家机关工作人员犯诬告陷害罪的,从重处罚。

---

① 参见高铭暄、马克昌主编:《刑法学》(上编),中国法制出版社1999年版,第185页。

第三节　单位犯罪主体

一、单位犯罪的概念

《刑法》第30条规定："公司、企业、事业单位、机关、团体实施的危害社会的行为,法律规定为单位犯罪的,应当负刑事责任。"第31条规定："单位犯罪的,对单位判处罚金,并对其直接负责的主管人员和其他直接责任人员判处刑罚。本法分则和其他法律另有规定的,依照规定。"根据上述法律规定,所谓单位犯罪是指法律规定的在单位意志支配下由单位成员在其业务范围内所实施的危害社会、应受刑罚处罚的行为。

关于单位犯罪的称谓,理论上曾有单位犯罪与法人犯罪之争,立法机关最终选择了单位犯罪。一般认为,立法机关之所以规定单位犯罪而放弃法人犯罪这一理论上的通行概念,是考虑到单位的外延比法人广,单位犯罪中能够容纳法人之外其他社会组织体所实施的犯罪。不过,大多数的单位都是法人,而且外国的法人犯罪不仅包括法人所实施的犯罪,也包括非法人团体所实施的犯罪。因此,我国的单位犯罪与外国的法人犯罪在本质上属于相同性质的问题。

单位犯罪具有以下特点:

（1）单位犯罪是单位意志支配下实施的犯罪。民法中的法律关系主体包括自然人、法人和个人合伙等不同类型。单位原本是一种生活中对各种社会组织体的称谓,并非民法中的法律关系主体。然而,刑法确立了单位是除自然人之外的第二个犯罪主体。由于单位犯罪的范围与外国刑法中的法人犯罪大体相当,单位的本质与法人相同。关于法人的本质,在理论上存有法人否定说、法人虚拟说和法人实在说等三种不同学说的争议。刑法规定了单位犯罪主体,表明我国立法在法人本质上采取了实在说的立场,承认单位是一种超越个人的客观社会实在,具有独立于单位成员的单位意志和单位行为,并具有犯罪能力。相应的,单位犯罪是在单位意志支配下由单位成员所实施的犯罪行为。单位对单位犯罪承担刑事责任,是对当今高度法人化的社会现实的反映。今天,法人不仅为社会提供大部分的商品和服务,而且为大多数社会成员提供了工作机会,在社会经济和社会生活中扮演着极为重要的角色。与此同时,法人行为对社会造成危险和危害的可能性也相应地增大。为保护法益免受单位犯罪的侵害,应当对基于单位意志的单位犯罪追究刑事责任。

（2）单位犯罪是在单位意志支配下由单位成员在其业务范围内所具体实施的犯罪。虽然单位犯罪的主体是单位,但是单位犯罪总是要通过单位成员来具体实施的。单位作为一个社会组织体,不可能脱离单位成员而自行实施行为,包括单位犯罪在内的单位行为都是通过其单位成员来具体实现的。不同的单位成员在单位中所处的地位和职责不同,因而单位成员实施单位犯罪的具体形式也有所不同。有的单位成员在单位犯罪中实施决策行为,有的单位成员的行为表现为管理、监督不力,而有的单位成员则具体地实施犯罪行为。

（3）单位犯罪的成立范围是由《刑法》分则或者分则性的条文所规定的。《刑法》第30条明确规定，单位实施的危害行为只有在"法律规定为单位犯罪"时，才负刑事责任。可见，单位犯罪的成立范围要受法律规定的限制。此处的法律规定是指《刑法》分则条文或者分则性条文对单位犯罪的成立范围和法定刑予以明确的提示。如果没有此种规定，就意味着某种犯罪只是自然人犯罪，而不属于单位犯罪的成立范围。根据2014年4月24日第十二届全国人民代表大会常委会第8次会议通过的《关于〈中华人民共和国刑法〉第三十条的解释》的规定，公司、企业、事业单位、机关、团体等单位实施刑法规定的危害社会行为，刑法分则和其他法律未规定追究单位的刑事责任的，对组织、策划、实施该危害社会行为的人依法追究刑事责任。

二、单位犯罪的主体条件

单位犯罪的主体条件是指构成犯罪的单位必须具备的条件。根据《刑法》第30条的规定，公司、企业、事业单位、机关、团体可以成为单位犯罪的主体。

要构成单位犯罪的主体，必须具备以下条件：

（1）合法成立。合法成立具有两个方面的含义：一是单位的成立应当符合民事法律或者行政法规规定，既符合法律规定的单位设立的条件，也符合单位设立的程序。二是单位成立的目的要符合社会公共利益。1999年6月18日最高人民法院《关于审理单位犯罪案件具体应用法律有关问题的解释》第2条规定："个人为进行违法犯罪活动而设立的公司、企业、事业单位实施犯罪的，或者公司、企业、事业单位设立后，以实施犯罪为主要活动的，不以单位犯罪论处。"该规定明确了单位的成立不能出于违法犯罪的目的。因此，如果单位成立的目的并不是合法地参与经济活动或承担社会发展的职能，而是为了实施犯罪，即使单位成立符合单位成立的条件和程序，那么该单位也不应当被视为刑法意义上的单位，其所实施的犯罪也就不能认定为单位犯罪。符合犯罪构成的，应当以自然人犯罪论处。

戴某在没有资金的情况下，以本人和其弟为股东，以某信用社主任出具的5.18万元资金为虚假证明，向工商局申请登记注册，成立了一家有限公司。戴某在公司经营处于巨额亏损的情况下，采用私刻公章、伪造担保等欺骗手段，与某贸易公司签订钢材购销合同，收受对方的预付款30万元，分别用于归还贷款、个人挥霍、赌博或行贿送礼等，没有履行合同。戴某以虚报注册资本为手段成立的公司，违背以公司成立的基本条件，因而该公司不是刑法中的单位。对戴某的合同诈骗行为，应当以自然人犯罪论处。

（2）独立性或者相对独立性。单位作为一个独立的犯罪主体，应当在意思和行为上具备独立性或者相对独立性，即独立于或者相对独立于其他单位之外的性质，能够根据单位意思独立地开展业务活动，并在一定范围内承担由于单位行为而带来的法律后果。独立性是作为一个法人或者非法人团体（如不具有法人资格的企业）所具有的特性，而相对独立性是作为法人的分支机构或者部门所具有的特性。如果一个组织体的成立是合法的,但它并没有独立性或者相对的独立性,不能自主地决定本单位的事务,那么它就不是刑法意义上的单位。假如某单位必须依据上级部门的指令才能开展业务活动,那么所实施的犯罪,是不能成立单位犯罪的。若其上级单位的行为构成单位犯罪的,应由上级单位承担单位犯罪的刑事责任。

(3) 合法存在。即单位在成立后处于存续状态,并且这种存续的状态符合法律的规定,也就是说,单位成立后没有破产和被撤销等。在成立之前或者被依法撤销或宣告破产等之后,该"单位"则不能成为单位犯罪的主体。

同时具备上述三个条件的社会组织体才是刑法中的单位,由这种组织体实施的犯罪行为符合犯罪构成的,成立单位犯罪。如果某组织体不符合上述三个条件的,就不应当认定为单位,其行为不能构成单位犯罪。如果符合犯罪构成能够成立自然人犯罪的,应当以自然人犯罪论处。

三、单位犯罪的处罚

(一) 单位犯罪的处罚原则

单位犯罪的处罚原则是指对单位犯罪在单位与单位成员之间如何确定其刑罚负担的准则。一般认为,对单位的处罚原则分为单罚制与两罚制两种不同的类型,而单罚制又可以分为代罚制与转嫁制两种。所谓代罚制是指对单位犯罪只处罚实施犯罪的单位成员,而不处罚单位的制度。所谓转嫁制是指对单位犯罪只处罚单位,而不处罚单位成员的制度。两罚制又称双罚制,是指对单位犯罪既处罚单位自身,又处罚实施犯罪行为的单位成员的制度。从历史的角度来观察,转嫁制和代罚制都是早期法人犯罪的处罚原则,而两罚制则是现代比较成熟的法人处罚制度。

两罚制是适应单位犯罪的处罚原则,它不仅能够与责任主义相契合,而且有利于预防单位犯罪,是一种正当和有效的处罚制度:(1) 两罚制同时处罚犯罪的单位和在单位犯罪中负有责任的成员,有利于预防单位犯罪。具体来说,第一,对单位处罚财产刑,可以从经济上削弱单位再犯罪的物质条件。第二,对单位犯罪的责任成员进行惩罚,能够威慑有犯罪危险性的单位成员,防止单位成员利用单位危害社会。第三,追究单位的刑事责任有利于促进单位对单位成员的行为进行管理和监督,能够更有效地防止单位犯罪的发生。这是因为,单位成员作为单位机构中的人员,与单位之间存在着组织上的服从关系和利益上的制约关系,通过单位来管理和监督单位成员的违法行为,比只对单位成员个人进行刑罚处罚的预防效果更好。(2) 在处罚犯罪单位的同时,处罚单位犯罪中的责任成员符合责任主义。单位成员是单位的支配性因素,单位行为是通过单位成员来具体实现的。在实施单位行为的过程中,如果单位成员具有罪过,那么对单位成员的行为追究刑事责任符合责任主义。由单位犯罪的责任成员承担责任是对单位犯罪刑事责任的分担。

依据我国《刑法》第31条的规定,我国单位犯罪的处罚原则是以两罚制为主体、以单罚制为补充的混合制。我国刑法对绝大部分单位犯罪实行两罚制,只有少量的单位犯罪实行单罚制。从现行《刑法》来看,我国实行单罚制的单位犯罪的罪名并不多,主要有重大劳动安全事故罪、工程重大安全事故罪、妨害清算罪、违规披露、不披露重要信息罪、私分国有资产罪、私分罚没财物罪等。实行单罚制的单位犯罪主要包括四种不同的情况:(1)"以单位的名义,但是损害单位利益,而该罪本身是为了保护单位利益而设立的情形",如私分国有资产罪、私分罚没财物罪。(2)"追诉犯罪时单位已经不存在的情形",如妨害清算罪。(3)虽然是单位犯罪,但因处罚单位会损害无辜者的利益,因而不实行双罚制而只处罚直接责任人员,如违规披露、不披露重要信息罪。① (4)事故型的单位过失犯罪,如重大劳动安全事故罪、工程重大安全事故罪等。②

(二) 对单位的处罚

在两罚制中,对于单位犯罪除了处罚作为单位构成要素的责任成员外,还要处罚犯罪单位自身。对犯罪单位处以刑罚是单位作为一个犯罪主体整体地承担刑事责任的具体体现,也是罪责自负原则的要求。

根据《刑法》的规定,在单位犯罪中,对犯罪单位的处罚具有两个特点:(1)处罚的刑种仅为罚金,没有其他种类的刑罚方法。(2)对单位犯罪判处的罚金类型主要为无限额制罚金。只有个别单位犯罪的罚金为比例制罚金,如逃汇罪。

(三) 对直接责任人员的处罚

根据《刑法》规定,无论是两罚制还是单罚制,都处罚单位犯罪中的责任成员。单位犯罪中受处罚的责任成员包括直接负责的主管人员和其他直接责任人员两类。

所谓直接负责的主管人员是指在单位活动中具有组织、指挥、管理、监督等管理职权并在单位犯罪中起决策、组织、指挥作用或者因为管理、监督不力致使单位犯罪发生的单位机关成员。它具有两层含义:(1)对单位活动具有一定的管理职权。这些人员都是单位机关的成员,具有相应的管理职权。其表现形式是多样的,有的责任人员对于单位犯罪具有决策的权利,有的责任人员对单位活动负有管理或者监督的职责。(2)在单位犯罪中起到了决策、组织、指挥的作用或者因为管理、监督不力致使单位犯罪发生。

其他直接责任人员是指在单位犯罪意志的支配下具体实施单位犯罪行为,并且所起的作用较大的单位一般成员。它具有两层含义:(1)其他直接责任人员是单位的一般成员。(2)其他直接责任人员是参与实施单位犯罪行为并且所起的作用较大的单位成员。

应当区别单位犯罪直接负责的主管人员与犯罪单位的负责人员这两个不同的概念。前者是相对单位犯罪而言的,是对单位犯罪负有直接责任并应受刑罚处罚的单位成员的组成部分。后者是相对犯罪单位在常态下的职权分工情形而言的,与单位犯罪并无直接联系。当然,有时这两者会发生重合或者形成交集。

---

① 参见赵秉志主编:《单位犯罪比较研究》,法律出版社 2004 年版,第 167 页。
② 参见张明楷:《刑法学》,法律出版社 2003 年版,第 206 页。

本章重点问题提示

关于单位犯罪若干问题的争论

（一）私营企业能否成为单位犯罪的主体

关于私营企业能否成为单位犯罪的主体，学界有否定说、肯定说和折中说三种观点。

否定说认为，私营企业不能成为单位犯罪的主体。其理由是，无论是个体所有制企业还是外商独资企业，本质上都是私人所有的。它们的一切活动，包括犯罪活动，都是为了企业所有者的利益，这与单位犯罪"必须为单位谋利"的特征不符。因此，私营企业的一切行为实质上都是个人行为，其犯罪后应当追究个人的责任。而且，我国刑法规定的单位犯罪的刑罚往往比自然人犯罪的刑罚要轻，如果将私营企业犯罪视为单位犯罪，必然会放纵私营企业主为个人利益实施的犯罪。因此，私营企业不能成为单位犯罪的主体。

肯定说认为，任何私营企业都可以成为单位犯罪的主体。其理由是：（1）私营企业也是企业，如果仅仅因为它们是私营企业就否认它们能成为单位犯罪主体，显然违背了法律面前人人平等的原则。因为对于私营企业不仅存在犯罪惩罚的问题，还存在着刑法保护的问题。正如刑法对单位和自然人的处罚不同一样，刑法对个人和单位的保护也不一样。因此，从现代企业制度的要求来看，按所有制性质划分企业的做法不甚科学。而且，随着经济体制改革的深入，混合所有制经济成分的企业增多，这种划分也将越来越难。（2）不少私营企业都具有法人资格，即使是不具有法人资格的独资企业、合伙企业，也都有自己的企业名称，它们不是以投资者名义而是以企业本身的名义对外开展活动，是一个以一定资产为基础的经济单位；它们也不是以个人而是以私营企业的名义参与诉讼。因此，私营企业已取得了不同于个人的独立地位。不能说在保护私营企业时将其作为单位看待，而在惩罚时则将其作为个人看待。否则，刑法适用的严肃性、统一性和权威性将不复存在。（3）从刑法的角度看，除个别犯罪要求是特殊主体外，刑法从没有将私营企业排斥在单位犯罪主体之外。因此，按照罪刑法定的原则，把私营企业犯罪作为自然人犯罪来处理，也缺乏宪法和刑法上的依据。总之，凡私营企业均可以成为单位犯罪的主体。

折中说认为，私营企业能否成为单位犯罪主体，应当根据其投资形式与组织形式区别对待。有限责任公司类型的私营企业，应当是单位犯罪主体；独资企业与合伙企业两种类型的企业，不应是单位犯罪的主体。①

（二）机关能否成为单位犯罪的主体

关于机关能否成为单位犯罪主体，在理论上存在着争议。

（1）否定说。该说认为机关不能成为单位犯罪的主体。关于理由，有学者认

---

① 参见李希慧：《论单位犯罪主体》，载《法学论坛》2004年第2期。

为,机关作为单位犯罪主体有损于国家机关的威信,而且处罚国家机关也没有实际意义,等于将左口袋的钱放到右口袋中去。还有论者认为,机关不能成为单位犯罪主体的理由是机关的国家意志与犯罪意志不能共存,机关也没有自己的独立财产,因此它没有形成犯罪意思的动机和可能;对机关判处罚金,实际上是国家在自己处罚自己,也会损害到国家机关的职能发挥等。①

(2) 肯定说。该说认为机关能够成为单位犯罪的主体。如有学者认为,机关能够成为单位犯罪的主体,因为在目前,"以国家机关为主体的单位犯罪依然存在,因此在刑法中将国家机关规定为单位犯罪的主体仍是必要的"②。另有论者认为,机关能够成为犯罪主体的理由有两点:机关并不能总是正确行使国家职能,因为在地方保护主义的影响下,机关活动有可能偏离正常轨道而违法犯罪;在市场经济条件下,机关如果不能经受外界利益的诱惑,就有可能利用权力谋利,因此会出现机关犯罪。③ 更有学者进一步认为:"国家机关作为刑事责任主体的资格,应当比企业、事业单位和团体有更严格的限制。一般说来,只有具有法人资格的国家机关,即机关法人,才能成为单位犯罪的主体。至于那些不具有法人资格的下属单位,不得成为单位犯罪主体。"④

(三) 刑法规定的单位犯罪处罚原则

关于单位犯罪的处罚原则,理论上存有不同的看法。主要有三种不同的观点:(1) 混合制说。它认为,我国的单位犯罪的处罚形成了以两罚制为主体、以单罚制为补充的处罚制度。⑤ 这是目前我国刑法理论上的通说。(2) 两罚制说。有学者认为,我国的单位犯罪的处罚原则就是两罚制,不包括单罚制。理由是,通说所认为的实行单罚制的犯罪并不是单位犯罪,而是自然人犯罪,因此我国刑法没有规定单罚制的单位犯罪。⑥ (3) 三罚制为基础、单罚制为辅说。有学者认为,我国的单位犯罪的处罚原则是"以三罚为基础、以单罚为辅助"的综合性制裁原则。其认为我国单位犯罪实行三罚制的理由是,单位犯罪中对自然人的处罚,实际上已经包括了对单位的主要负责人的处罚和对犯罪行为人的处罚,与对单位的处罚共同构成了对三个对象进行处罚的三罚制。⑦

---

① 参见曹顺明:《论单位犯罪的主体范围》,载《河北法学》1998 年第 3 期;魏东、章谷雅:《论法人犯罪的犯罪构成与刑罚配置之完善》,载《中国刑事法杂志》2004 年第 2 期。
② 参见陈兴良:《单位犯罪:以规范为视角的分析》,载《河南省政法管理干部学院学报》2003 年第 1 期。
③ 参见张目:《单位犯罪的理论与实务》,载《中国刑事法杂志》1998 年第 2 期。
④ 何秉松:《试论我国刑法中的单位犯罪主体》,载《中外法学》1998 年第 1 期。
⑤ 参见高铭暄、彭凤莲:《论中国刑法中单位犯罪的几个问题》,载顾肖荣主编:《经济刑法》(2),上海人民出版社 2005 年版,第 3 页。
⑥ 参见冯军:《新刑法中的单位犯罪》,载高铭暄、赵秉志主编:《刑法论丛》第 9 卷,法律出版社 2005 年版,第 41 页。
⑦ 参见陈浩然:《单位犯罪与三罚原则》,载《复旦学报(社会科学版)》2001 年第 2 期。

（四）对犯罪单位的处罚方法

关于对犯罪单位应当增加哪些新的刑罚方法，在理论上有不同的意见：(1) 有人认为，单位犯罪中对单位进行处罚的刑罚方法应当增加规定强制整顿、禁止开展某种营业活动、没收财产和强制解散等四种。① (2) 有人认为，应当增加规定没收财产、提供无偿公益服务、解散法人、剥夺犯罪法人的荣誉称号、禁止犯罪法人从事某项业务活动，前三项为对法人适用的主刑，后两种则之附加刑。② (3) 有人认为，应当增加规定没收财产、剥夺荣誉称号并予以公告、停业整顿、限制业务活动范围、强制解散等。③

---

① 参见魏东、章谷雅：《论法人犯罪的犯罪构成与刑罚配置之完善》，载《中国刑事法杂志》2004 年第 2 期。
② 参见廖斌：《对法人犯罪刑罚适用的设想》，载《现代法学》1996 年第 5 期。
③ 参见罗庆东：《法人犯罪研究综述》，载《中国刑事法杂志》1994 年第 4 期。

第八章 犯罪的主观方面要件

内容提要

本章主要阐述了犯罪主观方面要件的概念及其研究意义,犯罪故意的概念及分类,犯罪过失的概念及分类,意外事件与不可抗力的特征,犯罪目的、犯罪动机的概念及区别,刑法上认识错误的分类及处理原则。重点在于犯罪故意和犯罪过失的概念、分类及其相互之间的区别,犯罪目的与犯罪动机的联系与区别,刑法上认识错误的分类及处理原则。

关键词

犯罪主观方面 犯罪故意 犯罪过失 意外事件 不可抗力 犯罪目的 认识错误

第一节 犯罪的主观方面要件概述

一、犯罪的主观方面要件的概念与特征

犯罪的主观方面要件,是指刑法规定成立犯罪必须具备的、犯罪主体对自己实施的危害行为及其危害结果所持的心理态度。犯罪主观方面的内容,在英美刑法理论中称为犯意(Mens Rea),在德、日等大陆法系国家刑法理论中称为"罪过"。犯罪主观方面具有如下三个特征:

第一,犯罪主观方面体现的是行为人在行为时的心理态度。犯罪主观方面的要件包括犯罪的故意、过失、犯罪的动机和目的等,这些因素属于普通心理活动的内容。在理论上,我们可以将心理内容进一步划分为认识因素和意志因素,认识因素是人对事物及其性质的认知,意志因素是人控制和支配自己的行为的态度和意向。根据刑法的规定,行为要构成犯罪,行为人的心理活动内容必须与犯罪有关联。犯罪的主观方面要体现行为人对危害行为及危害结果所持的认识和意志两方面的心理态度。如果行为不能体现行为人对危害行为或危害结果的认识和意向,即便造成了损害结果,也不能认为行为人有犯罪的主观心理态度,而应当将该事实作为无罪过事件处理。此外,不同的犯罪主观方面体现了行为人在行为时的不同心理态度。

第二,犯罪主观方面体现的是行为人的主观恶性。我国刑法坚持主客观相统一

原则,既反对客观归罪,也反对主观归罪。只有犯罪思想,而没有在这种思想支配下的危害行为,不构成犯罪;只有行为和结果,而缺乏体现社会危害性的心理态度,也不能构成犯罪。因此,犯罪的主观方面是行为人承担罪责的主观基础。之所以如此,是因为犯罪的主观方面反映了行为人对刑法规范及其所保护法益的否定态度。其中,犯罪故意体现了行为人对刑法规范及其所保护的法益持有敌视或蔑视态度,犯罪过失体现了行为人对刑法规范及其所保护的法益持有漠视或忽视态度。因此,犯罪主观方面体现了行为人的主观恶性,并与犯罪的客观方面要件共同揭示行为的社会危害性。

第三,犯罪主观方面是成立犯罪的法定条件。现代刑法反对客观归罪,不仅要求在认定犯罪时考虑犯罪的心理态度,而且在刑法中明文规定主观方面的犯罪构成要件。我国《刑法》第16条表明,任何犯罪必须包括故意或者过失的心理态度。这是一个基本性的要求。除此之外,在刑法分则的条文中,有的明确规定由故意构成,有的明确规定由过失构成;有的以"意图""明知""以……为目的"等表述"故意",有的以"过失犯前款罪""严重不负责任……致使国家利益遭受重大损失"等表述"过失"。

行为人不是在罪过心理状态下实施的行为以及所造成的客观损害,不具有刑法意义上的社会危害性,不能构成犯罪。对此,《刑法》第16条所规定的意外事件与不可抗力已明确表明:任何行为要成立犯罪,行为人主观上必须具有犯罪的故意或者过失。这是主观与客观相统一的必然结论。同时,犯罪主观方面与犯罪客观方面存在着有机的联系,共同构成犯罪行为统一体。这种有机联系表现在两个方面:(1)人在客观上危害社会的活动,只有受到主观上犯罪的故意或过失的支配、制约时,才是刑法中的犯罪行为;(2)这种主观上的心理活动只有表现在刑法所禁止的危害社会的行为和危害结果上时,才是犯罪的主观方面。离开任何一个方面,另一方面也就丧失了刑法评价的基础,也就不构成犯罪了。

二、罪过的内容、因素

(一) 罪过的内容

如前所述,犯罪主观方面的内容包括犯罪故意、犯罪过失以及犯罪动机和犯罪目的等因素。犯罪故意或者犯罪过失是任何犯罪都必须具备的一个要件,主观上不是出于故意也不是出于过失就谈不上构成犯罪。因此,犯罪故意和犯罪过失是罪过的两个基本类型,被称为基本(必备)要件,由刑法总则的条文加以规定。

犯罪目的,从刑法对具体犯罪的规定来看,只是某些故意犯罪构成必须具备的要件,因而是特殊要件或选择性要件,在刑法中由分则的具体条文加以规定。单独的犯罪动机在我国刑法中一般不属于构成要件,但在以"情节严重""情节恶劣"为构成具体犯罪必要条件时,犯罪动机可以与其他因素一起成为"情节严重""情节恶劣"的具体因素从而影响定罪。

(二) 罪过的因素

罪过的因素即犯罪主观方面的认识和意志状态,是指行为人实施危害行为时,认识到或者应当有所认识的事实内容以及基于该认识体现出的意志状态。

所谓认识到或者应当有所认识的事实内容，就是罪过的认识因素，是指行为人对于犯罪构成所要求的事实的认识和辨别。行为人具有认识的能力是行为人负刑事责任的主观前提条件，如果不可能有这种认识，罪过就无从谈起。法律条文中的"应当预见""已经预见""明知"，就是对犯罪主观方面认识因素的法律规定。

但是，仅具有认识因素还不能认定行为人主观上具有犯罪故意或犯罪过失。只有行为人在此基础上产生了实施某种危害社会行为的意向，并将其思想见诸行动时，才能说行为人在主观上具有犯罪的意志状态，才能判断其具有犯罪故意或犯罪过失。《刑法》第14、15条中所规定的"希望""放任""疏忽大意""轻信能够避免"等，就是对犯罪意志因素的法定概括。犯罪的意志因素同样是罪过成立的必要条件之一。

虽然认识因素和意志因素都是罪过成立的必要条件，但两者对于罪过形式的意义不同。认识因素是罪过形式的基础，无认识因素就不可能形成意志因素；意志因素是在认识因素基础上形成的，是认识因素的发展，如果仅有认识而最终没有形成实施危害行为的意志态度，就不能认为具有罪过。

三、犯罪主观方面的意义

犯罪主观方面对于刑法立法和刑法司法具有重要意义。

在立法层面上，在设计犯罪构成和法定刑时，根据罪责刑相适应的原则，重罪的法定刑重于轻罪。犯罪的主观方面从行为人的心理态度上，显示行为人人身危险性的大小。故意的恶性大于过失，所以在客观事实基本相同时，对于故意犯罪的处罚肯定重于过失犯罪。另外，过失犯罪的人身危险性较小，在成立过失犯罪时，要以一定的结果为其要件；而故意犯罪的人身危险性较大，所以对一些故意犯罪，即便行为人的行为没有产生结果，立法上也予以刑罚惩罚。

在司法中，犯罪的主观方面具有以下意义：第一，区别罪与非罪，行为人的行为造成了严重后果，如果是基于故意或者过失心理态度，则可构成犯罪；如果行为人既无故意也无过失，就要作为无罪过的事件处理。第二，区别此罪与彼罪，如在造成他人死亡的情形下，由于行为人主观心理态度不同，可分别成立故意杀人罪、过失致人死亡罪和故意伤害（致人死亡）罪等。第三，在量刑时，除了法定的作为构成要件的主观方面之外，其他一些主观性事实也可以作为量刑情节，如犯罪动机等因素。

第二节 犯罪故意

一、犯罪故意的概念

《刑法》第14条第1款规定："明知自己的行为会发生危害社会的结果，并且希望或者放任这种结果发生，因而构成犯罪的，是故意犯罪。"据此，犯罪故意是指，行为人明知自己的行为会发生危害社会的结果,并且希望或者放任这种结果发生的心理态度。

成立犯罪故意,应具备两个基本条件。

(一)行为人明知自己的行为会发生危害社会的结果

明知自己的行为会发生危害社会的结果,是成立犯罪故意的主观认识要素,它包括认识的内容和明知的程度两方面的内容。

1. 认识的内容

认识的内容即"明知"的内容,主要包括:

(1)危害行为。虽然刑法规定的是"明知自己的行为会发生危害社会的结果",但不能仅仅限于对结果的认识,因为行为是犯罪的核心要件,无行为则无犯罪,故行为人首先必须认识自己的行为。对行为的认识,主要是对自己行为的形态及其社会危害性质的认识。

至于是否要求行为人认识到自己的行为是违法的,在过去一直根据"不知法不赦"这一格言进行处理,即行为人即便不知道行为的违法性,也可以成立故意。但是,现在外国刑法理论上则有不同看法。受其影响,我国刑法学中也出现了如下分歧:第一,不必要说,即坚持"不知法不赦"的原则,即便行为人不知道行为的违法性,也不阻却故意的成立[1];第二,必要说,认为犯罪故意的成立,必须具备违法性的认识。[2] 在这两种对立观点之间,还有观点认为,刑法中的社会危害性具备刑事违法性的特征,刑事违法性可以通过社会危害性反映出来,因此在认定故意时,只需要明确行为人对社会危害性是否有认识即可,而不必另外查他对刑事违法性是否有认识。[3] 我们认为,社会危害性认识和违法性认识在一般情况下是一致的,但是社会危害性认识和违法性认识评价的标准和基础很可能不一样,如我们可以认为社会危害性是一种实质性的评价,而违法性是一种形式的评价;此外,社会危害性评价不排除主观因素,而违法性可能以客观的法规范为前提,因此理论上不能认为有社会危害性认识就必然有违法性认识,特别在罪刑法定原则下,更不能因为行为人有社会危害性认识就推定其必然有违法性认识。相反,根据法律的要求,行为人即便没有违法性认识也不阻却故意的情形是客观存在的。因此,根据我国刑法的规定,结合实际的要求,我们还是应当坚持"不知法不赦"的原则。当然,在行为人明显不可能知道法律规定的情况下,应当减轻或者免除其刑事责任。

(2)行为结果。行为结果是行为对刑法所保护的社会关系可能或者已经造成的损害。因此,行为结果并非危害结果。要求对行为结果有认识,是因为它能揭示行为人的认识和意志两方面的因素,如果行为人认识到了某种有危害的行为结果,必然对其社会危害性有认识,当行为人认识到其社会危害性而行为时,根据行为的

---

[1] 参见杨春洗、杨敦先主编:《中国刑法论》,北京大学出版社1998年版,第108页。
[2] 参见赵秉志主编:《犯罪总论问题探索》,法律出版社2003年版,第227—228页。
[3] 参见马克昌主编:《犯罪通论》,武汉大学出版社1999年版,第336—337页。

形态,很容易反映其主观上的意向。反之,如果行为人没有认识到行为危害社会的结果,则不能反映犯罪故意中的意向,因此就不能成立故意。特别是在结果犯中,对于特定的结果的认识,更是成立故意的必要条件。如在杀人罪中,行为人必须认识到自己的行为可能导致他人死亡的结果,否则就不能构成故意。

(3) 行为对象。行为对象是行为人的行为导致行为结果的媒介。尽管行为对象不是犯罪的必要要件,但是对行为对象的认识决定了行为人对行为结果的认识。如误认人为动物或者误认动物为人而进行射击的场合,就人的死亡这一点上,它反映了行为人对于致人死亡这一社会结果的不同认识,由此进一步反映出行为人的不同意志取向。另外,以对象为选择要件的犯罪,如奸淫不满14周岁幼女所构成的强奸罪,还要求行为人明知对方是不满14周岁的幼女,如果行为人确实不能知道这一对象性因素,其行为就可能不构成犯罪。

(4) 行为时间、地点和方法手段。犯罪都是在一定时空中以一定方法和手段进行的。行为的方法手段既说明行为本身的性质,也足以预示行为可能的结果。非法捕捞罪、非法狩猎罪等以时间、地点和方法手段为构成要件的犯罪,就是以禁渔区、禁猎区为特定的地点要件,以禁渔期、禁猎期为特定的时间要件,以禁用的工具、方法为特定的方法要件,如行为人对此不能认识,就势必影响对犯罪故意的认定。

(5) 关于因果关系的认识。在故意中,不仅要认识行为,还要认识结果,那么行为和结果之间的联系是否属于故意的构成要件呢? 理论上有必要说(通说)和不必要说之争。我们认为,如果完全不认识因果关系,就不能判断结果,如迷信犯,所以必须要求对因果关系的认识。但要指出的是,因果关系不是犯罪构成的要件,因此因果关系的认识只是认定故意的一个前提。

2. 明知的程度

明知的程度也就是认识的程度,在我国刑法有关犯罪故意的规定中,就是要求行为人明知自己的行为"会发生"危害社会的结果。具体说,"会发生"包括"必然发生"和"可能发生"两种情况。明知"必然发生",是指行为人对危害结果的发生持有确定认识;明知"可能发生",是行为人对危害结果的发生与否持有一种不能完全确定的认识,即结果可能发生,也可能不发生。

(二) 行为人"希望或者放任"危害社会的结果发生

行为人不仅要认识到自己的行为会发生危害社会的结果,并且希望或者放任这种结果发生。这是故意的意志因素。根据刑法的规定,故意的意志表现为两种情形:

(1) 希望结果发生,就是指行为人对结果的发生持有积极追求的心理态度。它表现为行为人以特定的危害结果作为自己行为的直接目的,企图利用各种有利的条件,实施一系列活动以促使该结果发生。

(2) 放任结果发生,就是指行为人虽不希望特定的危害结果发生,但又不阻止这一结果发生,即对该结果的发生采取容忍的心理态度。它表现为听任危害结果的发生,结果发生也可以,不发生也可以。总之,危害结果的发生事实上在行为人的意料之中,但行为人对该危害结果的发生不加控制,不采取措施予以阻止,听之任之。

二、犯罪故意的法定种类

根据刑法的规定,犯罪故意可分为直接故意和间接故意。

(一) 直接故意

直接故意,是指行为人明知自己的行为会发生危害社会的结果,并且希望这种结果发生的心理态度。直接故意具有两个特征:第一,在认识因素上,行为人明知自己的行为会发生危害社会的结果;第二,在意志因素上,行为人希望危害社会的结果发生。这两个特征对直接故意的成立缺一不可。

根据犯罪故意中明知程度的不同,直接故意可表现为两种情形:其一,行为人明知自己的行为必然会发生危害社会的结果,并且希望这种结果发生;其二,行为人明知自己的行为可能发生危害社会的结果,并且希望这种结果发生。

(二) 间接故意

间接故意,是指行为人明知自己的行为可能会发生危害社会的结果,并且放任这种结果发生的心理态度。间接故意也具备两个特征:第一,在认识因素上,行为人明知自己的行为可能会发生危害社会的结果;第二,在意志因素上,行为人放任危害结果的发生。在认定间接故意时,这两个特征必须同时具备。

根据实际情形,间接故意在明知的程度上只能是行为人明知自己的行为可能发生危害社会的结果,即行为人对危害结果是否发生的认识是不确定的。如果行为人明知危害结果必然发生而行为,一般很难认为是放任,通常属于希望发生危害结果,应认为行为人的心理态度属于直接故意;但是,在特殊场合也不排除放任结果的情形。如行为人意图杀害甲,在甲驾驶的小汽车内放置炸弹,当行为人明知与甲同行者也要被炸死的情形下,不能说行为人对于其他受害人持希望的态度,此时就是对于必然发生的结果采取放任态度。在实践中,间接故意主要发生在三种场合:

(1) 行为人追求某一犯罪目的,而放任另一危害结果的发生。如行为人将毒物投放于食物中意图杀妻时,意识到妻子可能将食物分给孩子吃,但由于杀妻心切而行为,结果孩子因为分食而死亡。对于妻子的行为,表现了行为人直接故意的心理态度,但是他并不希望自己的孩子死亡,对孩子的死亡,就不能认为行为人具有直接故意的心理态度。可是,行为人已意识到自己的行为可能导致孩子死亡的结果,但出于杀妻的目的,他没有采取预防措施,而是听任这一结果的发生,在主观上不是过失,而是属于间接故意。

(2) 行为人追求一个非犯罪目的而放任某种危害结果发生。如行为人为了狩猎,在意识到自己会击中他人的情况下实施射击,结果导致受害人重伤。显然,行为人不希望击中受害人,但是他也不是因为过失击中受害人,这就属于间接故意。

(3) 在突发性故意犯罪中,对行为人动辄行凶,不计后果,用刀、棍等伤人后扬长而去致人伤亡的案件,很难说行为人希望结果的发生,但根据社会规范的必要,也不宜作过失论处,考虑到行为人可能认识到自己的行为会导致伤亡的结果,亦可认为行为人对这种结果是放任的,因此认为他属于间接故意。

直接故意与间接故意的相同之处在于,明知自己的行为会引起某种危害结果的发生。但是它们的区别还是比较明显的:第一,明知的程度不同,直接故意既可明知这种结果可能发生,也可明知这种结果必然发生,而间接故意只能是明知自己的行为可能引起危害结果的发生,在明知结果必然发生的情况下的行为,通常只能说明行为人具有希望的态度;第二,对危害结果的态度不同,直接故意是希望危害结果发生,而间接故意只能表现为放任危害结果的发生。正因为如此,在刑法条文中以特定目的才能构成犯罪的,都是以直接故意为主观要件。

三、犯罪故意的理论分类

(一) 确定故意与不确定故意

根据认识程度与决意程度的不同,犯罪故意可分为确定故意与不确定故意。

确定故意,是指行为人对自己的行为会发生某种具体结果具有明确的认识,并希望这种结果发生的心理态度。

不确定故意,是指行为人虽然明知自己的行为会发生危害结果,却不明确会发生何种具体结果,而希望或者放任这种结果发生的心理态度。不确定故意可进一步分为:

(1) 未必故意,即行为可能会发生结果,但是不必然发生结果,而希望或者放任其发生的心理态度。

(2) 择一故意,指行为会发生一个结果,但在数个对象中究竟何者发生该结果不确定,而希望或者放任其发生的心理态度。

(3) 概括故意,指行为会发生结果,但是究竟哪些对象会发生该结果不确定,而希望或者放任其发生的心理态度。

(二) 预谋故意与一时故意

根据故意形成的时间长短,犯罪故意可分为预谋故意与一时故意。

预谋故意是指,行为人在实行犯罪之前就已经形成了犯罪故意的心理的情形。

一时故意,或称突发故意,指产生犯罪故意后立即实行该行为的情况。

(三) 实害故意与危险故意

根据故意的内容对刑法保护利益的后果,犯罪故意可分为实害故意与危险故意。

实害故意是指行为会发生实际的损害,而希望或者放任其发生的心理态度。

危险故意是指行为有发生实际损害的危险,而希望或者放任其发生的心理态度。

(四) 事前故意与事中故意

根据行为当时的意思,犯罪故意可分为事前故意和事中故意。

事前故意,是误认为已经完成特定的故意犯罪,事实上犯罪事实并没有发生,进一步实施一定的行为时,当初的事实才发生的场合,如用刀砍杀他人后,以为受害人已死亡,将其掩埋,实际上受害人是在土中窒息而亡的,当初的砍杀故意就是事前故意。

所谓事中故意,或者事后故意,是没有故意实施特定行为,在实施行为过程中才产生故意,而将以后的事态置于自然推移的场合,如医生做手术过程中突然产生杀死病人的意思之后,对病人采取不作为处置,就是事后的故意。

第三节 犯罪过失

一、犯罪过失的概念与理论发展

《刑法》第15条第1款规定:"应当预见自己的行为可能发生危害社会的结果,因为疏忽大意而没有预见,或者已经预见而轻信能够避免,以致发生这种结果的,是过失犯罪。"据此,犯罪过失是指行为人应当预见自己的行为可能发生危害社会的后果,因为疏忽大意而没有预见,或者已经预见而轻信能够避免的心理状态。

现代刑法以处罚故意犯罪为原则,处罚过失犯罪为例外。过失犯罪的成立,限于刑法分则条文有明确规定的场合。随着社会的发展,一方面过失犯罪的成立范围在刑法中有扩张的趋势,另一方面要求过失犯罪的成立条件具有适应社会的弹性,因此围绕注意义务这一条件,过失犯罪的学说在国外有很大发展[①]:第一,旧过失论认为,过失的主要内容是对结果的预见可能性或者结果预见义务,即如果行为人具有结果的预见可能性,就可以构成过失并由刑法加以非难。第二,新过失论认为,过失的内容不仅包括结果预见义务,而且包括结果避免义务,特别是在运输和医疗中,如果仅仅依据结果的预见可能性,就会扩大过失犯的范围。在现代社会,为了成立过失,不仅要求行为人有预见可能性,还必须要求行为人尽到了自己的结果避免义务。第三,新新过失论,也称为危惧感说,它由新过失论发展而来,但关于预见可能性的判断,该说认为只要行为人具有危惧感、不安感,即可认为具有预见可能性。我们认为,在现代社会,旧过失论已经过时,而新过失论和新新过失论比较适应社会的需要,只是它们还有进一步检讨的必要。这两种理论能体现现代社会必须承认的两个事实:其一,被容许的危险。所谓被容许的危险,是指在有危险的业务活动中,诸如驾驶汽车、操纵飞机、工厂生产等危险作业或者有风险的医疗手术等行为,对于发生法益侵害的结果,并不难以预见,但是这些伴随着潜在危险的行为具有一定的社会机能,基于行为的危险性和它对社会的有益性的全面衡量,它们具有一般利益衡量的结果,从而作为被容许的具有危险的行为。其二,信赖原则。信赖原则是根据被容许的危险和危险分配的需要发展出来的,是行为人在实施某种行为时,有相当的理由信赖被害人或者第三人可以实施适当的行为,但由于受害人或者第三人的不

[①] 参见〔日〕曾根威彦:《新旧过失犯论争总括——自旧过失论的立场》,载日本《现代刑事法》2000年总第15期;〔日〕船山泰范:《新旧过失犯论争总括——自新过失论的立场》,载日本《现代刑事法》2000年总第15期。

恰当行为而发生结果的场合,行为人对此不负责任的原理。运用信赖原则可以否定结果预见可能性和结果避免义务。在德、日刑法理论中,"被容许的危险"和"信赖原则"已经成为两个基本理论,这有必要引起我们的重视。

二、过失的分类

犯罪过失在刑法上主要根据两个标准进行划分,一是根据行为人的心理状态,分为过于自信的过失和疏忽大意的过失;二是根据过失者的身份以及过失发生的生活领域,分为一般过失和业务过失两类。一般过失指行为人在一般(日常)社会生活中,违反一般的注意义务而造成危害结果的心理态度;业务过失指行为人在业务活动中,违反业务上的注意义务而造成危害结果的心理态度。通常,对业务过失犯罪的处罚要比一般过失犯罪的处罚重。本书主要介绍法定的犯罪过失。

(一) 疏忽大意的过失

疏忽大意的过失也称为无认识的过失,是指行为人应当预见自己行为可能发生危害社会的结果,因为疏忽大意而没有预见,以致发生这种结果的心理态度。

疏忽大意的过失表现为行为人没有认识到自己的行为可能发生危害社会的结果。和其他罪过形态的犯罪不同,在疏忽大意的过失犯罪中,行为人的犯罪意向不明显,没有对危害结果的希望或者放任的态度,这和行为人的认识因素有关系。但是,行为人没有认识到危害结果发生的可能,并不表明行为人不具备认识这种结果发生的能力。规范有序的社会生活要求社会成员在各项活动中必须遵守一定的义务,以防止发生危害他人和社会的结果,如果行为人具备认识危害结果发生的能力,但马虎大意,不认真负责履行认识的义务,导致较为严重的社会结果,刑法完全可以根据不同的情形予以制裁,以发挥其一般预防机能。刑法基于以上理由惩治疏忽大意的过失犯罪。行为人应当预见自己的行为可能发生危害社会的结果,但因为疏忽大意而没有预见到,是成立疏忽大意过失的一般条件,它表明认定疏忽大意过失的关键因素是:第一,对危害社会结果可能发生的预见能力;第二,应当预见危害社会结果的内容。

1. 预见能力

预见能力是行为人履行预见义务的前提。应当预见是一种预见义务,但是它并不限于法律有明确规定的场合,日常生活上的规则也是预见义务的来源。由于法律只能规范有能力者,因此赋予行为人义务,必须要求行为人具备一定的能力。

由于行为人的生活环境、接受的教育和文化知识等方面存在差异,所以每个人对于危害结果的预见能力是不同的,因而在判断行为人是否具备预见能力的问题上有分歧。主观说认为,应当以行为人本人的能力和水平为标准,判断其是否具有预见能力;客观说认为,应当以社会上一般人的能力和水平为标准,判断行为人是否具备预见能力;折中说认为,应当以主观标准为主、以客观标准为辅评价行为人是否具备预见能力,当行为人的预见能力高于一般人的预见能力时,以一般人的预见能力为标准,当行为人的预见能力低于一般人的预见能力时,以行为人的预见能力为标准。如果采取主观说,则能力强者过失犯罪的可能性更大,而平庸者过失犯罪的可能性较小,这显然是不利于社会发展的;如果采取客观说,那么即便能力强者完全可以预见危害结果,也不认为其具有预见能力,因此不构成过失,这并不合理。相反,如果行为人的预见能力低于一般人,的确不能预见一般人能预见的危害结果,此时依旧认为行为人具有预见能力显然也是不合理的。如果采用折中说,就低不就高,大体上比较合理,但是当行为人的预见能力显然高于一般人的预见能力时,完全根据一般人的能力也不可取,在一定场合也可以认为行为人具备预见能力。

在具体判断行为人有无预见能力的时候,不可能对行为人和一般人的预见能力作个别化的分析和判断,因此在司法实务中,首先要进行不同类社会角色的考察,即主要考察行为人所从事的社会工作,比如关于死亡的认识,医生的预见能力应当高于其他社会成员,消防人员对于火灾事故的认识能力高于非消防人员。其次还要进行同类社会角色的考察,即要根据和行为人社会角色相同或者类似的人的预见能力进行比较性考察,此时特别要评价行为人本人的知识结构、能力水平等因素,比如在医疗事故中,甲医生和乙医生由于各自工作的医院不同、各自接受的医疗教育不同、实际工作中积累的医疗经验也不同,对于某种疾病致死的后果的认识也可能不一样。最后应当进行环境因素的考察,由于环境的不同,行为人的认识能力也会有变化,比如在紧张时和不紧张时,行为人的预见能力就会不一样。

2. 预见内容

在过失犯罪中,行为人应当预见的是危害社会的结果,而不是行为本身的违法性。在一些过失犯罪的场合,行为人可能是故意实行行为,但对结果的发生则是过失的,比如在交通肇事罪这一过失犯罪中,行为人往往故意违反交通法规,但只要他对于危害结果不是持希望或者放任的态度,就属于过失。行为人所预见的危害社会的结果,不要求是具体的,而是刑法条文所规定的抽象结果。

(二) 过于自信的过失

过于自信的过失也称为有认识的过失,是指行为人预见到自己的行为可能发生危害社会的结果,但轻信能够避免,以致发生这种结果的心理态度。过于自信的过失在认识因素上具有以下两个特征:

(1) 行为人预见到自己的行为可能发生危害社会的结果。也就是说,行为人意识到自己的行为与某种危害社会的结果之间具有不太确定的联系。必须注意的是,危害社会的结果发生的概率在过于自信的过失中是"可能发生",在故意中是"会发生",这说明行为人对于结果发生可能性大小的认识存在一定区别。

(2) 行为人对于实际发生的危害结果具有轻信的心理状态。所谓轻信能够避免,就是行为人在预见到危害结果可能发生的同时,凭借某些不可靠的主客观条件,错误地相信自己能够避免危害结果的发生。轻信发生的主要原因包括:行为人过高地估计了自己处置危害结果的能力;行为人对于导致危害结果的客观条件缺乏正确的认识;行为人轻视了危害结果发生的可能性。轻信能够避免说明行为人并不希望也不放任危害结果的发生。

三、过失的认定

(一) 过失与故意的区别

在国外刑法学中,关于过失和故意的区别,有以下一些学说①:第一,认识说,该说强调以认识要素区分故意与过失,认为只要行为人认识到构成要件结果发生的可能性,即便其没有达到一定的发生程度,也可以成立故意。第二,希望说,该说强调以意志要素区别故意与过失,认为要成立故意,行为人必须希望结果发生。第三,容认说,该说也强调以意志要素区分故意与过失,认为希望结果发生和容认结果发生都属于故意。如果采取认识说,就没有疏忽大意的过失的余地;如果采取希望说,间接故意的情形就应作为过失处理,因此这两说都不合理。容认说克服了这两说的缺点,相对比较合理。

我国刑法主要采取容认说区别故意与过失,但是在区别两者时也不排除认识因素:就认识因素看,犯罪故意中行为人应当认识到行为会发生危害结果,而犯罪过失中行为人不一定能认识到危害结果,即便能认识到,发生的概率也有区别,故意是"会发生",过于自信的过失是"可能发生";就意志因素看,犯罪故意中行为人对特定危害结果具有希望或者放任的心理态度,而犯罪过失中行为人不仅不希望或者不放任危害结果的发生,而且应当排斥该结果的发生。

(二) 过失与意外事件、不可抗力的区别

疏忽大意的过失与意外事件有相同之处,表现在客观结果发生了,但行为人没有预见到该结果。它们的区别是:在意外事件的场合,行为人不能够预见结果;在疏忽大意的过失的场合,行为人能够也应当预见到结果,只是因为主观上疏忽大意而没有预见到。

过于自信的过失与不可抗力有相同之处,表现为客观结果发生了,而且行为人已经预见到该结果。它们的区别是:在不可抗力的场合,行为人不可能采取措施避免结果发生,或者即使采取了措施也不可能避免结果发生;在过于自信的过失的场合,行为人本可以采取有效措施避免结果发生。

第四节 意外事件与不可抗力

我国刑法对于定罪坚持主客观相统一,反对客观归罪,没有主观罪过的行为不负刑事责任。依据《刑法》第16条规定:"行为在客观上虽然造成了损害结果,但是不是出于故意或者过失而是由于不能抗拒或者不能预见的原因所引起的,不是犯罪。"我国刑法理论的通说认为,本条的规定在刑法理论上称为广义的意外事件。但从严格意义上讲,它包括狭义的意外事件和不可抗力两种情况,本书所述的意外

---

① 参见〔日〕山中敬一:《刑法总论Ⅰ》,日本成文堂1999年版,第300页;洪福增:《刑事责任之理论》,台湾刑事法杂志社1988年版,第380—381页。

事件是狭义上的意外事件。

一、意外事件

根据《刑法》第 16 条规定，意外事件是指客观上虽然造成了损害结果，是由于不能预见的原因所引起的行为。意外事件的主要特征是：

（1）行为人的行为在客观上造成了损害的结果。这种损害结果是由行为人的行为直接引起的，存在着刑法上的因果关系。这种特定的客观事实的出现，是意外事件成立的前提条件。

（2）行为人在主观上对自己的行为造成的损害结果没有任何过错。行为人对自己的行为所造成的损害结果，在主观上既非出于故意，亦非出于过失，基于此，又可将其称为无罪过事件。

（3）损害结果的产生是由于不能预见的原因引起的。在这里，导致意外事件发生的原因由于不能预见的原因所引起的。在这一情况下，行为人没有预见自己的行为可能造成损害结果，根据行为当时的情况来判断，他既不可能预见，也不应当预见。例如，司机王某，驾车通过一段铺有稻草的公路（当地农民有将稻草铺在公路上晾晒的习惯），轧死了躺在稻草下面睡觉的瘦小精神病人。公路的稻草下面躺着一个人，这属于违反常规的事情，司机根本无法预见。因此，该事件就属于意外事件，司机王某不构成犯罪，不承担刑事责任。

二、不可抗力

根据《刑法》第 16 条规定，不可抗力是指客观上虽然造成了损害结果，是由于不能抗拒的原因所引起的行为。不可抗力也具备三个特征，前两个特征和意外事件完全相同，而只是在损害结果的产生原因上不可抗力与意外事件存在区别，在不可抗力的场合下，损害结果的产生是由于不能抗拒的原因引起的。在这一情况下，行为人虽认识到自己的行为会发生损害结果，但由于当时的主客观条件的限制，行为人无力排除或防止损害结果的发生。

认定不可抗力，需要注意把握刑法上的不可抗力与民法上的不可抗力的区别。刑法上的不可抗力是指"不能抗拒"，是指行为人虽然认识到自己的行为会发生损害结果，但由于当时主客观条件的限制，不可能排除或者防止结果的发生。而民法上的不可抗力是指不能预见、不能避免、不能克服的客观情况。从结果产生的原因来看，民法上不可抗力包括了不能预见，而刑法上的仅仅是不能避免、不能克服的情况。此外，从法律后果上看，两者也有不同，刑法上的不可抗力除了主观方面以外，其他条件符合犯罪构成。而民法上的不可抗力造成的结果一般较为轻微，且大多是经济上的，属于民法上的免责事由。

第五节　犯罪目的和动机

一、犯罪目的

犯罪目的,是行为人通过实行犯罪所希望达到的结果。我们可以说犯罪目的的内容是犯罪的结果,但是不能将目的和结果等同起来。

在我国刑法中,犯罪目的表现有二:其一,直接故意中的意志因素,即行为人对于自己的行为直接造成危害结果的希望,如直接故意杀人时,行为人明知自己的行为会发生他人死亡的结果,并且希望他人死亡。希望他人死亡,就是行为人的目的。其二,直接故意犯罪中,行为人通过实现行为的直接危害结果后所进一步追求的某种非法利益或结果,如刑法分则中所规定的非法占有的目的、牟利的目的、营利的目的等。

在故意犯罪中,有些犯罪要求以一定的目的为构成要素,有些犯罪则不这样要求,但一定的犯罪目的可作为量刑时考虑的因素。以犯罪目的为构成要素的犯罪,理论上称为目的犯。目的犯中对于目的的要求,一般通过明示的方式规定下来,但也有一部分并没有明确的规定,而是采取默示的方式加以规定,根据一般认识,一定的犯罪目的是其中的必要内容。

在我国现行刑法中,以明示方式规定犯罪目的的罪名主要包括:(1)以非法销售为目的,如《刑法》第126条违规制造、销售枪支罪;(2)以牟利或传播为目的,如《刑法》第152条走私淫秽物品罪;(3)为谋取不正当利益,如《刑法》第164条对非国家工作人员行贿罪、第389条行贿罪、第391条对单位行贿罪、第393条单位行贿罪;(4)以转贷牟利为目的,如《刑法》第175条高利转贷罪;(5)以牟利为目的,如《刑法》第187条吸收客户资金不入账罪、第228条非法转让、倒卖土地使用权罪、第265条盗窃罪的特殊规定、第326条倒卖文物罪、第345条非法收购、运输、盗伐、滥伐的林木罪、第355条对贩卖毒品罪的特殊规定以及第363条制作、复制、出版、贩卖、传播淫秽物品牟利罪;(6)以非法占有为目的,如《刑法》第192条集资诈骗罪、第193条贷款诈骗罪、第196条信用卡诈骗罪中关于恶意透支的规定、第224条合同诈骗罪;(7)以营利为目的,如《刑法》第217条侵犯著作权罪、第218条销售侵权复制品罪、第303条赌博罪;(8)以勒索财物为目的,如《刑法》第239条绑架罪;(9)以出卖为目的,如《刑法》第240条拐卖妇女、儿童罪;(10)意图使他人受刑事追究,如《刑法》第243条诬告陷害罪;(11)意图泄愤报复或有其他个人目的的,如《刑法》第276条破坏生产经营罪等。

在我国现行刑法中,以默示方式规定目的但依然强调目的要素的罪名也不少,如取得型侵犯财产罪,盗窃罪、抢劫罪、抢夺罪、诈骗罪等均属之。对于法律没有明文规定犯罪目的的目的犯的成立,要根据立法时的社会背景和时代要求进行把握。

二、犯罪动机

犯罪动机是促使犯罪人实施犯罪行为以达到一定目的的内心冲动或者内心起因。犯罪动机源于一定的生理或者心理的需要。在犯罪活动中,犯罪的动机具有导向性和促进性。导向性表明犯罪动机可以确定行为人达到目的的方式和途径,而促进性表明犯罪动机不断强化或者弱化犯罪心理态度的活动过程。

在刑法中,犯罪动机通常不是构成犯罪的必要条件,但是在评价行为人的人身危险性时,它是一个重要的因素。在犯罪活动中,不同的犯罪动机可以形成相同的犯罪,如犯故意杀人罪的,有的出于报复的动机,有的出于义愤的动机,有的是图财,有的是为灭口等,这些不同的因素可以表现行为人的主观恶性,所以在量刑时,犯罪动机是重要的因素。

三、犯罪动机与犯罪目的的联系

犯罪动机与犯罪目的关系密切,两者都是犯罪人在实施犯罪的过程中存在的主观心理活动,它们的形成和作用都能反映行为人的主观恶性程度及行为的社会危害性程度。其中,犯罪目的以犯罪动机为前提和基础,犯罪目的源于犯罪动机,犯罪动机促使犯罪目的形成。

但是在刑法中,它们也有不一致的地方:第一,在心理活动的层面上,两者产生的时间不同,犯罪动机产生在前,犯罪目的产生于后;两者的内容不同,犯罪动机揭示的是行为人为什么实施犯罪行为,犯罪目的表明的是行为人实施犯罪行为所希望发生的结果是什么;两者并不必然对称,在同一动机下可能形成不同的目的,一个目的也可能形成于不同的动机。第二,在刑法中,犯罪目的是评价犯罪成立的一个选择性要素,有些犯罪的成立必须以犯罪目的为条件,而犯罪动机通常不是犯罪成立的要素,只在量刑时发挥作用。

第六节 刑法中的认识错误

一、刑法中的认识错误概述

错误是行为人的认识与实际情况的不一致。刑法中的认识错误,是行为人关于自己行为的法律性质和事实情形的认识错误。认识错误影响行为人的意志取向,在刑法中对于定罪和量刑都具有一定影响。

根据错误的不同内容,刑法中的认识错误一般分为法律认识错误和事实认识错误。另外,日本刑法还将事实错误进一步分为具体的事实错误和抽象的事实错误。我们认为,将事实错误作具体和抽象之分的意义并不大,法、意、英、美等国的刑法分类足以反映这一点,根据我国刑法理论的特征分析,事实更是如此。

二、法律认识错误

法律认识错误,是指行为人对于自己的行为在法律上是否构成犯罪、构成何种犯罪以及在法律上应当受到什么样的处罚存在的不正确认识。法律认识错误分为三种情况:

(1) 假想犯罪。即行为在法律上并不构成犯罪,但行为人误认为构成犯罪。例如误认为小偷小摸构成盗窃罪,误认为通奸行为构成重婚罪,误认为致加害人死亡的正当防卫构成故意杀人罪等。尽管行为人在主观上有犯罪的意识,但由于其行为不具有构成犯罪的社会危害性,因此不能将其行为定为犯罪。

(2) 假想非罪。即行为在法律上构成犯罪,但行为人误认为不构成犯罪。例如将防卫过当误认为是正当防卫、将重婚行为误认为是非法同居、将盗窃犯罪行为误认为是一般违法行为等,根据"不知法不赦"的原则,对于假想非罪的行为一般要根据行为人的行为事实和对行为事实的认识进行处理。但是,如果行为人的确有充分理由表明自己不可能知道其行为构成犯罪的,就不宜要求其承担刑事责任。

(3) 此罪(刑)与彼罪(刑)的误认。即行为人对行为在法律上应当成立的罪名、判处的刑罚的不正确认识,通常存在以下情形:误认重罪为轻罪,或者误认轻罪为重罪;误认重刑罚为轻刑罚,或者误认轻刑罚为重刑罚。例如行为本构成贪污罪而误认为构成职务侵占罪,或者行为本构成职务侵占罪而误认为构成贪污罪;应当判处无期徒刑以下刑罚而误认为可能判处死刑,或者应当判处死刑但误认为应判处无期徒刑等。在这种情形下,由于行为人具有违法性认识,所以行为人的错误认识不影响定罪量刑。

三、事实认识错误

事实认识错误,是行为人关于自己行为的事实情形的错误认识。事实认识决定行为人的行为是否构成犯罪、构成何种犯罪以及刑事责任的大小。由于行为的事实因素比较复杂,因此事实认识错误的类型也比较多,以下依次介绍。

(一) 客体错误

客体错误,指行为人意图侵犯一种客体,而实际上侵犯的是另一客体。例如,甲见到两个人正在扭住自己的朋友乙,以为三人正在斗殴,于是上前帮忙,将其中一个人打成轻伤,尔后甲、乙逃跑。事实上乙当时是为了抗拒两名警察执行对他的逮捕命令。在这样的案件中,甲意图侵害他人身体健康,实际上却妨害了国家机关工作人员执行正常的公务活动。对于这样的认识错误,应当按照行为人意图侵犯的客体定罪。

(二) 对象错误

对象错误也称为目标错误,是指行为人对侵害的人或物产生错误认识,以致现实被侵害的不是意图侵害的对象。对象错误可分为以下几种:

(1) 不同类犯罪对象错误,即误将甲犯罪对象当作乙犯罪对象而侵害,而甲、乙对象体现出不同的社会关系。例如欲捕杀珍贵动物金丝猴,却误将一小孩当作金丝猴而射杀。由于行为人意图实施对珍贵动物的犯罪,因此对造成人的死亡没有故意,而是过失。在这个案件中,行为人意图的行为未遂,对于它实现的结果,则要考虑行为人是过失还是意外事件,如果是过失,要根据想象竞合犯处理。

(2) 同种类犯罪对象错误,即误将甲对象当作乙对象,而甲、乙体现的是相同的社会关系。如行为人误将 A 当作 B 而杀害,在这种情况下,行为人的罪过内容并无差别,应以故意犯罪的既遂形态追究其刑事责任。

(3) 误将犯罪对象当作非犯罪对象而实施了侵害行为。如行为人狩猎时,误将他人当作兽射击致死。在这种情况下,由于行为人没有杀人的故意,故不能以故意犯罪论处。如其主观上有过失,可构成过失犯罪;如行为人无过失,则应根据意外事件处理。

(4) 误将非犯罪对象当作犯罪对象加以侵害,或者犯罪对象不存在而误以为存在而实施犯罪行为。例如甲意欲杀乙,却误将乙饲养的动物杀死。甲意图侵害的是人,实际侵害的是财产,由于过失造成财产损失并不构成犯罪,因而只能以甲意图实行的故意犯罪的未遂形态追究其刑事责任。

在实践中,要把对象错误和打击错误区别开。所谓打击错误,是指行为人故意侵害某一特定对象时,由于受客观条件的限制,行为发生偏离,侵害了另一对象。如甲意图伤害乙,抢起铁锹向乙横扫过去,乙躲闪开,铁锹打在旁人丙身上造成丙重伤。对此如何处理,在理论上还有争议①:有的认为,关于对象的认识错误不阻却故意,但打击错误阻却故意,据此,对甲应当根据想象竞合犯的原则,从故意伤害罪(未遂)和过失致人重伤罪中择一重罪论处;有的认为两者都不阻却故意,据此,甲的行为构成故意伤害既遂。我们认为,当打击错误的对象属于同种类时,不阻却故意;当打击错误的对象属于不同种类时,可以阻却故意。

(三) 工具错误

工具错误是指行为人选择的犯罪工具、手段按照其客观性质或当时的具体情况,无论如何都不能造成危害结果的发生,而行为人误认为能够发生危害结果,而使用该工具或手段去实施犯罪行为,如以为白糖是砒霜而投放在他人的食物中。这种情形属于不能犯,应按照犯罪未遂论处;或者与之相反,行为人的行为手段和方式可能导致结果而行为人没有认识到或者不可能认识到,对此,要根据犯罪过失或者意外事件处理。另外,如果行为人选择根本没有科学依据的迷信方法实行犯罪行为的,由于这种行为完全不具备社会危害性,理论上当作"迷信犯",不以犯罪论处。

(四) 行为性质的认识错误

行为性质的认识错误是指行为人对自己行为的实际性质发生错误认识,如把不存在不法侵害的行为误认为正在进行的不法侵害而实行"假想防卫",把不存在的危

---

① 参见童德华:《外国刑法导论》,中国法制出版社 2010 年版,第 134—142 页。

险事实误认为正在发生的危险而实施假想避险。在这种情况下,行为人主观上不具有犯罪的故意,如有过失的,要以过失犯罪论处;如行为人不可能有正确认识的,则作为意外事件论处。

(五) 因果关系的错误

因果关系的错误是指行为人对自己行为与危害结果之间的因果关系的错误认识。因果关系的错误大致有四种情况:

(1) 行为人误认为自己的行为已经产生了预期的犯罪结果,而事实上并没有发生这种结果。如甲意图杀乙,用棍棒击打乙头部,乙昏倒,甲以为乙死亡而离开,乙后来获救。在这种情况下,甲的行为依旧构成故意杀人罪,但属于犯罪未遂。

(2) 行为人所追求的结果事实上是由于其他原因造成的,而行为人误认为是自己的行为造成的。如甲意图杀乙,用棍棒击打乙头部,乙倒地死亡,甲随即离开。但经鉴定发现,乙是因为心脏病急发死亡的。由于甲的行为并没有产生死亡结果,因此他不对死亡结果负责,只承担杀人未遂的责任。

(3) 行为人的行为没有按照他预想的方向发展,其预想的目的停止,而是发生了行为人所预见、所追求的目标之外的结果。如甲持刀伤害乙,不料刀刺在乙大腿内侧的动脉血管上,乙流血过多而死亡。在这种情况下,由于甲没有杀人的意思,所以其行为不成立故意杀人罪,但刺刀伤人致死的情况在现实生活中并不少见,因此他对死亡结果有过失,要承担故意伤害致人死亡的责任。

(4) 行为人先后实行了两个行为,结果是由后行为造成的,但行为人误认为是前行为造成的。如甲意图杀乙,用棍棒击打乙头部,乙昏倒,甲以为乙死亡,为了避免被发现,就将乙推下水库,结果乙溺死。在这种情况下,虽然甲的前行为在犯罪构成上是未遂,后行为属于过失,但是要根据整体评价行为人的行为,即将行为人先后行为作为一个行为,那么甲对乙的死亡要承担既遂的刑事责任。

本章重点问题提示

一、无过错责任

根据主客观相统一原则,行为人的行为要构成犯罪,其行为必须具有一定的心理事实。这是否要求在具体判断时必须明确地确定心理事实呢?对此,英美刑法中存在不强调行为人心理事实的无过错责任制度。无过错责任制度包括严格责任和代理责任两种类型。我国刑法学现在比较重视对严格责任的研究,而对代理责任研究不多。我们在这里对这两种制度简要加以介绍。①

(一) 严格责任

严格责任,指只要有一个或者多个行为要件而不需要心理事实的刑事犯罪责

---

① 参见童德华:《外国刑法导论》,中国法制出版社2010年版,第195—207页。

任。一般认为,刑法上的严格责任是在"普林斯案"中创立的。

英美法系的法律渊源有普通法与制定法之分,因此严格责任可分为普通法上的严格责任和制定法上的严格责任。在普通法中,犯罪行为的成立需要证明有犯罪意图,这是一般原则,但公害罪、刑事诽谤罪、蔑视法庭罪等适用严格责任进行处罚。严格责任更多出现于制定法中。自19世纪以来,由于经济发展正值兴盛时期,大工业的发展、先进技术的运用也带来了负面影响,产生了工业灾害、环境污染等社会问题,为解决立法的混乱与执行的困难,法庭在许多案件中取消了对犯罪意图的要求,而制定法本身也不明确要求证明犯罪意图。

理论上对是否应承认严格责任有不同看法:(1) 肯定论认为,适用严格责任的通常是一些具有高度危险的行业,这与公共福祉密切相关,从公共利益的保护角度出发,采用严格责任是预防犯罪的实际需要,而且这样可以有效地节约司法资源,发挥刑法对全部犯罪的最大打击力度。同时,严格责任犯罪受到的刑罚主要是罚金,亦有少数短期监禁,所以保护公共利益的强烈要求与轻缓刑罚相结合,使严格责任的存在具有较大的合理性。(2) 否定论认为,严格责任有客观归罪之嫌,适用严格责任很容易超过制止公共福利犯罪的界限,使不具有可责性的无辜者被定罪,削弱刑法本身的人性基础。同时,无证据表明非刑事方法处理效果不及刑法上的严格责任。(3) 折中论认为,现代刑法对严格责任进行了某些限制,比如确定了严格责任中的举证责任倒置,在被告人不能证明自己没有过错的情况下,法律就认为他存在主观可责性。这样一来,严格责任和责任主义并不矛盾。

实践表明,严格责任制度的确有存在价值,否定严格责任制度不利于社会的现实需要;但绝对意义上的严格责任也不符合刑法的基本原则。因此如果我国借鉴严格责任制度,就要确定如何在宪法框架下确定其适用的范围以及适用条件。

(二) 代理责任

所谓代理责任,是指被告对他人的行为和精神状态而不是自己的作为或不作为承担有罪的责任。

通常而言,一个人对他人的行为负责,在民法中是很普遍的现状,这即民事代理责任。后来,民事代理责任的概念及其某种意义渗透到了刑事法律领域,刑法中出现了一个人对他人的行为或精神状态承担刑事责任的例外规定。一般而言,刑事代理责任存在如下场合中:一是雇主对其所雇人员在雇佣范围内所做的事负责;二是在涉及证照的案件中,被代理人要对代理人的犯罪行为与罪过承担责任。

代理责任与严格责任是两种不同的归罪方式,严格责任出现的场合是:只要能证明被告的行为触犯了制定法的禁令,并且被告难以表明他已在最大限度内履行了注意义务,以防止发生该行为,就可以判定他有罪。代理责任的场合是:被告的刑事责任是基于他人的行为,通常是雇员的。有时,被告承担责任的范围扩展到实行犯故意地不遵守雇主的命令这一场合。

对是否应当承认刑事代理责任制度,学界也有不同意见。刑事代理责任制度远不及民事代理责任制度古老,它在19世纪末仍遭受着法官们的反对,其理由是:除了对于个体的明显不公正外,对不该受责难的人适用该制度,无疑在制造罪犯。但今天更多学者赞成刑事代理责任制度,其理由是:历史上有适用代理制度的传统,在国际法中也存在一种视个人为国家代表的理论,而且团体责任理论较系统地支持了刑事责任理论。从实践效果看,刑事代理责任制度能有效发挥阻止或威慑犯罪的作用,且其处罚对象通常有某些可罚性,其适用范围和方法也受到严格的限制。

我们认为,刑事代理责任理论对于解决单位犯罪中的连带责任问题是有价值的,而且它还具有发挥刑法的社会防卫的效果,在国际刑法中也是一个得到了认可的制度。所以,对于刑事代理责任有研究的必要。

二、期待可能性理论

所谓期待可能性,是指依据行为之际的现实情形,能够期待行为人不实施犯罪行为而实施适法行为;反之,则为期待不可能性。① 该理论肇始于德国帝国法院第四刑事部关于"癖马案"的判决,如今已成为大陆法系刑法学中规范责任论的核心概念。新中国刑法理论在20世纪90年代就开始对期待可能性进行研究,不过直到2000年之后才真正重视这一理论。

期待可能性必须通过一定的事由反映出来。反映期待可能性的事由分为规范中的期待可能性事由和超法规的期待可能性事由。规范中的期待可能性事由,是指刑法条文中所直接体现的、说明行为人具有期待可能性的事由;超法规的期待可能性事由,是指没有在刑法条文中得到体现,但是能够说明行为人具有期待可能性的事由。

(一) 期待可能性的标准

期待可能性的标准是决定行为人有无期待可能性的根据。对此,有的学者立足于客观的情形,有的学者立足于人。由于不同的人对于期待可能性的认识不同,因而期待可能性的标准首先应该立足于人。而立足于人的标准则分为国家标准说、行为人标准说、平均人标准说、各种折中标准说以及类型人标准说。

我们认为,国家标准不能客观、公正、全面地进行判断,所以其适用余地极少。而行为人标准不符合司法判断的实际情况,可能弛缓法秩序、背离法秩序的统一要求。平均人标准的主要缺陷是界限模糊,不能显示刑罚的个别化原则,还可能将期待可能性与责任能力等同起来。而且与国家标准一样,它会强人所难,并有可能沦为法官标准。由于各种标准的内在矛盾以及它们相互之间的对立关系,各种折中标准说也不可行。我们主张类型人标准说,因为类型人标准能够全面反映社会关系中的不同人群及其属性,可以适用于刑法实践的不同环节,而且还能说明期待可能性的有无及大小。类型人从主体的社会特征上讲,就是具有各种身份的人。在刑法中与期待可能性有关的身份可以分为犯罪成立或者阻却犯罪的身份与加重或者减免责任的身份;而从自然特征上看,可以从责任能力、责任年龄以及认识可能性等方面

---

① 本部分内容参见童德华:《刑法中的期待可能性论》(中国政法大学出版社2004年版)相关部分。

进行分类。其中,责任能力与期待可能性在实质上具有一致性,但是在形式上有区别,前者只能从静态上进行理解,而后者还可以从动态上进行理解。另外,认识可能性是期待可能性的认知前提,认识不可能或者认识错误也会影响到期待可能性。

(二) 期待可能性的地位

由于各国刑法理论构造的不同,期待可能性在理论体系中的地位有所差别。在德、日等国和我国台湾地区,有的学者提出了规制原理说。该说解释了期待可能性的立法机能。但是,由于刑法理论构造主要是方便司法判断,所以刑法理论体系中难以采取规制原理说。有的学者提出了违法性要素与责任要素说,却未能揭示违法性的深层次原因。将期待可能性论置于责任论中,获得了多数学者的赞同,其中包括独立责任要素说、故意过失要素说、消极要素说和分别说。我们认为,这四种学说不能完全反映期待可能性论的机能,在一定程度上欠缺法律依据,还可能诱发诉讼问题。即使撇开这些问题,它们各自也有不可克服的理论难题。

在我国刑法理论中,也有多种见解:(1) 责任能力要素论,主张期待可能性是刑事责任能力的一个构成要素,而不是同责任能力、故意和过失并列的第三要素。(2) 罪过要素论,主张将期待可能性置于故意或过失的要素之中。(3) 修正的罪过要素论,主张将有关罪过的构成要素分为基本要素和评价要素,前者包括故意、过失,后者包括期待可能性。(4) 第三要素说,赞同德、日刑法学中的独立要素说,认为期待可能性是独立于故意、过失之外的归责要素。(5) 更新地位说,认为期待可能性不能作为犯罪主观要件的构成要素,也不能作为犯罪主体的责任能力的构成要素,它是专门用于综合评价意志自由有无的法哲学领域。(6) 刑事责任要素说,认为应在刑事责任中确定期待可能性的地位。我们赞同将期待可能性置于刑事责任论中。这是由我国"罪、责、刑"的刑法理论构造所决定的,它反映了刑事责任的本质,也是根据罪刑法定原则所作出的合理选择。这样既可以弥补我国刑事责任要素的空泛,还可以避免出现德、日以及我国台湾地区理论中的问题。

三、原因自由行为

原因自由行为概念来自于外国刑法,是行为人自己招致精神障碍,陷入无责任能力或者限制责任能力的状态下,若引起犯罪性结果,应对该结果承担完全责任的行为方式。其中,招致精神障碍的行为是原因行为,在精神障碍的状态之下实行的符合构成要件的行为是结果行为。根据外国刑法规定,使自己招致精神障碍的原因行为包括醉酒、吸食麻醉物品等,因此醉酒是原因自由行为的一种。

虽然在外国刑法学中有理论否定原因自由行为概念,但是通说还是对其予以肯定的。我国刑法学中也以积极借鉴该理论为主流,原因在于:(1) 它可以成为解释醉酒的刑事责任的根据;(2) 我国刑法规定的原因自由行为种类单一,可通过该概念维护刑法必要的社会保护机能。

(一) 原因自由行为的根据

原因自由行为是依据"责任能力与实行行为同在"的格言而产生的。至于责任能力存在于原因行为中还是结果行为中,在理论上存在以下学说①:(1) 间接正犯构成说,认为行为人将在无责任能力状态中的行为当作间接正犯加以利用,从而引起结果,所以原因设定行为的时点就完全可以确定实行的着手,它符合"责任能力与实行行为同在"的原则。根据这种观点,原因自由行为具有和间接正犯同样的构造。(2) 原因行为时支配可能说,认为由于原因行为对结果行为是可能支配的,因而它虽然形式上违背了"责任能力与实行行为同在"的原则,但是和该原则的实质理由是密切关联的,即在原因自由行为中,无能力时的实行行为是在有能力时表象的。(3) 意思决定行为时责任说,认为在行为开始时的最终意思决定贯穿行为的全部直到结果发生,因此只要在最终的意思决定之际有责任能力,即便在现实的实行行为,即惹起结果的行为之际丧失了责任能力,也不妨认为行为人具有责任能力而追究其责任。② (4) 正犯行为时责任说,认为正犯和实行的同一性是共犯论的基础,由于其分离才导致正犯时存在责任能力,实行行为时不存在责任能力。即便如此,作为同时存在的原则,只要在正犯行为和结果之间存在就可以了。

以上几种学说都存在不足之处。间接正犯构成说对于处理当今社会的一些问题,如醉酒驾驶等是必要的,但对于原因行为具备作为实行行为的"定型性"、当行为人仅仅陷入限制责任能力状态时的责任,并不能给予充分解释。原因行为时支配可能说的问题是,仅仅因为原因行为可能支配实行行为是不能说明作为符合构成要件的行为理由以追究责任的。对于意思决定行为时责任说而言,同时存在的原则要求实行行为和责任同时存在,不是实行行为的行为时存在的意思决定,不能影响行为时,就不能满足该原则。对于正犯行为时责任说而言,由于传统上认为正犯的行为和实行行为是一致的,如果将其分离只能招致概念上的混乱。而"正犯"和"实行"的区别,只是变更了"实行行为"和"正犯行为"的名称。我们认为,从形式的正犯概念出发很难充分论述原因自由行为的根据,有必要直接根据社会秩序的理论说明原因自由行为的价值。

(二) 原因自由行为之主体

关于原因自由行为的主体是否需要身份上的限制,有两种看法:(1) 无限定说(通说),认为一切达到刑事责任年龄、具有刑事责任能力的自然人,如果使自己陷入无责任能力或限制责任能力状态,并在此状态下实施了危害行为,都可以运用原因自由行为理论来追究其责任。(2) 限定说,认为原因自由行为之主体范围不应被定义得过宽,负有业务和职务之人以及有特殊身体素质的人不应成为原因自由行为之适格主体。③ 对此,有学者提出了质疑,认为限定说有适用严格责任之嫌,并且它只笼统地说其行为当罚,而没有论证为什么处罚无责任能力状态下实施的行为不违背

---

① 除特别注明外,参见〔日〕山中敬一:《刑法总论Ⅱ》,日本成文堂1999年版,第573—582页;童德华:《外国刑法导论》,中国法制出版社2010年版,第212—216页。
② 参见〔日〕西原春夫:《刑法总论》(下卷),日本成文堂1993年版,第462—463页。
③ 参见齐文远、刘代华:《论原因上自由行为》,载《法学家》1998年第4期。

"责任能力与实行行为同在"的原则。①

我们认为质疑的理由并不充分。质疑所针对的问题已经为限定说的论者所排除。争议之所以发生,并不在于论者是否对原因自由行为给予了必要论证,而在于质疑者是以维护当事人的自由为基本立场,而限定说者以维持社会秩序为基本立场。即便如质疑者所指出的那样,限定说可能导致严格的追究责任方式,但亦不排除限定论以严格责任论为说理根据的可能。在这个基础上,这两种见解都有进一步阐述的必要。

(三) 原因自由行为犯罪的罪过形式

关于原因自由行为犯罪的罪过形式,也存在争议:(1) 通说认为,原因自由行为犯罪既可以是故意的,也可以是过失的。(2) 过失论认为,原因自由行为所构成的犯罪只能是过失犯罪。② (3) 排除直接故意说认为,原因自由行为所构成的犯罪可能是过失犯罪,也可能是间接故意犯罪,但不可能是直接故意犯罪。③

这个问题不仅和原因行为的罪过形式以及各国立法例有关,而且和现实情形有关。就立法例而言,有些国家的刑法明确规定原因行为的罪过包括故意和过失两类,因此其犯罪的罪过形式从理论上看既包括故意犯罪,也包括过失犯罪。而在实践中,大多数原因自由行为都表现出过失的心理态度,即行为人对结果的发生都存在疏忽大意或者过于自信的态度,但是行为人有无刑法上的控制能力或者认识能力,在心理学上仅仅表现为程度上的差异,我们还不能排除行为人在具备认识能力但丧失控制能力,特别是丧失了约束自己行为的控制能力的情况下,根据先前的意图实施行为的可能性,如行为人意图杀人或为自己准备借口为目的而使自己处于无理解能力的状态,并进而杀害受害人的,行为人在实施先行行为时的主观意志显然是希望结果发生,此时排除直接故意并不妥当。而且根据刑法维护社会秩序的必要,不适宜排除直接故意犯罪的情形。

思考题

1. 犯罪主观方面的因素与意义是什么?
2. 犯罪故意的概念和基本条件是什么?
3. 犯罪过失的概念和基本条件是什么?
4. 如何区别故意与过失?
5. 什么是法律认识错误?对它应当如何处理?
6. 什么是事实认识错误?对它应当如何处理?

---

① 参见陈家林:《也论原因自由行为》,载《政法论丛》2000年第1期。
② 参见齐文远、刘代华:《论原因上自由行为》,载《法学家》1998年第4期。
③ 参见于改之:《论外国刑法中的原因自由行为》,载《山东大学学报(哲学社会科学版)》2000年第2期。

第九章　故意犯罪的停止形态

> **内容提要**
>
> 本章主要阐述故意犯罪的停止形态的概念及特征,犯罪既遂、犯罪预备、犯罪未遂、犯罪中止这四种不同的犯罪停止形态的概念、成立条件及刑事责任原则。重点在于:哪些犯罪具有犯罪停止形态,犯罪既遂确定的标准,犯罪预备、犯罪未遂、犯罪中止的成立条件、处罚原则及其相互之间的区别。

> **关键词**
>
> 犯罪阶段　犯罪既遂　犯罪预备　犯罪未遂　犯罪中止

第一节　故意犯罪的停止形态概述

一、故意犯罪的停止形态的定义

故意犯罪的停止形态又称为犯罪形态,是指直接故意犯罪行为在其进行的过程中,由于主客观原因而停止下来的各种犯罪的表现形式。

故意犯罪一般不会一蹴而就,往往需要一个过程才能最终完成,如策划犯罪、准备工具、实施犯罪行为、引起危害结果等。在这个过程中,无论因为客观原因的阻挠,还是主观原因的限制,犯罪都有可能无法继续进行而出现一种停顿的状态。这种状态中,虽然刑法所保护的社会关系未必受到了实际损害,但危害行为已经表现出现实的危险性和主观恶性,具有严重的社会危害性,需要动用刑罚手段予以惩罚。故意犯罪在发展过程中表现出不同的形态,可能是完成的形态,也可能是未完成的形态,这种犯罪的表现形式就是故意犯罪的停止形态。

故意犯罪的停止形态按犯罪是否已经达成既遂为标准,可以分为两种基本形态,即犯罪的完成形态和犯罪的未完成形态。犯罪的完成形态仅指犯罪既遂,是指故意犯罪在其发展过程中顺利进行到终点,行为人完成了犯罪的情形。犯罪的未完成形态,是指故意犯罪在其进行过程中中途停止,犯罪没有进行到终点的情形。根据主客观条件的不同,犯罪的未完成形态可进一步分为犯罪预备形态、犯罪未遂形态和犯罪中止形态。

故意犯罪形态具有以下几个特点:

(1) 故意犯罪在客观上存在着不同的形态。从犯意产生到犯罪达成既遂,犯罪都会受到各种因素的影响与制约,有些犯罪能够最后得逞,有些则不能;有些是出于意志以外的原因而中途停止,有些则因为行为人本人的放弃而未达到既遂。犯罪的形态都是客观存在的,都是犯罪的现实表现,具有严重的社会危害性和刑事违法性,不应被忽视。

(2) 故意犯罪的停止形态存在于犯罪进行过程中。各种犯罪形态的产生和界定有赖于犯罪的过程,犯罪过程之外的行为不能作为定罪的根据。故意犯罪的停止形态又有相对的独立性,一旦出现了犯罪的停止形态,犯罪过程即告结束。而且,犯罪的停止形态具有定罪的意义,犯罪的过程只是提供了这样的一个前提,最终需依据犯罪的停止形态来定罪。

(3) 故意犯罪的停止形态是刑法意义上的犯罪表现形式,具有停顿性和不可逆转性。故意犯罪的停止形态是在犯罪过程中固定下来的、不再发展的一种状态,该形态已经表明某种故意犯罪的性质和社会危害性,具有定罪的意义,具有确定性,不可能转化为其他的犯罪形态,也不可能退回犯罪的开始阶段。如故意犯罪因为意志以外的原因而停留在未遂状态时,就应该定未遂犯,不可能出现其他犯罪形态。

(4) 犯罪的停止形态只是直接故意犯罪的表现形式。过失犯罪是行为人主观上出于疏忽大意或者是过于自信而实施的犯罪。只有出现实害结果的过失行为才构成犯罪。没有发生实害结果的,不构成犯罪。所以,过失犯罪的形态单一,对其没有论述犯罪停止形态的必要。在间接故意犯罪中,行为人主观上是一种放任的心理态度,对于结果的发生与否、结果的性质等都是听之任之,具有较大的不确定性。如果这种行为中途停止,作为构成要件的危害结果客观上没有出现,那么犯罪主客观两方面的要件均不能认定,所以处罚该行为在刑法上没有可操作性。加之这种犯罪主观恶性较小,在未完成的形态下,其客观的危害性也很小,从刑法谦抑性的角度看,它也不具备刑罚当罚性。这样,间接故意犯罪也没有犯罪未完成形态,刑法理论上通常所指的间接故意犯罪仅指其完成形态。[①]

二、故意犯罪的停止形态与故意犯罪阶段的关系

故意犯罪的阶段,是指故意犯罪发展过程中所经过的、具有明显先后次序和不同特征的时期。故意犯罪的阶段出现于故意犯罪过程之中,不同于犯罪的停止形态。

理论上对故意犯罪的阶段进行了不同的划分。如有观点认为,应将犯罪划分为犯意表示、阴谋、预备及实行四个阶段;有观点认为,应分为决意、预备、着手、实行、犯罪结果等五个阶段;有观点认为,犯罪包括犯意表示、犯罪预备、犯罪未遂、犯罪既遂四个阶段。我们认为,故意犯罪的阶段不能脱离故意犯罪的过程,也不等同于犯

[①] 参见高铭暄、马克昌主编:《刑法学》(上编),中国法制出版社1999年版,第260页。

罪的过程,因而犯罪过程之外的犯意表示和犯罪既遂之后的销赃、包庇等都不应单独成为犯罪的阶段。不仅如此,故意犯罪的阶段还表现为从一个接点到另一个接点的若干时间段,每个时间段都有其自己的特点,这些特点有利于人们正确认识犯罪。此外,故意犯罪的阶段不同于故意犯罪的停止形态,简单地将各阶段理解为犯罪预备或犯罪既遂形态,并不正确。

以行为的不同特征为根据,故意犯罪可以分为犯罪预备阶段、犯罪实行阶段和犯罪实行后阶段,其中实行行为的着手和实行行为的结束是联系犯罪不同阶段的接点。

故意犯罪的停止形态与故意犯罪的阶段主要有以下几个方面的区别:

(1) 故意犯罪的停止形态是静止的行为状态,而犯罪阶段则是动态的发展过程。犯罪形态是由于主客观原因而停止下来的形态,是犯罪的表现,是相对稳定的静止样态,不可能具有前后相继、发展变化的变化属性。犯罪阶段则不然,它是犯罪过程中所划分的若干段落,表明了犯罪发展、变化的特征。

(2) 故意犯罪的停止形态没有连续性,而犯罪阶段则具有先后顺序性和连续性。犯罪形态都已构成犯罪,且不同犯罪形态彼此互相独立,没有先后顺序和时间上的连续性。犯罪各阶段则不能彼此分开,相应存在时间上的先后顺序和连续性。如预备阶段先于实行阶段,而实行后的阶段则落后于实行阶段。犯罪形态可能会发生在不同的阶段,如犯罪中止可能存在于预备阶段,也可能存在于实行阶段,还可能存在于实行后阶段,再如不能犯未遂也可以出现于犯罪预备阶段和实行阶段。

(3) 故意犯罪的停止形态和犯罪阶段对于构成犯罪的意义不同。一个故意犯罪行为可能经过几个阶段,但一个犯罪不可能出现几种形态。犯罪形态是犯罪的表现,本身已经构成犯罪,具有定罪的意义。犯罪阶段则不然,它本身没有定罪的意义,需要借助于犯罪的形态来认定犯罪的性质。

三、故意犯罪的未完成形态承担刑事责任的根据

犯罪构成是定罪的唯一根据,危害行为符合犯罪构成,才能构成犯罪。但是,在故意犯罪的未完成形态中,犯罪构成的要素在客观上并没有齐备。如在犯罪未遂中,作为构成要件的危害结果没有出现;在犯罪预备中,甚至没有出现犯罪的实行行为。既然如此,未完成形态的犯罪是否应该构成犯罪,是否应承担刑事责任,以及承担刑事责任的根据是什么等问题,都值得进一步探讨。

对未完成形态的犯罪应该承担刑事责任这一点,理论上基本没有异议。现在争论主要集中于其刑事责任的根据,关于如何理解这一根据,理论上出现了主观说、客观说和折中说之争。这一争论在犯罪未遂中还会详细论述,在此恕不赘论。对于如何理解未完成形态的犯罪构成符合性问题,主要有以下几种观点:

(1) 基本构成要件齐备说。该观点认为,任何犯罪都必须具备犯罪客体、客观要件、犯罪主体、主观要件,这是犯罪成立的基本构成要件,缺乏其中任何一个,都不构成犯罪。在未完成的犯罪形态中,危害行为也必须齐备这四个要件,因此预备犯、

中止犯、未遂犯等承担刑事责任的根据也是齐备犯罪构成的基本要件。

(2) 修正的构成要件说。该观点认为,在未完成的犯罪形态中,危害行为没有符合基本的构成要件。此种情况下,构成要件已经在刑法总则中通过相关规定被修正,形成所谓的修正的构成要件。未完成的犯罪形态符合了这种修正的构成要件,因而也应该承担刑事责任。

(3) 刑罚扩张事由说。该观点认为,未完成形态的犯罪是刑罚的扩张事由,在这种情况下,"行为的构成要件符合性的理由是,这些情节给具体犯罪之要素附加了一个超出其概念范围的效力"①。即预备犯、未遂犯和中止犯使某具体犯罪的构成要件超出了其概念的限定,从而具有扩张适用刑罚的效力,因此可以认定这些"欠缺构成要件要素"的行为符合了构成要件。

通说认为,未完成形态的犯罪虽不具备完成形态犯罪的全部要件,但仍然符合了法律规定的犯罪构成要件。对未完成形态的犯罪之所以要追究刑事责任,是因为犯罪未完成形态具备了修正的犯罪构成的所有要件。② 刑法总则中关于未完成形态犯罪的相关规定是对犯罪基本构成要件的修正,同时在刑罚意义上刑法总则的规定也表明了刑罚的扩张理由。在此情况下,"'构成要件符合性'要素尽管存在,但还扩张到犯罪形态意义上'修正的'构成要件符合性之中……因为没有该形态,相应的行为就不具可罚性,人们可以考虑到其作用而称之为'刑罚扩展事由'"③。在定罪意义上,犯罪的未完成形态承担刑事责任的根据是该行为具备了修正的构成要件。

第二节 犯罪既遂

一、犯罪既遂的概念

犯罪既遂,从字面上理解,就是犯罪得手、犯罪得逞的意思。不同的犯罪得逞的方式有所不同。如盗窃罪,行为人取得他人财物,并且排除了他人控制,一般应视为得逞;再如走私淫秽物品罪,如果行为人将淫秽物品走私入境,那么其犯罪也应视为得逞。

但是,从规范意义上讲,犯罪既遂应该有其确定的标准,只要某一犯罪达到了该标准,即成立犯罪既遂;否则,就没有既遂。一般而言,犯罪构成是认定犯罪成立与否的依据,具有确切的含义,表达了明确的标准,可以概括所有犯罪的成立要素。所以,犯罪构成内容全面,充足犯罪构成要件即为认定犯罪既遂的标准。通说认为,犯罪既遂是指行为人故意实施的行为已经具备了刑法分则条文所规定的某一犯罪构成的全部要件。

---

① M. E. Mayer, *Der allgemeine Teil des deutschen Strafrechts*, Carl Winters Universitaetsbuchhandlung, Heidelberg, 1923, S. 341.
② 参见高铭暄、马克昌主编:《刑法学》(上编),中国法制出版社 1999 年版,第 262—263 页。
③ Beling, *Grundzuege des Strafrechts*, J. C. B. Mohr, Tuebingen, 1925, S. 82—83.

二、犯罪既遂的几种类型

我国刑法分则中规定了几对具有不同特点的犯罪,其既遂形态也有较大区别,下面分别进行对比分析。

(一) 行为犯与结果犯

关于行为犯与结果犯的含义,在我国刑法理论上有两种不同的理解。通说认为,不以发生危害结果作为既遂判定标准的犯罪是行为犯;发生了危害结果才成立既遂的犯罪是结果犯。据此,《刑法》第232条规定的故意杀人罪是结果犯。另一种观点认为,行为犯是指不以发生危害结果为其成立条件的犯罪;而结果犯则为必须发生危害结果才成立的犯罪。据此,故意杀人罪则属于行为犯。[①] 前一种观点有利于区分犯罪的既遂与未遂;后一种见解则有助于把握罪与非罪的界限。我们采用通说的见解。行为犯是以危害行为的完成为既遂标志的犯罪,如诬告陷害罪、非法侵入住宅罪等。结果犯是以危害结果的发生为既遂标志的犯罪,如故意杀人罪、抢劫罪等。

(二) 危险犯与实害犯

根据危害结果的表现形式,可以将犯罪分为危险犯和实害犯。

危险犯,是指以法律所规定的某种危险结果作为构成要件的犯罪。危险犯不仅要求行为人实施了某种特定行为,而且还要求该行为引起了法定的危险状态。如果仅有该行为,但没有引起法律规定的危险状态,就不能构成犯罪。如行为人在野外鱼池边焚烧一堆废纸,虽有放火的行为,但没有引起威胁公共安全的危险,所以不能构成放火罪。更重要的是,危险状态为犯罪的成立要件,为犯罪成立和犯罪既遂不可或缺的要素。此种以危险结果为构成要件的犯罪,在我国刑法分则中有很多,如放火罪、决水罪、投放危险物质罪、爆炸罪、破坏交通工具罪、破坏交通设施罪、破坏易燃易爆设备罪等。理论上还有所谓的具体危险犯与抽象危险犯的区别,这里限于篇幅,恕不赘述。

危险犯在既遂的认定方面也不同于实害犯,不要求出现实际的损害结果,也不同于行为犯,并不以实行行为的实施终了为已足。危险犯的既遂一般为行为人所实施的危害行为是否达到了足以造成一定危害结果的现实可能性,表现在两个方面:(1) 该行为本身具有客观、现实的危险性;(2) 该行为已经实施完毕。如放火罪中,火已经能够独立燃烧;再如破坏交通工具罪中,交通工具已经受到了客观的损害,足以危害公共安全。在行为本身具有客观危险性的情况下,如果该行为已经实施完毕,而危险结果没有出现,或者该行为尚未实施完毕,都只能构成犯罪未遂。理论上有一种观点认为,危险犯只是实害犯的未遂形态,且刑法分则条文上并不应以既遂

[①] 参见张明楷:《刑法学》(上),法律出版社1997年版,第271页。

为模式。① 这种观点值得进一步商榷。

实害犯是与危险犯相对的概念,是指以法律所规定的某种实际损害结果为构成要件的犯罪。所谓实害结果,是指危害行为对犯罪直接客体所造成的现实损害。我国刑法中的实害犯很多,如故意杀人罪以剥夺他人生命为要件,诈骗罪以给他认造成损失为构成要件。实害犯以客观上出现法律所规定的实害结果为既遂的标准。

(三) 结果加重犯与情节加重犯

结果加重犯,是指实施了基本的犯罪构成要件的行为,发生了基本犯罪构成要件之外的重结果,根据刑法规定,可加重处罚的犯罪。对结果加重犯的既遂,理论上认识不一。主要争论在于:对于加重结果,行为人主观上是否仅限于过失,如绑架他人并致其死亡的。如果行为人对加重结果所持的心理态度仅限于过失,则结果加重犯中没有区分既遂与未遂的问题;反之,则不然。我们认为,结果加重犯一般没有未遂形态,只有成立与否的问题,一经出现重结果,即构成结果加重犯,否则不构成结果加重犯。

情节加重犯,是指实施了基本的犯罪构成要件的行为,由于具有严重情节,法律明文规定需要加重处罚的犯罪。加重情节不同于加重结果,前者范围较广,可以表现为恶劣的行为手段、严重的危害后果或者卑鄙的主观动机;后者范围较确定,即法律明确规定的某种具体结果。如《刑法》第120条之一"帮助恐怖活动罪"规定:"资助恐怖活动组织或者实施恐怖活动的个人的,或者资助恐怖活动培训的,处5年以下有期徒刑、拘役、管制或者剥夺政治权利,并处罚金;情节严重的,处5年以上有期徒刑,并处罚金或者没收财产。"此处的"情节严重"就是加重处罚的根据。一般而言,情节加重犯中法定情节是决定是否加重处罚的关键,出现加重情节,就应该加重处罚,反之则不然。所以,情节加重犯只有构成与否的问题,而不存在既遂与未遂的问题,只要加重情节出现,即为成立。

理论上围绕过失犯、间接故意犯是否存在既遂形态进行了激烈争论。通说肯定了过失犯与间接故意犯的既遂形态;而持否定说的论者认为,既遂与未遂相对成立,无未遂则无既遂,因而过失犯和间接故意犯均无犯罪既遂。我们基本持通说的观点,认为所有犯罪都存在既遂形态,因为从既遂成立的根据看,只要某一行为具备了犯罪构成的所有要件,均构成既遂。因为某犯罪无未遂形态,而否定其既遂形态,未免有循环论证之嫌。

---

① 参见胡东飞:《危险犯应属实害犯的未遂形态》,载《中国刑事法杂志》2001年第4期;陈航:《对"危险犯属于犯罪既遂形态"之理论通说的质疑》,载《河北法学》1999年第2期。

第三节 犯罪预备

一、犯罪预备的概念与种类

我国《刑法》第22条第1款规定:"为了犯罪,准备工具、制造条件的,是犯罪预备。"因犯罪预备而构成犯罪的,称为预备犯。由此,犯罪预备可以定义为:为了犯罪,准备工具、制造条件,但由于行为人意志以外的原因而未能着手,从而构成犯罪的行为。

《刑法》第22条中规定了两种预备的行为:

(1) 准备工具的行为。准备工具,是指准备犯罪的工具。如准备杀人所用的刀具、绳索、毒药等;再如准备伪造货币所使用的机器、色彩等。因为犯罪预备距离犯罪既遂较远,其社会危害性相对较小,所以并不是所有的准备工具行为都构成犯罪预备。如果处罚所有的预备行为,则不仅理论上不符合刑法谦抑性要求,而且实践中也缺乏可操作性。如为了生产、销售伪劣产品而准备原料、能源的行为,就不能简单地以生产、销售伪劣产品罪的预备犯论处。只有表现出严重社会危害性的预备行为才应该受到刑罚惩治,如那些有较强杀人倾向的磨刀、有明显诈骗倾向的伪造他人合同等,这些行为容易认定,对其处罚也符合刑法谦抑性的要求。

(2) 制造条件的行为。制造条件的行为是指制造有利于犯罪实施条件的行为,如为盗窃而进入被害人房间、为杀人而调查被害人行踪等。与准备工具一样,制造犯罪条件也不属刑法分则所规定的实行行为,其范围非常广泛,规范性较差,不易认定。一些外国刑法,如德国刑法一般不处罚预备行为,其道理也在于此。制造条件行为,只有能够表明犯罪倾向,且本身具有严重社会危害性的,才应该受到刑罚处罚,如故意杀人罪中排除实施犯罪的障碍、预先诱骗被害人等。

二、犯罪预备的构成特征

(一) 行为人已经实施了犯罪预备行为

预备行为,是指为犯罪所做的准备活动,可以是为犯罪创造一些有利条件,也可以是为犯罪清除一些障碍,还可以是为犯罪后逃离查处进行一些反侦查的布置。预备行为的社会危害性不仅体现为实施实行行为的可能性,而且还表现为其本身的危害性,预备行为本身能够给被害人或者其他人带来一些现实的危险或心理威胁,能够破坏社会的和谐环境和安定团结的局面。如单纯的购买安眠药尚不足以构成犯罪预备,因为安眠药有多种用途,可以用来助眠,也可以用来谋杀,其本身尚不能体现严重的社会危害性,不足以威胁刑法所保护的社会关系。如果行为人有明显的报复意愿,且系违反法律规定而取得安眠药,其购买安眠药的行为就具有较大的威胁,应该引起刑法的关注。

犯罪预备与犯意表示的区别主要表现在客观方面。犯意表示,是指具有犯罪意图的人,通过言辞的形式,单纯将其犯罪意图表露出来的行为。虽然犯意表示有时要借助于一定的言辞或特殊行为表现出来,似乎具有一定的客观特征,但实际上,这种客观表现是没有社会危害性的,没有带来现实的危险,也不会为未来可能发生的侵害行为制造便利条件。犯意表示具有以下三个方面的特征:(1)犯意表示是人的犯罪意图的真实流露,没有真实的犯罪意图,也就无所谓犯意表示;(2)犯意表示是犯罪意图通过言辞形式表达出来,是犯意的外化表示,如扬言报复;(3)犯意表示是单纯表露犯罪意图的言辞,这种犯罪意思仅仅停留于言辞之中,没有实际行动,没有客观的社会危害性。阴谋,是指两人以上就实行一定犯罪行为所共同进行的谋划。阴谋处于犯罪预备与犯意表示之间的边缘地带,如果同时伴有预备行为的,就应该以犯罪预备定罪;如果一方是单纯的阴谋,没有任何的预备行为,而另一方有实行行为的,则可以共同犯罪的相关理论来解释;如果双方都只是说说而已,并没有现实的犯罪打算的,则不构成犯罪。

(二)行为人客观上未着手实行犯罪行为

犯罪预备必须停止在犯罪预备阶段,且不可能继续发展。如抢劫犯拦住他人时,即被公安人员抓获;再如盗窃犯在深夜外出物色财物时,被巡逻的民警抓住。犯罪预备中,行为人没有着手实施实行行为,这是犯罪预备区别于犯罪未遂的关键。

(三)未能着手实行犯罪是由于行为人意志以外的原因所造成的

犯罪停止于预备阶段,可以是因为行为人自动停止,也可以是因为行为人意志以外的原因使其不得不停止进一步实施行为;如果是前一种情况,则不构成犯罪预备,应以犯罪中止论。是否出于意志以外的原因,是犯罪预备阶段区别预备犯与中止犯的关键。

意志以外的原因,是指迫使行为人停止犯罪的各种主客观因素。从客观情况看,可以是被害人及时发现而逃避侵害,也可以是公安机关或其他人的阻止而使行为人无法进一步实施犯罪,还可以是行为人实施犯罪的各种客观条件不成熟而被迫停止,如此等等,不一而足。

(四)行为人主观上有明确的犯罪故意,目的是"为了犯罪"

《刑法》第22条所规定的"为了犯罪",一般是指为了顺利实行犯罪。在很多犯罪中,预备阶段是必经阶段,如赌博罪中,行为人事前必须实施一些准备赌具、聚集赌徒的行为,否则赌博行为难以成立。如果缺乏"为了犯罪"的目的,即使行为具有一定的社会危害性,也不能以预备犯处理。

三、预备犯的刑事责任

预备犯在客观上实施了准备犯罪工具、创造犯罪条件的行为,具有客观的社会危害性;在主观上具有明确的犯罪意图,具有主观恶性和人身危险性,符合了犯罪构成要件,应当负刑事责任。预备行为还没有给犯罪客体造成迫切的威胁,距离实际的危害结果较远,社会危害性比较小等情况,在处罚上也应该有所体现。

所以,我国《刑法》第 22 条第 2 款规定:"对于预备犯,可以比照既遂犯从轻、减轻处罚或者免除处罚。"适用该规定时,应当注意以下两方面的内容:

(1) 对于预备犯,一般比照既遂犯从轻、减轻处罚或者免除处罚。即在既遂犯相应的法定刑幅度内进行具体的量刑。以盗窃罪为例,如果行为人预备盗窃数额较大的财物,那么在"3 年以下有期徒刑、拘役或者管制"幅度内从轻或免除处罚;如果预备盗窃数额巨大的财物,则在"3 年以上 10 年以下有期徒刑"幅度内从轻、减轻处罚或者免除处罚。

(2) 对预备犯的处罚,我国刑法是一种弹性规定,即规定"可以"从宽处罚。对预备犯是否从宽处罚、如何从宽处罚,都取决于行为的社会危害性,既可以从宽处罚,也可以不从宽处罚。如果犯罪性质恶劣、预备行为手段残忍、预备行为已经逼近实行行为、行为人动机卑鄙、人身危险性很大,也可以不予从宽处理。对于预备行为情节显著轻微,危害性不大的,则不宜以犯罪论处。

第四节 犯罪未遂

一、犯罪未遂的概念和构成特征

我国《刑法》第 23 条第 1 款规定:"已经着手实行犯罪,由于犯罪分子意志以外的原因而未得逞的,是犯罪未遂。"因犯罪未遂而构成的犯罪,称为未遂犯。根据刑法的规定,我们可以将犯罪未遂理解为,行为人已经着手实行犯罪,由于犯罪分子意志以外的原因而未达成既遂的一种犯罪形态。

犯罪未遂具备三个方面的构成特征。

(1) 行为人已经着手实行犯罪。"着手实行"标志着犯罪实行阶段的开始,也是区分犯罪预备与犯罪未遂的关键所在。"着手"具有"开始某种行为"的意思,在刑法中指开始实施刑法分则所规定的具体犯罪构成要件的行为。如盗窃罪中行为人已经开始盗取财物的行为,故意杀人罪中行为人已经开始了杀害的行为。

"着手实行"应该具有主观和客观两个方面的特征,符合主客观方面的要求:第一,主观方面,行为人已经确立了具体明确的犯罪目的,并在此目的的支配下,把犯罪推进到能够完成犯罪甚至导致犯罪结果发生的阶段,行为人的犯罪意图必须通过其行为明确地表现出来,如行为人入室盗窃时物色财物;第二,客观方面,行为人开始实施刑法分则所规定的具体犯罪构成客观方面的行为。具体地说,行为人的行为已经直接指向犯罪对象(在无犯罪对象的犯罪中,则往往从行为性质方面来把握,如赌博罪中,行为人已经开始了赌博的行为),对刑法所保护的社会关系构成现实的、迫切的威胁;在行为犯中,行为人已经开始了刑法所规定的行为;在危险犯中,行为人的行为已经具备了一定的客观、具体的危险;在结果犯中,该行为已经具有引起该实害结果的可能性。

(2) 犯罪未得逞。犯罪未得逞,是指犯罪未达既遂而停止下来。犯罪未得逞是区分犯罪未遂与犯罪既遂的主要标志。

对于"未得逞",理论上有不同的理解。有观点认为,"未得逞"就是没有达到目的。从语义上解释,"得逞"有"(坏主意)实现,达到目的"的意思。这涉及犯罪既遂认定标准的问题。如前所述,目的实现说、结果出现说、行为终了说都存在缺陷,不能完全正确地解释各种犯罪既遂的情况,因而通说采取了犯罪构成要件充足说。从解释论上看,对某一概念的理解,"刑法观念形象的用词并不起决定性作用","词意和用语通常只是线索(Indizien),从来都只是刑法的观念形象之表现手段",而"要准确揭示刑法规范的内涵、外延和适用范围,换言之,要准确表达规范概念,就必须将具体要件与其法益或保护客体结合起来",不需要拘泥于规范的字面意义,所以字面意义也不应该成为正确解释"未得逞"的障碍。①

根据犯罪构成要件充足说,犯罪未得逞是指犯罪行为没有充足刑法分则条文规定的某一犯罪构成的全部要件。具体情况不同,犯罪未得逞的表现也有所区别。行为犯的"未得逞",是指犯罪的实行行为最终没有完成;结果犯的"未得逞",是指法定危害结果最终没有出现;危险犯的"未得逞",是指公共危险虽然存在,但没有变成现实的威胁,尚不足以自然发展成为实害结果。②

(3)犯罪未得逞是由于犯罪分子意志以外的原因。犯罪意志以外的原因使得犯罪人没有完成犯罪,是犯罪未遂的重要特征,也是区别犯罪未遂与犯罪中止的关键。这种原因违背了行为人的本意,并最终发挥了关键作用。

这些原因本身并无特别的要求,只要违背了犯罪人的本意且抑制了行为人的犯罪意图,最终阻止了犯罪行为,无论是主观的还是客观的,都可以作为犯罪未遂的原因。这些原因包括:

第一,客观外界原因。这些客观原因包括被害人的反抗或逃避、他人的制止或政法机关的拘捕以及其他物理、时空障碍。如强奸妇女时,被害人大声呼救,使行为人产生恐惧心理,从而放弃犯罪;再如盗窃仓库财物时,发现财物已经变质、失效。

第二,行为人自身素质原因。因行为人自身素质而客观导致犯罪未遂的原因主要有:犯罪分子能力低下、作案手段拙劣、犯罪工具简陋等。如行为人平时患有晕血症,着手杀人行为时,见血后立即神志不清、肌肉抽搐,无法继续实施杀人行为;再如行为人向他人饮品中投放老鼠药,因所投毒药剂量不足,无法致被害人死亡。

第三,行为人的认识错误。由于行为人对客观事实认识不足,犯罪实行行为可能无法顺利进行,从而犯罪无法达成既遂。具体而言,导致犯罪未遂的认识错误主要有:犯罪对象的认识错误,即误将非犯罪对象当作犯罪对象,如误认为木桩是人,并进行射击的;犯罪工具的认识错误,即误将非犯罪工具当作犯罪工具的,如误以白

---

① Schwinge, *Teleologische Begriffsbildung im Strafrecht*, Ludwig Röhrscheid, Bonn, 1930, S. 48, 50, 22.
② 参见王安异:《刑法中的行为无价值与结果无价值研究》,中国人民公安大学出版社2005年版,第213页。

糖当砒霜杀人;对犯罪因果关系的认识错误,即误认为危害结果已经发生而放弃继续侵害的,如将某人掐晕后,误认为其死亡。

二、犯罪未遂的分类

为了把握未遂犯的社会危害性,正确对未遂犯进行定罪量刑,我国刑法理论中依据两个标准对犯罪未遂进行了分类:(1)犯罪实行行为是否实行终了。以此为标准,可将犯罪未遂分为实行终了的未遂与未实行终了的未遂。(2)该实行行为能否构成既遂。以此为标准,犯罪未遂可分为能犯未遂和不能犯未遂。

(一)实行终了的未遂与未实行终了的未遂

区分实行终了的未遂与未实行终了的未遂,只有在结果犯中才有意义。在行为犯中,依据充足构成要件的标准,犯罪既遂表现为行为人实施了全部的实行行为,实行终了的未遂没有存在的空间。在结果犯中则不然,实行行为的终了与危害结果的出现往往有时间差,行为实施完毕后,结果较晚才能出现,甚至根本不会出现。在后一种情况下,结果犯的构成要件就没有充足,也即成立犯罪未遂。

实行终了的未遂,是指犯罪的实行行为已经实施结束,但因为行为人意志以外的原因,危害结果没有出现,未达成既遂的形态。未实行终了的未遂,是指因为行为人意志以外的原因,犯罪的实行行为无法进行,从而停止在实行阶段,未达成既遂的形态。

在实行终了的未遂中,行为人已经实施了全部的实行行为。如已经给被害人服下毒药,但被害人及时就医,而没有被毒死。在这种情况下,行为人已经完整地表露出其犯罪意图和人身危险性,其行为的手段、形式、客观义务违反性和危险性也得以充分表达,具备了完整的行为无价值。有些情况下,实行终了的未遂也掺杂了认识错误的问题,如犯罪分子误认为其犯罪意图已经实现而停止犯罪的。① 我们认为,存在主观认识错误而停止犯罪实行行为的情况,一般应该适用错误论来处理,因为客观上的实行行为并没有完成,它只是被行为人人为地提前结束了,从主客观相统一的角度看,其实行行为并没有终了,不属于实行终了的未遂。

在处理实行终了的未遂时,行为无价值论与结果无价值论各持一端。行为无价值论认为,应该对其以犯罪既遂处理;而结果无价值论认为,从侵害具体法益的角度看,行为是否实行终了没有区别,相应也不应特殊处理。我们认为,结合行为无价值与结果无价值两方面看,在未遂犯中,无论行为是否实行终了对危害结果的影响并不大,但其行为所表现的危险性和义务违反性等行为无价值方面,则不可等量齐观。这应该反映在对实行终了的未遂与未实行终了的未遂的定罪量刑中,具体而言,两者在定罪上没有区别,但在量刑上则应该被区别对待,即在量刑时对前者一般应比对后者严。

---

① 参见高铭暄、马克昌主编:《刑法学》(上编),中国法制出版社1999年版,第277页。

(二) 能犯未遂与不能犯未遂

能犯未遂，是指犯罪行为有达到既遂的现实可能性，但由于行为人意志以外的原因而未能既遂的形态。不能犯未遂也称为不能犯，是指犯罪行为虽具有一定危险性，但不具备达到既遂的现实可能性，因而停止下来的犯罪形态。

我国刑法中对不能犯一般在犯罪未遂中讨论。实际上，不能犯也可以出现在犯罪预备阶段。如某人试图强奸被害人，在通往被害人住所的路上被他人拦下，而未能着手强奸行为；但实际上被害人当天根本不在住所，强奸行为根本就不可能达到既遂。

不能犯未遂可以分成对象不能犯未遂和工具不能犯未遂两种。所谓对象不能犯未遂，是指由于犯罪分子的行为所指向的对象不具备犯罪对象的特征，从而不可能达到既遂的形态。如向尸体开枪，就不可能构成故意杀人罪的既遂。所谓工具不能犯未遂，是指犯罪分子实施犯罪所采用的工具没有破坏力，因而犯罪不可能达到既遂的形态。如使用已经损坏的枪支杀人，误用食碱当毒药杀人等。

不能犯虽然不可能达到犯罪既遂，但仍然具备严重的社会危害性，仍然需要具有一定危险性。[①] 对于一些没有社会危害性或者社会危害性明显较小的行为，不应以犯罪论。如出于迷信思想，采用一些根本没有社会危害性的手段，诸如参拜神灵之类，企图加害他人，即所谓的"迷信犯"，没有危险性，与这里所指的不能犯有明显的区别，不符合犯罪构成，因而不构成犯罪。

三、未遂犯的刑事责任

我国《刑法》第23条第2款规定："对于未遂犯，可以比照既遂犯从轻或者减轻处罚。"这是一种弹性规定，没有采取主观学说的不减主义和客观学说的必减主义，而是采取了折中的得减主义观点。该规定可作以下几个方面的理解：

（1）未遂犯的社会危害性一般比既遂犯小，刑事责任相应也较轻。犯罪未遂虽然符合了犯罪构成，但没有充足所有的构成要件，或者是没有出现危害结果，或者是行为没有完成，较之有危害结果或者完成了实行行为的犯罪，其社会危害性相对较小。根据罪责刑相一致原则，未遂犯较之既遂犯的刑事责任也相对较小，处罚也相对较轻。

（2）未遂犯的处罚应该比照相应既遂犯的法定刑。具体的未遂犯存在质和量上的规定性。

（3）适用该弹性条款，应该综合考虑各方面的因素。决定裁量刑轻重的是犯罪的社会危害性。这就要求，在具体裁量某一未遂犯是否从宽处罚、是从轻还是减轻处罚之时，应该综合考虑犯罪的性质、未遂行为距离既遂的远近、行为人的人身危险性和主观恶性等因素。对于犯罪性质不太严重、人身危险性较小、刚刚实施着手行

---

① 参见郑军男：《不能犯未遂研究》，中国检察出版社2005年版，第150页。

为、主观恶性较小的未遂犯,一般考虑减轻处罚;对于一般的未遂犯,可以考虑从轻处罚;对于那些犯罪性质恶劣(如投放危险物质、爆炸类的犯罪)、行为人动机卑鄙、人身危险性较大的未遂犯,也可以不予从宽处罚。

第五节　犯罪中止

一、犯罪中止的概念和构成特征

《刑法》第24条第1款规定:"在犯罪过程中,自动放弃犯罪或者自动有效地防止犯罪结果发生的,是犯罪中止。"因为犯罪中止而构成犯罪的,称为中止犯。根据刑法的规定,犯罪中止可定义为:在故意犯罪过程中,行为人自动放弃犯罪或者自动有效地防止犯罪结果发生的一种犯罪未完成形态。

构成犯罪中止,必须具备三个方面的特征。

(1) 时间性特征。犯罪中止只能发生在犯罪过程中,具体而言,即行为人已经开始了犯罪预备行为,且没有达到犯罪既遂。只有在这一个时间段内自动、有效地中止了犯罪行为,才能构成犯罪中止。在预备行为实施之前自动、有效停止行为的,不构成犯罪;在犯罪既遂之后,犯罪就不可能中止,行为人的表现只能作为犯罪之后的悔罪表现。如盗窃罪中,行为人取得数额较大的财物后,马上又归还给被害人,就只能算作盗窃犯的退赃表现,不影响犯罪既遂的成立。

根据犯罪所处的不同阶段,犯罪中止也表现出不同的特点:

第一,预备阶段的犯罪中止。即行为人在犯罪预备阶段自动放弃犯罪,从而使犯罪未进入着手实行阶段的犯罪形态。这种中止犯与预备犯一样,都发生在犯罪预备阶段,且都没有着手。两者的区别在于:中止犯是出于自愿而未着手实行,但预备犯是出于行为人意志以外的原因而未着手。

第二,实行阶段的犯罪中止。即行为人已经着手实施犯罪行为,在行为尚未终了之前自动放弃犯罪或自动有效地防止犯罪结果发生,从而使犯罪未达到既遂的形态。实行阶段的中止犯与未实行终了的未遂犯一样,都发生在犯罪实行阶段,且都没有达到既遂。两者的区别在于:中止犯是出于自愿而未继续实施犯罪行为,但未实行终了的未遂犯是出于行为人意志以外的原因而未达到既遂的。

第三,实行终了的犯罪中止。即实行行为已经结束,危害结果尚未出现,行为人自动有效地防止了危害结果的发生,最终使犯罪没有达到既遂的形态。与既遂犯不同,实行终了的中止犯是未完成形态的犯罪。

(2) 自动性特征

中止犯的成立要求行为人必须是自动停止犯罪,是出于自己的意志而放弃了自认为当时本可继续实施和完成的犯罪。

对于自动性的理解,理论上围绕行为人的自动性是否受到外界因素影响而出现了不同的观点。有观点认为,这种自动中止不受任何外界因素影响,如被害人的哀求、警告或别人的规劝等;也有观点认为,外界因素对自动性的影响应区别对待,关键看该因素在行为人决断中所起作用的大小;还有观点认为,应当根据行为人对事实的认识情况,结合外界因素的性质及表现形式,分别不同情形予以认定。①

这个问题还是要回到对自动性本身的正确理解上。通过对法律规定的分析可以看出,中止犯的自动性有两层含义:

第一,有自动中止的前提。即行为人自认为当时有能力决定犯罪的进程,有能力继续实施犯罪并达到犯罪既遂。即使该行为达到既遂的条件客观上并不具备,如行为人误认为被害人家中有财物,而中途放弃实施盗窃行为,也不影响该前提的成立。如果行为人已经预见到该犯罪难以得逞而放弃实施的,则其停止行为不能视为自动放弃。理论上,该前提主要依据行为人的主观认识来判断。但是,这并不能否定客观条件的意义,单纯的臆想或愚昧无知是不行的。在一些两可的情况下,往往需借助于客观条件来判断该前提条件是否存在。如行为人本来试图强奸被害人,结果认出被害人是小学的同学,羞愧之下逃离现场。这时,应该根据客观条件判断:看当时行为人是否具备达到犯罪既遂的客观条件,只有存在该条件,才具备自动中止的前提。

第二,出于本人意志而停止了犯罪。自动中止是出于行为人的本意,可以是出于悔悟、同情心,也可以是出于一种惧怕心理,还可以是受到了他人的教育,而不是被迫停止犯罪,不是意志以外的障碍阻止了犯罪的继续。在实践中往往存在一些妨碍犯罪顺利进行的因素,它们或多或少地对犯罪人的犯罪意志产生了影响。如行为人行窃时,突然听到外面有脚步声,误以为主人回家,仓皇逃走,但实际上只是行人过路而已;再如行为人寄恐吓信件进行敲诈勒索,已经寄出恐吓信件,而因为害怕被害人告发,未寄出勒索信件。前一个案例中,行为人因认识错误而被迫停止了犯罪,应属犯罪未遂;后一个案例中,行为人则没有受到外部因素的妨碍,只是出于本人的心理障碍而没有继续实施行为,并不是被迫放弃犯罪,应属犯罪中止。所以,判断是否"出于本人意志"应该考虑两个方面:一方面,是因为自己的心理影响才决定放弃犯罪的,这种心理影响并不限于恐惧、怜悯或是羞愧;另一方面,即使外界因素和特殊条件的影响,但行为人主观上仍然能够自由地决意。

实践中,根据不同情况,可以分别不同情况进行处理:第一,没有任何外在障碍而中途停止犯罪的,构成犯罪中止;第二,外在障碍存在,但没有直接迫使行为人放弃犯罪意图,或者即使形成心理压力,但不足以干扰其继续实行,或者行为人根本没有认识到这种障碍,并自愿放弃犯罪的,也构成犯罪中止;第三,行为人因为认识错误而产生错误的精神压力,从而被迫放弃犯罪的,是犯罪未遂;第四,认识到外界障碍而放弃犯罪的,也是犯罪未遂。②

---

① 参见林亚刚:《论犯罪中止的若干争议问题》,载《法学评论》2003 年第 6 期。
② 参见马克昌主编:《犯罪通论》,武汉大学出版社 1999 年版,第 471—472 页。

(3) 有效性特征。即行为人彻底抛弃犯罪意图,停止犯罪行为,有效地防止了犯罪结果的发生。有效性包括两个方面的内容:主观上,行为人彻底地打消了犯罪意图,有了自动停止犯罪的诚意和决心,而且是坚决地、完全地抛弃犯罪意图,而不是因为准备不充分或时机不成熟而暂时中断犯罪,伺机再犯;客观上,行为人必须彻底地终止了犯罪的行为,没有引起犯罪结果,或者积极采取措施,使行将发生的犯罪结果得到了有效的制止。

不同的犯罪阶段对犯罪中止的有效性要求不同:第一,在犯罪预备阶段,通常只需要行为人消极停止犯罪预备行为或放弃实行行为,打消犯罪意图,就可以构成中止。犯罪预备行为危险性相对较小,尚不足以直接引起犯罪结果,没有进一步的实行行为,是不可能构成犯罪既遂的。如故意杀人罪的磨刀行为,本身没有导致他人死亡的现实危险;盗窃、侮辱尸体罪中事前探路的行为,也不能充足该罪的构成要件。所以,在犯罪预备阶段,只要行为人停止犯罪的行为,犯罪的危险性就会消除,也就符合了犯罪中止的有效性要求。第二,在犯罪实行阶段,一般行为人不仅要停止犯罪的继续实施,而且要消除其实行行为给犯罪客体所带来的现实危险,才可构成犯罪中止。如在行为人已经动手杀人,已经给被害人带来了一定的伤害的情况下,只有行为人放弃杀人行为,并且防止被害人伤情恶化,避免被害人死亡,才构成犯罪中止。倘若行为人虽放弃了继续杀人的行为,但是弃被害人于不顾,被害人最终因流血过多而死的,就不构成犯罪中止,而应该以故意杀人罪的既遂犯处理。第三,在犯罪实行终了阶段,只有行为人积极采取措施防止犯罪结果出现,并且最终因为自己的努力而使犯罪结果没有发生,才可构成犯罪中止。在犯罪实行终了阶段,犯罪的意图已经得到了充分的表露,不可能再放弃,只能采取措施加以补救,所以要求行为人采取积极措施,防止犯罪结果的出现。如果行为人没有采取积极措施,且犯罪结果没有出现,则对行为人应当以犯罪未遂来处理。如果行为人最终没能有效地防止犯罪结果,则应以犯罪既遂处理。

综上所述,犯罪中止形态具备时间性、自动性和有效性三个特征,只有同时具备这样三个特征,才能成立犯罪中止。这三个特征之间也存在一定的逻辑关系,其中时间性特征是前提条件,把握时间界限,可以把非罪行为和犯罪既遂排除在外;自动性特征是实质条件,它可以帮助划清犯罪中止与犯罪预备、犯罪未遂之间的界限;有效性特征是限定性条件,可以有助于认定那些中止不彻底的犯罪,如伺机再犯的犯罪和未能防止犯罪结果从而构成既遂的犯罪。

二、重复侵害行为的犯罪中止问题

如果某种侵害行为由于行为人意志以外的原因而没有引起犯罪结果,行为人本来有能力继续实施侵害,但他放弃继续加害,而使犯罪没有达到既遂的,就构成所谓的自动放弃能重复侵害的行为。如行为人蓄意持枪杀人,连开数枪,都没有击中被害人,于是改变主意,没有继续射击,并放弃了犯罪。

自动放弃可重复侵害的行为,处于犯罪未遂与犯罪中止之间的边缘地带:行为人已经实施的行为是由于意志以外的原因而未得逞,具备了犯罪未遂的特征;而其尚未实施的行为则是由于行为人自动放弃才未达到既遂,符合犯罪中止的特征。对于如何处理这种情况,理论上存在争论。一种观点认为,不能忽视前一个未遂的行为,后一个中止的行为"不能消除犯罪人已经实施的未遂行为所应负的刑事责任,而只能作为证明犯罪人社会危害性较小的一个情节,在量刑时应当予以考虑,但不能认为是犯罪中止"①。也有学者认为,第一个侵害行为构成未遂犯,而后来的放弃行为则构成中止犯,在定性时依据重行为吸收轻行为的原则,应以未遂犯论处。

通说认为,这种情况应该以中止犯处理。这是因为:

(1) 这种行为符合犯罪中止的时间性特征。可能重复实施的加害行为发生在犯罪实施过程之中,行为人已经实施了一个加害行为,表明实行行为已经开始,该加害行为没有导致犯罪结果,表明犯罪尚未达到既遂,而因为该行为尚可以重复实施,并没有停止下来,所以它没有构成犯罪的停止形态,而仍然停留在犯罪的过程之中,即重复加害的行为均存在于一个犯罪过程之中,符合犯罪中止的时间性特征。上述主张没有认识到犯罪形态与犯罪阶段的区别,人为地将一个完整的犯罪过程一分为二,分成两个独立的形态,这是不正确的。

(2) 放弃重复侵害的行为符合犯罪中止的自动性特征。在可重复侵害的犯罪中,行为人具有重复侵害的能力,具有最终引起犯罪结果的可能性,至少行为人主观上有这种信心。行为人在自认为可以继续其侵害行为的情况下,出于本意而放弃其行为,表明行为人有放弃犯罪的自动性。反之,如果行为人因为对其继续实施行为能否达到犯罪既遂没有信心而暂时放弃犯罪,伺机再犯,就不能认定为犯罪中止,而应构成犯罪未遂。

(3) 放弃重复侵害的行为符合犯罪中止的有效性特征。由于行为人放弃重复侵害,犯罪结果没有出现,犯罪就只能停止在未完成状态,不可能达到既遂,从而行为人有效地放弃了犯罪。

通过上述分析可以看出,放弃重复侵害的行为符合犯罪中止的特征,已经构成犯罪中止。可重复侵害的数行为实质上是一个不可分割的整体,是一个完整的实行行为,部分行为实施完毕,不能视为犯罪实行终了,而仍然应该在整个行为过程中进行判断,这样才不至于人为地将其分割为一个实行终了的未遂犯和一个未实行终了的中止犯两个犯罪形态。

三、中止犯的刑事责任

我国《刑法》第24条第2款规定:"对于中止犯,没有造成损害的,应当免除处罚;造成损害的,应当减轻处罚。"对这一规定,可以作如下理解:

(1) 我国刑法中对中止犯的从宽处罚是硬性条款,要求"必须"对中止犯减轻或

---

① 参见杨春洗主编:《刑法总论》,北京大学出版社1981年版,第189页。

免除处罚。对中止犯的处理,不需要比照既遂犯,中止犯不但轻于未遂犯,也轻于预备犯,比照既遂犯处罚不能体现罪责刑相一致原则,因而对其应当予以更轻的处罚,硬性从宽处理。

(2) 对中止犯的处理,应该区别不同的犯罪阶段和犯罪危害:在犯罪预备阶段的中止犯,距离犯罪既遂较远,主客观方面的社会危害性均较小,所以处罚时一律应该免除处罚。在犯罪实行阶段的中止犯,如果没有造成危害结果,应当免除处罚;造成一定危害结果的,应当减轻处罚。在犯罪实行终了阶段的中止犯,造成一定损害结果的,社会危害性相对较大,所以处罚时可多考虑比照既遂犯减轻处罚;未造成损害结果的,根据法律的规定,仍然应该免除处罚。

(3) 中止犯所谓的"损害"是指行为人意欲造成的犯罪结果之外的损害结果。

本章重点问题提示

一、关于犯罪既遂的标准之争

理论上对犯罪既遂的标准有不同的观点,下面介绍几个主要的观点。

(1) 结果说。该学说认为,犯罪行为引起了行为人所追求的、决定其行为性质的犯罪结果,即构成既遂。这种犯罪结果不要求是实害结果,只要是逻辑结果就可以,如放火罪中引起了独立燃烧的状态,即使没有出现实害的财产损失,也构成既遂。① 也有另一种表述,即"直接故意犯罪的实行行为对刑法的保护法益造成刑法规范所意图防止的实害结果或者危险结果(即犯罪的基本结果),从而在犯罪进程上充足了法定刑适用条件的犯罪完成形态"②。

但是,以结果的发生与否作为认定犯罪既遂的标准,并不能解释行为犯的既遂问题。如盗窃、侮辱尸体罪中,盗窃或侮辱尸体的行为实施完毕,就构成犯罪既遂,并不要求导致或可能导致什么危害结果。当然,理论上有一种观点对"结果"进行抽象化理解,如"不同于行为人之行为方式的一定时空内的外在世界之结果",在结果犯中为实害结果或危险结果,而在行为犯中则为"某些特殊要素"。③ 我们认为,这样理解"结果"会使该概念丧失确定的含义,从而损害这一概念的规范内容。

(2) 目的说。该学说认为,应该以犯罪人的犯罪目的是否实现作为判断犯罪既遂与否的标准。既遂与未遂的划分,是以犯罪实行行为的直接目的达到与否为标准的。详言之,犯罪既遂是指行为人所实施的刑法分则所规定的某一具体犯罪的实行行为达到了该行为的直接目的的犯罪形态。"每一个直接故意犯罪行为都有其直接目的,也有其相应的结果。该目的的实现或者说其相应结果的产生,就是'得逞',是

---

① 参见张明楷:《刑法学》(上),法律出版社1997年版,第270页。
② 参见刘之雄:《犯罪既遂论》,中国人民公安大学出版社2003年版,第88页。
③ Roxin, *Strafrecht AT Band 1*, C. H. Beck, Muenchen, 1997, S.291.

犯罪既遂;否则,就是'未得逞',是犯罪未遂。"①

这种观点用来解释非目的犯,虽没有问题,但也并不能说明问题。因为一般的直接故意中本身包含着行为人的希望,这种希望就是一种目的,该目的内容与故意内容、客观行为和结果要件等是一致的,以故意、目的或者结果内容为判断标准,都会得出相同的结论。而用该观点来解释目的犯的犯罪目的,则是很难的。因为目的犯中要求犯罪人有作为主观超过要素的犯罪目的,如走私淫秽物品罪主观上要求行为人具有牟利或传播的目的,客观上却不要求行为人实际取得经济利益或引起了传播,如果行为人顺利将淫秽物品走私入境,即应构成既遂,倘若按照目的说,行为人就必须实际取得营利或引起传播,这就使得对本罪既遂的认定大大滞后。

(3) 行为实行终了说。该观点认为,行为人的实行行为实行终了,即完全表明行为的危险性、行为人的主观恶性和人身危险性,已经具备了全部的行为无价值,应该构成既遂。② 应该承认,以行为实行终了与否为标准,可以认定行为犯和部分的目的犯与结果犯的既遂;但是,如果以此来解释实行终了的未遂,则有问题。如果行为已经实行终了,而作为构成要件的危害结果尚未出现,依据该观点只能以犯罪既遂处理,这就否定了实行终了的未遂。所以,以行为标准来认定既遂犯,有扩大刑法处罚范围的倾向,难以让人接受。③

通过上述论证可以看出,无论是危害结果、犯罪目的,还是实行行为,都只能作为某一类犯罪既遂的认定标准,并不是共同的标准。这些犯罪既遂的共同标准只能是犯罪构成,只有犯罪构成才有这样的概括力。所以,从逻辑上讲,以充足犯罪构成作为认定犯罪既遂的标准是合适的。

二、如何理解犯罪实行的着手

理论上出现了主观说、客观说和折中说三种不同的观点。主观说认为,着手是犯罪意图的征表,或者说是犯罪意图的实质性飞跃,只有行为能够征表犯罪的意图,或者体现主观恶意的实质性恶化,才可以视为着手。④ 客观说认为,着手是指行为人实施了刑法分则中所规定的作为构成要件的行为,或者是指引起某种犯罪构成结果的具体、迫切、现实危险。折中说认为,犯罪实行的着手应该包括主观和客观两方面的内容:主观上要求行为人实行犯罪的意志已经通过直接支配客观行为开始充分表现出来;客观上要求行为人已经开始直接实行具体犯罪构成客观方面的行为,这种行为已使刑法所保护的具体权益面临现实的威胁。⑤

---

① 李居全:《关于犯罪既遂与未遂的探讨》,载《法商研究》1997年第1期。
② Armin Kaufmann: *Zum Stande der Lehre vom personalen Unrecht*, Festschrift für Welzel zum 70. Geburststag, 1974, S. 403.
③ 参见王安异:《刑法中的行为无价值与结果无价值研究》,中国人民公安大学出版社2005年版,第207页。
④ 参见张明楷:《未遂犯论》,法律出版社1997年版,第51页。
⑤ 参见马克昌主编:《犯罪通论》,武汉大学出版社1999年版,第440—441页。

1. 如何理解犯罪过程、犯罪阶段与犯罪未完成形态之间的关系?
2. 如何区分犯罪未遂与犯罪预备?
3. 如何区分犯罪未遂与犯罪中止?
4. 犯罪既遂的认定标准是什么?

第十章 共同犯罪

> **内容提要**

本章主要阐述了共同犯罪的概念及研究意义、共同犯罪的构成条件,共同犯罪的形态,主犯、从犯、胁从犯、教唆犯等共同犯罪人的分类及各自不同的刑事责任。重点在于共同犯罪的构成条件,共同犯罪的形态,共同犯罪人的分类及其刑事责任。

> **关键词**

共同犯罪 共同犯罪形态 主犯 从犯 胁从犯 教唆犯

第一节 共同犯罪概述

一、共同犯罪的概念

《刑法》第25条第1款规定:"共同犯罪是指二人以上共同故意犯罪。"可见,共同犯罪是对称单独犯罪的犯罪类型,它的外在特征主要是犯罪主体的数量不是单一的。在现实中,一个人单独实施犯罪的情况很常见,但两人或者两人以上合作、协力完成犯罪的情形也不少见。两人以上完成犯罪通常称共同犯罪,在处罚上受到刑法总则的特别规定。

在刑法总则中规定共同犯罪的主要原因在于:第一,共同犯罪由两人以上实施,各个行为人的参与增强了其他行为人的犯罪心理,犯罪更容易完成,所以它比单独犯罪的社会危害性更大;第二,共同犯罪的行为结构复杂,行为人的分工不同,各自在犯罪中的作用大小不一,需要区分共同犯罪人的刑事责任大小;第三,对于部分参与者,必须根据其他犯罪人的行为和作用才能处罚,在罪刑法定原则的要求下,只有将他们的行为作为共同犯罪,才能达到处罚的目的;第四,刑法分则不可能也无必要对各种具体犯罪的共同犯罪作出单独的规定,最好由刑法总则规定共同犯罪,所以各国刑法大多都在刑法总则中规定共同犯罪。

但共同犯罪作为一个特殊的犯罪类型,必须具有以下统一性特点:其一,主客观统一性。共同犯罪不仅仅是客观事实的集合,它是行为人在一定的主观心理态度支配下实现行为事实的结合,所以在评价共同犯罪时,不能忽视构成行为结合的心理事实。其二,实行行为和非实行行为的统一性。共同犯罪的行为存在分工,但在总体上这些行为是协力完成的,因此在确定共同犯罪的事实时,不能忽视没有实施实行行为的人,同时也不能将没有协力的行为作为共同行为处理。共同犯罪的统一性特征,为确定共同犯罪的范围提供了事实依据。

共同犯罪的统一性只是其一个方面的特征,差异性也是共同犯罪中不可忽视的一个特征。它既可表现为共同犯罪形态的不同性,也可表现为共同犯罪人的不同性,这是最终确定犯罪人刑事责任的重要依据。

二、共同犯罪的构成法理

共同犯罪的规定要解决行为人分担共同体责任的问题。而共同犯罪行为构成比较复杂,行为人通常有不同分工,有的人实施实行行为,有的人实施非实行行为,他们是基于什么理由成立共犯关系的呢?

关于这个问题,外国刑法理论上主要有以下三种观点[1]:第一,犯罪共同说,认为数人共同实施特定的犯罪,才能认定为共犯。该说又分为完全犯罪共同说与部分犯罪共同说。完全犯罪共同说认为,所有的共同正犯所实施的行为在罪名上必须是同一的,即共同正犯者在同一罪名上成立共同正犯。部分犯罪共同说则认为,两人以上虽然共同实施的是不同的犯罪,但当这些不同的犯罪之间具有重合的性质时,则在重合的限度内成立共犯。第二,行为共同说,认为数人以各自的犯意实施相同的行为时,就成立共犯。还有一种构成要件的行为共同说认为,共犯的成立不要求整个犯罪行为是共同的,只要有一部分犯罪行为是共同的就成立共犯。第三,意思主体共同说,认为两人以上的共同犯罪必先有实现一定犯罪的目的存在,在此目的下,两人以上由"异心别体"变为"同心一体",才成立共同意思主体,若其中一人着手实行犯罪,就成立共犯。

以上理论决定了共同犯罪的成立范围。根据行为共同说,共同犯罪的范围很广泛,甚至能够将过失竞合认为是共同犯罪。这种理论单纯强调客观的要素,对主观要素几乎不加限制,既无助于惩治共同犯罪,也不利于保护被告人的合法权益,所以很难被认同。意思主体共同说虽弥补了行为共同说忽视主观心理态度的缺陷,却有忽视客观因素的嫌疑。在外国刑法中,由于共同过失犯已经得到理论通说的认可,所以该说难以给予共同犯罪以合理解释。采取完全犯罪共同说显然可以兼顾主观要素和客观要素,但其成立条件过于苛刻,会限制刑法惩治共同犯罪的作用。相对而言,部分犯罪共同说较为可取,它不仅可以合理界分共同犯罪与非共同犯罪的范围,而且为进一步理解共同犯罪人的类型提供了理论前提。

---

[1] 参见马克昌:《比较刑法原理》,武汉大学出版社2002年版,第652—658页;张明楷:《外国刑法纲要》,清华大学出版社1999年版,第294页;童德华:《外国刑法原论》,北京大学出版社2005年版,第308—309页。

第二节　共同犯罪的构成

共同犯罪是单独犯罪的对称,根据《刑法》第 25 条的规定,它的成立不仅要求犯罪主体数量是两人以上,而且要求行为人之间有共同的故意和共同的行为。下面将就这三个不可缺少的条件予以介绍。

一、共同犯罪的主体条件——两人以上

根据《刑法》第 25 条的规定,共同犯罪必须是"二人以上",这是最基本的主体数量限制,单个的人不能构成共同犯罪。由于在刑法上人不限于自然人,还包括单位,所以共同犯罪就可表现为自然人与自然人共同犯罪、单位与单位共同犯罪以及单位与自然人共同犯罪。不过在单位犯罪中,单位内直接负责的主管人员及其他直接责任人员,与该单位本身不成立共同犯罪,只能认定为一个单位犯罪,并依据单位犯罪的处理规定,追究有关人员的刑事责任。不过对于直接负责的主管人员及其他直接责任人员,则有必要根据共同犯罪进行认定和处理。

和一般犯罪主体的资格一样,共同犯罪的自然人主体也必须具备刑事责任能力,即有刑事责任能力的自然人(单位)只能和有刑事责任能力的自然人(单位)成立共同犯罪,而不能和无刑事责任能力的自然人(单位)成立共同犯罪。具体而言,以下情形不构成共同犯罪:(1) 已满 14 周岁不满 16 周岁的人共同实施《刑法》第 17 条第 2 款规定的犯罪之外的危害行为;(2) 一个已满 16 周岁的人和一个已满 14 周岁不满 16 周岁的人共同实施《刑法》第 17 条第 2 款规定的犯罪之外的危害行为;(3) 年满 16 周岁有责任能力的人利用无责任能力者犯罪的;(4) 年满 16 周岁有责任能力的人教唆无责任能力者犯罪的。具有刑事责任能力的人利用或者教唆不具有刑事责任能力的人犯罪,在理论上被称为间接正犯(或者间接实行犯),要按照单独犯罪论处。

二、共同犯罪的主观条件——共同犯罪故意

(一) 共同犯罪故意的一般条件

根据《刑法》第 25 条的规定,共同犯罪是两人以上"共同故意"犯罪。这不仅要求行为人在心理上具备犯罪的单独故意,而且还要求行为人之间形成犯罪的"合意"。具体说,共同犯罪故意包括以下三个条件:

(1) 行为人具备犯罪的意思。共同犯罪的产生,首先以单个的行为主体形成犯罪的故意为前提,所以行为人自身必须先具有犯罪故意所必需的认识和意志因素。即行为人明知自己行为的性质、将产生的危害后果,并且对于危害结果持希望或者放任的态度。不过,作为共同故意形成的前提,各个行为人的认识或者意志因素必须相同或者相似,如果行为人认识的内容完全不同,就缺乏达成犯罪合意的主观条件。至于意志方面,既可以都是直接故意,也可以都是间接故意,还可以是直接故意

与间接故意的结合。

（2）行为人具备共同犯罪的意思。行为人具备共同犯罪的意思表明，在认识因素上，行为人不仅对自己的行为和结果有所认识，而且也认识到其他人具有和自己相同或者相似的行为意思；在意志因素上，行为人相互之间都形成了与对方协力完成犯罪的意思。

（3）行为人之间具有共同犯罪意思的联络。行为人彼此之间不仅应当认识到对方的犯罪意思，而且为了实现犯罪，至少进行了意思联络，即行为主体不仅认识到自己是和对方一起完成犯罪，而且就共同完成犯罪进行了意思上的联系与沟通。至于联络的方式，可以是明示的，也可以是默示的。最明显的意思联络是相互之间就犯罪的实行进行分工和谋划；不明显的意思联络主要表现为临时起意中相互默许进而共同实行犯罪。

（二）不属于共同故意的情形

根据以上条件，以下情形不属于共同故意，因此不能构成共同犯罪：

（1）共同过失犯罪不成立共同犯罪。《刑法》第25条第2款规定："二人以上共同过失犯罪，不以共同犯罪论处；应当负刑事责任的，按照他们所犯的罪分别处罚。"可见，我国刑事立法明确反对两人过失犯罪构成共同犯罪的情形。

（2）故意犯罪与过失犯罪不成立共同犯罪。立法规定共同犯罪必须是两人以上具有犯罪的故意，如果一个行为主体故意犯罪，而另一个行为主体过失犯罪，就不能成立共同犯罪。如罪犯甲乘看管人员乙擅离职守之机脱逃，虽然乙的行为为甲脱逃提供了条件，但是两人缺乏心理联系的可能性，因此不能构成共同犯罪。

（3）同时犯不构成共同犯罪。所谓同时犯，是指两人以上无意思联络，而同时以各自行为侵害同一对象的情形。如甲、乙各自怀着窃取财物的目的，同时于夜间到一个商店盗窃。由于两人缺乏意思联络，尽管他们意识到自己和他人在实行相同的危害行为，但不构成共同犯罪。

（4）超出共同故意之外的犯罪不构成共同犯罪。在实践中，存在这样的情形：部分行为人在其他行为人不知晓的情况下，实施了不属于意思联络内的犯罪行为，如甲、乙共同实施完抢劫后，甲让乙先跑，其后甲奸淫了受害人丙。由于行为人之间不存在后续行为的意思联络，所以他们就后续犯罪不构成共同犯罪。在前例中，甲、乙仅仅成立抢劫罪的共同犯罪，而不成立强奸罪的共同犯罪。

（5）事前无通谋的窝藏、包庇以及购买、销售赃物的行为与本罪行为不构成共同犯罪。窝藏、包庇以及购买、销售赃物，都具有本罪行为的事后行为的性质，如果行为人进行分工，一部分人实行本罪的行为，一部分人实行窝藏、包庇或者购买、销售赃物的行为，后一部分人实行的行为应当视为本罪行为的事后行为，行为人成立本罪行为的共同犯罪。如果行为人事先和窝藏、包庇者以及购买、销售赃物者之间没有通谋，他们之间就缺乏实行本罪行为的意思联络，就不构成共同犯罪，对窝藏、包庇者或者购买、销售赃物者，应当根据法律规定单独定罪。

（6）没有意思联络的其他行为之间不构成共同犯罪。如行为人共同实施了没有重合内容的不同犯罪。行为人行为内容没有重合,通常不可能就犯罪的意思进行联络,就不能构成共同犯罪。

三、共同犯罪的客观条件——共同犯罪行为

共同犯罪行为是共同犯罪最基本的条件之一。共同犯罪行为要求:首先,行为人必须实施了"犯罪行为",即每个行为人的行为均属于刑法禁止行为,不仅有相当的社会危害性,而且有刑罚上的可罚性;其次,各个行为人的行为具有共同性,它们是在共同犯罪意思支配下实行的,互相补充,围绕同一构成要件行为而展开。在结果犯的场合,还要求各个行为和结果之间都具有因果关系。

共同犯罪行为的表现形式复杂,根据行为的方式不同,有三种情形:其一,共同作为,即行为主体都以作为的方式实行犯罪,如甲、乙共同抢劫受害人财物;其二,共同不作为,即行为人均以不作为的方式实行犯罪,如甲、乙共同不抚养自己年迈的父母,致使被抚养人死亡;其三,作为和不作为,即部分行为人以作为方式,而另一部分人以不作为方式合伙实行犯罪,如保管员与人合意后,故意假装熟睡,任由共犯者进入仓库窃取财物。

根据行为人在共同犯罪中的分工,共同犯罪行为可分为四种情形:(1) 实行行为(正犯行为),即实行刑法分则中属于基本构成要件的行为,这是共同犯罪行为中最典型的行为;(2) 组织行为,即在共同犯罪,尤其是聚众犯罪或者集团犯罪中,组织、领导、策划、指挥他人实行共同犯罪的行为;(3) 教唆行为,即故意引起他人产生犯罪意思从而实行犯罪的行为;(4) 帮助行为,即帮助他人实行犯罪的行为。帮助行为在共同犯罪中起辅助性的作用。

依故意犯罪的发展过程,共同犯罪行为可表现为以下情形:(1) 共同犯罪行为处在预备阶段;(2) 共同犯罪行为处在实行阶段。在实行阶段,或者是行为人共同实行犯罪,或者是部分行为人实行犯罪,另一部分人帮助实行犯罪。此外,还有一种特殊情形:行为人之间共谋实行犯罪之后,部分行为人没有根据谋议实行犯罪,而另一部分人则实行了犯罪。如甲、乙合谋共同杀害丙,但乙未在约定的时间和场所出现,于是甲单独杀害了丙。甲、乙的行为成立共同犯罪没有太大争议,问题的关键是乙的行为能否根据实行行为处理。这个问题在理论上被当作共谋共同正犯讨论。过去的理论认为不能将乙的行为当作正犯处理,但现在则倾向于将乙当作正犯处理。① 这样,乙对丙的死亡可能承担和甲一样的责任。

最后要注意的是,共同的犯罪行为并不要求行为人都要实行本罪行为,它可表现为部分人实行本罪行为,部分人实行本罪的事后行为,如甲、乙合谋之后,甲实施了盗窃财物的行为,而乙将赃物予以销售。

---

① 参见童德华:《规范刑法原理》,中国人民公安大学出版社2005年版,第295—297页。

第三节 共同犯罪形态

一、共同犯罪形态概述

共同犯罪形态,是指共同犯罪人在共同犯罪意思支配下,成立犯罪共同体的结构方式,以及共同犯罪行为的结合方式。共同犯罪形态从结构上表现共同犯罪的社会危害性,进而为确定共犯人的刑事责任提供了规范上的依据。

根据判断标准的不同,共同犯罪形态在理论上和立法中可以作如下划分:(1)根据共同犯罪在规范上能否任意形成,分为任意共同犯罪和必要共同犯罪;(2)根据共同犯罪故意形成的时间,分为事前通谋的共同犯罪和无事前通谋的共同犯罪;(3)根据共同犯罪人之间有无分工,分为简单共同犯罪和复杂共同犯罪;(4)根据共同犯罪有无组织形式,分为一般共同犯罪与特殊共同犯罪。

二、任意的共同犯罪与必要的共同犯罪

(一)任意的共同犯罪

任意的共同犯罪,是指根据刑法分则条文规定,单个人可以实行的犯罪而由两人以上共同故意实施的情形。刑法分则条文中的大多数故意犯罪,都是以单个主体实行这些犯罪为假设规定的,例如故意杀人罪、抢劫罪、盗窃罪等,不过两人以上也可以实行这些犯罪。如果这些犯罪由单个人实施,则为单独犯;如果由两人以上共同实施,就属于任意的共同犯罪。

(二)必要的共同犯罪

必要的共同犯罪,是指刑法分则条文明文规定的必须由两人以上共同故意实施的犯罪。刑法之所以这样规定,主要在于某些性质的犯罪在结构上不可能由单个人完成。这类犯罪在理论上主要包括两类:

(1)对向犯,即根据刑法条文的规定,依赖于行为人双方相互对向的行为才能完成的犯罪情形,而且双方的行为单独可构成犯罪。最典型的对向犯是重婚犯罪和贿赂犯罪,在重婚罪中,一方为重婚者,另一方为相婚者;在贿赂犯罪中,一方为行贿者,另一方为受贿者。关于对向犯,有必要指出三点:第一,对向犯只能以两人之间的对向关系为前提,超过两人的对向关系是不存在的;第二,对向犯中任何一方的行为都可能构成犯罪,但诸如相婚行为和行贿行为则不必然构成犯罪;第三,对向行为均可成立犯罪,如果一方行为在规范上不能成立犯罪,就不宜认为是对向犯,如对于购买淫秽物品,刑法上不予以处罚,所以不能认为贩卖淫秽物品罪是对向犯。①

(2)多众犯,即根据刑法分则条文的规定,以数人实施向着同一目标的行为为要件的犯罪。在我国刑法中,多众犯包括聚众型共同犯罪和集团型共同犯罪。前者

---

① 有关争议参见张明楷:《刑法学》,法律出版社 2003 年版,第 333—334 页。

如《刑法》第 242 条聚众阻碍解救被收买的妇女、儿童罪,第 268 条聚众哄抢罪,第 317 条聚众持械劫狱罪等;后者如《刑法》第 120 条组织、领导、参加恐怖组织罪等。

对于任意的共同犯罪的处罚,要以刑法分则具体条文的规定为基础,并参照刑法总则关于共同犯罪的规定。对于必要的共同犯罪,直接根据刑法分则条文的规定定罪处罚即可,而无须另行参照刑法总则的规定,否则就违反了立法上限制处罚范围的宗旨。

三、事前通谋的共同犯罪与无事前通谋的共同犯罪

事前通谋的共同犯罪,是指各个共同犯罪人在着手实行犯罪行为之前已经形成共同犯罪故意的共同犯罪。所谓"事前",就是行为人在实行犯罪之前,或者说是犯罪的实行行为被着手实施之前;所谓"通谋",就是两人以上为了实施特定的犯罪,相互之间进行联络,并就实现犯罪的方式进行商议。事前通谋的共同犯罪形态比较多见。

事前无通谋的共同犯罪,是指行为人在着手实行犯罪之前没有通谋,而在着手实行犯罪之际和实行过程中才形成共同犯罪意思的共同犯罪。如甲准备单独实行盗窃犯罪,正当开始实行盗窃行为时,遇到了乙,双方随即产生共同盗窃的意思,并共同实行了盗窃的行为。

一般而言,共同犯罪人在着手实行犯罪前通谋的,更容易完成犯罪、逃避法律责任的追究,因此在没有其他方面差异的情况下,事前通谋的共同犯罪较事前无通谋的共同犯罪具有更大的社会危害性。而在事前无通谋的共同犯罪中,如果行为人(先行者)正着手实行犯罪时,另一部分行为人(后行者)与之形成共同犯罪意思并实行共同犯罪,则各个共犯者都要对共同犯罪行为及其结果承担责任。如果先行者实施了部分实行行为,后行者才参与到犯罪中来,也成立共同犯罪。问题是,如果先行者的实行行为已经产生了一定结果,后行者是否要对该结果承担刑事责任?这在理论上属于继承的共同正犯问题。根据这一理论,有的学者认为,在这种情形中,应将后行者作为继承的正犯,对其追究全部共同犯罪的责任;有的学者认为,不应当将后行者作为继承的正犯,后行者只对其参加共同犯罪之后的结果承担责任;还有学者认为,在抢劫致死伤、强奸杀人等场合,应当对后行者追究全部共同犯罪的责任,在其他场合则不能作为继承正犯处理。[①] 我们赞同第三种观点,认为不是所有共同犯罪都不能要求后行者承担先行行为的后果,如在杀人、抢劫、非法拘禁等场合,后行者应当对先行行为的后果负责;但在特殊类型的犯罪中,则不能要求后行者对先行行为的后果负责,如在他人杀害被绑架人之后加入犯罪并实行勒索行为的场合。

---

① 参见马克昌:《比较刑法原理》,武汉大学出版社 2002 年版,第 693 页;张明楷:《刑法学》,法律出版社 2003 年版,第 334 页;陈家林:《共同正犯研究》,武汉大学出版社 2004 年版,第 230—244 页;童德华:《规范刑法原理》,中国人民公安大学出版社 2005 年版,第 300—301 页。

四、简单共同犯罪和复杂共同犯罪

简单共同犯罪,又称为共同正犯或共同实行犯,即行为人在共同犯罪中都实施了刑法分则规定的基本犯罪构成行为。一般认为,构成共同正犯要具备两个条件:(1) 两人以上有共同实行犯罪的意思或者故意。所谓共同实行犯罪的意思,通常指行为人对所实施的犯罪有共同实行的意思及其联络,并且其内容是共同实行犯罪。①不过,由于实行行为主要是根据法律规定而形成的解释学概念,因此并不需要行为人认识到自己的行为属于刑法中的实行行为,而只要求他所认识的行为事实上在刑法中属于实行行为即可。(2) 两人以上有共同实行犯罪的事实。共同实行犯罪的事实表明,行为人在共同犯罪中实施了部分的实行行为。它包括三种情形:第一,行为人都实行了相同的实行行为,如在杀人的场合,都实施了加害受害人身体的行为;第二,行为人实行了复杂行为中的部分行为,如在抢劫的场合,甲实行暴力使受害人不能抗拒,乙实行取得财物的行为;第三,在同一犯罪中对不同的对象实行犯罪行为。

复杂共同犯罪,指各共同犯罪人之间存在不同分工的共同犯罪。具体表现为:部分行为人实施了实行行为,其他人实施的是非实行行为,如教唆行为、帮助行为等。所以在复杂共同犯罪中,犯罪人可分为组织犯、实行犯、教唆犯和帮助犯等。

在简单共同犯罪中,行为人都实行了犯罪,所以在处理时,要立足"部分实行,全部负责"这一原则,即在行为人都实施了实行行为的情形中,由于行为人的行为都属于实行行为的一部分,在实行犯罪这一点上,表现出完整的犯罪意思和主观恶性,并且各个行为彼此协力共同形成完整的实行行为,所以行为人都应当对自己和他人的行为及其后果承担责任。例如,甲、乙共同伤害丙,其中甲的行为偏离导致丙死亡,对该结果,乙也应当承担责任。但是,该原则并不表明行为人在对结果承担责任时没有区别、绝对一致,所以还必须采取区别对待的原则,即还必须考虑到行为人在共同犯罪中的作用大小。另外,部分行为人对其他人超出共同故意实施的其他犯罪行为不承担责任。

在复杂共同犯罪中,犯罪人由于分工不同,在犯罪中的作用大小也有差别,所以对各个犯罪人要按其在共同犯罪中所起作用的大小及社会危害性程度,决定其刑事责任。

五、一般共同犯罪和特殊共同犯罪

(一) 一般共同犯罪

一般共同犯罪,指共同犯罪人之间不存在组织形式的共同犯罪。其特点是:(1) 两人即可构成,不要求三人以上;(2) 共同犯罪人之间的勾结是暂时的,不具有恒定性,行为人通常是为实施一个或者数个犯罪行为而结伙,犯罪完成后犯罪共同

---

① 参见齐文远、刘艺乒主编:《刑法学》,人民法院出版社、中国社会科学出版社 2003 年版,第 128 页;陈家林:《共同正犯研究》,武汉大学出版社 2004 年版,第 86—88 页。

体就解散了;(3)共同犯罪人之间不具有组织性,犯罪共同体比较松散,各个行为人之间不存在领导与被领导关系,他们是否参与犯罪也没有强制要求。

(二) 特殊共同犯罪

特殊共同犯罪,也称为有组织的共同犯罪,是指各共同犯罪人之间建立起组织形式的共同犯罪。法律上将实施某类犯罪的组织称为犯罪集团。如我国《刑法》第26条第2款规定:"三人以上为共同实施犯罪而组成的较为固定的犯罪组织,是犯罪集团。"犯罪集团人数众多,组织严密,作案后果严重,查处难度大,具有特别的刑法意义,所以在刑法上有必要重视犯罪集团的构成。构成犯罪集团具有以下条件:

(1) 共同犯罪人在3人以上,即至少有3个人,且这些人都已达到刑事责任年龄、具备刑事责任能力。不过在现实中,犯罪集团很少只有3个人,通常有十几人或者几十人。

(2) 主观上是为共同实施犯罪而组成共同体。犯罪集团总是以实施某一个或者某一类具有类似特征的犯罪为目的而组成的,所以成立犯罪集团,要求行为人有组成共同体实施犯罪的意图,如果行为人组成共同体不是为了实行犯罪,而是为了从事其他活动,就不能认为他们有组成犯罪集团的目的。

(3) 客观上实行了组成犯罪集团的行为。组成犯罪集团的行为,意味着行为人建立了较为固定的犯罪组织。犯罪组织是具有特定结构的共同体,一般其成员之间有领导与被领导的关系,有的是首要分子,其他的为普通成员。进而他们之间存在实行犯罪的分工,有的负责策划、组织、领导犯罪集团的活动,有的负责实行犯罪,有的则负责辅助实施犯罪。

(4) 犯罪集团在时间上有持续可能性。一般而言,犯罪集团得以成立,是因为行为人之间具有在相当一段时期内连续实施相同或者类似性质的犯罪的可能性,所以犯罪集团一般具有时间上的可持续性。但这并不意味着犯罪集团要持续一段时期才能成立,只要行为人之间具有持续实行犯罪的意思,即便没有实行犯罪或者哪怕只实行了一次,都可成立犯罪集团。

犯罪集团和犯罪团伙都是刑事司法中使用的概念,但前者是刑法上的概念,具有规范意义;后者则是犯罪学上使用的概念。通说认为,犯罪团伙的范畴比犯罪集团广。集团犯罪的社会危害性比一般共同犯罪大。在处理时,如果刑法分则条文作了具体规定的,要根据其规定处理;如果刑法分则条文没有作明确规定,则应按照刑法总则条文的规定,区别首要分子、其他主犯、从犯、胁从犯以及教唆犯进行处理。

第四节 共同犯罪人的分类与刑事责任

一、共同犯罪人分类概述

共同犯罪人分类,就是根据一定标准,将共同犯罪中的行为人区分为不同类型。共同犯罪刑事责任最终要归结到行为人身上,而对共同犯罪人的分类,就是要为共同犯罪的责任分担提供规范依据。

　　对共同犯罪人进行分类既要体现出刑法追究行为人责任的正当方式,还要适应惩治共同犯罪的现实需要。各国刑法在这方面的做法存在一定的区别。有些国家(如德国、日本等)的刑法按照共同犯罪人在共同犯罪中的分工或者行为的形式,将共同犯罪人分为正犯(实行犯)、教唆犯、帮助犯,其中有的还将组织犯特别划分出来;有些国家按照共同犯罪人在共同犯罪中所起的作用大小,将共同犯罪人分为主犯、从犯,其中有的还加上胁从犯。我国刑法基本上就是属于后一种情况。

　　以上两种分类各有利弊。第一种分类法比较客观地反映出各共同犯罪人在共同犯罪中的实际分工和彼此之间联系的方式,但无法揭示各个犯罪人在共同犯罪中的作用,难以为合理确定行为人的刑事责任提供依据。而第二类方法虽在理论上反映出共同犯罪人在犯罪中的作用大小,有助于合理确定行为人的刑事责任及适用刑罚,但是就如何确定行为人在共同犯罪中的作用没有给出明确的标准。基于这种原因,现在德、日刑法关于共同犯罪人的划分,特别是正犯的确定,正试图摆脱形式的束缚,以正确评价和处理共同行为的作用。在我国刑法中,由于确定犯罪人作用大小的明确类型不足,所以有必要进一步借鉴德、日的共同犯罪人类型。①

　　根据我国刑法的规定,共同犯罪人分为四类:主犯、从犯、胁从犯和教唆犯。② 前三个主要是按照犯罪人的作用大小划分的类型,而后一个是按照行为人的分工划分的类型。这在一定程度上表现出混合分类的效果。

二、主犯

(一) 主犯的认定

《刑法》第 26 条第 1 款规定:"组织、领导犯罪集团进行犯罪活动的或者在共同犯罪中起主要作用的,是主犯。"这是我国刑法关于主犯的基本规定。由此可见,主犯包括两种情形:第一,组织、领导犯罪集团进行犯罪活动的犯罪分子;第二,其他在共同犯罪中起主要作用的犯罪分子。

　　组织、领导犯罪集团进行犯罪活动的犯罪分子,就是犯罪集团中的首要分子。认定犯罪集团中的首要分子,必须具备以下两个条件:(1) 必须以犯罪集团的存在为前提,因为这种形式的首要分子只存在于特殊共同犯罪中,没有特殊共同犯罪,自然无组织可言,其首要分子就无从谈起。(2) 必须是犯罪集团中进行组织和领导活动的犯罪分子。所谓组织,主要指纠集他人组成犯罪集团,使犯罪集团成员相对固定。所谓领导,就是对犯罪集团的犯罪活动进行策划和指挥。其中,策划主要是为犯罪集团的活动出谋划策,制定犯罪活动计划;指挥主要是根据犯罪活动计划,直接指使、安排犯罪集团普通成员的犯罪活动。犯罪集团中的首要分子可能是一个人,

---

① 参见童德华:《规范刑法原理》,中国人民公安大学出版社 2005 年版,第 285 页。
② 值得讨论的是,张明楷教授认为我国刑法以作用大小为分类标准,其中不包括组织犯、教唆犯,认为它们是理论上的分类。参见张明楷:《刑法学》,法律出版社 2003 年版,第 340 页。

也可能不止一人,因此无论是实行全部组织、领导行为的人,还是只实行其中一种行为的人,都能认定为首要分子。

其他在共同犯罪中起主要作用的犯罪分子,则是犯罪集团首要分子之外的、在共同犯罪中起主要作用的犯罪分子,大体包括三类:(1)犯罪集团中的骨干分子。即在犯罪集团中,不负责组织、领导犯罪活动,但积极参与并从事犯罪活动实行行为的犯罪分子。行为人如果是被胁迫参与犯罪集团的犯罪活动,或者在犯罪活动中不积极,就不能被认定为主犯。(2)聚众型共同犯罪中的首要分子以及起主要作用的犯罪分子。根据刑法的规定,聚众型犯罪有三种:第一,全体参与者均可构成犯罪,如聚众持械劫狱罪;第二,只有聚众者和积极参与者可构成犯罪,一般参与者不构成犯罪,如聚众斗殴罪;第三,只有聚众者才构成犯罪,其他参与者不构成犯罪,如聚众扰乱公共场所秩序、交通秩序罪。第一种情形中的首要分子和积极参与者无疑属于主犯,第二种情形中的首要分子也属于主犯,但第三种情形中的聚众者是否构成主犯,要具体论定。如果聚众犯罪中的聚众者只有一人,这类聚众型犯罪不是严格意义上的共同犯罪,无所谓主犯;如果聚众者为两人以上,则构成共同犯罪,此时要根据行为人的作用大小认定主犯,当聚众者都起主要作用时,则皆为主犯;当聚众者的作用有主次之分时,则起主要作用者为主犯。(3)聚众犯罪以外的一般共同犯罪中起主要作用的犯罪分子。即起主要作用的实行行为人。

(二) 主犯的刑事责任

由于刑法将主犯分为不同类型,所以其承担刑事责任的范围也不一样。

《刑法》第 26 条第 3 款规定:"对组织、领导犯罪集团的首要分子,按照集团所犯的全部罪行处罚。"据此,犯罪集团的首要分子不仅应对自己实施的犯罪负刑事责任,而且要对犯罪集团其他成员根据犯罪集团的计划所实施的全部犯罪承担刑事责任。换言之,当其他成员实施的犯罪行为超出了犯罪集团的预谋范围时,首要分子才不承担责任。

对于犯罪集团首要分子之外的主犯,根据《刑法》第 26 条第 4 款的规定,应当按照其所参与的或者组织、指挥的全部犯罪处罚。据此,对聚众型共同犯罪中的首要分子,按照其组织、指挥的全部犯罪追究责任;对犯罪集团以及其他在一般共同犯罪中起主要作用的实行犯,只按照他们参与和实行的犯罪追究责任。

另外,我们认为,刑法对必要共同犯罪中犯罪集团的首要分子和其他主犯的处罚作了具体规定,对于这样一些主犯,应直接按刑法分则的有关规定追究其具体行为的刑事责任。但对于这些犯罪集团实施的关联性犯罪,则要根据前述方法处理。① 如对于黑社会性质的犯罪集团中的首要分子和积极参加者,要根据《刑法》第 294 条第 1 款的规定,处 3 年以上 10 年以下有期徒刑,但如果这些组织的成员在行动中杀害他人的,首要分子还应当承担故意杀人罪的责任。

---

① 参见林亚刚:《主犯若干问题的探讨》,载《法制与社会发展》2003 年第 5 期。

三、从犯

(一) 从犯的认定

《刑法》第 27 条第 1 款规定:"在共同犯罪中起次要或者辅助作用的,是从犯。"可见,我国刑法将从犯分为起次要作用的从犯和起辅助作用的从犯。

(二) 从犯的刑事责任

对于从犯,应当从轻、减轻处罚或者免除处罚。这是因为在共同犯罪中,从犯行为在客观上危害性较小,在主观上也表现出明显轻于主犯的人身危险性。至于在具体案件中如何适用从轻、减轻或者免除处罚,首先要考虑共同犯罪的性质,其次要考虑行为人的行为表现,再次要考虑行为人的犯罪态度,最后还要考虑犯罪的情节等因素。

四、胁从犯

(一) 胁从犯的认定

根据《刑法》第 28 条的规定,胁从犯是被胁迫参加犯罪的人,即受到他人胁迫而非完全自愿参加犯罪,并且在共同犯罪中起较小作用的行为人。不过需要注意的是,如果行为人起先是被胁迫参与犯罪,后来却积极参与犯罪活动的,则要根据其在犯罪中的地位和作用认定为主犯或者从犯。

认定胁从犯,还应当注意三点区别:(1) 胁从犯与受到他人强制、完全丧失意志自由而实施某种行为的行为人的区别。胁从犯之所以被刑法单独规定,一方面是因为行为人受到胁迫,具有特殊的减轻责任的事由,另一方面是因为行为人没有完全丧失选择意志自由,存在实施适法行为的期待可能性。而完全丧失意志自由的人则缺乏期待可能性,因此不能承担刑事责任。(2) 胁从犯与紧急避险的区别。紧急避险是在不得已情况下实施的保护自己或者他人合法利益的行为,但胁从犯并不是在不得已的情况下实施某种行为。(3) 胁从犯和从犯的区别。有的学者认为,胁从犯在共同犯罪中的作用次于从犯。[①] 我们对此不能赞同,因为胁从犯是特殊从犯,但和一般从犯相比,由于受到他人心理上的胁迫和操纵,从而具有值得宽恕的可能性。至于从犯和胁从犯各自所起的作用,并不是区别从犯和胁从犯的关键。例如甲被胁迫在共同盗窃罪中实施盗窃的行为,而乙主动承担把风的任务,此时很难说甲在盗窃罪中的作用比乙小。

(二) 胁从犯的刑事责任

根据刑法的相关规定,对于被胁迫参加犯罪的,应当按照他的犯罪情节减轻处罚或者免除处罚。

---

① 参见马克昌主编:《刑法学》,高等教育出版社 2003 年版,第 174 页;张明楷:《刑法学》,法律出版社 2003 年版,第 342 页。

五、教唆犯

（一）教唆犯的认定

根据《刑法》第29条的规定，教唆犯是指故意唆使他人实施犯罪的人。教唆犯具有以下特征：

（1）行为人实行了教唆的行为。所谓教唆，就是唆使具有刑事责任能力但没有犯罪意思的他人产生犯罪意思。教唆对象必须是具有刑事责任能力的人。教唆行为的具体方式是多种多样的，可以是口头的，也可以是书面的，甚至还可以是使眼神、做手势等。法律一般不规定教唆的具体方法，命令、嘱托、威胁、胁迫、欺骗、诱导、怂恿、哀求、利诱等方法均可。但教唆一般是以作为方式实施的。

（2）行为人具有教唆他人犯罪的故意。它包括教唆认识和教唆意志两方面的因素。教唆认识因素的内容包括：第一，认识到被教唆的人是具有刑事责任能力的人。明知他人不具备刑事责任能力而教唆其犯罪的，不构成教唆犯，而构成间接正犯。如果行为人将无刑事责任能力者误认为有刑事责任能力者而教唆的，则仍然构成教唆犯。第二，认识到他人没有犯罪意思。认识到他人已经产生了犯罪意思，依旧实行教唆行为的，则属于帮助犯。如果行为人不知道他人已经有犯罪意思而实行教唆的行为，不影响教唆犯的成立。第三，预见到教唆的行为将引起被教唆者产生犯罪决意并实施犯罪。对被教唆者实行犯罪种类的预见可以是具体的也可以是概括的。教唆意志因素的内容就是，希望或者放任他人产生犯罪决意并进而实行犯罪。不过教唆犯的主观心理通常是直接故意，只有在少数情形中才可能是间接故意。

根据立法的规定，教唆有两种情形：（1）行为人实行了教唆，被教唆者基于教唆实施了被教唆之罪。所谓实施了被教唆之罪，包括被教唆者已经实施了犯罪预备、已经着手实行了犯罪而未遂和已经完成了被教唆之罪。（2）行为人实行了教唆，但被教唆者没有犯被教唆之罪。被教唆者没有犯被教唆之罪的情形有四种：第一，被教唆者拒绝接受教唆；第二，被教唆者当时接受教唆，但随后打消了犯罪念头，没有进行任何被教唆之罪；第三，被教唆者接受了实行某种犯罪的教唆，但后来实行的犯罪不是被教唆之罪；第四，被教唆者已经有犯罪意思，但教唆者不知道而教唆。

（二）教唆犯的刑事责任

由于教唆犯的情形特殊，所以在处罚上要区别对待。通常而言，要根据以下三种情形处理：

（1）被教唆者实行了被教唆之罪时，根据《刑法》第29条第1款的规定，要按照教唆者在共同犯罪中的作用处罚教唆犯。

（2）被教唆者没有犯被教唆之罪时，可以从轻或者减轻处罚。

（3）教唆不满18周岁的人犯罪时，应当从重处罚。之所以这样规定，是因为未成年人具有可塑造性，容易受不良影响走上犯罪歧途，对未成年人有特别保护的必要。而一些犯罪人手段老练，为了隐蔽自己，往往利用不满18周岁的未成年人犯罪,腐蚀性极大,因此有特别处罚的必要。由于年龄不满18周岁的人分几种责任类型,所以对于教唆不满18周岁的人犯罪的,要分不同情形予以从重处罚:一是教唆已满16周岁不满18周岁的人犯任何罪的,都应当根据《刑法》第29条第1款的规定从重处罚。二是教唆已满14周岁不满16周岁的人犯《刑法》第17条第2款所规定之罪的,应当根据《刑法》第29条第1款的规定从重处罚。三是教唆已满14周岁不满16周岁的人实行《刑法》第17条第2款规定之外的犯罪的,或者教唆不满14周岁的人实行犯罪的,由于被教唆者是没有达到刑事责任年龄的人,其行为不构成犯罪,所以要将教唆者作为间接正犯,从重处罚。

第五节　共同犯罪中的特殊问题

共同犯罪是犯罪的高级形态,在共同犯罪中,除了上述问题之外,还有一些特殊问题,如身份犯与共同犯罪的成立、共犯与修正犯罪构成中的问题等值得探讨。这些问题在我国刑法学中引起了注意,但是我国学者主要是运用外国理论说明这些问题。下面将对这些问题加以介绍。

一、身份和共同犯罪

（一）身份与共同犯罪成立的依据

实施以一定的身份为构成要件的犯罪,称为身份犯。现在的一般观点认为,非身份者和有身份者可以构成共同犯罪。但问题是,在此构成的共犯是什么形态的共同犯罪。

无身份者可以教唆或者帮助的方式,和有身份者共同实施必须特殊身份才能构成的犯罪,对此在理论上没有争议。但无身份者是否可以和有身份者共同实行该犯罪呢？对此,有以下争议[①]:(1)肯定说认为,无身份者和有身份者可以构成身份犯的共同实行犯。这是日本理论及司法实践界居主流的观点。(2)否定说认为,无身份者不能构成特殊身份的实行犯。(3)折中说认为,应当区别而论,对于有的犯罪,如背叛国家罪,没有身份者是不能实施实行行为的;对于有些存在分工的犯罪,或者犯罪行为比较复杂的,比如贪污罪,则无身份者可以构成有身份的共同实行犯。

很明显,折中说是正确的,即并非无身份者可以实行所有的身份犯罪中的实行行为。这是因为,实行犯、教唆犯、帮助犯、组织犯是以形式标准划分的,所谓实行犯是指实施刑法分则具体犯罪构成中的行为,对于这些行为,虽然无身份者不能全部实行,但可以实行其中一部分,从而构成实行犯。如果认为无身份者不能实行身份犯的行为,一方面和现实情况不符合,另一方面也可能导致处罚上的问题。如无身

[①] 参见赵秉志:《共犯与身份问题研究——以职务犯罪为视角》,载《中国法学》2004年第1期;林亚刚主编:《贪污贿赂罪疑难问题研究》,中国人民公安大学出版社2005年版,第49—54页;赵秉志主编:《犯罪总论问题探索》,法律出版社2003年版,第516—519页。

份者利用有身份者的地位收受贿赂归自己使用的行为显然是实行行为,而且无身份者在受贿中的作用可能比有身份者更大,有必要将其作为主犯处理,如果不承认无身份者可实行犯罪,就只能将其作为从犯处理,其结果自然不合理。当然,从背叛国家罪来说,外国人不可能实行背叛中国的行为。

(二) 构成身份与共同犯罪成立的情形

构成身份是以一定身份为基本犯罪成立的身份。即只有有身份者才能构成某种犯罪,无身份者不能单独构成该犯罪。涉及构成身份的共犯构成时,要依据不同情形分别处理:

(1) 当无身份者加功于有身份者时,由于可以对构成身份进行连带和从属的认定,因此不存在作为何种共犯处罚的问题。

(2) 当有身份者加功于无身份者时,如监管人员指使被监管人员殴打其他被监管者,由于无身份者单独不构成犯罪,所以一般应当将有身份者当作间接正犯。但是,如果有身份者并不能完全支配无身份者的行为时,无身份者和有身份者则可以成立共同犯罪。

(3) 当不同构成身份者相互加功对方的行为时,如国有单位委派甲到非国有单位任副经理,甲与非国有单位中的会计乙相互勾结,分别利用职务之便,非法占有非国有单位财物归己所有,既存在贪污罪的适用余地,也有职务侵占罪的可能。对此,过去有主犯说和分别处罚说。根据分别处罚说,要对被委派人员甲以贪污罪论处,对乙以职务侵占罪论处。我们认为,这种见解不符合惩治共同犯罪的法理。另外,最高人民法院《关于审理贪污、职务侵占案件如何认定共同犯罪几个问题的解释》(以下简称《贪污、职务侵占解释》)规定:第一,行为人与国家工作人员勾结,利用国家工作人员的职务便利,共同侵吞、窃取、骗取或者以其他手段非法占有公共财物的,以贪污罪共犯论处。第二,行为人与公司、企业或者其他单位的人员勾结,利用公司、企业或者其他单位人员的职务便利,共同将该单位财物非法占为己有,数额较大的,以职务侵占罪共犯论处。第三,公司、企业或者其他单位中,不具有国家工作人员身份的人与国家工作人员勾结,分别利用各自的职务便利,共同将本单位财物非法占为己有的,按照主犯的犯罪性质定罪。所以在司法实践中,像这样的情况,是根据主犯的行为定罪的。

(三) 消极身份与共同犯罪成立的情形

消极身份就是阻却犯罪、责任或者刑罚的身份,如未成年身份、亲属身份等。涉及消极身份与共犯成立时,也要根据不同情形处理:

(1) 在无身份者加功于有身份者的场合,无身份者加功于阻却犯罪的有身份者时,由于有身份者的行为不构成犯罪,加功的无身份者不成立共犯,可按照间接正犯论处。如果被加功者属于减轻责任者,则加功者成立帮助犯或者教唆犯。

(2) 在有身份者加功于无身份者的场合,当阻却犯罪身份者加功于无身份者时,由于无身份者的行为是违法的,有身份者成立共犯。如医生教唆没有医师资格的人行医,成立教唆犯。当阻却责任身份者加功于无身份者时,即使无身份者成立正犯,由于责任具有个别化的机能,对无责任的有身份者也不可罚。例如犯人逃匿的行为不具有期待可能性,因此不可罚,所以教唆他人藏匿自己的犯人也不可罚。但是教唆他人为自己的刑事犯罪作伪证的,不能被认为没有期待可能性,应成立伪证罪的教唆犯。

二、共同犯罪和错误

在共同犯罪中,行为人之间出现错误比单独犯罪更为常见,这使得共犯问题更加复杂。下面将就共同犯罪中几种常见的错误问题进行介绍。①

(一) 实行错误

实行错误是共同实行犯罪行为的行为人相互之间的表象、认识存在差异。它分为:(1) 共同实行者的错误是同类犯罪对象的错误时,错误产生的结果一般不影响共同犯罪的成立。但如果是因为方法错误导致行为客体之外的人受害的,由于受害客体重大,应当对各个共同实行者分别评价。(2) 当共同实行者的错误属于不同犯罪对象的错误时,要依据部分犯罪共同说确定它们是否构成共同犯罪。如 A 怀着杀人的意思和怀着伤害意思的 B 共同造成受害人死亡的,他们只能在伤害罪的范围内成立共同犯罪;再如甲、乙共同强奸受害人,中间甲还将受害人手上的钻戒强行脱下,而乙对此完全不知道,因此甲、乙成立强奸罪的共同犯罪,甲对抢劫罪单独负责。

(二) 教唆(帮助)错误

教唆(帮助)错误是教唆者(帮助者)的表象、认识与实行者行为事实之间存在差异。对此,也分两种场合处理:

(1) 相同犯罪构成要件范围内的认识,即这种错误只是具体事实的不一致,但在法律上作为犯罪构成要件没有差异。如甲教唆乙杀害丙,结果乙将丁误当丙杀害了。我们认为,由于实行者的行为既遂,教唆者和帮助者应根据故意杀人既遂形态承担教唆和帮助的责任。

(2) 不同犯罪构成要件之间的认识,即实行犯所实行的犯罪与教唆犯、帮助犯所认识的事实,不只是具体犯罪事实的不一致,而且作为犯罪构成要件的事实也不相同。对此,要分具体情况处理:一是当两个不同的犯罪构成之间有部分重合时,如教唆(帮助)他人实行抢夺罪,他人却实行了抢劫罪;或者教唆(帮助)他人实行抢劫罪,他人只实行了抢夺罪。前种情形下,在轻罪之间成立共同犯罪的既遂;后种情形下,则仅在重罪的未遂形态中成立共同犯罪。二是当两个不同的犯罪构成之间没有重合时,如教唆(帮助)他人实行盗窃,他人却实行了强奸行为。此时不成立共同犯罪,要按照行为人各自的行为追究其责任。

---

① 参见马克昌主编:《犯罪通论》,武汉大学出版社 1999 年版,第 602—607 页;童德华:《外国刑法导论》,中国法制出版社 2010 年版,第 301—302 页。

三、共同犯罪中的未完成形态

共同犯罪中的未完成形态,是指共同犯罪的实行行为着手之后而犯罪没有完成的情形。其主要问题表现为犯罪未遂、犯罪中止。对此,只有少数国家在刑法中作了规定。下面将就这些问题进行介绍。

(一) 共同犯罪与未遂

共同犯罪的未遂分为共同实行犯未遂和教唆(帮助)犯未遂。

(1) 共同实行犯未遂。一般而言,在共同实行犯未遂的场合,如果行为人中一部分人的行为没有完成犯罪,但另外一部分人的行为完成了犯罪,就应认为共同犯罪既遂。

(2) 教唆(帮助)犯未遂。关于这种类型的未遂,在国外存在以下理论分歧:一是共犯独立性说认为,教唆(帮助)的行为可视为其本身的实行行为,和实行犯是否实行行为无关,只有教唆(帮助)行为至于未遂时,才成立未遂。二是共犯从属性说认为,共同犯罪的要件要考虑正犯实行终了,因此教唆(帮助)犯的构成要件必须因为实行犯的实行而被充足,从而教唆(帮助)犯未遂要从属于实行犯的未遂。三是因果共犯论认为,教唆(帮助)如果不能惹起实行犯的结果,就不能充当教唆(帮助)犯自身的构成要件,就是未遂。我们赞成第三种观点。

(二) 共同犯罪与犯罪中止

(1) 共同实行犯中止。当共同实行犯中的全部行为人或者部分行为人任意中止犯罪时,由于他们消除了完成犯罪的原因,所以是犯罪中止;当部分实行人任意中止,其他人不是任意中止时,中止的效果不能及于其身,非任意中止者的行为属于犯罪未遂。共同实行犯中任意中止犯罪的重要条件是,既要防止其他共同行为者完成犯罪,也要阻止犯罪的既遂。因此,和他人共谋强盗,在实行暴行时一方翻悔离去,而另一方继续完成了犯罪的,则不能成立中止。相反,中止者的行为即便不能影响共同行为,但只要结果不发生,也能成立中止犯。

(2) 教唆(帮助)犯中止。教唆(帮助)犯的中止,是指教唆者、帮助者在实行犯实行之后阻止犯罪完成的情形。此时,在实行犯任意中止的场合,正犯也是中止犯,但是如果教唆者和帮助者阻止其实行的继续,则实行犯是障碍未遂。

本章重点问题提示

一、关于片面共犯

所谓片面共犯,是指共同行为人的一方有与他人共同实施犯罪的意思,并协力于他人的犯罪行为,但他人却不知其给予协力,因此缺乏共同犯罪故意的情况。对于不知情的实行者,不构成共同犯罪,仅就自己的行为负刑事责任。但对于协力者,如果不成立共同犯罪,就不能追究其刑事责任;为了追究其刑事责任,理论上提出了

"片面共犯"概念。

但是关于这一概念是否可取,至今还有很大争议①:肯定说认为,共同犯罪的因果关系包括客观行为的共同和心理事实的共同,心理事实往往促进或者强化客观的行为,在这点上,协力者的行为在客观上具有共同的效果。否定说认为,没有行为人之间的共同认识和意志,就会导致客观归罪的后果,而且对协力者可以单独定罪处罚。

我们认为,片面共犯的情形是客观存在的,不加以处罚是不可取的。否定说认为承认片面共犯会导致客观归罪的后果,是不正确的,因为协力者并非没有完成犯罪的意思。另外,对协力者单独定罪处罚在协力者实行了的场合是可能的,但如果协力者仅仅片面进行了帮助或者教唆时,却是行不通的。不过,肯定说的理论也比较牵强。毕竟共同犯罪要求行为人之间有意思的联络,没有联络,就不能成立共犯。可见,对于这种情形的处罚根据,还有研究的必要。

二、关于共同过失犯罪

所谓共同过失犯罪,是指两人以上基于共同的过失心理犯罪的情形。这在我国刑法上是不构成共同犯罪的。但是,近来要求承认共同过失犯的理论越来越多。对此,有必要了解有关立法例和理论争议。②

共同过失犯是否有解释学的余地,和各国立法例的规定有关系。在立法上,有的国家的刑法明确反对共同过失犯,如法国刑法和我国刑法;有的国家的刑法对于共同过失犯没有表示明确的排斥,如日本刑法和韩国刑法等。还有个别国家的刑法承认重罪的共同过失犯罪形态,不承认轻罪的共同过失犯罪形态,如德国刑法和意大利刑法。

在理论上,否定论是过去的通说。其理由主要在于:"过失行为,其主观方面从有意识部分和无意识的部分看,无意识是占据主要方面,有意识部分绝不是过失行为本质性的东西。仅以有意识的部分联系而论以过失共同正犯的成立,不能不说是脱离了过失本质的议论。……恐怕应当说现行法对基于过失的共同正犯也持有相同的否定趣旨吧。"③在我国,有学者基于立法的规定,提出根据同时犯来解决共同过失犯的问题。然而近年来,肯定过失犯的共同正犯形态的论者增多了。其理由主要是:"过失重罪中的共同行为,是一种对结果发生具有原因力的过失行为的竞合形

---

① 参见马克昌主编:《犯罪通论》,武汉大学出版社1999年版,第514—517页;赵秉志主编:《犯罪总论问题探索》,法律出版社2003年版,第496—497页;张明楷:《刑法学》,法律出版社2003年版,第326页。
② 参见马克昌主编:《犯罪通论》,武汉大学出版社1999年版,第517—519页;陈家林:《共同正犯研究》,武汉大学出版社2004年版,第194—205页;童德华:《规范刑法原理》,中国人民公安大学出版社2005年版,第302—307页。
③ 〔日〕团藤重光:《刑法纲要(总论)》,日本创文社1987年版,第367页。转引自林亚刚:《犯罪过失研究》,武汉大学出版社2000年版,第257—258页。

式。……对过失或故意轻罪来说,没有理由否认它们存在过失的共同犯罪问题。"①

否定论者立足于传统的犯罪构成理论,以实定法的规定为依托,反对共同过失犯成立,这对于缩小刑罚的制裁范围、限制刑法的扩张具有积极作用;肯定论者则着眼于刑法的社会保护功能,根据社会发展的需要发展共同犯罪理论,这具有强烈的现实意义。这些也是我们在对共同过失犯进行取舍时应当考虑的。

思考题

1. 什么是共同犯罪?
2. 共同犯罪成立的基本条件是什么?
3. 哪些条件下不具备成立共同犯罪的主观罪过?
4. 共同犯罪包括哪些形态?
5. 什么是主犯?主犯如何承担刑事责任?
6. 什么是从犯?从犯如何承担刑事责任?
7. 什么是胁从犯?减免胁从犯刑罚的根据是什么?
8. 教唆犯的成立条件是什么?对教唆犯如何处罚?

---

① 〔意〕杜里奥·帕多瓦尼:《意大利刑法学原理》,陈忠林译,法律出版社1998年版,第330—331页。

第十一章 一罪和数罪

> **内容提要**

本章主要阐述了区分一罪与数罪的标准,一罪与数罪的种类。其中,实质的一罪包括想象竞合犯、继续犯和结果加重犯等,法定的一罪包括结合犯和集合犯,而处断的一罪包括连续犯、牵连犯和吸收犯等。重点在于一罪的类型,实质的一罪。

> **关键词**

罪数 继续犯 想象竞合犯 结果加重犯 连续犯 牵连犯 吸收犯

在刑法理论上和司法实践中,经常会遇到的一个难题就是行为人犯的是一罪还是数罪的问题,因此,在这种情况下,就必须明确什么是一罪,什么是数罪,以及一罪与数罪的判断标准是什么,一罪与数罪有哪些类型,等等。只有正确地区分一罪与数罪,才能正确量定行为人的刑事责任和刑罚。

第一节 罪数问题概述

一、区分一罪和数罪的意义

罪数,简单讲,是关于犯罪的个数。正确区分一罪和数罪,是刑法理论和司法实践都经常面临的问题。正确区分罪数,有利于正确追究行为人的刑事责任。因为法律对每一种犯罪都规定了独立的刑事责任,行为人犯一罪的,只承担一罪的刑事责任,行为人犯数罪的,需承担数罪的刑事责任,犯一罪与犯数罪的刑事责任完全不同。一般讲,犯数罪的刑事责任要重于犯一罪的刑事责任。如果行为人犯了数罪,按照一罪处理,就可能轻纵犯罪,导致罪刑失衡;同样,如果行为人犯了一罪,实际上按数罪处理,则会导致重判,出现一罪多罚。

但是,在特殊情况下,定一罪的刑事责任可能会重于定数罪的刑事责任,原因在于,把两个独立的轻罪定为一个重罪,就可能导致行为人被判重刑。例如,甲欲伤害乙,在乙下班的路上,甲一棍子将乙打昏,在乙失去知觉时,甲看到乙戴着的一块价值2000余元的手表掉在地上,遂起意将这块手表占为己有,然后离去。后经法医鉴定,乙被打成重度脑震荡。对甲的行为,如果定伤害罪和盗窃罪,数罪并罚后,最高刑不过是有期徒刑,如果定一个抢劫罪,最高刑则为死刑。可见,有时将数罪定为一罪也会导致重判。在多年来的司法实践中,把数个较轻的犯罪行为定为一个重罪,尔后加重行为人的刑事责任,处以重刑的情况屡有发生。因此,正确区分一罪与数罪,对于正确定罪,恰当量刑,贯彻刑法基本原则和正确执行刑法,实现司法公正,具有重要意义。

二、区分一罪与数罪的具体标准

正确区分一罪与数罪,首先需要解决判断一罪与数罪的标准问题。在中外刑法理论界,关于判断一罪与数罪的标准,存在多种学说。①

（一）行为标准说

这种学说以行为的个数作为区分一罪与数罪的依据。认为行为人实施了一个犯罪行为的,构成一罪,实施数个犯罪行为的,构成数罪。

（二）结果标准说

这一学说以犯罪结果的个数作为区分一罪与数罪的标准。认为犯罪行为造成一个结果的,定一罪,造成数个犯罪结果的,定数罪。

（三）法条标准说

该学说将犯罪行为所触犯的法条的数量作为区分一罪与数罪的标准。主张一行为凡触犯一个法条的,只能定一罪,触犯数个法条的,定数罪。

（四）犯意标准说

此说以犯意的个数作为标准区分一罪与数罪,主张行为人出于一个犯意实施的行为定一罪,出于数个犯意实施的行为定数罪。

（五）目的标准说

此说以目的的数量为标准区分一罪与数罪。主张行为人出于一个目的实施的行为定一罪,出于数个目的实施的行为定数罪。

前述三种学说(行为标准说、结果标准说以及法规标准说)统称客观主义标准说。其共同的特点是,仅仅把犯罪构成的客观要件作为区分一罪与数罪的标准,完全撇开了犯罪的主观要件,不免失之片面。行为标准说的困境在于,其解决不了出于相同的犯意实施的数行为只能定一罪以及两个客观上完全相同的行为由于主观犯意的不同须定数罪的问题。而结果标准说也无法合理区分一罪与数罪问题,因为结果不具有独立意义,它不可能脱离行为以及行为人的主观犯意。法条标准说也有明显不足,例如两次以上个别行为触犯同一法条,不考虑两次行为间隔以及主观犯意的联系,而一概认定为一罪,有误将数罪定为一罪之嫌。因此,这些学说均不是科

---

① 详细可参见顾肖荣:《刑法中的一罪和数罪问题》,学林出版社1986年版,第5—6页;马克昌主编:《犯罪通论》(修订版),武汉大学出版社1999年版;吴振兴:《罪数形态论》,中国检察出版社1996年版,第12页以下。

学的学说。

后面两种学说(目的标准说以及犯意标准说)统称主观主义标准说,其共同特征是强调行为人的主观方面对于区分一罪与数罪的作用,而忽视其他方面的作用。无法解决行为人出于一个犯意或目的实施多种犯罪行为,或出于多种犯意或目的实施某一种犯罪行为的一罪与数罪的区分问题,因而也被认为是一种片面的学说。

(六) 个别化标准说或折中标准说

这种学说力图克服主观主义标准说和客观主义标准说的缺陷,主张区分一罪与数罪的标准要根据犯罪的具体情况和刑法的具体规定,分别采取行为说、结果说、犯意说等。

(七) 构成要件标准说

此说为大陆法系的刑法学说所主张。大陆法系传统的刑法理论将犯罪成立的要件分为构成要件的该当性(符合性)、违法性和有责性,即对犯罪成立的主客观要素分别进行考察。根据此理论,行为一次性满足犯罪构成该当性要件的为一罪,多次满足的为数罪。

我们认为,以上两种学说相对于主观说和客观说而言较为全面。个别化说的优点是全面、灵活,能适应区别刑法规定的各种犯罪的需要。但是,由于其标准的多元化,实际上等于否定了区分一罪与数罪的统一标准。构成要件说有综合犯罪的客观要件和关照刑法不同规定的优势,但实际上是对行为标准说、结果标准说和法益标准说的整合,本质上很难超越客观说。

(八) 犯罪构成说

该说主张以犯罪构成的个数为区分一罪与数罪的标准,行为符合一种犯罪构成的为一罪,符合数种犯罪构成的为数罪。

这是我国刑法学界的通说,本书也持这种观点。因为犯罪构成既然是行为成立犯罪的唯一标准,理所当然也是行为成立一罪或数罪的标准。犯罪构成说是犯罪构成理论在罪数领域的体现和深化,它坚持了罪刑法定原则以及我国刑法一贯认可的主客观相统一原则,并且体现了罪数判断上的排他性原则,很好地避免了犯罪构成个数与犯罪个数的不当割裂,使得两者达到了有机统一。[①] 具体地讲,犯罪构成标准说的科学性,主要源于以下几方面:第一,犯罪构成标准说,以我国刑事立法为根据贯彻了罪刑法定的刑法基本原则。以犯罪构成作为区分一罪与数罪的标准,可以在刑事诉讼中。有效地避免罪数判定的随意性和非一致性。并在确保罪数判定的法定性、统一性和公正性的基础上,体现罪刑法定原则的基本要求。第二,犯罪构成标准说,以犯罪现象的自身规律为出发点,贯彻了主客观相统一的原则。首先,犯罪的自身规律决定了,任何犯罪都是行为人主观上的要件和客观上的要件所构成的有机统一体。其次,依据我国刑事立法的规定。任何犯罪也都是犯罪主观要件和犯罪客

---

① 参见高铭暄主编:《新编中国刑法学》,中国人民大学出版社 1998 年版,第 251 页。

观要件的有机统一;换言之,每个具体犯罪在刑法上都表现为一定的犯罪构成。而犯罪构成的整体就是犯罪客体、犯罪客观方面、犯罪主体、犯罪主观方面的构成要件的有机统一。再次,由犯罪的自身规律和刑法对犯罪构成的规定所决定,任何认定犯罪(包括认定罪数)的活动,必须以主客观相统一的犯罪构成作为基准。除此之外的其他任何标准都是片面的和非科学的。因此,犯罪构成标准说不仅克服了诸种主观主义和客观主义的罪数判断标准理论的片面性及其任意割裂犯罪的主观方面与客观方面联系的弊端,而且在罪数形态论中和罪数判定的司法实践中,全面、彻底地贯彻了主客观相统一的原则,具有司法实务的便利性。第三,犯罪构成标准说,不仅在罪数形态论领域贯彻了犯罪构成理论,而且为犯罪形态论的深入研究和健康发展提供了必要的保障。一方面,犯罪构成理论是我国刑法学的核心理论,它贯穿于整个刑法学的始终,是刑法学中的犯罪论、刑罚论和罪刑各论领域各种具体理论得以确立的理论基石。犯罪构成标准说,既是犯罪构成理论在罪数形态论领域的自然延伸或必然体现,也是我国刑法学全面构建犯罪构成理论所不可忽视的重要组成部分。另一方面,坚持犯罪构成标准说,有助于罪数形态论完善和发展。犯罪形态论的基本任务在于,说明各种罪数形态的构成特征、本质属性、共有规律和区别界限,以及应有的处断原则。依据主观主义或客观主义的罪数判断理论,势必混淆相近各种罪数形态的构成要件,导致在各种具体的罪数形态领域难以自圆其说的理论困境。只有犯罪构成要件标准说才能促使罪数形态论研究朝着更加深入、全面、科学的方向发展。

有的学者以我国刑法中的某些规定不符合犯罪构成标准说的实例,据此认为犯罪构成标准说在具体应用时不具有普遍意义,因此,应当根据罪数的不同种类采取不同的区分标准。[①] 我们认为,一个理论学说是对各种刑法规范的抽象和概括,不是对某一具体刑法典的抽象和概括,更不是刑法规范本身。如果理论学说是正确的,而刑法中的某些规范不符合刑法理论,应当是刑法规定向刑法理论看齐,而不能要求科学的刑法理论迎合具体的刑法规定。因此,尽管目前我国刑法确实存在不符合犯罪构成标准说的某些规定,但作为区分一罪与数罪的标准还是应当坚持犯罪构成说。

第二节 一罪的类型

一罪有几种类型,以什么标准对一罪的类型进行分类,在刑法理论上存有不同看法。我国的刑法学理论通常将一罪分为实质的一罪,包括想象竞合犯、继续犯和结果加重犯等;法定的一罪,包括结合犯和集合犯;处断的一罪,包括连续犯、牵连犯和吸收犯等。

---

① 参见张明楷:《刑法学》(第二版),法律出版社2003年版,第360—364页。

一、实质的一罪

（一）想象竞合犯

1. 想象竞合犯的概念和特征

也称观念的竞合、想象的数罪，是指一个行为触犯数种罪名的犯罪。如仅仅开一枪，却造成一人重伤、一人死亡，一个开枪行为同时触犯了故意伤害罪和故意杀人罪，即是想象竞合犯的适例。我国刑法中尽管没有规定想象竞合犯的概念，但在刑法理论和司法实践中想象竞合犯得到了比较广泛的认可。想象竞合犯具有以下特征：

（1）行为人实施了一个犯罪行为。这是想象竞合犯成立的前提条件，也是其区别于集合犯、牵连犯等犯罪的根本所在。所谓一个行为，是指在社会生活意义上被评价为一个的行为，而不是多个行为，如行为人只开了一枪或只点了一把火等。从形式上看，想象竞合犯的一行为可能是单一的动作，也可能是由一系列的动作组合而成的行为，前者如一枪致一人死一人伤，后者如购买毒药，制作饮料，送给多人饮用，致人死亡或伤残等，因此只要从通常的意义上观察属于一行为的，即为一行为。

（2）一行为触犯了数个罪名。所谓一行为触犯了数个罪名，其客观表现是一个行为造成了数个实际的犯罪结果，这数个结果分别属于不同的犯罪，把这一个行为与其所造成的每一个结果联系起来看，都构成一种犯罪。例如，行为人一枪将正在驾车行为人打死，并将坐在驾驶室后座的另一名被害人击伤，还导致该车失去控制，撞上障碍物后起火烧毁。这一个行为造成了死亡、伤害和交通工具毁损等三个结果，如果把行为人开枪的行为与其中的每一种结果联系起来，行为人的行为分别可构成故意杀人罪、故意伤害罪和破坏交通工具罪，即一行为触犯了三个罪名。但这三个犯罪的构成要件都来自于一个开枪的行为，所以该行为不具备三个犯罪构成，只具备一个犯罪构成。如果按照数罪处理，无疑是将一个行为重复评价三次，且要重复处罚三次，这显然不符合一个行为只能受一次处罚的刑法基本理论。因此，想象竞合犯只能是想象的数罪，而不是实际的数罪。同时也说明，想象竞合犯必须是造成数个不同犯罪结果的犯罪，如果只造成一个犯罪结果或者只造成数个同一性质的犯罪结果，如一枪打死多人的，都不是想象竞合犯。

2. 想象竞合犯的处罚原则

对想象竞合犯按照一罪处罚，而不进行数罪并罚，在我国刑法学理论上没有争议。但是，是按照所触犯的数罪中的最重的罪名处罚，还是按照与犯罪行为的性质和行为人的主观罪过最符合的罪名处罚，则值得研究。例如，行为人的目的是杀死某一特定的个人，但其使用的爆炸方法则造成了多人死伤，其行为既触犯了杀人罪和伤害罪的罪名，又触犯了危害公共安全罪中的爆炸罪罪名，从同类客体看，公共安全比特定人的生命权利重要，应按爆炸罪处罚，但是，从法定刑看，故意杀人罪重于爆炸罪，应按故意杀人罪处罚。从行为人的主观故意的内容看，行为人的目的在杀人,定故意杀人罪较符合行为人的本意,但是,从行为的性质看,定爆炸罪则更为合适。可见,对这种行为按照何罪定性处罚,无论是根据罪名的轻重还是根据行为的主要特征,都不明确。我国刑法分则对个别犯罪的想象竞合犯,规定按照较重的罪名处罚,如《刑法》第329条第3款规定行为人抢夺、窃取、擅自出卖、转让国家所有的档案,同时又构成刑法规定的其他犯罪的,应当按照较重的犯罪处罚,如果行为人实施上述行为时又泄露国家秘密的,由于泄露国家秘密的犯罪重于侵害档案的犯罪,显然应按照泄露国家秘密的犯罪处罚。但这是否就意味着确立了处罚想象竞合犯的普遍原则值得考虑。我们认为,对于想象竞合犯,原则上择一重处断,但是,如果一行为所触犯的数罪名,在刑事责任上分不出轻重或所触犯的某一罪名纯属偶然,而不是行为通常所造成的结果的,应当按照行为通常会触犯的罪名处罚。

3. 想象竞合犯和法条竞合

(1) 法条竞合的概念和特征

由于犯罪的错综复杂,刑法为了避免漏洞,而不得不从不同角度、不同侧面规定各种犯罪行为,结果就形成了条文之间的交叉和重叠。因此,由于法律错综复杂的规定,使得同一个犯罪行为出现数个法条所规定的构成要件在其内容上具有包含或者交叉的情形,就是法条竞合。法条竞合要解决的是一个犯罪行为同时符合数法条应适用哪个法条的问题,是一种法律适用的选择问题。

根据犯罪构成理论,法条竞合可以分为三种形态:第一,因犯罪主体不同而形成的竞合。如挪用公款罪与挪用资金罪的规定就是因为犯罪主体的不同。第二,客观方面的犯罪对象不同而发生的竞合;因犯罪对象不同发生的竞合有两种形式,其一是由于相关人员不同而发生的法条竞合,如重婚罪与破坏军婚罪;其二是物不同而发生的竞合,如盗窃罪与盗窃枪支、弹药罪。第三,法律的例外规定而发生的竞合。有时规定了某一犯罪,但出于立法技术上的考虑又作了例外的规定。如:过失致人死亡罪后又规定:"本法另有规定的,依照规定。"这样交通肇事行为导致了他人死亡的结果,就不再定本罪。

法律越严密,法条竞合就越难以避免。随着犯罪的细化和犯罪的发展,必然会出现大法条与小法条的冲突。如:诈骗罪、合同诈骗罪与信用卡诈骗罪等,故有必要掌握其适用原则。第一,特别法优于普通法。所谓的特别法与普通法是相对而言的,如诈骗罪与合同诈骗罪。特别法条是把普通法条的特别情况用特别条款加以规定,使之更为具体明确。由于特别法保护的社会关系可能更为重要或者特别,故应当优先适用特别法。但我国刑法条文有一缺陷,即由于其本身的不科学性,造成法条的滞后性。第二,重法优于轻法。我国刑法中对某些特别法条款的法定刑低于普通法时,适用重法优于轻法的原则。如:诈骗罪与招摇撞骗罪,当冒充国家机关工作人员诈骗财物,但数额又没有达到特别巨大时,招摇撞骗罪处3年以上10年以下有期徒刑,并附加剥权;诈骗罪数额巨大时法定刑是3年以上10年以下有期徒刑,此时应定为招摇撞骗罪,但当数额特别巨大时,其法定刑是10年以上有期徒刑或者无期徒刑,应定诈骗罪而不适用特别法。

(2) 法条竞合与想象竞合的关系

两者的联系在于:第一,都是一个行为;第二,都触犯数个不同罪名的数个法条;第三,在本质上都是一罪;第四,在处理上都适用一个法条。两者的区别在于:第一,性质不同。想象竞合犯是不同罪名的竞合属于犯罪单复数的形态;法条竞合犯是法律条文的竞合,属于法条关系的形态。第二,发生原因不同。前者是观念的竞合,即想象中的数罪(由于观念或者主观认识的影响而发生竞合);后者是现实的竞合,属于法律条文的错综复杂的规定而使数个不同罪名的法条发生竞合。第三,法条间关系不同。前者数个法条之间不存在重合或者交叉关系;后者则必然有此种关系。第四,存在前提不同。前者不同罪名的数个法条发生关联,以行为人实施特定的犯罪行为为中介或者前提;后者并不以犯罪的实际发生为转移。第五,适用原则不同。前者数个法条均应适用于导致不同罪名竞合的犯罪行为,应在比较法定刑轻重后,择一重罪处断之,而后者则只能选择适用一个法条即特别法、实害法或者重法。第六,目的不同。前者是犯罪单复的形态,目的是解决罪数问题;后者是法条关系的形态,解决的是法律适用问题。

(二) 继续犯

1. 继续犯的概念和特征

继续犯也称持续犯,是指违法行为着手实施后,在停止之前持续地侵害同一客体的犯罪。继续犯是稀有的犯罪类型,理论界一般认为,继续犯的适例是非法拘禁罪。

根据上述界定,继续犯具有以下特征:

(1) 行为人着手实施了持续侵害同一客体的行为。我们认为,继续犯的本质特征,不是行为与不法状态同时继续,而是行为对某一特定客体的侵害和不法状态同时继续。至于行为是否继续,并不影响继续犯的成立。例如,行为人为了索债,将债务人关在自己家的地窖里达 3 个月之久,每天由其妻子给被害人送一次饭,而他自己则天南海北地做生意去了。对本案来说,非法拘禁行为 3 个月前就一次性地完成了,他到外地做生意的行为根本谈不上拘禁行为一直在继续,而是非法拘禁行为对被害人人身自由的侵害一直在继续。不能把非法拘禁行为对客体侵害的继续等同于非法拘禁行为本身的继续。

继续犯的行为可以是一个行为,也可以是数个行为。还举非法拘禁案为例:行为人将债务人非法关押后,为了防止债务人逃跑或司法机关解救,经常将被害人从一个地方转移到另个地方;有的把债务人非法拘禁一段时间后放掉,尔后又非法拘禁,如此多次反复,等等。像这类犯罪就实施了不止一个行为,但这些行为都持续地侵害被害人的人身自由,故仍属于继续犯。

继续犯的行为既可以针对一个对象实施,也可以针对多个对象实施,例如,某县一副县长因不同意其女儿与农民的儿子结婚,先将其男女亲家关起来,后又将女儿和女婿关起来,此行为针对四个对象实施,但从犯罪构成上看,属于非法拘禁罪的连续犯,而不是数罪,仍然只构成一个非法拘禁罪。所以,继续犯与其侵害对象的个数没有必然的联系。

继续犯的行为对直接客体的侵害应有一定的持续时间,瞬间的持续不构成继续犯。究竟持续多长时间才构成持续犯,是以小时、日或星期为起点,这应根据具体情况具体分析。以非法拘禁罪为例,非法拘禁一人24小时以上的方可立案。继续犯的行为必须持续地侵害某一直接客体,这种持续,必须是不间断地、没有间歇地持续,如果行为人经常实施作为或不作为的形式侵害某一直接客体或者把一个犯罪行为分解为许多细小的行为徐徐行之的,构成徐行犯,不构成继续犯。如虐待罪以经常打骂、冻饿、有病不给医治等行为逐渐地侵害被害人的身心健康。又如行为人出于占有他人财物的目的,今天偷一点、明天拿一点,最后将一笔财物占为己有,这类行为对直接客体的侵害都没有持续性,应认定为徐行犯。只有像非法拘禁、遗弃、窝藏、窝赃等行为,行为一经实施后,就持续地侵害刑法所保护的法益的,才是真正的继续犯。

(2)行为人必须出于实施特定持续犯罪的故意。认定持续犯,查明行为人主观方面的内容具有至关重要的意义。行为人实施的犯罪虽然具有持续犯罪的客观特征,但由于其主观故意内容的不同,分别构成不同的犯罪。例如,某甲把某乙关在一个隐蔽场所,从客观上看,符合继续犯的特征。但基于某甲主观故意的不同,该行为会构成多种犯罪:如果某甲是出于向某乙勒索财物的目的,该行为构成绑架罪;如果某甲的主观故意是要把某乙活活饿死,该行为是故意杀人罪;如果某甲的故意是为了帮助某乙逃避司法追究,该行为是窝藏罪;如果某甲的故意是剥夺某乙的人身自由,该行为就是非法拘禁罪,等等。在上述四种故意中,第一种故意表明某甲用非法拘禁的手段勒索财物,属于绑架罪的牵连犯;在第二种故意中,某甲在使某乙饿死的同时也放任侵害某乙的人身自由,属于一行为触犯多罪名,即想象竞合犯;只有出于第三种和第四种故意,才是继续犯。

(3)行为对客体的侵害和不法状态必须是同时继续。这是继续犯的本质特征。如果一个行为结束后,该行为对客体的侵害也随之结束,该行为不是继续犯。如一刀将他人砍伤,对被害人身体的伤害随着这一刀的结束而结束,所以,伤害罪之类的犯罪不是继续犯。如果一个行为结束后,该行为对客体的侵害也已结束,但行为所造成的不法状态仍然存在的,该行为也不是继续犯,而是状态犯。例如,行为人实施的盗窃行为结束后,对他人所有权的侵害随着盗窃罪的既遂而结束,但盗窃行为造成他人财产所处的不法状态仍然存在。所以,盗窃罪之类的犯罪是状态犯而不是继续犯。

2. 继续犯的刑事责任

一般来讲,继续犯以行为对客体侵害的时间长短反映犯罪的不同社会危害性,同时继续犯的行为对犯罪客体侵害的程度也是一个重要的因素。因此,在对继续犯量刑时,刑罚要与行为持续侵害合法权益的时间和行为对合法权益侵害的强度相适应。对于继续犯的连续犯、牵连犯和想象竞合犯等,要根据相关的处罚原则处罚。

(三) 结果加重犯

1. 结果加重犯的概念和特征

结果加重犯，也称加重结果犯，是指法律规定的一个犯罪行为，由于发生了与该行为的性质不相一致的严重结果，法律规定加重其法定刑的犯罪。我国刑法规定的故意伤害致人死亡，暴力干涉婚姻自由致人死亡，虐待家庭成员致人重伤、死亡等，都是典型的结果加重犯。结果加重犯具有如下特征：

(1) 行为人实施了一种犯罪行为。这是结果加重犯成立一罪的基础。如果行为人实施了两种以上的犯罪行为，就不是结果加重犯。如行为人一次或多次实施伤害行为，一次或多次实施虐待行为等。

(2) 一行为造成了两种犯罪结果即基本结果与加重结果。结果加重犯的本质特征是一种行为两种结果。其中的一种结果(基本结果)是行为在通常的情况下应有的结果，即正常的结果；而另一种结果(加重结果)是行为通常不会产生的结果，而且是与基本犯罪的行为性质不相一致的结果。如故意伤害罪，造成伤害结果是伤害行为通常应有之结果，且与伤害罪性质相一致之结果，而造成被害人死亡的结果则不是伤害行为之正常结果，也不是与伤害罪性质相一致的结果，有这两种结果才能成立伤害罪的结果加重犯。如果一行为造成的多个结果，都是该行为性质所决定的应有之结果，就不是结果加重犯。例如，行为人先轻伤他人，后重伤他人的，由于都是伤害罪应有之结果，该行为不是结果加重犯。同样，行为人先盗窃1万元，后盗窃5万元的，由于这两种结果都是盗窃罪应有之结果，也不是结果加重犯。需要指出，结果加重犯之基本行为对于加重之结果发生的必然性之危险关系，是区别于结果加重犯与其他犯罪形态的关键所在。正是基于此，基本行为对于加重之结果所内含之典型危险性，是结果加重犯成立的基底。考察各国的现行法的结果加重犯，可以发现，结果加重犯都是预定以容易惹起死伤重大结果的危险行为作为基本犯的行为。①

(3) 法律规定加重其法定刑，而不是加重其罪。这是构成结果加重犯的一个重要条件。如果一个犯罪行为出现了与该犯罪的性质不相一致的加重结果，刑法规定按照另一重罪论处，这就不属于结果加重犯。如《刑法》第292条规定的聚众斗殴罪，如果致人重伤、死亡的，应按照故意伤害罪或故意杀人罪定罪处罚，不再定聚众斗殴罪，这就不属于结果加重犯，而是加重结果改变了定罪，成为加重的罪名而不是加重的法定刑。

(4) 行为人对两种犯罪结果出于不同的罪过。行为人对两种结果是出于一种罪过心理还是两种罪过心理，在理论上有不同看法。我们认为，结果加重犯的罪过心理必须是多重的，不能是单一的。如果行为人对加重结果的心理与基本结果的心理相同，不应认为是结果加重犯。值得一提的是，对于结果加重犯的加重结果的主观罪过问题，我国刑法学界历来存有争议，一般存在过失说、故意说以及折中说。中

---

① 参见[日]木村龟二主编：《刑法学辞典》，顾肖荣等译，上海翻译出版公司1991年版，第161页。

国刑法理论与国外刑法理论在结果加重犯主观罪过问题上争议的焦点基本相同,都是"折中说"与"过失说"两种观点的争论。换言之,学说争论的核心在于行为人对于加重结果的发生,除了过失而外,包不包括故意。2001年5月22日我国最高人民法院发布的《最高人民法院关于抢劫过程中故意杀人案件如何定罪问题的批复》规定,"行为人为劫取财物而预谋故意杀人,或者在劫取财物过程中,为制服被害人反抗而故意杀人的,以抢劫罪定罪处罚"。从此解释精神来看,是认为对于加重结果的发生可以持故意的罪过的。我们认为,上述解释的合理性值得研究。从犯罪构成角度分析,"折中说"的不足是不言自明。因为故意实施基本行为的犯罪,对重结果也持故意态度,常常已经超越一行为一罪的范围,例如强奸故意致人死亡,已是两个以上的行为两个以上的罪;就抢劫来说,劫取财物故意重伤或者故意杀人,只是在解释上认为抢劫的暴力包括重伤、杀人,才认为是一行为,但也有认为是两个行为或两个罪的。因此就结果加重犯一行为一罪的本质而言,所谓故意的结果加重犯有悖于法理。[①] 此外,结果加重犯之基本行为对于加重之结果发生的必然性之危险关系,是结果加重犯成立的关键。内在的典型危险的存在,决定了对结果加重犯的加重结果规定了较一般结果为重的刑罚,这种较重的刑罚理所当然应与加重结果的罪过形态相适应。故意的罪过形式本来就重于过失的罪过形式,因而对于故意造成加重结果的行为仍然作为结果加重犯来规定,不仅有违结果加重犯的实质,混淆了结果加重犯与故意犯罪的区别,而且有违罪责刑相适应的原则。而设立结果加重犯概念就是为了贯彻责任主义原则,是对结果加重犯没有过失的行为人不对加重结果承担责任;而对加重结果持故意时本身就是应负刑事责任的。因此,设定故意的结果加重犯没有任何意义,只能承认过失的结果加重犯。

2. 结果加重犯的类型

根据结果加重犯的基本犯罪的性质,结果加重犯可以分为两种类型。第一种类型是,基本犯罪行为与加重结果是就相同法益的不同量的侵害,这种结果加重犯所涉及的也就是行为人对相同法益侵害风险的量的认知错误;第二种类型是,基本犯罪行为附带有典型的其他风险。[②] 第一种类型是立法从行为对法益侵害之关系所做之规定,低层行为对于高层行为,具有内含之典型危险性。在这种情况下,行为人对高层危险行为的发生不可能基于故意的主观心态,否则应径直按高层行为的故意犯来处罚。典型的例子如故意伤害致人死亡的情况,行为人若对被害人死亡的结果持故意的罪过,可以直接按故意杀人罪来处理。第二种类型通常是基本犯是复行为犯的场合,且手段行为所针对的多是以身体或生命等法益。典型的例子如抢劫或者强奸致人死亡的场合。

3. 结果加重犯的刑事责任

结果加重犯因有加重之结果而加重其刑。从我国刑法的规定看,结果加重犯均

---

① 马克昌主编:《犯罪通论》,武汉大学出版社1999年版,第660页。
② 参见黄荣坚:《刑法问题与利益思考》,台湾月旦出版社股份有限公司1998年版,第502页。

有单独之法定刑档次,即比基本犯多一个量刑档次,并且只能对加重结果适用。有的学者认为结果加重犯是比基本犯刑重一格,这是将法定刑的一格与法定刑的一个量刑档次弄混淆了,一个量刑档次可能包括几格,也可能只有一格,但不等于一格。

二、法定的一罪

法定的一罪,是指本为数罪,法律明文规定为一罪的犯罪行为。在我国刑法中,法定的一罪较为少见。在刑法理论上,认为结合犯和集合犯属于法定的一罪。

(一)结合犯

结合犯,是指由于刑法的特别规定,将本来是数种独立罪名结合规定为另一新罪名的犯罪。我国刑法中并没有规定结合犯,但其他国家刑法有相应的规定。例如日本《刑法》第241条规定的强盗强奸罪,依据该条规定,"犯强盗罪,而又强奸妇女者",就是典型的结合犯。

结合犯具有以下特征:

(1)结合犯所结合的数罪,原为刑法上数个独立的犯罪。所谓独立的犯罪,是指行为符合数个独立的犯罪构成要件。具体讲,独立的犯罪指把结合犯的行为分别看,符合两个以上的犯罪构成要件,每个行为都可以独立成罪。不具有这一性质,就是单纯的一罪,不是结合犯。

(2)数个独立的犯罪结合在一起,另成为一个新罪。所谓另成立一个新罪,是指另成立刑法中没有规定的新罪名,而不是刑法中已经规定的某一个罪名。具体讲,结合犯的结构就是:甲罪+乙罪=丙罪,其中丙罪为刑法中从未有过的新罪。如果甲罪+乙罪=甲罪或者甲罪+乙罪=乙罪,这只是甲罪或者乙罪的变形或者扩容,不是结合犯。例如刑法规定绑架并杀害他人的,仍然按照绑架罪处理,所以此规定不属于结合犯。

(3)数个独立的犯罪行为必须有所关联,并且为刑法所明文规定。刑法之所以将数个独立的犯罪结合规定为一个新罪,总是立足于一定的理由,这个理由就是该数种行为往往容易同时发生或者存在牵连关系。在前一种情况下,如果不容易同时发生的,法律不会也不可能将数罪结合在一起,即使结合在一起也没有实际意义。同样,行为人必须是在同一的时间、同一的地点、针对同一的对象实施结合犯的行为,才属于结合犯。否则,虽然实施了结合犯所结合的数种行为,也不是结合犯。在后一种情况下,结合犯的成立是由于数个犯罪行为之间具有一定的牵连关系。例如有些国家刑法中规定的强盗故意杀人罪,就是方法行为和目的行为的牵连关系。

(二)集合犯

1. 集合犯的概念

集合犯是指行为人以实施不定次数的同种犯罪行为为目的,虽然实施了数种犯罪行为,刑法规定还是作为一罪论处的犯罪形态。我国刑法理论过去只注意研究惯犯,而对集合犯则很少问津,考虑到修订的《刑法》取消了惯犯的概念,并认为有关营业犯的规定应当纳入研究的视野,因而有必要借鉴海外的刑法理论,以对集合犯的论述取代对惯犯的论述。

2. 集合犯的特征

（1）集合犯是行为人以实施不定次数的同种犯罪行为为目的的。这是集合犯的主观方面的特征。所谓"以实施不定次数的同种犯罪行为为目的"，是指行为人不是意图实施一次犯罪行为，而是预定连续实施不定次数的同种犯罪行为。具体讲，"以实施不定次数的同种犯罪行为为目的"包括两层含意，一是指犯罪故意产生于一次而非数次，如果是数次产生数个相同的犯罪故意，则不成立集合犯；二是指犯意是连续的意思，即在犯罪着手时就预定连续实施。例如《刑法》第336条规定的非法行医罪，行为人就是意图实施不定次数的非法行医行为。

（2）集合犯通常实施了数个同种的犯罪行为。这是集合犯的客观方面的特征。此处的"通常"，是指刑法是将行为人可能实施数个同种犯罪行为的这一情形，规定为集合犯的客观构成要件，而实践中行为人一般也是实施了数个同种犯罪行为的。而所谓"同种犯罪行为"，是指其数个行为的法律性质是相同的。如数个生产、销售伪劣商品的行为等。可见，集合犯的数个同种的犯罪行为，必须触犯的是同一个罪名。

（3）集合犯必须是刑法将可能实施的数个同种犯罪行为规定为一罪，即集合犯是法律规定的一罪。刑法将可能实施的数个同种行为规定为一罪，即构成要件本身预定同种行为的反复，所以被反复的同种行为无例外地予以包括，被作为一罪评价，因此，行为人实施了数个同种行为，仍然只能构成一罪。

三、集合犯的种类

集合犯分为几种，刑法理论上存在不同的见解。结合我国现行刑法的规定，我们认为，集合犯可以分为如下两种：

（1）常业犯，指以一定的行为为常业的犯罪。就我国刑法的规定而言，属于常业犯的集合犯是第303条规定的赌博罪一种。构成常业犯，行为人首先在主观上出于营利目的，意图实施多次同种犯罪行为，即行为人实施该种行为主观上是为了获取钱财。其次，法律规定以反复实施同种犯罪行为为构成犯罪的必要要件。对于常业犯来说，只实施一次行为，犯罪还不能成立，只有反复实施同种犯罪行为，才能构成该罪。

（2）营业犯，指通常以营利为目的，意图反复实施一定的行为为业的犯罪。构成营业犯，行为人首先在主观上通常出于营利目的，意图实施多次同种犯罪行为。其次，行为人反复实施一定的行为并以此为业，但即使只实施一次行为，也可构成犯罪；实施了数个同种行为，仍然只能构成一罪。

营业犯与常业犯的区别在于：对常业犯来说，实施一次某种行为，不构成犯罪；必须反复实施同种行为，才构成犯罪。而对营业犯来说，实施一次某种犯罪行为，可能构成犯罪；反复实施同种犯罪行为，仍然构成该种犯罪一罪。属于营业犯的集合犯，在我国刑法中比较多，大体上刑法中以营利为目的的破坏社会经济秩序的犯罪、危害社会秩序的犯罪以及在罪状中规定"多次"实施同一犯罪行为为从重处罚情节的,均属之。营业犯的适例,如《刑法》第363条第1款规定的制作、复制、出版、贩卖、传播淫秽物品牟利罪,以牟利为目的,虽然只是实施制作、复制、出版、贩卖、传播一次淫秽物品的行为也可能构成犯罪,但即使多次制作、复制、出版、贩卖、传播淫秽物品,仍只构成一罪。常业犯的适例,如《刑法》第318条第1款第2项"多次组织他人偷越国(边)境"的规定,组织他人偷越国(边)境罪属于一罪。

四、处断的一罪

处断的一罪,是指本为数罪,但在实际处罚时,鉴于数罪之间的特殊关系,而按照一罪处理的犯罪类型。包括连续犯、吸收犯和牵连犯等。

(一) 连续犯

1. 连续犯的概念和特征

连续犯是一种多发的犯罪类型,是指基于一个犯意,在一定时间内连续多次实施同一性质的犯罪行为,触犯一个罪名的犯罪。

连续犯具有如下特征:

(1) 行为人基于一个犯意。这是成立连续犯的主观基础。所谓出于一个犯意,是指出于犯某一种罪的犯意。这种犯意既可以是明确的,如选定某仓库为目标,反复实施盗窃;也可以是概括的,如出于盗窃的犯意,到处寻找着手的机会和对象等。连续犯的犯意,一般应为故意,而不能是过失,也不能亦故意亦过失。连续犯的犯意,必须前后是同质的,如果前后犯意不一致,即使实施的行为相同,也构成不同质的罪。同时,在犯罪的过程中如果超出了一个犯意,另有其他犯意,其行为也不构成连续犯,而构成其他罪。

(2) 实施了数个性质相同的犯罪行为。这是构成连续犯的客观基础,所谓数个犯罪行为,是指两个以上。每一个犯罪行为单独看,都足以构成犯罪,有的构成既遂,有的可能构成未遂。如果数行为单独看,都不足以独立成罪,只有综合起来看,才构成犯罪,这是徐行犯或者惯犯,不是连续犯。所谓性质相同的犯罪行为,是指数个犯罪行为的性质都是刑法中规定的某一种犯罪。

(3) 数行为在一定的时间内连续实施。连续犯,顾名思义,其行为要有一定的连续性,一般是在较短的时间内连续实施某种犯罪行为。连续是指行为的次数连续,而不是一个行为在时间上的连续。连续还指行为在案发之前的连续,不是案发前后的连续,如果行为人犯某种罪被处罚后,又犯同样罪行的,这不构成连续犯。

(4) 数行为触犯同一罪名。这是连续犯按照一罪处理的理由。连续实施的行为只有触犯同一罪名的,才是连续犯,如果行为分别触犯不同罪名的,如行为人出于非法占有他人财物的故意,连续实施数个犯罪行为,有的行为触犯盗窃罪的罪名,有的触犯抢夺罪的罪名,也不是连续犯。

2. 连续犯的刑事责任

根据刑法理论的通说和司法实践通常的做法,对连续犯,不实行数罪并罚,而是按照一罪从重处罚或者在较高的法定刑档次内处罚,如按照该罪中的情节严重或者情节特别严重处罚等。但是,连续犯也有按照数罪处罚的情况,如本为连续犯,但处罚时没有发现是连续犯,而是在处罚后才发现的,如果行为人的刑罚没有执行完毕,应将新判处的刑罚和尚未执行的刑罚加起来实行数罪并罚;如果刑罚已经执行完毕,应单独定罪量刑。

(二) 牵连犯

1. 牵连犯的概念和特征

牵连犯是指出于一个犯罪目的,实施数个犯罪行为,数行为之间存在手段与目的或者原因与结果的牵连关系,分别触犯数个罪名的犯罪。前者如伪造公文证件(手段行为)组织他人出国(目的行为),后者如强奸妇女后(原因行为)因害怕被害人报案而将其非法拘禁(结果行为)等。牵连犯也是我国刑法中常见的一种犯罪类型。

牵连犯具有以下特征:

(1) 行为人出于一个犯罪目的。行为人实施的数行为,不论是手段行为还是结果行为,最终都附属于或服务于目的行为,为彻底实现犯罪目的而服务。如果行为人出于不同的目的,实施了数个行为,这就不是牵连犯,而是典型的数罪。

(2) 行为人实施了数个犯罪行为,数行为单独看,都是独立成罪的行为。即除了目的行为独立符合犯罪构成外,手段行为或结果行为也独立符合刑法所规定的犯罪构成。如果行为人只实施了一个行为,或者实施的数行为有的能够单独成罪,有的不能够单独成罪,就不是牵连犯。

(3) 数行为之间有牵连关系。所谓牵连关系,是指相互依存、不可分离的关系。相互依存,指目的行为、支配手段行为或派生结果行为,但如没有方法行为或结果行为,目的行为也将失去依托而难以着手实施。不可分离,是指手段行为和目的行为,原因行为和结果行为,构成了一个犯罪的有机整体。

(4) 犯罪的手段行为或者结果行为分别触犯了另外的罪名,即与目的行为或原因行为不相同的罪名。

2. 牵连犯的刑事责任

在我国刑法理论中,通说认为,牵连犯属于处断上的一罪,对牵连犯应从一重罪处断,不实行数罪并罚。但是,由于我国刑法对牵连犯刑事责任规定的多样化,这种观点受到了越来越多的质疑。我们认为,牵连犯作为一种犯罪类型,是客观存在的,不是可以任意取消的。牵连犯的处罚,应以法律规定为据。从我国刑法的规定看,对牵连犯的处罚分为并罚和不并罚两种情况。并罚即实行数罪并罚,如《刑法》第120条等。不并罚的情况有以下几种:从一重罪处断,如《刑法》第399条;从一重罪并从重处罚,如《刑法》第253条第2款;升格法定刑处罚,如《刑法》第240条等。

(三) 吸收犯

吸收犯,是指事实上数个不同性质的行为,其中的一个行为吸收其他行为,仅按吸收行为定罪量刑的犯罪类型。如行为人先盗窃一辆汽车,后开到外地卖掉,前一行为构成盗窃罪,后一行为构成销赃罪,其销赃的行为为盗窃行为所吸收,仅成立盗窃一罪的情况，即属之。

吸收犯具有如下特征：

（1）行为人实施了事实上构成数个犯罪的行为，即数个不同性质的行为，这数个不同性质的行为都有其独立的犯罪构成。如果行为人只实施了一个犯罪行为，不构成吸收犯。

（2）数个犯罪行为之间有吸收关系，吸收关系来自于行为之间的发展、更替或者派生的关系。所谓发展或更替的关系，表现为犯罪行为在一个阶段或一个形态是一种性质，发展到另一个阶段或形态是另一种性质，但前一阶段或者形态的性质不再具有独立的意义，为后一行为所包容或吸收。所谓派生的关系，是指一行为完成后，在通常情况下行为人附带实施后面的行为，否则，实施前一行为的目的就不会完全达到。

根据理论界的通说，吸收行为表现为以下三种：

第一，主行为吸收从行为。这是以行为的主要特征为根据确定的吸收原则。所谓主行为，是指主要的行为或称主干行为，所谓从行为，是指从属的行为或者次要的行为。当不同的犯罪行为有主次或者主从之分时，就成立主行为吸收从行为。如行为人入室盗窃，同时犯了侵入住宅罪和盗窃罪，其行为的主要特征是盗窃而不是侵犯住宅，故后一行为为前一行为所吸收。

第二，重行为吸收轻行为。这是根据行为的性质和社会危害性的严重程度确定的吸收原则。指在数个具有吸收关系的行为中，哪一个重，就按哪一罪定罪量刑，这种吸收原则与从一重处断的原则相同。

第三，事中行为吸收事前、事后行为。这是根据数行为发生的时间顺序确定的吸收原则。一般讲，犯罪的实行行为为事中行为，其他行为为事前事后的行为。事中行为吸收事前、事后行为，是指实行行为吸收预备行为或教唆行为，实行行为吸收销赃、毁灭证据的行为等。

（3）必须触犯数个罪名即吸收行为和被吸收行为分别触犯了不同性质的罪名，数行为侵犯同一罪名的，是连续犯之类，不构成吸收犯。例如，行为人为了盗窃某仓库，先盗窃了一辆汽车，尔后去仓库盗窃，由于前后行为触犯的都是同一罪名，故成立连续犯而非吸收犯。又如行为人制造毒品又贩卖的，触犯了制造、贩卖毒品罪这一个罪名，也不构成吸收犯。

第三节 数罪的类型

一、数罪概述

数罪，是指数个独立的犯罪。认定一罪的标准，同样适用于认定数罪。因此，数罪，是指符合数个犯罪构成要件的行为。在理论上和实践中，认定数罪，主要是认定同一个犯罪人或同一群犯罪人犯的是一罪还是数罪，而不是认定不同犯罪人之间犯的罪加起来是一罪还是数罪。所以,理论上和法律上的数罪,是指同一的犯罪主体所实施的数罪。

同一犯罪主体实施的数罪,在多数情况下简单明了,如某甲今天杀人,明天盗窃,后天抢劫,认定这样的数罪,同认定其中的一罪一样简单。但是,在有些情况下,认定数罪像认定某些一罪一样有很大的难度。因为,同一犯罪主体所实施的行为,并不都是简单清晰的,有的表面上看是一罪,实际上是数罪,有的表面上是数罪,实际上是一罪。所以,数罪的认定,要透过行为的表面现象,依据犯罪构成的标准进行衡量。

二、数罪的类型

数罪的类型,是指依据一定的标准,对行为人实施的数罪进行的分类。以科学的罪数判断标准界定数罪的范畴,是适用数罪并罚的前提。数罪并罚制度转化为具体的正确适用数罪并罚的操作过程及其相应结果,必须对数罪的类型有一定程度的认识。因此,在一定程度上,对数罪进行必要的分类,不仅有助于深化对数罪概念、属性、特征的理解;而且便于在类型化数罪的基础上,加深对数罪并罚适用对象的认识,有利于数罪并罚的实际操作。一般认为,数罪类型包括:

(一) 实质数罪和想象数罪

实质数罪和想象数罪,是以行为人的犯罪事实是否充足符合数个犯罪构成为标准,对数罪所作的分类。实质数罪,是指行为人的犯罪事实充足符合数个犯罪构成,构成数个独立或相对独立之罪的犯罪形态。想象数罪即想象竞合犯,是指行为人的犯罪事实仅充足符合一个犯罪构成,但其犯罪事实又几近符合数个犯罪构成的犯罪形态。

区分实质数罪与想象数罪的意义为:其一,有助于确定各种罪数形态的罪数本质,并从复杂的罪数形态中区分出属于实质数罪的犯罪形态(特别是非并罚的实质数罪),从而为实质数罪和想象数罪的不同处断原则奠定必要的基础。其二,从复杂的罪数形态中分辨出实质数罪,实际就是为数罪并罚确定了基本的适用对象。换言之,实质数罪并非等同于并罚的数罪,而并罚的数罪必须是实质数罪。除例外的实质数罪(如牵连犯等犯罪形态),实质数罪所引起的法律后果,必然是实行数罪并罚。

(二) 异种数罪和同种数罪

异种数罪和同种数罪,是以行为人的犯罪事实充足符合的数个犯罪构成的性质是否一致为标准,对数罪所进行的分类。异种数罪是指行为人的犯罪事实充足符合数个性质不同的犯罪构成的犯罪形态。同种数罪是指行为人的犯罪事实充足符合数个性质相同的犯罪构成的犯罪形态。行为人的犯罪事实所符合的数个犯罪构成的性质是否一致,表现在法律特征上,就是行为人实施的数个犯罪行为所触犯的罪名是否相同。

区分异种数罪与同种数罪的意义在于:其一,异种数罪和同种数罪都是实质数罪的基本形式。不能因数罪的性质是否有别,而否认其中任何一种数罪作为实质数罪的法律地位。其二,异种数罪与同种数罪均可被分为并罚的数罪和非并罚的数罪。其三,在相同的法律条件下,异种数罪和同种数罪被纳入并罚范围的机会并不均等。换言之,在一定的法律条件下,对于异种数罪必须予以并罚,而对于同种数罪则无须实行并罚。

(三) 并罚的数罪和非并罚的数罪

并罚的数罪和非并罚的数罪是以对行为人的犯罪事实已构成的实质数罪是否实行数罪并罚为标准对数罪所进行的分类。并罚的数罪是指依照法律规定应当予以并罚的实质数罪。非并罚的数罪是指无需予以并罚而应对其适用相应处断原则的实质数罪。区分并罚的数罪和非并罚的数罪的主要意义在于:明辨实质数罪中应予并罚的数罪范围,针对非并罚的实质数罪(包括其中的异种数罪和同种数罪,如牵连犯、连续犯等犯罪形态),确定与之相应的处断原则。

(四) 判决宣告以前的数罪和刑罚执行期间的数罪

判决宣告以前的数罪和刑罚执行期间的数罪是以实质数罪发生的时间条件为标准对数罪所进行的分类。判决宣告以前的数罪是指行为人在判决宣告以前实施并被发现的数罪。刑罚执行期间的数罪是指在刑罚执行期间发现漏罪或再犯新罪而构成的数罪。区分判决宣告以前的数罪和刑罚执行期间的数罪的意义在于:明确应予并罚的数罪实际发生的时间条件,对发生于不同阶段或法律条件下的数罪依法适用相应的法定并罚规则(包括并罚的数罪性质和并罚的具体方法),决定应予执行的刑罚。

本章重点问题提示

牵连犯的存废

关于牵连犯的存废,日本学者曾有争论,但 1974 年《日本刑法改正草案》则废除了牵连犯,并且《德国刑法典》从无牵连犯的规定。值得注意的是,2005 我国台湾地区刑法部分条文修正草案删除牵连犯的规定,理由在于:牵连犯之实质根据既难有合理之说明,且其存在亦不无扩大既判力范围,而有鼓励犯罪之嫌,实应予删除为当。至牵连犯废除后,对于目前实务上以牵连犯予以处理之案例,在适用上,则得视其具体情形,分别论以想象竞合犯或数罪并罚,予以处断。在我国刑法学界就牵连犯的处断原则展开争论的背景下,近年来有的学者笼统地提出了废止牵连犯的理论概念,并相应弱化牵连犯理论研究的观点。其主要理由为:取消牵连犯的概念,首先可以避免刑法理论的繁琐化,并避免牵连犯与其他罪形态相互关系和区别的不必要争论;其次有利于区分一罪与数罪,不至于将数罪当作一罪论处。此外还有学者主张摒弃牵连犯,将牵连犯现象作为想象竞合犯、吸收犯或数罪处理。面对这一涉及牵连犯理论发展前途的争论,我们认为,主张取消牵连犯理论概念、弱化牵连犯理论研究的观点,是不可取的;牵连犯的理论概念和相应的理论研究,应当继续作为我国刑法学罪数形态论的有机组成部分而存在,刑法学界应一如既往地对牵连犯理论展开深入研究和不懈探索。

思考题

1. 区别一罪和数罪有哪些理论观点？你认为哪一种观点更为合理？
2. 结果加重犯的主观方面有什么特征？
3. 想象竞合犯和牵连犯的区别何在？
4. 想象竞合犯和法条竞合的关系是怎样的？
5. 集合犯的主客观特征是什么？
6. 连续犯的主要特征有哪些？
7. 吸收犯的三种吸收形式是什么？

第十二章 阻却犯罪性的事由

> **内容提要**

本章主要阐述了阻却犯罪性事由的概念、特征。法定的阻却犯罪性事由包括正当防卫、紧急避险。其他的阻却犯罪性事由包括执行命令的行为、正当业务行为和被害人承诺等。重点在于法定阻却犯罪性事由的成立条件。

> **关键词**

正当防卫　特殊防卫　紧急避险

第一节　阻却犯罪性的事由的概念和特征

一、阻却犯罪性的事由的概念

阻却犯罪性的事由,是指某种行为尽管在客观上具备某种刑法对某一犯罪规定的行为形式,但在实质上该行为对社会有利,故不具有社会危害性因而阻却犯罪成立的情形。

在现代社会中,由于自然现象和人为因素造成的各种危害经常发生,为了避免和减少危害,维护国家、社会和公民个人的利益与安全,国家不仅要制定一些法律规范,以国家权力惩罚对社会造成危害的法人、自然人及其实施的危害行为,而且需要鼓励法人和自然人在面临危害发生时,利用自己的力量与条件,直接实施阻却犯罪性的事由,与各种危害行为和现象作斗争。

二、阻却犯罪性的事由的特征

(一) 正当性

阻却犯罪性的事由的正当性特征,一般是指该行为为法律所肯定和积极评价。表现为三种情况,第一,为法律明文规定,如正当防卫、紧急避险等;第二,为法律所容许或许可,如被害人承诺的行为和推断承诺的行为;第三,为执行法律和依法执行职务之必然结果,如公职人员依法执行命令的行为和专业人员依法履行职责的行为等。正当性还要求行为人在实施排除社会危害性行为时,必须依照法律规定的条件或法律所蕴含的精神进行。

另外,阻却犯罪性的事由的正当性还应包括主观动机的善意性,是指行为人在实施排除社会危害性行为时,必须是出于排除危害、保护正当利益的善意,而不得出于乘机取利和借机报复等恶意。如果行为人在面临重大危害时,实施损害社会公共利益和他人利益保全个人私利,或者利用加害人实施侵害行为的过错,借实施阻却犯罪性的事由以满足自己报复欲望的,其行为均应受到否定的评价,不构成阻却犯罪性的事由。

(二) 私力救济性

相对于国家和社会实施的排除社会危害性行为即公力救济行为而言,法人和公民个人实施的排除社会危害性行为多数表现为一种私力救济行为,即以自己的力量和条件排除其面临的紧急危害,行为的方式表现为公民或法人个人行为的形式。行为不具有私力性或者个体性,不构成刑法上的阻却犯罪性的事由。

(三) 功利性

从功利的角度看,阻却犯罪性的事由就是对社会有利的行为,具有趋利避害的意义。趋利是指该行为从总体上或根本上看是对社会有利的,避害或者表现为完全排除某种危害,或者表现为减少某种危害的程度,或者以产生一种较小的危害为代价,而避免另一种较大的危害结果发生。行为不具有趋利避害的性质,不可能成立阻却犯罪性的事由。

(四) 损害性

进入刑法评价视野的阻却犯罪性的事由,其本身均需给社会某种利益造成一定的损害为代价或前提,否则就不成其为排除社会危害性行为。因此,刑法不研究没有代价或者说没有损害的阻却犯罪性的事由。例如正当防卫行为必须是造成了不法侵害者伤亡的结果,意外事件也是在客观上对于合法权益造成一定的损害。

第二节 正 当 防 卫

西方有句著名的法律格言"紧急时无法律",该格言的基本含义是,在紧急状态下,可以实施法律在通常情况下所禁止的某种行为,以避免紧急状态所带来的危险。① 显然,正当防卫为"紧急时无法律"提供了有力的注脚。进而言之,它是在紧急状态下产生的权利,有学者将其定义为紧急权。② 紧急权的产生是因为在紧急情况下,依靠国家的力量来保护某种合法权益已经不可能,因而赋予个人以紧急权,允许个人通过损害一定的利益,来避免合法权益受到损害。在现代社会中,由于自然现象和人为因素造成的各种危害经常发生,为了避免和减少危害,维护国家、社会和公民个人的利益与安全,国家不仅要制定一些法律规范,以国家权力惩罚对社会造成危害的法人、自然人及其实施的危害行为,而且需要鼓励法人和自然人在面临危

---

① 参见张明楷:《刑法格言的展开》(第二版),法律出版社2003年版,第231页。
② 参见〔日〕团藤重光:《法学的基础》,日本有斐阁1996年版,第239—240页。

害发生时,利用自己的力量与条件,直接实施防卫行为,与各种危害行为和现象作斗争。

一、正当防卫的概念与本质

根据我国《刑法》第 20 条第 1 款的规定,正当防卫,是指为了使国家、公共利益、本人或者他人的人身、财产免受正在进行的不法侵害,而采取的制止不法侵害并对不法侵害人造成损害的行为。这一规定界定了正当防卫的概念,肯定了正当防卫的合法性质,概括了正当防卫的构成要素,是防卫意识和防卫行为的统一,这对于鼓励公民正确运用正当防卫的武器与各种犯罪作斗争,具有重要意义。但需要研究的是正当防卫的实施者是否仅仅限于自然人?关于单位能否有正当防卫权的问题,学界尽管依据我国《刑法》第 20 条第 1 款的规定,不能否认单位的正当防卫权,但我们认为,不宜将单位作为正当防卫的实施者。理由如下:其一,正当防卫是国家在紧急情况下赋予的一项权利,权利的行使者必须在当时的危急时刻产生防卫意图,否则不可能成立正当防卫。显然,在特别危险的情况下,单位是不可能立即产生防卫意图的。因为我们知道单位作出某种行为的意志往往是通过其有权机关通过决议作出的,故单位没有可能实施正当防卫。其二,从我国司法实践中来看,自然人实施正当防卫既可以出于维护其个人利益的目的,也可以出于维护国家利益和公共利益的目的,其中,维护公共利益,实际上就包括了维护单位的利益,因此,所谓的单位实施正当防卫,实质上是由自然人来完成的,只不过是自然人主观上出于保护单位的权益而实施的。其三,从防卫后果上分析,如果认可单位的正当防卫权,一旦出现防卫过当的结果,如何追究刑事责任,则成为无法回避的难题。因为如果采用双罚制,既惩罚单位,又处罚个人,显然是不公平的,也与设立正当防卫的立法旨趣相背离;如果只追究责任人员的过当责任,单位的正当防卫权无异于形同虚设。基于上述原因,我们不赞同单位的正当防卫权的提法,仅仅认可自然人的正当防卫权。

二、正当防卫的成立条件

正当防卫的要件是法律规定的正当防卫得以成立的条件,也是正当防卫之所以能够取得正当的根据。行为人针对不法侵害实施的各种防卫行为,只有符合法律规定的条件,才能成立正当防卫。因此,准确把握正当防卫的条件,对于正确运用正当防卫这一法律武器与犯罪分子作斗争,具有十分重要的意义。根据《刑法》第 20 条的规定,正当防卫的成立条件包括:

(1) 前提条件:有实际的不法侵害存在。有实际的不法侵害存在也是正当防卫得以成立的客观基础和根据,所以也称为起因条件。所谓不法侵害,是指违反法律并具有社会危害性的行为,既包括构成犯罪的严重不法行为,也包括尚未构成犯罪的违反治安管理处罚条例之类的不法行为。所谓实际存在不法侵害,是指不法侵害是客观的、现实的,如果实际上不存在不法侵害,但行为人自以为存在不法侵害而实施防卫行为的,属于假想防卫,假想防卫侵犯他人利益的,一般应负法律责任,行为人主观上没有罪过的,按意外事件处理。须注意的是,对实施假想防卫的行为人,被侵害人有权实行正当防卫。

(2) 时间条件:不法侵害必须正在进行。所谓不法侵害正在进行,一般是指不法侵害人已经着手实施侵害行为且侵害行为尚未结束。不法侵害行为开始和存续的时间,就是行为人实施正当防卫的时间。当不法侵害人正在预备实施侵害行为,或者已经实行完毕侵害行为,行为人对不法侵害人实施防卫行为的,属于防卫不适时,不成立正当防卫。但是,当不法侵害人利用物理、化学等自然力量实施侵害行为,一旦着手(如引爆炸药)将造成不可避免之严重后果时,为有效保护公私合法权益,也可以先发制人,实施正当防卫。

(3) 主观条件:必须是为了使国家、公共利益、本人或者他人的人身、财产和其他权利免受不法侵害。正当防卫的故意表现为制止不法侵害,其制止不法侵害的目的是为了保护公私合法权益。不具有防卫合法权益的目的而实施的貌似正当防卫的行为,如防卫挑拨、互相斗殴等,不是正当防卫行为,而是犯罪行为。防卫挑拨,是指故意挑逗、引诱对方实施不法侵害,然后以正当防卫为借口加害于对方的行为。互相斗殴,是指双方出于侵害对方的故意而进行的殴打、伤害对方的行为。当然,这几种行为不属于正当防卫,也是有条件的。防卫挑拨不成立正当防卫一般仅限于当时的条件,如果甲今日挑拨乙,乙几天后才攻击甲或者乙找好帮手才攻击甲,甲可以对乙进行正当防卫。对相互斗殴而言,双方斗殴结束后,一方觉得吃了亏,又重新纠集起来侵害另一方,对被侵害方来说,并没有继续斗殴的故意,因而可以对侵害的一方实施正当防卫。

(4) 对象条件:防卫行为必须针对不法侵害人进行。正当防卫必须对准目标,针对不法侵害者本人,不得针对第三者。不法侵害人为多人的,可以针对其中的一人进行,也可以针对多人进行,可以针对实施了最严重侵害行为的人进行,也可以针对其他实施侵害行为的人进行。

(5) 限度要件:防卫行为没有明显超过必要限度,造成重大损害。如何把握正当防卫的限度,这是一个很复杂的问题,也是一个颇有争议的问题。理论界曾经提出过"基本相适应说""必要说"和"需要说"等多种观点。

"基本相适应说"认为,防卫行为同不法侵害行为,在性质、手段、强度和后果之间,要基本适应(不是完全相适应),才能成当防卫,否则防卫行为明显超过侵害行为,造成不应有危害的,是防卫过当。

"需要说"则认为,防卫是否过当,要以是否有利于鼓励和支持公民与违法犯罪行为作斗争的需要为原则,只要防卫者认为需要,无论实施什么行为,造成什么后果,都是正当的。"必要说"主张以制止任意在进行的不法侵害所必需的行为作为正当防卫的必要限度。只要防卫行为是为了制止不法侵害所必要的,则无论造成的损害是轻是重,防卫都是适当的,否则就应认为是防卫过当。

1997年修订的《刑法》将1979年《刑法》规定的"正当防卫超过必要限度"修改

为"正当防卫明显超过必要限度";"造成不应有的危害"修改为"造成重大损害",从而降低了界定防卫过当的标准。旧刑法把"超过必要限度"界定在防卫行为同侵害行为的性质、手段、强度和损害程度要基本相适应上,不利于对防卫人的保护,修改后的刑法总结了实践经验,明确规定防卫行为的力度可以大于侵害行为。在防卫的必要限度上,只要没有"明显超过",没有"造成重大损害"的,都是正当防卫。这一修订有利于打击犯罪、保护公民的合法权益。事实证明,"必要说"是科学的,"基本相适应说"已经过时,"需要说"主张对防卫手段不加任何限制,其与刑法规定的精神不相符,因而很难成立。

实践中,我们认为,要正确判断一个防卫行为对不法侵害人造成的损害是否超过法律容许的限度,属于非正当损害,应当综合考虑下面几个因素:

第一,通过不法侵害行为的手段来把握正当防卫的限度。如果不法侵害人实施同种性质的不法侵害,不法侵害人采用何种手段,对侵害的强度有着较大的影响,同时也决定着防卫的强度,例如在抢劫犯罪中,采用暴力的方法就显然要比胁迫的方法社会危害性要大。因此,要制止前者的强度就要比制止后者要大些,于是决定着两者在正当防卫的限度条件上的差异。

第二,通过不法侵害行为的缓急程度来把握正当防卫的限度。所谓不法侵害的缓急,"是指侵害的紧迫性,它所形成的对国家、公共利益、本人或他人的人身和其他权利的危险程度"①。考察防卫行为与侵害行为是否基本相适应,还应注意不法侵害的缓急。在来势凶猛的不法侵害面前,防卫人往往没有时间去充分选择适应的防卫行为,所以应当允许防卫行为限度更为宽松一些。② 在不法侵害的强度尚处于潜在的情况下,无法以现实的侵害强度作为确定正当防卫行为限度的标准时,只能以不法侵害的缓急作为衡量不法侵害潜在强度与可能造成的损害来衡量正当防卫的限度条件的标准。

第三,以不法侵害危害的权益的性质,作为判断正当防卫的限度条件的标准。立法者确立正当防卫制度的根本意图在于保护合法权益免受违法犯罪行为的侵害。不法侵害所侵犯的合法权益正是防卫行为所竭力维护的权益。"不法侵害危害的权益决定了不法侵害的性质,也在一定程度上决定了不法侵害的强度和缓急。"③故而,应当以不法侵害所侵犯的权益,即刑法法益作为决定行为限度的因素之一。防卫人在选择防卫行为时,应当考虑到所保护的合法权益的性质和大小。保护重大权益的,可以采取较强烈的防卫行为,保护较小的权益,就不能选择强烈的防卫行为。

第四,以不法侵害行为与防卫行为所处的客观背景条件,作为判断正当防卫的限度条件的标准。任何侵害行为与防卫行为均是在一定的时空下实施的,同样强度

---

① 陈兴良:《刑法适用总论》(上),法律出版社1999年版,第340页。
② 参见姜伟:《正当防卫》,法律出版社1988年版,第90页。
③ 陈兴良:《刑法适用总论》(上卷),法律出版社1999年版,第341页。

的不法侵害,在不同的时空下,需要制止的防卫强度是不同的。例如同样强度的不法侵害,在深夜的独街小巷显然要比白天的闹市大街上需要的防卫强度要大。此外,不法侵害人主体的情况也可以作为判断基本相适应的标准。同样性质的非法侵害,身高体壮的人实施所需的防卫强度肯定会比身单力薄的人实施所需的大;多个侵害人同时实施所需的防卫强度显然比个人实施所需的大。

三、特殊防卫权与一般防卫权的关系

依据《刑法》第20条第3款规定,当不法侵害人正在实施行凶、杀人、抢劫、强奸、绑架及其他严重危及人身安全的暴力犯罪时,实施防卫行为致使不法侵害人伤亡的,也属于正当防卫,不负刑事责任。这是特殊防卫权的规定。它是在1979年《刑法》规定的正当防卫权的基础之上而新增加的一种私力救济权。

特殊防卫权的设置,对于遏制和预防犯罪以及保护公民的人身利益,无疑具有十分重要的意义。特殊防卫权与一般防卫权存在紧密联系,两者的联系在于:(1)二者都属于法律规定的排除社会危害性的行为,均不负刑事责任;(2)二者都要求不法侵害行为存在,不能针对合法行为进行防卫;(3)二者的成立都要求不法侵害正在进行,不允许进行事前防卫和事后防卫;(4)二者的成立都要求反击者具有正当的防卫意图;(5)二者的成立都要求反击行为针对不法侵害人实施正当防卫而不能对其他人实施。可见,特殊防卫权是对前两款一般防卫权的补充,它具备了一般防卫权的某些成立条件。

但是,与一般防卫权相比,特殊防卫权具有明显的特殊性,并以此与前两款规定的一般防卫权相区别。具体表现在以下几个方面:

第一,防卫起因的特殊性:特殊防卫权只能针对实际存在的犯罪行为,而不能针对一般违法的侵害行为。一般正当防卫起因条件是存在着不法侵害,这里的不法侵害行为既包括犯罪行为,也包括一般的违法行为。但是,在《刑法》第20条第3款的规定中,立法者用"对……犯罪,采取防卫行为"的表述,表明了特殊防卫权的立法意图是针对犯罪行为,而不包括一般的违法行为。因而,对于一般的违法行为,不能行使特殊防卫权,而只能行使一般正当防卫权予以反击。

第二,防卫目的的特殊性:特殊防卫权只能出于保护人身权利的目的。一般防卫权的防卫目的是"为了使国家、公共利益、本人或者他人的人身、财产和其他权利免受正在进行的不法侵害",即是为了保护国家、公共利益、人身、财产和其他权利;特殊防卫权的防卫目的与之不同,根据刑法规定,只能对"严重危及人身"的行为行使。因此,特殊防卫权必须出于保护人身权利的目的而不能出于其他目的。对于除此以外的犯罪行为,不能行使特殊防卫权。

第三,防卫对象的特殊性:特殊防卫权只能针对暴力犯罪行为而不能针对非暴力行为实施。对于一般防卫权来说,防卫行为不仅可以针对暴力手段的不法侵害行为实施,而且可以针对非暴力手段的侵害行为实施。而《刑法》第20条第3款不仅明确列举了"杀人、抢劫、强奸、绑架"这四种典型的暴力犯罪,而且还使用了概括性

的语言"其他……暴力犯罪"。这些规定清楚的表明了特殊防卫权只能对暴力犯罪实施。因此，对于非暴力犯罪行为以及暴力手段的一般不法侵害行为，不能行使特殊防卫权。

第四，防卫限度的特殊性：特殊防卫权比一般防卫权为宽，但不能理解为完全不受限。①

四、防卫过当及其刑事责任

(一) 防卫过当的概念和特点

防卫过当是对正当防卫制度的不正确运用，在很多情况下表现为对正当防卫权的一种滥用。所以我国刑法规定防卫过当是一种犯罪行为，应当承担刑事责任。根据我国《刑法》第 20 条第 2 款的规定，防卫过当是指正当防卫明显超过必要限度，造成重大损害的行为。

防卫过当是防卫行为的正当性和损害结果的非正当性的统一。防卫行为的正当性是指，实施防卫行为时确有不法侵害存在（不同于假想防卫）；不法侵害正在进行（不同于防卫不适时）；防卫的目的是为了保护合法权益不受非法侵害（不同于防卫挑唆等）；防卫行为是针对不法侵害者本人实施（不同于防卫对象错误）。可见，在正当防卫的 5 个正当性要件中，防卫过当具备了 4 个。从这个意义上讲，防卫过当具有正当性的一面。但是，从另一方面看，防卫行为的强度和力度明显超过了不法侵害的强度和力度，对不法侵害人造成了重大损害，从而使合法的防卫行为变成了不法的侵害行为，也使正当性的行为转化成非正当性的行为。

(二) 防卫过当的刑事责任

防卫过当没有独立的罪状，也没有独立的法定刑，法律规定按照行为人触犯的有关条文和罪名酌情减轻或者免除处罚，所以，防卫过当不是一个独立的罪名。

确定防卫过当的刑事责任，首先需要确定防卫过当的罪过形式。在我国刑法学界，关于防卫过当的罪过形式，有多种看法。有的认为包括直接故意、间接故意和过失，有的认为包括间接故意和过失，有的认为只能是过失，还有人认为只能是疏忽大意的过失。我们认为，防卫过当的行为人没有非法侵害的直接故意，但对其行为明显超过必要限度及其造成的重大危害，还是有可能明确认识的，所以，在一定的情况下，防卫过当的罪过形式有可能是间接故意。此外，过失当然可以成为防卫过当的罪过形式。在司法实践中，对防卫过当的处罚，主要考虑重大损害的性质和程度，同时考虑防卫过当的原因和条件，防卫过当所保护的权益和其侵害的权益，行为人对重大损害的罪过形式，以及社会舆论等。

---

① 本书将在重点问题提示中详细阐述。

第三节 紧急避险

一、紧急避险的概念

根据我国《刑法》第21条的规定,紧急避险,是指为了使国家、公共利益、本人或者他人人身、财产和其他权利免受正在发生的危险,不得已损害另一较小合法权益的行为。紧急避险的本质在于:当多种或某种重大合法权益遭遇现实的危险时,在无法全部保全的情况下,通过损害最小的合法权益或一部分合法权益的方法,来最大限度地保护更大的合法权益。紧急避险尽管以损害合法权益为代价,但这是别无选择的,行为人的目的还是为了保护更大的合法权益,因此,行为人主观上没有罪过,客观上对社会有益,是合法、正当的行为。

二、紧急避险的要件

与正当防卫不同,紧急避险以损失一定合法权益为代价,所以,法律对紧急避险的要求更为严格,这种严格要求就表现在紧急避险的条件比正当防卫的条件更为严格上。根据法律的规定,实行紧急避险必须严守以下条件:

(1) 前提条件:必须遭遇现实的危险。合法权益面临现实的危险,是紧急避险的前提和根据。如果本来没有现实的危险而误认为有现实的危险,实行紧急避险的,属于假想避险。对假想避险的处理原则与假想防卫的处理原则相同。危险的来源和种类有:自然力量产生的危险,如洪水、地震、飓风造成的灾害危险等,机械、能源设备产生的危险,如车船、飞机故障、油库自燃产生的危险等,动物侵袭造成的危险,人为原因造成的危险等。

(2) 时间条件:必须是正在发生的危险。所谓正在发生的现实危险,是指危险迫在眉睫,合法权益正处于危险威胁之中。如不实行紧急避险,危险立即会转化为现实的危害,使有关的合法权益都遭受不可挽回的损失。如果危险尚未成为现实的危险,或者现实的危险已经过去,损害合法权益进行所谓避险的,是避险不适时,对避险不适时,应分别情况,比照防卫不适时的原则处理。

(3) 补充原则:必须是不损害某种合法权益就无法避免的危险。所谓补充原则意味着避险行为是为了保护法益的唯一方法,没有其他可能的方法,除了避险行为以外,没有其他方法可以采用的场合才被允许的原则,就是补充原则。① 紧急避险是不得已的选择,这一点与正当防卫有本质区别。正当防卫是法定的权利,行为人即使有其他方法可以避免不法侵害,也有权弃之不用而主动选择正当防卫。紧急避险则是在无其他方法可避免危险的情况下,不得已选择损害合法权益的方法来避免危险。如果在当时的条件下,行为人本可以采用不损害合法权益的方法避免危险而没

---

① 参见〔日〕大谷实:《刑法总论》,黎宏译,法律出版社2003年版,第227页。

有选择,实行紧急避险,行为人要对损失负法律责任。但须注意,由于危险的突发性和紧急性,行为人受时间、能力和有关条件所限,难以采用其他的排除危险方法而实行了紧急避险,也成立紧急避险。

(4) 主观要件:必须出于保护合法权益的目的。行为人在损害某一合法权益实施紧急避险时,必须是出于避免较大的合法权益不受损失的正当目的,而不能出于损人利己和故意损害他人合法利益的目的。在紧急避险时乘机损害他人合法权益的,由于没有避险意图和保护合法权益的目的,是一种故意犯罪行为,正在损害他人合法权益而巧遇紧急避险的,是巧合避险,也应当追究法律责任。

(5) 限度条件:必须没有超过必要限度造成不应有的损害。所谓必要限度,是指为有效避免危险而必须损失的合法权益的代价。必要限度主要根据危险的大小、危险对合法权益威胁的程度、避免危险的难易和合法权益的性质等因素综合衡量。危险越大、越紧急,保护的合法权益越重要,必要限度就越宽松。有人认为,只要紧急避险损害的合法权益小于保护的合法权益,就没有超过必要限度。这种观点是不全面的。其不足之处主要表现在没有考虑危险和避免危险的具体情况,紧急避险通常是牺牲较小利益保护较大利益,但是有两种情况正好相反。一种情况是,当整个的合法权益遭受危险时,损失大部分合法权益后才避免了危险,相对于不避险全部合法权益都将损失而言,保住了部分合法权益也属于紧急避险。另一种情况是,当紧急避险只需要损失微小的合法权益就可以避免危险时,如果损失了较大的合法权益,尽管损失的合法权益仍然小于保护的合法权益,避险行为也超过了必要限度,构成避险过当,因为损失的合法权益中有一部分并非紧急避险所必须付出的代价。

必须指出的是,紧急避险并非适用于所有的人,《刑法》第21条第3款规定:"第一款中关于避免本人危险的规定,不适用于职务上、业务上负有特定责任的人。"这是因为这些人负有排除危险的义务而不是避险的义务,他们如果避险,可能会给公私财产和他人生命造成更大的损失,从而违背紧急避险的初衷。

三、避险过当及其刑事责任

根据《刑法》第21条第2款的规定,紧急避险超过必要限度,造成不应有损害的,是避险过当,应负法律责任。避险过当是在具备紧急避险前4个条件的前提下,缺乏了第5个条件,即超过了法律规定的限度,造成了不应有的损害,使本来正当的、对社会有利的行为转化成非正当的、对社会有害的行为,构成了犯罪。

同防卫过当一样,避险过当不是一个独立的罪名,而是根据避险过当所触犯的具体罪名,并根据避险过当所造成的损害的大小,依法减轻或者免除处罚。

四、正当防卫与紧急避险的界限

我国刑法一般认为,正当防卫是合法权益与不法侵害之间的矛盾,而紧急避险

则是两个合法权益之间的冲突,是"两害相权取其轻"的问题。① 具体而言,我国刑法中正当防卫和紧急避险的差异表现在:

(1) 危险的来源不同。正当防卫的危险来源是单一的,仅仅限于人的不法侵害,并不包含其他内容;而紧急避险的危险来源则是多元的,它不仅包括人的不法侵害,而且还可以是自然灾害如地震、海啸、高层建筑的倒塌等现象,还有动物的侵袭、人的生理疾病等原因带来的危险等。总之,一切对被保护利益产生危害的力量都可以成为紧急避险的危险来源。可见,紧急避险的危险来源是相当广泛的。需要指出,由于本书不赞同对于无责任能力人的侵袭实施正当防卫,所以此处人的不法侵害中的"不法"就不应是客观的不法,而应是主观的不法。

(2) 行为指向的对象不同。正当防卫行为所针对的对象只能是不法侵害者本人,受到损害的只是不法侵害者的利益,此处的利益,不仅可以是不法侵害者的人身利益(如通过打击侵害人的身体来进行防卫),而且也可以是不法侵害者的财产利益(比如损害侵害人用作犯罪的工具或者手段的财物来进行防卫);而紧急避险行为所针对的对象通常情况下是与危险形成没有关联的第三者,即通过损害无关的第三者的利益来达到避险的目的。但是需要指出的是,在特殊情况下,紧急避险行为所针对的对象也可能是危险源本身。比如依照本书的复合体理论,对于无责任能力人的侵袭实施的反击行为(如将精神病人打伤)不是正当防卫,而是紧急避险。我国台湾地区有学者将上述针对无责任能力人的侵袭实施的反击行为称为"逆击行为"形式的紧急避险,在这种特殊的情况下,行为对指向的对象即是危险来源者本身。② 另外,在正当防卫的场合,防卫人一般是采取损害不法侵害人人身的方式来制止不法侵害,因为在大多数情况下这是制止不法侵害最有效的方法,只是在为数不多的情况下,防卫人可以通过损害不法侵害人的财物的方式来制止不法侵害;而在紧急避险的场合下,则恰恰相反,在大多数情况下,避险人是通过损害无关的第三人的财物的方法来避免危险,而在个别情况下,避险人可以通过对无责任能力人的人身打击来达到避险的效果。

(3) 行为实施的条件不同。在紧急避险的场合下,行为的实施具有唯一性,即避险行为只能在不得已的情形下实施,如果在当时存在其他不损害他人合法利益的方法避免危险,则不能对无辜的第三者实施避险行为。而在正当防卫的场合下,行为的实施仅仅具有选择性,而不是唯一性。公民面对不法侵害,一般情况下可以采用逃跑、报警、劝阻、防卫等方法来防范不法侵害。"对于正当防卫而言,即便是有其他方法可以避免不法侵害时,也仍然可以实行正当防卫,并且国家鼓励公民同犯罪行为作斗争,公民面对严重犯罪侵害时,挺身而出实行正当防卫,这是一种正义的高尚的行为。"③

---

① 参见高铭暄、马克昌主编:《刑法学》,高等教育出版社、北京大学出版社2000年版,第143页。
② 参见郑健才:《刑法总则》,台湾三民书局1985年版,第178页。
③ 参见刘明祥:《紧急避险研究》,中国政法大学出版社1998年版,第120页。

(4) 对于行为限度的要求不同。尽管正当防卫与紧急避险都必须在一定的限度范围内实施,但两者的要求是不同的。在正当防卫的场合,依据我国刑法通说,防卫人对于不法侵害者所造成的损害,只要是制止不法侵害所必需的,并且与所保护的利益不是明显不相适应,就被认为是在必要限度内。结局,防卫行为造成的损害可能与所要避免的损害在量上相等,也有可能超过所要避免的损害。但是,在紧急避险的场合,依据我国刑法理论通说,避险行为所造成的损害必须小于所要避免的损害,否则,可能视为避险过当,而承担刑事责任。这主要是因为紧急避险造成的危害与避免的损害是两个合法利益的冲突,只有牺牲较小的权益保护较大的权益,才符合紧急避险的目的,对国家、社会和公民才是有益的。否则,因小失大,本末倒置,就失去了紧急避险的意义①,尤其是我国刑法不允许保全个人生命而牺牲他人生命的避险行为。

(5) 对于行为指向的对象在忍受义务上不同。正当防卫的场合,防卫行为指向的对象——不法侵害一方必须忍受防卫人的反击行为。这主要是因为正当防卫是不法侵害者引起的,不法侵害者对于防卫人权益面临侵害负有不可推卸的责任,所以不法侵害者负有忍受义务,即无权再以正当防卫的借口对防卫人的反击行为进行抵抗,也无权以损害无辜的第三者权益的方式实行紧急避险转嫁危险。而在紧急避险的场合,由于避险行为通常是与危险的形成没有关联的第三者,如果要求第三者对避险行为予以忍受,显然违背了人们基本的法感情,因此,被损害的第三者不负有忍受危险损害的义务,可以对避险人实施抵抗,也可以通过损害他人权益的方式实施再避险或者连锁避险。

(6) 实施行为的主体范围略有不同。依据我国《刑法》第20条的规定,正当防卫对行为主体的范围并没有任何限制,即只要有紧迫的不法侵害的存在,而有必要实施正当防卫的,无论任何人都可以实施,人民警察也可以对不法侵害实行正当防卫。当然,此处的人仅仅限于自然人,单位不在其列。但是,在紧急避险场合下,依据《刑法》第21条第3款的规定,紧急避险的实施主体范围有一定的限制,即某些在职务上、业务上负有特定责任的人,为了避免本人的危险,不能实施紧急避险。上述即是紧急避险的禁止条件。这是因为这些人负有排除危险的义务,他们如果为避免个人危险,在需要其实施紧急避险时不实施,例如消防队员贪生怕死,拒绝命令救火,可能会给公私财产和他人生命造成更大的损失,从而违背设立紧急避险制度的初衷。② 需要指出的是,法律的这一禁止性规定并不意味着负有特定职责的人员一概不能避险,在排险过程中,负有特定职责的人为了避免本人危险,也可以采取一定的避险措施。③

(7) 民事后果不同。正当防卫是民事责任的完全抗辩事由,依据我国《民法通

---

① 参见赵秉志主编:《刑法新教程》,中国人民大学出版社2001年版,第198页。
② 参见王作富主编:《刑法》(第二版),中国人民大学出版社2004年版,第111页。
③ 参见高铭暄、马克昌主编:《刑法学》,高等教育出版社、北京大学出版社2000年版,第143页。

则》第128条的规定,"因正当防卫造成损害的,不承担民事责任"。可见,所有的正当防卫行为均是民事合法行为。当然,防卫过当须承担相应的民事责任,据我国《民法通则》第128条的规定,"正当防卫超过必要的限度,造成不应有的损害的,应当承担适当的民事责任"。而在紧急避险的场合,则不能完全排除民事责任。据我国《民法通则》第129条的规定,"因紧急避险造成损害的,由引起险情发生的人承担民事责任。如果危险是自然原因引起的,紧急避险人不承担民事责任或者承担适当的民事责任"。可见,为了体现对被损害的无辜的第三者利益的保护,紧急避险并不完全免除民事责任,换言之,紧急避险行为可能成为民事违法行为,并因而承担损害赔偿责任。[①]

第四节 其他阻却犯罪性的事由

一、执行命令行为

所谓执行命令行为,是指基于成文法律、法规的规定,作为行使权利或者承担义务所实施的行为。例如部属在执行上级命令时,造成某种危害后果的,通常认为是阻却犯罪性的事由。理由是,部属服从上级执行命令是其应履行的义务,主观上没有危害社会的罪过心理,由此产生的一切后果应由其上级负责。但是,部属执行的必须是上级依照职权和法律发布的命令,并且主观上认为上级的命令是正当的,部属在执行命令时,没有逾越命令所许可的范围。否则,不能认定为阻却犯罪性的事由。

执行命令行为正当化必须符合如下条件:第一,执行的命令必须是所属上级国家工作人员发布的;第二,执行的命令必须是上级国家工作人员依据职权发布的;第三,执行的命令必须是上级国家工作人员依法发布的;第四,执行命令时,必须不知道上级的命令具有违法或者犯罪的内容。

二、正当业务行为

正当业务行为是指具有特定身份的人依照法律和职业规范的规定所实施的行为。实施正当业务行为时造成一定损害来排除社会危害性的条件是:行为人必须有从事法定职业的资格或身份,必须依法实施业务行为,必须是出于合法正当的目的,其造成的损害利益必须小于保护的利益,如医生为了保全病人的生命而摘除病人的脏器之类。

[①] 正是基于这种考虑,有学者指出,紧急避险行为虽然不具有犯罪的社会危害性,但由于它毕竟对合法权益造成了损害,这是一种灾难性的后果,因而不宜说它是一种有益于社会的行为;紧急避险虽然不具有刑事违法性,但大多具有民事违法性,所以,也不能笼统说它是合法行为(参见刘明祥:《论紧急避险的性质》,载《法学研究》1997年第4期)。在我们看来,这种观点尽管有其合理的一面,但也有失当之处。

正当业务行为正当化必须符合如下条件:第一,执行正当业务的人,必须是具有一定的专业知识和业务能力的专业人员;第二,业务必须是正当的,如果是不正当的业务,则不可能阻却违法性;第三,行为自身是业务范围内的行为,如果超出了正当业务的范围,则不阻却违法性;第四,从事正当业务的人员必须具有执行业务的正当目的;第五,在执行时不能违反业务规章制度。

三、被害人承诺的行为和推定被害人承诺的行为

罗马法中有句著名的法律格言,"得到承诺的行为不违法"。行为给被害人的人身或财产造成一定损害,但被害人事前有承诺或者推定被害人会承诺,确定其正当性。前者如病人要求医生冒险动手术,并承诺如发生意外后果自负,结果手术没有成功,病人死亡;后者如受害人外出时住宅内发生火灾,邻居破门救火,破门侵入住宅的行为即推定为被害人承诺的行为。

但是,"得到承诺的行为不违法"的适用,必须符合一定的条件,并且,被害人承诺的行为正当性的条件显然与推定被害人承诺的行为正当性的条件有所不同。被害人承诺的行为正当化必须符合如下条件:第一,有效的承诺以承诺者对被侵害的法益具有处分权限为前提;第二,承诺者必须对所承诺的事项的意义、范围有理解能力;第三,承诺必须基于被害人的真实意思表示;第四,事实上存在承诺;第五,承诺最迟发生于结果发生时;第六,经承诺的所实施的行为不超过承诺的范围;第七,经承诺的所实施的行为不得违法有关法律、法规。

推定被害人承诺的行为正当化必须符合如下条件:第一,被害人没有现实的承诺;第二,以一般人为标准,推定被害人知道真相将作出承诺;第三,必须是为了被害人的一部分法益牺牲其另外一部分法益,并且后者小于前者;第四,必须针对被害人有处分权限的个人法益实施行为,不得违反法律。

本章重点问题提示

《刑法》第 20 条第 3 款的性质争议

有的学者认为《刑法》第 20 条第 3 款是关于无限度防卫权的规定,有的认为是关于无过当防卫的规定。我们认为,这两种理解都值得商榷,前者未免过分地强调了公民的正当防卫权利,事实上,公民的正当防卫权与其他权利一样,都是有限的,不可能是无限的,想怎么行使就怎么行使。连国家惩罚犯罪的权力都是受法律限制的,怎可能个人防卫犯罪的权利是无限的呢?后一种观点主要从防卫行为所造成的损害后果着眼,认为不存在过当问题,这也是值得商榷的。

我们认为,第 3 款的规定是可以被涵括在第 1 款的规定中,它必须受到正当防卫制度中诸条件包括防卫限度条件的制约。

首先,《刑法》第 20 条第 3 款实质上是受防卫限度的制约。《刑法》第 20 条第 2

款规定:"正当防卫明显超过必要限度造成重大损害的,应当负刑事责任。"根据此款规定,我们可以比较廓清正当防卫与防卫过当的限度,即唯有明显超过要限度造成重大损害的防卫行为,才属于防卫过当,而没有明显超过必要限度或者虽然明显超过限度,但未造成重大损害,均为正当防卫,因而衡量第3款所规定"对正在行凶、杀人、抢劫、强奸、绑架等严重危及人身安全的暴力犯罪采取防卫行为,造成不法侵害人死亡"是否为防卫过当,关键在于考察这种情况下的防卫行为与明显超过必要限度。我国刑法理论的通说以适当说作为界定必要限度的标准[1],即一方面防卫行为是为制止不法侵害所必需,而另一方面防卫行为与不法侵害行为又必须基本相适应。而在具体考察必要限度时,可以从不法侵害的性质与强度、不法侵害所侵犯的合法权益的重要程度、不法侵害行为可能造成的危害范围以及其他客观背景因素等方面来认定。[2] 在第20条第3款中,由于防卫人面对的是正在进行或迫在眉睫的行凶、杀人、抢劫等严重危及人身安全的暴力犯罪,这类侵害具有特别严重的社会危害性,一旦付诸实施,后果将极其严重,防卫人的生命健康等基本权利之安危往往系于须臾之间。在这种紧迫的情形之下,法律所能期待防卫人所为的当然只会是以暴制暴,即采用可能严重损害不法侵害人人身安全的暴力行为对抗不法侵害人的暴力侵袭[3],正如不法侵害人之暴力侵害行为会导致防卫人重伤或死亡一样,防卫人所采用这种制暴的暴力行为当然可能导致不法侵害人的重伤或死亡。所以,第3款之防卫行为应当是制止不法侵害所必需的,此为其一。其二,从防卫行为与不法侵害行为比较而言,不法侵害行为是严重的危及人身安全的暴力犯罪,这种侵袭所侵犯的利益均是公民赖以生存的重大权益,如生命、健康等;而从本款防卫人的所处的立场来讲,由于情况危急,面对往往有备而来的严重危及人身安全暴力侵害行为,防卫人所能选择的防卫强度最严重也莫过于致使侵害人重伤、死亡。因而,从无论是从防卫手段或强度,还是从防卫人所损害的利益的角度而言,防卫行为与不法侵害行为都不存在过于悬殊的差异与明显的不相适应,即两者是基本相适应的。故而,通过以上分析,我们可以明确"该款(第20条第3款——引者注)规定从实质上来看,完全是在必要限度以内的,必要限度也当属本款文中应有之义。"[4]正如有学者指出,"实际上,仔细分析现行《刑法》第20条第3款和第2款的规定,不难发现,两者精神完全一致,第3款其实是对第2款规定在特殊情况下的再次重申和进一步强调。"[5]将第20条第3款独立出来,理解为不受限度条件制约的无限防卫权或特殊防卫权,其实都是对正当防卫权的误读。正如也有学者精辟地指出,"这就说明第20条第3款规定的防卫同样是遵循了必要限度要求的、是有限防卫,根本不存在超越必要限度

---

[1] 参见高铭暄、马克昌主编:《刑法学》(上编),中国法制出版社1999年版,第241页;赵秉志主编:《新刑法教程》,中国人民大学出版社1997年版等。
[2] 参见王作富主编:《刑法》,中国人民大学出版社1999年版,第106—107页。
[3] 参见刘艳红、程红:《"无限防卫权"的提法不妥当》,载《法商研究》1999年第4期。
[4] 同上。
[5] 田宏杰:《刑法中的正当行为》,中国检察出版社2004年版,第263页。

的防卫,即无限防卫"①。

其次,第 20 条第 3 款是提示司法者的注意规定,而不是修正了正当防卫基本规定(即第 20 条第 1 款与第 2 款)的特别规定。所谓注意规定是指"在刑法已有相关规定的前提下,提示司法人员注意,以免司法人员忽略的规定,注意规定的设置没有改变相关规定的内容,只是对相关规定内容的重申;即使没有注意规定,也存在相应的法律适用根据。"②从 1979 年《刑法》正当防卫有关规定实施以来的司法实践的实际情形来看,司法机关对于正当防卫及其限度条件掌握过严,在处理防卫案件中,并没有真正把握正当防卫立法的旨趣,往往偏袒不法侵害者,苛求正当防卫人,把正当防卫的立法在一定程度上错误地视为处罚防卫人的法律,扭曲了正当防卫的法律形象。③ 尤为值得一提的是,司法实务中"存在唯后果论的倾向:凡是发生了死亡后果的,一律认定为防卫过当,而不问这一防卫后果是否为制止正在进行的不法侵害所必需"④。这种倾向导致了法官对于类似第 3 款中防卫行为造成暴力侵害人重伤或死亡,往往一律定性为防卫过当,严重地挫伤了公民正当防卫的积极性,造成了不良的社会效果。以上正是立法者对 1979 年《刑法》正当防卫的规定进行修改、补充,特别是增设第 3 款的规定的主要原因。本来按照第 1 款的规定与第 2 款的对正当防卫的限度条件的要求,就可以自然而然地推导出第 3 款关于暴力犯罪的正当防卫,但是立法者为了增加司法的可操作性与具体化,而将其明确确定下来,由此凸现刑法的昭谕功能与操作功能。正如有学者指出"实际上,如果我们的司法人员正确理解并把握正当防卫之必要限度,即使按照原刑法关于正当防卫的规定,该款(第 20 条第 3 款——引者注)中的防卫行为也应该认定为正当防卫"⑤。因此,"这就把由原司法机关自由裁量的问题,由立法机关直接作出明确规定。这样做显然对于公民大胆行使防卫权和司法机关处理案件都具有较强的操作性,利于贯彻正当防卫的立法主旨"⑥。质言之,《刑法》第 20 条第 3 款仅是由立法者根据正当防卫基本规定推断而来的,它并非新生事物,仅是指导司法者操作的注意规定。

思考题

1. 正当防卫的成立条件有哪些?
2. 如何理解特殊防卫条款的意义?

---

① 张莉、郑鸿鹄:《关于无限防卫权问题的再探讨》,载《政法学刊》2000 年第 2 期。
② 张明楷:《简论"携带凶器抢夺"》,载《法商研究》2000 年第 4 期。
③ 参见赵秉志、田宏杰:《特殊防卫权问题研究》,载《法制与社会发展》1999 年第 6 期。
④ 陈兴良:《正当防卫论》,中国人民大学出版社 1987 年版,第 180 页。
⑤ 参见刘艳红、程红:《"无限防卫权"的提法不妥当》,载《法商研究》1999 年第 4 期。
⑥ 段立文:《对我国传统正当防卫观的反思——兼谈新刑法对正当防卫制度的修改完善》,载《法律科学》1998 年第 1 期。

3. 紧急避险的成立条件有哪些?
4. 如何理解正当防卫和紧急避险的区别?
5. 如何理解意外事件与疏忽大意过失的界限?
6. 如何理解刑法上的不可抗力与民法上的不可抗力的区别?

第十三章 刑事责任

内容提要

本章主要论述了刑事责任的概念与特征、刑事责任的根据、刑事责任的发展阶段与解决方式。重点在于刑事责任的概念、刑事责任的根据及刑事责任的解决方式。

关键词

刑事责任　相对意志自由　刑事责任的根据　刑事责任的实现

第一节　刑事责任概述

一、刑事责任的概念与特征

(一) 刑事责任的概念

刑事责任是我国刑法中广泛使用的一个概念。我国1997年《刑法》中有14个条文22处出现了"刑事责任"的字眼。在附属刑法条款中,刑事责任这一术语则更为常见。之所以如此,是因为刑法中有关犯罪和刑罚的规定,都是围绕"是否追究刑事责任"以及"如何追究刑事责任"来展开的。因此,刑事责任应当被视为刑法学中的一个基本范畴。

中外刑法理论对刑事责任的概念主要在两种意义上来使用:(1) 从责任主义的角度,将其视为成立犯罪的条件;(2) 将其理解为犯罪的法律后果。前者是德国、日本等大陆法系国家刑法学界的理解,如前所述,在德国、日本的刑法理论体系中,责任或有责性是犯罪成立的基本条件之一,符合构成要件且违法的行为只有在行为人具有有责性即应负刑事责任的情况下才能被视为犯罪。这种见解对我国刑法理论体系的建构并非没有影响,我国大多数刑法教科书都将作为犯罪主体要件要素的行为人辨认、控制自己行为的能力称作刑事责任能力就是一个明显的例证。不过,由于我国刑法理论所构建的犯罪构成体系与大陆法系中的构成要件体系差别甚大,虽然在学术上对如何定义刑事责任还存在着较大的争论,但我国刑事立法与刑法理论主要还是在上述第二种意义上来使用这一概念的。①

那么应当如何界定这种意义上的刑事责任呢？我们认为：(1) 应当仔细分析我国刑法中包含有刑事责任术语的条款表述，从上下文的关系中以及体系上来把握刑事责任的含义；(2) 应当参考刑法理论上关于刑事责任含义的各种观点。正如本章重点问题提示中所介绍的那样，我国学者提出的"法律责任说""法律后果说""否定评价说""刑事义务说"和"刑事负担说"等见解分别从不同的方面和角度揭示了刑事责任的特征和主要内容，其中不乏真知灼见。据此，我们将刑事责任定义为刑法规定的，犯罪人应当为其实施的犯罪行为承受的，代表国家的司法机关以刑事处罚、非刑罚处理方法或者单纯宣告有罪的方式对其行为予以否定评价和谴责的负担。

(二) 刑事责任的特征

(1) 刑事责任是刑法规定的一种应当承受的负担。"责任"一词有两种含义，积极意义上的责任是指分内应做的事；消极意义上的责任则是指由于没有做好分内的事而应当承担的过失。② 刑事责任属于消极意义上的一种责任，本身具有某种负担之意。刑法条文在使用"刑事责任"一词时，也主要是同"负""不负"连用的。如《刑法》第 17 条第 1 款规定："已满 16 周岁的人犯罪，应当负刑事责任。"第 18 条第 1 款规定："精神病人在不能辨认或者不能控制自己行为的时候造成危害结果，经法定程序鉴定确认的，不负刑事责任……"这里的"负"即承担、承受的意思，作为承受、承担的宾语（客体）的刑事责任，自然具有负担的含义。在刑事司法实践中，刑事责任最终也总是表现为犯罪人承受对自己不利的某种负担，例如一定时期内人身自由的限制或剥夺、一定数量财产的强制征收或者一定权利的褫夺等。此外，刑事责任是刑法规定的一种负担。刑法既规定了犯罪，又规定了构成犯罪应当承担的刑事责任。如《刑法》第 14 条第 2 款规定："故意犯罪，应当负刑事责任。"故对犯罪行为，必须依照刑法的规定追究相应的刑事责任，并且必须依据刑事诉讼法规定的程序来追究。而且，刑事责任还是一种应当承受的负担，即这种责任产生于实际承担之前。换言之，事实上是否追究了犯罪人的刑事责任并不影响其存在。

(2) 刑事责任因实施犯罪行为而产生。犯罪人实施的犯罪行为是刑事责任产生的原因，没有犯罪行为，就不存在刑事责任问题。这里所说的犯罪行为，不只是犯罪客观方面要素的行为，而是从犯罪构成意义上讲主客观要件相统一的行为。具体而言，犯罪行为是指具有刑事责任能力的人或单位，出于故意或过失的心理态度实施的侵犯刑法所保护的社会关系并为刑法规定为犯罪的行为。因此，对不符合犯罪构成的行为，不能以任何理由要求行为人承担刑事责任。

(3) 刑事责任以刑事处罚、非刑罚处理方法的处理或单纯否定性法律评价为内

---

① 参见《中国大百科全书·法学》，中国大百科全书出版社 2006 年版，第 668 页；高铭暄、马克昌主编：《刑法学》，中国法制出版社 1999 年版，第 379—382 页；张明楷：《刑法学》（上），法律出版社 1997 年版，第 369 页。

② 参见中国社会科学院语言研究所词典编辑室编：《现代汉语词典》（第 5 版），商务印书馆 2005 年版，第 1702 页。

容。与其他法律责任不同,刑事责任是承受刑事处罚、非刑罚方法处理或者单纯的否定性法律评价的一种负担。换言之,承担刑事处罚、受非刑罚处理方法处理与单纯否定性法律评价是负刑事责任的三种表现形式。从我国刑法规定来看,刑事处罚包括自由刑(管制、拘役、有期徒刑和无期徒刑)、财产刑(罚金与没收财产)、资格刑(剥夺政治权利和驱逐出境)以及生命刑(死刑);非刑罚处理方法包括训诫、责令具结悔过、责令赔礼道歉等。至于单纯否定性法律评价,则是指司法实践中人民法院在依法宣告被告人有罪后裁量对其免予刑事处罚,同时又没有对其适用非刑罚处理方法的情况。由于人民法院的有罪宣告本身就具有从法律上作出否定评价与谴责的意思,犯罪人在这种场合尽管既没有受到刑罚的处罚,也没有受到非刑罚方法的处理,但仍被视为承担了刑事责任。总之,刑事处罚、非刑罚方法的处理与单纯否定性法律评价都意味着对犯罪行为的否定评价和对犯罪人的谴责,三者在刑事责任的性质上没有区别,仅仅只是程度不同而已。

(4) 刑事责任只能由犯罪者本人承担。罪责自负、反对株连是现代刑法所确立的追究刑事责任的一项重要原则。因此,刑事责任只能由犯罪者即实施犯罪行为者承担,没有参与犯罪的人即便与犯罪者有这样那样的关系,也不负刑事责任。根据我国刑法的规定,犯罪者包括实施犯罪行为的自然人和单位,故刑事责任只能由犯罪的自然人与单位承担,绝不允许株连其他无辜的自然人或单位。

(5) 刑事责任由代表国家的司法机关强制犯罪者承担。刑事责任是犯罪者向国家承担的责任,所反映的不是犯罪人与被害人之间的关系,而是犯罪者与国家之间的关系,因此这种责任具有强制性。这表现在:一方面,刑事责任是直接借助于国家强制力(人民法院、人民检察院、公安机关、监狱等)来迫使犯罪人承担的责任;另一方面,刑事责任的承担也一般不以被害人的意志为转移,即除为数不多的几种亲告罪外,被害人是否要犯罪人承担刑事责任不是追究刑事责任的必要条件。

以上是刑事责任的主要特征。把握住这些特征,可以进一步理解刑事责任的概念,从而将刑事责任同其他法律责任区别开。

二、刑事责任的地位和功能

(一) 刑事责任的地位

1. 刑事责任在刑法中的地位

从我国刑法的规定来看,刑事责任占有重要的地位。这表现在:(1) 如前所述,仅 1997 年修订的《刑法》中就共有 14 个条文 22 处提到了刑事责任,其中在总则里就有 12 个条文 20 次使用"刑事责任"这一术语。(2)《刑法》总则第 2 章还将犯罪和刑事责任作为其第 1 节的标题。(3) 在《刑法》第 5 条中,刑事责任被提到与罪行(犯罪行为)和刑罚并列的地位。这一切都表明刑事责任在我国刑法中具有基本范畴的意义和不可替代的作用。

但是也应当承认,刑事责任的重要地位在我国刑法中还没有得到充分的反映,或者说刑事责任目前在刑法中的实际地位与其重要意义还不相称。这表现在:

(1) 刑法对刑事责任还没有像对犯罪和刑罚那样予以专门的规定;(2)《刑法》总则各章的标题及其排列给人以宏观上按照刑法——犯罪(及刑事责任)——刑罚这样一个框架加以规定的印象,实际上在刑法中刑事责任受重视的程度也远不如刑罚;(3)从对《刑法》分则条文用语的微观分析看,有些地方使用追究刑事责任或者负刑事责任的表述更恰当,但却用了别的不甚准确的表述。如根据《刑法》第347条第1款"走私、贩卖、运输、制造毒品,无论数量多少,都应当追究刑事责任,予以刑罚处罚"的规定,该条第7款规定的"对多次走私、贩卖、运输、制造毒品,未经处理的,毒品数量累计计算"中的"未经处理"本应用"未被追究刑事责任"或者"未负刑事责任"的表述来取代,但却使用了目前这一既与本条第1款不协调又容易导致这样或那样误解的表述。可见,如何全面贯彻落实刑事责任在刑法中的应有地位,仍然是立法机关面临的一项重要课题。

2. 刑事责任在刑法理论上的地位

在20世纪80年代我国编写的刑法学教科书中,刑事责任问题还很少被提及。20世纪80年代中期,有学者开始对刑事责任进行探讨并发表了相关研究成果。进入20世纪90年代后,刑事责任问题逐渐引起我国刑法理论界的重视,越来越多的人将刑事责任作为自己的研究课题。随着研究的深入,多种研究刑事责任的著作相继出版,一些教科书也开始在其内容中设置专门论述刑事责任的章节。至此,刑事责任问题在我国刑法学科中的重要性得到了确认。但是,从已经出版的有关成果来看,我国学者之间对刑事责任在刑法理论体系中的具体地位的认识还不一致。其中,为多数人所赞同的是"罪、责、刑平行说"。这一学说认为,犯罪、刑事责任和刑罚是各自独立而又互相联系的三个范畴,其中的刑事责任则是连接犯罪与刑罚的纽带。刑事责任以犯罪为前提,属于犯罪的法律后果,而其本身又是刑罚的前提,刑罚系实现刑事责任的基本方式。因此,应当按照犯罪论——刑事责任论——刑罚论的框架来构建刑法学的体系。目前,国内多数刑法学教科书都是按照这一学说来安排相关章节的,即将刑事责任作为一章而置于犯罪论内容之后,刑罚论内容之前。

我们认为,"罪、责、刑平行说"符合现行《刑法》的规定。如前所述,《刑法》总则第2章第1节的标题是"犯罪和刑事责任",即将犯罪与刑事责任并列,第3章标题为"刑罚",第4章标题为"刑罚的具体运用",故《刑法》是按照犯罪论——刑事责任论——刑罚论的框架建构总论的。另外,从理论上讲,刑事责任与犯罪和刑罚分别有着直接而密切的关系,是连接犯罪与刑罚的重要纽带。这一点也应当成为确立刑事责任在刑法理论中的地位时必须考虑的因素。从刑事责任与犯罪的关系看,两者是紧密联系的因果环节。犯罪是刑事责任产生的直接原因,没有犯罪就不可能有刑事责任;刑事责任是犯罪的必然法律后果,只要存在着犯罪,就不能不产生刑事责任。这体现了犯罪与刑事责任之间质上的关系。同时,各种犯罪的社会危害程度不同,犯罪人承担的刑事责任程度也就不同。一般而言,罪重刑事责任就重,罪轻刑事责任则轻。这从量上反映了犯罪与刑事责任之间的密切关系。而从刑事责任与刑罚的关系看,两者既有明显区别又有密切的联系。区别主要表现在:(1) 刑事责任是一种法律责任,刑罚则是一种强制方法;(2) 刑事责任以犯罪人应当承受刑罚处罚、非刑罚方法的处理和单纯宣告有罪的否定性法律评价为内容,刑罚则以实际剥夺犯罪人一定的权益(权利和利益)为内容;(3) 刑事责任因行为人实施犯罪而产生,刑罚则随法院的定罪判刑决定宣告生效而出现。两者之间的密切联系表现在:其一,刑事责任的存在是适用刑罚的直接前提,无刑事责任则不能适用刑罚;其二,刑事责任的大小直接决定刑罚的重轻,刑事责任大的,刑罚必然重,刑事责任小的,刑罚自然轻;其三,刑事责任主要通过刑罚来实现,即刑罚与刑事责任的联系是普遍的、常态的。基于上述理由,本书按照"罪、责、刑平行说",将刑事责任设为一章而置于犯罪论内容之后,刑罚论内容之前,即采用犯罪论——刑事责任论——刑罚论的体系。

(二) 刑事责任的功能

刑事责任的功能,是指刑事责任在制定刑法和惩治犯罪中所起的积极作用。对刑事责任的功能,可以从刑事立法和刑事司法两个方面来加以考察:

就刑事立法而言,刑事责任是衡量行为应否被规定为犯罪和如何配置刑罚的依据。换言之,立法者是依据自己的刑事责任观念来制定刑法、确定犯罪的范围和刑罚的配置的。犯罪是危害社会的行为,但不是任何危害社会的行为都被规定为犯罪,而只有那些严重危害社会、立法者认为需要追究刑事责任的行为,才会在刑法上被规定为犯罪。立法者如果认为某种行为对社会的危害算不上严重,不需要追究刑事责任,也就不会在所制定的刑法中将其包括在内。同时,立法者对犯罪行为配置什么样的刑罚也是由其刑事责任观决定的,认为刑事责任重的,就配置重的刑罚,认为刑事责任轻的,则规定轻的刑罚。另外,立法者认为属于影响刑事责任的事项的,也会在法律上将其规定为从轻、减轻或免除处罚的情节或者从重处罚的情节。可见,刑事责任在刑法制定时起到了重要的指导作用。

就刑事司法而言,刑事责任是审判机关决定是否适用刑罚和如何适用刑罚的标准。这可以从两方面来加以说明:(1) 刑事责任是决定适用刑罚的必要前提。某人有刑事责任的,才可能对其适用刑罚;没有刑事责任存在的,就不能适用刑罚。(2) 刑事责任的大小是判处刑罚重轻的标准。对此,《刑法》第5条作了明确的规定。按照这一规定,刑事责任小的,刑罚就轻;刑事责任大的,刑罚则重。据此,在对犯罪人判处刑罚时,不仅应考虑犯罪行为的严重程度,而且还必须考虑影响刑事责任轻重的情节。犯罪人具有可以或者应当从轻追究刑事责任或者免予追究刑事责任情节的,审判部门要对其依法从轻、减轻或者免除刑罚处罚;犯罪人具有从重追究刑事责任情节的,则应对其从重处罚。总之,对犯罪人是否判处刑罚以及判处什么刑罚,一般说来都取决于行为人的刑事责任。

第二节 刑事责任的根据

刑事责任的根据,指国家基于何种前提、基础或决定因素而追究犯罪人的刑事责任,或者犯罪人是根据何种前提、基础或决定因素而承担刑事责任。国家(以司法机关为其代表)是刑事责任的追究者,犯罪人是刑事责任的承担者,两者分别是追究刑事责任的主体和被追究的对象。刑事责任的根据,从追究者的角度或者被追究者的角度看是完全一致的。

一、刑事责任根据学说评述

关于刑事责任的根据问题,刑法理论上存在各种不同的见解,主要有犯罪构成唯一根据说、罪过说、犯罪(行为)说、社会危害性说和哲学与法学根据说五种。具体了解和认真分析这些学说,对于我们正确把握刑事责任的根据具有重要的意义。①

(一) 犯罪构成唯一根据说

此说为前苏联一些刑法学家所倡导。如前苏联学者 A. H. 特拉伊宁认为,人的行为中具有犯罪构成是适用刑罚的根据,如果行为中缺少犯罪构成,则应免除刑事责任。另一前苏联学者皮昂特考夫斯基进一步指出,犯罪构成是刑事责任的唯一根据,这是苏维埃法院和检察机关工作中的社会主义法制基础。这一观点在20世纪80年代曾得到我国一部分学者的支持,但后来逐渐被抛弃。在我们看来,此说具有重视犯罪构成的合理因素,但将犯罪构成视为刑事责任的唯一根据,既不能说明刑事责任与犯罪构成之间功能上的区别,也不能全面揭示刑事责任的具体程度,因而是不科学的。

(二) 罪过说

该说又分广义说和狭义说两种观点。广义罪过说是由前苏联学者 E. C. 乌捷夫斯基所倡导的一种学说。他主张罪过概念可以有狭义和广义之分,狭义的罪过即犯罪的主观方面,广义的罪过还包括犯罪构成中的情节与刑罚裁量的情节,并认为广义的罪过是刑事责任的根据。前苏联刑法学界对广义罪过说的批评是:将罪过分成广义罪过与狭义罪过两种,就其实质而言,是与确切犯罪构成的原则及社会主义法制的稳定性相抵触的。在我国也有学者主张应将狭义的罪过确定为刑事责任的根据。他们认为,罪过是行为人在实施危害行为过程中存在的一种心理态度,如果把刑法上具有违法性的危害行为视为刑事责任的基础,那么将刑事责任的根据说成是罪过就有充分的理由了。对上述两种罪过说,我们认为均不可取。因为前苏联学者提出的广义说既难以说明刑事责任的根据又造成了罪过概念的混乱;而我国学者所主张的狭义说仅从主观方面探讨刑事责任的根据,这种将主观与客观割裂开来的主

---

① 以下内容主要参见高铭暄、马克昌主编:《刑法学》,北京大学出版社、高等教育出版社2000年版,第214—216页。

张也不可能对刑事责任的根据作出科学的解释。

(三) 犯罪(行为)说

此说主张应将犯罪行为即犯罪本身视为刑事责任的根据。例如,前苏联学者 H. I. 杜尔曼诺夫认为,刑事责任的根据是犯罪行为本身;H. A. 别利亚耶夫等人主编的《苏维埃刑法总论》在引用《刑事立法纲要》第3条的规定之后指出:"正是犯罪人所实施的犯罪建立了他自己的刑事责任的根据。"我国也有学者持这种见解,认为刑事责任的根据是犯罪行为而不是犯罪构成或案件事实总和。在我们看来,说刑事责任的根据是犯罪或者犯罪行为在逻辑上是完全可以成立的,但问题是这种观点失之于泛泛而谈,不利于实际应用,而且分析也不够深入、全面。

(四) 社会危害性说

这是由我国一些学者所倡导的学说。在主张该说的学者中,有的认为犯罪的社会危害性是刑事责任的事实根据,主要理由是:犯罪的社会危害性是犯罪的本质属性,因而也是决定刑事责任产生的根据;有的指出,犯罪的本质属性是社会危害性,因此从社会危害性中寻找刑事责任的内在根据,是解决刑事责任根据的正确途径,从而得出社会危害性是刑事责任的唯一根据的结论。我们认为,从犯罪的本质属性中寻找刑事责任的根据有其合理性,但此说也存在一些缺陷:(1) 准确地讲,犯罪的本质属性是严重的或者说达到相当程度的社会危害性,行为如果只有轻微的危害,就不可能被规定为犯罪。因此说社会危害性是刑事责任的根据,显得不够确切。(2) 某种行为仅仅是具有严重社会危害性而没有在法律上被规定为犯罪的,不应当承担刑事责任,但按照此说,这样的行为也存在刑事责任的根据。这显然不符合罪刑法定原则,与社会主义法治的要求也是背道而驰的。因此,社会危害性说也是难以令人认同的。

(五) 哲学与法学根据说

这是近年来我国出版的刑法学教科书所普遍提倡的学说。此说认为,刑事责任的根据是多层次的,对其可以分别从哲学和法学层面来探讨。追究犯罪人的刑事责任的哲学根据在于,具有相对意志自由的犯罪人基于自己的主观能动性实施了犯罪行为。刑事责任的法学根据包括实质根据、法律根据和事实根据,其中,实质根据是犯罪的社会危害性,法律根据是刑法规定的犯罪构成,事实根据是符合犯罪构成的行为。概括而言,行为符合犯罪构成是应当追究行为人刑事责任的根据。我们认为,尽管该说在某些地方还值得推敲,但从整体上讲它是应予充分肯定的。

可见,在关于刑事责任根据的诸说中,哲学与法学根据说是最为妥当的。而且,这也是我国多数学者所赞同的一种学说。因此,下面拟采用此说,具体论述刑事责任的根据。

二、刑事责任的哲学根据与法学根据

(一) 刑事责任的哲学根据

恩格斯曾指出:"如果不谈所谓自由意志、人的责任能力、必然和自由的关系等问题,就不能很好地议论道德和法的问题。"① 因此,研究为什么要求人对自己的危害行为承担刑事责任,不能不涉及哲学上的意志自由问题。但是,能否将意志自由视为刑事责任的哲学根据呢？对此,刑事古典学派的道义责任论与刑事实证学派的社会责任论展开过长期的争论。古典学派的康德、黑格尔都主张绝对的意志自由,并将其视为刑事责任的根据。康德认为,人是理性的,其意志是自由的,即具有根据自己的理性决定选择行为的意志自由。人有选择行为的意志自由,但竟然避善从恶而实施犯罪,从道义的立场上,就不能不使行为人负刑事责任。黑格尔也认为,人是有意志自由的,自由是意志的根本规定,这正如重量是物体的根本规定一样,故没有自由的意志只是一句空话。② 在他看来,犯罪是理性人的自由意志的产物,所以人要对自己实施的犯罪行为负责。与康德和黑格尔相反,实证学派的学者完全否认人的自由意志,认为不应当从所谓的自由意志中去寻找刑事责任的根据。如龙勃罗梭主张,犯罪是天生的,由于行为人先天的生理构造异于正常人,因而他必然要犯罪。所以,对犯罪人负刑事责任的根据,只能用社会防卫即保卫社会利益的观点来说明。③ 菲利则更进一步对意志自由论提出了批评,他指出,所谓人们可以对行为作出自由选择的看法纯属幻想。按菲利的见解,犯罪有着与犯罪人的意志自由毫无关系的自然原因。④ 既然犯罪不是人的自由意志的产物,那么对刑事责任的根据,就不能从道义上来寻找,而只能从作为社会成员的个人应对其社会危害行为承担责任即社会责任的角度来探讨。可见,道义责任论与社会责任论的争论在哲学层面上可以被归结为非决定论与决定论的争论。

对于这一争论,我们认为,绝对的不受制约的自由意志是不存在的,但完全否认人在一定范围内具有选择自由的机械的决定论也是不可取的,人所具有的相对意志自由是其承担刑事责任的哲学根据。首先应当强调的是,存在决定意识和意识反映存在是辩证唯物主义的一般原理。详言之,人们生存的社会物质生活条件（包括社会条件和自然条件）决定了人们的意识,人们的意识总是一定的社会物质生活条件的反映。不承认这一点,就不是唯物主义。因此,在意识与存在的关系上,马克思主义的基本立场是决定论,而不是绝对的自由意志论。但是,马克思主义并不完全否认意志自由,而是在充分认识到存在决定意识的基础上承认人具有相对的意志自由。恩格斯指出:"自由不在于幻想中摆脱自然规律而独立,而在于认识这些规律,从而能够有计划地使自然规律为一定的目的服务……因此,意志自由只是借助于对事物的认识来作出决定的能力。"⑤ 人们的社会实践也表明,意识的主观能动作用使人具有借助对事物的认识而在行动上作出选择的自由,即相对的意志自由。人由于

---

① 《马克思恩格斯选集》第 3 卷,人民出版社 1995 年版,第 454 页。
② 参见〔德〕黑格尔:《法哲学原理》,范扬译,商务印书馆 1961 年版,第 11 页。
③ 参见〔意〕切萨雷·龙勃罗梭:《犯罪人论》,黄风译,中国法制出版社 2000 年版,第 321—325 页。
④ 参见〔意〕恩里科·菲利:《实证派犯罪学》,郭建安译,中国人民公安大学出版社 2004 年版,第 155 页。
⑤ 《马克思恩格斯选集》第 3 卷,人民出版社 1995 年版,第 455 页。

具有这种相对的意志自由,因而对自己选择实施的行为应当承担责任。具体而言,国家立法机关为了维护正常的社会秩序,保护国家和人民利益,通过刑法将严重危害社会主义社会关系的行为规定为犯罪,从而要求社会成员选择不实施这样的行为,如果行为人在能够作出选择的情况下实施了这样的行为,对国家和人民利益造成了危害,国家就要求其承担刑事责任;反之,如果某人在无法选择的情况下损害了国家和人民利益的,例如已婚女性因被拐卖而被迫重婚的,不能追究其刑事责任。可见,相对的意志自由是刑事责任的哲学根据。

(二) 刑事责任的法学根据

刑事责任的法学根据,是指从法律制度上讲行为人承担或者国家追究其刑事责任的决定因素。

由于法律制度包括法律制定(立法)与法律适用(司法)两个方面,而法律适用又涉及事实与法律两个方面,且刑事责任本身是质与量的统一,即行为人应负的总是一定程度的刑事责任,故研究刑事责任的法学根据不仅要探讨行为人应不应当负刑事责任的根据问题,还要考虑行为人应负刑事责任大小的根据问题,因此,对刑事责任的法学根据需要从多方面、多层次上来探讨。详言之,在决定行为人应否负刑事责任问题上,可以从设定刑事责任的根据、确定刑事责任的法律根据与确定刑事责任的事实根据三方面来讨论;在确定行为人刑事责任大小的问题上,还必须另外研究其他影响刑事责任程度的有关因素。

(1) 刑事责任的设定根据是犯罪的严重社会危害性。依据前述刑法所规定的犯罪概念,立法机关之所以将某种行为规定为犯罪,实质在于该行为危害到了国家与人民的重要利益,即具有严重的社会危害性,某一行为如果根本不具有社会危害性或者其危害性达不到应当追究刑事责任的严重程度,就不会被立法者选择规定为犯罪而要求行为人承担刑事责任。换言之,严重的社会危害性既是犯罪的本质特征,也是立法者设定(要求追究)刑事责任的根本原因和唯一根据。

(2) 确定刑事责任的法律根据(就应不应当负刑事责任而言)是刑法规定的犯罪构成。如前所述,刑事责任是犯罪的法律后果,它以行为人的行为成立犯罪为必要前提,而犯罪构成是刑法规定的成立犯罪的必要条件和认定犯罪的具体标准。因此,只有对其行为符合犯罪构成的行为人才能追究刑事责任。据此,犯罪构成是确定行为人应负刑事责任的法律根据,或者说是决定刑事责任有无的法律标准。

(3) 确定刑事责任的事实根据是行为人实施的符合犯罪构成的实际行为。仅有作为法律规定的犯罪构成并不会当然产生实际的犯罪,要成立犯罪必须有现实的行为。近代刑法的基本原则是,法律只规范人们的行为而不过问人们的思想,故没有实施为刑法通过确立各种具体犯罪构成的方式所禁止的行为就谈不上犯罪。因此,刑事责任只能以实际存在的、符合刑法规定的犯罪构成的具体行为为事实根据。

以上分别从三个方面论述了应否负刑事责任的法学根据。其实上述三种根据是统一的,区别仅仅在于角度不同而已。实际上,凡是存在符合犯罪构成的实际危害行为的,即具备应负刑事责任的事实根据的,自然也就具备了刑事责任的设定根据及确定刑事责任的法律根据。因此,可以将上述三点论述用一句话来概括,即实际的危害行为符合刑法所规定的犯罪构成是应当追究刑事责任的法学根据。就应当追究刑事责任的意义上而言,除上述根据外再没有其他根据或条件了,故可以认为实际危害行为与刑法规定的犯罪构成相符合是应当追究行为人刑事责任的唯一根据。

至于就确定刑事责任程度的根据而言,实际危害行为符合刑法所规定的犯罪构成只能说是主要的决定因素,而不能被视为唯一的根据。这里包含着两层意思:第一,刑事责任的程度也主要是由符合犯罪构成的危害行为决定的,即解决刑事责任大小问题仍然离不开法律所确定的具体犯罪构成。不同的犯罪构成表明了社会危害性程度上的不同,因而决定了应承担的刑事责任程度上的差别。如故意杀人罪的犯罪构成与过失致人死亡罪不同,因此两种犯罪的行为人的刑事责任大小就有明显区别。据此可以认为,行为符合犯罪构成对于解决刑事责任的大小来说,仍然是主要根据。第二,犯罪构成并非决定刑事责任程度的唯一根据,因为影响刑事责任大小的除了犯罪构成以外还有其他因素,如刑法规定的自首、累犯等情节。可见,犯罪构成之外的因素也在一定范围内决定刑事责任的程度。犯罪构成之外的因素之所以能起到决定刑事责任程度的作用,是因为这些因素也具有表明行为的社会危害性与行为人的人身危险性的意义。须指出的是,这些犯罪构成以外的因素既可以是法律明确规定的因素(如前述自首、累犯等法定情节),也可以是法律未作规定而由司法人员在不违背刑法基本原则的条件下根据案件具体情况予以自由裁量的因素(如被害人的过错等);既可以是犯罪案件中的因素(如犯罪动机等),也可以是与案件有联系的案件外的因素(如犯罪人犯罪后的表现等)。综上,行为符合某一具体的犯罪构成和那些虽非犯罪构成因素但与案件有联系、能说明行为的社会危害性及行为人人身危险性的因素,共同组成了确定行为人刑事责任程度的根据。

第三节 刑事责任的发展阶段与解决方式

一、刑事责任的发展阶段

我国刑法学界一般认为,刑事责任自出现到终结,需要经历一个过程。但对这一过程究竟包括几个阶段以及如何确定每一阶段的起始时间,刑法理论上则意见不一。我们主张,这一过程可以分为三个阶段。

(一)刑事责任的产生阶段

这一阶段始于犯罪行为实施之时,终于公安、司法机关立案之日。如前所述,实际中的危害行为与刑法规定的犯罪构成相符合是应当追究行为人刑事责任的唯一根据,因此行为人实施的行为符合犯罪构成或者说成立犯罪之时,就是行为人的刑事责任产生之日。应当注意的是,由于不同犯罪的结构与形态的复杂性,具体刑事责任的产生时间也互不相同。就故意犯罪来讲,一般而言,行为人开始实施犯罪预备行为时,刑事责任即告产生。但如果某一犯罪的预备行为本身尚不足以成立犯罪,刑事责任只能产生于行为人着手实行犯罪之时。而对于过失犯罪来说,成立犯罪所要求的结果发生时,刑事责任才能产生。应强调的是,在这一阶段,行为人的刑事责任业已客观存在,只是由于某些缘故,司法机关还没有进行追究其刑事责任的活动。其中的原因可能是犯罪尚没有被发现,属于告诉才处理的犯罪而被害人没有告诉等。假如司法机关在长时间内没有开始追究刑事责任的活动,则行为人的刑事责任就可能消灭(《刑法》第87条),从而刑事责任的下一阶段也就不存在了。在刑事责任的产生阶段,可能出现行为人自首或者立功等情况,而这些因素会对行为人的刑事责任程度产生影响。

需要提出的是,我国刑法理论上有一种见解认为,行为人的刑事责任始于人民法院对其作出有罪判决之时,理由是刑事责任系犯罪的法律后果,故只能由犯罪人来承担,而在人民法院作出有罪判决之前,很难说行为人就是犯罪人,因而也就不能要求其承担刑事责任。他们主张,刑事责任的起始必须同时具备两个条件:被告人被查获且证据确凿,其犯罪事实昭然若揭;人民法院依法作出有罪判决,行为人的犯罪事实最终被证实。[①] 我们认为,这种观点值得商榷。这是因为:(1) 刑事责任作为犯罪的法律后果,只能是随着犯罪的成立而产生的,所以行为人实施犯罪行为的同时,客观上刑事责任就自然产生了,人民法院的有罪判决只是对这种业已客观存在的刑事责任进行追究,而不是刑事责任产生的条件;否则,只能得出被人民法院追究的犯罪人有刑事责任而没有被追究的犯罪人不存在刑事责任的荒谬结论。(2) 行为人犯罪后,司法机关对其追究刑事责任,这本身就表明刑事责任客观上已经存在,如果行为人根本没有刑事责任,司法机关对其进行追究岂不是无中生有?(3) 从我国刑法的规定来看,刑事责任的开始也总是同犯罪的实施联系在一起的。例如,《刑法》第17条第1款规定"已满16周岁的人犯罪,应当负刑事责任",而应当负刑事责任是以实际存在刑事责任为前提的,所以这一规定表明,实施了犯罪,客观上即产生刑事责任;《刑法》第17条第2款、第18条第2款以下的规定,也都表达了这一刑事责任始于犯罪的实施的思想。(4) 从我国刑法关于追诉时效的规定来分析,也应当认为刑事责任始于实施犯罪之时。追诉时效,是指对犯罪人追究刑事责任的有限期间。根据刑法的规定,犯罪经过一定的期间不再被追诉,也即不再被追究刑事责任,这也说明行为人实施犯罪时即产生了刑事责任;否则,就不可能发生不再追诉的问题。

综上所述,我们认为主张刑事责任始于人民法院作出有罪判决之时的见解是不恰当的。而之所以会出现这样的认识,是因为没有将应然层面的刑事责任与实然(现实)层面的刑事责任区别开来。实际上,刑事责任产生阶段讨论的是应当负刑事责任的问题,是从应然层面来论证刑事责任的客观属性的。至于实然层面的刑事责

[①] 参见高铭暄、马克昌主编:《刑法学》,北京大学出版社、高等教育出版社2000年版,第219页。

任,即刑事责任的现实化,则是刑事责任实现过程中后面的阶段所要解决的一个问题。

(二) 刑事责任的确认阶段

刑事责任的确认阶段(即刑事诉讼阶段)是自公安、司法机关立案侦查时起,到人民法院作出的有罪判决生效时止。这一阶段的任务是:确认行为人是否实施了犯罪行为,应否承担刑事责任以及(在得出肯定结论的情况下)确定行为人应负何种程度的刑事责任及以什么方式实现其刑事责任。因此,这是刑事责任实现过程中非常重要的一个阶段。为了保证这一阶段的工作能够恰当并有效地开展,国家立法机关通过制定刑事诉讼法而规定了必要的程序,公安、司法机关必须严格依照这些程序来操作,从而才能正确完成确认刑事责任的任务。如前所言,这一阶段始于立案,立案是指公安、司法机关对于报案、控告、举报、自首等方面的材料,依照管辖范围进行审查,以判明是否确有犯罪事实存在和应否追究刑事责任,并依法决定是否作为刑事案件进行侦查或审判的一种诉讼活动。自公安、司法机关立案侦查时起,指对属公安机关管辖范围的案件,从公安机关立案侦查时起;对属人民检察院管辖范围的案件,从检察机关立案侦查时起;对由人民法院依法直接受理的案件,从人民法院受理时起。公安、检察机关在立案以后进行侦查时,必须客观、公正,实事求是,严禁刑讯逼供和以其他非法方法收集证据。收集证据必须全面,犯罪嫌疑人有罪或者无罪、罪重或者罪轻的证据材料都应收集、调取。在侦查过程中,讯问犯罪嫌疑人、询问证人或者勘验、检查、搜查等活动,都必须符合法律的规定,以保证侦查工作的正当性。

对侦查终结的案件,需要提起公诉的,一律由人民检察院审查决定。人民检察院必须根据《刑事诉讼法》第137条的规定查明:(1) 犯罪事实、情节是否清楚,证据是否确实、充分,犯罪性质和罪名的认定是否正确;(2) 有无遗漏罪行和其他应当追究刑事责任的人;(3) 是否属于不应当追究刑事责任的;(4) 有无附带民事诉讼;(5) 侦查活动是否合法。经过审查,如果认为犯罪事实已经查清,证据确实、充分,需要追究刑事责任的,检察机关应当作出提起公诉的决定;如果认为不构成犯罪或者有其他法定不起诉情形的,人民检察院应当或者可以作出不起诉的决定。

审判机关对起诉到人民法院的案件进行审查后,认为符合开庭审判条件的,应当决定开庭审判。在审判中需要解决的问题是:(1) 行为人的行为是否构成犯罪以及应否负刑事责任?(2) 对构成犯罪需要追究刑事责任的,综合考虑各种有关情节,行为人应负何种程度的刑事责任?(3) 如何实现刑事责任?即应判处刑罚还是适用非刑罚处理方法,或者是仅仅宣告行为人的行为是犯罪而对其免予刑罚处罚?对需要判处刑罚的,则应确定判处何种刑罚及判处多重的刑罚。这些问题的确定都必须以事实为根据,以刑法的规定为准绳。

上述立案侦查、起诉、审判三个方面的刑事诉讼活动,就大多数犯罪而言是刑事责任确认阶段不可缺少的内容。只有经过这些诉讼活动,刑事责任才能得到确认和实现。

（三）刑事责任的实现阶段

一般而言，刑事责任的实现阶段自人民法院的有罪判决生效时起，到判决所确定的刑罚和非刑罚的刑事制裁措施等执行完毕时为止。由于刑事责任的实现是整个刑事责任问题的结局和归宿，故如果没有刑事责任的实现阶段，则刑法规定刑事责任及司法机关代表国家依法追究刑事责任的活动都将失去意义。所以，刑事责任的产生与刑事责任的确认，都不过是为了使刑事责任得以实现。刑事责任的实现具体包括以下几种情况：(1) 判处刑罚（含仅判处主刑、仅判处附加刑和同时判处主刑及附加刑）的，刑罚被执行完毕；(2) 宣告缓刑或者决定予以假释的，犯罪人在缓刑或假释考验期内没有再犯新罪、没有发现漏罪、没有违反监督管理规定；(3) 仅给予非刑罚的刑事制裁措施的，该制裁措施执行完毕；(4) 仅以作出有罪宣告的方式追究刑事责任的，该有罪宣告的判决发生法律效力。

在刑事责任的实现阶段，可能出现刑事责任变更的情况，主要包括以下几种：(1) 死刑缓期执行两年期满后减为无期徒刑或者有期徒刑；(2) 管制、拘役、有期徒刑和无期徒刑的减刑；(3) 由于特赦而免除部分或者全部刑罚的执行；(4) 由于遭遇不能抗拒的灾祸以致缴纳罚金确有困难时罚金刑的减免。应当指出的是，这里的刑事责任变更不是改变原来确定的刑事责任的性质，而是根据犯罪人的人身危险性的变化等情况，对其刑事责任的程度予以变更，从而使罪责刑相适应原则在刑事责任实现阶段得到更好的体现。

与刑事责任的实现密切相关的一个概念是刑事责任的终结。对刑事责任的终结，理论上存在两种不同的理解：(1) 刑事责任的终结包括两种情况：第一，因刑事责任的实现而终结，终结时间由于刑事责任实现的方式不同而不同。以刑罚为实现方式的，终结时间为刑罚执行完毕或赦免之时；以非刑罚处理方法为实现方式的，终结时间为非刑罚处理方法执行完毕之时；以单纯宣告有罪而免予刑罚处罚为实现方式的，终结时间为人民法院作出的有罪判决发生法律效力之时。第二，因刑事责任的消灭而终结。刑事责任的消灭是指行为人的行为原本构成犯罪，但在实现刑事责任之前，由于某种法定的原因，司法机关不能再追究刑事责任。从实际情况看，引起刑事责任消灭的原因主要是：犯罪人在被追究刑事责任前死亡；犯罪已过追诉时效期限；告诉才处理的犯罪，没有告诉或者撤回告诉的。在上述场合，刑事责任的终结时间就是上述情况出现之时。① (2) 刑事责任的终结仅指刑事责任的实现，而刑事责任的消灭是没有追究行为人的刑事责任，两者的性质与效果完全不同，因此不能将刑事责任的消灭也视为刑事责任终结的表现，否则就是将两种不同性质、效果的情况混为一谈了。② 我们认为，两种观点的分歧实际上在于对刑事责任终结的含义理解不同，前者所称的刑事责任终结既包括现实的刑事责任的终结，也包括应然层面的刑事责任的终结，而后者所说的仅仅是指现实的刑事责任的终结。如前所述，

---

① 参见高铭暄、马克昌主编：《刑法学》，北京大学出版社、高等教育出版社2000年版，第221页。
② 参见张明楷：《刑法学》(上)，法律出版社1997年版，第390页。

对刑事责任既可以从实然层面理解,也可以从应然层面来把握,因此刑事责任可以因其实现而终结,也可以因其消灭而终结。例如,在犯罪未过追诉时效时,犯罪人时刻都处于可以被追究刑事责任的状态中,但如果已过追诉时效,则对行为人不能再追究刑事责任,这一事实本身也就表明了行为人的刑事责任已经终结。不过,上述第二种观点对于我们把握刑事责任终结的各种原因之间的不同点,还是很具有启发意义的。

二、刑事责任的解决方式

刑事责任的解决,是指对业已产生的刑事责任给予处理,使刑事责任得以终结。对于刑事责任的解决方式,我国刑法学界一般是概括为定罪判刑、定罪免刑、消灭处理和转移处理四种。① 在肯定这种归纳的合理性的同时,我们认为,实际上在这四种刑事责任的解决方式中,前两种属于刑事责任的实现方式,后两种属于刑事责任的其他解决方式,而刑事责任的实现方式与刑事责任的其他解决方式在性质上是不同的,前者是依法已经追究了行为人的刑事责任,完全实现了刑事责任的内容;后者是不允许或者不能追究行为人的刑事责任,因而实际上没有追究刑事责任。所以,对两种类型的刑事责任解决方式分开来加以论述显得更恰当一些。下面,拟按这样的思路分别对刑事责任的实现方式和刑事责任的其他解决方式进行具体的探讨。

(一) 刑事责任的实现方式

刑事责任的实现方式又称刑事责任的实现方法、刑事责任的承担方式,指的是刑事责任可以通过哪些方法来实际承担。前面刑事责任的发展阶段的论述中实际上已经涉及这一问题,但由于刑事责任的实现是整个刑事责任问题的核心,因此这里对刑事责任的具体实现方式作进一步的论述。对刑事责任究竟有哪些具体实现方式,理论上存在不同看法。主要有以下四种观点②:(1) 有学者认为,实现刑事责任是指为使犯罪行为人承担其刑事责任而采取的具体行动,因此刑事责任的实现方式包括刑事强制措施、刑事诉讼强制措施和其他强制措施三类。刑事强制措施主要指刑罚,此外还有免予刑事处分以及予以训诫、责令具结悔过、赔礼道歉、赔偿损失等强制措施。刑事诉讼强制措施指拘传、取保候审、监视居住、逮捕和拘留;不过,只有在行为人的行为经法院作出有罪判决且判决发生法律效力时,此前所采取的刑事诉讼强制措施才能成为实现刑事责任的方法。其他强制措施指被剥夺政治权利的人不得被选举或任命担任某些职务,通过外交途径解决享有外交特权和豁免权的外国人的刑事责任问题。(2) 有学者主张,刑事责任的实现方法是国家强制犯罪人实际承担的法律处分措施,包括刑罚和非刑罚处理方法两大类:刑罚即刑法规定的主

---

① 参见高铭暄、马克昌主编:《刑法学》(上编),中国法制出版社1999年版,第394—395页;高铭暄、马克昌主编:《刑法学》,北京大学出版社、高等教育出版社2000年版,第223—224页;赵秉志主编:《刑法新教程》,中国人民大学出版社2001年版,第303—304页。

② 参见赵秉志主编:《刑法争议问题研究》(上),河南人民出版社1996年版,第589—593页。

刑与附加刑;非刑罚处罚方法指司法机关对犯罪分子直接运用或者由主管部门适用的刑罚以外的各种法律措施,主要包括《刑法》第36、37条规定的训诫、具结悔过等处分,第17条规定的收容教养,第64条规定的责令退赔、追缴违法所得、没收违禁品和犯罪工具。(3)也有学者认为,刑事责任的实现方式指国家强制犯罪人实际承担的刑事制裁措施,计有基本方式、辅助方式与特殊方式三类。基本方式即给予刑罚处罚的方式;辅助方式即采用非刑罚方法处理的方式;特殊方式即仅仅宣告行为是犯罪而既不给予刑罚处罚也不使用非刑罚处理方法的方式。(4)另有学者提出,刑事责任的实现方法只有刑罚一种,除此之外,不存在或者说法律并未规定其他实现刑事责任的方法。

在我们看来,要正确把握刑事责任的具体实现方式,首先须对刑事责任的实现方式(方法)加以界定。实际上,刑事责任的实现方式是指国家制裁犯罪人或者说犯罪人承担制裁的方法,即刑法规定的、以犯罪为前提的、由犯罪人具体承担的法律后果。据此,我们认为:上述第一种观点将刑事责任的实现方式理解为包括刑事诉讼强制措施和其他强制措施,失之过宽。刑事诉讼强制措施是在刑事责任确认阶段为了保证刑事诉讼程序正常进行而采取的强制性措施,不是在判决有罪确定行为人应负刑事责任时对其的制裁,将刑事诉讼强制措施视为刑事责任的实现方式,混淆了刑事诉讼法上的强制措施与刑法上的刑事制裁措施的界限,而这两类措施在目的和性质上是截然不同的。此外,在这种见解提到的其他强制措施中,被剥夺政治权利的人不得被选举或任命担任某些职务的措施本身属于刑事制裁措施的内容;通过外交途径解决享有外交特权和豁免权的外国人的刑事责任问题也不属于刑事责任的实现方式,因为这种场合连对刑事责任的确认都未完成。上述第二种观点将收容教养、责令退赔、追缴违法所得、没收违禁品和犯罪工具视为刑事责任的实现方式,同样有理解过宽的缺陷。收容教养是对因不满16周岁而不成立犯罪的未成年人采取的一种保护措施;责令退赔和追缴违法所得是使受损失的财产恢复原状的措施;没收违禁品和犯罪工具分别属于行政强制措施与刑事诉讼强制措施。总之,这些措施都不是针对犯罪的刑事责任的实现方式。上述第四种观点则显得过窄。因为根据我国刑法的规定,除刑罚外,非刑罚处理方法和免予刑罚处罚的有罪判决也是对犯罪的否定和对犯罪人的谴责,亦即以犯罪为前提的法律后果。所以比较起来,对刑事责任具体实现方式的认识,当以上述第三种见解为妥。依据这种观点,同时参考前述一些具有代表性的教材的概括,我们将刑事责任的实现方式确定为以下两种:

(1)定罪判刑方式。定罪判刑即人民法院在判决中对犯罪人作出有罪宣告的同时确定对其适用相应的刑罚。定罪,从广义上讲,指人民法院根据案件事实和刑法的规定,认定被告人的行为是否构成犯罪以及构成什么性质的犯罪的活动;就其狭义而言,仅指认定被告人的行为构成什么性质犯罪的活动。这里所指的是狭义上的定罪。认定行为人的行为构成什么性质的犯罪,必须以犯罪事实为根据,以刑法规定的犯罪构成为准绳。适用刑罚必须贯彻罪、责、刑相适应的原则。在决定刑罚时,应当根据犯罪的事实、性质、情节和对社会的危害程度,依照刑法的规定判处,做到宽严无误、不枉不纵,使犯罪人承担应负的刑事责任。这种方式是实现刑事责任最基本、最常见的一种方式。

(2)定罪免刑方式。定罪免刑即人民法院在判决中对犯罪人作出有罪宣告,但同时决定免除刑罚处罚。这种方式包括两种情况:一是根据《刑法》第37条或第383条的规定作出宣告有罪但决定免除刑罚处罚而给予非刑罚方法之处理的判决;二是根据《刑法》第10、19—22、24、27、28、68、390条或第392条的规定作出宣告有罪但决定免除刑罚处罚的判决。这两种情况都以有罪宣告为前提,而宣告有罪自然意味着存在刑事责任,宣告有罪的判决本身就属于对犯罪行为的否定和对犯罪人的谴责,从而定罪免刑也就属于实现刑事责任的一种方式。这种方式是刑事责任实现的次要、辅助的方式。

(二)刑事责任的其他解决方式

刑事责任的其他解决方式是指刑事责任实现方式之外的其他使刑事责任得以终结的方式。在我国,刑事责任的其他解决方式有以下两种:

(1)消灭处理方式。刑事责任的消灭处理,是指行为人的行为本已成立犯罪而应负刑事责任,但由于存在法律的规定而实际阻却追究其刑事责任的事实,如犯罪已过追诉时效期限,告诉才处理的犯罪中的被害人没有告诉或者在判决确定前撤回告诉,犯罪嫌疑人死亡或者被赦免等,使行为人的刑事责任归于消灭。这时国家便不再追究行为人的刑事责任。这是解决刑事责任的一种补充方式。

(2)转移处理方式。转移处理是指对享有外交特权和豁免权的外国人的刑事责任不由我国司法机关处理,而是根据《刑法》第11条的规定通过外交途径予以解决。刑事责任的这种解决方式是按照国际惯例和国家之间相互对等的原则所确定的,是一种解决特定行为人刑事责任的特殊方式。

本章重点问题提示

一、关于刑事责任定义的争议

我国刑法理论界在如何具体定义刑事责任的问题上,主要有五种观点。法律责任说认为,"刑事责任是国家司法机关依照法律规定,根据犯罪行为以及其他能说明犯罪的社会危害性的事实,强制犯罪人负担的法律责任";法律后果说认为,刑事责任"是依照刑事法律规定,行为人实施刑事法律禁止的行为所必须承担的法律后果";否定评价说(又称责难说或谴责说)认为,"刑事责任是指犯罪人因实施刑法禁止的行为而应承担的、代表国家的司法机关依照刑事法律对其犯罪行为及其本人的否定性评价和谴责";刑事义务说认为,刑事责任是"犯罪人因其犯罪行为根据刑法规定向国家承担的、体现着国家最强烈的否定评价的惩罚义务";刑事负担说认为,"刑事责任是国家为维持自身的生存条件,在清算触犯刑律的行为时,运用国家暴力,强迫行为人承受的刑事上的负担"。①

我们认为,上述各种观点都不乏值得肯定之处;但从表述的科学性上来看,也都存在不同程度的缺陷。法律责任说正确地指出了刑事责任对犯罪行为的依赖性及其强制性,然而对法律责任或者责任本身没有作出解说。法律后果说准确地揭示了刑事责任与犯罪行为及刑事法律之间的联系等特征;不足之处在于没有将刑事责任与同样属于犯罪行为之法律后果的刑罚区别开。否定评价说全面地从犯罪人和国家两个方面来界定刑事责任的概念,正确地将犯罪行为与犯罪人联系在一起来阐释刑事责任的内容;缺憾在于忽略了刑事责任本身与其内容,且"否定评价"的提法过于笼统,没有与承受刑罚处罚或者其他处理联系起来。刑事义务说正确阐明了犯罪人有承担国家确定的刑罚的义务,从而揭示了刑事责任所反映的犯罪人与国家之间的特殊关系;但是由于我国刑法并非将刑罚规定为刑事责任的唯一实现方式,因此将刑事责任归结为惩罚义务与我国刑法的规定不相吻合,而且这种见解的表述也不够确切。刑事负担说正确阐明了刑事责任产生的根据,准确揭示了刑事责任的强制性特点,确切地表明了刑事责任的性质;不妥之处在于对刑事责任的内涵解释得还不够充分。

二、关于刑事责任在刑法理论体系中地位的争议

我国学者对刑事责任在刑法理论体系中的具体地位,主要有三种不同观点:

(1)基础理论说。该说认为,刑事责任在价值功能上具有基础理论的意义,犯罪论、刑罚论和罪刑各论不过是刑事责任理论的具体化,因此在体系上应赋予刑事责任刑法学基本原理的地位并将其置于犯罪论之前。例如,有学者在其论述刑事责任的专著中明确指出:"刑事责任理论所揭示的是刑法的基本原理,它的具体内容应当由犯罪论、刑罚论和罪刑各论来丰富。因此在体系上不能把刑事责任论作为犯罪之后果和刑罚之先导而插入犯罪论与刑罚论之间的部分,而应当作为刑法学的基础理论置于犯罪论之前,并作为刑法的基本原理来把握。"②此外,也有个别教科书将刑事责任的基本内容作为一节置于刑法学绪论部分"刑法的性质和任务"一章中,先于犯罪论部分的各章节来讨论。③

(2)罪、责平行说。此说认为,刑事责任是与犯罪相对应并具有直接联系的概念。犯罪是刑事责任的前提,刑事责任是犯罪的法律后果,刑罚虽然是实现刑事责任的基本方式,但不是唯一的方式,非刑罚处理方法以及单纯宣告有罪的方法也是实现刑事责任的具体方式,即刑罚、非刑罚处理方法与单纯宣告有罪同是刑事责任的下位概念。因此,不能将刑罚与犯罪和刑事责任这两个基本范畴相提并论,而应按照犯罪论——刑事责任论的思路来建立刑法学体系,这样才能理顺犯罪、刑事责

---

① 上述各种观点均转引自赵秉志主编:《刑法争议问题研究》,河南人民出版社1996年版,第539—542页。
② 张智辉:《刑事责任通论》,警官教育出版社1995年版,第15页。
③ 参见胡新主编:《新编刑法学》(总论),中国政法大学出版社1990年版,第27页以下。

任与刑罚的关系,才能准确反映刑事责任在刑法理论中的应有地位。① 实际上,持这种见解的学者不仅在其专门论述刑事责任的著作中阐述了这一主张,而且还在其所著的教科书中具体贯穿了这一思想。②

(3)罪、责、刑平行说。这一学说认为,犯罪、刑事责任和刑罚是各自独立而又互相联系的三个范畴,其中的刑事责任则是介于犯罪与刑罚之间的纽带。刑事责任以犯罪为前提,属于犯罪的法律后果,而其本身又是刑罚的前提,刑罚系实现刑事责任的基本方式。因此,应当按照犯罪论——刑事责任论——刑罚论的框架来构建刑法学的体系。这一观点是我国刑法理论界的通说,目前国内多数刑法学教科书都按照这一学说来安排相关章节,即将刑事责任作为一章而置于犯罪论内容之后,刑罚论内容之前。

我们认为,上述"基础理论说"从如何正确制定刑事立法的层面即刑事责任的观念层面讲有一定的道理,但从解释刑法的角度即刑事责任的现实层面看则存在问题。因为这种见解将刑事责任看成高于犯罪和刑罚的范畴,实际上是把刑事责任等同于刑法,而这既不符合我国刑法关于刑事责任的规定,在逻辑上也具有将刑法的概念偷换成刑事责任法的概念之嫌,显然不妥。"罪、责平行说"认为刑罚与非刑罚的处理方法等是刑事责任的下位概念,主张以刑事责任论取代刑罚论,从逻辑上讲是完全可以成立的,但与对刑罚比对刑事责任更重视的我国现行《刑法》总则体系距离过大;而且在刑法学中,刑罚理论的内容丰富,占有很大篇幅,非刑罚处理方法的内容单薄,所占空间甚小,在刑事司法实务中非刑罚的处理方法等实践与刑罚也不成比例,因此为了使刑事责任与犯罪两者处于同等地位而以刑事责任论取代刑罚论的理由也未必充分。比较起来,主张建立犯罪论——刑事责任论——刑罚论体系的"罪、责、刑平行说"既符合我国现行《刑法》的规定和刑法理论现状,又反映了司法实践的情况,无疑要可取一些。

思考题

1. 什么是刑事责任?它具有哪几个特征?
2. 如何理解刑事责任的哲学根据与法学根据?
3. 解决刑事责任的方式包括哪些种类?

---

① 参见张明楷:《刑事责任论》,中国政法大学出版社1992年版,第149页以下。
② 参见张明楷:《刑法学》(上),法律出版社1997年版,第5页以下。

第十四章 刑罚概说

本章主要论述了刑罚的概念与特征,刑罚与犯罪对立统一的关系,刑罚的功能,刑罚的目的。重点在于刑罚的概念、刑罚的功能、刑罚的目的。

关键词

刑罚　刑罚的功能　刑罚的目的　特殊预防　一般预防

第一节　刑罚的概念

一、刑罚的定义及特点

刑罚是指刑法规定的、由国家审判机关依法对犯罪人适用的、以限制或剥夺其一定权益为内容的强制性制裁方法。据此,应从以下三个方面来理解刑罚的特点。

（一）刑罚的属性

刑罚的属性即刑罚所具有的性质,是一定的制裁措施之所以被称为刑罚的原因所在。惩罚性就是刑罚的属性。刑罚的惩罚属性在于通过限制或剥夺犯罪人的一定权益,使犯罪人承受痛苦,这是刑罚的本质属性。在不同的时代、不同的国家,刑罚的表现形式、严厉程度或有不同,但刑罚的本质属性却是相同的。当前,注重保障人权成为时代共识,这固然反对用残酷的、不人道的方法来摧残、折磨犯罪人,但刑罚作为一种最严厉的制裁方法,其惩罚属性不会改变,刑罚的惩罚属性属性并不与人权保障意识矛盾。

（二）刑罚的刑事法律特征

刑罚的刑事法律特征也是刑罚与其他法律制裁措施的重要区别之一。刑罚的刑事法律特征具体表现为:刑罚是由刑法明文规定的;刑罚的适用与执行必须严格遵循刑法及刑事诉讼法的规定。

（1）刑罚只能由国家最高权力机关在刑法中加以规定。在我国,只有国家最高权力机关才有权制定、补充或修改刑法,其他国家机关或个人都无权规定刑罚。刑罚是刑法中被明确赋予"刑罚"名称的制裁方法,即在《刑法》第33—35条中明确规定为主刑或附加刑的制裁方法。因而,那些虽被作为强制方法规定在刑法中但未被明确称为"刑罚"的制裁方法,如予以训诫、责令具结悔过等,不能被认为是刑罚。

(2) 刑罚必须严格地按照刑法与刑事诉讼法的规定来适用与执行。根据法律规定,刑罚只能由人民法院适用,其他任何机关都无权适用刑罚。人民法院适用刑罚时,必须严格遵守刑事诉讼法规定的管辖权限及诉讼程序,必须严格根据刑法确定应当判处的刑罚。刑罚执行机关在执行刑罚时也必须严格遵循刑法与刑事诉讼法的规定。

(三) 刑罚的目的性

通过限制或剥夺一定权益使犯罪人遭受痛苦,是刑罚的本质属性,但不是刑罚的目的。刑罚的目的在于预防犯罪,惩罚犯罪人只是实现刑罚目的的手段。为了预防犯罪,刑罚必须既具有惩罚的一面,又具有教育改造的一面。只有这样,才能保证刑罚目的的顺利实现。只讲刑罚的惩罚性而不讲刑罚的教育改造,或者只讲刑罚的教育改造而不讲刑罚的惩罚性,都不是科学的刑罚观。

二、刑罚与犯罪的关系

尽管刑罚与犯罪以刑事责任为中介,但犯罪必然引起刑事责任,而刑罚又是实现刑事责任的主要方式,所以无犯罪就无刑罚,刑罚是犯罪一般情况下的法律后果。在这个意义上,刑罚与犯罪的关系可以说是对立统一的关系。

(一) 刑罚与犯罪的对立

刑罚与犯罪的对立表现在两个方面:(1) 从国家方面看,犯罪是侵犯合法权益的行为,而刑罚则是保护合法权益的手段;犯罪是对现行统治秩序的破坏,而刑罚则是通过对犯罪的惩罚力图恢复被犯罪破坏的统治秩序。(2) 从犯罪人方面看,犯罪人往往为了满足自己物质、精神上的需要而犯罪,而刑罚则通过限制或剥夺犯罪人的一定权益而使犯罪人遭受痛苦。刑罚以预防犯罪为目的,这就决定了刑罚与犯罪永远的对立关系。

(二) 刑罚与犯罪的统一

刑罚与犯罪的统一也表现在两个方面:(1) 两者起源相同。犯罪和刑罚都是人类社会发展到一定阶段的产物。在犯罪现象产生的同时,就出现了借以预防犯罪的手段——刑罚。(2) 两者互相依存。犯罪是刑罚的前提,无犯罪就无刑罚。同时,从罪刑法定看,如果刑法没有以一定方式对某种行为规定刑罚,这种行为就不是犯罪。在这个意义上讲,无刑罚就无犯罪。

三、刑罚与其他法律制裁方法的区别

在我国,对不法行为的法律制裁体系往往由民事制裁、行政制裁、刑事制裁等多级制裁措施构成。这些法律制裁措施之间具有相同点,如都必须依法适用,都会对受制裁人产生不利影响等。但刑罚与其他法律制裁措施之间又有着显著的区别,这主要表现在以下几个方面:

(1) 适用的法律根据不同。适用刑罚的法律根据是刑事法律(包括刑法和刑事诉讼法),适用民事处罚的法律根据是民事法律,适用行政处罚的法律根据则是行政法律、法规。

(2) 适用机关不同。刑罚只能由人民法院的刑事审判部门适用,民事处罚只能由人民法院的民事审判部门适用,行政处罚则由国家各级行政机关适用。

(3) 适用对象不同。刑罚只能适用于犯罪人,这里的犯罪人是指被人民法院依法确定为有罪的人,对其他违法者不适用刑罚。民事处罚适用于民事违法者,行政处罚适用于行政违法者。

(4) 严厉程度不同。刑罚是最严厉的一种法律制裁措施,它不仅可以剥夺犯罪人的财产权利、政治权利,而且可以限制或者剥夺犯罪人的人身自由,甚至可以剥夺其生命。其他法律制裁都不可能剥夺犯罪人的生命,一般也不涉及违法人的人身自由,即使剥夺人身自由(如行政拘留),期限也是相当短的。民事处罚仅限于停止侵害、排除妨碍、消除危险、返还财产、恢复原状、赔偿损失、恢复名誉、赔礼道歉等,行政处罚一般仅限于警告、记过、降级、撤职、留用察看、罚款、没收、行政拘留等,其严厉程度均轻于刑罚。

第二节 刑罚的功能

一、刑罚功能的概念

根据《辞海》的定义,功能是指功效与作用。刑罚的功能,是指国家制定、适用与执行刑罚对人们可能产生的积极作用。

二、刑罚功能的种类

国家制定、适用与执行刑罚的活动,对不同的对象可能产生不同的积极作用。根据刑罚作用对象的不同,可将刑罚的功能分为对犯罪人的功能、对犯罪被害人及其家属的功能和对社会上其他人的功能。

(一) 刑罚对犯罪人的功能

刑罚是人民法院代表国家依法对犯罪分子适用的法律制裁。犯罪分子是刑罚的承担者,刑罚首先对犯罪人发生作用。刑罚对犯罪人的功能如下:

1. 限制或剥夺功能

刑罚的限制或剥夺功能,是指通过适用刑罚来限制或剥夺犯罪分子的某种权益,使其丧失再次犯罪的能力和条件的积极作用。它是刑罚的基本功能。无论对犯罪人适用哪一种刑罚,都意味着对其一定权益的剥夺。刑罚这一功能的存在是由刑罚与犯罪的对立关系决定的。犯罪往往能满足犯罪人一定的需要,如果刑罚不能给犯罪人造成身体和精神上的痛苦,或者所造成的痛苦小于因犯罪所带来的利益和快乐,那么刑罚就不能很好地遏制犯罪。犯罪人亲身体验了刑罚的痛苦后,就不敢再轻易以身试法,从而会抑制自己的犯罪动机。

2. 改造功能

刑罚的改造功能,是指刑罚具有的改变犯罪人的思想和行为,从而使其成为对社会有用的人的作用。它是近代西方启蒙思想和刑罚思想发展的产物。例如,荷兰启蒙思想家格劳秀斯曾提出:"惩罚的目的就是使一个罪犯变成一个好人。"[1]英国功利主义法学家边沁使这一思想得到进一步发展,而刑事社会学派的代表、德国刑法学家李斯特则完成了关于矫正罪犯的系统理论,该理论的实质是强调刑罚的改造功能,使适用与执行刑罚的过程成为重塑新人、让犯罪人健康回归社会的过程。[2]

3. 感化功能

刑罚的感化功能,是指刑罚具有的感召、软化犯罪人,促使犯罪人从内心转变为新人的作用。

我国刑罚的感化功能是通过制定、适用和执行刑罚体现出来的。在刑罚的制定上,我国刑法规定了自首、立功、缓刑、减刑、假释等从宽情节和刑罚制度,这些从宽情节和刑罚制度在鼓励犯罪人悔过自新、积极改造方面无疑具有极大的感化作用。在刑罚的适用上,审判机关可根据犯罪事实和情节对犯罪人予以宽大处理。在刑罚的执行上,我国监狱法规定对犯罪人实行人道主义待遇,其中包括伙食、住宿、衣服、医疗、卫生、教育等,都体现了对罪犯人格的尊重和全面关心。

(二) 刑罚对犯罪被害人及其家属的功能

刑罚对犯罪被害人及其家属的功能主要表现在安抚功能上。即通过对犯罪人给予刑罚处罚,一定程度上满足被害人及其家属惩罚犯罪人的强烈要求,平息他们因被害而产生的强烈报复情绪,抚慰他们内心的创伤,从而避免他们因激愤难消而采取私人报复措施,防止酿成新的犯罪。

(三) 刑罚对其他社会成员的功能

刑罚是对犯罪人适用的,同时也是社会保护自己的手段。刑罚不仅对犯罪人与犯罪被害人产生积极作用,而且也对社会其他人发挥积极的作用。刑罚对其他社会成员的功能,主要表现在三个方面。

1. 威慑功能

刑罚的威慑功能,是指刑法具有使社会上潜在的犯罪人产生畏惧而不敢犯罪的作用。这种威慑功能体现在立法威慑与司法威慑两个方面。立法威慑,是指立法者通过立法规定犯罪与刑罚,明确什么样的行为是应受刑罚处罚的犯罪行为,列举与犯罪对应的刑罚价目表,使社会上潜在的犯罪人知道自己选择犯罪的法律代价,从而不敢去犯罪。费尔巴哈的心理强制说就建立在立法威慑的基础上。司法威慑,是指通过国家司法机关对具体犯罪分子实际适用与执行刑罚,使社会上潜在的犯罪人获得犯罪就要受刑罚处罚的具体认知,从而得到警戒,打消犯罪的念头。立法威慑与司法威慑紧密联系,不可分割。立法威慑是司法威慑的前提,没有立法威慑,就没

---

[1] 转引自高铭暄、马克昌主编:《刑法学》,北京大学出版社、高等教育出版社2000年版,第229页。
[2] 参见赵秉志主编:《刑法新教程》,中国人民大学出版社2001年版,第311页。

有后来的司法威慑。司法威慑是立法威慑的具体体现，在立法威慑阶段，刑罚仅仅是抽象的刑法条文，刑罚对潜在的犯罪人的威慑作用尚不现实、具体，司法威慑将立法威慑具体化，使刑法中抽象的刑罚威慑变成对犯罪分子现实的刑罚惩罚，使潜在的犯罪人具体感受到刑罚的威严，从而加强了刑罚的威慑效应。

2. 教育功能

一个国家公民的法律意识与法律知识的状况，往往也会影响该国犯罪率的高低。在我国司法实践中，由于法律意识淡薄、刑法知识缺乏、不了解自己行为的犯罪性而去犯罪的事例，不在少数。要改变这种状况，就必须加强法制教育。而刑罚的制定、适用与执行本身，就是法制宣传教育的一种方式。国家通过颁布刑罚法规和公开对犯罪人判处刑罚，无疑可以使广大群众明辨什么是有利于社会的正当行为，什么是犯罪行为，犯罪行为会招致什么样的法律后果，从而促使其自觉守法。可见，刑罚具有对社会大众的教育功能。

3. 鼓励功能

刑罚的鼓励功能，是指通过对犯罪人判处与执行刑罚，鼓励广大公民守法和同犯罪作斗争的作用。对犯罪规定刑罚，对犯罪人判处与执行刑罚，是国家对犯罪和犯罪人的强烈否定评价。从另一方面看，这也是对广大守法公民的一种肯定与鼓励。此外，刑罚的裁量与执行，使广大守法公民亲眼看到犯罪人受到应有的制裁，社会正义得到维持，因而备受鼓舞，更加坚定了守法的信心，更加积极地同犯罪作斗争。

需要说明的是，上述刑罚三个方面的功能既相辅相成，又各有侧重，共同构成一个有机整体，不能片面强调刑罚某一方面或某一项功能而忽视刑罚的其他功能。只有上述所有功能都得到有效实现，刑罚才能成为有效的社会防卫手段。

第三节 刑罚的目的

一、刑罚目的的概念

刑罚的目的，是指国家制定、适用、执行刑罚的目的，即国家的刑事立法采用刑罚作为对付犯罪现象的强制措施及其具体适用和执行所预期实现的效果。刑罚的目的存在于国家制定、适用、执行刑罚三个环节中，不是其中某一个或某两个环节就能实现的，只有三个环节相互配合、协同一致，才能达到预期的效果。刑罚目的论是整个刑罚论的核心。

二、刑罚目的的内容

刑罚的目的是预防犯罪，其内容包括特殊预防与一般预防两个方面。

(一) 特殊预防

特殊预防，是指通过适用刑罚对已经犯罪的人进行惩罚改造，预防他们重新犯罪。特殊预防的对象是已经犯罪的人。就故意犯罪人而言,他们通常因犯罪而得到了物质上、生理上、精神上的某种满足,如果不对其进行特殊预防,他们就可能为了某种需要而再次犯罪。就过失犯罪人而言,他们往往因为懈怠注意义务而疏忽大意地犯罪或过于自信地犯罪,如果不对其进行特殊预防,他们可能再次因放松对自己的要求而犯罪。

刑罚往往通过以下三个途径实现特殊预防的目的:(1) 使受刑人与社会隔离或被剥夺再犯条件而不能再犯罪。刑罚以限制与剥夺犯罪人一定的权益为其基本属性,但刑罚并不仅仅是为了惩罚犯罪人,还有出于限制或剥夺犯罪人再犯能力的考虑。被剥夺生命的犯罪人便永远不具有再犯能力。但刑罚人道化、轻缓化的发展趋势,决定了这种剥夺生命的方式应受到严格限制,并将最终会被废除。一般而言,被剥夺自由的犯罪人在服刑期间的再犯能力将大大受到限制;被判处财产刑或剥夺政治权利的犯罪人,也就难以运用被剥夺的财产或权利来实施犯罪。(2) 使受刑人感受到刑罚惩罚的痛苦而不敢再犯。对犯罪人判处和执行刑罚,会对其在生理上和精神上造成强烈的痛苦体验和畏惧感,使其亲身强烈感受到犯罪的不利法律后果,从而在服刑期间与期满之后害怕重蹈覆辙而抑制或消除再次犯罪的意念。(3) 使受刑人受到教育改造而不愿再犯。如前所述,刑罚具有改造功能、教育感化功能,它通过对犯罪人进行改造与教育感化,使犯罪人从思想根源上消除犯罪意识,树立起正确的世界观和人生观,从而不愿犯罪。

从宏观上讲,一定社会的犯罪现象总是存在的,犯罪是不可能被消灭的。但就某个具体的犯罪或具体的犯罪人而言,犯罪又是可以预防的,犯罪人是可以改造的。然而现实中,并非每一个被适用刑罚的犯罪人都得到了改造,回归社会后都不再犯罪。能否因此而否定刑罚的特殊预防的效果呢?应该说,刑罚是具有特殊预防作用的,但对犯罪人的改造是一项复杂的社会工程,能否将犯罪人改造成为新人,除了刑罚自身的改造与教育感化外,还取决于多方面的因素。犯罪原因的复杂性决定了对重新犯罪的预防也必须采取多种防治措施,刑罚只是其中的一种措施。

当然,刑罚对预防重新犯罪具有重要的作用。如何充分发挥刑罚预防重新犯罪的作用,是一个重要的问题。质言之,必须在整个刑事法律活动中贯彻特殊预防的思想:(1) 在刑罚创制上,要充分体现罪责刑相适应原则的要求,使具体犯罪对应的法定刑具有公正性、科学性;(2) 在刑罚裁量时,应贯彻刑罚个别化原则,充分考虑犯罪人人身危险性的大小,使量刑具有针对性和适当性;(3) 在刑罚执行中,应坚持惩罚与教育改造相结合的方针,根据犯罪人的个人特征,做到因人施教。

(二) 一般预防

一般预防,是指通过制定、适用与执行刑罚,预防尚未犯罪的人实施犯罪。一般预防的对象不是犯罪人,而是他们之外的社会成员。详言之,一般预防的对象包括以下四类人:(1) 危险分子,即具有犯罪危险的人,如多次实施违法行为的人、刑满释放尚未得到有效改造的人。这类人人身危险性大,属于一般预防的重点。(2) 不稳定分子,即有犯罪倾向的人,主要指法制观念淡薄、自制能力不强、没有固定职业,容易受犯罪诱惑或容易被犯罪人拉拢教唆的人。不稳定分子主要存在于不良社会群体中，也属于一般预防的重点。(3) 犯罪被害人及其家属，即直接或间接受到犯罪行为侵害的人。(4) 其他社会成员，即上述三类人以外的一般公民。

预防对象的不同决定了实现特殊预防和一般预防方式上的差异。特殊预防针对的是已经犯罪的人，所以侧重于通过刑罚对犯罪人进行物理性强制和由此产生的精神强制。一般预防的对象不是犯罪分子，不可能对其直接适用刑罚，只能通过对犯罪人适用刑罚这一客观事实，对其他社会成员产生心理影响。具体而言，一般预防的实现方式主要是通过刑罚的威慑功能、安抚功能、教育与鼓励功能来体现的：(1) 通过制定、适用与执行刑罚，威慑社会上的危险分子和不稳定分子，抑制他们的犯罪念头，使他们不敢以身试法；(2) 通过制定、适用与执行刑罚，安抚犯罪被害人及其家属精神上的创伤，避免因报复而发生新的犯罪；(3) 通过制定、适用与执行刑罚，对广大公民进行法制教育，鼓励他们遵纪守法并积极同犯罪作斗争。

（三）特殊预防与一般预防的关系

特殊预防与一般预防是一个整体，密切联系，不可分割。两者的目的都是为了预防犯罪，两者都依赖于刑罚的制定、适用与执行。特殊预防的实现，有利于一般预防的实现；同样，一般预防的实现，也有助于特殊预防的实现。这是两者统一性的表现。特殊预防与一般预防有时又存在对立性：在某些情况下，犯罪人的人身危险性不大，不需要判处重刑，而根据一般预防需要则可能判重刑；在另一些情况下，犯罪人的再犯可能性较大，需要判处较重的刑罚，以达到特殊预防的目的，但就一般人而言，由于缺乏该犯罪人的类似情况，实施类似犯罪的可能性不大，根据一般预防，不需要判处特殊预防。

从事实上看，制定、适用与执行刑罚都具有特殊预防与一般预防的目的。但这并不意味着在制定、适用与执行刑罚的三个阶段，特殊预防与一般预防的目的都是并重的。在制定刑罚阶段，应侧重于一般预防，兼顾特殊预防。这是因为，国家在创制刑罚时，面对的是抽象的一般人，具有对事不对人的特点，因而应根据一般预防的要求来安排刑罚体系、种类、法定刑及其幅度等。但同时也应考虑到一些特殊的犯罪人类型，如累犯、自首犯、中止犯，根据这类犯罪人的人身危险性特点，给予特殊规定。在刑罚适用阶段，应侧重于特殊预防，兼顾一般预防。量刑阶段不能过于强调一般预防，因为一方面，量刑是针对具体的案件、具体的犯罪人，应首先根据犯罪人的犯罪事实与人身危险性，判处与罪责相适应的刑罚；另一方面，过于强调一般预防，就会导致犯罪人成为一般预防目的的工具。因而，在量刑阶段，只能在罪责刑相适应的范围内考虑一般预防的需要，不能为了一般预防而使刑罚超出犯罪的危害程度与犯罪人的人身危险性程度。另外，法定刑的制定所侧重的是一般预防，量刑是以法定刑为依据的，自然就具有一般预防的效果。在刑罚执行阶段，教育与改造犯罪人是首要的任务，自然应侧重于特殊预防。

第十四章 刑罚概说

本章重点问题提示

鉴于刑罚目的的重要性,刑罚目的历来是刑法学研究的一个重点。长期以来,中外学者对刑罚目的是什么进行了深入的研究,形成了诸多不同的主张。如在西方国家刑法理论中,曾出现过威吓主义、神意报应主义、道义报应主义、法律报应主义、一般预防主义与特殊预防主义等主张。在我国目前刑法理论上,关于刑罚目的也是众说纷纭。

有著述曾把理论上的争议概括为以下七种观点:(1) 惩罚说,认为刑罚的目的在于限制和剥夺犯罪人的自由和权利,使其感到压力与痛苦,以制止犯罪。(2) 改造说,认为刑罚的目的是通过惩罚手段改造罪犯,使其重新做人。(3) 预防说,认为刑罚的目的是预防犯罪,包括特殊预防和一般预防两个方面。(4) 双重目的说,认为刑罚既有惩罚犯罪分子的目的,又有改造他们的目的。(5) 三目的说,认为人民法院对犯罪分子适用刑罚,是要达到三个目的,即惩罚与改造犯罪分子,预防他们重新犯罪;教育和警戒社会上的不稳定分子和可能走向犯罪的人,使他们不走上犯罪的道路;教育广大群众增强法制观念,积极同犯罪作斗争。(6) 预防和消灭犯罪说,认为刑罚的目的就是要把他们当中的绝大多数人教育改造成为新人,从而达到预防犯罪,最终消灭犯罪,以保护国家和人民利益的目的。(7) 根本目的和直接目的说,认为刑罚目的有根本目的和直接目的之分。其根本目的是预防犯罪,保卫社会。其直接目的为惩罚犯罪,伸张正义;威慑犯罪者和社会上的不稳定分子,抑制其犯罪意念;改造罪犯,使其成为遵纪守法的公民。此外,还有广义目的与狭义目的说等见解。①

近年来,关于刑罚目的的研究又有了新的进展,出现了报应与预防统一说、三层次目的说。报应与预防统一说认为,刑罚目的是报应与预防的辩证统一,其中报应是道义报应与法律报应的统一,预防是一般预防与个别预防的统一。② 三层次目的说认为,我国刑罚目的可分为三个层次,分别是公正惩罚犯罪、有效预防犯罪和最大限度保护法益,这三个层次的刑罚目的相互依存、相互作用,共同调整刑罚的制定、裁量和执行。③ 还有作者认为,刑罚目的应是报应与特殊预防,一般预防不应作为刑罚目的。④

我们认为,要确定刑罚的目的,应该先明确刑罚目的的定义、刑罚目的与刑罚属性和刑罚功能的关系等相关问题。国家行使刑罚权是一个制定刑罚、适用刑罚与执行刑罚的过程,刑罚目的自然是指制定、适用与执行刑罚所预期追求的效果,指制

---

① 参见高铭暄主编:《新中国刑法学研究综述》,河南人民出版社1986年版,第408—410页。
② 参见陈兴良:《刑法哲学》,中国政法大学出版社1992年版,第358页。
③ 参见韩轶:《刑罚目的的建构与实现》,中国人民公安大学出版社2005年版,第80—81页。
④ 参见周少华:《作为目的的一般预防》,载《法学研究》2008年第2期。

定、适用与执行刑罚的目的,而非其中某一环节的目的。所谓的广义目的与狭义目的说将刑罚的目的分为广义与狭义两类,认为狭义的刑罚目的是指适用刑罚的目的,这种观点实际上弄混了刑罚目的的定义,并不可取。

刑罚属性与刑罚目的是两个不同的概念。在哲学上,属性是事物本身所固有的一种性质,是一种客观实在,而目的是对于事物属性的自觉认识和运用,是指人们从事某一活动时所预期达到的结果,是一种主观愿望。刑罚的属性是刑罚之所以为刑罚的根本性质,如前所述,惩罚性、痛苦性或剥夺性只是刑罚的属性,并非人们运用刑罚意欲达到的结果。所以,上述观点中的惩罚说、双重目的说、三层次目的说都把惩罚作为刑罚的目的,实际上都混淆了刑罚的属性与刑罚的目的。

刑罚功能与刑罚目的也是两个不同的概念。刑罚的功能,是指国家创制、适用与执行刑罚所可能产生的积极作用。如果说惩罚性是刑罚的内在属性,这是从静态上揭示刑罚的本质特征,那么刑罚的功能就是从动态上考察刑罚所可能产生的积极作用。刑罚的功能是实现刑罚目的的手段,但并不是刑罚目的本身。只有充分发挥了刑罚的功能,才可能实现刑罚的目的。改造犯罪人、威慑不稳定社会分子、教育广大群众都只是刑罚的功能,而不能称为刑罚的目的,它们都只是为了预防犯罪。所以,改造说、多重目的说、根本目的与直接目的说都把刑罚的某一功能当成了刑罚的目的,混淆了两者的关系,并不可取。

刑罚的正当化根据与刑罚目的也是两个不同的问题。人们在谈国家刑罚权的根据时,往往有绝对报应主义、目的刑主义与相对报应主义之争。绝对报应主义认为,国家之所以行使刑罚权,是因为有了犯罪;目的刑主义认为,国家之所以行使刑罚权,是为了不再有犯罪;相对报应主义认为,国家之所以行使刑罚权,是因为有了犯罪,并为了不再有犯罪。当前,相对报应主义成为各国刑罚理论中的通说。"因为有了犯罪",指的就是刑罚的报应性根据;"为了不再有犯罪",指的就是刑罚的目的性根据。但刑罚的目的只有一个,即为了不再有犯罪,换言之,刑罚的目的是预防犯罪。前述报应与预防统一说认为刑罚目的是报应与预防的辩证统一,实际上是把刑罚的正当化根据混同成刑罚的目的,是不可取的。

此外,认为刑罚的目的分为根本目的与直接目的,在方法论上并无不妥。虽然刑罚的根本目的是保护各种法益,保障社会主义建设事业的顺利进行,但这一目的实际上是整个刑法的目的,刑法所规定的任何制度与措施都是为了实现这一目的。[①]所以,没有必要在此专门讨论刑罚的根本目的。

至于前述第六种观点预防和消灭犯罪说,即认为刑罚的目的是预防并最终消灭犯罪,在我国有相当的代表性。长期以来,我国犯罪学界和刑法学界把消灭犯罪作为刑罚和刑法的目的,这种看法是建立在错误的犯罪观的基础上的。我国流行的观点认为,犯罪是历史现象,它不是从来就有的,也不是永恒存在的,而是阶级社会特

---

① 参见张明楷:《刑法学》,法律出版社2003年版,第402页。

有的现象,社会主义社会的犯罪现象应当逐渐减少,越来越少,到共产主义社会就完全消除。实际上,犯罪的根源就在于社会生产力与生产关系、经济基础与上层建筑之间的基本矛盾,只要社会的基本矛盾存在,犯罪就不可能消除。而且,犯罪对社会的正常发展还具有一定的促进功能、排污功能。犯罪根源于社会的基本矛盾以及犯罪对社会的正常发展具有促进功能、排污功能,都明确地向我们昭示了一个基本观点:一定社会里一定犯罪现象的存在是必然的,把犯罪看做一种"绝对的恶",试图完全、彻底地消灭犯罪的犯罪观是非理性的,这也决定了把消灭犯罪作为刑罚的目的是非理性的。[①] 刑罚的目的只能是预防犯罪,而不可能是消灭犯罪。

综上,我们认为,国家制定、适用与执行刑罚的目的是预防犯罪。

思考题

1. 什么是刑罚?刑罚有哪些特点?
2. 什么是刑罚的功能?刑罚具有哪些功能?
3. 什么是刑罚的目的?特殊预防与一般预防的关系如何?

[①] 参见苏彩霞:《刑法国际化视野下的我国刑法理念更新》,载《中国法学》2005年第2期。

第十五章　刑罚的体系和种类

本章主要论述刑罚体系的概念与特点,刑罚的种类,各种具体刑种的适用条件与特点。重点在于我国刑法规定的各种具体刑种的适用条件与特点。

刑罚体系　主刑　附加刑　非刑罚处罚方法

第一节　刑罚体系概述

一、刑罚体系的概念和特点

刑罚体系,是指国家从有利于实现刑罚的目的出发,依照一定的标准对刑法所确定的刑罚方法进行分类和排列而形成的刑罚序列。我国刑罚体系具有以下几个特点:

(1)要素齐备,结构合理。我国刑罚体系是一个由分别被确定为主刑和附加刑的若干刑罚方法构成的完整体系。我国刑罚体系中既有主刑,又有附加刑。主刑有管制、拘役、有期徒刑、无期徒刑、死刑。附加刑有罚金、剥夺政治权利、没收财产、驱逐出境。上述不同的刑种,可以根据实际情况适用于不同的犯罪与不同的犯罪人,刑种全面。

我国刑罚体系不仅刑种全面,而且排列结构合理。首先,主刑与附加刑排列结构合理,主次分明,主刑在前,附加刑在后,体现了主刑是对犯罪人主要适用的刑罚方法、附加刑是对主刑补充适用的刑罚方法的特点。其次,各个刑种的结构合理,主刑中的各种刑罚方法根据各自的严厉程度由轻到重依次排列,各种附加刑的排列也是如此。

(2)宽严相济,衔接紧凑。构成我国刑罚体系的刑种,无论是主刑还是附加刑,都轻重有别,可以适用于不同严重程度的犯罪。如主刑中既有管制与拘役等较轻的刑罚,也有较重的有期徒刑,还有更重的适用于非常严重犯罪的无期徒刑与死刑。附加刑中的各个刑种也轻重不一。这反映了我国刑罚体系宽严相济的特点。

构成我国刑罚体系的刑种不仅有轻有重,宽严相济,而且衔接紧凑。如拘役与有期徒刑是相邻的两个刑种,其中拘役的期限为1个月以上6个月以下,有期徒刑的期限为6个月以上15年以下。可见,不同刑种之间的衔接非常紧凑。

(3) 内容合理,方法人道。我国刑罚体系的内容具有合理性:刑罚体系由轻至重地排列,符合刑罚发展的方向;刑罚体系以自由刑为中心,同时扩大了我国所独有的管制这一开放性刑罚方法和罚金的适用范围,顺应了世界性立法趋势;刑罚体系的创设符合我国国情,反映了我国长期以来同犯罪作斗争的成功经验;各种刑罚方法既具有惩罚性,又具有教育改造性。

这里的方法人道是指,我国刑罚体系中的各种刑罚方法都具有使犯罪分子感到权益被剥夺的痛苦属性,但并不具有折磨性、残虐性,所有的刑种都不会造成犯罪人肉体上的摧残、人格上的侮辱、精神上的虐待。除死刑立即执行外,其他的刑罚方法都在于促使犯罪人接受教育改造、改过自新。

二、刑罚的种类

我国刑罚体系中的刑罚方法分为主刑与附加刑两大类。主刑,是对犯罪人适用的主要刑罚方法。主刑的特点是:只能独立适用而不能附加适用,即对一个犯罪只能适用一种主刑而不能适用两种以上的主刑。我国刑法规定的主刑,由轻至重依次为管制、拘役、有期徒刑、无期徒刑和死刑。附加刑,是补充主刑适用的刑罚方法。附加刑的特点是既可以附加于主刑适用,也可以独立适用,而且在许多情况下对一罪可以同时适用两个以上的附加刑。我国刑法规定的附加刑具体包括罚金、剥夺政治权利、没收财产和驱逐出境。

第二节 主 刑

一、管制

(一) 管制的概念

管制,是指限制犯罪人的一定自由,但不予关押、依法实行社区矫正的一种刑罚方法。

管制是我国独创的一种刑罚方法,是我国主刑中最轻的刑种。它产生于我国民主革命时期,新中国成立后被继续采用,最初仅适用于犯有反革命罪和贪污罪的犯罪人,后来逐渐扩大到可以适用于其他犯罪分子。我国1979年《刑法》正式将管制纳入刑罚体系的主刑之中,1997年修订的《刑法》保留了这一刑种,并扩大了其适用范围。《刑法修正案(八)》对管制的执行进行了修改。

管制作为一种限制人身自由的刑罚方法,在我国刑罚体系中起到了衔接剥夺自由的刑罚方法与其他不剥夺自由的刑罚方法的作用,使刑罚体系更显紧凑。更重要的是,管制作为开放性刑罚,一方面对受刑人不予关押,可避免给受刑人的劳动、工作和家庭造成严重影响,而且调动社会力量直接参与犯罪人的改造,有助于犯罪人的再社会化;另一方面可以克服短期自由刑的弊端,避免受刑人之间的交叉感染。因而,管制这种开放性刑罚既符合我国的司法工作应走群众路线的一贯主张,又符合刑罚改革的国际趋势。

(二) 管制的特点

根据《刑法》第38—41条的规定,管制具有如下特点:

(1) 对犯罪分子不予关押。即不是将犯罪分子羁押在特定的场所或设施内,剥夺其人身自由。这就是管制刑开放性的表现,是管制与拘役、有期徒刑等剥夺自由刑的重要区别。

(2) 限制犯罪分子一定的人身自由。虽然管制不剥夺犯罪分子的自由,但它毕竟是一种刑罚方法,当然具有惩罚的属性。管制的惩罚性就表现在对犯罪分子人身自由的限制。《刑法》第38条第2款规定:"判处管制,可以根据犯罪情况,同时禁止犯罪分子在执行期间从事特定活动,进入特定区域、场所,接触特定的人。"第4款规定:违反该禁止令的,由公安机关依照《治安管理处罚法》的规定处罚。这是《刑法修正案(八)》所做的修改,是我国刑法首次规定禁止令的内容。特定活动、特定区域、特定的人,具体由法官根据犯罪分子的犯罪情况来确定,如是由于饮酒而引起了轻微犯罪,法官可禁止犯罪分子在管制期间饮酒。根据《刑法》第39条,被判管制的犯罪分子在刑罚执行期间,其自由还受到下列限制:一是遵守法律、行政法规,服从监督;二是未经执行机关批准,不得行使言论、出版、集会、结社、游行、示威自由的权利;三是按照执行机关规定报告自己的活动情况;四是遵守执行机关关于会客的规定;五是离开所居住的市、县或者迁居,应当报经执行机关批准。但是,被判处管制的犯罪人的其他权利不受限制,比如在劳动中应当同工同酬等。

(3) 对犯罪人人身自由的限制有一定期限。根据《刑法》第38、69条的规定,管制的期限为3个月以上2年以下,数罪并罚时管制的期限不得超过3年。根据《刑法》第40条的规定,管制期满,执行机关应向被判处管制的犯罪人本人和其所在单位或者居住地的群众宣布解除管制。

(4) 关于管制刑期的计算,《刑法》第41条规定:"管制的刑期,从判决执行之日起计算;判决执行以前先行羁押的,羁押1日折抵刑期2日。"

(5) 根据《刑法》第38条第3款,对被判处管制的犯罪分子,依法实行社区矫正。《刑法修正案(八)》首次把社区矫正写入了刑法典。

社区矫正作为一种新型的刑罚执行方式,在西方已有几十年的发展历史。它不同于监禁的刑罚执行方式,不需要将罪犯关押到特定场所,使罪犯在不与社会隔离的情况下再社会化,既可以避免传统的监禁刑罚执行方式带来的交叉感染,又可以维系罪犯与其家庭、社会的联系,使罪犯的再社会化与社会的发展同步。可见,社区矫正具有人道的价值。与此同时,社区矫正毕竟是一种刑罚的执行方式,它的根本属性仍然是惩罚,对罪犯实行社区矫正还包括对罪犯进行有效监管和考核,社区矫正能实现刑罚的正义价值。此外,社区矫正不需要向监狱那样的巨大成本,还可以充分利用社区资源实现对罪犯的改造,富有效益价值。正因如此,社区矫正作为一种在社区中对服刑人员执行刑罚的非监禁刑罚执行活动,符合国际社会行刑的历史发展和行刑趋势,我国自2003年起也开展了社区矫正活动。

当前,在我国社区矫正是指将被判处管制、被宣告缓刑、被暂予监外执行、被裁定假释、被剥夺政治权利等符合条件的罪犯置于社区内,由专门的国家机关在相关社会团体、民间组织和社会志愿者的协助下,在判决、裁定或决定确定的期限内,对罪犯进行监督、教育,促进其顺利回归社会。教育矫正、监督管理、帮困扶助作为社区矫正的基础性工作,集中体现了社区矫正工作的特点和优势。所谓教育矫正,是指通过对社区服刑人员进行思想、法制、社会公德等教育,加强心理矫正,组织其参加公益劳动等措施和方法,增强其认罪悔罪意识,提高其社会责任感,促使其顺利回归和融入社会;监督管理,强调针对不同的犯罪类型和风险等级,探索分类矫正方法,严格管控措施,避免发生脱管、漏管,防止重新违法犯罪;帮困扶助,则要求积极协调整合各方资源力量,解决社区服刑人员基本生活保障等方面的困难和问题。目前,我国尚缺乏社区矫正的专门立法,不少学者建议制定统一的《社区矫正法》。

二、拘役

（一）拘役的概念

拘役,是指短期剥夺犯罪分子的人身自由,由公安机关就近执行并对犯罪分子进行劳动改造的刑罚方法。拘役是一种短期自由刑,是主刑中介于管制与有期徒刑之间的一种轻刑。

拘役与刑事拘留、民事拘留、行政拘留都是短期剥夺人身自由的强制方法,但它们之间存在明显的区别。其区别表现在:（1）性质不同。拘役是刑罚方法,而刑事拘留是刑事诉讼中的一种强制措施,民事拘留属于司法行政性质的处罚,行政拘留属于治安行政处罚。（2）适用的对象不同。拘役适用于罪行较轻的犯罪分子,刑事拘留适用于《刑事诉讼法》第61条规定的7种情形之一的现行犯或重大嫌疑分子,民事拘留适用于《民事诉讼法》第102条规定的6种情形之一但又不构成犯罪的民事诉讼参与人或其他人,行政拘留适用于违反治安管理法规,尚未达到犯罪程度的行为人。（3）适用的机关不同。拘役和民事拘留均由人民法院适用,但拘役由人民法院的刑事审判部门适用,民事拘留由人民法院的民事审判部门适用。刑事拘留由公安机关或人民检察院适用,行政拘留由公安机关适用。（4）适用的法律依据不同。适用拘役的法律依据是刑法,适用刑事拘留的法律依据是刑事诉讼法,适用民事拘留的法律依据是民事诉讼法,适用行政拘留的法律依据是治安管理处罚法。

（二）拘役的特点

根据《刑法》第42—44条的规定,拘役具有以下特点:

（1）剥夺犯罪分子的人身自由。即将被判处拘役的犯罪人关押于特定的场所进行改造,使其丧失人身自由。

（2）剥夺自由的期限较短。根据《刑法》第42条的规定,拘役的期限为1个月以上6个月以下。根据《刑法》第69条的规定,数罪并罚时,拘役的期限最长不能超过1年。此外，根据《刑法》第44条的规定，拘役的刑期从判决执行之日起计算，判决执行以前先行羁押的，羁押1日折抵刑期1日。

(3) 由公安机关就近执行。《刑法》第43条第1款规定，被判处拘役的犯罪分子，由公安机关就近执行。这包含两个意思：一是拘役的执行机关是公安机关，其他任何机关都无权执行拘役。二是就近执行。就近执行，是指将犯罪分子放在所在地的县、市或市辖区的公安机关设置的拘役所执行；没有建立拘役所的，放在离犯罪分子所在地较近的监狱执行；如果犯罪分子所在地附近没有监狱，可将犯罪分子放在看守所执行。

(4) 享受一定的待遇。根据《刑法》第43条第2款的规定，在执行期间，被判处拘役的犯罪分子每月可以回家1—2天；参加劳动的，可以酌量发给报酬。

三、有期徒刑

(一) 有期徒刑的概念

有期徒刑，是指剥夺犯罪分子一定期限的人身自由，强迫其劳动并接受教育改造的刑罚方法。有期徒刑是我国主刑中适用最广泛的刑罚方法，我国刑法中所有的犯罪都规定了有期徒刑的法定刑，同时有期徒刑也是司法实践中适用率最高的一种刑罚方法。

(二) 有期徒刑的特点

根据《刑法》第45—47条的规定，有期徒刑具有以下特点：

(1) 剥夺犯罪分子的人身自由。即将犯罪分子关押在一定的改造场所，使其丧失人身自由。

(2) 剥夺犯罪分子的人身自由具有一定期限。根据《刑法》第45、69条的规定，有期徒刑的刑期为6个月以上15年以下；数罪并罚时，有期徒刑总和刑期不满35年的，最高不能超过20年，总和刑期在35年以上的，最高不能超过25年。根据《刑法》第47条的规定，有期徒刑的刑期，从判决执行之日起计算，判决执行以前先行羁押的，羁押1日折抵刑期1日。

(3) 在监狱或者其他执行场所执行。有期徒刑是一种较重的刑罚方法，因此对被判处有期徒刑的犯罪分子不能像拘役那样在拘役所、看守所执行，而应在监狱或者其他专门场所执行。有期徒刑的执行场所有以下几种：一是监狱。根据《监狱法》第2条的规定，监狱是执行被判处死刑缓期两年执行、无期徒刑和有期徒刑的场所。所以，监狱是执行有期徒刑的场所，并且是主要场所。二是其他执行场所。即监狱以外的专门用来执行有期徒刑和无期徒刑的场所，主要是未成年犯管教所。根据《刑事诉讼法》第253条第3款的规定，对未成年犯应当在未成年犯管教所执行刑罚，即未成年犯管教所。关押14周岁以上不满18周岁的犯罪分子。另外，根据《刑事诉讼法》第253条第2款的规定，对于被判处有期徒刑的罪犯，在被交付执行刑罚前，剩余刑期在3个月以下的，由看守所代为执行。

(4) 强迫参加劳动，接受教育和改造。根据《刑法》第46条的规定，被判处有期徒刑的犯罪分子,无论是在监狱还是其他场所执行,凡有劳动能力的,都应当参加劳动,接受教育和改造。劳动可以使犯罪人改掉好逸恶劳的恶习,可以使犯罪人习得一技之长,以便回归社会后能顺利谋生就业。

(三) 有期徒刑与拘役的区别

上述有期徒刑与拘役同属于有期限的剥夺自由的刑罚方法,但两者之间也具有很多不同点。具体区别如下:

(1) 执行的场所不同。拘役是在犯罪人所在地就近执行,一般在拘役所、看守所执行;而有期徒刑主要是在监狱执行。

(2) 执行机关不同。拘役的执行机关是公安机关;而有期徒刑的执行机关主要是监狱。

(3) 期限不同。有期徒刑的期限长、起点高、幅度大;而拘役的期限短、起点低、幅度小。

(4) 执行期间的待遇不同。在执行拘役的期间,受刑人每月可以回家1—2天,参加劳动的,可以酌情给予报酬;而在执行有期徒刑期间,对凡有劳动能力的受刑人应一律无偿地实行强制劳动,受刑人也没有每月可以回家1—2天的待遇。

(5) 法律后果不同。被判处有期徒刑的犯罪人,在刑罚执行完毕或者赦免以后5年之内再犯应当被判处有期徒刑之罪的,可以构成属于应当从重处罚情节的累犯;而被判处拘役的犯罪人,在刑罚执行完毕或者赦免以后再犯罪的,不构成累犯。

四、无期徒刑

(一) 无期徒刑的概念

无期徒刑,是指剥夺犯罪分子的终身自由,强制其参加劳动并接受教育和改造的一种刑罚方法。

无期徒刑是剥夺自由刑中最严厉的刑罚方法,其严厉程度仅次于死刑。由于无期徒刑的严厉性,它的适用对象是罪行严重、但不必判处死刑而又需要与社会永久隔离的犯罪分子。

(二) 无期徒刑的特点

(1) 剥夺犯罪分子的自由。即将犯罪人关押于特定的场所,使其丧失人身自由。

(2) 对犯罪人自由的剥夺没有期限。即无期徒刑剥夺犯罪人的终身自由。这里的剥夺终身自由,是从法定刑或宣告刑的意义上讲的,并不是说一定要把所有被判处无期徒刑的犯罪人都关押到死为止。在无期徒刑的实际执行中,犯罪人只要表现良好、悔过自新,就可能被允许回归到社会上。根据《刑法》的规定,被适用无期徒刑的犯罪人,在服刑期间的表现符合法定条件的,可以将刑罚减为有期徒刑或者对其适用假释。从我国执行无期徒刑的实际情况来看,大量的罪犯并没有被关押终身,而是提前回到了社会。

(3) 强迫参加劳动,接受教育和改造。被判处无期徒刑的犯罪分子,除无劳动能力的外,都必须参加无偿劳动,接受教育和改造。

(4) 羁押时间不能折抵刑期。由于无期徒刑无期限可言,因此判决之前先行羁押的时间不存在折抵刑期的问题。

(5) 附加剥夺政治权利终身。根据《刑法》第57条,被判处无期徒刑的犯罪分子,应当附加剥夺政治权利终身。

(三) 无期徒刑与有期徒刑的区别

无期徒刑与有期徒刑都是剥夺自由的刑罚方法,但两者之间也有着明显的不同。区别在于:

(1) 无期徒刑是剥夺犯罪分子的终身自由;而有期徒刑则是剥夺犯罪人一定期限的人身自由。

(2) 由于无期徒刑具有不可划分的性质,因而它只能适用于犯有严重罪行的犯罪分子;而有期徒刑具有可分性,既可以适用于犯有较严重罪行的犯罪分子,也可以适用于犯有较轻罪行的犯罪人。

(3) 被判处无期徒刑的犯罪分子,应当附加适用剥夺政治权利终身;而对被判处有期徒刑的犯罪分子则不一定都要剥夺政治权利,并且对需要剥夺政治权利的,也只能依据刑法的有关规定剥夺一定期限的政治权利。

五、死刑

(一) 死刑的概念

死刑,是指剥夺犯罪分子生命的刑罚方法,包括死刑立即执行和死刑缓期执行两种情况。由于死刑以剥夺犯罪分子的生命为内容,又被称为生命刑。同时,由于剥夺生命不同于剥夺自由,人身自由被剥夺后尚可恢复,而生命只有一次,一旦被剥夺便无法恢复,生命具有最宝贵的价值,因而死刑是刑罚体系中最严厉的刑罚方法,故又称为极刑。

(二) 死刑的适用

死刑作为最严厉的刑罚方法,应该严格地适用。我国《刑法》第48、49条严格规定了死刑的适用条件、适用对象、适用程序、执行方式。

1. 死刑的适用条件

死刑作为最严厉的刑罚,自然只能适用于最严重的犯罪。这也是罪责刑相适应原则的体现与要求。我国《刑法》总则与分则从一般到具体地规定了死刑适用的罪行条件。《刑法》总则第48条第1款前半段规定:"死刑只适用于罪行极其严重的犯罪分子。"这里的"罪行极其严重",是指犯罪的性质极其严重、犯罪的情节极其严重以及犯罪分子的人身危险性极其严重,这三个方面都必须极其严重,才能适用死刑。《刑法》分则具体规定了挂有死刑的罪名,因而只能对《刑法》分则条文明文规定死刑为法定刑的犯罪适用死刑。如果《刑法》分则条文没有为某个犯罪规定死刑的法定刑,就不得对该犯罪适用死刑。这是罪刑法定原则的要求。此外,即使对挂有死刑的犯罪,《刑法》分则条文也明确规定了适用死刑的具体情节要求。只有具备适用死刑的情节要求时,才可能适用死刑,而非触犯了挂有死刑条款的所有行为都必须判处死刑。是否判处死刑,还须综合所有情节,判断是否达到了"犯罪极其严重、情节极其严重、犯罪分子人身危险性极其严重"而应当判处死刑的程度。

2. 死刑的适用对象

我国刑法不仅对死刑的适用条件作了限制,而且限制了死刑的适用对象。《刑法》第49条第1款规定:"犯罪的时候不满18周岁的人和审判的时候怀孕的妇女,不适用死刑。"这里的"不适用死刑",是指不能判处死刑,既包括不适用死刑立即执行,也包括不适用死刑缓期执行。对"犯罪的时候不满18周岁的人"不适用死刑,符合青少年可塑性强、人身危险性不大的特点,体现了我国对青少年特殊保护的人道政策,也适应了特殊保护未成年人的国际立法潮流。我国已经批准加入的联合国《儿童权利公约》、已经签署尚未批准加入的《公民权利与政治权利国际公约》均规定:"对18岁以下的人所犯的罪,不得判处死刑。"须指出的是,对这里提到的"审判的时候怀孕",不能仅仅理解为在人民法院审理案件的时候被告人怀孕。根据最高人民法院《关于对怀孕妇女在羁押期间自然流产审判时是否可以适用死刑问题的批复》(1998年8月4日),怀孕妇女因涉嫌犯罪在羁押期间自然流产后,又因同一事实被起诉、交付审判的,应当视为"审判的时候怀孕的妇女",依法不适用死刑。据此,"审判的时候怀孕"既包括人民法院审理时被告人正在怀孕,也包括案件被起诉到人民法院之前被告人怀孕但自然流产或被作了人工流产的情况。

《刑法》第49条第2款规定:"审判的时候已满75周岁的人,不适用死刑,但以特别残忍手段致人死亡的除外。"这里是指"审判的时候"已满75周岁的人,包括犯罪的时候已满75周岁的人,也包括犯罪时不满75周岁但审判时已满75周岁的人。除以特别残忍手段致人死亡外,对审判的时候已满75周岁的老人不适用,这既是我国尊老恤老传统的体现,又符合进一步限制死刑的国际趋势。

3. 死刑的适用程序

为了限制死刑的适用,我国刑法与刑事诉讼法对死刑的适用程序也作了明确规定。这些规定表现在对死刑案件管辖权的限制。根据《刑事诉讼法》第20条的规定,死刑案件只能由中级以上人民法院进行第一审。据此,基层人民法院无权审理死刑案件。死刑案件一般都是重大案件,由中级以上人民法院进行一审保证了案件审理的质量。《刑法》第48条第2款规定:"死刑除依法由最高人民法院判决的以外,都应当报请最高人民法院核准。死刑缓期执行的,可以由高级人民法院判决或者核准。"另据《刑事诉讼法》第236条的规定,中级人民法院判处死刑的第一审案件,被告人不上诉的,应当由高级人民法院复核,报请最高人民法院核准;高级人民法院判处死刑的第一审案件,被告人不上诉的,以及判处死刑的第二审案件,也都应当报请最高人民法院核准。上述死刑适用程序的法律规定,为防止冤案、错案提供了程序保障。

4. 死刑的执行方式

我国《刑法》第48条第1款后半段规定:"对于应当判处死刑的犯罪分子,如果不是必须立即执行的,可以判处死刑同时宣告缓期2年执行。"可见,我国死刑的执行有立即执行与缓期执行两种方式。死刑缓期执行大大减少了死刑实际执行的数量,对于贯彻我国的"少杀"政策具有重要意义。《刑事诉讼法》第252条第2款规定:"死刑采用枪决或者注射等方法执行。"采用枪决或注射方法执行死刑,让被判死刑立即执行的犯罪人在最短的时间内以最小的痛苦来结束生命,也是保留死刑情形下刑罚执行人道化的表现。

(三) 死刑缓期执行

1. 死刑缓期执行的概念

根据《刑法》第48条第1款后半段的规定,死刑缓期执行是指对犯罪分子判处死刑同时宣告缓期2年执行,强迫劳动,以观后效的制度。死刑缓期执行不是一个独立的刑种,它与死刑立即执行一起属于死刑的执行方式。死缓制度是我国刑事立法的独创,它对于贯彻"少杀"政策,缩小死刑立即执行的范围,促使罪犯改过自新具有重要意义。

2. 死刑缓期执行的适用条件

适用死缓制度必须具备两个条件:(1) 死缓适用的对象只能是应当被判处死刑的犯罪分子。这是适用死缓的前提条件。应当被判处死刑,是指根据刑法的规定与所犯罪行的严重程度,应该被判处死刑。对于所犯罪行不应当被判处死刑的犯罪分子,当然就不存在适用死缓的问题。(2) 对犯罪分子不是必须立即执行死刑。这是指根据案件的具体情况,不是必须立即执行死刑。但对于具体哪些情况属于不是必须立即执行的,我国刑法没有明确规定。根据刑事审判工作的经验,应当判处死刑,但具有下列情形之一的,可以视为不是必须立即执行死刑:犯罪后自首、立功或有其他法定任意从轻情节的;在共同犯罪中罪行不是最严重的,或者其他在同一或同类案件中罪行不是最严重的;被害人的过错导致被告人激愤犯罪;犯罪人有令人怜悯的情节的等。

3. 适用死缓的法律后果

由于死缓不是独立的刑种,只是死刑的暂缓执行,故判处死缓会出现不同的结局。根据《刑法》第50条的规定,判处死刑缓期执行,会存在四种法律后果:(1) 在死刑缓期执行期间,如果没有故意犯罪的,2年期满以后,将死缓减为无期徒刑。(2) 在死刑缓期执行期间,如果确有重大立功表现的,2年期满以后,减为25年有期徒刑。(3) 在死刑缓期执行期间,如果故意犯罪,情节恶劣的,报请最高人民法院核准后执行死刑。《刑法修正案(九)》把此前"如果故意犯罪,查证属实的,由最高人民法院核准,执行死刑"修改为"如果故意犯罪,情节恶劣的,报请最高人民法院核准执行死刑",限制了对死缓犯因故意犯罪执行死刑的条件,这一修改是针对之前把死缓犯缓期考验期内故意犯罪就执行死刑的条件修改为死缓犯故意犯罪,并且具有恶劣情节的,才报请最高人民法院执行死刑。(4) 对于故意犯罪未执行死刑的,死刑缓期执行的期间重新计算,并报最高人民法院备案。

《刑法》第50条第2款规定:"对被判处死刑缓刑执行的累犯以及因故意杀人、

强奸、抢劫、绑架、放火、爆炸、投放危险物质或者有组织的暴力性犯罪被判处死刑缓期执行的犯罪分子,人民法院根据犯罪情节等情况可以同时决定对其限制减刑。"此款意在人民法院在对上述分子在死刑缓期执行2年考察期满后决定减为无期徒刑或25年有期徒刑的同时,可以根据犯罪情节等情况限制对其再次减刑,以避免所犯罪行极其严重而实际执行刑罚较轻、罪刑不适应的情况。

4. 死刑缓期执行的期间计算

《刑法》第51条规定:"死刑缓期执行的期间,从判决确定之日起计算。死刑缓期执行减为有期徒刑的刑期,从死刑缓期执行期满之日起计算。"据此,死缓判决以前先行羁押的时间,不能计算在死缓的考验期限之内。这是因为,规定死缓的考验期就是为了观察犯罪人在这一期间内有无悔改表现,如果将先行羁押的期间计算在内,就会使考察难以充分进行,缓期2年的规定也就因此而失去意义。死刑缓期执行减为25年有期徒刑的,有期徒刑的刑期应从死缓期满之日起计算,而非作出减刑裁定之日起计算。

第三节 附 加 刑

一、罚金

(一) 罚金的概念

罚金是人民法院判处犯罪分子向国家缴纳一定数额金钱的刑罚方法。

罚金不同于行政罚款。两者的区别表现在:(1) 性质不同。罚金是刑罚方法,罚款是行政处分。(2) 适用对象不同。罚金适用于犯罪分子,罚款适用于一般违法分子。(3) 适用机关不同。适用罚金的机关是人民法院,适用罚款的机关则是公安、海关、税务、工商等行政机关。(4) 适用的法律根据不同。适用罚金的法律根据是刑法,适用罚款的法律根据是治安管理、海关、税务、工商等行政法律法规。

(二) 罚金的适用方式

根据我国《刑法》分则的规定,罚金的适用方式主要有以下几种:

(1) 单处罚金。即规定对犯罪人只能判处罚金,而不能适用其他刑罚方法。根据我国《刑法》分则的规定,单位犯罪的,对犯罪的单位都单处罚金。

(2) 选处罚金。即规定将罚金作为一种与有关主刑并列的刑罚方法,由人民法院根据犯罪的具体情况选择适用。如《刑法》第275条规定,故意毁坏公私财物,数额较大或者有其他严重情节的,处3年以下有期徒刑、拘役或者罚金。根据最高人民法院2000年11月15日通过的《关于适用财产刑若干问题的规定》(以下简称《适用财产刑的规定》),在所适用的《刑法》分则条文中规定了可以单处罚金的情况下,对于犯罪情节较轻、适用单处罚金不致再危害社会并具有下列情形之一的,可以依法单处罚金:偶犯或初犯;自首或有立功表现的;犯罪时不满18周岁的;犯罪预备、中止或者未遂的;被胁迫参加犯罪的;全部退赃并有悔改表现的;其他可以依法单处罚金的情形。

（3）并处罚金。即规定在对犯罪人判处主刑的同时附加适用罚金，包括必须附加适用和可以附加适用两种情形。如根据《刑法》第 328 条的规定，盗掘古文化遗址、古墓葬，情节较轻的，处 3 年以下有期徒刑、拘役或者管制，并处罚金。这里的"并处罚金"意指必须并处罚金。根据《刑法》第 325 条的规定，违反文物保护法规，将收藏的国家禁止出口的珍贵文物私自出售或者私自赠送给外国人，处 5 年以下有期徒刑或者拘役，可以并处罚金。这里的"可以并处罚金"意指人民法院根据案件的具体情节与被告人的经济状况，可以并处罚金，也可以只判处主刑。

（4）并处或单处罚金。即罚金既可以附加主刑适用，也可以作为一种与有关主刑并列的刑种供选择适用。如《刑法》第 216 条规定："假冒他人专利，情节严重的，处 3 年以下有期徒刑或者拘役，并处或者单处罚金。"这里的罚金就既可以与有期徒刑或者拘役并处，也可以作为对假冒专利罪的刑罚单独适用。

（三）罚金数额的立法规定

纵观我国《刑法》分则对具体犯罪罚金数额的规定，可以划分为以下几种类型：

（1）没有规定罚金的限额。即刑法对某一犯罪只规定处以罚金，而对罚金的具体数额幅度没有作出规定。如《刑法》第 281 条第 1 款规定："非法生产、买卖人民警察制式服装、车辆号牌等专用标志、警械，情节严重的，处 3 年以下有期徒刑、拘役或者管制，并处或者单处罚金。"这类情况在我国《刑法》分则中不算少数。

（2）规定了罚金的限额。即刑法对罚金数额的上限、下限规定了具体的数额。如《刑法》第 170 条前半段规定："伪造货币的，处 3 年以上 10 年以下有期徒刑，并处 5 万元以上 50 万元以下罚金。"

（3）以犯罪违法所得数额或犯罪所涉及的数额为基准，处以一定比例或一定倍数或两者相结合的罚金。如根据《刑法》第 159 条第 1 款的规定，对犯虚假出资、抽逃出资罪的行为人，处 5 年以下有期徒刑或者拘役，并处或者单处虚假出资或抽逃出资金额 2% 以上 10% 以下罚金。又如根据《刑法》第 202 条的规定，对犯抗税罪的行为人，处 3 年以下有期徒刑或者拘役，并处拒缴税款 1 倍以上 5 倍以下罚金；情节严重的，处 3 年以上 7 年以下有期徒刑，并处拒缴税款 1 倍以上 5 倍以下罚金。再如《刑法》第 148 条规定："生产不符合卫生标准的化妆品，或者销售明知是不符合卫生标准的化妆品，造成严重后果的，处 3 年以下有期徒刑或者拘役，并处或者单处销售金额 50% 以上 2 倍以下罚金。"

（四）罚金数额的司法确定

我国《刑法》第 52 条规定："判处罚金，应当根据犯罪情节决定罚金数额。"这表明，无论刑法对具体犯罪的罚金数额是规定了数额限制，或者比例或倍数限制，还是没有限定数额，法官在适用罚金时，都应该根据具体的犯罪情节来决定罚金数额。这里的犯罪情节是表明犯罪社会危害性和犯罪人人身危险性的各种具体犯罪事实，包括犯罪手段、犯罪对象、犯罪后果（特别是违法所得数额的大小及造成损失的大小）、犯罪人的主观恶性、再犯可能性。此外，犯罪人的经济状况也是法官裁定罚金数额时应当考虑的因素。因为罚金是判处犯罪人向国家交纳一定数额的金钱,脱离了犯罪人的经济状况,就会使罚金的判决无法执行,最终会损害法院判决的严肃性与权威性。

(五) 罚金的缴纳

《刑法》第 53 条第 1 款规定:"罚金在判决指定的期限内一次或者分期缴纳。期满不缴纳的,强制缴纳。对于不能全部缴纳罚金的,人民法院在任何时候发现被执行人有可以执行的财产,应当随时追缴。"第 2 款规定:"如果由于遭遇不能抗拒的灾祸等原因缴纳确实有困难的,经人民法院裁定,可以延期缴纳、酌情减少或者免除。"根据最高人民法院《适用财产刑的规定》的解释,这里的"判决指定的期限"应当在判决书中予以确定,期限从判决发生法律效力第 2 日起计算,最长不超过 3 个月。这里的"由于遭遇不能抗拒的灾祸等原因缴纳确实有困难的",主要是指因遭受火灾、水灾、地震等灾祸而丧失财产;罪犯因重病、伤残等而丧失劳动能力;需要罪犯抚养的近亲属患有重病,需支付巨额医药费等,确实没有财产可供按期执行的情形。具有上述可以延期缴纳、酌情减少或者免除罚金数额事由的,由罪犯本人、亲属或者犯罪单位向负责执行的人民法院提出书面申请,并提供相应的证明材料。人民法院审查以后,根据实际情况,裁定延期缴纳、减少或者免除应当缴纳的罚金数额。

(六) 罚金的利弊之争

罚金是一种古老的刑罚方法,其优点非常明显:(1) 罚金可避免犯罪人在狱中感染恶习;(2) 罚金可避免犯罪人出狱后对社会生活不适应;(3) 罚金具有易改正误判性;(4) 罚金是抑制与惩治贪利型犯罪的有力武器;(5) 罚金符合刑罚经济原则,不仅不需要费用,而且可以增加国库收入;(5) 罚金是惩罚单位犯罪的最佳手段。

然而,罚金的缺点也比较明显:(1) 罚金容易产生不公平感,对于富人来说,处罚金是轻微负担,对于穷人来说,处罚金则可能导致其生活无着落;(2) 罚金重罚不重教,犯罪人缴纳完罚金后往往就没有了受刑的观念,罚金的教育作用低;(3) 罚金可能株连无辜,往往可能由犯罪人的亲友代为缴纳,对犯罪人不能产生影响,违反了刑罚的专属性本质;(4) 罚金可能导致以罚代刑;(5) 罚金并不能有效抑制贪利型犯罪,犯罪人往往把缴纳的罚金当作犯罪的成本,从而继续从事犯罪;(6) 罚金执行难。[①]

关于罚金利弊优劣之争由来已久,过去是从罚金的利弊入手,争论罚金刑的存废问题,现在是从罚金的利弊入手,关注罚金刑应在多大范围内适用、应否扩大其适用范围。当前的事实是罚金的适用范围不断扩大,而且在许多国家罚金被作为主刑而大量适用。我国也有不少学者主张将罚金上升为主刑。[②]

我们认为,尽管罚金的缺点与优点同样明显,但作为一种轻缓的、开放的刑罚,

---

① 以上参见赵秉志主编:《刑罚总论问题探索》,法律出版社 2003 年版,第 244 页。
② 参见陈兴良主编:《刑种通论》,人民法院出版社 1993 年版,第 448 页以下。

扩大其适用范围符合刑罚轻缓化的历史发展潮流。然而,在我国当前的司法实践中,罚金适用率极低,主要问题在于罚金执行难、教育效果差。因而,如何解决罚金执行难、提高罚金执行效果,是目前理论上与实践中需要进一步研究的问题。

二、剥夺政治权利

(一) 剥夺政治权利的概念与内容

剥夺政治权利,是指剥夺犯罪人参加国家管理和政治活动权利的刑罚方法。剥夺政治权利是一种资格刑,它剥夺的是犯罪人参加国家管理和政治活动的资格。

剥夺政治权利的内容,根据《刑法》第54条的规定,是指剥夺犯罪分子以下权利:(1)选举权和被选举权;(2)言论、出版、集会、结社、游行、示威自由的权利;(3)担任国家机关职务的权利;(4)担任国有公司、企业、事业单位和人民团体领导职务的权利。

从我国刑法规定看,剥夺政治权利适用范围比较广泛,它既可以适用于严重的犯罪,也可以适用于较轻的犯罪;既可以适用于危害国家安全的犯罪,也可以适用于普通刑事犯罪。

(二) 剥夺政治权利的适用方式

从我国刑法的规定看,剥夺政治权利的适用方式有以下三种:

(1) 应当附加剥夺政治权利。在这种情况下,人民法院必须依法附加剥夺政治权利。根据《刑法》第56条第1款、第57条第1款的规定,应当附加剥夺政治权利的情况有以下两种:第一,对危害国家安全的犯罪分子应当附加剥夺政治权利。这是从犯罪性质上确定剥夺政治权利的适用对象,即只要所犯之罪是危害国家安全罪,不管其被判处的主刑如何,都应当附加剥夺政治权利。但是我国《刑法》分则对危害国家安全罪中一些情节较轻的犯罪,规定了可以单处剥夺政治权利,如果人民法院独立适用了剥夺政治权利,就不应再附加剥夺政治权利。第二,对被判处死刑、无期徒刑的犯罪分子应当附加剥夺政治权利终身。这是从被判处的主刑种类上规定适用剥夺政治权利的对象。犯罪分子被判处死刑、无期徒刑,就说明其所犯之罪很严重,对这类犯罪分子应附加剥夺政治权利终身,一是为了对其予以政治上的彻底否定;二是为了防止犯罪分子被赦免或者被假释后利用这种权利再次实施犯罪;三是这样有利于处理与受刑人有关的某些民事法律关系。例如,在政治权利中包括出版权,而有的被判处死刑、无期徒刑的犯罪分子可能以前出版过著作,如果不对他们附加剥夺政治权利终身,则意味着他们还享有出版权,即使他们的生命或终身自由被剥夺,其亲属还可能代其行使出版权。对这些罪犯的政治权利予以终身剥夺,就可避免他们的亲属代行这种权利的情况。

(2) 可以附加剥夺政治权利。在这种情况下,是否附加剥夺政治权利,由人民法院根据具体情况裁量,但"可以"两字表达了立法者的倾向性意见,即通常情况下附加剥夺政治权利。根据《刑法》第56条第1款后半段的规定,对于故意杀人、强奸、放火、爆炸、投放危险物质、抢劫等严重破坏社会秩序的犯罪分子,可以附加剥夺政治权利。此外,根据最高人民法院1998年1月13日公布的《关于对故意伤害、盗窃等严重破坏社会秩序的犯罪分子能否附加剥夺政治权利问题的批复》,对故意伤害、盗窃等其他严重破坏社会秩序的犯罪,犯罪分子主观恶性较深、犯罪情节恶劣、罪行严重的,也可以附加剥夺政治权利。

(3) 独立适用剥夺政治权利。即剥夺政治权利与有关主刑并列供选择适用,一旦选择适用剥夺政治权利,就不能再适用主刑。《刑法》分则对某些罪质较轻的犯罪或罪质严重但情节较轻的犯罪,如危害国家安全罪,侵犯公民人身权利、民主权利罪,妨害社会管理秩序罪,危害国防利益罪等几种类型的犯罪,规定了可以选择判处剥夺政治权利。独立适用剥夺政治权利,只限于《刑法》分则明文规定的情形,如果分则条文中没有规定可以单处剥夺政治权利,就不得适用。

(三) 剥夺政治权利的期限

根据《刑法》的规定,剥夺政治权利的期限分为以下四种情况:(1) 被判处死刑、无期徒刑的犯罪分子,附加剥夺政治权利终身;(2) 对原判死刑缓期执行减为有期徒刑或者原判无期徒刑减为有期徒刑的案件,应当将附加剥夺政治权利的期限改为3年以上10年以下;(3) 独立适用剥夺政治权利或者判处有期徒刑、拘役附加适用剥夺政治权利的,期限为1年以上5年以下;(4) 判处管制附加剥夺政治权利的,剥夺政治权利的期限与管制的期限相同。

(四) 剥夺政治权利期限的起算与执行

剥夺政治权利期限的起算与执行,分为以下几种情况:(1) 被判处管制附加剥夺政治权利的刑期,与管制的期限同时起算,同时执行。(2) 独立适用剥夺政治权利的,从判决执行之日起计算并执行。(3) 判处有期徒刑、拘役附加剥夺政治权利的,剥夺政治权利的期限从主刑执行完毕之日或者假释之日起计算。剥夺政治权利的效力当然及于主刑执行期间。(4) 死刑缓期执行减为有期徒刑或者无期徒刑减为有期徒刑的,原判的附加剥夺政治权利终身也被改为有期限的附加剥夺政治权利,此时其期限应当从减刑后的有期徒刑执行完毕之日或者假释之日起计算。犯罪分子在被执行有期徒刑期间,当然也不享有政治权利。

剥夺政治权利由公安机关执行。根据《刑法》第58条第2款的规定,被剥夺政治权利的犯罪分子,在执行期间,应当遵守法律、行政法规和国务院公安部门有关监督管理的规定,服从监督;不得行使《刑法》第54条规定的各项权利。剥夺政治权利执行期满,执行机关应当通知本人,并在有关群众中公开宣布恢复其政治权利。犯罪人被恢复政治权利之后,便享有法律赋予的政治权利。但有的政治权利因为法律的特别规定却不可能再享有。例如,根据《中华人民共和国人民法院组织法》(以下简称《人民法院组织法》)的规定,被剥夺政治权利的人,无论是否再犯罪,无论经过多长时间,也不能被选举为人民法院的院长、人民陪审员,不能被任命为副院长、庭长、副庭长、审判员和助理审判员等职务。

三、没收财产

(一) 没收财产的概念

没收财产,是指将犯罪分子个人所有的财产的一部或全部强制无偿地收归国有的刑罚方法。从我国刑法分则看,尚没有规定单独适用没收财产的情形,一般附加适用于较严重的犯罪。

没收财产与罚金同属于财产刑,但两者也有较大区别。这具体表现在:(1) 适用对象不同。没收财产是一种较为严厉的财产刑,主要适用于危害国家安全罪、破坏社会主义市场经济秩序罪、侵犯财产罪、妨害社会管理秩序罪和贪污受贿罪中情节较重的罪行;而罚金是一种较轻的财产刑,可以附加适用于情节较重的犯罪,也可以单独适用于情节较轻的犯罪。(2) 适用方式不同。从我国刑法分则看,没收财产都是附加于主刑而适用的,尚未见单独适用没收财产的规定;而罚金既可以附加于主刑适用,也可以单独适用。(3) 剥夺内容不同。没收财产是剥夺犯罪分子个人现实所有财产的一部或全部,既可以没收金钱,也可以没收其他财物;而罚金则只能是剥夺犯罪人一定数额的金钱,包括受刑人现实所有的金钱和未来所获取的金钱。(4) 执行方式不同。没收财产只能是一次性没收,不存在分期执行或减免的问题;而罚金可以是一次缴纳,也可以是分期缴纳,如果受刑人缴纳确实有困难的,人民法院可以予以减免。

没收财产与《刑法》第 64 条规定的追缴犯罪所得财物、没收违禁品和供犯罪使用本人财物也存在性质上的区别。犯罪分子违法所得的财物,本来属于国家或者他人所有,理应予以追缴或者责令犯罪人退赔,这是使受损失的公私财物恢复原状。犯罪所涉及的违禁品,是国家禁止个人非法占有的物品,当然应予没收,这属于行政性强制措施。供犯罪使用的财物,具有诉讼证据的作用,没收这些物品是刑事诉讼的需要。因此,不能把这些措施与没收财产混为一谈,在审判实践中也不能以追缴违法所得、没收违禁品和供犯罪所用的本人财物来代替或者折抵没收财产。

(二) 没收财产的适用方式

根据我国《刑法》分则的规定,没收财产的适用方式有以下几种:

(1) 必并处。即在判处主刑的同时,必须附加并处没收财产。如根据《刑法》第 239 条的规定,以勒索财物为目的绑架他人的,或者绑架他人作为人质,致使被绑架人死亡或者杀害被绑架人的,处死刑,并处没收财产。

(2) 得并处。即在判处主刑时,由法官根据具体情况决定是否附加并处没收财产。如根据《刑法》第 390 条的规定,对犯行贿罪,情节特别严重的,处 10 年以上有期徒刑或者无期徒刑,可以并处没收财产。

(3) 与罚金选择并处。即没收财产与罚金作为选择性的两种附加刑,供法官根据具体情况选择适用,法官可以选择没收财产附加主刑适用,也可选罚金附加主刑适用。如根据《刑法》第 363 条的规定,以牟利为目的,制作、复制、出版、贩卖、传播淫秽物品,情节特别严重的,处 10 年以上有期徒刑或者无期徒刑,并处罚金或者没收财产。

(三) 没收财产的范围及受刑人债务的偿还

我国《刑法》第 59 条规定:"没收财产是没收犯罪分子个人所有财产的一部或者全部。没收全部财产的,应当对犯罪分子个人及其扶养的家属保留必需的生活费用。在判处没收财产的时候,不得没收属于犯罪分子家属所有或者应有的财产。"上述规定表明:(1) 没收财产只能是没收犯罪分子个人所有的财产,不得没收犯罪分子家属所有或应有的财产。这是刑罚一身专属性、罪责自负原则的要求。(2) 没收财产是没收犯罪分子个人所有财产的一部或者全部,当没收全部财产时,应为犯罪分子个人及其扶养的家属保留维持生活所必需的费用。这是刑罚人道性的要求。(3) 根据最高人民法院的司法解释,判处没收部分财产的,应当明确没收的具体财物或者金额。

《刑法》第 60 条规定:"没收财产以前犯罪分子所负的正当债务,需要以没收的财产偿还的,经债权人请求,应当偿还。"以没收财产偿还债务,必须具备以下条件:(1) 必须是犯罪分子在财产被没收以前所负的债务。(2) 必须是正当债务,如合法买卖、借贷、租赁、雇用等民事法律关系中所产生的债务。不正当的债务,如赌债、非法经营所欠的债等,不能以没收的财产偿还。(3) 需要以没收的财产来偿还债务。如果犯罪分子只是被没收部分财产,还有能力偿还债务的,就不能以没收的财产来偿还。(4) 必须经债权人请求。

(四) 没收财产的执行

没收财产由人民法院执行,在必要的时候,人民法院可会同公安机关执行。根据最高人民法院《适用财产刑的规定》,没收财产由第一审人民法院执行。犯罪分子的财产在异地的,第一审人民法院可以委托财产所在地的人民法院代为执行。如果人民法院认为依法应当判处被告人没收财产刑的,可以在案件审理过程中,决定扣押或冻结被告人的财产。另外,如果没收财产刑的执行中遇到一人犯数罪依法同时并处罚金和没收财产的,应当合并执行;但并处没收全部财产的,只执行没收财产刑。

四、驱逐出境

(一) 驱逐出境的概念

驱逐出境,是指强制犯罪的外国人离开中国国(边)境的刑罚方法。《刑法》第 35 条规定:"对于犯罪的外国人,可以独立适用或者附加适用驱逐出境。"驱逐出境既可以附加适用,也可以独立适用,符合附加刑的本质特征,属于附加刑的一种。由于附加刑仅适用于犯罪的外国人(包括具有某一外国国籍的人和无国籍的人),故我国刑法没有将其列入一般附加刑的种类之中,而是以专条加以规定,将其作为一种特殊的附加刑。

值得注意的是,《刑法》中规定的驱逐出境与《中华人民共和国外国人入境出境管理法》(以下简称《外国人入境出境管理法》)第 30 条所规定的驱逐出境是两个完全不同的概念。两者的区别在于：(1) 性质不同。前者是刑罚方法，后者是行政处罚方法。(2) 适用对象不同。前者适用于在我国境内犯罪的外国人，后者适用于违反了《外国人入境出境管理法》的规定且情节严重的在我国境内的外国人。(3) 适用的机关和法律根据不同。前者由人民法院依照《刑法》和《刑事诉讼法》的规定判处，后者由地方公安机关依照《外国人入境出境管理法》和其他相关规定报公安部决定。(4) 执行的时间不同。前者在独立适用时，从判决发生法律效力之日起执行，附加适用时，从主刑执行完毕之日起执行；而后者则在公安部作出决定后执行。

(二) 驱逐出境的执行

我国是一个独立的主权国家，在我国境内的外国人也应遵守我国的法律。外国人在我国境内犯罪，除享有外交特权和豁免权的通过外交途径解决外，当然适用我国刑法。如果犯罪的外国人继续居留我国境内有再次犯罪的危险的，可以并处或单处驱逐出境。这里，对于犯罪的外国人是"可以"驱逐出境，不是"应当"驱逐出境。独立适用驱逐出境的，从判决确定之日起执行；附加适用驱逐出境的，从主刑执行完毕之日起执行。

第四节 非刑罚处罚方法

一、非刑罚处罚方法的概念

非刑罚处罚方法，是指人民法院对免予刑罚处罚的犯罪人适用的刑罚方法以外的其他处罚方法。非刑罚处罚方法的特点是适用于已经犯罪的人，它是刑事责任的一种实现方式，但不属于刑罚处罚。

非刑罚处罚方法虽不属于刑罚，但也是刑事责任实现的方式。我国刑法在规定了主刑与附加刑的种类之后，紧接着规定了非刑罚处罚方法，这表明我国对犯罪的处理不是单纯地依靠刑罚，而是兼采多种方法。对那些罪行轻微、不需要判处刑罚的犯罪分子给予适当的非刑罚处罚，一方面体现了我国惩办与宽大相结合的基本刑事政策，另一方面也给予了犯罪分子一定的否定性评价，使其受到教育、警戒，不致再次犯罪，从而可能达到预防犯罪的目的。

二、非刑罚处罚方法的种类

我国《刑法》第 37 条规定："对于犯罪情节轻微不需要判处刑罚的，可以免予刑事处罚，但是可以根据案件的不同情况，予以训诫或者责令具结悔过、赔礼道歉、赔偿损失，或者由主管部门予以行政处罚或行政处分。"

(一) 训诫

训诫，是指人民法院对因犯罪情节轻微而不需要判处刑罚的犯罪人当庭予以批评、谴责，并责令其改正、不再犯罪的方法。虽然犯罪人被免刑罚处罚，但其行为毕竟是犯罪，给予训诫可表明国家对犯罪行为的否定评价和对犯罪人的谴责态度，并敦促犯罪人改正错误、不再犯罪。

(二) 责令具结悔过

责令具结悔过,是指人民法院责令被免予刑罚处罚的犯罪人用书面方式表示悔改并保证以后不再重新犯罪的一种非刑罚方法。虽然犯罪人因犯罪情节轻微被免除刑罚,但责令其书面悔过并保证,可以使其彻底认识到自己行为的犯罪性质,促使其反思悔过、改恶向善。

(三) 责令赔礼道歉

责令赔礼道歉,是指人民法院责令被免予刑罚处罚的犯罪人公开向被害人当面承认错误、表示歉意,并保证以后不再犯的一种非刑罚方法。责令赔礼道歉,一方面可促使犯罪人悔过自新、改恶向善,另一方面可使犯罪人得到被害人的宽恕,抚慰被害人的情绪,平息被害人与周围群众的愤怒。

(四) 责令赔偿损失

责令赔偿损失,是指人民法院责令被免予刑罚处罚但又给被害人造成了一定损失的犯罪人向被害人赔偿损失的一种非刑罚方法。

(五) 由主管部门予以行政处罚或行政处分

由主管部门予以行政处罚或行政处分,是指人民法院根据案件情况,向有关主管部门提出对被免除刑罚处罚的犯罪人予以一定行政处罚或行政处分的司法建议,由主管部门具体决定的处理方法。这类非刑罚方法的特点是人民法院并不直接作出对犯罪人予以行政处罚或行政处分的决定,而只是向有关主管部门提出司法建议,最后由有关主管部门给予行政处罚或行政处分。

(六) 禁止从事相关职业

这是《刑法修正案(九)》所规定的刑事法律后果。根据《刑法》第37条之一的规定,所谓禁止从事相关职业,是指根据犯罪情况和预防再犯罪的需要,人民法院可以对利用职业便利实施犯罪,或实施违背职业要求的特定义务的犯罪被判刑人,禁止其自刑罚执行完毕之日或假释之日起3至5年内从事相关职业的一种刑事法律后果。

禁止从事相关职业不是一个非刑罚处罚方法。因为非刑罚处罚方法只能适用于免予刑事处罚的犯罪人。而适用禁止从事相关职业刑罚的对象是已经被判处执行刑罚的犯罪人。

对被判刑人适用禁止从事相关职业刑的条件:

第一,被判处禁止从事相关职业刑的主体应该是被判处刑罚的人。因为只有被判处刑罚的犯罪之人才存在预防其再犯的必要。对于未犯罪之人,不存在特殊预防的必要;对于已经犯罪但是仅判处非刑罚处罚的人,其人身危险性小,也不存在预防其再犯罪的紧迫性。

第二,被判处禁止从事相关职业刑的原因是因为被判刑人利用了职业便利实施犯罪或违背职业要求的特定义务的事实。

第三,判处禁止从事相关职业的目的是为了预防被判刑人再利用相关职业重新犯罪或者再次违背职业要求的特定义务而重新犯罪。

第四,禁止从事相关职业的期间从被判刑人刑罚执行完毕或被假释之日起,3 至 5 年内不得从事相关职业。

第五,作出禁止从事相关职业决定的合法主体是人民法院。其他任何机构不得作出禁止从事相关职业的决定。

对于判禁止从事相关职业的犯罪分子,由被判刑人主动自行执行,即主动不从事被禁止从事的相关职业。但是被判刑人违背禁止从事相关职业的刑罚的,由公安机关予以处罚。情节严重的,依照《刑法》第 313 条的拒不执行判决罪定罪处罚。

如果刑事判决没有剥夺被判刑人的从事相关职业资格的,而其他法律、行政法规对其从事相关职业另有禁止或限制性规定的,依照其他法律法规的规定。

本章重点问题提示

关于死刑的存废之争

自从意大利著名刑法学家贝卡里亚第一次明确提出废除死刑的主张以来,对于死刑的评价已经争论了二百多年。人们对于死刑的争论,主要在死刑是否必要、死刑是否正义这两个层面上展开。即主要围绕人的生命价值,死刑是否具有威慑力、是否违宪、是否人道、是否符合罪刑相适应原则、是否助长了人们的残忍心理、是否符合刑罚目的、是否容易错判、是否容易改正、是否符合历史发展趋势等方面来评价死刑。[1]

我国 1979 年《刑法》对待死刑的态度基本上是慎重的:一方面,总则对死刑适用的条件、对象、程序、执行方法都作了较为全面的限制,尤其是死缓制度有效地减少了实践中死刑的执行;另一方面,分则对挂有死刑的罪名种类和个数作了合理的控制。

1979 年《刑法》施行后不久,我国进入了一个体制转轨、社会转型的历史时期,各种严重危害社会治安的犯罪和严重破坏经济秩序的犯罪日益猖獗,国家先后开展了一系列严厉打击严重经济犯罪和严重危害社会治安犯罪的"严打"斗争,立法机关先后颁布了一系列单行刑法。从 1981 年第一部单行刑法《关于惩治军人违反职责罪暂行条例》到 1997 年修订《刑法》前这段时期,重刑思想日益凸显,死刑刑事立法开始急剧膨胀起来。这主要表现在:一方面,挂有死刑的罪名数量剧增,分布广泛;另一方面,死刑核准权大范围地由最高人民法院下放到高级人民法院,削减了死刑复核程序对死刑适用的程序限制作用。

1997 年修订《刑法》时,面对学者们要求减少死刑立法、限制死刑适用的呼声,作出了限制死刑的立法努力。这表现在:(1)进一步限制了适用死刑的对象范围,将 1979 年《刑法》中关于对已满 16 周岁不满 18 周岁的未成年犯罪人可适用死刑的

---

[1] 参见张明楷:《刑法学》,法律出版社 2003 年版,第 421 页。

规定予以删除。(2) 修改了死缓法律后果变更的条件,扩大了死缓减刑的范围。如将死缓减为无期徒刑的条件由 1979 年《刑法》的"确有悔改表现"修改为"没有故意犯罪",死缓减为有期徒刑的条件由 1979 年《刑法》的"确有悔改并有立功表现"改为"有重大立功表现",将考察期满后执行死刑的条件由 1979 年《刑法》的"抗拒改造情节恶劣"改为"故意犯罪"。(3) 通过废除一些死刑罪名或对一些死刑罪名进行技术性处理,使挂有死刑的罪名有所下降。如将挂有死刑的组织、利用封建迷信进行反革命活动罪修改为组织、利用会道门、邪教组织或利用迷信进行非法活动罪后,取消了死刑规定。(4) 对一些保留死刑的罪名,通过提高其死刑适用标准或明确其死刑适用具体情节而限制了对这些罪名的实际死刑适用。如将故意伤害罪适用死刑的标准,由"致人重伤或死亡"提升为"致人死亡或以特别残忍手段致人重伤造成严重残疾"。①

1997 年修订的《刑法》在限制死刑方面表现出了谨慎的努力,但毋庸讳言,我国目前保有死刑的罪名分布依然广泛,数量仍然很多,据统计,挂有死刑的罪名在 1997 年修订的《刑法》中有 68 个罪名,从最严重的危害国家安全罪、剥夺人的生命的犯罪到一些纯粹的经济犯罪,都挂有死刑。如此分布广泛、数量众多的死刑罪名,是与国际社会废除死刑的立法潮流不相适应的。

2011 年 2 月 25 日通过的《刑法修正案(八)》进一步缩小了死刑的适用对象,即对审判的时候年满 75 周岁的人,除以特别残忍手段致人死亡的之外,不适用死刑。同时加大了削减死刑罪名的努力,《刑法修正案(八)》一举取消了走私文物罪,走私贵重金属罪,走私珍贵动物、珍贵动物制品罪,走私普通货物、物品罪,票据诈骗罪,金融凭证诈骗罪,信用证诈骗罪,虚开增值税专用发票、用于骗取出口退税、抵扣税款发票罪,伪造、出售伪造的增值税发票罪,盗窃罪,传授犯罪方法罪,盗掘古文化遗址、古墓葬罪,盗掘古人类化石、古脊椎动物化石罪等 13 个经济犯罪、财产犯罪的死刑,此举意义重大。

2015 年 8 月 29 日通过的《刑法修正案(九)》提高了死缓改为死刑立即执行的条件,即死缓考察期间,如果故意犯罪,情节恶劣的,报请最高人民法院核准后执行死刑。同时,还取消了走私武器、弹药罪,走私核材料罪,走私假币罪,伪造货币罪,集资诈骗罪,组织卖淫罪,强迫卖淫罪,阻碍执行军事职务罪,战时造谣惑众罪等 9 个罪名的死刑规定。

社会的发展必然要求人的生命得到最高的尊重,也决定了刑罚的惩罚性由重到轻的发展趋势,废除死刑是刑罚趋轻、刑罚人道化的要求,因而是一种必然的趋势。以《公民权利与政治权利国际公约》为主的众多国际人权法律文件,也都要求各国把最终废除死刑作为奋斗目标。如《公民权利与政治权利国际公约》第 6 条第(1)—(5)项分别从死刑适用的罪名、判处死刑适用的法律、死刑适用的程序、死刑适用的

---

① 以上均参见苏彩霞:《国际人权法视野下的我国死刑立法现状考察》,载赵秉志主编:《刑法评论》(第 8 卷),法律出版社 2005 年版,第 175—181 页。

对象、死刑犯应有的权利等方面严格限制了死刑的适用,同时其第6条第(6)项意味深长地规定:"本公约的任何缔约国不得援引本条的任何部分来推迟或阻止死刑的废除",可见,废除死刑才是《公民权利与政治权利国际公约》的最高目标和它对缔约国的最终要求。①

我国目前存在着死刑主存论与死刑主废论之争。主存论者认为,根据我国现阶段国情、社会治安形势以及普通民众的一般价值观念,保留死刑是十分必要的。主废论者认为,废除死刑是必然的发展趋势,我国应该废除死刑。在我们看来,死刑主存论与死刑主废论实质上在死刑立场上并不必然对立,前者强调我国现阶段的现实情况而主张目前保留死刑,但并不反对将来在适当的时候废除死刑,后者着眼于我国未来的社会发展而主张将来废除死刑,但并不要求中国目前就一揽子废除死刑。我们认为,根据我国现阶段的现实国情、社会治安状况以及普通民众的价值观念,目前在我国刑法中保留一定死刑是必要的,但这并不意味着我国关于死刑的现行立法规定与司法适用就是合理的、适当的,实际上我国刑法中的死刑罪名数量仍然过多,我国应逐步地、分阶段地在立法上减少死刑罪名、在司法上严格控制适用死刑,并最终废除死刑。我们认为,至少目前在立法上废除经济犯罪的死刑是可行的。在目前尚需保留死刑的情况下,坚持少杀、防止错杀作为我国一贯的死刑政策,必须在司法上得到贯彻与执行。

思考题

1. 什么是刑罚体系?我国刑罚体系具有哪些特点?
2. 什么是主刑?我国有哪些主刑?
3. 管制有哪些特点?
4. 拘役有哪些特点?
5. 死刑的适用限制有哪些?
6. 剥夺政治权利的期限如何计算?
7. 没收财产与罚金有哪些区别?
8. 什么是非刑罚处罚方法?

---

① 《公民权利与政治权利国际公约》(联合国大会1966年12月16日通过,我国政府于1998年10月5日签署,但目前尚未经全国人民代表大会常务委员会批准)第6条规定:"(1)人人有固有的生命权。这个权利应受法律保护。不得任意剥夺任何人的生命。(2)在未废除死刑的国家,判处死刑只能是作为对最严重的罪行的惩罚,判处应按照犯罪时有效并且不违反本公约规定和防止及惩治灭绝种族罪公约的法律。这种刑罚,非经合格法庭最后判决,不得执行。(3)兹了解:在剥夺生命构成灭种罪时,本条中任何部分都不准许本公约的任何缔约国以任何方式克减它在防止及惩治灭绝种族罪公约的规定下所承担的任何义务。(4)任何被判处死刑的人应有权要求赦免或减刑。对一切判处死刑的案件均得给予大赦、特赦或减刑。(5)对18岁以下的人所犯的罪,不得判处死刑;对孕妇不得执行死刑。(6)本公约的任何缔约国不得援引本条的任何部分来推迟或阻止死刑的废除。"

第十六章　刑罚的裁量

内容提要

本章主要论述了刑罚裁量的概念及特点,我国刑罚裁量的原则,量刑情节的概念、特点及运用。重点在于我国刑罚裁量的原则、各种量刑情节的具体运用。

关键词

刑罚裁量　量刑情节　从轻处罚　减轻处罚　从重处罚　免除处罚

第一节　刑罚裁量概述

一、刑罚裁量的概念及特征

刑罚裁量简称量刑,是指人民法院在查明犯罪事实、认定犯罪性质的基础上,根据行为人所犯罪行及其刑事责任的轻重,依法决定对犯罪分子是否判处刑罚、判处何种刑罚及刑度、所判刑罚是否立即执行的刑事审判活动。

根据上述定义,量刑具有以下特征:

(1) 量刑的主体是人民法院。量刑属于审判活动的重要组成部分,量刑权属于刑事审判权。根据我国法律的规定,刑事审判权统一由人民法院行使,其他任何机关、团体、个人都不能行使。

(2) 量刑的基础是查明犯罪事实,认定犯罪性质。刑事审判活动由定罪与量刑两部分组成,定罪是量刑的前提。人民法院只有在查明犯罪事实、认定犯罪性质之后才能量刑,不能先量刑后定罪。定罪是否准确,直接影响到量刑是否准确。定罪不准确,量刑必然就不准确。

(3) 量刑的内容是决定对犯罪分子是否判处刑罚、判处何种刑罚及刑度、所判刑罚是否立即执行。在一人犯数罪的情况下,量刑的内容还包括决定如何并罚。

(4) 量刑是一种刑事审判活动。由于量刑的主体是人民法院,量刑针对的对象是被人民法院确认有罪的人,量刑的法律根据是刑法与刑事诉讼法,量刑的内容是裁量刑罚,故量刑是一种刑事审判活动。

二、刑罚裁量的意义

（一）量刑是实现刑事责任的重要环节

行为人犯了罪，依照刑法规定就应承担刑事责任。但这种法律上刑事责任的承担要落实到刑事责任的现实承担，还有赖于量刑。量刑是法定的罪刑关系转变为实在的罪刑关系的必要条件，只有通过量刑这种审判活动，犯罪人的刑事责任才能实现。在这个意义上，量刑的过程就是对犯罪分子落实刑事责任、实现罪责自负的过程。

（二）量刑适当与否是衡量刑事审判质量的重要标准

刑事审判活动由定罪和量刑两个环节组成。定罪是否正确影响刑事审判的质量，量刑适当与否，也是衡量刑事审判质量的重要标准。过去，在我国司法实践中存在着一种重定性、轻量刑的看法，即认为只要定性准确，量刑偏轻或偏重并不很重要。这实际上是对量刑作用的误解。量刑是否适当，直接影响着刑罚积极功能的发挥与刑罚目的的有效实现，关系着广大群众对刑事司法的信赖程度。量刑畸轻，会使犯罪人对刑罚产生侥幸的心理与轻视，使犯罪被害人和社会公众产生一种刑罚不公平感，从而刑罚的特殊预防与一般预防目的难以实现。量刑畸重，会使犯罪人对刑罚产生抗拒心理，从而刑罚的教育感化功能难以发挥；会使社会公众对犯罪人产生同情，从而一般预防目的难以实现。

（三）适当量刑是正确行刑的前提和基本保障

量刑对定罪与行刑起着承前启后的作用，它既是在定罪的基础上裁量刑罚的刑事审判活动，又是刑罚执行的前提条件。量刑是否适当，对行刑的效果起着决定作用。只有量刑正确，行刑才有正确的方向；量刑错误，必然导致行刑错误。因而，适当量刑是正确行刑的前提和基本保障。

第二节　量刑原则

量刑原则，是指人民法院在裁量刑罚时应当遵循的准则。我国《刑法》第5条规定："刑罚的轻重，应当与犯罪分子所犯罪行和承担的刑事责任相适应。"第61条规定："对于犯罪分子决定刑罚的时候，应当根据犯罪的事实、犯罪的性质、情节和对于社会的危害程度，依照本法的有关规定判处。"该条是对罪责刑相适应原则的体现。据此，可将我国刑法的量刑原则概括为：以犯罪事实为根据，以刑法规定为准绳。

一、量刑必须以犯罪事实为根据

所谓犯罪事实，有广义和狭义之分。狭义的犯罪事实仅指犯罪构成事实。广义的犯罪事实不仅包括犯罪构成事实，而且包括犯罪构成事实之外的、能表明犯罪社会危害程度与犯罪人人身危险程度的其他事实；不仅包括犯罪实施过程中能反映行为社会危害程度与行为人人身危险程度的事实，而且包括能反映行为人人身危险程度的罪前事实与罪后事实。作为量刑根据的犯罪事实，是指广义的犯罪事实，故量刑应以"犯罪的事实、犯罪的性质、情节和对于社会的危害程度"为根据。详言之，量刑应做到以下几点：

（1）准确查明犯罪事实。这里的"犯罪事实"，是指犯罪构成事实，即符合刑法规定的犯罪构成要件的主客观事实。查明犯罪事实，就是要查明什么人、在什么心理状态支配下、实施了什么犯罪行为，以及这种行为造成了什么危害结果、侵犯了何种法益。准确查明犯罪构成事实，是正确量刑的关键。认定犯罪事实不清，必然导致认定罪与非罪、此罪与彼罪的模糊甚至错误，从而导致量刑错误。

（2）准确认定犯罪性质。查明了犯罪事实不等于对事实定性准确。准确认定犯罪性质，就是指根据犯罪事实找准对应的法条，即确定与该犯罪事实相适配的罪名，正确区分此罪与彼罪。虽然犯罪事实查明了，但是如果找法不当、定性错误，量刑也必然错误。

（3）全面掌握犯罪情节。这里的"犯罪情节"，指犯罪构成事实之外的、能反映行为社会危害程度与行为人人身危险程度的各种主客观事实。查明了犯罪构成事实并准确定性，只是选定了所适用的具体罪名与刑法条文，并不等于确定了其对应的法定刑档次。一个罪名往往具有几个档次的法定刑，选择适用何种档次的法定刑对于准确量刑也具有重要意义。这就需要全面掌握犯罪情节来判断。不同档次的法定刑是依据情节的轻重来选择的。即使某种犯罪只有一个档次的法定刑，也需要根据情节的轻重在该档次法定刑内确定刑种、刑度。犯罪情节除包括罪中情节外，还包括罪前情节与罪后情节，即犯罪人犯罪前的一贯表现与犯罪后的悔罪态度，也能反映犯罪人的人身危险程度。这些能反映犯罪人人身危险程度的罪前或罪后情节，也是量刑应当考虑的根据之一。

犯罪情节可区分为有利于被告的情节与不利于被告的情节，一个案件可能同时具有多个从宽情节或从严情节，这就需要考虑各个情节对社会危害性或人身危险性的影响程度，综合评价全案。

（4）综合评价犯罪的社会危害程度。虽然《刑法》第61条把"对于社会的危害程度"与"犯罪的事实、犯罪的性质、情节"并列排在一起，但是行为的社会危害程度并不能独立在上述因素之外。确定行为的社会危害程度，还必须综合评价犯罪事实、犯罪性质、犯罪情节。

二、量刑必须以刑法规定为准绳

根据《刑法》第61条的规定，对犯罪分子决定刑罚时，应当"依照本法的有关规定判处"。这就要求量刑必须以刑法规定为准绳。具体而言，它要求量刑应做到以下几点：

（1）必须严格依照《刑法》总则关于刑罚种类的规定，正确适用刑罚方法。如对于犯罪的时候不满18周岁的人与审判的时候怀孕的妇女不得适用死刑；对于危害国家安全的犯罪分子，必须附加剥夺政治权利。又如，不能同时判处两个主刑；附加刑可以独立适用,也可以附加适用。人民法院在量刑时必须严格遵守这些规定。

(2) 必须依照《刑法》总则关于刑罚裁量制度的规定裁量刑罚。我国《刑法》总则规定了累犯制度、自首制度、立功制度、数罪并罚制度、缓刑制度等,人民法院在量刑时必须遵循这些制度。

(3) 必须依照《刑法》总则与分则规定的量刑情节裁量刑罚。我国《刑法》总则与分则规定了各种情节。在量刑时,首先应明确哪些是适用于一切犯罪的情节,哪些是只能适用于特定犯罪的量刑情节。其次应明确各种情节的特定含义,即从重、从轻、减轻与免除处罚的特定含义是什么;哪些是从宽情节,哪些是从严情节;哪些是"应当"型情节,哪些是"可以"型情节。最后要明确各种量刑情节的功能,即哪些是单功能情节,哪些是多功能情节。

(4) 必须依照《刑法》分则规定的法定刑裁量刑罚。犯罪行为触犯了哪一个《刑法》分则条文,就以该条文规定的法定刑为准,然后在法定刑幅度内选择具体的刑种和刑度,即使是从重处罚、从轻处罚与减轻处罚,也应以法定刑为基准。

三、量刑规范化改革

一直以来,刑罚的裁量不属于法庭审理程序,控辩双方在法庭上仅就案件定性问题进行辩论,法庭控辩双方不会对刑罚的裁量问题进行辩论。近年来,规范量刑程序和刑罚裁量权、防止量刑畸轻畸重作为关系到审判质量、判决公正的重要问题逐渐引起了国家和社会的关注。"规范裁量权,将量刑纳入法庭审理程序"(简称"量刑规范化改革"),是人民法院第三个五年改革纲要的重要内容,是当前刑事审判改革的焦点热点问题。

最高人民法院于2008年6月在东、中、西部地区指定了12家中、基层法院进行试点;在取得经验的基础上,于2009年6月指定了120家法院进行试点;从2010年10月起在全国中、基层法院全面试行,总体效果良好。2010年10月1日起试行全国的《关于规范量刑程序若干问题的意见(试行)》(最高人民法院、最高人民检察院、公安部、国家安全部、司法部联合印发)和最高人民法院的《人民法院量刑指导意见(试行)》开始在全国法院试行刑事案件量刑规范化改革,目的在于进一步规范量刑活动,规范法官裁量权,同时将量刑纳入法庭审理程序,引入量刑建议,增强量刑公开性与透明度。2013年12月23日最高人民法院发布了《关于常见犯罪的量刑指导意见》。《关于常见犯罪的量刑指导意见》共分5个部分:一是"量刑的指导原则",规定了以事实为根据、以法律为准绳,罪责刑相适应,宽严相济以及量刑均衡原则;二是"量刑的基本方法",规定了量刑步骤、调节基准刑的方法和确定宣告刑的方法;三是"常见量刑情节的适用",明确了14种常见量刑情节的调节幅度;四是"常见犯罪的量刑",就经过多年试行的交通肇事罪、故意伤害罪、强奸罪、非法拘禁罪、抢劫罪、盗窃罪、诈骗罪、抢夺罪、职务侵占罪、敲诈勒索罪、妨害公务罪、聚众斗殴罪、寻衅滋事罪、掩饰、隐瞒犯罪所得、犯罪所得收益罪和走私、贩卖、运输、制造毒品罪等15种犯罪的量刑提出了指导意见;五是"附则",明确《意见》规范上列15种犯罪判处有期徒刑、拘役的案件范围。同时,最高人民法院还发布了《关于实施量刑规范化工作的通知》,要求从2014年1月1日起在全国法院正式实施量刑规范化工作,并要求各地法院根据该指导意见制定实施细则,保最高人民法院审查备案后正式实施。

量刑规范化改革的主要任务是让法官的量刑越来越公正和精细,确保量刑公平公正。量刑规范化改革的基本思路是:从实体方面和程序方面着手,双管齐下。在实体方面,改变传统的"估堆式"量刑,明确量刑的方法和步骤;将量化引入量刑机制,确立"定性分析和定量分析相结合"的量刑方法,统一法律适用标准,规范法官裁量权。在程序方面,主要是针对以往法庭审理中存在"重定罪,轻量刑"以及法院判决书中存在的量刑部分不说理或说理不充分的现象,明确提出将量刑活动纳入法庭审理程序,探索建立相对独立的量刑程序;要求审判法官应当听取控辩双方以及其他当事人提出的量刑建议或意见,保障被告人能够获得充分的量刑辩护权,保障被害人参与量刑活动,允许有关方面提交反映被告人行为危害性和人身危险性的社会调查报告;要求人民法院的裁判文书中应当说明量刑理由。[1]

第三节 量刑情节

一、量刑情节的概念及特征

量刑情节,是指在某种行为已经构成犯罪的前提下,人民法院在裁量刑罚时应当考虑的、反映罪行轻重与行为人人身危险程度并据以决定刑罚轻重或免除刑罚处罚的各种情况。

它具有以下几个基本特征:

(1)量刑情节是在行为已经构成犯罪的前提下,于量刑时应考虑的情节。量刑情节不同于定罪情节。定罪情节是犯罪构成事实,是用来说明罪与非罪、此罪与彼罪的事实特征。量刑情节不具有犯罪构成的意义,不能说明罪与非罪、此罪与彼罪,而是在已经确定为何罪的前提下用来决定刑罚轻重或免除处罚的。如果一个事实已经被作为定罪情节使用,就不能再被作为量刑情节使用。

(2)量刑情节是定罪情节以外的反映罪行轻重与行为人人身危险程度的主客观事实。并不是定罪情节以外的所有与案件有关的事实都属于量刑情节,只有那些能反映行为的社会危害程度与行为人的人身危险程度的事实才属于量刑情节,如手段是否残酷、后果是否严重、一定的时空条件、犯罪动机是否恶劣等。

(3)量刑情节是对犯罪人落实刑事责任与实现刑罚个别化的根据。罪责刑相适应原则要求,对犯罪分子判处的刑罚应与罪行轻重和人身危险性大小相适应。犯

---

[1] 参见《最高法积极推进量刑规范化改革》,载《人民日报》2011年3月9日。http://news.xinmin.cn/domestic/gnkb/2011/03/16/9778453.html,最后访问时间2015年9月13日。

罪的性质决定了量刑时必须遵循的刑法条文,但一个犯罪往往具有几个档次的法定刑,选择哪个档次的法定刑,只能根据量刑情节确定。即使是只有一个法定刑档次的犯罪,也须根据量刑情节来确定具体的刑种、刑度,以实现刑罚个别化。所以说,量刑情节是实现罪责刑相适应原则的事实根据。

二、量刑情节的分类

(一)量刑情节的分类概述

依据不同的标准,可将量刑情节分为不同的类型。

1. 法定情节与酌定情节

这是以刑法有无明文规定为标准,对量刑情节所作的分类。法定量刑情节,是指刑法明文规定在量刑时应当予以考虑的情节。法定量刑情节又可细分为总则性情节和分则性情节。酌定量刑情节,是指刑法未作明文规定,人民法院根据刑事立法精神和有关刑事政策从审判实践中总结出来的,在量刑时需要酌情考虑的情节。

2. 从宽情节与从严情节

以情节对量刑产生的轻重或处罚宽严的影响为标准,可将量刑情节分为从宽情节与从严情节。从宽情节,是指对犯罪人的量刑产生从宽或有利影响的情节,包括从轻处罚情节、减轻处罚情节和免除处罚情节。从严情节,是指对犯罪人的量刑产生从严或不利影响的情节,在我国即从重处罚情节。

3. 应当型情节与可以型情节

以刑法是否就量刑情节影响量刑的功能作出硬性规定为标准,可将法定量刑情节分为应当型情节与可以型情节。应当型情节,是指刑法明文规定的、对量刑应当产生从宽或从严影响的情节。如累犯应当从重处罚,中止犯应当减轻或免除处罚等。对于应当型情节,审判人员必须将其适用于具有该类情节的犯罪人。可以型情节,是指刑法明文规定的、允许审判人员根据案件实际情况决定是否对量刑产生影响的情节。如对于未遂犯,可以比照既遂犯从轻或减轻处罚。虽然可以型情节允许审判人员根据案件实际情况决定是否适用,但"可以"两字也表达了立法者的倾向:一般情况下,审判人员应当适用该情节对量刑产生的影响;某些特殊情况下,审判人员可以不考虑该情节对量刑的影响。

4. 单功能情节与多功能情节

以同一量刑情节对量刑影响的功能的多少为标准,可将法定量刑情节分为单功能情节与多功能情节。单功能情节对量刑的影响只具有单一功能。如对于累犯应当从重处罚,累犯系单功能情节。多功能情节对量刑的影响具有两种以上的可能性。如《刑法》第22条第2款规定:"对于预备犯,可以比照既遂犯从轻、减轻处罚或者免除处罚。"预备犯就属于多功能情节。

三、量刑情节的适用

量刑时要充分考虑各种法定和酌定量刑情节,根据案件的全部犯罪事实以及量刑情节的不同情形,依法确定量刑情节的适用及其调节比例。对严重暴力犯罪、毒品犯罪等严重危害社会治安犯罪,在确定从宽的幅度时,应当从严掌握;对犯罪情节较轻的犯罪,应当充分体现从宽。具体确定各个量刑情节的调节比例时,应当综合平衡调节幅度与实际增减刑罚量的关系,确保罪责刑相适应。

(一) 量刑的方法

根据最高人民法院的若干指导意见,在量刑时,应在定性分析的基础上,结合定量分析,依次确定量刑起点、基准刑和宣告刑。

1. 量刑步骤

首先,根据基本犯罪构成事实在相应的法定刑幅度内确定量刑起点;其次,根据其他影响犯罪构成的犯罪数额、犯罪次数、犯罪后果等犯罪事实,在量刑起点的基础上增加刑罚量确定基准刑;最后,根据量刑情节调节基准刑,并综合考虑全案情况,依法确定宣告刑。

2. 调节基准刑的方法

具有单个量刑情节的,根据量刑情节的调节比例直接调节基准刑。具有多个量刑情节的,一般根据各个量刑情节的调节比例,采用同向相加、逆向相减的方法调节基准刑;具有未成年人犯罪、老年人犯罪、限制行为能力的精神病人犯罪、又聋又哑的人或者盲人犯罪,防卫过当、避险过当、犯罪预备、犯罪未遂、犯罪中止,从犯、胁从犯和教唆犯等量刑情节的,先适用该量刑情节对基准刑进行调节,在此基础上,再适用其他量刑情节进行调节。被告人犯数罪,同时具有适用于各个罪的立功、累犯等量刑情节的,先适用该量刑情节调节个罪的基准刑,确定个罪所应判处的刑罚,再依法实行数罪并罚,决定执行的刑罚。

3. 确定宣告刑的方法

(1) 量刑情节对基准刑的调节结果在法定刑幅度内,且罪责刑相适应的,可以直接确定为宣告刑;如果具有应当减轻处罚情节的,应依法在法定最低刑以下确定宣告刑。(2) 量刑情节对基准刑的调节结果在法定最低刑以下,具有法定减轻处罚情节,且罪责刑相适应的,可以直接确定为宣告刑;只有从轻处罚情节的,可以依法确定法定最低刑为宣告刑;但是根据案件的特殊情况,经最高人民法院核准,也可以在法定刑以下判处刑罚。(3) 量刑情节对基准刑的调节结果在法定最高刑以上的,可以依法确定法定最高刑为宣告刑。(4) 综合考虑全案情况,独任审判员或合议庭可以在20%的幅度内对调节结果进行调整,确定宣告刑。当调节后的结果仍不符合罪责刑相适应原则的,应提交审判委员会讨论,依法确定宣告刑。(5) 综合全案犯罪事实和量刑情节,依法应当判处无期徒刑以上刑罚、管制或者单处附加刑、缓刑、免刑的,应当依法适用。

(二) 量刑情节的适用

(1) 对于未成年人犯罪,应当综合考虑未成年人对犯罪的认识能力、实施犯罪行为的动机和目的、犯罪时的年龄、是否初犯、偶犯、悔罪表现、个人成长经历和一贯表现等情况,予以从宽处罚。

第一,已满 14 周岁不满 16 周岁的未成年人犯罪,减少基准刑的 30%—60%;

第二,已满 16 周岁不满 18 周岁的未成年人犯罪,减少基准刑的 10%—50%。

(2) 对于未遂犯,综合考虑犯罪行为的实行程度、造成损害的大小、犯罪未得逞的原因等情况,可以比照既遂犯减少基准刑的 50% 以下。

(3) 对于从犯,应当综合考虑其在共同犯罪中的地位、作用,以及是否实施犯罪行为等情况,予以从宽处罚,减少基准刑的 20%—50%;犯罪较轻的,减少基准刑的 50% 以上或者依法免除处罚。

(4) 对于自首情节,综合考虑自首的动机、时间、方式、罪行轻重、如实供述罪行的程度以及悔罪表现等情况,可以减少基准刑的 40% 以下;犯罪较轻的,可以减少基准刑的 40% 以上或者依法免除处罚。恶意利用自首规避法律制裁等不足以从宽处罚的除外。

(5) 对于立功情节,综合考虑立功的大小、次数、内容、来源、效果以及罪行轻重等情况,确定从宽的幅度。

第一,一般立功的,可以减少基准刑的 20% 以下;

第二,重大立功的,可以减少基准刑的 20%—50%;犯罪较轻的,减少基准刑的 50% 以上或者依法免除处罚。

(6) 对于坦白情节,综合考虑如实供述罪行的阶段、程度、罪行轻重以及悔罪程度等情况,确定从宽的幅度。

第一,如实供述自己罪行的,可以减少基准刑的 20% 以下;

第二,如实供述司法机关尚未掌握的同种较重罪行的,可以减少基准刑的 10%—30%;

第三,因如实供述自己罪行,避免特别严重后果发生的,可以减少基准刑的 30%—50%。

(7) 对于当庭自愿认罪的,根据犯罪的性质、罪行的轻重、认罪程度以及悔罪表现等情况,可以减少基准刑的 10% 以下。依法认定自首、坦白的除外。

(8) 对于退赃、退赔的,综合考虑犯罪性质,退赃、退赔行为对损害结果所能弥补的程度,退赃、退赔的数额及主动程度等情况,可以减少基准刑的 30% 以下;其中抢劫等严重危害社会治安犯罪的应从严掌握。

(9) 对于积极赔偿被害人经济损失并取得谅解的,综合考虑犯罪性质、赔偿数额、赔偿能力以及认罪、悔罪程度等情况,可以减少基准刑的 40% 以下;积极赔偿但没有取得谅解的,可以减少基准刑的 30% 以下;尽管没有赔偿,但取得谅解的,可以减少基准刑的 20% 以下;其中抢劫、强奸等严重危害社会治安犯罪的应从严掌握。

(10) 对于当事人根据《刑事诉讼法》第 277 条达成刑事和解协议的,综合考虑犯罪性质、赔偿数额、赔礼道歉以及真诚悔罪等情况,可以减少基准刑的 50% 以下;犯罪较轻的,可以减少基准刑的 50% 以上或者依法免除处罚。

(11) 对于累犯,应当综合考虑前后罪的性质、刑罚执行完毕或赦免以后至再犯罪时间的长短以及前后罪罪行轻重等情况,增加基准刑的 10%—40%,一般不少于

3个月。

（12）对于有前科的，综合考虑前科的性质、时间间隔长短、次数、处罚轻重等情况，可以增加基准刑的10%以下。前科犯罪为过失犯罪和未成年人犯罪的除外。

（13）对于犯罪对象为未成年人、老年人、残疾人、孕妇等弱势人员的，综合考虑犯罪的性质、犯罪的严重程度等情况，可以增加基准刑的20%以下。

（14）对于在重大自然灾害、预防、控制突发传染病疫情等灾害期间犯罪的，根据案件的具体情况，可以增加基准刑的20%以下。

（三）数个同向量刑情节并存时的适用

数个同向量刑情节并存，是指并存两个以上的从宽情节或从严情节。在处理数个同向量刑情节并存时，应注意以下两点：

（1）不能随意改变量刑情节的功能。如有数个从轻处罚情节时，也只能是在法定刑内给予较大幅度的从轻处罚，而不能将数个从轻情节合并为减轻情节，低于法定刑处罚。有数个从重处罚情节时，也只能是在法定刑内给予较大幅度的从重处罚，而不能超出法定最高刑判处刑罚。有数个减轻情节时，也只能是低于法定最低刑给予较大的减轻，而不能是免除处罚。

（2）当免除处罚情节与从轻处罚情节或减轻处罚情节竞合时，直接适用免除处罚即可。当减轻处罚情节与从轻处罚情节竞合时，减轻处罚的幅度应略大于单个减轻情节的情况。

（四）数个逆向量刑情节并存时的适用

数个逆向量刑情节并存，是指并存的两个以上的量刑情节中，既有从宽情节，又有从严情节。

对于数个逆向量刑情节并存应如何处理，刑法学界存在理论分歧。我们认为，当一个案件同时具有从重处罚情节与从轻处罚情节时，应先撇开量刑情节考虑应当判处的刑种与刑度，再考虑从重情节估量出刑种与刑度，然后考虑从轻情节决定刑种与刑度；当一个案件同时具有从重处罚情节与减轻处罚情节时，案件最后减轻处罚的幅度应小于只有单一减轻情节的情况；当一个案件同时具有从重处罚情节与免除处罚情节时，就应直接适用免除处罚。

本章重点问题提示

关于数个逆向量刑情节并存时的处理，刑法理论上存在分歧。主要有以下三种观点：（1）综合判断说。该说认为，不能采取简单的折抵办法，而应考虑不同情节的地位与作用，分别适用各种量刑情节。具体做法是：先撇开量刑情节考虑应当判处的刑种与刑度，再考虑从严情节估量出刑种与刑度，然后考虑从宽情节决定刑种与刑度。[1]

---

[1] 参见张明楷：《刑法学》（第三版），法律出版社2007年版，第439页。

(2) 抵消说。抵消法的基本含义是,同一案件中存在对量刑起从宽作用和从严作用的情节时,将其相互抵消,即"一个加重情节和一个减轻情节或免除情节相抵消,一个从重情节和一个从轻情节可以相抵"①。这种抵消法既适用于两个冲突情节对法定刑轻、重选择的影响力绝对相等的情形,也适用于两种逆向情节对量刑的价值不相等的情形。② (3) 优势情节适用说。该说认为,对冲突的情节简单地适用排除或抵消的方法都是不妥当的,当轻重情节兼具时,应按应当情节优于可以情节、罪中情节优于罪前情节或罪后情节、应当从宽情节优于应当从严情节、法定量刑情节优于酌定量刑情节的原则处理。③

抵消说主张相互抵消,忽视了不同情节影响量刑的作用不同,过于简单。虽然优势情节适用说区分了量刑情节的不同类型,但这种"优于"是指适用顺序上的优先,还是指适用上的排斥,意思不清。我们持综合判断说的立场。

思考题

1. 刑罚裁量的概念与特征是什么?
2. 从轻处罚与减轻处罚的区别是什么?
3. 如何适用从轻处罚情节、减轻处罚情节、从重处罚情节?

---

① 赵廷光主编:《中国刑法原理》,武汉大学出版社1992年版,第58页。
② 参见周光权:《法定刑研究》,中国方正出版社2000年版,第293页。
③ 参见马克昌主编:《刑法学全书》,上海科学技术文献出版社1993年版,第20页。

第十七章 刑罚裁量制度

内容提要

本章主要论述了累犯的成立条件及法律后果,自首的认定及法律后果,数罪并罚的概念及适用原则,缓刑的适用条件及法律后果。重点在于各具体量刑制度的运用。

关键词

累犯 自首 立功 数罪并罚 缓刑

第一节 累　犯

一、累犯的种类与成立条件

根据《刑法》第65、66条的规定,累犯分为一般累犯与特殊累犯。这是从成立条件的不同而言的,两者的法律后果并无差异。

（一）一般累犯

《刑法》第65条第1款规定:"被判处有期徒刑以上刑罚的犯罪分子,刑罚执行完毕或者赦免以后,在5年以内再犯应当判处有期徒刑以上刑罚之罪的,是累犯,应当从重处罚,但是过失犯罪和不满18周岁的人犯罪的除外。"这是关于一般累犯成立条件的规定。据此,一般累犯的成立条件是:

（1）前罪与后罪都必须是故意犯罪。这是构成一般累犯的主观条件。《刑法》第65条第1款但书规定"过失犯罪的除外",换言之,如果前后两罪中有一罪或均是过失犯罪,就不成立累犯。之所以这样规定,主要是考虑到设立累犯制度是为了打击和预防那些主观恶性较重、人身危险性较大的犯罪人再次犯罪,而过失犯罪,无论是作为前罪还是后罪,反映的主观恶性与人身危险性均远逊于故意犯罪,所以不应作为累犯。

（2）前罪被判处有期徒刑以上刑罚,后罪应当被判处有期徒刑以上刑罚。这是构成一般累犯的刑度条件。

这里的"被判处有期徒刑以上的刑罚"是指已实际上被判处的刑罚,即宣告刑,而非实际执行的刑罚。因此,被判处有期徒刑以上刑罚的犯罪分子,不仅包括被判处有期徒刑的犯罪分子,还包括被判处无期徒刑或者死缓的犯罪分子。

对于后罪刑度的要求,是指应当判处的刑罚。值得注意的是,后罪是否应判处有期徒刑以上的刑罚,只能由后罪本身的罪行与人身危险性程度决定,而不能把曾犯前罪执行过有期徒刑以上的刑罚作为后罪的量刑情节。特别是当后罪的成立以"情节严重"为要件时,不能将犯前罪的事实作为后罪的严重情节予以考虑,同时又考虑后罪成立累犯;否则,就违反了禁止重复评价原则。

(3) 后罪发生在前罪的刑罚执行完毕或赦免以后5年以内。这是时间条件。所谓刑罚执行完毕,是指主刑执行完毕,不包括附加刑。主刑执行完毕5年内又犯罪,即使附加刑未执行完毕,仍构成累犯。赦免,是指特赦减免。后罪发生的时间必须是前罪刑罚执行完毕或赦免后5年以内。如果后罪发生在前罪刑罚执行期间,不构成累犯,而是数罪并罚。如果后罪发生在前罪刑罚执行完毕或赦免后5年之外,也不构成累犯,只是酌定的量刑情节。

《刑法》第65条第2款规定,对于被假释的犯罪人,从假释期满之日起计算。据此,因故意犯罪被判有期徒刑以上刑罚,后又假释的犯罪人,在假释期满之日起5年内,又故意犯应判处有期徒刑以上刑罚之罪的,构成累犯。被假释的犯罪人在假释考验期内再犯新罪的,被判处缓刑的犯罪人在缓刑考验期内再犯新罪的,以及被判缓刑的犯罪人在缓刑期满后再犯新罪的,都不成立累犯。

(4) 行为人犯罪时必须年满18周岁以上。这是累犯构成的主体条件。《刑法》第65条第1款规定"不满18周岁的人犯罪的除外",这里的"犯罪"是指犯前罪时不满18周岁还是犯后罪时不满18周岁,根据《最高人民法院关于〈刑法修正案(八)〉时间效力的解释》,应指犯前罪时不满18周岁的,无论犯后罪时是否已满18周岁,均不构成累犯。

(二) 特殊累犯

《刑法》第66条规定:"危害国家安全犯罪、恐怖活动犯罪、黑社会性质的组织犯罪的犯罪分子,在刑罚执行完毕或者赦免以后,在任何时候再犯上述任一类罪的,都以累犯论处。"这是对特殊累犯的规定。据此,特殊累犯的成立条件为:

(1) 前罪与后罪都必须是危害国家安全罪、恐怖活动犯罪、黑社会性质的组织犯罪这三类犯罪中的一种。如果前后罪不都是这三类犯罪,则不能构成特殊累犯。但符合一般累犯成立条件的,可成立一般累犯。

(2) 前罪的刑罚执行完毕或者赦免以后,任何时候再犯危害国家安全罪、恐怖活动犯罪、黑社会性质的组织犯罪这三类犯罪。如果前罪被免予刑罚处罚,则不构成累犯。至于前罪被判处的刑罚、后罪应判处的刑罚的种类及其轻重、前罪与后罪的相隔时间,均不受限制。

二、累犯的刑事责任

(一) 累犯的法律后果

各国刑法都对累犯从严处罚。根据我国刑法的规定,累犯的具体法律后果如下:

（1）累犯应从重处罚。《刑法》第 65 条第 1 款规定，不管是一般累犯还是特殊累犯，都应从重处罚。累犯从重处罚，是指相对于不构成累犯的刑事责任而言的。在决定从重的幅度时，除了考虑后罪的事实、性质、情节和对社会的危害程度外，还要考虑后罪与刑罚执行完毕或赦免时间的间隔、后罪与前罪的关系、犯后罪的原因等。

（2）累犯不得缓刑。这是《刑法》第 74 条的规定。累犯不得缓刑，是由于累犯的人身危险性较大，不符合适用缓刑的实质条件。

（3）累犯不得假释。这是《刑法》第 81 条第 2 款的规定。

（4）对被判处死刑缓期执行的累犯，人民法院根据犯罪情节等情况可以同时决定对其限制减刑。这是《刑法》第 50 条第 2 款的规定。

第二节 自首、坦白与立功

一、自首

（一）自首概述

根据《刑法》第 67 条第 1 款、第 2 款的规定，自首是犯罪以后自动投案，如实供述自己罪行的行为。被采取强制措施的犯罪人、被告人和正在服刑的罪犯，如实供述司法机关还未掌握的本人其他罪行的，以自首论。据此，自首可分为一般自首与准自首。

刑法规定自首制度的目的在于鼓励犯罪人悔过自新，不再继续犯罪；同时以便于迅速侦破案件和及时惩治犯罪，减少国家的司法成本投入。也正因如此，刑法把自首作为对犯罪人可以从轻、减轻处罚的事由。

（二）自首的成立条件

1. 一般自首的成立条件

一般自首，是指犯罪以后自动投案，如实供述自己的罪行的行为。根据《刑法》以及最高人民法院 1998 年 4 月 6 日《关于处理自首与立功具体应用法律若干问题的解释》（以下简称《自首与立功解释》）的规定，一般自首的成立条件有两个。

（1）犯罪以后自动投案

自动投案，一般是指犯罪事实或犯罪嫌疑人未被司法机关发觉，或虽被发觉，但犯罪嫌疑人尚未受到司法机关的讯问、未被采取强制措施、未被群众扭送时，主动将自己置于有关机关的合法控制下，接受司法机关审查与裁判的行为。对此，可从以下几个方面把握：

自动投案应是犯罪嫌疑人，尚未归案之前投案。根据《自首与立功解释》的规定，自动投案包括：在犯罪事实未被发觉时投案；在犯罪事实虽被发觉，但没有查清犯罪嫌疑人的时候投案；在犯罪事实和犯罪嫌疑人都被发觉，但犯罪嫌疑人未受到讯问、未被采取强制措施时投案；犯罪后逃跑，在通缉、追捕的过程中投案；经查实确已准备去投案,或者正在投案途中,被公安机关捕获的,应当视为投案。另外,罪行尚未被司法机关发觉,仅因形迹可疑,被有关组织或司法机关盘问、教育后,主动交代自己罪行的,也视为自动投案。犯罪嫌疑人具有以下情形之一的,也应当视为自动投案:① 犯罪后主动报案,虽未表明自己是作案人,但没有逃离现场,在司法机关询问时交代自己罪行的;② 明知他人报案而在现场等待,抓捕时无拒捕行为,供认犯罪事实的;③ 在司法机关未确定犯罪嫌疑人,尚在一般性排查询问时主动交代自己罪行的;④ 因特定违法行为被采取劳动教养、行政拘留、司法拘留、强制隔离戒毒等行政、司法强制措施期间,主动向执行机关交代尚未被掌握的犯罪行为的;⑤ 其他符合立法本意,应当视为自动投案的情形。①

　　自动投案,一般应是犯罪嫌疑人向负有侦查、起诉、审判职能的公安机关、人民检察院或人民法院及其派出单位投案。犯罪嫌疑人向其所在单位、城乡基层组织或其他有关负责人投案的,也视为自动投案,但明知有关人员不会向司法机关报告的除外。

　　自动投案,一般应是犯罪嫌疑人亲自向上述有关机关投案。犯罪嫌疑人因某些客观原因(如生病、受伤)或为了减轻犯罪后果,委托他人先代为投案,或者先以信电投案的,也视为自动投案。自动投案,一般应基于犯罪嫌疑人本人的意志。并非出于犯罪嫌疑人主动,而是经亲友规劝、陪同投案的;公安机关通知犯罪嫌疑人的亲友,或者亲友自动报案后,将犯罪嫌疑人送去投案的,也视为自动投案。但犯罪后当场被群众扭送归案的,或被公安机关逮捕归案的,或在追捕过程中走投无路当场被抓捕的,或经司法机关传讯、采用强制措施后归案的,不是自动投案。

　　自动投案不要求有特定的动机或目的。自动投案的动机可以是多样的,可以是出于真诚悔罪,可以是慑于法律的威严,可以是为了争取宽大处理,可以是因潜逃在外生活所迫,可以是经亲友规劝而醒悟等。动机不同,并不影响成立自首。

　　犯罪嫌疑人投案后必须自愿处于司法机关的控制之下,等待进一步交代犯罪事实。犯罪嫌疑人自动投案后又逃跑的,不能认定为自首。委托他人代为自首而本人拒不到案的,不能成立自首。犯罪嫌疑人匿名将犯罪所得送到司法机关或新闻单位,或以电话、书信方式匿名向司法机关报案或指出赃物所在的,不能成立自首。犯罪嫌疑人被亲友采用捆绑等手段送到司法机关,或者在亲友带领侦查人员前来抓捕时无拒捕行为,并如实供认犯罪事实的,虽然不能认定为自动投案,但可以参照法律对自首的有关规定酌情从轻处罚。

　　(2) 如实供述自己的罪行

　　如实供述自己的罪行,是指犯罪嫌疑人自动投案后,应如实交代自己的主要罪行和身份信息②。

　　"如实"就是按照事实。所供述的罪行应是自己的犯罪事实。如实交代别人的

---

① 参见2010年12月22日最高人民法院《关于处理自首和立功若干具体问题的意见》第1条的规定。
② 参见2010年12月22日最高人民法院《关于处理自首和立功若干具体问题的意见》第2条的规定。

犯罪事实的，不是自首，而是立功。所供述的罪行应是自己犯罪的主要罪行，就自己的犯罪事实避重就轻，逃避刑事责任的，不能视为如实供述自己的罪行。如实供述自己的罪行，除供述自己的主要犯罪事实外，还应该如实供述自己的身份信息，身份信息包括姓名、年龄、职业、住址、前科等情况。犯罪嫌疑人供述的身份等情况与真实情况虽有差别，但不影响定罪量刑的，应认定为如实供述自己的罪行。犯罪嫌疑人自动投案后隐瞒自己的真实身份等情况，影响对其定罪量刑的，不能认定为如实供述自己的罪行。

根据《自首与立功解释》，一人犯有数罪，仅如实供述所犯数罪中部分犯罪的，只对如实供述部分犯罪的行为，认定为自首。具体言之，一人犯有异种数罪的，仅就如实供述的罪行成立自首，未交代的罪行不成立自首。一人犯有同种数罪，不实行并罚的，如果如实供述的是主要犯罪事实或基本犯罪事实，可就全案认定为自首；未交代主要犯罪事实的，不认定为自首，仅在量刑时酌情考虑。一人犯有同种数罪，实行并罚的，仅就交代的犯罪事实成立自首，自首的效力不及于未交代的犯罪。

共同犯罪案件中的犯罪嫌疑人，除如实供述自己的罪行外，还应当供述所知的同案犯，主犯应当供述其他同案犯的共同犯罪事实，才能认定为自首。

犯罪嫌疑人自动投案并如实供述自己的罪行后又翻供的，不能认定为自首；但在一审判决前又能如实供述的，应当认定为自首。犯罪嫌疑人自动投案并如实供述自己的罪行，不影响其辩护权、上诉权的行使，不能将犯罪嫌疑人进行辩护、上诉的行为看做是没有如实供述自己的罪行。

2. 准自首的成立条件

根据《刑法》第67条第2款的规定，准自首，是指被采取强制措施的犯罪嫌疑人、被告人或正在服刑的罪犯，如实供述司法机关还未掌握的本人其他罪行的行为。准自首的成立条件如下：

（1）必须是被采取强制措施的犯罪嫌疑人、被告人或正在服刑的罪犯。这里的"被采取强制措施"是指根据《刑事诉讼法》的规定，被拘传、拘留、取保候审、监视居住与逮捕。

（2）必须如实供述司法机关还未掌握的本人其他罪行。首先，行为人必须按照客观事实如实供述。其次，所供述的罪行必须尚未被司法机关掌握。未被司法机关掌握包括两种情况：犯罪事实未被发现；犯罪事实已被发现但犯罪嫌疑人未被发现。犯罪嫌疑人、被告人在被采取强制措施期间，向司法机关主动如实供述本人的其他罪行，该罪行能否认定为司法机关已掌握，应根据不同情形区别对待。如果该罪行已被通缉，一般应以该司法机关是否在通缉令发布范围内作出判断，不在通缉令发布范围内的，应认定为还未掌握，在通缉令发布范围内的，应视为已掌握；如果该罪行已录入全国公安信息网络在逃人员信息数据库，应视为已掌握。如果该罪行未被通缉、也未录入全国公安信息网络在逃人员信息数据库，应以该司法机关是否已实际掌握该罪行为标准。再次，如何理解"本人其他罪行"？第一种看法是，本人其他罪行是指司法机关已掌握罪行以外的罪行，包括与司法机关已掌握罪行性质不同的异种罪行和性质相同的同种罪行。第二种看法是,本人其他罪行是指与司法机关已掌握罪行不属同一种的罪行。《自首与立功解释》第 2 条规定,被采取强制措施的犯罪嫌疑人、被告人和已宣判的罪犯,如实供述司法机关尚未掌握的罪行,与司法机关已掌握的或判决确定的罪行属不同种罪行的,以自首论。换言之,如实供述的司法机关尚未掌握的罪行,与司法机关已掌握的罪行属同种罪行的,不构成自首。可见,上述司法解释持第二种看法。我们持第一种看法。从自首的本质看,不管被采取强制措施的犯罪嫌疑人、被告人与正在服刑的罪犯如实供述的司法机关尚未掌握的罪行与司法机关已掌握的罪行属同种罪行还是不同种罪行,都反映出其人身危险性降低,都便于司法机关侦破案件、节约司法成本,所以如实供述司法机关尚未掌握的同种罪行的,也应成立自首。

(三) 自首的法律后果

《刑法》第 67 条第 1 款后半段规定:"对于自首的犯罪分子,可以从轻或者减轻处罚。其中,犯罪较轻的,可以免除处罚。"据此,对于自首的法律后果应注意以下几点:

(1) 犯罪以后自首的,不管罪行轻重,都可以从轻或减轻处罚。自首之所以从宽处罚,是因为自首反映出犯罪人的人身危险性有所减弱,也使得司法成本降低。

(2) 犯罪较轻而自首的,可以免除处罚。犯罪较轻,表明犯罪的社会危害性相对较小,犯罪人又自首的,说明其人身危险性降低,因而可以免除处罚。一般,"处 3 年以下有期徒刑的"为较轻之罪。

(3) 犯罪以后自首的,是"可以"从宽处罚,不是"应当"从宽处罚。如果犯罪性质特别严重、情节特别恶劣,可以不从宽处罚。至于具体是从轻处罚还是减轻处罚,就要考察犯罪人的罪行轻重、主观恶性以及自首的具体情况来决定,如投案早晚、投案动机、交代罪行的程度。情节较轻的,可以免除处罚。

(4) 一人犯数罪的,自首的法律效果仅及于成立自首的犯罪,而不及于未自首之罪。共同犯罪案件中,自首的法律效果仅及于自首的共犯人,而不能适用于未自首的其他共犯人。

二、坦白

坦白,是指犯罪人被动归案后,如实交代自己被指控的犯罪事实的行为。坦白有两个特征:(1) 犯罪人被动归案。被动归案是指被司法机关采取强制措施归案;被司法机关传唤到案;被群众扭送归案。(2) 犯罪人如实交代自己被指控的罪行。

自首与坦白有相同之处:都以自己实施了犯罪行为为前提;都是在归案后如实交代自己的犯罪事实;都是从宽处罚的情节。一般自首与坦白的区别关键在于是否自动投案。一般自首是犯罪人自动投案后,如实供述自己的罪行;坦白是犯罪人被动归案后,如实供述自己的罪行。准自首与坦白的区别关键在于是否如实供述司法机关尚未掌握的本人其他罪行。虽然准自首与坦白都是被动归案,但准自首是犯罪人如实供述司法机关尚未掌握的本人其他罪行,而坦白是犯罪人如实供述司法机关已经掌握的本人罪行。

坦白原来是酌定的从宽情节,《刑法修正案(八)》把坦白增加为法定的从宽情节。《刑法》第67条第3款规定:"犯罪嫌疑人虽不具有前两款规定的自首情节,但是如实供述自己罪行的,可以从轻处罚;因其如实供述自己罪行,避免特别严重后果发生的,可以减轻处罚。"

三、立功

(一) 立功的概念与意义

立功,是指犯罪分子揭发他人犯罪行为,查证属实,或者提供重要线索,从而使司法机关得以侦破其他案件等情况的行为。

根据《刑法》第68条的规定,立功包括以下两种情形:

(1) 犯罪分子揭发他人犯罪行为,查证属实的。首先,犯罪分子揭发的是他人的犯罪行为,不是自己的犯罪行为。否则便不是立功,符合自首条件的,可认定为自首。其次,必须查证属实。揭发、检举的内容经查证不实的,不认定为立功。共同犯罪中,只有检举、揭发同案犯共同犯罪以外的其他犯罪事实的,才认定为立功;如果揭发的是同案犯共同犯罪的事实,符合自首条件的,成立自首。

(2) 提供重要线索,使司法机关得以侦破其他案件的。提供重要线索,有助于司法机关及早发现、侦破案件,可以减少犯罪带来的危害,节省司法成本。提供重要线索,只有使司法机关得以侦破其他案件,才认定立功;没有侦破案件的,不认定为立功。

除上述两种情形外,《自首与立功解释》还规定了其他属于立功的情形:阻止他人犯罪活动的;协助司法机关抓捕其他犯罪嫌疑人(包括同案犯)的;具有其他有利于国家和社会的突出表现的。

根据最高人民法院的司法解释①,犯罪分子通过贿买、暴力、胁迫等非法手段,或者被羁押后与律师、亲友会见过程中违反监管规定,获取他人犯罪线索并"检举揭发"的,不能认定为有立功表现;犯罪分子将本人以往查办犯罪职务活动中掌握的,或者从负有查办犯罪、监管职责的国家工作人员处获取的他人犯罪线索予以检举揭发的,不能认定为有立功表现;犯罪分子亲友为使犯罪分子"立功",向司法机关提供他人犯罪线索、协助抓捕犯罪嫌疑人的,不能认定为犯罪分子有立功表现。该司法解释是否科学有待进一步研究。

我国刑法规定立功制度具有重要的意义。它鼓励犯罪分子积极检举、揭发他人犯罪行为或提供重要线索,既有助于促进犯罪分子本人的悔过自新、改过从善,又可以帮助司法机关尽早发现犯罪事实、侦破案件,减少犯罪造成的危害。

---

① 参见2010年12月22日最高人民法院《关于处理自首和立功若干具体问题的意见》第4条的规定。

(二) 立功的种类及表现形式

刑法上的立功分为两种，一是作为量刑制度的立功，二是附属于减刑制度的立功。这里的立功，是指作为量刑制度的立功，是与自首制度、累犯制度并列的一种量刑制度。

根据《刑法》第 68 条第 1 款的规定，立功分为一般立功与重大立功。根据《自首与立功解释》，一般立功的表现为：检举、揭发他人犯罪行为，包括共同犯罪案件中的犯罪分子揭发同案犯共同犯罪以外的其他犯罪，经查证属实；提供侦破其他案件的重要线索，经查证属实；阻止他人犯罪活动；协助司法机关抓捕其他犯罪嫌疑人（包括同案犯）；具有其他有利于国家和社会的突出表现等。

重大立功的表现为：检举、揭发他人重大犯罪行为，经查证属实；提供侦破其他重大案件的重要线索，经查证属实；阻止他人重大犯罪活动；协助司法机关抓捕其他重大犯罪嫌疑人（包括同案犯）；对国家和社会有其他重大贡献等。这里的重大犯罪、重大案件、重大犯罪嫌疑人，一般是针对犯罪嫌疑人、被告人可能被判处无期徒刑以上刑罚或者案件在本省、自治区、直辖市或者全国范围内有较大影响等情形而言的。

(三) 立功的法律后果

立功可以促使犯罪人悔过自新，又可使司法机关尽快破案、节约司法成本，减少犯罪造成的危害，因而是法定的从宽处罚情节。《刑法修正案（八）》对第 68 条进行了修改，删除了原第 68 条第 2 款关于自首又有重大立功表现的规定。根据修改后的第 68 条，立功的法律后果如下：(1) 犯罪分子有一般立功表现的，可以从轻或者减轻处罚。(2) 犯罪分子有重大立功表现的，可以减轻或者免除处罚。

第三节 数罪并罚

一、数罪并罚的概念

数罪并罚，是指人民法院对判决宣告前一人所犯数罪，或者判决宣告后，刑罚执行完毕前发现漏罪或又犯新罪的，在分别定罪量刑后，按照法定的并罚原则及刑期计算方法，决定对其应执行的刑罚的制度。据此，数罪并罚制度具有以下几个特点：

(1) 必须一人犯有数罪，这是适用数罪并罚的前提条件。数罪，是指数个独立的犯罪。一人犯一罪或者数人共同犯一罪的，不存在数罪并罚的问题。数人共同犯数罪的，在对数人分别定罪量刑后，对数人各自进行数罪并罚。

(2) 数罪必须发生在法定的时间界限内。这是数罪并罚的时间条件，即数罪必须发生在刑罚执行完毕以前。具体包括以下几种情况：第一，判决宣告前发现犯有数罪的；第二，判决宣告后刑罚执行完毕前，发现被判决的犯罪人在判决宣告前还犯有其他罪行未被判决的（漏罪）；第三，判决宣告后刑罚执行完毕前，被判决的犯罪人又犯有新罪的；第四，在缓刑考验期内或假释考验期内，发现有漏罪或又犯有新罪的。刑罚执行完毕后又犯新罪的,不是数罪并罚,而可能构成累犯。刑罚执行完毕以后才发现犯罪人在判决宣告前还有其他罪没有判决的,如果没有超过追诉时效,则依法对该罪定罪量刑,这既不是数罪并罚,也不是累犯。

(3) 必须在对数罪分别定罪量刑的基础上,依照法定的并罚原则、范围和方法,决定并罚后应当执行的刑罚。数罪并罚,是对数罪产生一个判决结果,而不是对数罪产生数个独立的判决结果。首先,应对罪犯所犯数罪依法逐一分别定罪量刑,而不是采用估堆方法将数罪作为一个整体进行综合判断。其次,应按照一定的原则与方法决定合并执行的刑罚。具体包括三种情况:一是在判决宣告以前一人犯数罪的,要分别逐一定罪量刑,然后根据法定原则与方法,决定合并执行的刑罚;二是在判决宣告后刑罚执行完毕以前发现漏罪,或在缓刑、假释考验期内发现漏罪的,只需对漏罪定罪量刑,然后根据法定原则与方法,与前罪刑罚合并决定应执行的刑罚;三是在判决宣告后刑罚执行完毕以前又犯新罪,或在缓刑、假释考验期内又犯新罪的,只需对新罪定罪量刑,然后根据法定原则与方法,与前罪刑罚合并决定应执行的刑罚。

刑法中规定数罪并罚制度,有利于贯彻罪责刑相适应原则,使犯罪人受到应有的惩罚,有利于审判人员对一人犯数罪进行正确处理,保证适用法律的准确性,有力保障被告人的合法权益。

二、数罪并罚的原则

(一) 数罪并罚原则概述

数罪并罚的原则,是指对一人所犯数罪在分别定罪量刑后合并处罚所依据的原则。各国刑法中采用的数罪并罚原则有以下几种:

(1) 并科原则。亦称相加原则,指将一人所犯数罪分别宣告的刑罚绝对相加,合并执行的处罚原则。该原则强调刑罚的威慑功能。对主刑与附加刑的并罚采取并科原则较为合适,但对主刑与主刑之间采取并科原则则会造成不合理的局面。如对有期徒刑采取并科原则决定执行的刑罚期限,往往会超过犯罪人的生命极限,与无期徒刑的效果并无二致,导致刑罚过重且不合实际。再如,数罪中若有被判处死刑或无期徒刑者,受刑种性质的限制,无法采用并科原则予以执行。

(2) 吸收原则。即对一人所犯数罪分别定罪量刑,然后选择最重的一种刑罚作为应执行的刑罚,其余较轻的刑罚都被最重的刑罚所吸收,不予执行。对于数罪中最高刑是死刑或无期徒刑的情况适用吸收原则比较合适。但对数罪中最高刑为有期徒刑、拘役、管制或财产刑的情况适用吸收原则存在以下弊端:第一,违背了罪责刑相适应原则,导致重罪轻罚。如行为人犯有两罪,分别处刑为5年有期徒刑与6年有期徒刑,若采取吸收原则,最后只执行6年有期徒刑,这就是重罪轻罚,轻纵了犯罪。第二,不利于特殊预防与一般预防目的的实现。犯数罪与犯一罪的法律后果相同,无异于鼓励犯罪人在犯较重的一罪后,又去实施更多同等的或较轻的犯罪。

(3) 限制加重原则。即以一人所犯数罪中的最高刑罚为基础,再加重一定的刑罚作为执行的刑罚,或者在数刑的合并刑期以下,依法酌情决定执行的刑罚。限制加重原则主要有两种类型:第一,以数罪中的最高刑为基础,再加重一定的刑罚,并以加重后的刑罚作为执行的刑罚。第二,在对数罪分别定罪量刑的基础上,在数罪中被宣告的数刑中最高刑期以上、总和刑期以下确定应执行的刑罚,并规定合并执行的刑罚不能超过法定的最高限度。限制加重原则克服了并科原则失之过严、不便具体适用与吸收原则失之过宽、不足以惩罚犯罪的弊端,基本上贯彻了有罪必罚与罪责刑相适应的原则,同时又具有较大的灵活性。但限制加重原则也有局限,即当数刑中最高刑期为死刑、无期徒刑时,它便无法适用。

(4) 混合原则。鉴于上述三个原则各自的优点与弊端,各国刑法中单一采用某一原则的做法很少。大多数国家都采取混合原则,即根据刑种的性质与特点,分别采用并科原则、吸收原则、限制加重原则,这样就避免了单一的并科原则、吸收原则、限制加重原则的缺陷。

(二) 我国刑法的数罪并罚原则

《刑法》第69条第1款规定:"判决宣告以前一人犯数罪的,除判处死刑和无期徒刑的以外,应当在总和刑期以下、数刑中最高刑期以上,酌情决定执行的刑期,但是管制最高不能超过3年,拘役最高不能超过1年,有期徒刑总和刑期不满35年的,最高不能超过20年,总和刑期在35年以上的,最高不能超过25年。数罪中有判处附加刑的,附加刑仍须执行,其中附加刑种类相同的,合并执行,种类不同的,分别执行。"这表明,我国刑法采取的是混合原则,其中以限制加重原则为主,兼采吸收原则和并科原则。

(1) 数刑中有判处死刑和无期徒刑的,采用吸收原则。即数罪中有判处几个死刑或最重刑为死刑的,只执行一个死刑,不执行其他主刑;数罪中有判处几个无期徒刑或最重刑为无期徒刑的,只执行一个无期徒刑,不执行其他主刑。不能把两个以上的无期徒刑合并执行为死刑,因为一方面,无期徒刑与死刑是两种性质不同的刑罚,两个无期徒刑相加也不能升等为死刑;另一方面,把两个无期徒刑合并执行为死刑,扩大了死刑的执行范围,既不符合执行死刑的条件,也不符合严格限制死刑适用的刑事政策。

(2) 数刑中有判处有期徒刑、拘役、管制的,采取限制加重原则。"限制"表现在两个方面:一是只能在数罪的总和刑期以下、数刑中的最高刑期以上,酌情决定执行的刑期;二是决定执行的刑期受数罪并罚法定最高刑的限制,即管制最高不能超过3年,拘役最高不能超过1年,有期徒刑总和刑期不满35年的,最高不能超过20年,总和刑期超过35年以上的,最高不能超过25年。"加重"也表现在两个方面:一是在数刑中最高刑期以上加重刑罚;二是最后决定的刑期可以超过某种刑罚正常的法定最高刑度,即有期徒刑在数罪并罚时可以超过15年达到20年或25年,拘役可以超过6个月达到1年,管制可以超过2年达到3年。

限制加重的具体做法为:第一,判决宣告的数个主刑均为有期徒刑的,应当在总和刑期以下、数刑中最高刑期以上,酌情决定执行的刑期,但总和刑期不满35年的,决定执行的刑期不能超过20年;总和刑期在35年以上的,决定执行的刑期不能超过25年。例如,被告人犯有两罪,所判处的刑罚分别为10年、8年,审判人员最后在10年以上18年以下决定执行的刑罚,此时受总和刑期的限制。如果被告人犯三罪,所判处的刑罚分别是10年、15年、15年,审判人员最后是在15年以上40年以下决定执行的刑罚,同时还受总和刑期在35年以上的最高不能超过25年的限制,最终是在15年以上25年以下决定执行的刑罚。第二,判决宣告的数个主刑均为拘役的,应当在总和刑期以下、数刑中最高刑期以上,酌情决定执行的刑期,但决定执行的刑期不能超过1年。第三,判决宣告的数个主刑均为管制的,应当在总和刑期以下、数刑中最高刑期以上,酌情决定执行的刑期,但决定执行的刑期不能超过3年。

限制加重原则的适用问题,在一人犯数罪判处的主刑均是有期徒刑,或均是拘役,或均是管制时,比较好解决。问题在于,一人犯数罪,所判的主刑同时存在有期徒刑、拘役或管制时,如何适用限制加重原则并罚?《刑法》第69条第2款规定,数罪中有判处有期徒刑和拘役的,执行有期徒刑;数罪中判处有期徒刑和管制的,或者拘役和管制的,有期徒刑、拘役执行完毕后,管制仍须执行。

数罪中有判处有期徒刑和拘役的,根据第69条第2款,有期徒刑吸收拘役,执行有期徒刑。

而数罪中存在有期徒刑和管制的,或拘役和管制的,在有期徒刑、拘役执行完毕之后再执行管制。其原因在于,有期徒刑、拘役都属于监禁刑,而管制则属于非监禁刑。根据《刑法》第38条3款规定,对判处管制的犯罪分子,依法实行社区矫正。因此,将监禁刑和非监禁刑分开执行是科学的。

(3) 数罪中有判处附加刑的,附加刑仍须执行,其中附加刑种类相同的,合并执行,种类不同的,分别执行。即判处附加刑的,对附加刑与主刑采取并科原则。这是因为,附加刑与主刑的性质不同,无法换算与吸收,故应并科执行。如一人犯两罪,分别判处主刑的同时还判处罚金与剥夺政治权利,那么应在确定应执行的主刑的同时,并科执行罚金与剥夺政治权利。

附加刑之间也存在并罚问题。种类相同的附加刑,合并执行;不同种的附加刑,分别执行。如,附加刑都是罚金的,合并相加执行;附加刑有罚金与剥夺政治权利、剥夺政治权利与没收财产、罚金与没收部分财产的,应分别全部执行。

三、适用数罪并罚的几种不同情况

根据《刑法》第69、70、71条的规定,不同情况下适用数罪并罚原则的具体方法有三种。

(一) 判决宣告以前一人犯数罪的合并处罚

判决宣告以前一人犯数罪,并且均被发现的,适用《刑法》第69条规定的并罚方法,与上述我国刑法中数罪并罚原则的基本适用方法完全一致,在此不再赘述。

判决宣告以前一人犯数罪,如果是异种数罪,实行并罚没有问题。问题在于,判决宣告以前一人犯同种数罪,是否并罚。理论上有三种不同看法①:(1)一罚说认为,判决宣告前犯同种数罪无须并罚,只需按一罪酌情从重处罚,即只需将同种数罪作为一罪的从重情节或者加重构成情节处罚。此为我国刑法理论的传统主张,也是刑事审判实践的一贯做法。(2)并罚说认为,判决宣告前犯同种数罪应毫无例外地实行并罚,因为我国刑法关于数罪并罚的规定并未限定只适用于异种数罪。(3)折中说认为,对于判决宣告前犯同种数罪是否应当并罚不能一概而论,应以能否达到罪刑相适应为标准,决定对具体的同种数罪是否实行并罚,即当能够达到罪刑相适应时,对于同种数罪无须并罚;相反,则应实行并罚。

我们认为,判决宣告以前一人犯同种数罪的,原则上无须并罚,只需作一罪处理,把数罪作为法定刑升格的情节或从重的情节,量刑上做到罪刑相适应即可。如《刑法》第236条第3款规定,强奸妇女、奸淫幼女情节恶劣的,处10年以上有期徒刑、无期徒刑或死刑。因而,实践中犯罪人在判决宣告前多次犯强奸罪的,可以按照该款,以强奸罪一罪定罪量刑,多次强奸只是法定刑升格的情节,不实行并罚。

但是,判决宣告以前一人犯同种数罪的,例外情况下应实行数罪并罚。这种例外情况包括:(1)某些犯罪只有一个法定刑幅度,或虽有几个法定刑幅度,但不能将同种数罪作为法定刑升格的情节时,如果只按一罪处理不能做到罪刑相适应,就应实行数罪并罚。(2)所犯同种数罪前后相隔时间过长,不宜作为一罪的从重情节或法定刑升格的情节处理的,则在不违反刑法规定的情况下,可对同种数罪实行并罚。这里的不违反刑法规定,是指刑法没有明文规定把同种数罪作为一罪的法定刑升格的情节。

(二) 判决宣告以后刑罚执行完毕以前发现漏罪的并罚

《刑法》第70条规定:"判决宣告以后,刑罚执行完毕以前,发现被判刑的犯罪分子在判决宣告以前还有其他罪没有判决的,应当对新发现的罪作出判决,把前后两个判决所判处的刑罚,依照本法第69条的规定,决定执行的刑罚。已经执行的刑期,应当计算在新判决决定的刑期以内。"这里的"新发现的罪",是指判决之前实施的判决生效以后才发现的、尚未过追诉时效的犯罪,包括与原判之罪属同种罪的犯罪和属异种罪的犯罪,又称"漏罪"。

《刑法》第70条规定的并罚的特点是:(1)一人所犯的数罪都发生在判决宣告以前。(2)所犯的数罪中,部分犯罪被发现且经确定判决宣告,部分犯罪在判决宣告以后刑罚执行完毕以前才被发现。这里的"判决宣告以后",是指判决宣告且已经发生法律效力。判决宣告以后刑罚执行完毕以前发现漏罪,包括三种情况:判决实际执行期间发现漏罪;缓刑考验期内发现漏罪;假释考验期内发现漏罪。如果是在刑罚执行完毕以后才发现漏罪,或判决宣告以后刑罚执行期间犯新罪的,均不得适用本条进行并罚。(3)对发现的漏罪,不管其罪数如何,不管其与原判之罪是属同

---

① 以下参见赵秉志主编:《刑法争议问题研究》(上卷),河南人民出版社1996年版,第772页以下。

种罪行还是异种罪行,都应单独定罪量刑。(4)把前后两个判决所判处的刑罚,依照第69条规定的并罚原则进行并罚,决定应当执行的刑罚。(5)原判之罪已经执行的刑期,计算在新判决决定的刑期以内。即把前罪所判处的刑罚与新发现的罪所判处的刑罚进行并罚,确定应执行的刑期后,再减去前罪已执行的刑期,剩余的刑期就是应继续执行的刑期。这种方法一般称为"先并后减"。例如,甲因犯某罪被判有期徒刑8年,执行2年后,发现其在判决之前还犯有另一罪行,对该新发现的罪定罪量刑后,判处该罪有期徒刑5年,那么人民法院应该在8年以上13年以下确定应执行的刑罚,如果确定为11年,已执行的2年包括在11年之内,对甲还须继续执行9年有期徒刑。

适用《刑法》第70条应注意以下几个问题:

(1)原判决之罪为数个犯罪,刑罚执行完毕前又发现行为人有漏罪的,是将漏罪所判处的刑罚与原判决确定执行的刑罚并罚,还是与原判数罪分别量定的刑罚并罚?应当是将漏罪所判处的刑罚与原判决确定执行的刑罚实行并罚,而非与原判数罪分别量定的刑罚并罚,否则就否定了原判决的效力。例如,甲判决宣告前犯了3个罪行,其中2个犯罪在判决宣告前被发现,分别被判处有期徒刑5年、有期徒刑9年,最后判决决定执行的刑期是12年,执行3年后,判决宣告前的漏罪被发现,该漏罪判处的刑罚是8年,那么此次并罚的"数刑中最高刑期"应是12年,而不是9年,人民法院应该在12年以上20年以下确定应执行的刑罚,如果确定执行18年有期徒刑,那么对甲还须继续执行剩下的15年有期徒刑。

(2)判决宣告以后刑罚执行完毕以前发现有数个漏罪的,是将数个漏罪分别判处的刑罚与原判决确定的刑罚进行并罚,还是将数个漏罪并罚确定刑罚后,再与原判决确定的刑罚进行并罚?应当是将数个漏罪分别定罪量刑,然后与原判决确定的刑罚按照《刑法》第69条进行并罚,确定最终执行的刑罚。例如,甲因某罪被判有期徒刑10年,执行4年后被发现判决宣告前还犯有2个罪行,对该两罪定罪量刑后,分别判处有期徒刑5年、8年,那么人民法院应该在10年以上20年以下确定应执行的刑期,如果确定执行18年有期徒刑,那么对甲还须继续执行14年有期徒刑。

(3)在缓刑考验期内发现漏罪的并罚。根据《刑法》第77条的规定,被宣告缓刑的犯罪分子,在缓刑考验期内发现判决宣告以前还有其他罪没有判决的,应当撤销缓刑,对新发现的罪作出判决,把前罪和后罪所判处的刑罚,依照《刑法》第69条的规定并罚,决定执行的刑罚。

(4)在假释考验期内发现漏罪的并罚。根据《刑法》第86条的规定,在假释考验期内,发现被假释的犯罪分子在判决宣告前还有其他罪没有判决的,应当撤销假释,依照《刑法》第70条的规定实行数罪并罚。

(5)判决宣告以后,尚未交付执行时,发现罪犯还有其他罪没有处理的,也应当按照《刑法》第70条的规定实行并罚。但是,如果判决宣告后还没有发生法律效力时,被告人提出上诉或者人民检察院提出抗诉,第二审人民法院在审理期间发现原审被告人在第一审判决宣告以前还有漏罪没有判决的,应裁定撤销原判决,发回原审人民法院重新审理。第一审人民法院重新审理时,不适用先并后减的并罚方法,只能适用《刑法》第69条的规定。

(6) 刑满释放后再犯罪并发现漏罪的合并处罚。在处理被告人刑满释放后又犯罪的案件时,发现他在前罪判决宣告之前,或者在前罪判决的刑罚执行期间,犯有其他罪行,未经过处理,并且依照《刑法》总则的规定应当追诉的,如果漏罪与新罪分属于不同种罪,应当对漏罪与刑满释放后又犯的新罪,依照《刑法》第69条的规定,分别定罪量刑,实行数罪并罚;如果漏罪与新罪属于同一种罪,可以判处一罪从重处罚,不必实行数罪并罚。

(三) 判决宣告以后刑罚执行完毕以前又犯新罪的并罚

《刑法》第71条规定:"判决宣告以后,刑罚执行完毕以前,被判刑的犯罪分子又犯罪的,应当对新犯的罪作出判决,把前罪没有执行的刑罚和后罪所判处的刑罚,依照本法第69条的规定,决定执行的刑罚。"

《刑法》第71条规定的并罚的适用特点是:(1) 被判刑的犯罪分子在判决宣告以后,刑罚执行完毕以前,又犯新罪。(2) 对犯罪分子所犯的新罪,不管罪数如何,不管与原判之罪是否属同种罪行,都应分别定罪量刑。(3) 把前罪没有执行的刑罚与后罪所判处的刑罚进行并罚,决定应执行的刑罚。(4) 已经执行的刑期,不计算在新判决决定执行的刑期内。这种并罚的方法称为"先减后并"。

例如,甲曾因犯某罪被判处有期徒刑13年,执行10年后,又犯新罪,该新罪应判处有期徒刑11年,依照先减后并的方法,应将尚未执行的3年有期徒刑与11年有期徒刑进行并罚,即人民法院应当在11年以上14年以下确定应执行的刑期,如果确定应执行的刑期为12年,那么甲还应服刑12年。加上已经执行的10年,对甲实际执行的刑期为22年。可见,"先减后并"的方法比"先并后减"的方法使犯罪人实际执行的刑期要重。这表现在:(1) 实际执行的最低期限提高。就上例来说,如果是"先并后减",人民法院应在13年以上20年以下量刑,实际执行的最低期限为13年;如果是"先减后并",人民法院应在11年以上14年以下量刑,加上已经执行的10年,实际执行的最低期限则为21年。(2) 实际执行的期限可能超过数罪并罚法定最高刑的限制。就上例来说,如果是"先并后减",人民法院应在13年以上20年以下确定应执行的刑期,已经执行的刑期也计算在内,犯罪人实际执行的刑期不会超过20年。如果是"先减后并",实际执行的刑期则为22年。

"先减后并"之所以比"先并后减"的后果要严厉,是因为犯罪人在刑罚执行期间又犯新罪,说明其人身危险性大,可改造的难度大,所以应给予更长时间的刑罚,才能改造与教育好犯罪人,才能巩固改造的成果。

适用《刑法》第71条应注意以下问题:

(1) 刑罚执行完毕以前又犯新罪,同时发现漏罪的并罚。此种情况同时涉及"先并后减"与"先减后并"。对是先"先并后减"再"先减后并",还是先"先减后并"再"先并后减",理论上存在分歧。我们认为,应先"先并后减"再"先减后并"。即应该先把漏罪所处之刑与原判之刑进行并罚,确定应执行的刑期,再减去已经执行的刑期,然后把尚未执行的刑期与新罪所处之刑进行并罚,确定应执行的刑期,已经执行的刑期不包括在内。

（2）判决宣告后刑罚尚未执行完毕前,犯罪人又犯数个新罪的,应对所犯的数个新罪分别定罪量刑,然后与原判之罪尚未执行的刑罚实行并罚。

（3）缓刑考验期内又犯新罪的并罚。根据《刑法》第77条的规定,被宣告缓刑的犯罪分子,在缓刑考验期内又犯新罪的,应当撤销缓刑,对新犯的罪作出判决,把前罪与后罪所判处的刑罚,依照《刑法》第69条的规定,决定执行的刑罚。

（4）假释考验期内又犯新罪的并罚。根据《刑法》第86条的规定,被假释的犯罪分子,在假释考验期内又犯新罪的,应当撤销假释,依照《刑法》第71条的规定实行数罪并罚。

第四节 缓 刑

一、缓刑的概念

从各国刑法规定来看,缓刑制度有两种类型:刑罚暂缓宣告与刑罚暂缓执行。刑罚暂缓宣告,也称宣告犹豫,是指对于犯罪情节较轻的犯罪人,虽依法认定其有罪,但暂缓刑罚的宣告,只规定一个监督考验期,如果在此期间犯罪人能保持善行,则考验期经过后不再作有罪宣告;如果在此期间犯罪人重新犯罪或发生了其他应当撤销缓刑的法定事由,则宣告并执行刑罚或将前罪、后罪实行并罚。[1] 刑罚暂缓执行,也称执行犹豫,是一种狭义上的缓刑,是在对被告人宣告判处刑罚的同时宣告缓刑,如果犯罪人在缓刑考验期内遵守一定条件,原判刑罚就不再执行的制度。

我国刑法规定的缓刑属于刑罚暂缓执行,即对原判刑罚附条件不执行的一种刑罚制度。具体言之,缓刑是指对于被判处拘役、3年以下有期徒刑的犯罪分子,如果其犯罪情节较轻、有悔罪表现、没有再犯罪的危险、宣告缓刑对所居住社区没有重大不良影响的,就规定一定的考验期,暂缓刑罚的执行,如果在考验期内没有发生撤销缓刑的法定事由,原判刑罚就不再执行的制度。

从缓刑的定义可以看出,缓刑不是一种独立的刑种。从裁量刑罚是否缓期执行来看,缓刑是一种量刑制度;从刑罚执行的角度看,缓刑是刑罚的暂缓执行,是有条件地不执行所判刑罚,是刑罚执行制度。

缓刑不同于免除处罚。缓刑以判处一定刑罚为前提,免除处罚是不判处刑罚;缓刑是有条件地不执行刑罚,并非不执行刑罚,缓刑考验期内出现撤销缓刑的法定事由时,就应撤销缓刑,执行刑罚,免除处罚是根本不执行刑罚。

缓刑不同于死刑缓期执行。两者都是有条件地不执行原判刑罚,都不是独立的刑种,但在适用对象、执行方法、考验期限与法律后果方面存在根本区别:（1）适用

---

[1] 参见赵秉志主编:《刑罚总论问题探索》,法律出版社2003年版,第523页。

对象不同。缓刑适用于被判处拘役、3年以下有期徒刑的犯罪分子,死刑缓期执行适用于应当判处死刑但不是必须立即执行的犯罪分子。(2)执行方法不同。对被宣告缓刑的犯罪分子不予关押;对被宣告死刑缓期执行的罪犯则必须予以监禁,并实行劳动改造。(3)考验期限不同。缓刑的考验期因所判刑种与刑期不同而不同,死缓的考验期为2年。(4)法律后果不同。缓刑的后果或者是原判刑罚不再执行,或者是执行原判刑罚,或者是数罪并罚;死缓的法律后果根据情况可能是减为无期徒刑或有期徒刑,也可能是执行死刑。

缓刑不同于暂予监外执行。根据《刑事诉讼法》第214条的规定,监外执行是根据被关押者的某些具体情况而采取的一种临时性的刑罚执行方法。两者之间的区别主要表现在:(1)性质不同。缓刑是附条件地不执行原判刑罚;监外执行是刑罚执行过程中的具体执行场所的临时性变化,刑罚仍在执行。(2)适用对象不同。缓刑只适用于被判处拘役或3年以下有期徒刑的犯罪分子;监外执行适用于被判处拘役、有期徒刑的犯罪分子,对有期徒刑的刑期没有限制。(3)适用条件不同。缓刑的适用条件是犯罪情节较轻、有悔罪表现、没有再犯罪的危险、宣告缓刑对所居住社区没有重大不良影响;监外执行的适用条件是犯罪分子有严重疾病需要保外就医,或者怀孕或正在哺乳自己婴儿的妇女,适用保外就医不可能有社会危险性、不可能自伤自残,或者生活不能自理、不致再危害社会。(4)法律后果不同。缓刑是有条件地不执行所判刑罚,如果犯罪人遵守了法定条件,原判刑罚就不再执行;监外执行的情形消失后,犯罪人刑期未满的,应当及时收监执行。

缓刑与军人的"战时缓刑"不同。《刑法》第449条规定:"在战时,对被判处3年以下有期徒刑没有现实危险宣告缓刑的犯罪军人,允许其戴罪立功,确有立功表现时,可以撤销原判刑罚,不以犯罪论处。"缓刑与战时缓刑在适用对象、适用时间、考察标准、法律后果方面均有很大不同。我们通常所说的缓刑,没有特别指明时,不包括战时缓刑。

缓刑可以避免短期自由刑的弊端,如可避免交叉感染;缓刑可以使犯罪人感受到刑罚的教育感化功能,促使犯罪人悔过自新;缓刑使犯罪人不被关押在封闭场所,有助于犯罪人再社会化;缓刑还可以给国家节省开支。正是由于上述优点,缓刑自从诞生以来,一直是近现代刑事政策的宠儿。

二、缓刑的适用条件

根据《刑法》第72条、第74条,缓刑的适用分为可以型和应当型。可以宣告缓刑的条件如下:

(1)缓刑只适用于被判处拘役、3年以下有期徒刑的犯罪分子。这是适用缓刑的对象条件。这里的"拘役、3年以下有期徒刑"不是指法定刑,而是指实际判处的刑罚。对被判处管制或单处附加刑的犯罪分子,不能适用缓刑。因为判处管制与单处附加刑,本身就不需要关押,适用缓刑没有多大意义。犯罪人犯有数罪的,只要数罪并罚后决定执行的刑罚是3年以下有期徒刑或拘役,且符合其他条件,就可适用缓刑。

（2）犯罪情节较轻、有悔罪表现、没有再犯罪的危险、宣告缓刑对所居住社区没有重大不良影响。这是适用缓刑的实质条件。适用缓刑是以犯罪分子没有再犯危险、从而不需要执行刑罚为实质条件的，并非被判处拘役、3年以下有期徒刑的犯罪分子都符合这一实质条件。如何判断没有再犯罪的危险呢？《刑法》第72条把犯罪情节较轻、有悔罪表现与没有再犯罪的危险、宣告缓刑对所居住社区没有重大不良影响作为并列的4个条件进行列举，但本书认为，这四者之间是递进、依存的关系。判断有无再犯罪的危险，并非要在犯罪情节、悔罪表现之外再去寻找其他依据，而是只要判断犯罪人的犯罪情节较轻、有悔罪表现的，就可以断定其没有再犯罪的危险，没有再犯罪的危险，对其宣告缓刑自然对所居住社区没有重大不良影响。

（3）犯罪分子必须不是累犯和犯罪集团的首要分子。对于累犯和犯罪集团的首要分子，即使其所判处的刑罚是3年以下有期徒刑或拘役，也不得适用缓刑。这是因为累犯和犯罪集团的首要分子本身就说明犯罪人人身危险性极大，不符合缓刑的实质条件。

满足了上述条件，同时犯罪人是不满18周岁的人、怀孕的妇女和已满75周岁的人，就应当对其宣告缓刑。

三、缓刑的考验期限与考察

缓刑的考验期限，是指对被宣告缓刑的犯罪分子进行考察的一定期间。缓刑是有条件地不执行原判刑罚，为了考察犯罪人是否遵守了这种条件，应该规定一定的期间对犯罪分子进行考察。缓刑的考验期限，是缓刑制度的重要组成部分。

根据《刑法》第73条的规定，拘役的缓刑考验期限为原判刑期以上1年以下，但不得少于2个月；有期徒刑的缓刑考验期限为原判刑期以上5年以下，但不能少于1年。可见，缓刑具体考验期限的长短，由审判人员在法定的期限内裁量确定，可以等于或长于原判刑期，但拘役不能少于2个月，有期徒刑不能少于1年。

缓刑的考验期限，从判决确定之日起计算。判决确定之日，即判决生效之日。判决确定以前先行羁押的，不能折抵考验期限。这是因为，规定缓刑考验期限就是为了考察犯罪人的表现，如果先行羁押时间折抵考验期，则会导致考验期过短，失去考验的意义。

根据《刑法》第75条，处于缓刑考验期内的犯罪分子，被宣告缓刑的犯罪分子，应当遵守下列规定：(1)遵守法律、行政法规，服从监督；(2)按照考察机关的规定报告自己的活动情况；(3)遵守考察机关关于会客的规定；(4)离开所居住的市、县或者迁居，应当报经考察机关批准。《刑法》第76条规定，对宣告缓刑的犯罪分子，在缓刑考验期限内，依法实行社区矫正。

根据第72条第2款、第3款，宣告缓刑，可以根据犯罪情况，同时禁止犯罪分子在缓刑考察期限内从事特定活动，进入特定区域、场所，接触特定的人；缓刑的法律效力不及于附加刑。被宣告缓刑的犯罪分子如果被判附加刑，附加刑仍须执行。

四、缓刑的法律后果

根据《刑法》第76、77条的规定,适用缓刑可能出现以下四种法律后果:

(1) 在缓刑考验期限内,符合法定条件的,即没有再犯新罪,没有发现判决宣告之前的漏罪,没有情节严重的违反法律、行政法规及国务院有关部门有关缓刑的监督管理规定或违反人民法院判决中的禁止令的,缓刑考验期满,原判刑罚不再执行,并公开宣告。这里的"原判刑罚不再执行",是指原有罪判决宣告仍然有效,原判刑罚也没有错误,只是符合了法定条件就不再执行,即从未执行过原判刑罚,而不是视为原判刑罚执行完毕。

(2) 被宣告缓刑的犯罪分子,在缓刑考验期内犯新罪的,应当撤销缓刑,对新犯的罪作出判决,把前罪和后罪所判处的刑罚,依照《刑法》第69条的规定并罚。

(3) 被宣告缓刑的犯罪分子,在缓刑考验期内发现判决宣告以前还有其他罪没有判决的,应当撤销缓刑,对新发现的罪作出判决,把前罪和后罪所判处的刑罚,依照《刑法》第69条的规定并罚。

(4) 被宣告缓刑的犯罪分子,在缓刑考验期内违反法律、行政法规或者国务院有关部门有关缓刑的监督管理规定,或者违反人民法院判决中的禁止令,情节严重的,应撤销缓刑,执行原判刑罚。

本章重点问题提示

《刑法修正案(八)》关于累犯修改的适用的时间效力问题

2011年5月1日起施行的《刑法修正案(八)》对累犯的相关规定做了较大修改,部分修改变轻了,如规定不满18周岁的人不构成累犯,部分修改加重了,如规定恐怖活动犯罪、黑社会性质的组织犯罪构成特殊累犯。比较1997年修订的《刑法》与《刑法修正案(八)》,在认定累犯中会出现以下法律适用问题:

(1) 1997年修订的《刑法》没有限定构成累犯的年龄,《刑法修正案(八)》规定不满18周岁的人犯罪的,不构成累犯。倘若不满18周岁的人所犯的可能构成累犯之罪发生在《刑法修正案(八)》施行之前,案件审理在《刑法修正案(八)》施行之后,如何处理?若根据1997年修订的《刑法》,犯罪人据此可构成累犯,但根据从旧兼从轻原则,《刑法修正案(八)》关于累犯主体年龄的规定要有利于犯罪人,应适用《刑法修正案(八)》,该未成年人不构成累犯。

(2) 1997年修订的《刑法》第66条只规定了危害国家安全罪可构成特殊累犯,《刑法修正案(八)》将第66条修改为危害国家安全犯罪、恐怖活动犯罪、黑社会性质组织犯罪的犯罪分子都构成特殊累犯之罪。行为人前、后罪均犯恐怖活动犯罪,后罪发生在2011年5月1日之前,但在2011年5月1日之后才予审理的,如何处理?行为人后罪发生在2011年5月1日之前,根据从旧兼从轻原则,《刑法修正案

(八)》对特殊累犯的规定要比 1997 年修订的《刑法》严厉,所以应该从旧适用 1997 年修订的《刑法》的规定。但如果后罪发生在 2011 年 5 月 1 日之后,则只能适用《刑法修正案(八)》。

(3)《刑法修正案(八)》对第 50 条进行了修改,规定对被判处死刑缓期执行的累犯,人民法院根据犯罪情节等情况可以同时决定对其限制减刑,1997 年修订的《刑法》对此没有限制。对于 2011 年 5 月 1 日之前就已经被判死刑缓期执行的累犯,其死缓考察期满在 2011 年 5 月 1 日以后,是否适用《刑法修正案(八)》限制减刑的规定?后罪发生在 2011 年 5 月 1 日之前,审理在 2011 年 5 月 1 日之后的,如果经认定构成累犯,是否适用《刑法修正案(八)》限制减刑的规定?根据从旧兼从轻原则,1997 年修订的《刑法》没有对累犯限制减刑的规定,要轻于《刑法修正案(八)》,这两种情形都适用修改前的第 50 条。

思考题

1. 什么是累犯?累犯的成立条件是什么?
2. 什么是自首?自首的成立条件及法律后果是什么?
3. 什么是立功?立功的法律后果是什么?
4. 简述数罪并罚的概念、原则及适用数罪并罚的三种不同情况。
5. 缓刑的适用条件是什么?缓刑的法律后果是什么?

第十八章 刑罚的执行

本章主要论述了刑罚执行的概念、特征及原则,减刑制度,假释制度。重点在于减刑的适用条件与幅度、假释的适用条件与法律后果。

关键词

刑罚执行　减刑　假释

第一节　刑罚的执行概述

一、刑罚执行的概念及特征

刑罚执行,是指法律规定的刑罚执行机关依法将生效的刑事裁判所确定的刑罚内容付诸实施的刑事司法活动。根据这一定义,刑罚执行具有以下特征:

(1) 刑罚执行的主体是法律规定的刑罚执行机关。只有法律规定具有刑罚执行权的机关才能成为刑罚执行的主体,其他任何机关和个人都无权执行刑罚。根据我国《刑法》《刑事诉讼法》等有关法律的规定,人民法院是死刑立即执行、没收财产、罚金的执行机关,公安机关是拘役、剥夺政治权利的执行机关,监狱是死刑缓期执行、无期徒刑、有期徒刑的执行机关,被判管制者由司法行政机关实行社区矫正。

(2) 刑罚执行的对象是经生效判决确定有罪且被判处刑罚的人。因犯罪而受到刑罚处罚的人就是刑罚执行的对象。

(3) 刑罚执行的依据是人民法院生效的刑事裁判。刑罚执行只能发生在人民法院的刑事裁判生效之后。根据《刑事诉讼法》第208条和有关法律的规定,生效的刑事裁判是指:已过法定期限没有上诉、抗诉的判决和裁定;终审的判决和裁定,包括中级以上人民法院第二审案件、最高人民法院第一审案件的判决和裁定;最高人民法院核准的死刑判决,高级人民法院核准的死刑缓期两年执行的判决。没有生效的刑事裁判,不能交付执行。刑罚的执行不包括对无罪判决、免予刑罚处罚和非刑罚处理方法的执行,它们虽然也是人民法院作出的刑事判决,但不涉及刑罚内容,不属于刑罚的执行。

(4) 刑罚执行的基本内容是将发生效力的刑事裁判所确定的刑罚付诸实施,即将刑事裁判所确定的刑罚种类及其期限、数量具体付诸实施、实现。

二、刑罚执行的原则

刑罚执行的原则,就是刑罚执行机关在刑罚执行过程中应该遵循或依据的准则。刑罚执行的原则应包括以下几个:

(1) 合法性原则。刑罚执行过程必须是合法的过程,这种合法性表现在:刑罚执行机关是合法的有相应刑罚执行权的机关;刑罚执行的依据必须合法,即是人民法院生效的刑事裁判;刑罚执行的内容合法,即必须是严格按照刑法的规定,将人民法院生效裁判所确定的内容付诸执行;刑罚执行的程序必须符合刑事诉讼法的规定。

(2) 惩罚与教育相结合原则。刑罚执行的过程必须是惩罚与教育相结合的过程,惩罚是手段,教育是目的。只有这样,才能实现刑罚特殊预防与一般预防的目的。

(3) 个别化原则。刑罚执行的过程是一个讲究个别化的过程,即应根据犯罪人的年龄、性别、性格特点、文化程度、生理状况、犯罪性质及特点、罪行严重程度及人身危险性大小等,有针对性地给予犯罪人有利于改造的不同处遇,采取不同的教育改造方式。只有这样,才能使刑罚执行取得理想的效果。

(4) 人道主义原则。即在刑罚执行过程中,必须尊重犯罪人的人格,禁止使用残酷的、不人道的手段,关心犯人的实际困难,对犯人实行文明监管。我国《刑法》规定了虐待被监管人罪,禁止殴打、体罚虐待被监管人的行为;《监狱法》规定,罪犯的人格不受侮辱,其人身安全、合法财产和辩护、申诉、控告、检举以及其他未被依法剥夺或限制的权利不受侵犯。这都是人道主义原则的体现。

第二节 减刑制度

一、减刑概述

减刑,是指对被判处管制、拘役、有期徒刑、无期徒刑的犯罪分子,根据其在刑罚执行期间的悔改或立功表现,而适当减轻其原判刑罚的制度。

根据《刑法》第78条第1款的规定,减刑可以分为两种情况:(1) 应当减刑,即在犯罪人有重大立功表现时,人民法院应当对其减刑;(2) 可以减刑,即在犯罪人具备一定的条件时,人民法院可以裁定对其减刑。从减刑的效果看,减刑也包括两种情况:(1) 将较重的刑种减为较轻的刑种,如将无期徒刑减为有期徒刑;(2) 将较长的刑期减为较短的刑期,如将有期徒刑10年减为有期徒刑8年。

减刑不同于改判。改判是指原判决有错误,撤销原判决而重新作出判决。减刑并不是撤销或改变原判决,而是在肯定原判决的基础上,由于出现了法定的条件而将原判决确定的刑罚予以减轻。

减刑也不同于减轻处罚。减轻处罚是人民法院根据犯罪人所具有的法定减轻处罚情节,依法对其判处低于法定最低刑的刑罚,属于量刑制度;减刑是判决确定以后刑罚执行期间,对正在服刑的犯罪人,根据其悔改表现或立功情况,依法减轻其原判刑罚,属于刑罚执行制度。减轻处罚的适用对象为判决尚未确定的未决犯,减刑的适用对象是判决确定后刑罚执行期间的服刑犯。

减刑还不同于死缓考察期满后的减为无期徒刑、有期徒刑。后者实质上也减轻了刑罚,是一种特殊的减刑,但在适用对象、条件、法律后果上与我们这里所说的减刑有很大不同。通常所说的减刑,仅指《刑法》第 78 条规定的减刑,而不包括死缓犯减为无期徒刑、有期徒刑的情形。

减刑制度是罪责刑相适应原则在刑罚执行中的体现。罪责刑相适应原则作为刑法的基本原则,不仅体现在制刑、求刑中,而且体现在行刑中。罪责刑相适应原则在刑罚执行过程中的体现,就是应根据受刑人在刑罚执行中人身危险性的变化调整刑期。如果受刑人在刑罚执行中积极悔改,或有立功表现,就表明其人身危险性的消减比预想的快,就应减轻原判刑罚;反之,就应全部执行其原判刑罚,不能得到宽大处理。减刑制度有助于实现特殊预防的目的,可鼓励犯罪人积极接受劳动改造、悔过自新,以得到减刑、早日回归社会。

二、减刑的条件

根据《刑法》第 78 条的规定,减刑必须具备三个条件。

(一) 对象条件

减刑只适用于被判处管制、拘役、有期徒刑、无期徒刑的犯罪分子,这是减刑的对象条件。死刑缓期执行减为无期徒刑、有期徒刑,虽是一种特殊减刑,但不是本条所说的减刑。根据最高人民法院 2016 年 11 月 14 日发布的《关于办理减刑、假释案件具体应用法律若干问题的规定》(以下简称《减刑、假释规定》),对判处拘役或者 3 年以下有期徒刑而宣告缓刑的犯罪分子,一般不适用减刑。如果在缓刑考验期内有重大立功表现,可以参照《刑法》第 78 条的规定,予以减刑,减刑后实际执行的刑期不能少于原判刑期的 1/2,相应缩减的缓刑考验期限不能低于减刑后实际执行的刑期。对缓刑的减刑,不属于《刑法》第 78 条规定的减刑,但以对原判刑罚的减刑为前提。

(二) 实质条件

根据《刑法》第 78 条的规定,被判处管制、拘役、有期徒刑、无期徒刑的犯罪分子,在执行期间,如果认真遵守监规,接受教育改造,确有悔改表现的,或有立功表现的,可以减刑;有重大立功表现的,应当减刑。据此,可以减刑的实质条件是认真遵守监规,接受教育改造,确有悔改表现,或有立功表现。根据《减刑、假释规定》,"确有悔改表现"是指同时具备以下四个方面的情形:认罪悔罪;遵守法律法规及监规,接受教育改造;积极参加思想、文化、职业技术学习;积极参加劳动,努力完成劳动任务。对职务犯罪、破坏金融管理秩序和金融诈骗犯罪、组织(领导、参加、包庇、纵容)黑社会性质组织犯罪等罪犯,不积极退赃、协助追缴赃款赃物、赔偿损失,或者服刑期间利用个人影响力和社会关系等不正当手段意图获得减刑、假释的,不认定其"确有悔改表现"。"立功表现"是指具有下列情形之一:(1)阻止他人实施犯罪活动的;(2)检举、揭发监狱内外犯罪活动,或者提供重要的破案线索,经查证属实的;(3)协助司法机关抓捕其他犯罪嫌疑人的;(4)在生产、科研中进行技术革新,成绩突出的;(5)在抗御自然灾害或者排除重大事故中,表现积极的;(6)对国家和社会有其他较大贡献的。值得注意的是,这里的"认真遵守监规,接受教育改造,确有悔改表现的"与"有立功表现的"是并列的选择要件之一,并非两者都必备才可以减刑。

应当减刑的实质条件是有重大立功表现。"重大立功表现"是指,具备下列情形之一:(1)阻止他人重大犯罪活动的;(2)检举监狱内外重大犯罪活动,经查证属实的;(3)协助司法机关抓捕其他重大犯罪嫌疑人的;(4)有发明创造或者重大技术革新的;(5)在日常生产、生活中舍己救人的;(6)在抗御自然灾害或者排除重大事故中,有突出表现的;(7)对国家和社会有其他重大贡献的。

(三)限度条件

《刑法》第78条第2款规定,减刑以后实际执行的刑期,判处管制、拘役、有期徒刑的,不能少于原判刑期的1/2;判处无期徒刑的,不能少于13年;人民法院依据《刑法》第50条第2款限制减刑的死刑缓期执行的犯罪分子,缓刑执行期满后依法减为无期徒刑的,不能少于25年,缓期执行期满后依法减为25年有期徒刑的,不能少于20年。这是减刑的限度条件。减刑不是无限度地减轻刑罚,虽然受刑人有立功表现或悔改表现,但过分减轻刑罚就会违背罪责刑相适应原则,因而刑法规定了减刑的限度。

三、减刑的程序与减刑后的刑期计算

(一)减刑的程序

《刑法》第79条规定:"对于犯罪分子的减刑,由执行机关向中级以上人民法院提出减刑建议书。人民法院应当组成合议庭进行审理,对确有悔改或者立功事实的,裁定予以减刑。非经法定程序不得减刑。"据此,减刑程序应注意三点:(1)只能由具体的刑罚执行机关提出减刑建议书,除此之外,其他机关都无权提出减刑建议书。这是因为,减刑是根据受刑人在刑罚执行中的悔改表现或立功表现作出的,只有刑罚执行机关才能掌握受刑人的接受改造情况。(2)只有中级以上人民法院才能受理并裁定减刑,基层人民法院无此权限。(3)中级以上人民法院应组成合议庭审理是否裁定减刑。此外,根据《监狱法》第30条的规定,人民法院在收到监狱提出的减刑建议书后,应当自收到之日起1个月内予以审核裁定;案情复杂或情况特殊的,可以延长1个月。同时,《刑事诉讼法》第222条规定,人民检察院认为人民法院的减刑裁定不当的,应当在收到裁定书副本后20日内,向人民法院提出书面纠正意见,人民法院应当在收到纠正意见后1个月内重新组成合议庭进行审理,并作出最终裁定。

(二) 减刑后的刑期计算

根据《刑法》第80条的规定和有关立法精神,减刑后刑期的计算因刑种不同而有所不同:

(1) 被判管制、拘役、有期徒刑的,减刑后的刑期从原判决刑罚执行之日起计算。原判刑期已经执行的部分,应当计算在减刑后的刑期之内。

(2) 被判无期徒刑减为有期徒刑的刑期,从裁定减刑之日起计算,已执行的刑期,不计入减刑后的刑期之内。

(3) 被判无期徒刑减为有期徒刑后,依法再次减刑的,再次减刑后的刑期应从无期徒刑被减为有期徒刑之日起计算。已经执行的有期徒刑刑期,应当计算在再次减刑后的刑期之内。

第三节 假释制度

一、假释的概念

假释,是指对于被判处有期徒刑、无期徒刑的犯罪分子,在执行一定刑期以后,因认真遵守监规,接受教育改造,确有悔改表现,没有再犯罪的危险,因而附条件地将其提前释放的一种刑罚制度。

假释是一种附条件的予以提前释放制度,这决定了假释与刑满释放、监外执行、缓刑、减刑的区别。

刑满释放是被判处拘役、有期徒刑的犯罪分子,在其刑罚执行完毕后,完全恢复其人身自由的一项制度。而假释并不是刑期届满后的释放,只是一种附条件的提前释放,一旦发生了法定的撤销假释的事由,受刑人应被恢复刑罚的执行,原判刑罚继续执行。此外,假释的对象是被判有期徒刑、无期徒刑的犯罪分子。

假释与监外执行虽然都是有条件地不在监内执行刑罚,但在本质上有很大不同。这表现在:(1) 适用对象不同。假释只适用于被判无期徒刑、有期徒刑的犯罪分子;监外执行适用于被判拘役、有期徒刑的犯罪分子。(2) 适用的实质条件不同。假释只适用于已执行一定刑期,并确有悔改,没有再犯罪的危险的犯罪人;监外执行适用于因特殊情况不宜于在监内执行的犯罪人,如有严重疾病需保外就医的、怀孕或者正在哺乳自己婴儿的妇女等。(3) 假释的犯罪人若被撤销假释,其经过的假释考验期不计算在原执行的刑期之内,余刑须继续执行;监外执行的期间,无论后来是否收监执行,均计入原判执行的刑期以内。

假释与缓刑的区别在于:(1) 性质不同。假释是一种刑罚执行制度,在原判刑罚执行过程中予以适用;缓刑虽可以说是一种刑罚执行制度,但更是量刑制度,在判决刑罚的同时宣告。(2) 适用的依据不同。是否适用假释,主要依据犯罪人在刑罚执行过程中的悔改表现决定;而适用缓刑的主要依据是犯罪人的犯罪情节与判决前的悔罪表现。(3)适用对象不同。假释的对象是被判有期徒刑、无期徒刑的犯罪人;缓刑的对象是被判拘役、3年以下有期徒刑的犯罪人。(4)法律后果不同。假释是有条件地不执行余刑,考察期满符合条件的,视为原判刑罚执行完毕;缓刑是有条件地不执行原判刑罚,考察期满符合条件的,是原判刑罚自始没有执行过。

虽然假释与减刑都是刑罚执行制度,但两者也有很大不同:(1)假释适用于被判有期徒刑、无期徒刑的犯罪人;减刑适用于被判管制、拘役、有期徒刑、无期徒刑的犯罪人。(2)假释只能适用一次;减刑可以适用多次。(3)假释是附条件的提前释放,附有考验期,考验期内出现了法定事由,就撤销假释;减刑没有考验期,不存在被撤销的问题。(4)假释的直接后果是提前释放犯罪人;减刑的直接后果是减轻原判刑罚。

假释制度是近现代目的刑论的产物。假释制度可以鼓励被判处有期徒刑、无期徒刑的犯罪人积极接受教育改造,悔过自新,意图提前出狱。假释制度还可以成为受刑人回归社会的桥梁。受刑人长期在监狱中服刑,与社会完全隔离,一旦刑期届满出狱,突然回归社会,不免发生适应上的种种困难,故在受刑人由无自由的拘禁生活进入完全自由的社会生活间,设立假释这一过渡阶段,以使其能顺利完成社会复归,不致再犯。[①]

二、假释的适用条件

《刑法》第81条的规定,适用假释应具备四个条件。

(一) 对象条件

假释只适用于被判处有期徒刑、无期徒刑的犯罪人。对被判处管制的犯罪人,因为并未被关押剥夺人身自由,没有必要适用假释;对被判处拘役的犯罪人,因为刑期很短,适用假释意义不大;对被判处死刑缓期执行的人,不能直接适用假释,只有在减为无期徒刑、有期徒刑后才可适用假释。

(二) 执行的刑期条件

根据《刑法》第81条的规定,对被判处有期徒刑的犯罪分子,执行原判刑期1/2以上,对被判处无期徒刑的犯罪分子,实际执行13年以上,才可考虑适用假释。之所以对执行原判刑罚的刑期作出限制,一方面是因为假释是根据犯罪人在刑罚执行过程中的悔改表现决定的,时间太短,不能考察犯罪人是否确有悔改表现、不致再危害社会;另一方面是为了保证罪责刑相适应,期限太短会不能体现罪责刑相适应原则,同时会损害刑罚的严肃性与人民法院判决的稳定性。这里的"执行原判刑期1/2以上"是从判决确定之日起计算,判决前先行羁押的时间也计

[①] 参见张甘妹:《刑事政策》,台湾三民书局1979年版,第178页。

算在内。"实际执行13年以上"是从判决确定之日起计算,判决前先行羁押的时间不包括在内。

《刑法》第81条第1款后半段规定:"如果有特殊情况,经最高人民法院核准,可以不受上述执行刑期的限制。"这里的"特殊情况",是指国家政治、国防、外交等方面特殊需要的情况。

(三) 实质条件

认真遵守监规,接受教育改造,确有悔改表现,没有再犯罪的危险,是适用假释的实质条件。第81条第3款规定:"对犯罪分子决定假释时,应当考虑其假释后对所居住社区的影响。"因此,对所居住社区的影响也是适用假释应当考虑的因素。根据《减刑、假释规定》,"确有悔改表现"是指同时具备四个方面的情形:认罪悔罪;遵守法律法规及监规,接受教育改造;积极参加思想、文化、职业技术学习;积极参加劳动,努力完成劳动任务。判断"没有再犯罪的危险",除了必须符合《刑法》第81条规定的情形外,还应根据犯罪的具体情节、原判刑罚情况,在刑罚执行中的一贯表现,罪犯的年龄、身体状况、性格特征,假释后生活来源以及监管条件等因素综合考虑。

(四) 消极条件

《刑法》第81条第2款规定:"对累犯以及因故意杀人、强奸、抢劫、绑架、放火、爆炸、投放危险物质或者有组织的暴力性犯罪被判处10年以上有期徒刑、无期徒刑的犯罪分子,不得假释。"这是适用假释的消极条件。所谓暴力性犯罪,包括杀人、爆炸、抢劫、强奸、绑架五种犯罪,还包括故意伤害等其他暴力性犯罪。适用该款应注意两点:(1) 对于累犯,不论其所判处刑罚多少,都不得适用假释。累犯是已经执行过一定刑罚又在法定期限内再次犯罪的犯罪人,人身危险性比较大,所以不适用假释。(2) 因故意杀人、强奸、抢劫、绑架、放火、爆炸、投放危险物质或者有组织的暴力性犯罪被判处10年以上有期徒刑、无期徒刑的犯罪分子,不得假释。

三、假释的考验期限与考察

假释是附条件的提前释放,所附的条件就是受刑人在假释考验期内是否遵守法定条件。因此,假释必须有考验期限,而且考验期限不能过短,否则就不能发挥考察的作用。根据《刑法》第83条的规定,有期徒刑的假释考验期限为没有执行完毕的刑期,无期徒刑的假释考验期限为10年,这是比较合适的。

根据《刑法》第84条的规定,被宣告假释的犯罪分子,应当遵守下列规定:(1) 遵守法律、行政法规,服从监督;(2) 按照监督机关的规定报告自己的活动情况;(3) 遵守监督机关关于会客的规定;(4) 离开所居住的市、县或者迁居,应当报经监督机关批准。

四、适用假释的法律后果

《刑法》第85条规定:"对假释的犯罪分子,在假释考验期限内,依法实行社区矫正,如果没有本法第 86 条规定的情形,假释考验期满,就认为原判刑罚已经执行完毕,并公开予以宣告。"结合《刑法》第 85 条、第 86 条的规定,适用假释,因具体情况的不同,可能出现以下四种法律后果:

(1) 假释考验期满,没有《刑法》第 86 条规定的情形的,认为原判刑罚已经执行完毕,并公开予以宣告。

(2) 被假释的犯罪分子,在假释考验期限内犯新罪的,应当撤销假释,依照《刑法》第 71 条数罪并罚,先减后并。

(3) 在假释考验期限内,发现被假释的犯罪分子在判决宣告以前还有其他罪没有判决的,应当撤销假释,依照《刑法》第 70 条数罪并罚,先并后减。

(4) 被假释的犯罪分子,在假释考验期限内,有违反法律、行政法规或者国务院有关假释的监督管理规定的行为,尚未构成新的犯罪的,应当依照法定程序撤销假释,收监执行未执行完毕的刑罚。已经过的假释考验期,不计算在已执行的部分刑期之内。

本章重点问题提示

如前所述,《刑法》第 78 条第 2 款规定,减刑以后实际执行的刑期,判处管制、拘役、有期徒刑的,不能少于原判刑期的 1/2;判处无期徒刑的,不能少于 13 年。这是对减刑限度的限制。

值得注意的是,对这里的"实际执行的刑期"如何理解?"实际执行的刑期"是指判决执行后犯罪人实际服刑的时间。对于无期徒刑来说,由于判决前先行羁押的时间不能折抵刑期,因此 13 年是从判决确定之日起计算。对于管制、拘役、有期徒刑来说,实际执行的刑期能否包括判决前先行羁押的时间?对此,理解上存在着分歧。一种观点认为:"实际执行的刑期,应是原判决发生法律效力,将判决交付执行后,服刑人实际服刑改造的时期。既然如此,判决宣告前先行羁押的日期,就不能计算在实际执行的刑期以内。因为先行羁押的日期虽然可以折抵刑期,但毕竟不是实际执行刑罚。"①另一种观点认为,被判管制、拘役、有期徒刑的,先行羁押时间应当计入实际执行的刑期内;被判无期徒刑的,先行羁押时间不计入实际执行的刑期内。②《减刑、假释规定》所持的也是第二种观点,其第 18 条规定,对判处有期徒刑的罪犯减刑,执行原判刑期 1/2 以上的起始时间,应当从判决执行之日起计算判决执行以前先行羁押的,羁押 1 日折抵刑期 1 日。

我们赞同第二种观点。对于无期徒刑来说,先行羁押期不能折抵刑期,所以实际执行的刑期当然是从判决确定之日起计算;而对于管制、拘役、有期徒刑来说,虽

---

① 张明楷:《刑法学》,法律出版社 2003 年版,第 475 页。
② 参见马克昌主编:《刑法学》,高等教育出版社 2003 年版,第 303 页。

然其刑期是从判决确定之日起计算,但刑法规定判决前先行羁押的可以折抵刑期,因而先行羁押的期限也应包括在实际执行的刑期之内。例如,甲被判有期徒刑5年,被先行羁押6个月后,将继续执行4年零4个月的有期徒刑,从一般理解上讲,人们一般都会说,甲被判有期徒刑5年,最后也实际执行了5年有期徒刑,而不能说甲被判有期徒刑5年,结果只实际执行了4年零6个月。

思考题

1. 如何理解刑罚执行的概念和原则?
2. 减刑的适用条件是什么?如何把握减刑的限度与幅度?减刑后的刑期计算是怎样的?
3. 简述假释的适用条件。适用假释可能会有哪几种法律后果?

第十九章 刑罚的消灭

> **内容提要**

本章主要论述了刑罚消灭的概念及原因,时效制度,赦免制度。重点在于掌握追诉时效的期限、起算、中断及延长。

> **关键词**

刑罚的消灭　追诉时效　赦免　特赦

第一节　刑罚消灭概述

一、刑罚消灭的概念及特征

刑罚的消灭,并非指刑罚本身的灭亡或国家刑罚权的不存在,而是指由于一定的原因,代表国家的司法机关不能对特定的犯罪人行使具体的刑罚权。因此,刑罚消灭具有以下特征:

(1) 刑罚消灭以行为人的行为构成犯罪为前提。刑罚是刑事责任的主要实现方式,而刑事责任是犯罪的法律后果,因此只有行为人的行为构成犯罪时,才能追究其刑事责任,也才能对其适用刑罚。如果行为人的行为不构成犯罪,就根本不能适用刑罚,刑罚消灭也就无从谈起。

值得研究的是,我国《刑法》第449条规定:在战时,对被判处3年以下有期徒刑没有现实危险宣告缓刑的犯罪军人,允许其戴罪立功,确有立功表现时,可以撤销原判刑罚,不以犯罪论处。这一法条规定的内容是否属于刑罚消灭的事由,有待探讨。我们认为,由于对受缓刑宣告之军人戴罪立功的"不以犯罪论处",即原来所犯之罪不再存在,因而这种情况属于犯罪消灭而不是刑罚消灭的情况。刑罚消灭须以行为人的行为构成犯罪为前提。

(2) 刑罚消灭意味着代表国家的司法机关不能对特定的犯罪人行使具体的刑罚权。如前所述,刑罚权由制刑权、求刑权、量刑权与行刑权四方面组成。由于制刑权是由国家立法机关在具体犯罪行为发生之前行使的制定刑罚的权力,因而对于特定犯罪人和犯罪行为而言,制刑权不存在消灭的问题,所以刑罚消灭仅仅是指刑罚权中的求刑权、量刑权与行刑权消灭。

(3) 刑罚的消灭缘于一定的事由(原因)。引起刑罚消灭的事由既可以是法律的明文规定,如超过刑法规定的时效,刑罚归于消灭,也可以是客观发生的事实,如犯罪人死亡,刑罚事实上也随之消灭。

刑罚消灭与刑事责任消灭既有联系又有区别。刑事责任消灭是指在行为人未被追究刑事责任即刑事责任没有实现的情况下,其刑事责任因特定原因而不复存在,如超过追诉时效、犯罪嫌疑人死亡等。刑事责任消灭后,作为其实现方式的刑罚无疑也会消灭。但刑罚消灭并不以刑事责任消灭为必要条件,即在刑事责任没有消灭,行为人已被追究刑事责任的情况下,刑罚仍可以因某种事由而消灭,如在行为人服刑过程中,国家发布特赦令免除其剩余刑罚的执行,这便是刑事责任没有消灭而仅仅刑罚消灭的情况。

二、刑罚消灭的事由及种类

刑罚消灭的事由就是指导致刑罚消灭的具体原因。从判决是否确定的角度,可分为判决确定前刑罚消灭的事由和判决确定后刑罚消灭的事由,前者又被称作观念的刑罚权消灭的事由,后者又被称为现实的刑罚权消灭的事由;从是否为法律明确规定的角度,又可分为法定的刑罚消灭事由和非法定的刑罚消灭事由;从刑事责任的追究程序角度,还可分为求刑权、量刑权与行刑权的消灭事由。世界各国刑事法律中,大多都采用了后一种分类方式。这种划分方式层次清晰,一目了然。同时,无论是对于国家来说,还是对于被害人和犯罪嫌疑人来说,该种分类都具有不同的法律后果及意义。

从各国刑法的立法例看,求刑权消灭的事由有:犯罪嫌疑人死亡;超过追诉时效;告诉才处理的犯罪场合,被害人没有告诉或不告诉。量刑权消灭的事由有:被告人死亡;告诉才处理的犯罪场合,被害人撤回告诉;受罪刑宣告前被大赦。行刑权消灭的事由有:服刑中犯罪人死亡;缓刑考验期满或假释考验期满;超过行刑时效;被特赦;受罚金刑判决的犯罪人因法定事由被免除缴纳。

值得一提的是,对于刑罚消灭的事由及其种类的划分,我国刑法学界存在着不同的看法。① 我们认为,刑罚消灭不仅是指量刑权和行刑权的消灭,还应当包括求刑权的消灭。一般来说,求刑权的消灭就意味着量刑权和行刑权的消灭。但也存在行使了求刑权后,由于某种事由而导致量刑权和行刑权消灭的情况。例如服刑中的犯罪人死亡,被告人在判决确定后死亡等,此时国家公诉机关或被害人的求刑权并未消灭,事实上已经行使。这种特殊情况只是表明量刑权或行刑权的消灭,而不必然表明求刑权的消灭。

上述有的刑罚消灭事由,我国现行刑法并未规定,如大赦、行刑时效等,但无论有无规定,理论上和实践中都有研究的必要。本章仅对时效和赦免两种刑罚消灭事由加以讨论。

---

① 参见齐文远主编:《刑法学》,法律出版社1999年版,第362页。

第二节 时　　效

一、时效概述

时效,是指刑法规定的对犯罪进行追诉或者执行所判处刑罚的有效期限。由此,时效有追诉时效和行刑时效之分。

追诉时效,是指刑法规定的追究犯罪人刑事责任的有效期限。在法定期限内,司法机关有权追究犯罪人的刑事责任;超过该期限,则量刑权以及作为其条件的求刑权丧失,司法机关不能再追究犯罪人的刑事责任。此时,已经开始追究的,应当撤销案件,不起诉或者终止审判。

行刑时效,是指刑法规定的执行所判刑罚的有效期限。在该期限内,有关司法机关有权执行刑罚;超过此期限,已经判处的刑罚则不能再执行。行刑时效经过,产生的效果是行刑权的丧失。

我国刑法只规定了追诉时效,没有规定行刑时效。即在现有时效制度下,在宣告犯罪人罪行后,无论何种原因导致刑罚未能执行,司法机关在任何时候均有权将其缉拿归案,执行原判刑罚。我国1979年《刑法》未规定行刑时效,主要是基于自新中国建立以来至1979年《刑法》颁布实施前未曾发生过审判机关判处刑罚而未予执行的情况考虑,认为确立该制度的现实意义不大。1997年修订的《刑法》延续了这一情况。判处刑罚而未执行的原因主要是:发生战争或者重大自然灾害、司法机关的疏漏、罪犯的脱逃等。在我国,第一种情况不会影响到刑罚的执行;第二种情况尚未发生过;第三种情况不能成为刑罚消灭的正当理由。因而,立法者认为规定行刑时效没必要。我们认为,无论从完善刑事立法与实现刑罚目的的角度看,还是从影响刑罚未执行的原因发生的可能性上看,都有必要在今后修改刑法时规定行刑时效。

追诉时效制度是对司法机关行使刑罚权的一种限制。这种限制的确立具有多方面的意义。

(1) 符合适用刑罚的目的。对犯罪人适用刑罚的目的在于预防犯罪,而这种预防目的的实现,关键在于及时地发现和惩罚犯罪。如果犯罪人实施犯罪之后,经过较长时间没受到追诉而仍然没有再犯罪,就表明犯罪人已经能正常地顺应社会生活准则,再犯罪的人身危险性已不复存在,因而没有必要出于特殊预防的考虑再对之进行追诉和行刑;同时,岁月的流逝也使借助于对现时犯罪行为实施者的惩罚以警告其他社会成员的一般预防目的失去了应有的追求价值。

(2) 有利于维护稳定的社会秩序。当犯罪发生后没有追诉或者没有执行刑罚的状态持续了很长时间后,事实上已形成了一定的社会秩序,即曾经遭受犯罪行为破坏的某种社会关系已在相当程度上得到修复。如果此时通过追诉或行刑活动来改变这种事实状态,只会有损于刑法维护正常社会秩序的目的。

（3）符合刑罚效益原则。刑罚的适用始终伴随着一定量的社会资源的投入。在犯罪人没有受到追诉或没有受到刑罚惩罚而已经改恶从善的情况下，再追究犯罪人的刑事责任只能是出于纯粹的社会报复。这不仅是不理智的，也是不经济的。同时，适用刑罚需要确实可靠的证据，时过境迁，证据失散，取证活动不仅困难重重甚至徒劳无功，而且也会制约司法机关集中力量打击现行犯罪。因此，时效制度的设立，也利于提高司法机关办理现行案件的效率，摆脱陈年旧案的拖累。

二、追诉时效的期限

关于追诉时效期限的规定，是追诉时效制度的核心内容。从国外的立法例看，确定追诉时效的标准有两种：一是以罪为标准，一是以刑为标准。前者是在确定行为构成何种犯罪的基础上，依法确认其追诉时效期限；后者是在确定某罪的法定刑的基础上，确定其追诉时效期限。从追诉时效期限的长短应与犯罪的社会危害性和刑罚的轻重相适应的原则出发，我国刑法将"法定最高刑"确定为追诉时效的标准。根据《刑法》第87条的规定，犯罪经过下列期限不予追诉：（1）法定最高刑不满5年有期徒刑的，经过5年；（2）法定最高刑不满10年有期徒刑的，经过10年；（3）法定最高刑为10年以上有期徒刑的，经过15年；（4）法定最高刑为无期徒刑、死刑的，经过20年。如果经过20年以后认为必须追诉的，须报最高人民检察院核准，仍然可以追诉。

由于确定追诉时效期限以法定最高刑为标准，因此具体应用时，应根据行为人所犯具体罪行及情节的轻重确定其应当适用的刑法条款或相应的量刑幅度，然后按其法定最高刑计算追诉期限。具体讲，可以分为三种情况：（1）如果所犯罪行的刑罚分别规定有几条几款时，应按其罪行应当适用的条或款的法定最高刑计算；（2）如果同一条文中有几个量刑幅度时，则按其罪行应当适用的量刑幅度的法定最高刑计算；（3）如果条文中只有单一的量刑幅度，应按此条的法定最高刑计算。

三、追诉期限的起算、延长及中断

（一）追诉期限的起算

根据《刑法》第89条第1款的规定，追诉期限从犯罪之日起算。"犯罪之日"应理解为犯罪成立之日，即行为符合犯罪构成之日。由于刑法对各种犯罪规定了不同的构成要件，因而认定犯罪成立的标准随着犯罪形态的不同而不同。

犯罪行为有连续状态的（连续犯）或者持续状态的（持续犯），其追诉期限从犯罪行为终了之日起计算。

（二）追诉时效的延长

追诉时效的延长，是指追诉机关在法律规定的特定情况下，对犯罪人的追诉可以不受追诉期限规定的限制。我国《刑法》第88条规定了两类追诉期限延长的事由：

（1）因行为人在进入刑事诉讼程序后逃避侦查或审判而导致时效延长。这是指在公诉案件中，人民检察院、公安机关、国家安全机关将犯罪嫌疑案件按法定程序立为刑事案件之后，或者在自诉案件中，人民法院审查了自诉人的刑事自诉状并决定立案审判之后,行为人逃避侦查或审判情形的,在这种场合下,无论经过多长时间,都可以进行追诉。

(2) 因被害人提出控告而延长追诉时效。被害人在追诉期限内提出控告,人民法院、人民检察院和公安机关应当立案而不予立案的,不受追诉时效的限制。这种时效延长的事由是1997年修订的《刑法》增加的内容,其成立必须具备两个条件:一是被害人在追诉期限内提出控告,如果超出追诉期限再提出控告,仍不能追诉;二是司法机关接到控告后,依法应当立案而不予立案。在这种情形下,无论应当立案而不予立案的状态已经持续多久,都不影响对犯罪人进行追诉。

(三) 追诉时效的中断

追诉时效的中断,是指在追诉时效进行期间,因发生法定事由而使先前所经过的时效期间归于无效,法律规定的事由终了之时重新开始计算追诉时效的制度。

从各国的立法例看,追诉时效中断事由大致可分为三种情况,即因司法机关采取相应措施而中断;在追诉时效期间内又犯罪而中断;案件已进入刑事诉讼程序而中断。我国刑法采取第二种形式。《刑法》第89条第2款规定:"在追诉期限以内又犯罪的,前罪追诉的期限从犯后罪之日起计算。"据此,在追诉时效进行中,如果犯罪分子又犯新罪,不论新罪的性质和刑罚的轻重如何,前罪所经过的时效期限都归于无效,其追诉期限从犯新罪之日起重新计算;如果后罪是连续犯或持续犯,则前罪和后罪都从后罪行为终了之日起计算。

第三节 赦 免

一、赦免的概念

赦免,是指国家宣告对犯罪人免除其罪或者免除执行刑罚的全部或部分的法律制度。从性质上,赦免可分为大赦和特赦两种。

大赦,是指国家对不特定犯罪人免予起诉和免除刑罚的制度。其效力及于罪与刑两方面,即对宣布大赦的犯罪就不再认为是犯罪,实施此类犯罪者,不再被视为犯罪人,从而不再追究其刑事责任;已受追诉或已受罪刑宣告的,追诉或宣告均归于无效。大赦的对象为不特定的多数人,既可能是某一时期犯有一定罪行的人,也可能是某一地区的全体犯罪人。

特赦,是指国家对特定的犯罪人免除其全部或部分刑罚的制度。从赦免效力看,特赦只及于刑,而不及于罪,即只部分或全部免除刑罚的执行,而不免除有罪宣告,并且其对象只能是经法院判决之后的特定犯罪人。

大赦、特赦由国家最高权力机关或国家元首以命令的形式发布。赦免完毕,大赦令和特赦令自然失效。我国1954年《宪法》曾规定过大赦和特赦,但实际中并没有使用过大赦。1978年《宪法》和1982年《宪法》均取消了大赦,只规定了特赦。

二、我国的特赦制度

1959—2015 年,我国共实行过 8 次特赦。从前 7 次特赦的情况看,我国的特赦制度具有以下特点:

(1) 特赦的对象。特赦以一类或几类犯罪人为对象,并且主要是适用于战争类罪犯,而不是适用于个别犯罪人。除 1959 年特赦包括部分反革命罪犯与普通刑事犯外,其余几次都是对战争罪犯实行的。

(2) 特赦的根据。特赦根据犯罪人在服刑过程中的悔改表现与罪行轻重,区别对待。对于罪行轻,因而所判刑罚轻,并有改恶从善表现的,免除其尚未执行完毕的刑罚,提前予以释放;对于虽有改恶从善表现,但因罪行重而判刑重的,只是减轻刑罚。

(3) 特赦的效力。特赦的效力只是免除执行剩余的刑罚或者减轻原判刑罚,不是免除全部刑罚,更不是使原有的罪行宣告无效。

(4) 特赦的权限。特赦由全国人大常委会决定,由中华人民共和国主席发布特赦令,再由最高人民法院和高级人民法院予以执行。

第 8 次特赦具有自身的特殊性。根据全国人大常委会 2015 年 8 月 29 日通过的《关于特赦部分服刑罪犯的决定》,国家主席同日签署主席特赦令,对参加过抗日战争、解放战争等四类服刑罪犯实行特赦。

根据该特赦令,对依据 2015 年 1 月 1 日前人民法院作出的生效判决正在服刑、释放后不具有现实社会危险性的四类罪犯实行特赦:

一是参加过中国人民抗日战争、中国人民解放战争的;

二是中华人民共和国成立以后,参加过保卫国家主权、安全和领土完整对外作战的,但犯贪污受贿犯罪,故意杀人、强奸、抢劫、绑架、放火、爆炸、投放危险物质或者有组织的暴力性犯罪,黑社会性质的组织犯罪,危害国家安全犯罪,恐怖活动犯罪的,有组织犯罪的主犯以及累犯除外;

三是年满 75 周岁、身体严重残疾且生活不能自理的;

四是犯罪的时候不满 18 周岁,被判处 3 年以下有期徒刑或者剩余刑期在 1 年以下的,但犯故意杀人、强奸等严重暴力性犯罪,恐怖活动犯罪,贩卖毒品犯罪的除外。

根据该特赦令,对 2015 年 8 月 29 日符合上述条件的服刑罪犯,经人民法院依法作出裁定后,予以释放。

本章重点问题提示

各国刑法都规定了时效制度。然而,时效制度存在的理论根据如何?对此,刑法理论上存在着不同看法。推测犯人改善说认为,犯罪人在犯罪后长时间内没有继续犯罪,由此可以推测犯罪人已经得到改善,没有处刑与行刑的必要。① 证据灭失说认为,犯罪之证据因为时间的流逝而散失,因而难以达到正确处理案件的目的。② 准受刑说认为,虽然犯罪人犯罪后没有受到刑事追究,但在长期的逃亡中,犯罪人已经受到了充分的呵责,长时间的逃避与恐惧所带来的痛苦,与执行刑罚没有多大差别。③ 怠于行使说(又称权利丧失说)认为,既然国家怠于对犯罪人进行追诉或对犯罪人所判刑罚的执行,那么刑罚权应予以消灭。④ 社会遗忘说(又称规范感情缓和说)认为,随着时间的经过,对犯罪的规范感情已经得到缓和,因而没有必要非要要求给予犯罪人以现实的处罚。⑤ 事实状态尊重说认为,随着社会秩序的恢复,在犯人方面,也产生了和一般人同样的社会关系,因此尊重由此而形成的事实状态,应当是时效制度的本来目的。⑥

我们认为,上述诸说都只从某一方面说明了时效制度存在的合理性或必要性,因而都只具有"片面的合理性"。时效制度的理论根据在于:在国家方面,怠于行使自己的求刑权,是一种权力的丧失;在犯罪人方面,它是对国家刑罚权的限制,对犯罪人权利的保障;在追诉方面,长时间地不及时行使求刑权导致证据灭失,难以正确地处理案件;在社会方面,被犯罪人曾经破坏的社会秩序经过较长时间后,业已恢复,没有必要重开诉讼破坏已经恢复的事实状态;在刑罚目的方面,犯罪人犯罪后,经过很长一段时间没有再犯罪,就说明已经达到刑罚的目的,没有必要再行追诉。

思考题

1. 什么是刑罚的消灭?
2. 什么是追诉时效?刑法对追诉时效的期限是如何规定的?如何计算追诉时效期限?
3. 什么是追诉时效的延长与中断?
4. 如何理解赦免的概念和种类?

---

① 参见高仰止:《刑法总则之理论与实用》,台湾五南图书出版公司1986年版,第579页。
② 参见〔法〕卡斯东·斯特法尼:《法国刑事诉讼法精义》(上),罗结珍译,中国政法大学出版社1999年版,第155页。
③ 参见〔日〕大塚仁:《刑法概说(总论)》,冯军译,中国人民大学出版社2003年版,第502页。
④ 参见〔法〕卡斯东·斯特法尼:《法国刑事诉讼法精义》(上),罗结珍译,中国政法大学出版社1999年版,第155页。
⑤ 参见〔日〕大塚仁:《刑法概说(总论)》,冯军译,中国人民大学出版社2003年版,第524页。
⑥ 参见〔日〕大谷实:《刑法总论》,黎宏译,中国法制出版社2003年版,第401页。

下 编

刑法分论

第二十章　刑法分论概述

内容提要

本章主要论述了刑法分则的体系,刑法分则条文的要素,法条竞合。重点在于罪名的类型、罪状的分类、法条竞合的识别及处理。

关键词

罪状　罪名　法定刑　法条竞合

第一节　刑法分则的体系

一、刑法分则体系的概念

刑法分则体系,是指刑法分则对具体犯罪进行科学的分类,并按照一定的次序排列而形成的统一体。罪刑各论以广义的刑法分则为研究对象,而研究刑法分则首先必须掌握刑法分则体系。刑法分则规定的是具体犯罪及其刑罚,而具体犯罪的种类繁多,因此需要按一定标准将形形色色的犯罪分为若干类型,并对各类犯罪进行恰当排列,同时对每一类犯罪中的各种具体犯罪进行排列。于是,分则体系就得以形成。由此可见,刑法分则体系以犯罪分类为基础。

在犯罪分类及各类犯罪的排序方面,各国的做法不尽相同。就犯罪分类而言,有的国家主张简约,如1810年的《法国刑法典》仅将犯罪分类为危害国家的犯罪与危害个人的犯罪两大类;有些国家的犯罪分类则比较细密,如1975年的《德意志联邦共和国刑法典》将犯罪分为危害和平、叛乱,危害民主法治国家的犯罪等29类,1988年修订的《韩国刑法典》将犯罪分为内乱罪等42类。就各类犯罪的排序而言,有的国家将侵犯个人法益(法律所保护的利益)排在前面,如1940年制定的《巴西刑法典》;有的国家将侵犯国家法益的犯罪排在前面,如《德意志联邦共和国刑法典》。上述排序的不同,反映了各国刑法的价值取向。①

研究具体犯罪的分类,不仅有利于建立科学的刑法分则体系、把握刑法的价值取向,而且有助于司法机关正确定罪量刑。由于现实中所发生的犯罪十分复杂,而

---

① 参见陈兴良主编:《刑法各论的一般原理》,内蒙古大学出版社1992年版,第62页。

科学的犯罪分类揭示了各类犯罪的特殊性,所以司法机关往往是先判断现实中的严重危害社会行为属于哪一类犯罪,然后再进一步分析其属于该类犯罪中的哪一种具体犯罪。可见,研究犯罪分类具有重要的实际意义。

二、我国《刑法》分则体系的特点

我国《刑法》分则将各种具体犯罪分为 10 大类,其排列顺序为:危害国家安全罪,危害公共安全罪,破坏社会主义市场经济秩序罪,侵犯公民人身权利、民主权利罪,侵犯财产罪,妨害社会管理秩序罪,危害国防利益罪,贪污贿赂罪,渎职罪,军人违反职责罪。建立在这一分类基础上的我国《刑法》分则体系具有四个特点。

(一) 以同类客体作为犯罪分类的标准

犯罪的同类客体,是指某一类犯罪所共同侵犯的我国社会主义社会关系的一个方面。同类客体揭示的是同一类型犯罪在犯罪客体要件上的共同属性,即本犯罪类型不同于其他类型犯罪的特殊危害性质,并在一定程度上反映出各类犯罪不同的危害程度。我国《刑法》分则所规定的 10 类犯罪,正是基于同类客体标准划分的结果。例如放火罪、决水罪、爆炸罪、投放危险物质罪等具体犯罪,都侵犯到社会的公共安全,因而被归入危害公共安全罪一类。其他各类犯罪,也都是依据不同的同类客体而区分的。

(二) 依据犯罪侵犯的主要客体对侵犯复杂客体的犯罪进行归类

在现实中,有的犯罪侵犯了两种以上的具体社会关系,分别属于不同客体。如诬告陷害罪既侵犯了公民的人身权利,又侵犯了司法机关的正常活动;抢劫罪既侵犯了公私财产权利,又侵犯了公民的人身权利。在这样的情况下,如何进行归类值得探讨。对此,我国《刑法》分则是以犯罪侵犯的主要社会关系(主要犯罪客体)为依据来进行归类的。例如,在诬告陷害罪侵犯的社会关系中,公民的人身权利是主要客体,故本罪被归入侵犯公民人身权利、民主权利罪类型;而在抢劫罪侵犯的复杂客体中,公私财产权利是主要的犯罪客体,因此本罪被归入侵犯财产罪类型。

(三) 主要依据犯罪的社会危害性程度对各类犯罪进行排序

犯罪类型的排序反映了刑法的矛头所向与打击重点,表明了立法者对各类犯罪的认识和态度。从我国刑法分则体系看,基本上是以各类犯罪的总体危害程度为标准,按由重到轻的顺序排列下来的。例如,危害国家安全罪是所有犯罪类别中性质最严重、社会危害性最大的一类犯罪,因而被排在各类犯罪之首。危害公共安全罪的社会危害性次之,所以被排在第二位。其他各类犯罪除军人违反职责罪由于犯罪主体的特殊性而被置于末尾外,也都是按总体上的社会危害性程度由重到轻进行排列的。

(四) 依据各种犯罪的社会危害性程度以及相互间的内在联系对具体犯罪进行排列

《刑法》分则在安排各类犯罪中的具体犯罪时,首先考虑的也是具体犯罪的社会危害性的大小,如将背叛国家罪、放火罪、故意杀人罪和抢劫罪等分别规定在有关犯罪类别之首位,就是因为这些犯罪的社会危害性是所在犯罪类型中最为严重的。与此同时,《刑法》分则在具体犯罪的排列上又充分考虑了犯罪之间的内在联系,如在故意杀人罪之后规定过失致人死亡罪;在重婚罪之后规定破坏军婚罪等。

第二节 刑法分则的条文的要素

刑法分则条文通常由罪状和法定刑两个要素组成。例如我国《刑法》第253条第1款规定:"邮政工作人员私自开拆或者隐匿、毁弃邮件、电报的,处2年以下有期徒刑或者拘役。"在这一条文中,逗号以前的内容即为罪状,其中包含罪名;逗号以后的内容为法定刑。

一、罪状

罪状是分则条文对犯罪具体状况的描述,用意在于指明适用该分则条文的条件。从我国刑法分则规定看,罪状可以分为两类:一类是基本罪状;另一类是加重及减轻罪状。

（一）基本罪状

基本罪状即直接描述具体犯罪构成特征的罪状。例如,《刑法》第232条所规定的"故意杀人的"就属于直接描述故意杀人罪构成特征的基本罪状,不符合这一基本罪状的,则不构成故意杀人罪。一般认为,分则对基本罪状的描述方式主要有四种,即简单罪状、叙明罪状、引证罪状和空白罪状。

简单罪状是指仅仅对犯罪构成特征加以概括描述而未作具体说明的罪状。例如,《刑法》第108条规定的"投敌叛变的"、第170条规定的"伪造货币的"、第240条规定的"拐卖妇女、儿童的"等,都是简单罪状。之所以采取简单罪状的方式,主要是因为这些犯罪的特征是众所周知的,不需要具体的描述。简单罪状的特点是,只列出确定罪名所需要的文字,十分简练。

叙明罪状又称说明罪状,是指对具体犯罪的构成特征作出较为具体、详细描述的罪状。例如,《刑法》第305条所规定的伪证罪的罪状为"在刑事诉讼中,证人、鉴定人、记录人、翻译人对与案件有重要关系的情节,故意作虚假证明、鉴定、记录、翻译,意图陷害他人或者隐匿罪证"。之所以采取叙明罪状的方式,主要是因为这些犯罪的构成特征不易为一般人所知悉,也难以通过总则的规定予以把握,需要作详细、具体的说明。叙明罪状的特点是,构成要件的含义比较明确,少有歧义。

引证罪状是指引用刑法分则的其他条款来说明和确定某一具体犯罪构成的特征的罪状。例如,《刑法》第124条第1款规定了破坏广播电视设施、公用电信设施罪的罪状和法定刑。其第2款规定:"过失犯前款罪,处……"该款便是引用本条第1款规定的罪状来说明和确定过失损坏广播电视设施、公用电信设施罪的构成特征,即属于引证罪状。之所以采取引证罪状的方式,是因为某些犯罪的特征在其他条款中已有规定,无须再一次描述。引证罪状的特点是,文字简明,避免重复。

空白罪状,即在分则条文中指明了必须参照其他法律、法规的规定来确定某一犯罪的构成特征的罪状,故又称参见罪状。例如《刑法》第332条规定的"违反国际卫生检疫规定,引起检疫传染病传播或者有传播严重危险",即为空白罪状。之所以采用空白罪状的方式,是因为这些犯罪以触犯其他法律、法规为前提,其特征在其他法律、法规中已有规定,刑法条文又难以对其简要描述。空白罪状的特点是,指明所参照的法规,避免复杂表述。

必须指出的是,有些分则条文规定了两种以上的行为,其中有的系一种犯罪可供选择的几个基本罪状,如《刑法》第347条规定的走私、贩卖、运输、制造毒品罪等;有的则是几个犯罪的基本罪状,如《刑法》第114条规定的放火罪、决水罪、爆炸罪、投放危险物质罪以及以危险方法危害公共安全罪等。在研究罪状时,应注意它们之间的区别。此外,有些分则条文还采用了两种以上的罪状描述方式,表现为同一罪状既属于空白罪状又系叙明罪状,如《刑法》第338条、第343条等,这也是探讨基本罪状的描述方式时所不能忽视的。

可见,基本罪状实际上是对具体犯罪的特有构成要件的描述,即使简单罪状也不例外。例如,《刑法》第170条规定的伪造货币罪的罪状所描述的,实际上是伪造货币罪的特有客观要件;《刑法》第232条规定的故意杀人罪的罪状所描述的,其实是故意杀人罪的特有主、客观要件。但必须指出的是,基本罪状通常并没有完全地描述具体犯罪的所有构成要件,即便是叙明罪状也是如此。这是因为,有的要件已经在总则中进行了规定,有的要件则需要通过对其他要件的分析来确定。例如,前述《刑法》第305条所规定的伪证罪的罪状对该罪的主体及其他有关特征作了详细描述,但该条所描述的还不是成立伪证罪主体的充分条件。换言之,根据这一描述还不能得出未满16周岁的证人可否成为伪证罪主体的结论,只有将该罪状与《刑法》第17条的规定结合起来,才能准确确定伪证罪的主体条件。因此,对具体犯罪全部构成要件的确定,必须是在基本罪状所描述的基础上结合总则的规定及相关分析来进行。任何认为罪状与犯罪构成无关或者认为罪状完全等于犯罪构成的观点都不利于正确认定犯罪。

(二) 加重及减轻罪状

加重及减轻罪状,是指描述加重或减轻法定刑的适用条件的罪状。例如,《刑法》第257条第1款规定了暴力干涉婚姻自由罪的基本罪状,第2款中"犯前款罪,致使被害人死亡"的规定即为加重罪状。又如《刑法》第232条前段规定了故意杀人罪的基本罪状,后段中关于"情节较轻"的规定就属于减轻罪状。由上述立法例可见,加重及减轻罪状必须以基本罪状为基础,而不能独立存在,即如果没有基本罪状,就不可能出现加重及减轻罪状。

刑法分则关于加重罪状的规定方式有3种:(1) 设专条规定,如《刑法》第199条;(2) 设专款规定,如《刑法》第236条第3款;(3) 在规定基本罪状后,紧接着在同一条款内规定加重罪状,如《刑法》第121条和第240条第1款等。分则对减轻罪状的规定,则一般是在规定基本罪状的同一条款内,如《刑法》第110、111、112条等。

由于加重及减轻罪状是在基本罪状的基础上产生的,故对其与犯罪构成的关系应以基本罪状为中介来理解。

二、罪名

罪名有广义与狭义之分。广义罪名包括类罪名(分则各章的章名)、分类罪名(分则第3章与第6章的节名)和具体犯罪的罪名。狭义罪名仅指具体罪名。这里所说的是狭义罪名。

(一) 罪名的概念与功能

罪名即犯罪名称,是对犯罪本质或主要特征的高度概括。由于基本罪状均对具体犯罪的本质或者主要特征进行了描述,故一般可以认为,罪名以罪状为基础并被包括在罪状之中。

刑法理论上认为,罪名并非只起到一种称呼作用,而是具有如下重要功能:

(1) 概括功能。现实中的犯罪现象是各式各样的,很难一一列举出来,而在罪状的基础上通过罪名对现实中形形色色的犯罪现象进行概括,就可以使人们了解刑法中究竟规定了多少种类的犯罪,并通过罪名基本把握各种具体犯罪的主要含义,从而能大致地区别罪与非罪、此罪与彼罪。例如,《刑法》第117条规定:"破坏轨道、桥梁、隧道、公路、机场、航道、灯塔、标志或者进行其他破坏活动,足以使火车、汽车、电车、船只、航空器发生倾覆、毁坏危险,尚未造成严重后果的,处3年以上10年以下有期徒刑。"该条中的罪状所描述的是对各种交通设施的破坏行为,而对这些行为以破坏交通设施罪的罪名加以概括,无疑有助于正确把握现实中各种具体的破坏交通设施的犯罪行为。

(2) 个别化功能。罪名一方面将形形色色的犯罪行为概括为一种犯罪,另一方面又因所具有的独特含义而使此罪与彼罪得以区别开。由于罪与罪的区别大多表现在行为特征上,故罪名一般也表现为对行为特征的概括,如叛逃罪、放火罪、虚报注册资本罪、虐待被监管人罪等。当然,如果对行为特征的概括尚不能使某种犯罪与其他犯罪相区别,则要通过表明主观特征或者其他要件的特征来实现罪名的个别化功能。例如,用泄露国家秘密罪这样的概括还不能体现个别化的要求,因为这时并没有将故意泄露与过失泄露的犯罪区别开,因此在概括罪名时,应分别确定为故意泄露国家秘密罪与过失泄露国家秘密罪。可见,罪名的这种个别化功能,使得人们根据罪名就大致可以区别此罪与彼罪。

(3) 评价功能。毫无疑问,罪名体现了国家对某种严重危害社会行为的否定评价以及对行为人的谴责。例如,收买被拐卖的妇女、儿童罪这一罪名本身就意味着国家对收买被拐卖的妇女和儿童的行为之否定评价,同时也表明国家对实施这种行为的人的谴责。因此,只有行为人的行为符合某一罪名,国家才能对其行为进行刑法意义上的否定评价,才能对行为人予以刑法上的谴责。由同一道理可知,如果人民法院最终确定行为人的行为符合某一罪名,那么尽管行为人没有受到刑罚处罚,也表明国家对该行为的否定评价和对该行为人的谴责。

(4) 威慑功能。由于罪名体现了国家对犯罪行为的否定评价和对行为人的谴责,因此在一定程度上它具有行为准则的意义,即告知人们在行为时应注意避免触犯刑法上的罪名,不然将会招致国家的否定评价与谴责。可见,罪名实际上能起到预防犯罪的作用,而这种作用来源于它的威慑功能。

(二) 罪名的分类

罪名的分类,是指根据对具体罪名特点的归纳而将其划分为不同的类型,其用意在于进一步明确罪名的含义,从而正确地适用罪名。一般而言,可以对罪名作如下分类:

(1) 立法罪名、司法罪名与学理罪名。立法罪名,是指国家立法机关在刑法条文或立法解释中所确定的罪名,如贪污罪、挪用公款罪、受贿罪及行贿罪就分别是《刑法》第382、384、385、389条所明确规定的罪名。立法罪名具有与刑法本身相同的普遍约束力,包括最高司法机关在内的任何司法部门都不能对有关犯罪使用与立法罪名不同的罪名表述。司法罪名,是指最高司法机关通过司法解释所确定的罪名。① 司法罪名对下级司法机关办理刑事案件具有约束力,如下级人民法院对相关犯罪不能使用与最高人民法院所确定的罪名不同的罪名表述。学理罪名,是指在刑法理论上通过对刑法分则的有关规定进行探讨而概括出的与司法罪名表述不同的罪名,如《刑法》第360条第1款所规定犯罪的司法罪名为传播性病罪,但有的教科书认为该罪名不够科学,主张将本罪概括为性病患者卖淫、嫖娼罪。② 这里的性病患者卖淫、嫖娼罪即为学理罪名。学理罪名于司法机关没有约束力,但对司法实践中准确确定罪名及把握犯罪的本质具有指导与参考意义。

(2) 单一罪名、选择罪名与概括罪名。单一罪名,是指所包含的犯罪构成具体内容单一,只能反映一个犯罪而不能分解拆开使用的罪名,如伪造货币罪、故意杀人罪、非法持有毒品罪等。行为符合单一罪名的,没有疑问地构成一罪。选择罪名,是指所包含的犯罪构成的具体内容复杂,反映出多种犯罪行为,既可以概括使用也可以分解拆开使用的罪名。例如,《刑法》第124条第1款规定的破坏广播电视设施、公用电信设施罪是一个罪名,但它包括了破坏广播电视设施的行为与破坏公用电信设施的行为两个选项,即可以分解成两个罪名来使用。如果行为人实施了破坏广播电视设施行为,对其认定为破坏广播电视设施罪;如果行为人实施了破坏公用电信设施行为,应认定为破坏公用电信设施罪;如果行为人既实施了破坏广播电视设施行为,又实施了破坏公用电信设施行为,则应认定为破坏广播电视设施、公用电信设施罪,而不能认定为数罪。从我国《刑法》分则的规定来看,选择罪名主要有对象选择(如《刑法》第240条规定的拐卖妇女、儿童罪)、行为选择(如《刑法》第171条第1

---

① 参见最高人民法院审判委员会于1997年12月9日通过的《关于执行〈中华人民共和国刑法〉确定罪名的规定》、最高人民检察院检察委员会于1997年12月25日通过的《关于适用刑法分则规定的犯罪的罪名的意见》以及最高人民法院与最高人民检察院于2002年3月15日联合作出的《关于执行〈中华人民共和国刑法〉确定罪名的补充规定》等。

② 参见张明楷:《刑法学》(下),法律出版社1997年版,第883—884页。

款规定的出售、购买、运输假币罪)和行为与对象双重选择(如《刑法》第280条第1款规定的盗窃、抢夺、毁灭国家机关公文、证件、印章罪)等情况。概括罪名,是指虽然其包含的犯罪构成之具体内容同样具有能反映出多种犯罪行为的复杂特点,但只能概括使用而不能分解拆开使用的罪名。例如,《刑法》第196条规定的信用卡诈骗罪的犯罪构成中,包括了使用伪造的信用卡、使用作废的信用卡、冒用他人信用卡和恶意透支四种行为,无论行为人是全部实施了这四种行为还是仅实施了其中一种或几种行为,都只能认定为信用卡诈骗罪。可见,概括罪名是介于单一罪名与选择罪名之间的一种罪名类型。从罪名本身没有选择余地的角度讲,它具有单一罪名的特点;但从其包含了数种犯罪行为且只要具备当中一种即构成犯罪,而实施其中两种以上的犯罪行为也不成立数罪的角度而言,它又具有选择罪名的特点。明确上述三种罪名的差别,才能正确地确定和使用罪名。

(3)确定性罪名与不确定性罪名。确定性罪名,是指法律上对具体犯罪的事实特征有明确、特定表述的罪名,如洗钱罪、贷款诈骗罪、侵犯商业秘密罪等。这些罪名虽然包含多种犯罪行为,但内涵清楚,性质明确,故不管具体行为的表现形式如何,只要触犯这种罪名所对应的罪刑规范,就没有疑问地使用该罪名。例如,不管行为人采取什么方法诈骗贷款,均构成贷款诈骗罪。不确定性罪名,是指法律对具体犯罪的事实特征没有予以明确的表述,因而定罪时可以根据行为的具体状况使用不同名称来叙述的罪名。例如,《刑法》第114条与第115条第1款规定的"以其他危险方法"危害公共安全的犯罪就属于这种状况。刑法理论上有一种观点认为,对该种情况,应根据实际危险方法的具体表现来确定罪名,如对在公共场所驾驶汽车撞人危害公共安全的,定为以驾车撞人的危险方法危害公共安全罪;对私设电网危害公共安全的,定为以私设电网的危险方法危害公共安全罪等。[①]

(三) 罪名的确定

罪名的确定是否正确,关系到罪名的功能能否实际实现。一般认为,要正确确定罪名,必须遵循合法性、科学性与概括性三项原则。

(1)合法性,是指确定罪名时应以刑法分则规定的罪状为依据,不能超出罪状所包含的内容。具体而言,应注意以下几点:第一,当分则条文规定的是简单罪状时,应直接将该罪状用作罪名。例如,《刑法》第232条规定的罪状为"故意杀人",所以罪名只能确定为故意杀人罪,而不能使用诸如行凶杀人罪、抢劫杀人罪、报复杀人罪等名称。第二,凡叙明罪状、引证罪状或空白罪状通过描述行为特征提示了罪名的,也应使用所提示的罪名而不能定其他罪名。例如,《刑法》第219条第1款规定的罪状为"有下列侵犯商业秘密行为之一,给商业秘密的权利人造成重大损失……",这即提示了该条所规定的罪名是侵犯商业秘密罪,因此在适用该条时应使

[①] 这里介绍的只是一种学术观点。根据最高人民法院审判委员会于1997年12月9日通过的《关于执行〈中华人民共和国刑法〉确定罪名的规定》,司法实践中无论是对在公共场所驾驶汽车撞人危害公共安全的,还是对私设电网危害公共安全的,均应认定为以危险方法危害公共安全罪。

用侵犯商业秘密罪的罪名而不能用别的名称。第三，不能将类罪名或分类罪名作为具体罪名使用。类罪名与分类罪名分别是《刑法》分则的章名与节名，它们并不反映具体罪状的特征，故不能被用作具体罪名。第四，不能把总则中规定的某些情况当作罪名来使用。例如，不能使用"故意杀人预备罪""教唆强奸罪"这样的罪名表述。第五，分则条文中有的罪状描述的是单一罪名，有的是描述了几个罪名，确定罪名时应正确理解罪状的不同含义。

（2）科学性，是指所确定的罪名必须能鲜明地体现出具体犯罪的性质与主要特征，并明确反映此罪与彼罪的界限。这就要求在确定罪名时必须认真分析具体犯罪的构成要件，找出其本质特征，并科学地进行概括。例如，《刑法》第194—196条先后规定了进行票据诈骗、信用证诈骗与信用卡诈骗活动的犯罪行为，而根据它们各自的本质特征将其分别确定为票据诈骗罪、信用证诈骗罪和信用卡诈骗罪，就能清楚地反映出这几种犯罪各自的本质特征，从而又有利于把握它们之间以及它们与其他各种具体的诈骗罪之间的区别。

（3）概括性，是指罪名必须高度地概括具体犯罪的所有表现形式，并且应当尽可能精炼而不冗长。例如，《刑法》第146条规定的罪状为"生产不符合保障人身、财产安全的国家标准、行业标准的电器、压力容器、易燃易爆产品或者其他不符合保障人身、财产安全的国家标准、行业标准的产品……造成严重后果的"，根据概括性的要求，应将本条规定的罪名确定为生产、销售不符合安全标准的产品罪，而不能表述为生产、销售伪劣电器、压力容器、易燃易爆产品或其他危害人身、财产安全的伪劣产品罪。

三、法定刑

（一）法定刑的概念

法定刑，是指刑法分则条文对各种具体犯罪所规定的刑种与刑罚幅度。我国《刑法》总则规定了各种主刑和附加刑，分则中的法定刑则是依照总则的规定确定的与具体犯罪的社会危害性相适应的刑种和量刑幅度。

法定刑具体反映出国家对犯罪行为的否定评价和对犯罪人的谴责态度。犯罪是刑法所禁止的行为，而刑法则主要是通过法定刑来禁止犯罪行为的。法定刑还体现出国家对犯罪的社会危害性程度的评价，即具体犯罪的法定刑的确定，是以通常情况下该犯罪的社会危害性可能达到的最高限度与最低限度为根据的。如果国家认为某种犯罪的社会危害性较严重，就会规定较重的法定刑；反之，则会规定较轻的法定刑。如果某种犯罪的社会危害性程度因形势发生变化而改变，以致原来确定的法定刑显得过重或过轻，国家就会修改法定刑，使其与该罪的社会危害性相适应。可见，具体犯罪法定刑的规定与修改，实际上是从刑事立法上实践罪责刑相适应的原则。

刑事立法上的罪责刑相适应，是刑事司法上的罪责刑相适应的前提。这是因为，没有与具体犯罪相适应的法定刑，刑事司法就不可能做到罪责刑相适应。而且，法定刑是审判机关量刑的法律依据。在通常的情况下，人民法院只能在法定刑的范围内选择与犯罪相适应的刑种与刑度；在法律规定减轻处罚的场合，人民法院也只能以法定刑为标准予以减轻。

（二）法定刑的种类

根据刑事立法实践与刑法理论，以法定刑的刑种、刑罚幅度是否确定以及确定的程度为标准，可以将法定刑分为绝对不确定的法定刑、绝对确定的法定刑、相对确定的法定刑与浮动法定刑四类。

（1）绝对不确定的法定刑。即在条文中不规定刑种与刑罚幅度，只笼统地规定对某种犯罪"依法制裁"或"予以刑事处分"。至于如何具体处刑，完全由审判机关决定。新中国建立初期的单行刑法如《惩治贪污条例》中曾采用过这样的立法例。由于绝对不确定的法定刑实际上没有提供处刑标准，不利于法制的统一，所以在我国已成为历史陈迹。

（2）绝对确定的法定刑。即在条文中只规定单一的刑种与固定的刑度。例如，1951年颁布的《惩治反革命条例》第5条规定的"持械聚众叛乱的主谋者、指挥者及其他罪恶重大者处死刑"就属于绝对确定的法定刑。由于绝对确定的法定刑缺乏灵活性，使得人民法院在审判时因没有任何自由裁量的余地而难以针对案件的具体情况判处轻重适当的刑罚，不利于贯彻区别对待的政策，故1979年颁布的《刑法》没有规定这样的法定刑。此后制定的有关单行刑法为加强法定刑的威慑力而重新采用了这类法定刑，1997年修订的《刑法》也规定了少量绝对确定的法定刑，如第121条规定：以暴力、胁迫或者其他方法劫持航空器的，处10年以上有期徒刑或者无期徒刑；致人重伤、死亡或者使航空器遭受严重破坏的，处死刑。应当指出的是，现行《刑法》中的绝对确定的法定刑均是针对某些犯罪中情节特别严重的情况而规定的，它有别于那种对某一犯罪的所有情形都不加区别地予以适用的绝对确定的法定刑。

（3）相对确定的法定刑。即在条文中对具体犯罪规定一定的刑种与刑罚幅度，使得既有限度，又有自由裁量的空间。相对确定的法定刑适应了案件的不同情况，有利于法制的协调统一；适应了同犯罪作斗争的需要，有利于贯彻区别对待的政策；适应了具体犯罪的危害程度，有利于实践罪责刑相适应的原则；适应了形势的变化，有利于刑法的相对稳定。因此，我国《刑法》分则条文普遍地采用了这样的法定刑。具体规定方式有以下几种：

第一，只规定了法定刑的最高限度，其最低限度根据总则的规定确定。例如，《刑法》第429条规定的拒不救援友邻部队罪的法定刑是5年以下有期徒刑，因而在确定该罪法定刑幅度时，应考虑《刑法》第45条关于有期徒刑的最低期限为6个月的规定。据此，拒不救援友邻部队罪的法定刑为6个月以上5年以下有期徒刑。

第二，只规定了法定刑的最低限度，其最高限度根据总则规定予以确定。例如，《刑法》第447条规定私放俘虏罪加重犯的法定刑是5年以上有期徒刑，因而在确定其法定刑幅度时,应考虑《刑法》第 45 条关于有期徒刑最高期限为 15 年的规定。据此,私放俘虏罪加重犯的法定刑为 5 年以上 15 年以下有期徒刑。

第三,同时规定法定刑的最高限度与最低限度。例如,《刑法》第 236 条第 1 款对强奸罪的基本犯规定的法定刑为 3 年以上 10 年以下有期徒刑。

第四,规定两种以上的主刑或者规定两种以上主刑并规定附加刑。这种法定刑又被称作选择法定刑,即人民法院在一般情况下不仅有刑期的选择权,而且有刑种的选择权。例如,《刑法》第 275 条规定的故意毁坏财物罪基本犯的法定刑为 3 年以下有期徒刑、拘役或者罚金,人民法院在量刑时就可以在这三种刑罚中选择其一。

(4) 浮动法定刑。即法定刑的刑度并未确定,而是根据一定的标准升降,处于一种相对不确定的游移状态。例如,《刑法》第 191 条规定,对犯洗钱罪的,并处或者单处洗钱数额 5% 以上 20% 以下罚金;《刑法》第 227 条规定,对犯伪造、倒卖伪造的有价票证罪的,并处或者单处票证 1 倍以上 5 倍以下罚金等。《刑法》分则规定的浮动法定刑具有如下特点:第一,仅见之于罚金刑。这是因为,罚金刑的数额可以根据刑法规定的某种事实标准予以确定。第二,只适用于经济犯罪,对其他犯罪难以甚至根本不可能规定这样的法定刑。第三,罚金的实际数额要根据案件的具体事实确定。这是浮动法定刑与相对确定的法定刑的主要区别。在相对确定的法定刑的场合,人们可以事先得知刑罚的上限与下限;在浮动法定刑的情况下,只有查清案件的特定事实后,才能确定刑罚的具体幅度。可见,浮动法定刑不同于相对确定的法定刑。

(三) 法定刑与宣告刑、执行刑的区别

宣告刑是人民法院对具体犯罪判决宣告的应当执行的刑罚。法定刑不同于宣告刑。法定刑是立法机关制定刑法时确定的,是立法上的规定;宣告刑是人民法院在处理具体案件时确定的,是司法上的运用。法定刑一般有可供选择的刑种与刑度;宣告刑只能是特定的刑种与刑度。但宣告刑必须以法定刑为依据,即使从轻、从重、减轻处罚,也要根据法定刑规定的标准来进行。

执行刑是对犯罪人实际执行的刑罚。由于宣告刑所宣告的是对犯罪人应当执行的刑罚,故执行刑是以宣告刑为根据的。在通常的情况下,两者是相等的。但在某些场合,执行刑要低于宣告刑。例如在刑罚执行过程中,服刑人由于具有悔改或立功情节而被依法减刑时,执行刑便低于宣告刑。在这种情况下,执行刑甚至可能会低于法定刑的下限。如某罪的法定刑为 3 年以上 10 年以下有期徒刑,人民法院实际判处犯罪人 4 年有期徒刑,但由于犯罪人在服刑中有悔改或立功表现,依法被减刑 1 年零 6 个月,这样,执行刑便是 2 年零 6 个月,比该罪的法定最低刑要少 6 个月。

第三节 刑法分则的法条竞合

一、法条竞合的概念及特征

法条竞合,是指一个犯罪行为同时触犯数个在内容上具有包容关系的规定具体犯罪的分则条款或刑法法规,但只能适用其中一个法条(法规)而排除其他法条(法规)适用的情况,故又称法规竞合。例如,规定故意泄露军事秘密罪的《刑法》第432条与规定故意泄露国家秘密罪的《刑法》第398条就属于法条竞合的情况,凡军人故意泄露军事秘密且情节严重的,就既触犯了《刑法》432条,也触犯了《刑法》第398条,但依法只能适用《刑法》第432条以军人泄露军事秘密罪定罪量刑。可见,研究法条竞合现象是为了解决对相互竞合的数法条(规)如何选择适用的问题。

法条竞合现象是基于刑事立法而产生的,但其存在却具有客观必然性。现实生活的复杂性决定了犯罪现象也必然是错综复杂的,以致有的犯罪行为同时又是另一犯罪行为的一部分,或有的犯罪行为的一部分同时也是另一犯罪行为的一部分。错综复杂的犯罪现象,反映在刑法上便是错综复杂的法律规定,于是就出现了此一法条规定的内容(犯罪构成)同时是彼一法条规定的内容(犯罪构成)的一部分,或者规定不同犯罪的数法条之间存在内容上的交叉的情况。例如,盗掘古文化遗址、古墓葬的犯罪行为既符合《刑法》第328条规定的盗掘古文化遗址、古墓葬罪的犯罪构成,又符合《刑法》第264条规定的盗窃罪的犯罪构成,即触犯了两个法条,但在这种情况下,由于行为人主观上只有一个罪过,客观上仅实施了一个行为,故不能同时对其适用这两个条文,而只能适用其中一个法条定罪判刑。

一个犯罪行为同时符合数个刑法条文规定的犯罪构成,这不仅在逻辑上是成立的,而且在刑法上也是有根据的。例如,《刑法》第233条在规定过失致人死亡罪的罪状与法定刑后,特别提到"本法另有规定的,依照规定"。《刑法》第234、235、266、397条等也都有这样的规定。这些规定表明,如果某种行为虽然符合上述各该条规定的构成要件,但同时符合其他条文规定的犯罪构成的,则应依其他条文规定论处,不再适用上述这些法条。这就不仅肯定了法条竞合事实的存在,而且肯定了法条竞合时只能适用其中一个法条。

上述情况表明,法条竞合有以下主要特征:

(1) 行为人实施的是一个犯罪。即行为人只是基于一种犯罪心理状态的支配而实施了一种犯罪行为。这是法条竞合的主客观基础。

(2) 行为人实施的一个犯罪行为在形式上触犯了数个罪刑规范规定的不同罪名。其中的数个罪刑规范既可以存在于不同的法律文件中,也可以是同一法律文件中的不同条款。这是法条竞合在法律上的表现。

(3) 数个罪刑规范所规定的犯罪构成之间由于构成要件要素(犯罪对象、行为方式、危害结果、犯罪主体、犯罪意图等)上的包容与被包容性质而具有从属或者交叉的逻辑关系。从属关系，是指一罪刑规范规定的犯罪构成的外延为另一罪刑规范之犯罪构成的外延所包含，如前述《刑法》第432条规定的故意泄露军事秘密罪完全为《刑法》第398条规定的故意泄露国家秘密罪所包含。交叉关系，是指数个罪刑规范规定的犯罪构成的部分外延相互重合，如《刑法》第279条规定的招摇撞骗罪与《刑法》第266条规定的诈骗罪在犯罪构成内容上就存在交叉关系。

（4）对法条竞合情况下的行为只能依据一定的原则适用相互竞合的罪刑规范中的一个规范定罪量刑，这是法条竞合时法律适用上的要求。

二、法条竞合的适用原则

刑法理论上一般认为，解决法条竞合情况下的法律适用问题有两个原则：（1）特别法优于普通法；（2）重法优于轻法。其中，前者为主要原则，后者为补充性原则。

特别法优于普通法，是指当一种行为既符合普通刑法的规定又符合特别刑法的规定时，应适用特别刑法的规定定罪判刑。之所以如此，是由特别刑法与普通刑法的关系决定的。普通刑法，是指在一般场合普遍适用的刑法条款；特别刑法，是指在普通刑法规定的基础上，限定一个或数个犯罪构成要件的范围，从而仅适用于特殊场合的条款。国家在普通刑法之外又制定特别刑法的目的是，要求对特定犯罪依特别刑法论处。所以，当某一行为符合特别刑法规定时，应适用特别刑法而不适用普通刑法，不然，特别刑法就没有必要存在了。特别刑法优于普通刑法是我国解决法条竞合问题时的主要原则。

重法优于轻法，是指某些行为虽符合特别刑法的规定，但由于情节严重，依照特别刑法定罪量刑显然不能做到罪责刑相适应，有可能导致违背立法的本意，因此应按照处罚较重的普通法即重法来定罪量刑。重法优于轻法是法条竞合情况下选择适用刑法条款的补充原则。它一般仅适用于交叉竞合时的某些特殊场合。例如《刑法》第279条关于招摇撞骗罪的规定与第266条关于诈骗罪的规定，从一定意义上讲系特别法与普通法的关系，所以在一般情况下，对冒充国家工作人员骗取财物的行为，应按特别刑法规定以招摇撞骗罪定罪量刑；但如果行为人冒充国家工作人员诈骗财物数额特别巨大时，仍依《刑法》第279条规定定罪处罚，显然违背了罪责刑相适应这一刑法的基本原则①，因此对该种情况应按《刑法》第266条的规定以诈骗罪定罪量刑。这即为法条竞合时重法优于轻法的适用原则。

当然，上述两种解决法条竞合问题的原则是在条文本身没有明文规定应用哪一条款时所需要采用的原则，如果刑法本身已有明文规定，则必须依据法律规定适用刑法条款。例如，聚众斗殴致人死亡的，既符合《刑法》第292条第1款规定的聚众

---

① 由于招摇撞骗罪的法定最高刑仅为10年有期徒刑，而诈骗公私财物数额特别巨大或者有其他特别严重情节的法定刑幅度为10年以上有期徒刑或者无期徒刑，所以对冒充国家工作人员诈骗，数额特别巨大的，按招摇撞骗罪定罪处罚，无疑意味着重罪轻判。

斗殴罪的构成要件,也符合《刑法》第 232 条规定的故意杀人罪的构成要件,而《刑法》第 292 条第 2 款明确规定对该种情况应以故意杀人罪定罪处刑。在这种情况下,只能按法律规定来确定法条的适用。

本章重点问题提示

我国一些有代表性的刑法教科书对法条竞合的体系地位有不同的理解。有的认为,法条竞合问题应当是一个罪数问题,持这种观点的教科书将法条竞合置于刑法总论中罪数一章来讨论,而在本章中不再提及这一问题。① 有的则认为,法条竞合主要是一个刑法分则条文的适用问题,因此将法条竞合作为罪刑各论或者刑法分论概述一章的内容来讨论,而不在罪数论中涉及该问题。② 还有些学者认为,法条竞合问题既是罪数论领域的问题,也是刑法分则条文的适用问题,因此分别在教科书的罪数一章和罪刑各论概述一章中论述这一问题。③

思考题

1. 什么是罪状?罪状有哪几种?
2. 罪名有哪些类型?如何确定罪名?
3. 什么是法定刑?法定刑有哪些种类?
4. 什么是法条竞合?解决法条竞合的原则有哪些?

---

① 参见高铭暄、马克昌主编:《刑法学》,北京大学出版社、高等教育出版社 2000 年版,第 193—194 页;孙国祥主编:《刑法学》,科学出版社 2003 年版,第 183—186 页。
② 参见张明楷:《刑法学》(下),法律出版社 1997 年版,第 533—539 页;陈明华主编:《刑法学》,中国政法大学出版社 1999 年版,第 362—364 页。
③ 参见马克昌主编:《刑法学》,高等教育出版社 2003 年版,第 187、332—336 页;赵秉志主编:《刑法新教程》,中国人民大学出版社 2001 年版,第 269—270、445—448 页。

第二十一章 危害国家安全罪

内容提要

本章主要论述危害国家安全罪中具体犯罪的概念与犯罪构成特征。重点在于叛逃罪的概念和构成特征,叛逃罪与其他相关犯罪的界限,间谍罪的概念和构成特征,为境外窃取、刺探、收买、非法提供国家秘密、情报罪的概念与构成特征。

关键词

叛逃罪　间谍罪　为境外窃取、刺探、收买、非法提供国家秘密、情报罪

第一节 危害国家、颠覆国家政权的犯罪

一、背叛国家罪

背叛国家罪,是指勾结外国或与境外机构、组织、个人相勾结,危害中华人民共和国的主权、领土完整和安全的行为。

本罪的客观方面表现为勾结外国或与境外机构、组织、个人相勾结,危害中华人民共和国的国家主权、领土完整和安全的行为。具体表现为:(1) 勾结是指通过暗中接触、信电往来或者其他方式进行通谋、商议和策划等活动。勾结内容包括一切危害到国家独立自主处理国内事务的权力及有损国家领土的完整性或使国家受到外国侵犯的行为。"外国"是指主权国家的政府,尚未独立的殖民地、托管地的政府也应包括在内。"境外机构、组织",包括境外机构、组织在中华人民共和国境内设立的分支(代表)机构和分支组织;"境外个人",包括居住在中华人民共和国境内不具有中华人民共和国国籍的人。(2) 危害国家主权、领土完整和安全。主权和领土是国家生存的基础,主权是国家独立自主的权利,领土是国家行使主权的空间,两者缺一不可。主权和领土不完整,就意味着国家被肢解。这两个特征既有联系,又有区别。其中,勾结外国是危害国家主权、领土完整和安全的手段,危害行为是勾结的最近目的。本罪主体是已满16周岁、具有辨认和控制自己行为能力的中国公民,而且主要是那些窃据了党和国家重要权力或有一定社会地位及影响的人。本罪主观方面只能是故意,行为人明知自己的行为会发生危害国家主权、领土完整与安全的结果,并且希望或者放任这种结果发生。

二、分裂国家罪

分裂国家罪,是指组织、策划、实施分裂国家、破坏国家统一的行为。

本罪在客观方面表现为组织、策划、实施分裂国家的行为。具体行为方式有三种:一是组织,即纠集分裂国家的犯罪分子,招募分裂集团成员等活动;二是策划,即谋划分裂国家的方案、行动计划等活动;三是实施,即具体从事分裂国家的活动。所谓分裂国家,是指抗拒中央统一领导,割据一方谋求独立。所谓破坏国家统一,是指制造民族矛盾,进行民族分裂。组织和利用邪教组织,组织、策划、实施分裂国家、破坏国家统一活动的,成立本罪。[1] 行为人实施组织、策划、实施行为之一,即可构成本罪。本罪的主体是一般主体,没有特别限制,但通常是窃据党政军大权的人或民族分裂者。本罪在主观上只能是故意,即行为人明知自己的行为会发生分裂国家、破坏国家统一的危害结果,并且希望或者放任这种结果发生。

三、煽动分裂国家罪

煽动分裂国家罪,是指煽动分裂国家、破坏国家统一的行为。煽动分裂国家罪不同于分裂国家罪的地方在于,本罪的行为人只是煽动他人分裂国家,而本人并不亲自参加。

本罪在客观方面表现为煽动他人进行分裂国家、破坏国家统一的行为。所谓煽动,是指以各种方式引起他人实施分裂国家、破坏国家统一行为的意图。这实际上是分裂国家罪的教唆行为,但由于刑法将这种行为规定为独立的犯罪,因而不再以分裂国家罪的教唆犯处理。煽动的行为方式包括口头、书面与其他方式。使用互联网方式煽动分裂国家、破坏国家统一的,成立本罪。组织和利用邪教组织,煽动分裂国家、破坏国家统一的,构成本罪。煽动的行为既可以公然进行,也可以暗中进行。煽动的对象既可以是不特定的人或者多数人,也可以是特定的个别人。行为人只要实施煽动行为,即成立本罪,被煽动人是否实施了分裂国家、破坏国家统一的行为,不影响本罪的成立。本罪主观上只能出于故意,即行为人明知自己的煽动行为会导致他人实施分裂国家、破坏国家统一的行为,发生分裂国家、破坏国家统一的危害结果,并且希望或者放任这种结果的发生。明知出版物中载有煽动分裂国家、破坏国家统一的内容,而予以出版、印刷、复制、发行、传播的,成立本罪。[2]

四、武装叛乱、暴乱罪

武装叛乱、暴乱罪,是指组织、策划、实施武装叛乱、武装暴乱的行为。本罪是选

---

[1] 参见最高人民法院、最高人民检察院1999年10月30日《关于办理组织和利用邪教组织犯罪案件具体应用法律若干问题的解释》第7条。

[2] 参见最高人民法院1998年12月11日《关于审理非法出版物刑事案件具体应用法律若干问题的解释》第1条。

择性罪名。

本罪在客观上表现为组织、策划、实施武装叛乱、武装暴乱的行为。武装叛乱，是指使用武器装备进行反叛国家和政府的活动。武装暴乱，是指使用武器装备制造暴力事件从而引起动乱。武装叛乱与武装暴乱，都是以武装或暴力方式及较大规模形式实施的危害国家安全的破坏行为，它们的区别在于：叛乱具有叛变或投奔境外敌对势力的目的，而暴乱则不具有投靠境外敌对势力的目的，完全是在境内实施的烧杀抢夺等破坏行为。本罪在客观方面的行为方式一般有三种：一是组织，即召集、网罗人员以进行武装叛乱或者武装暴乱的行为；二是策划，即制定武装叛乱或者武装暴乱的计划、方案的行为；三是实施，即实行武装叛乱、暴乱的行为。行为人实施上述三种行为方式之一的，即可构成本罪。此外，根据《刑法》第 104 条的规定：策动、胁迫、勾引、收买国家机关工作人员、武装部队人员、人民警察、民兵进行武装叛乱或者武装暴乱的，也构成本罪。因此，一般情况下本罪的客观行为方式表现为组织、策划、实施三种，但针对国家机关工作人员、人民警察等特定对象时，还可以使用策动、胁迫、勾引、收买等行为方式。本罪的主体是一般主体，已满 16 周岁具有刑事责任能力的人，均能构成本罪。既可以是中国公民，也可以是外国人。本罪主观方面是故意，即明知自己的行为是武装叛乱、武装暴乱而故意实施。如果行为人不知自己参加的是武装叛乱、武装暴乱，则不能构成本罪，构成其他犯罪，按照其他犯罪处理。

五、颠覆国家政权罪

颠覆国家政权罪，是指组织、策划、实施颠覆国家政权、推翻社会主义制度的行为。

本罪在客观上表现为组织、策划、实施颠覆国家政权、推翻社会主义制度的行为。本罪的客观行为方式有三种：一是组织，即召集、网罗人员以颠覆国家政权、推翻社会主义制度的行为；二是策划，即制定颠覆国家政权、推翻社会主义制度的计划、方案的行为；三是实施，即实行颠覆国家政权、推翻社会主义制度的行为。组织和利用邪教组织，组织、策划、实施颠覆国家政权、推翻社会主义制度活动的，成立本罪。本罪的主体是一般主体，已满 16 周岁具有刑事责任能力的人均可以成立本罪。本罪主观上是故意，即明知自己的行为会发生颠覆国家政权、推翻社会主义制度的结果，并且希望或者放任这种结果发生。

六、煽动颠覆国家政权罪

煽动颠覆国家政权罪，是指以造谣、诽谤或者其他方式煽动颠覆国家政权、推翻社会主义制度的行为。

本罪在客观方面表现为，通过造谣、诽谤或者其他方式煽动他人进行颠覆国家政权、推翻社会主义制度的行为，而不是亲自实施颠覆活动。行为的方式多种多样，可以是造谣、诽谤、利用互联网、组织和利用邪教组织及其他方式。本罪的主体是一般主体，已满 16 周岁具有刑事责任能力的人，均能成为本罪的主体。行为人主观上必须出于煽动他人颠覆国家政权、推翻社会主义制度的故意。明知出版物中载有煽动颠覆国家政权、推翻社会主义制度的内容,而予以出版、印刷、复制、发行、传播的,以本罪论处。

七、资助危害国家安全犯罪活动罪

资助危害国家安全犯罪活动罪,是指境内外机构、组织或者个人资助他人实施背叛国家罪、分裂国家罪、煽动分裂国家罪、武装叛乱、暴乱罪、颠覆国家政权罪、煽动颠覆国家政权罪的行为。

本罪在客观方面表现为资助他人实施背叛国家罪、分裂国家罪、煽动分裂国家罪、武装叛乱、暴乱罪、颠覆国家政权罪、煽动颠覆国家政权罪的行为。资助的具体方式没有限制,既可以是提供经费,也可以是给予其他物质资助,还可以是提供其他便利条件。本罪的客观行为方式仅限于资助,如果行为人超出资助的范围,直接参与上述犯罪活动的,应按照上述有关犯罪定罪处罚,不成立本罪。犯罪的主体既可以是境内的组织、机构、个人,也可以是境外的组织、机构、个人,但如果是机构、组织资助他人进行危害国家安全罪的,刑法只处罚机构、组织的直接责任人员,对机构、组织不予以处罚。本罪在主观上要求行为人认识到他人即将实施、正在实施或者已经实施了上述特定的危害国家安全犯罪行为,否则不能以本罪论处。

第二节 叛变、叛逃的犯罪

一、投敌叛变罪

投敌叛变罪,是指中国公民投奔敌人营垒,或者在被捕、被俘后,投降敌人,进行危害国家安全的行为。

本罪在客观上表现为投敌叛变的行为。行为的具体表现形式主要有两种:一是投奔敌人营垒,即主动投靠我国的敌对势力;二是在被捕、被俘后,投降敌人。不管哪一种形式,行为人都必须从事危害国家安全的活动,才能构成本罪。行为人投敌叛变后,参加间谍组织,又被派遣回我国境内进行危害国家安全活动的,应以投敌叛变罪和其他犯罪数罪并罚。本罪的主体只能是中国公民;外国人策动、帮助中国公民投敌叛变的,可以构成本罪的共犯。本罪主观上必须具有危害国家安全的故意,不具有这种故意投奔敌人占领区域而偷越国(边)境,没有实施危害国家安全活动的,不能认定为投敌叛变罪。

二、叛逃罪

(一)叛逃罪的概念及特征

叛逃罪,是指国家机关工作人员以及掌握了国家秘密的其他国家工作人员,在履行公务期间,擅离岗位,叛逃境外或者在境外叛逃的行为。

本罪在犯罪构成上具有如下特征：

(1) 本罪客观方面表现为在履行公务期间，擅离岗位，叛逃境外或者在境外叛逃的行为。具体包括以下三个方面的内容：一是必须在履行公务期间叛逃。所谓履行公务期间，是指在职国家机关工作人员执行职务或者执行某项工作任务期间。二是必须是擅离岗位叛逃，没有离开自己工作岗位的，不可能成为叛逃行为。三是必须有叛逃行为。叛逃行为具体表现为两种方式：一是在境内履行公务期间叛逃至境外；二是在境外履行公务期间叛逃，如中国访问外国代表团成员，擅离代表团，投奔外国等。

(2) 本罪主体是特殊主体，只能是国家机关工作人员以及掌握国家秘密的其他国家工作人员。因此，国家机关工作人员以外的没有掌握国家秘密的国家工作人员，以及其他一般公民，不能成为本罪主体。根据我国《刑法》第93条的规定，国家工作人员是指在国家机关中从事公务的人员，国有公司、企业、事业单位、人民团体中从事公务的人员和国家机关、国有公司、企业、事业单位委派到非国有公司、企业、事业单位、社会团体中从事公务的人员，以及其他依照法律从事公务的人员，以国家工作人员论。

(3) 本罪主观上只能是故意，即行为人明知自己的叛逃行为会发生危害国家安全的结果，并且希望或者放任这种结果发生。

(二) 叛逃罪与投敌叛变罪的区别

叛逃罪与投敌叛变罪有相似之处，其主要区别表现在两个方面：(1) 客观方面的行为不相同。叛逃罪在客观方面表现为，在履行公务期间，叛逃境外或者在境外叛逃；投敌叛变罪的客观方面表现为投奔敌人营垒或者在被敌人抓捕、俘虏后投降敌人的行为。(2) 犯罪主体要件不同。叛逃罪的主体必须是国家机关工作人员或掌握国家秘密的其他国家工作人员；投敌叛变罪的主体可以是任何具备一般主体要件的中国公民。

第三节 间谍、资敌的犯罪

一、间谍罪

间谍罪，是指参加间谍组织，接受间谍组织及其代理人的任务，或者为敌人指示轰击目标，危害国家安全的行为。

本罪在客观方面表现为参加间谍组织、接受间谍组织及其代理人的任务，或者为敌人指示轰击目标的行为。行为方式具体表现为三种：(1) 参加间谍组织。所谓参加间谍组织，是指行为人主动要求加入间谍组织，或者间谍组织邀请行为人加入，行为人同意加入的行为。(2) 接受间谍组织及其代理人的任务，在我国进行间谍活动。间谍组织代理人，是指受间谍组织或者其成员的指使、委托、资助，进行或者授意、指使他人进行危害中华人民共和国国家安全活动的人。(3) 为敌人指示轰击目标。行为人实施上述三种行为之一的,即构成本罪,同时实施这三种行为的,也不实行并罚。

本罪的主体是一般主体,凡是已满16周岁具有刑事责任能力的人都能成为本罪的主体。

本罪主观上只能出于故意,故意的内容因行为方式不同而不完全相同:参加间谍组织的,必须明知是间谍组织而参加;接受间谍任务的,必须明知是间谍组织或其代理人派遣的任务而接受;指示轰击目标的,必须明知对方是敌人而向其指示轰击目标。但行为人不论实施何种行为,都明知自己的行为会发生危害国家安全的结果,并且希望或者放任这种结果发生。

二、为境外窃取、刺探、收买、非法提供国家秘密、情报罪

为境外窃取、刺探、收买、非法提供国家秘密、情报罪,是指为境外的机构、组织或者个人窃取、刺探、收买、非法提供国家秘密或者情报的行为。

本罪在客观方面表现为,为境外的机构、组织或者个人窃取、刺探、收买、非法提供国家秘密或者情报的行为。具体而言本罪客观方面必须同时具备以下几点:第一,必须是为境外的机构、组织、个人窃取、刺探、收买、非法提供国家秘密或者情报。至于境外的机构、组织、人员的性质,法律没有限制,不管其是否与我国为敌,不影响犯罪的成立。第二,行为方式具体表现为窃取、刺探、收买、非法提供四种。所谓窃取,是指通过盗取文件或者使用计算机、电磁波、照相机等方式取得国家秘密或者情报;所谓刺探,是指使用探听或者一定的侦察技术获取国家秘密或者情报;所谓收买,是指利用金钱、物质或其他利益换取国家秘密或者情报;所谓非法提供,是指违反法律规定,将国家秘密、情报直接或者间接使境外机构、组织或者个人知悉,通过互联网将国家秘密或者情报非法发送给境外的机构、组织、个人的,属于非法提供。其三,行为的对象是国家秘密或者情报。第三,行为对象是国家秘密或者情报。所谓国家秘密,是指关系国家安全和利益、依法确定的在一定时间内只限一定范围内的人员知悉的事项。国家秘密分为绝密、机密与秘密三个密级,任何密级的国家秘密都可能成为本罪对象。所谓情报,是指关系国家安全和利益、尚未公开或者依照有关规定不应公开的事项。本罪的主体是一般主体,凡已满16周岁具有刑事责任能力的人均可以成为本罪的主体。本罪的主观方面只能是故意,即明知是国家秘密或者情报,而故意为境外机构、组织、个人窃取、刺探、收买或者非法提供。

三、资敌罪

资敌罪,是指战时供给敌人武器装备、军用物资资敌的行为。

本罪在客观上表现为战时供给敌人武器装备、军用物资资敌的行为。具体而言本罪在客观方面需具备以下两个方面的内容:一是资敌行为发生在战时。这是成立本罪的时间要求,如果不是发生在战时的资敌行为,不能构成本罪。根据《刑法》第451条的规定,所谓战时,是指国家宣布进入战争状态、部队受领作战任务或者遭敌

突然袭击时。部队执行戒严任务或者处置突发性暴力事件时,以战时论。所谓"敌人"不是指个别的敌对分子,而是指敌对营垒或敌对的武装力量。二是资敌的方式仅限于供给敌人武器装备、军用物资。供给其他物资、情报或者以其他方法资助敌人不成立本罪,视性质与情节成立间谍罪或其他犯罪。本罪主观上必须出于故意,即明知处于战时,明知对象为敌人,而故意供给武器装备、军用物资予以资助。

本章重点问题提示

关于《刑法修正案(八)》出台前叛逃罪中规定的"危害中华人民共和国国家安全"的理解,学界有不同的观点。第一种观点认为,行为人在履行公务期间,擅离岗位,叛逃境外或者在境外叛逃,就是具有危害中华人民共和国国家安全性质的行为。① 第二种观点认为,"危害中华人民共和国国家安全"的行为是指向境外的组织或机构表明或表示自己已背叛了自己的国家,愿意为境外组织或者机构从事危害中华人民共和国国家安全的行为。② 第三种观点认为,"危害中华人民共和国国家安全"的行为是指《中华人民共和国国家安全法》中规定的行为,即境外机构、组织、个人实施或者指使、资助他人实施的,或者境内组织、个人与境外机构、组织、个人相勾结实施的下列危害中华人民共和国国家安全的行为:(1) 阴谋颠覆政府、分裂国家、推翻社会主义制度的;(2) 参加间谍组织或者接受间谍组织及其代理人的任务的;(3) 窃取、刺探、收买、非法提供国家秘密的;(4) 策动、勾引、收买国家工作人员叛变的;(5) 进行危害国家安全的其他活动的。③

第一种观点认为,行为人投奔境外组织、机构就是危害国家安全的行为,实际上是将"危害中华人民共和国国家安全"的要件虚化了。尽管行为人投奔境外组织、机构违背了公民个人对国家的忠诚义务,但如果只有投奔境外组织、机构的行为就追究行为人的刑事责任,则刑罚的打击面过大。第三种观点认为"危害中华人民共和国国家安全"是指《中华人民共和国国家安全法》规定的情况,如果真如此,叛逃罪就是逃离国境的犯罪与危害国家安全的犯罪的结合,如与背叛国家罪、间谍罪的结合。但叛逃罪的法定最高刑(10年有期徒刑)比间谍罪的法定最高刑(死刑)要轻得多,则叛逃罪的设立就没有必要了。事实上,危害国家安全的行为有轻重程度之分,不能将对"危害中华人民共和国国家安全"的理解限制在背叛国家、窃取国家秘密情报等方面。况且,刑法规定了背叛国家罪、分裂国家罪、间谍罪等犯罪,行为人投奔境外组织、机构,阴谋颠覆国家政权、分裂国家、参加间谍组织的,应相应成立背叛国家罪、分裂国家罪和间谍罪等,而不能依叛逃罪定罪。第二种观点实际上认为"危害

---

① 参见苏惠渔主编:《刑法学》,中国政法大学出版社1997年版,第411页。
② 参见黄太云、滕炜主编:《中华人民共和国刑法释义与适用指南》,红旗出版社1997年版,第141页。
③ 参见江维龙:《危害国家安全罪若干问题探讨》,载《法学》1999年第8期。

中华人民共和国国家安全"是一种承诺。

我们认为,叛逃罪中的"危害中华人民共和国国家安全"是一种危险结果,并且是抽象的危险结果。行为人只有在履行公务期间,叛逃境外或者在境外叛逃,造成"危害中华人民共和国国家安全"的危险结果的,才构成叛逃罪。具体可以从行为人投奔的境外组织或机构的性质、行为人投奔境外组织或机构的目的或形式等方面判断是否造成了"危害中华人民共和国国家安全"的危险结果。事实上,《刑法修正案(八)》删除了《刑法》第103条中"危害中华人民共和国国家安全的"规定,也说明了这一理解是正确的。

思考题

1. 叛逃罪的概念和特征是什么？叛逃罪与投敌叛变罪的区别是什么？
2. 间谍罪的概念和特征是什么？
3. 为境外窃取、刺探、收买、非法提供国家秘密、情报罪的概念和特征是什么？

第二十二章　危害公共安全罪

内容提要

本章主要论述危害公共安全罪中具体犯罪的概念与犯罪构成。重点在于放火罪、爆炸罪等以危险方法危害公共安全犯罪的概念与构成；破坏公用工具、设施危害公共安全犯罪的概念与构成；有关枪支、弹药、爆炸物犯罪的概念、特征、种类及彼此界限；交通肇事罪和危险驾驶罪的概念和特征；责任事故犯罪的概念与构成。

关键词

公共安全　危险方法　危险物质　交通工具　交通肇事　危险驾驶　重大责任事故

第一节　以危险方法危害公共安全的犯罪

一、放火罪

（一）放火罪的概念与特征

放火罪是指故意放火焚烧公私财物,危害公共安全的行为。本罪的主要特征是：

（1）本罪客体是公共安全。公共安全是指不特定或者多数人的生命、健康和重大公私财产的安全。所谓"不特定",是与"特定"相对而言的,是指犯罪行为可能侵犯的对象和可能造成的结果事先无法确定,行为人对此既无法具体预料也难以实际控制。"不特定"包括"不特定少数"和"不特定多数"在内。所谓"多数",是相对于其他犯罪只能危害到个别少数对象而言的。"多数"包括"不特定多数"和"特定多数"。因此,如果犯罪行为只是指向特定少数人的人身和财产,并没有同时危害到不特定或者多数人的生命、健康、重大公私财产的安全,就不构成危害公共安全罪,根据其侵犯的客体,分别构成侵犯人身权利或侵犯财产权利的犯罪。公共安全的"多数"性常常造成重大人身伤亡、财产损毁、秩序混乱等严重后果,而它的"不特定"性往往使公众普遍陷于这种难以提防的危险所带来的恐惧之中而平添不安全感。正因如此,危害公共安全罪比那些单纯侵犯人身权利或财产权利的犯罪危害要大。这也正是《刑法》分则单列此类犯罪,并将其摆在仅次于危害国家安全罪的位置的主要原因。

通常情况下,放火既危及不特定或者多数人的生命、健康安全,又危及重大公私财产安全。

(2)本罪客观方面表现为实施放火焚烧公私财物的行为。所谓放火,是指故意使用引火物或者其他方法引起一定对象燃烧的行为。放火的方法没有限制,既可以是作为,如行为人直接用引火物把对象点燃,使对象燃烧;也可以是不作为,如某些负有防止火灾发生义务的人发现有火灾危险时,置现实的火灾危险于不顾,能够采取防止措施而不采取,以致发生火灾。燃烧财物时,不管燃烧的是他人财物还是自己的财物,只要行为足以危害到公共安全,就属于放火行为。燃烧他人财物不足以危害公共安全的,只可能构成毁坏财物罪;燃烧自己财物不足以危害公共安全的,则不构成犯罪。由于放火是危险性很大的行为,故只要实施了足以危害公共安全的放火行为就构成放火罪,不要求造成实际的危害结果。造成了危害公共安全的实际危害结果,只应作为一个情节在量刑时予以考虑。

(3)本罪主体是已满14周岁、具有辨认和控制自己行为能力的自然人。

(4)本罪主观方面只能是故意,即行为人明知自己的放火行为会发生危害公共安全的结果,并且希望或者放任这种结果的发生。

(二)放火罪的认定

1. 放火罪与非罪的界限

认定放火行为是否构成放火罪,关键要把握放火行为是否具有相当严重的社会危害性,是否具备《刑法》分则规定的犯罪构成要件,是否危害或足以危害公共安全。如果放火行为不具有社会危害性,或者其社会危害性没有达到应当追究刑事责任的严重程度,则不能认定为犯罪。如放火烧荒行为就不具有社会危害性,因而不能以犯罪论处。放火烧毁自己的财物,并不危害或不足以危害公共安全的,也不构成犯罪。

2. 放火罪与以放火方法实施其他犯罪的界限

在司法实践中,常常发生以放火的手段实施故意杀人、故意毁坏公私财物等犯罪的现象。对此,应以放火行为是否危害公共安全来决定犯罪的性质。如果放火行为危害到公共安全,就应认定为放火罪;如果放火行为没有也不可能危害公共安全,则应以故意杀人罪、故意毁坏公私财物罪论处。至于行为是否具有危害公共安全的性质,应根据作案的时间、地点等具体情况而定。

3. 放火罪既遂与未遂的界限

如何认定放火罪的既遂与未遂,刑法理论界有不同认识。独立燃烧说认为,当放火行为导致目的物在离开媒介物的情况下能够独立燃烧时,就是放火既遂。该说强调放火罪的公共危险性质。丧失效用说认为,目的物的重要部分由于被燃烧而失去效用时,就是放火既遂。该说强调放火罪的财产罪性质。重要部分燃烧说认为,目的物的重要部分起火开始燃烧时,就是放火既遂。该说在强调放火罪的财产罪性质的同时强调放火罪的公共危险性质。毁弃说认为,由于火力而使目的物达到了毁弃罪中的损坏程度时,就是放火既遂。该说同时强调上述两种性质,并旨在提供具体认定标准。我们认为,放火罪是危险犯,独立燃烧说比较可取。我国《刑法》将放火罪放在危害公共安全罪中,重视的是其公共危险性质。一般来说,只要行为人实施了放火行为,将目的物点燃,导致目的物在离开媒介物的情况下能够处于相对稳定的独立燃烧状态,并足以危害公共安全时,便是放火罪的既遂。即使后来被他人及时扑灭,未达到烧毁的目的,仍构成放火罪既遂。但如果放火行为没有实施完毕,或者已经实施但因风吹、雨淋或他人阻碍等行为人意志以外的原因而未能使目的物达到相对稳定的独立燃烧状态,则属犯罪未遂。

4. 放火罪一罪与数罪的界限。

放火行为是危害公共安全的行为,故可能造成多种结果。行为人在一个放火故意支配下实施一个放火行为,造成多种结果的,只能认定为一个放火罪。但是,实践中行为人实施了其他犯罪行为后,为消灭罪迹往往放火焚烧现场,对此,应视不同情况分别处理。如果行为人实施了故意杀人、抢劫、强奸致人死亡等犯罪后,为消灭罪迹而在野外放火焚尸,不足以危害公共安全的,就不另定放火罪;如果犯罪分子实施了杀人、抢劫、强奸致人死亡、盗窃、贪污等犯罪后,为消灭罪迹在住宅区或者其他公共建筑物内放火,足以危害公共安全的,则应另定放火罪,实行数罪并罚。行为人为了骗取保险金而放火,并且骗取了保险金的,也应实行数罪并罚。

二、决水罪

决水罪,是指以故意破坏水利设施等手段,制造水患,危害公共安全的行为。

本罪客观方面表现为行为人实施了危害公共安全的决水行为。所谓决水,是指一切足以使水流横溢、泛滥成灾的行为。它既可以是作为,也可以是不作为。前者如破坏防水设备、破坏水闸、堵水道、决堤坝等;后者如负有特定责任的人在应该开启水闸时,故意不履行开闸义务,造成水患的行为。本罪主体是一般主体,凡年满16周岁、具有刑事责任能力的人,均可成为本罪主体。本罪主观方面表现为故意,即行为人明知自己的行为会造成水患,危害公共安全,并且希望或者放任水患的发生。

三、爆炸罪

爆炸罪,是指故意使用爆炸的方法,危害公共安全的行为。

本罪客观方面表现为行为人实施了引起爆炸物或其他设备、装置爆炸,危害公共安全的行为。引起爆炸物爆炸,主要是指引起炸弹、炸药包、手榴弹、雷管及各种易爆的固体、液体、气体物品爆炸。引起其他设备、装置爆炸,主要是指利用各种手段,导致机器、锅炉等设备或装置爆炸。爆炸行为必须危害公共安全,但不要求发生实际损害结果,只要有危害公共安全的危险存在即可。本罪主体是已满14周岁、具有辨认控制能力的自然人。本罪主观方面必须出于故意,即明知自己的爆炸行为会发生危害公共安全的结果,并且希望或者放任这种结果发生。

四、投放危险物质罪

投放危险物质罪,是指故意投放毒害性、放射性、传染病病原体等物质,危害公共安全的行为。

本罪客观方面表现为行为人实施了投放毒害性、放射性、传染病病原体等物质危害公共安全的行为。其一,行为人投放的必须是毒害性、放射性、传染病病原体等危害人的生命、健康或牲畜、禽类、水产养殖物安全的危险物质。其中,毒害性物质是指含有毒质的有机物或者无机物,主要包括砒霜、氯化钾、氰化钾、敌敌畏以及其他含有剧毒的农药等;放射性物质是指通过原子核裂变时放出的射线发生伤害作用的物质,如镭、铀、钴等放射性化学元素;传染病病原体是能够引起疾病的微生物和寄生虫的统称,如炭疽、霍乱等传染病病菌、病毒。由于能够引起疾病的微生物和寄生虫的范围非常广泛,我们认为,本罪的传染病病原体应以《中华人民共和国传染病防治法》(以下简称《传染病防治法》)规定的属于甲、乙、丙类传染病病原体为限。例如,投放蠕虫(如蛔虫)、螨类(如疥螨)的寄生虫的,因不在《传染病防治法》预防的范围,不能以犯罪论处。此外,行为人投放的危险物质除毒害性、放射性物质和传染病病原体外,还包括严重威胁公共安全的其他生化物质。其二,投放行为必须危害公共安全。即该行为已经对不特定人的生命、健康或者牲畜、禽类、水产养殖物等财产造成严重威胁或严重损害后果。本罪是危险犯,其成立并不需要出现不特定人的中毒或重大公私财产毁损的实际危害结果,只要行为人的行为足以危害公共安全,即有危害公共安全的危险存在即可。投放行为的主要方式:一是将危险物质投放于供不特定人饮食的食品或饮料中;二是将毒物投放于供人、畜等使用的河流、池塘、水井等中;三是在一些公共场所释放放射性、传染病病原体。若故意使用投放危险物质的方法杀害特定个人或特定牲畜,不足以危害公共安全的,不构成投放危险物质罪,视情形可成立故意杀人罪、故意毁坏财物罪。

本罪主体是已满14周岁、具有刑事责任能力的自然人。本罪主观上必须出于故意,即行为人明知自己投放危险物质的行为会发生危害公共安全的结果,并且希望或者放任这种结果的发生。犯罪动机不影响本罪的成立。

五、以危险方法危害公共安全罪

以危险方法危害公共安全罪,是指故意使用放火、决水、爆炸、投放危险物质以外的危险方法危害公共安全的行为。

本罪客观方面表现为行为人必须具有以其他危险方法危害公共安全的行为。这里的"其他危险方法",是指与放火、决水、爆炸、投放危险物质的危险性相当,足以危害公共安全的方法。这就是说,刑法规定的"其他危险方法"是有限制的,而不是无所不包的,不能任意扩大其适用范围。至于"其他危险方法"究竟有哪些,法律上没有明确规定,司法实践中发生案件的形式是多种多样的,如破坏矿井通风设备、私设电网等。根据2001年6月11日最高人民法院、最高人民检察院《关于办理组织和利用邪教组织犯罪案件具体应用法律若干问题的解释(二)》第10条的规定,邪教组织人员以自焚、自爆或者其他危险方法危害公共安全的,按照关于以危险方法危害公共安全罪的规定定罪处罚。根据2003年5月14日最高人民法院、最高人民检察院《关于办理妨害预防、控制突发传染病疫情等灾害的刑事案件具体应用法律若干问题的解释》第1条第1款的规定,故意传播突发传染病病原体,危害公共安全的,按照以危险方法危害公共安全罪定罪处罚。总之,以危险方法危害公共安全罪,必须与放火、决水、爆炸、投放危险物质罪的危险性相当,否则就不属于刑法规定的"其他危险方法"。本罪主体为一般主体,主观方面为故意。

六、失火罪

失火罪是指过失引起火灾,致人重伤、死亡或者使公私财产遭受重大损失,危害公共安全的行为。

本罪客观方面要求引起了火灾,并造成了他人重伤、死亡或者使公私财物遭受重大损失的严重后果,危害了公共安全。仅有失火行为,但没有造成严重后果的,不能认定为失火罪。本罪主体为一般主体,凡年满16周岁、具有刑事责任能力的人,均可成为本罪主体。失火罪在主观上只能是过失,即应当预见自己的行为可能引起火灾,可能造成危害公共安全的危害结果,但因为疏忽大意没有预见或者已经预见而轻信能够避免,以致发生这种结果。如果由于不能预见或不能抗拒的原因导致火灾,如由于雷击、地震等自然现象引起火灾,则属意外事件,不构成失火罪。

本罪与放火罪的主要区别有三:(1)对结果的要求不同。放火罪是危险犯,只要行为人实施了放火行为,足以危害公共安全,不论是否造成严重后果,均构成犯罪;而失火罪是结果犯,必须产生了严重的危害后果才构成犯罪。(2)罪过形式不同。放火罪只能由故意构成,而失火罪只能由过失构成。这里的罪过,是指对火灾这种危害后果所持的心理态度,而不在于点火动作本身。如甲点火烧荒致使火势蔓延引起火灾,甲点火的行为虽是故意的,但其故意内容是烧荒,而不是引起火灾,甲对火灾这个结果则是过失的心理态度,因此只能定失火罪。但如果甲明知烧荒会引起火灾,仍放任这种结果的发生,则应定放火罪。(3)主体的刑事责任年龄不同。放火罪的犯罪主体的刑事责任年龄是已满14周岁,而失火罪的犯罪主体的刑事责任年龄是已满16周岁。

七、过失决水罪

过失决水罪,是指过失造成水患,致人重伤、死亡或者使公私财产遭受重大损失,危害公共安全的行为。

本罪客观方面表现为行为人过失损坏水利设施,造成水患,致人重伤、死亡或者使公私财产遭受重大损失,危害公共安全的行为。如果行为人的过失决水行为尚未造成严重后果,或者行为人及时制止了严重后果的发生,则不构成本罪。本罪主体为一般主体,主观方面为过失。

八、过失爆炸罪

(一) 过失爆炸罪的概念与特征

过失爆炸罪,是指过失引起爆炸,致人重伤、死亡或者使公私财产遭受重大损失,危害公共安全的行为。

本罪客观方面表现为行为人过失引起爆炸,致人重伤、死亡或者使公私财产遭受重大损失,危害公共安全的行为。本罪侵犯的对象既可以是人,也可以是公私财物,往往两者兼而有之。构成本罪的爆炸行为,既可以是作为,也可以是不作为,以不作为方式完成的,行为人必须负有特定的义务。同时,行为人的过失爆炸行为必须造成严重后果,若未造成严重后果,则不构成过失爆炸罪。本罪主体是一般主体。本罪主观方面只能由过失构成。

(二) 认定本罪应注意的问题

(1) 正确区分本罪与爆炸罪的界限。两者侵害的客体相同,不同之处主要在于:一是犯罪主观方面不同。前者表现为过失;后者则只能由故意构成。二是对危害后果的要求不同。前者必须造成重伤、死亡或者使公私财产遭受重大损失的严重后果;后者即使尚未造成严重后果,也构成犯罪。

(2) 正确区分本罪与过失致人死亡罪的界限。两者都是过失犯罪,主要区别在于:一是客体不同。前者侵犯的客体是公共安全,后者侵犯的客体是他人的生命权。二是客观方面表现不同。前者表现为致人重伤、死亡或者使公私财产遭受重大损失,危害公共安全的行为;后者虽然也有造成他人死亡的后果,但不危害公共安全。如果过失爆炸的行为只引起特定人的死亡,而不危及公共安全,则应以过失致人死亡罪论处。

九、过失投放危险物质罪

过失投放危险物质罪,是指过失投放毒害性、放射性、传染病病原体等物质,致人重伤、死亡或者使公私财产遭受重大损失,危害公共安全的行为。

本罪客体是公共安全。本罪客观方面要求行为人有投放危险物质的行为,且该行为造成了严重后果。若行为人仅有投放行为,但其行为并未造成严重后果,则不构成本罪。本罪主体为一般主体,主观方面只能是过失。

十、过失以危险方法危害公共安全罪

过失以危险方法危害公共安全罪,是指过失使用放火、决水、爆炸、投放危险物质以外的危险方法危害公共安全,致人重伤、死亡或者使公私财产遭受重大损失,危害公共安全的行为。

根据最高人民法院、最高人民检察院《关于办理妨害预防、控制突发传染病疫情等灾害的刑事案件具体应用法律若干问题的解释》第1条第2款的规定,患有突发传染病或者疑似突发传染病而拒绝接受检疫、强制隔离或者治疗,过失造成传染病

传播,情节严重,危害公共安全的,以本罪定罪处罚。本罪主体为一般主体,本罪罪过为过失。

本罪与以危险方法危害公共安全罪的区别有两点:一是主观要件不同,前者是过失,后者是故意;二是对结果要求不同,前者的成立以发生严重后果为要件,后者的成立不要求发生严重后果。

第二节 破坏公用工具、设施危害公共安全的犯罪

一、破坏交通工具罪

(一) 破坏交通工具罪的概念与特征

破坏交通工具罪,是指故意破坏火车、汽车、电车、船只、航空器,足以使其发生倾覆、毁坏危险,危害公共安全的行为。

本罪客观方面表现为行为人实施了破坏火车、汽车、电车、船只、航空器,足以使其发生倾覆、毁坏危险,危害公共安全的行为。其一,破坏的对象是火车、汽车、电车、船只、航空器。破坏自行车、人力三轮车、马车等非机动交通工具的,由于一般不足以危害公共安全,故不构成本罪。其二,行为人破坏的必须是正在使用中的交通工具。"正在使用"包括正在行驶中以及已交付使用而停机待用两种情形。若行为人破坏的不是正在使用中的交通工具,则不会危害公共安全,不能成立本罪,视情形可能构成其他犯罪。其三,行为人实施的破坏行为必须足以使被破坏的交通工具发生倾覆、毁坏危险。所谓倾覆,是指火车出轨、汽车或电车翻车、船只翻沉、航空器坠落等;所谓毁坏,是指使交通工具性能丧失、报废或者有其他重大毁损。应当注意的是,行为人的破坏行为只要存在使交通工具发生倾覆、毁坏的危险,即具有倾覆、毁坏的现实可能性即可,不要求必须有倾覆、毁坏的实际结果发生。破坏行为通常是指对上述交通工具的整体或者重要部件的破坏,若破坏的仅是交通工具上的一些辅助性部件,如座椅、卧具、窗帘等,并不影响交通运输安全,其行为不能成立本罪。

本罪主体是一般主体。本罪主观方面是故意,即明知自己破坏火车、汽车、电车、船只、航空器的行为会使其发生倾覆或者毁坏的危险,并且希望或者放任这种结果的发生。

(二) 破坏交通工具罪的认定

1. 罪与非罪的界限

司法实践中,区分本罪与非罪的关键是看行为人的破坏行为是否指向法定的几种交通工具,该交通工具是否"正在使用中",以及其破坏行为是否足以使交通工具发生倾覆、毁坏危险,危害公共安全。若对以上问题的回答有一项是否定的,则其行为要么不能成立犯罪,要么成立其他犯罪。

2. 此罪与彼罪的界限

(1) 本罪与放火罪、爆炸罪的界限。实践中,行为人往往采用放火、爆炸的手段

实施破坏交通工具的行为。由于我国《刑法》将正在使用中的交通工具作为特殊对象加以保护,将此类破坏行为规定为独立的犯罪,因此无论行为人采用何种方法破坏交通工具,只要其行为符合破坏交通工具罪的构成要件,都应成立破坏交通工具罪。如果行为人以放火、爆炸的方法破坏尚未交付使用的交通工具,危害或足以危害公共安全的,则应以放火罪、爆炸罪论处。

(2) 本罪与盗窃罪的界限。司法实践中,行为人出于占有目的盗窃正在使用中的交通工具上的一些重要零部件,足以使交通工具发生倾覆、毁坏危险,危害公共安全的,其行为同时符合破坏交通工具罪与盗窃罪的犯罪构成。此情形属于刑法上的想象竞合犯,应按"从一重处断"原则处理。如果行为人盗窃的是非使用中的交通工具上的部件,或者是正在使用中的交通工具上的一般部件,不足以危害交通运输安全的,则不能成立破坏交通工具罪,若其行为符合盗窃罪的构成要件,应以盗窃罪论处。

二、破坏交通设施罪

(一) 破坏交通设施罪的概念与特征

破坏交通设施罪,是指故意破坏轨道、桥梁、隧道、公路、机场、航道、灯塔、标志或者进行其他破坏活动,足以使火车、汽车、电车、船只、航空器发生倾覆、毁坏危险,危害公共安全的行为。

本罪客观方面表现为行为人实施了破坏轨道、桥梁、隧道、公路、机场、航道、灯塔、标志或者进行其他破坏活动,足以使火车、汽车、电车、船只、航空器发生倾覆、毁坏危险或者造成严重后果的行为。其一,破坏的对象是正在使用中的轨道、桥梁、隧道、公路、机场、航道、灯塔、标志这些交通设施。其二,行为人必须实施了破坏行为,包括使交通设施本身遭受毁损与使交通设施失去应有性能的行为,如拆卸铁轨、拔去枕木、毁损标志、熄灭灯塔上的灯光、在公路或机场上挖坑掘穴等。此外,本罪中除破坏上述交通设施外,法律还规定了"进行其他破坏活动"。所谓"进行其他破坏活动",是指实施那些虽然没有直接破坏上述交通设施,但其行为本身也足以使火车、汽车、电车、船只、航空器发生倾覆、毁坏危险的一切破坏活动,例如乱发指示信号、任意改动火车停发时间表等。由于这些行为直接危及交通运输安全,因而也构成本罪。其三,破坏行为必须足以使火车、汽车、电车、船只或者航空器发生倾覆、毁坏危险,刑法并不要求行为造成倾覆、毁坏的实际结果,实际上的倾覆与毁坏只是本罪法定刑升格的条件。

本罪主体是一般主体。本罪主体既可以是交通运输部门的工作人员,也可以是非交通运输部门的人员。本罪主观方面是故意,即明知自己破坏交通设施的行为会发生使交通工具倾覆或者毁坏的危害结果,并且希望或者放任这种结果的发生。

(二) 认定本罪应注意的问题

认定本罪应注意正确区分本罪与破坏交通工具罪的界限。两者都是故意犯罪,侵犯的客体都是交通运输安全,其主要区别在于侵害的对象不同,前者侵害的对象主要是交通设施,即轨道、桥梁、隧道、公路、机场、航道、灯塔、标志等;后者侵害的对象主要是火车、汽车、电车、船只、航空器等交通工具。两者之间有着密切的联系,破坏交通设施容易导致交通工具的倾覆、毁坏,但绝不能仅以被破坏的设施本身价值的大小来衡量行为的危害性。正在使用中的一切交通设施,都直接关系到交通工具的正常运行和安全。如铁道上的道钉虽小,但如果破坏它就可能足以使火车发生倾覆的危险,因此也应构成破坏交通设施罪。

三、破坏电力设备罪

(一) 破坏电力设备罪的概念与特征

破坏电力设备罪,是指故意破坏使用中的电力设备,足以造成严重后果,危害公共安全的行为。

本罪客观方面表现为行为人对使用中的电力设备实施了破坏行为。电力设备,是指用于发电、变电、供电、输电、用电的专门设备,如发电机、变压器、输电线等。本罪的对象是处于使用状态的电力设备,若行为人破坏的是库存、已经报废或闲置不用的电力设备,其行为不会危害公共安全,不构成本罪。行为的方式可以是作为,也可以是不作为。作为的方式如使用爆炸、放火、盗窃、毁坏等方式破坏电力设备;不作为的方式如负有维修保护职责的工作人员,发现电力设备的重要部件异常或者出现故障,有爆炸或者燃烧的危险,却故意置之不理,不履行维修保护职责,导致危害结果发生。只要行为人的破坏行为足以危害公共安全,即使尚未造成严重后果,也构成本罪。当然,如果行为人的破坏行为不足以危害公共安全,则不构成犯罪。

本罪主体是一般主体,凡年满16周岁、具有刑事责任能力的人,均可成为本罪主体。本罪的主观方面只能是故意。

(二) 认定本罪应注意的问题

破坏电力设备的行为,可以用放火、爆炸方法实施,因而应注意本罪与放火罪、爆炸罪的区别。由于刑法将破坏电力设备的犯罪作了特别规定,因此不管行为人使用何种方法破坏这种设备,均应认定为破坏电力设备罪,而不能根据其使用的破坏方法认定为其他犯罪。

近年来,出于盗窃意图而破坏电力设备的案件时有发生,这涉及本罪与盗窃罪的认定。对此,2007年8月15日最高人民法院发布的《关于审理破坏电力设备刑事案件具体应用法律若干问题的解释》作出如下规定:其一,盗窃电力设备,危害公共安全,但不构成盗窃罪的,以破坏电力设备罪定罪处罚;同时构成盗窃罪和破坏电力设备罪的,依照刑法处罚较重的规定定罪处罚。盗窃电力设备,没有危及公共安全,但应当追究刑事责任的,可以根据案件的不同情况,按照盗窃罪等犯罪处理。其二,本罪所称电力设备,是指处于运行、应急等使用中的电力设备;已经通电使用,只是由于枯水季节或电力不足等原因而暂停使用的电力设备;已经交付使用但尚未通电的电力设备。不包括尚未安装完毕,或者已经安装完毕但尚未交付使用的电力设备。

四、破坏易燃易爆设备罪

破坏易燃易爆设备罪,是指故意破坏使用中的燃气或者其他易燃易爆设备,足以造成严重后果,危害公共安全的行为。

本罪客观方面表现为行为人实施了破坏燃气或者其他易燃易爆设备,危害公共安全的行为。(1)行为对象是正在使用中的燃气或者其他易燃易爆设备。燃气设备,是指煤气、石油液化气、天然气生产、运输等设备,包括供气系统的燃气发生装置、燃气净化装置、燃气输送设备等。其他易燃易爆设备,是指燃气设备以外的容易燃烧、爆炸的设备,具体包括的内容多种多样,如用于化工、石油方面的油井、油库、贮油罐、石油运输管道、贮气室、制造和储存各种炸药的设备等。所谓正在使用中,是指易燃易爆设备已经经过验收,正式交付或投入使用。若针对库存的、废置不用的、正在制造安装中的易燃易爆设备实施破坏行为,则不能构成本罪。(2)行为人必须实施了破坏行为。破坏的方式没有被限定,既可以是作为,也可以是不作为。(3)破坏行为必须危害公共安全,即足以使易燃易爆设备发生燃烧、爆炸的危险。若破坏行为不足以使易燃易爆设备发生燃烧、爆炸的危险,则不能构成本罪;行为构成其他犯罪的,应当根据触犯的具体罪名来定罪。本罪主体是一般主体,凡年满16周岁、具有刑事责任能力的人,均可成为本罪主体。本罪的主观方面只能是故意,包括直接故意和间接故意,即行为人明知自己的行为会危害公共安全,并且希望或者放任这种结果发生。行为人的动机可以是多种多样的,不论动机如何,均不影响定罪,只作为量刑时的参考。

破坏易燃易爆设备的行为,可以用放火、爆炸方法实施,因而应注意本罪与放火罪、爆炸罪的区别。由于《刑法》将破坏燃气或其他易燃易爆的犯罪作了特别规定,因此不管行为人使用何种方法破坏这种设备,均应认定为破坏易燃易爆设备罪,而不能根据其使用的破坏方法认定为其他犯罪。

五、破坏广播电视设施、公用电信设施罪

破坏广播电视设施、公用电信设施罪,是指故意破坏广播电视设施、公用电信设施,危害公共安全的行为。

本罪客观方面表现为行为人实施了破坏广播电视设施、公用电信设施,危害公共安全的行为。(1)行为对象是正在使用中的广播电视设施、公用电信设施。广播电视设施是指发射无线电广播信号的发射电台,传播新闻信息的电视台发射台、转播台和电视台接受电视图像的设备,以及有线广播传播覆盖设施等。公用电信设施,主要指无线电发报设施、设备,电话交换局、台、站和无线电通信设备,以及用于航海、航空的无线电通讯、导航设备,卫星通讯设备等。没有安装完毕、没有交付使用或者已经报废的广播电视设施、公用电信设施不能成为本罪对象。(2)行为人实施了破坏行为。破坏行为表现为两种情况:一是使上述设施物理上毁损;二是使上述设施丧失应有性能。盗窃广播电视、公用电信设施的行为,也是一种破坏行为,这

种情况实际上是想象数罪,应从一重罪论处。最后,破坏行为必须足以危害公共安全,但严重后果不是本罪的构成要件,只是法定刑升格的条件。本罪主体是一般主体,凡年满16周岁、具有刑事责任能力的人,均可成为本罪主体。本罪主观方面是故意,即行为人明知自己破坏广播电视设施、公用电信设施的行为会发生危害公共安全的危害结果,并且希望或者放任这种结果的发生。

六、过失损坏交通工具罪

过失损坏交通工具罪,是指过失破坏火车、汽车、电车、船只、航空器,危害交通运输安全,造成严重后果的行为。

本罪客观方面表现为行为人破坏了正在使用中的火车、汽车、电车、船只、航空器,已经造成这些交通工具倾覆、毁坏,以及致人重伤、死亡或者使公私财产遭受重大损失的严重后果。若行为人只有过失破坏行为,并未产生严重危害后果,则不应以本罪论处。本罪主体为一般主体,凡年满16周岁、具有刑事责任能力的人,均可成为本罪主体。本罪主观方面是过失,即行为人应当预见自己的行为可能造成火车、汽车、电车、船只、航空器倾覆、毁坏的结果,但因为疏忽大意而没有预见或者已经预见而轻信能够避免,以致发生这种结果。

七、过失损坏交通设施罪

过失损坏交通设施罪,是指过失破坏轨道、桥梁、隧道、公路、机场、航道、灯塔、标志等交通设施,造成火车、汽车、电车、船只、航空器发生倾覆、毁坏的严重后果,危害交通运输安全的行为。

本罪客观方面表现为行为人实施了破坏上述交通设施的行为,且破坏行为已经造成了交通工具倾覆、毁坏以及人身伤亡等严重后果。本罪主体为一般主体,凡年满16周岁、具有刑事责任能力的人,均可成为本罪主体。本罪主观方面是过失,即行为人应当预见自己破坏交通设施的行为可能发生使交通工具倾覆或者毁坏的结果,但因为疏忽大意而没有预见或者已经预见而轻信能够避免,以致发生该结果。

八、过失损坏电力设备罪

过失损坏电力设备罪,是指过失损坏电力设备,造成人身伤亡或者重大公私财产损失的严重后果,危害公共安全的行为。

本罪的客观方面表现为行为人实施了破坏电力设备的行为,且破坏行为危害了公共安全,已经造成了严重后果。本罪主体为一般主体,凡年满16周岁、具有刑事责任能力的人,均可成为本罪主体。本罪主观方面是过失,即行为人应当预见自己破坏电力设备的行为可能发生危害公共安全的结果,但因为疏忽大意而没有预见或者已经预见而轻信能够避免,以致发生这种结果。

九、过失损坏易燃易爆设备罪

过失损坏易燃易爆设备罪,是指过失破坏易燃易爆设备,造成人身伤亡或者重大公私财产损失的严重后果,危害公共安全的行为。

本罪客观方面表现为行为人实施了破坏燃气或其他易燃易爆设备的行为,且破坏行为危害了公共安全,已经造成了严重后果。本罪主体为一般主体,凡年满16周岁、具有刑事责任能力的人,均可成为本罪主体。本罪主观方面是过失,即行为人应当预见自己破坏上述设备的行为可能发生危害公共安全的结果,但因为疏忽大意而没有预见或者已经预见而轻信能够避免,以致发生这种结果。

十、过失损坏广播电视设施、公用电信设施罪

过失损坏广播电视设施、公用电信设施罪,是指过失破坏广播电视设施、公用电信设施,造成严重后果,危害公共安全的行为。

本罪的客观方面表现为行为人实施了破坏上述设施的行为,且行为危害了公共安全并造成了严重后果。本罪主体为一般主体,凡年满16周岁、具有刑事责任能力的人,均可成为本罪主体。本罪主观方面是过失,即行为人应当预见自己破坏广播电视设施、公用电信设施的行为可能发生危害传播、通讯安全的结果,但因为疏忽大意而没有预见或者已经预见而轻信能够避免,以致发生这种结果。

第三节 实施恐怖、危险活动危害公共安全的犯罪

一、组织、领导、参加恐怖组织罪

组织、领导、参加恐怖组织罪,是指组织、领导或者参加恐怖活动组织的行为。

本罪的客观方面表现为行为人实施了组织、领导或者参加恐怖活动组织的行为。恐怖活动组织,是指以实施恐怖活动为目的而建立起来的、危害极为严重的犯罪组织。恐怖活动,通常是指为了达到一定目的,特别是政治目的,使用暴力、胁迫等强制手段专门从事杀人、爆炸、劫持、绑架人质等暴力犯罪活动。恐怖活动的严重危害性,决定了恐怖组织的存在本身就是对公共安全的严重威胁,故成立本罪不要求造成实际的危害后果,只要行为人实施了组织、领导、参加恐怖组织的行为,便可成立犯罪。所谓"组织",主要是指组建恐怖组织和召集恐怖分子;所谓"领导",主要是指策划、指挥恐怖组织的具体活动;所谓"参加",是指加入恐怖组织,使自己成为该组织成员。只要行为人实施了组织、领导、参加行为之一,便成立本罪,事实上是否开始实施恐怖活动,不影响本罪成立。如果行为人犯本罪并实施了杀人、爆炸、绑架等其他犯罪行为,依照数罪并罚的规定处罚。本罪主体为一般主体,凡年满16周岁、具有刑事责任能力的人,均可成为本罪主体。本罪的主观方面是故意,即行为人明知恐怖活动危害公共安全,还以实施恐怖活动为目的组织、领导或者参加恐怖组织。

根据《刑法》第120条的规定,组织、领导恐怖活动组织的,处10年以上有期徒刑或者无期徒刑,并处没收财产;积极参加的,处3年以上10年以下有期徒刑,并处罚金;其他参加的,处3年以下有期徒刑、拘役、管制或者剥夺政治权利,可以并处罚金。犯组织、领导恐怖活动组织罪并实施杀人、爆炸、绑架等犯罪的,依照数罪并罚的规定处罚。

二、帮助恐怖活动罪

帮助恐怖活动罪,是指资助恐怖活动组织、实施恐怖活动的个人或者资助恐怖活动培训,或为恐怖活动组织、实施恐怖活动或者恐怖活动培训招募、运送人员的行为。

本罪客观方面表现为资助恐怖活动组织、实施恐怖活动的个人或者资助恐怖培训,或为恐怖活动组织、实施恐怖活动或者恐怖活动培训招募、运送人员的行为。所谓资助,是指为恐怖活动组织或者实施恐怖活动的个人筹集、提供经费、物资或者提供场所以及其他物质便利的行为。资助的形式多种多样,无论是直接资助,还是间接资助,均不影响本罪成立。这里的"恐怖活动组织"是指以实施恐怖活动为目的而建立起来的,具有严密的组织性、一定的稳定性和极大的社会危害性、危险性的犯罪组织。"实施恐怖活动的个人"是指非隶属于恐怖组织的、从事恐怖活动的人员,包括预谋实施、准备实施和实际实施恐怖活动的个人。这里的恐怖活动组织既包括国内的恐怖活动组织,也包括国外的恐怖活动组织;实施恐怖活动的个人既包括本国人,也包括外国人。若资助其他组织或个人,不成立本罪。所谓恐怖活动培训,是指旨在传授恐怖活动思想、知识、技能和组织管理能力方面的训练活动。所谓资助恐怖活动培训,是指明知是恐怖活动培训活动而予以资助的行为。具体包括提供经费、物资、提供场地或提供培训人员等方面行为。为恐怖活动组织、实施恐怖活动或者恐怖活动培训而招募、运送人员的行为。具体包括招募恐怖活动组织成员、实施恐怖活动成员或参加恐怖活动的人员;或者运送恐怖活动组织成员、实施恐怖活动的成员或参加恐怖活动培训的人员的行为。

本罪主体既可以是自然人,也可以是单位。本罪主观方面是故意,即明知恐怖活动组织、实施恐怖活动的个人,而为其提供各种资助;或者明知是恐怖活动培训而予以资助,或明知上述活动而为其招募、运送人员。

三、准备实施恐怖活动罪

准备实施恐怖活动罪,是指为实施恐怖活动而做准备的行为。

本罪的客观方面表现为实施恐怖犯罪而做准备的行为。具体包括:(1)为实施恐怖活动准备凶器、危险物品或其他工具的行为;(2)组织恐怖活动培训或者积极参加恐怖活动培训的行为;(3)为实施恐怖活动与境外恐怖活动组织或者人员联络的行为;(4)为实施恐怖活动进行策划或者其他准备的行为。

本罪的主观方面为故意。本罪的主体是年满16周岁的自然人。单位不能成为本罪的主体。

根据《刑法》第 120 条之二的规定,犯本罪的,处 5 年以下有期徒刑、拘役、管制或者剥夺政治权利,并处罚金;情节严重的,处 5 年以上有期徒刑,并处罚金或者没收财产。

犯前款罪,同时构成其他犯罪的,依照处罚较重的规定定罪处罚。

四、宣扬恐怖主义、极端主义、煽动实施恐怖活动罪

宣扬恐怖主义、极端主义信息罪,是指制作、散发宣扬恐怖主义、极端主义的图书、音频视频资料或者其他物品或者通过讲授、发布信息等等方式宣扬恐怖主义、极端主义的或者煽动实施恐怖活动的行为。

本罪客观方面表现为制作、散发宣扬恐怖主义、极端主义的图书、音频视频资料或者其他物品或者通过讲授、发布信息等方式宣扬恐怖主义、极端主义的或者煽动实施恐怖活动的行为。所谓制作,是指撰写、编纂并出版图书或拍摄、录制音频或视频的行为。(2)散发,无偿分发含有宣扬恐怖主义、极端主义信息的图书、音频、视频资料的行为。(3)讲授,是指通过语言或其他交流手段等方式宣传恐怖主义、极端主义思想或观点的行为。(4)发布信息,是指通过刊物、媒体或网络传播恐怖主义、极端主义信息的行为。(5)煽动实施恐怖活动,是指鼓动、怂恿、促使不特定人实施恐怖活动的行为。

本罪的主体是一般主体,即年满 16 周岁、具有辨认控制能力的自然人。

本罪的主观方面为故意,并且具有宣扬恐怖主义、极端主义思想或煽动实施恐怖活动的目的。如果不具备该目的,仅仅因为其讲话内容而导致他人产生信仰恐怖主义或极端主义教义的,不能成立宣扬恐怖主义、极端主义信息罪。

五、利用极端主义破坏法律实施罪

利用极端主义破坏法律实施罪,是指利用极端主义煽动、胁迫群众破坏国家法律确立的婚姻、司法、教育、社会管理等制度实施的行为。

本罪的客观方面表现为利用极端主义,是指利用极端主义煽动、胁迫群众破坏国家法律确立的婚姻、司法、教育、社会管理等制度实施的行为。所谓利用极端主义煽动、胁迫,是指通过转播或散布宗教极端主义教义或思想来鼓动或威胁、迫使不特定或多数群众。所谓破坏国家法律制度,是指利用宗教极端主义教义或思想破坏国家法律所确立的一夫一妻的婚姻制度、对抗国家的司法活动、抗拒国家的教育制度和其他社会管理等方面的国家制度。

本罪的主体是一般主体,即年满 16 周岁、具有辨认控制能力的自然人。

本罪的主观方面为故意,并且具有煽动、胁迫群众破坏国家法律制度的目的。如果不具备该目的,仅仅宣传极端主义的,不成立本罪,而成立宣扬极端主义信息罪。

六、强制穿戴宣扬恐怖主义、极端主义服饰、标志罪

强制穿戴宣扬恐怖主义、极端主义服饰、标志罪,是指以暴力、胁迫等方式强制他人在公共场所穿着、佩戴宣扬恐怖主义、极端主义服饰、标志的行为。

本罪所侵犯的客体是公共安全和他人所享有的服饰自由。穿着或佩戴恐怖主义、极端主义服饰或标志是一种宣扬恐怖主义和极端主义的行为,因此会威胁公共安全。在不违背公共道德和风俗的前提下,任何人有按照自己的意愿穿着服饰或佩戴相关标志。

本罪的客观方面表现为暴力或胁迫等方式强制他人在公共场所穿着、佩戴宣扬恐怖主义、极端主义服饰、标志的行为。所谓强制,是指使用暴力或胁迫等方式,使他人违背自己的意志在公共场所穿着或佩戴宣扬恐怖主义、极端主义服饰或标志。强制行为不需要发生在公共场所;但是强制行为的内容仅限于在公共场所穿着、佩戴宣扬恐怖主义、极端主义的服饰或标志。所谓在公共场所穿着、佩戴,是指在足以被不特定第三人或多数人所看见的场所。

本罪的主体为一般主体,即年满16周岁、具有辨认控制能力的自然人。本罪是故意犯罪。过失不能构成本罪。

七、非法持有宣扬恐怖主义、极端主义物品罪

非法持有恐怖主义、极端主义物品罪,是指明知是宣扬恐怖主义、极端主义的图书、音频视频资料或其他物品而非法持有,情节严重的行为。

本罪的客观方面表现为明知是宣扬恐怖主义、极端主义的图书、音频视频资料或其他物品而非法持有,情节严重的行为。所谓持有,是指明知该载体上有宣扬恐怖主义、极端主义信息而占有或保管的行为。如果所持有的宣扬恐怖主义、极端主义的信息载体是行为人制作的,不能认为持有宣扬恐怖主义、极端主义信息载体的行为,而应该被认定为宣扬恐怖主义、极端主义信息罪。所谓情节严重,是指持有大量的宣扬恐怖主义、极端主义信息的载体或者有抗拒收缴等事实的。

本罪的主体是一般主体,即年满16周岁、具有辨认控制能力的自然人。

本罪的主观方面为故意,并且认识到所持有的信息载体是宣传恐怖主义、极端主义的信息载体。如果行为人不具备该认识的,不能成立犯罪。

八、劫持航空器罪

劫持航空器罪,是指以暴力、胁迫或者其他方法劫持航空器,危害航空安全的行为。

本罪客观方面表现为行为人实施了以暴力、胁迫或者其他方法劫持航空器的行为。(1)行为对象是正在使用中或者飞行中的航空器。《刑法》虽然没有明文限定为使用中或者飞行中的航空器,但从劫持的含义及有关国际公约来看,应当作出这种限定。未投入使用或已报废的航空器,不能作为本罪的犯罪对象。根据《蒙特利

尔公约》的规定,从地面人员或机组为某一特定飞行而对航空器进行飞行前的准备时起,直到降落后 24 小时为止,该航空器被认为是正在使用中。航空器从装载完毕,机舱外部各门均已关闭时起,直至打开任一机舱门以便卸载时止,视为在飞行中;航空器被迫降落时,在主管当局接管该航空器及机上人员与财产的责任以前,视为仍在飞行中。关于航空器的范围,有人认为只能是民用航空器[1];有人认为这里的航空器既可以是民用的,也可以是供军事、海关、警察使用的[2]。我们原则上持后一观点。理由如下:虽然根据有关国际公约,劫持航空器犯罪中的航空器仅限于民用航空器,但不能完全根据国际公约来解释国内刑法;国内刑法也没有对航空器作出任何限定;劫持供军事、海关、警察等使用的航空器的犯罪行为也可能发生,应依法惩治。(2) 行为人实施了劫持航空器的行为。所谓劫持,是指以暴力、胁迫或者其他方法迫使机组人员改变航空器原定航向,而飞往劫持者指定的地方。本罪主体为一般主体,已满 16 周岁、具有辨认控制能力的自然人,无论是中国人、外国人还是无国籍人,都可成为本罪主体。本罪主观方面只能是故意,即明知劫持航空器的行为会发生危害航空安全的严重后果,并且希望或者放任这种结果的发生。从实践上看,劫持者的动机多种多样,如逃避刑事责任、躲避经济债务,或者为了政治目的等,但犯罪动机的内容不影响本罪的成立。

九、劫持船只、汽车罪

劫持船只、汽车罪,是指使用暴力、胁迫或者其他方法劫持船只、汽车,危害公共安全的行为。

本罪客观方面表现为以暴力、胁迫或者其他方法,劫持正在使用中的船只、汽车。劫持火车、电车的行为不成立本罪。本罪主体是一般主体,凡年满 16 周岁、具有刑事责任能力的人,均可成为本罪主体。本罪主观方面是故意,即行为人明知劫持船只、汽车的行为会发生危害交通与人身安全的严重后果,并且希望或者放任这种结果的发生。

十、暴力危及飞行安全罪

暴力危及飞行安全罪,是指对飞行中的航空器上的人员使用暴力,危及飞行安全的行为。

本罪客观方面表现为行为人对飞行中的航空器上的人员使用暴力,危及飞行安全的行为。(1) 本罪的犯罪对象是飞行中的航空器上的人员。其中的人员既包括机组人员,也包括乘客等航空器上的其他人员。根据《蒙特利尔公约》的规定,航空

---

[1] 参见苏惠渔主编:《刑法学》,中国政法大学出版社 2001 年版,第 443 页;肖扬主编:《中国新刑法学》,中国人民公安大学出版社 1998 年版,第 341 页。

[2] 参见齐文远主编:《刑法学》,法律出版社 1999 年版,第 416 页;张明楷:《刑法学》(下),法律出版社 1997 年版,第 572 页。

器从装载完毕,机舱外部各门均已关闭时起,直至打开任一机舱门以便卸载时止,视为在飞行中;航空器被迫降落时,在主管当局接管该航空器及机上人员与财产的责任以前,视为仍在飞行中。如果行为人不是针对飞行中的航空器上的人员使用暴力,而是在航空器还没有装载完毕时,或者在航空器降落后打开机舱门以便卸载时,对航空器中的人员使用暴力的,就不成立本罪。(2) 行为人必须使用了暴力,通常是乘客之间或乘客与机组人员之间发生暴力争斗。(3) 行为人的暴力行为必须足以危及飞行安全,如果只是一般的推撞打架,其行为不足以危及飞行安全的,也不能成立本罪。本罪主体是一般主体,任何在飞行中的航空器上的人员都可成为本罪主体。本罪主观方面表现为故意,即行为人明知对飞行中的航空器上的人员使用暴力会危及飞行安全,并且希望或者放任这种结果的发生。

第四节 违反枪支、弹药、爆炸物、危险物质管理规定危害公共安全的犯罪

一、非法制造、买卖、运输、邮寄、储存枪支、弹药、爆炸物罪

非法制造、买卖、运输、邮寄、储存枪支、弹药、爆炸物罪,是指违反国家有关枪支、弹药、爆炸物管理法规,擅自制造、买卖、运输、邮寄、储存枪支、弹药、爆炸物,危害公共安全的行为。

本罪客观方面表现为行为人违反国家有关枪支、弹药、爆炸物管理法规,擅自制造、买卖、运输、邮寄、储存枪支、弹药、爆炸物的行为。(1) 行为对象是枪支、弹药与爆炸物。根据《中华人民共和国枪支管理法》(以下简称《枪支管理法》)的规定,所谓枪支,是指以火药或者压缩气体为动力,利用管状器具发射金属弹丸或者其他物质,足以致人死亡或者丧失知觉的各种枪支。此外,根据最高人民法院2001年5月10日通过的《关于审理非法制造、买卖、运输枪支、弹药、爆炸物等刑事案件具体应用法律若干问题的解释》(以下简称《枪支、弹药、爆炸物解释》)的规定,非法制造、买卖、运输、邮寄、储存成套枪支散件的,以相应数量的枪支计;非成套枪支散件以每30件为一成套枪支散件计。所谓弹药,是指上述枪支使用的弹药。所谓爆炸物,是指具有较大爆破性或杀伤性的爆裂性物品,既包括军用的爆炸物,如地雷、炸弹、手榴弹,也包括《民用爆炸物品管理条例》所列的爆破器材,如炸药、雷管、导火索、导爆索、非电导爆系统、起爆药、爆破剂等,但不应包括烟花、爆竹。(2) 行为人必须实施了非法制造、买卖、运输、邮寄、储存枪支、弹药、爆炸物的行为。非法制造,是指未经国家有关部门许可,擅自制造枪支、弹药、爆炸物,包括制作、组装、改装和拼装行为。非法买卖,是指未经国家有关部门许可,购买或者出售枪支、弹药、爆炸物。非法运输,是指违反有关法规,将枪支、弹药、爆炸物进行地点的转移。非法邮寄,是指未经国家有关部门许可,通过邮政部门寄递枪支、弹药、爆炸物。非法储存,是指明知是他人非法制造、买卖、运输、邮寄的枪支、弹药、爆炸物而为其存放的行为。本罪是选

择性罪名,只要行为人实施了非法制造、买卖、运输、邮寄、储存枪支、弹药、爆炸物的行为之一,即可构成本罪。如果行为人同时实施了其中两种或者两种以上的行为,如非法制造又销售的,也只构成一罪,不适用数罪并罚。本罪主体既可以是已满16周岁、具有辨认控制能力的自然人,也可以是单位。本罪主观上必须是故意,即明知是枪支、弹药、爆炸物而故意非法制造、买卖、运输、邮寄或者储存。不明知是枪支、弹药、爆炸物而实施上述行为的,不成立本罪。

二、非法制造、买卖、运输、储存危险物质罪

非法制造、买卖、运输、储存危险物质罪,是指非法制造、买卖、运输、储存毒害性、放射性、传染病病原体等物质,危害公共安全的行为。

本罪客观方面表现为行为人实施了非法制造、买卖、运输、储存毒害性、放射性、传染病病原体等物质,危害公共安全的行为。(1)本罪犯罪对象是毒害性、放射性、传染病病原体等物质。所谓毒害性物质,是指含有毒质的、危害人的生命、健康或者牲畜、水产养殖物安全的有机物或无机物。所谓放射性物质,是指含有放射性元素,危害人的生命、健康或者对环境造成重大污染的物质。所谓传染病病原体,是指能引起人与人、动物与动物或人与动物之间相互传染的疾病产生的微生物或寄生虫。(2)行为人必须实施了非法制造、买卖、运输、储存行为。非法制造,是指违反有关规定,擅自制造毒害性、放射性、传染病病原体等物质;非法买卖,是指违反法律和国家主管部门规定,未经有关主管部门批准许可,擅自购买或者出售毒害性、放射性、传染病病原体等物质。非法运输,是指违反有关法规,将毒害性、放射性、传染病病原体等物质从甲地运往乙地。非法储存,是指违反有关规定,将毒害性、放射性、传染病病原体等物质非法存放。本罪是选择性罪名,只要行为人实施了非法制造、买卖、运输、储存毒害性、放射性、传染病病原体等物质的行为之一,即可构成本罪。如果行为人同时实施了其中两种或者两种以上的行为,如非法制造又销售的,也只构成一罪,不适用数罪并罚。本罪主体既可以是自然人,也可以是单位。本罪主观方面是故意,即明知是毒害性、放射性、传染病病原体等物质而非法制造、买卖、运输、储存。不明知是上述危险物质而制造、买卖、运输、储存的,不成立本罪。

三、违规制造、销售枪支罪

(一)本罪的概念与特征

违规制造、销售枪支罪,是指依法被指定、确定的枪支制造企业、销售企业,违反枪支管理规定,擅自制造、销售枪支的行为。

本罪客观方面表现为,违反枪支管理规定,违规制造、销售枪支。具体包括三种行为:一是以非法销售为目的,超过限额或者不按规定的品种制造、配售枪支;二是以非法销售为目的,制造无号、重号、假号的枪支;三是非法销售枪支或者在境内销售为出口制造的枪支。本罪主体是特殊主体,只能是依法被指定、确定的枪支制造企业、销售企业。其他企业及个人非法制造、销售枪支,构成犯罪的,应以《刑法》第125条的非法制造、买卖枪支罪论处。本罪主观方面为故意,其中,违规制造枪支的行为必须以非法销售为目的。

(二)认定本罪应注意的问题

1. 罪与非罪的界限

对依法被指定、确定的枪支制造企业、销售企业来说,并非一经实施违规制造、销售枪支的行为,就一律构成犯罪。如果超过限额或者不按规定的品种制造枪支,或者制造无号、重号、假号的枪支的行为不是以非法销售为目的,或者数量很小,则不应以犯罪论处;对超过限额或者不按规定的品种配售枪支,以及非法销售枪支或者在境内销售为出口制造的枪支的行为,如果销售数量较少或者非法获利不大的,也不应以犯罪论处。根据《枪支、弹药、爆炸物解释》第3条的规定,实施本罪规定的行为,具有下列情形之一的,以违规制造、销售枪支罪定罪处罚:(1)违规制造枪支5支以上的;(2)违规销售枪支2支以上的;(3)虽未达到上述最低数量标准,但具有造成严重后果等其他恶劣情节的。

2. 此罪与彼罪的界限

违规制造、销售枪支罪与非法制造、买卖、运输、邮寄、储存枪支、弹药、爆炸物罪在犯罪对象、客观行为、主观内容上均有相似之处。其主要区别在于:(1)犯罪主体不同。前者的犯罪主体是特殊主体,即只能是依法被指定、确定的枪支制造企业、销售企业;后者的主体是一般主体,包括自然人和单位。因此,如果是依法被指定、确定的枪支制造企业、销售企业以外的单位或个人违规制造、销售枪支的,应以非法制造、销售枪支罪论处。(2)客观行为不同。前者为违规制造、销售枪支的行为,其具体行为方式已为法律所明确规定,即以非法销售为目的,超过限额或者不按规定的品种制造、配售枪支;以非法销售为目的,制造无号、重号、假号的枪支;非法销售枪支或者在境内销售为出口制造的枪支。后者表现为违反国家有关枪支、弹药、爆炸物管理法规,擅自制造、买卖、运输、邮寄、储存枪支、弹药、爆炸物的行为。(3)犯罪对象不同。前者的犯罪对象仅限于枪支;后者的犯罪对象除枪支之外,还包括弹药和爆炸物。因此,对依法被指定、确定的弹药、爆炸物制造企业、销售企业实施的非法制造、销售弹药、爆炸物的行为,应以非法制造、买卖弹药、爆炸物罪论处。(4)主观故意的内容不同。前者须以营利为目的;后者无论出于何种目的,都不影响犯罪成立。

四、盗窃、抢夺枪支、弹药、爆炸物、危险物质罪

(一)本罪的概念与特征

盗窃、抢夺枪支、弹药、爆炸物、危险物质罪,是指以非法占有为目的秘密窃取或者公然夺取枪支、弹药、爆炸物或者毒害性、放射性、传染病病原体等物质,危害公共安全的行为。

本罪客观方面表现为行为人实施了盗窃或者抢夺枪支、弹药、爆炸物或者毒害

性、放射性、传染病病原体等物质的行为。盗窃一般是指采用不为人知的方法秘密窃取;抢夺一般是指乘人不备公然夺取。犯罪对象包括枪支、弹药、爆炸物或者毒害性、放射性、传染病病原体等危险物质。本罪主体是一般主体,已满16周岁、具有辨认控制能力的自然人均可成为本罪主体。本罪主观方面只能是故意,即明知是枪支、弹药、爆炸物或者毒害性、放射性、传染病病原体等危险物质而故意盗窃或抢夺。实践中有时会出现行为人为了盗窃、抢夺一般财物而实际上盗窃、抢夺了枪支、弹药、爆炸物或者毒害性、放射性、传染病病原体等危险物质的案件,由于行为人不明知是枪支、弹药、爆炸物、危险物质,故不能认定为本罪,构成犯罪的只能以盗窃罪、抢夺罪论处;如果盗窃、抢夺枪支、弹药后非法持有、私藏的,则另构成非法持有、私藏枪支、弹药罪。

(二) 认定本罪应注意的问题

1. 罪与非罪的界限

对盗窃、抢夺枪支、弹药、爆炸物、危险物质的行为,由于其犯罪对象的公共危险性,刑法没有规定必须"数额较大""多次盗窃""情节严重"才可构成犯罪。一般情况下,只要行为人明知是枪支、弹药、爆炸物或者毒害性、放射性、传染病病原体等危险物质而故意实施盗窃、抢夺行为,即可构成本罪。但是,根据《刑法》第13条但书的规定,情节显著轻微危害不大的,不认为是犯罪。

2. 本罪与盗窃罪、抢夺罪的界限

本罪与盗窃罪、抢夺罪在行为方式、罪过形式、犯罪主体等方面存在相同之处。两者的区别表现在以下几方面:(1) 犯罪对象不同。前者的犯罪对象是具有较大危险性的枪支、弹药、爆炸物或者毒害性、放射性、传染病病原体等危险物质,后者的犯罪对象是普通的公私财物,范围极广,但不包括枪支、弹药、爆炸物或者毒害性、放射性、传染病病原体等危险物质。(2) 侵害的法益不同。前者主要侵害了国家对枪支、弹药、爆炸物或者毒害性、放射性、传染病病原体等危险物质的管理秩序和公共安全,后者侵犯的是公私财产所有权。(3) 主观故意的内容不同。前者表现为行为人明知是枪支、弹药、爆炸物或者毒害性、放射性、传染病病原体等危险物质而秘密窃取或公然夺取,后者表现为行为人明知是一般财物而秘密窃取或公然夺取。(4) 对行为的要求不同。前者对行为没有数额、次数等要求,而构成盗窃罪必须要求数额较大的,或者多次盗窃、入户盗窃、携带凶器盗窃、扒窃的,才成立犯罪;构成抢夺罪也必须要求"数额较大"。

3. 既遂与未遂的界限

(1) 盗窃枪支、弹药、爆炸物、危险物质罪的既遂与未遂

对于盗窃枪支、弹药、爆炸物、危险物质罪既遂与未遂的区分标准,刑法理论界有三种不同的观点,即控制说、失控说、失控加控制说。控制说主张凡是行为人已实际控制了盗窃得来的枪支、弹药、爆炸物、危险物质的,则成立本罪既遂,反之为未遂。失控说主张凡是行为人的盗窃行为已使枪支、弹药、爆炸物、危险物质的所有者、保管者丧失对其的控制,则成立本罪既遂,反之为未遂。失控加控制说则主张凡

是被盗的枪支、弹药、爆炸物、危险物质已经脱离其所有者、保管者，并且置于行为人的控制之下的，则成立本罪既遂，反之为未遂。我们认为，对本罪而言，采用失控说比较适当，因为盗窃枪支、弹药、爆炸物、危险物质不同于盗窃一般的公私财物，其侵害的法益也不是一般的公私财产所有权，而是公共安全。行为人的行为一旦使枪支、弹药、爆炸物、危险物质脱离了其所有者、保管者的实际控制，它们就有可能流散在社会上，影响社会治安，危及公共安全。故只要行为人的盗窃行为使枪支、弹药、爆炸物、危险物质的所有者、保管者丧失对被盗枪支、弹药、爆炸物、危险物质的控制，就应当认定其行为已达到既遂而不是未遂。认定枪支、弹药、爆炸物、危险物质的所有者、保管者是否丧失对被盗枪支、弹药、爆炸物、危险物质的控制，应根据盗窃的环境、条件等客观状况的不同，具体情况具体分析。

（2）抢夺枪支、弹药、爆炸物、危险物质罪的既遂与未遂

根据抢夺行为的特点，只有当行为人实施了抢夺行为，并且实际将枪支、弹药、爆炸物、危险物质抢夺到手时，方可成立犯罪既遂。反之，行为人只是实施了抢夺行为，由于其意志以外的原因，而未能将枪支、弹药、爆炸物、危险物质抢夺到手时，则为本罪未遂。

4. 一罪与数罪的界限

盗窃、抢夺枪支、弹药、爆炸物、危险物质的行为人往往基于不同动机，出于不同目的，其罪数形态非常复杂，认定时应注意以下问题：

（1）行为人盗窃、抢夺枪支、弹药后又非法持有的。这种情形下，行为人存在两个犯罪行为，即盗窃、抢夺和非法持有行为，其行为触犯了两个罪名，即盗窃、抢夺枪支、弹药罪和非法持有枪支、弹药罪。但由于这两个行为之间具有前行为是后行为的所经阶段，后行为是前行为发展的自然结局的特征，故应成立吸收关系。根据这两个行为的关系，非法持有行为被盗窃、抢夺行为所吸收，仅成立盗窃、抢夺枪支、弹药罪一罪，不数罪并罚。

（2）行为人实施了盗窃、抢夺枪支、弹药、爆炸物、危险物质罪之后，又利用这些物品进行杀人、强奸、抢劫、绑架、投放危险物质等犯罪活动的。这种情形下，由于行为人基于数个不同的犯罪故意，实施了数个独立的犯罪行为，具备数个犯罪的犯罪构成，故成立实质的数罪，应依法实行数罪并罚。

五、抢劫枪支、弹药、爆炸物、危险物质罪

抢劫枪支、弹药、爆炸物、危险物质罪，是指以暴力、胁迫或者其他方法强行夺取枪支、弹药、爆炸物或者毒害性、放射性、传染病病原体等物质，危害公共安全的行为。

本罪客观方面表现为行为人使用暴力、胁迫或者其他使人不能反抗、不敢反抗、不知反抗的强制方法，当场劫走枪支、弹药、爆炸物、危险物质的行为。本罪主体为一般主体，凡已满16周岁，具有辨认控制能力的自然人均可成为本罪主体。本罪主观方面只能是故意，即行为人明知是枪支、弹药、爆炸物、危险物质而故意使用暴力、

胁迫或者其他方法强行夺取。为了抢劫一般财物而实际上抢劫了枪支、弹药、爆炸物、危险物质的,由于行为人不明知是枪支、弹药、爆炸物、危险物质,不能认定为本罪,应以抢劫罪论处。对于获得枪支、弹药后而非法持有的行为,可以认定为非法持有枪支、弹药罪。但不能以事后的认识、意志因素来认定前行为具有抢劫枪支、弹药的故意。

六、非法持有、私藏枪支、弹药罪

非法持有、私藏枪支、弹药罪,是指违反枪支、弹药管理规定,非法持有、私藏枪支、弹药,危害公共安全的行为。

本罪客观方面表现为行为人实施了非法持有、私藏枪支、弹药的行为。根据最高人民法院2001年5月10日通过的《枪支、弹药、爆炸物解释》,所谓"非法持有",是指不符合配备、配置枪支、弹药条件的人员,违反枪支管理法律、法规的规定,擅自持有枪支、弹药的行为。所谓"私藏",是指依法配备、配置枪支、弹药的人员,在配备、配置枪支、弹药的条件消除后,违反枪支管理法律、法规的规定,私自藏匿所配备、配置的枪支、弹药且拒不交出的行为。法律对枪支、弹药的来源没有限制,如他人赠与、自己拾得等均可。但非法制造枪支、弹药后又非法持有的,或者盗窃、抢夺、抢劫枪支、弹药后又非法持有的,属于吸收犯,应以非法制造枪支、弹药罪或盗窃、抢夺枪支、弹药罪、抢劫枪支、弹药罪论处,不实行数罪并罚。本罪主体为一般主体,凡已满16周岁、具有辨认控制能力的自然人均可成为本罪主体。本罪主观方面是故意,即行为人明知是枪支、弹药而予以非法持有、私藏。过失不可能成立本罪。

七、非法出租、出借枪支罪

非法出租、出借枪支罪,是指依法配备公务用枪的人员与单位,非法出租、出借枪支的行为,或者依法配置枪支的人员与单位,非法出租、出借枪支,造成严重后果的行为。

本罪客观方面表现为非法出租、出借枪支的行为。非法出租枪支,是指违反《枪支管理法》的规定,擅自将枪支在一段时间内有偿提供给其他单位或个人使用的行为。如果是永久性地有偿转让给他人,则成立非法买卖枪支罪。非法出借枪支,是指违反《枪支管理法》的规定,擅自将枪支在一段时间内无偿提供给其他单位或个人使用的行为。根据1998年11月3日最高人民检察院《关于将公务用枪用作借债质押的行为如何适用法律问题的批复》,依法配备公务用枪的人员,违反法律规定,将公务用枪用作借债质押物,使枪支处于非依法持枪人的控制、使用之下,严重危害公共安全,属于非法出借枪支行为;对接受枪支质押的人员,应以非法持有枪支罪追究刑事责任。至于对非法将枪支赠与他人的行为,应如何定性,理论界有不同认识:有人认为,该情形可以认为是永久性无偿提供给他人使用的行为,即可以认定为非法出借枪支。① 也有人认为,将该行为认定为非法出借枪支似有不当,应当通过修法、增设相应罪名,将非法赠予枪支的行为纳入刑法的调整范围。② 本罪客观行为因行为主体不同,成立犯罪的要求就不同。对依法配备公务用枪的人员与单位来说,只要将所配备的枪支非法出租、出借,不论其行为是否造成一定后果,原则上均构成本罪。对依法配置枪支的人员与单位来说,只有当非法出租、出借枪支的行为造成严重后果时,才构成本罪。

本罪主体是特殊主体,即依法配备公务用枪的人员与单位,以及依法配置枪支的人员与单位。至于什么人员、何种单位可以依法配备公务用枪,什么人员、何种单位可以依法配置枪支,应根据《枪支管理法》确定。

根据《枪支管理法》第5条的规定,公安机关、国家安全机关、监狱、劳动教养机关的人民警察,人民法院的司法警察,人民检察院的司法警察和担负案件侦查任务的检察人员,海关的缉私人员,在依法履行职责时确有必要使用枪支的,可以配备公务用枪。国家重要的军工、金融、仓储、科研等单位的专职守护、押运人员在执行守护、押运任务时确有必要使用枪支的,可以配备公务用枪。因此,上述人员或其所在单位如果非法出租、出借他们依法配备的枪支,可成为本罪主体。此外,因为军职人员以及军事单位所依法配备的枪支也属于依法配备的公务用枪的范畴,而且《刑法》分则"军人违反职责罪"一章又未规定"非法出租、出借武器装备罪",所以这类人员或单位非法出租、出借其所依法配备的军用枪支的,也可以成为本罪主体。另外,配备给民兵组织和民兵使用(主要是用于军事训练)的枪支也属于依法配备的公务用枪,所以民兵组织或者民兵非法出租、出借其所依法配备的枪支的,也可成为本罪主体。③

根据《枪支管理法》第6条的规定,经省级人民政府体育行政主管部门批准专门从事射击竞技体育运动的单位、经省级人民政府公安机关批准的营业性射击场,可以配置射击运动枪支;经省级以上人民政府林业行政主管部门批准的狩猎场,可以配置猎枪;野生动物保护、饲养、科研单位因业务需要,可以配置猎枪、麻醉注射枪;猎民在猎区、牧民在牧区,可以申请配置猎枪。因此,上述人员或单位非法出租、出借其依法配置的枪支的,也可成为本罪主体。

本罪主观方面只能是故意,即明知依法配备、配置的枪支不能出租、出借,却故意非法出租、出借给他人使用。

八、丢失枪支不报罪

丢失枪支不报罪,是指依法配备公务用枪的人员,丢失枪支不及时报告,造成严

---

① 参见张明楷:《刑法学》(下),法律出版社1997年版,第580页;鲍遂献、雷东生:《危害公共安全罪》,中国人民公安大学出版社1999年版,第298页。
② 参见刘志伟主编:《危害公共安全犯罪》,吉林人民出版社2001年版,第295页。
③ 参见同上书,第296页。

重后果的行为。

本罪客观方面表现为行为人丢失枪支不及时报告,并且造成了严重后果。不及时报告是一种不作为。根据《枪支管理法》,行为人丢失枪支后有立即报告的义务。不及时报告包括两种情况:一是丢失枪支后根本不报告;二是丢失枪支后拖延一段时间才报告,并没有及时报告。所谓及时报告,是指行为人发现丢失枪支后立即报告。丢失枪支,一般是指因保管不善致使枪支遗失。很多学者认为,丢失枪支也应当包括枪支被盗、被抢、被骗等情况。[①] 丢失枪支不及时报告,只有造成严重结果的,才成立本罪。这里的严重后果包括直接危害结果与间接危害结果,前者如因枪支的丢失给工作造成难以弥补的严重损失等;后者如丢失的枪支被犯罪分子用于实施犯罪活动等。

本罪主体是特殊主体,即必须是依法配备公务用枪的人员。依法配备公务用枪的单位不能成为本罪主体,其他依法配置枪支的人员与单位也不能成为本罪主体。

本罪主观方面较为复杂。就丢失枪支而言,通常表现为过失,不可能是故意,但也包括没有过失而丢失枪支的情况,如被盗、被抢的某些情况。就不及时报告而言,显然是故意的,即明知丢失枪支后应立即报告,但故意不及时报告。就造成的严重后果而言,一般存在过失,但不排斥有间接故意的可能性。根据犯罪故意、犯罪过失的概念,罪过形式的划分应以行为人对自己的行为造成的危害结果所持的心理态度为标准。故本罪中行为人对丢失枪支的心理态度、对不及时报告所持的心理态度,均不具有刑法意义上的罪过性质。对本罪罪过形式的认定,应以行为人对丢失枪支不及时报告造成的严重后果所持的心理态度为标准,故本罪主观方面既可以是过失,也可以是间接故意。这种观点是否妥当,还须进一步研究。

九、非法携带枪支、弹药、管制刀具、危险物品危及公共安全罪

非法携带枪支、弹药、管制刀具、危险物品危及公共安全罪,是指非法携带枪支、弹药、管制刀具或者爆炸性、易燃性、放射性、毒害性、腐蚀性物品,进入公共场所或者公共交通工具,危及公共安全,情节严重的行为。

第五节 过失造成重大事故危害公共安全的犯罪

一、重大飞行事故罪

重大飞行事故罪,是指航空人员违反规章制度,致使发生重大飞行事故,造成严重后果的行为。

本罪客观方面表现为行为人实施了违反航空规章制度,致使发生重大飞行事

[①] 参见陈兴良:《刑法疏议》,中国人民公安大学出版社1997年版,第244页;张明楷:《刑法学》(下),法律出版社1997年版,第581页;鲍遂献、雷东生:《危害公共安全罪》,中国人民公安大学出版社1999年版,第304页。

故,造成严重后果的行为。违反航空规章制度,是指违反《航空法》及其他相关制度;这种行为只有在导致发生重大飞行事故,造成严重后果时,才可成立本罪。本罪主体是特殊主体,即航空人员。航空人员包括空勤人员与地面人员。空勤人员包括驾驶员、领航员、飞行机械人员、飞行通信员与乘务员;地面人员包括航空器维修人员、空中交通管制员、飞行签派员与航空电台通信员。航空人员以外的人不能成为本罪主体。本罪主观方面只能是过失,即应当预见自己违反规章制度的行为可能发生重大飞行事故,造成严重后果,但因为疏忽大意而没有预见或者已经预见而轻信能够避免。故意不可能构成本罪。

二、铁路运营安全事故罪

铁路运营安全事故罪,是指铁路职工违反规章制度,致使发生铁路运营安全事故,造成严重后果的行为。

本罪客观方面表现为行为人实施了违反铁路规章制度,致使发生铁路运输、营业安全事故,造成严重后果的行为。犯罪主体必须是铁路职工,包括国家铁路、地方铁路、专用铁路以及铁路专用线的职工(参见《铁路法》第2条)。本罪主观方面只能是过失,即应当预见自己违反规章制度的行为可能发生铁路运营安全事故,造成严重后果,但因为疏忽大意而没有预见或者已经预见而轻信能够避免。故意不可能构成本罪。

三、交通肇事罪

(一)交通肇事罪的概念与特征

交通肇事罪,是指违反交通运输管理法规,因而发生重大交通事故,致人重伤、死亡或者使公私财产遭受重大损失的行为。本罪的主要特征是:

(1)本罪客体是交通运输安全。这里的交通运输包括航空交通运输、铁路交通运输、公路交通运输和水路交通运输。但由于《刑法》对在铁路、航空运输中由特殊主体违规而发生的重大责任事故单独作了规定,因此本罪的发生范围,主要是指发生在陆路交通运输和水路交通运输中的重大交通事故。

(2)本罪客观方面表现为违反交通运输管理法规,因而发生重大交通事故,致人重伤、死亡或者使公私财产遭受重大损失的行为。其一,必须有违反交通运输管理法规的行为。交通运输管理法规是指国家有关交通运输管理方面的法律、法规以及有关主管部门维护、保障公共交通安全的规定。由于《刑法》第131、132条已对重大飞行事故罪和铁路运营安全事故罪作了专门规定,这里的交通运输管理法规主要指公路、水上交通运输中的各种交通规则、操作规程、劳动纪律等,但也不能绝对排除铁路、航空交通运输中的各种管理法规。这是因为,如果非航空人员违反航空运输管理法规,或者非铁路职工违反铁路运输管理法规,因而发生重大飞行事故或者重大铁路运营安全事故,致人重伤、死亡或者使公私财产遭受重大损失,又不构成其他犯罪的,则仍然应当按本罪处理。其二,必须发生重大交通事故,致人重伤、死亡或者使公私财产遭受重大损失。行为虽违反交通运输管理法规,但未造成重大交通事故的,不成立本罪。其三,重大交通事故必须发生在公共交通管理的范围内。在公共交通管理的范围外,驾驶机动车辆或者使用其他交通工具致人伤亡或者致使公共财产或者他人财产遭受重大损失,构成犯罪的,应分别以重大责任事故罪、重大劳动安全事故罪、过失致人死亡罪等定罪处罚。如出于好奇或逞能而乱开停放在院中挂倒挡的汽车,不慎将车后之人轧死的,就不应以本罪论处,而应定过失致人死亡罪。

(3) 本罪主体是一般主体,包括从事交通运输的人员以及其他非交通运输人员,但在实践中多为交通运输人员。本罪中从事交通运输的人员应指航空人员、铁路人员以外的其他从事交通运输的人员,主要指公路、水上运输人员。因为航空人员违章造成重大飞行事故的,成立重大飞行事故罪;铁路职工违章造成铁路运营安全事故的,成立铁路运营安全事故罪。但航空人员、铁路职工以外的人员造成重大飞行事故或铁路运营事故的,成立本罪。根据有关司法解释,为练习开车、游乐等目的,偷开机动车辆,在偷开过程中发生交通肇事构成犯罪的,应成立交通肇事罪;单位主管人员、机动车辆所有人或者机动车辆承包人指使、强令他人违章驾驶造成重大交通事故,构成犯罪的,应以交通肇事罪论处。

(4) 本罪主观方面只能是过失,即应当预见自己违反交通运输管理法规的行为可能发生重大交通事故,但因为疏忽大意而没有预见或者已经预见而轻信能够避免,以致发生这种结果。行为人违反交通运输管理法规可能是出于故意,但这里的故意不是刑法中罪过形式中的故意,在这种情况下,行为人对危害结果的发生往往抱着轻信能够避免的态度,因而本罪罪过形式仍然是过失。因此,那种认为交通肇事罪的主观方面同时包括了故意与过失的观点,是值得商榷的。

(二) 认定本罪应注意的问题

1. 罪与非罪的界限

(1) 应正确区分交通肇事罪与一般交通事故的界限。两者都违反了交通运输管理法规,造成了交通事故,其区别在于两者造成的危害结果的严重程度不同。构成交通肇事罪,必须发生重大交通事故,致人重伤、死亡或者使公私财产遭受重大损失。行为人虽然违反交通运输管理法规,但并没有造成重大交通事故的,不能认定为交通肇事罪。根据最高人民法院2000年11月15日颁布的《关于审理交通肇事刑事案件具体应用法律若干问题的解释》第1、2条的规定,从事交通运输人员或者非交通运输人员,违反交通运输管理法规发生重大交通事故,具有下列情形之一的,即可定罪处罚:死亡1人或者重伤3人以上,负事故全部或者主要责任的;死亡3人以上,负事故同等责任的;造成公共财产或者他人财产直接损失,负事故全部或者主要责任,无能力赔偿数额在30万元以上的。此外,交通肇事致1人以上重伤,负事故全部或者主要责任,并具有下列情形之一的,也应以交通肇事罪定罪处罚:酒后、吸食毒品后驾驶机动车辆的;无驾驶资格驾驶机动车辆的;明知是安全装置不全或者安全机件失灵的机动车辆而驾驶的;明知是无牌证或者已报废的机动车辆而驾驶的;严重超载驾驶的;为逃避法律追究逃离事故现场的。

(2) 应正确区分交通肇事罪与交通事故中的意外事件的界限。两者都造成了交通事故,其区别的关键在于行为人主观上是否具有过失。若行为虽然造成了严重后果,但行为人主观上没有过失,而是由于不能抗拒或者不能预见的原因所引起的,不能认定为交通肇事罪,应属于意外事件。

(3) 由于发生交通事故的原因往往比较复杂,因此有必要分清造成事故的原因,以便正确定罪量刑。对于完全是由交通运输人员的违章行为所造成的重大交通事故,应以交通肇事罪论处;完全是由被害人自己的原因所造成的重大交通事故,应由被害人自己负完全的责任。在许多情况下,行为人与被害人均有责任,如果行为人对事故不应负主要责任或同等责任的,则不能认定为交通肇事罪。

2. 此罪与彼罪的界限

(1) 本罪与过失损坏交通工具罪、过失损坏交通设施罪的界限。两者的相似之处表现为,主观上都是过失,客观上都要求出现一定的危害后果。但两者亦有明显区别,主要表现在:第一,前者是违反交通运输管理法规而造成重大交通事故的行为,后者是过失破坏交通工具或交通设施的行为,与交通管理法规没有任何关系。第二,前者发生在交通运输活动以及与交通运输有直接关系的活动中,后者没有这种限制。

(2) 本罪与利用交通工具故意杀人或者故意伤害罪的界限。两者都会发生致人重伤、死亡的危害后果,且危害后果的发生都与交通工具有关。两者的关键区别在于主观心理状态不同:前者对致人重伤或者死亡的危害后果表现出过失的心理态度;后者是利用交通工具故意杀人或者故意伤害,对于重伤、死亡的危害后果表现出故意的心理态度。

(3) 本罪与重大飞行事故罪、铁路运营安全事故罪的界限。两者的主要区别有:第一,两者危害的是不同方面的交通运输安全。交通肇事罪侵犯的主要是公路、水上交通运输安全,重大飞行事故罪侵犯的是航空交通运输安全,铁路运营安全事故罪侵犯的是铁路交通运输安全。第二,犯罪主体不同。交通肇事罪的主体是一般主体,包括从事交通运输的人员以及其他非交通运输人员;重大飞行事故罪的主体是特殊主体,必须由航空人员构成,包括空勤人员与地面人员;铁路运营安全事故罪的主体也是特殊主体,必须是铁路职工。

(4) 本罪与以驾车撞人的危险方法危害公共安全罪的界限。两者都是危害公共安全的犯罪,都可能发生致人重伤、死亡或者使公私财产遭受重大损失的严重后果。两者的主要区别有:第一,主观罪过形式不同。前者表现为过失;后者表现为故意。第二,客观方面的要求不同。前者要求行为人的违章行为必须造成法定的严重后果才能构成犯罪;后者则并不要求造成实际的严重后果。

(三) 交通肇事罪的刑事责任

根据《刑法》第133条的规定,犯交通肇事罪的,处3年以下有期徒刑或者拘役;交通运输肇事后逃逸或者有其他特别恶劣情节的,处3年以上7年以下有期徒刑;

因逃逸致人死亡的,处7年以上有期徒刑。根据相关司法解释,"交通运输肇事后逃逸",是指行为人的交通肇事行为已达到定罪标准,在发生交通事故后,为逃避法律追究而逃跑的行为。"有其他特别恶劣情节",是指交通肇事具有下列情形之一:(1)死亡2人以上或者重伤5人以上,负事故全部或者主要责任的;(2)死亡6人以上,负事故同等责任的;(3)造成公共财产或者他人财产直接损失,负事故全部或者主要责任,无能力赔偿数额在60万元以上的。"因逃逸致人死亡",是指行为人在交通肇事后为逃避法律追究而逃跑,致使被害人因得不到救助而死亡的情形。交通肇事后,单位主管人员、机动车辆所有人、承包人或者乘车人指使肇事人逃逸,致使被害人因得不到救助而死亡的,以交通肇事罪的共犯论处。若行为人在交通肇事后为逃避法律追究,将被害人带离事故现场后隐藏或者遗弃,致使被害人无法得到救助而死亡或者严重残疾的,应当分别以故意杀人罪或者故意伤害罪定罪处罚。

在交通肇事案件中,常常出现肇事者肇事后逃逸,同时又发生了被害人死亡结果的情形。但并非所有这种情形都按"因逃逸致人死亡"处理,应具体情形具体分析,然后作出不同的处理:

(1)交通肇事当场致被害人死亡,行为人下车查看,确认被害人已经死亡,为逃避责任而逃逸。在这种情况下,虽然行为人有逃逸行为,但被害人死亡的结果和行为人逃逸的行为之间不存在因果关系,因而不能按"因逃逸致人死亡"处理。若其行为已构成犯罪,只能按"交通运输肇事后逃逸"的情节处罚。

(2)交通肇事当场致被害人死亡,行为人未下车查看,并不知道被害人已经死亡,为逃避责任而逃逸。在这种情况下,行为人并不知道被害人是死是活就驾车逃逸而去,但其逃逸行为与被害人死亡结果之间仍不存在因果关系,因而仍不能按"因逃逸致人死亡"处理。若其行为已构成犯罪,只能按"交通运输肇事后逃逸"的情节处罚。

(3)交通肇事致被害人身受重伤濒临死亡,行为人为逃避责任而逃逸,被害人被其他人及时送往医院,却仍在去医院的途中或经抢救无效而死亡。在这种情况下,即使毫不耽搁地进行抢救,被害人也无法救活,行为人的逃逸行为对被害人死亡结果的发生并无原因力,因而仍不能按"因逃逸致人死亡"处理。若其行为已构成犯罪,只能按"交通运输肇事后逃逸"的情节处罚。

(4)交通肇事致被害人重伤,被害人如果能得到及时救治就不会死亡,但行为人却为逃避责任而逃逸,放任被害人死亡结果的发生,致使被害人因得不到及时救治而死亡。在这种情况下,行为人的逃逸行为与被害人的死亡结果之间显然存在因果关系,故应按"因逃逸致人死亡"处理。

(5)交通肇事致被害人受伤,行为人为逃避责任而逃逸,致使被害人因外界因素介入而死亡。这里有两种不同情形:第一,被害人虽已受伤,但逃逸行为并不包含致被害人死亡的现实可能性,在发展过程中,又有其他因素介入而导致了被害人死亡结果的发生。如甲违章肇事将被害人的腿撞成骨折后逃逸,恰逢乙驾车疾驶而来,将被害人当场撞死。对于这种情形,因甲的肇事逃逸行为与被害人死亡的因果进程因乙的行为的介入而中断,故不能让甲对该死亡结果负刑事责任,只能按"交通运输肇事后逃逸"的情节处罚。第二，交通肇事致被害人身受重伤濒临死亡，行为人为逃避责任而逃逸，其逃逸行为已包含致被害人死亡的现实可能性，在向死亡发展的过程中，又有其他因素介入而导致了被害人死亡结果的发生。对于这种情形，有人认为应按交通肇事罪中的"因逃逸致人死亡"处理。笔者认为，这种情形与前一情形都是属于因果关系的切断，故对该种情形仍不能以"因逃逸致人死亡"处理，只能按"交通运输肇事后逃逸"的情节处罚。

(6) 交通肇事后不但不积极抢救被害人，反而将其移至隐蔽处，致使被害人因得不到及时救治而死亡。对于这种情形，如果行为人的交通肇事行为不构成交通肇事罪，则应当以不作为的间接故意杀人罪定罪处罚；如果行为人的交通肇事行为已构成交通肇事罪，则应当以交通肇事罪和故意杀人罪数罪并罚。

(7) 交通肇事后不积极抢救被害人，反而逃跑，在逃跑过程中又发生交通事故，致他人死亡。对此，应分以下几种情况处理：第一，行为人在第一次交通肇事后逃逸，在逃逸途中又因违反交通管理法规而再次肇事，致被害人死亡。若前后两次肇事行为均构成犯罪，则均构成交通肇事罪，前罪按交通肇事罪中的"交通运输肇事后逃逸"的情节处罚，后罪按一般交通肇事罪处罚，然后按同种数罪处理。第二，行为人在第一次交通肇事后仓皇逃逸，在逃逸途中慌不择路，明知前方行人很多，道路不畅，高速行驶有危险，但为了能逃逸成功，不顾这种危险，仍高速逃逸，结果将行人压死压伤多人。在这种情况下，行为人的逃逸行为所侵犯的是不特定人的生命、健康权利，危害的是公共安全，其主观上对危害结果的发生持放任态度，是间接故意，故应以"以危险方法危害公共安全罪"定罪处罚。若前一次交通肇事逃逸行为构成交通肇事罪，应与后一行为构成的"以危险方法危害公共安全罪"数罪并罚。第三，第一次交通肇事后，行为人逃逸，在逃逸过程中遇到执法人员或他人拦截，行为人为了逃逸成功而置拦截人的生命安全于不顾，强行夺路而逃，致拦截人死亡。在这种情形下，行为人的逃逸行为侵犯的不再是不特定人的生命、健康权利，而是特定人（拦截者）的生命、健康权利，故不再以"以危险方法危害公共安全罪"定罪，而应以故意杀人罪论处。若前一次交通肇事逃逸行为构成交通肇事罪，应与后一行为构成的故意杀人罪数罪并罚。

四、危险驾驶罪

（一）危险驾驶罪的概念与特征

危险驾驶罪是《刑法修正案（八）》中增设、并经过《刑法修正案（九）》修正的罪名。危险驾驶罪，是指在道路上危险驾驶机动车的行为。本罪的主要特征是：

本罪客体是交通运输安全。由于危险驾驶行为本身具有极高的公共危险性，一旦实施，就对参与交通的不特定或者多数人的生命、健康或重大公私财产等法益构成极大的威胁，侵害结果发生具有高度盖然性，故本罪的设置，是在法益还未受到现实侵害之前，刑法就予以介入，是刑法对法益的一种提前保护。

本罪客观方面表现为在道路上危险驾驶行为。所谓道路，是指公路、城市道路和虽在单位管辖范围但允许社会机动车通行的地方,包括广场、公共停车场等用于公众通行的场所。①

危险驾驶行为具体包括:(1)在道路上驾驶机动车追逐竞驶,情节恶劣的行为。所谓在道路上驾驶机动车追逐竞驶,是指行为人以竞技、追求刺激、娱乐或者赌气、赌博等为动机,驾驶机动车在公共道路上你追我赶,互相竞逐。根据《刑法》第133条之一的规定,追逐竞驶行为必须情节恶劣,才成立本罪。所谓情节恶劣,一般是指在人流车流密集的交通路段追逐竞驶;追逐竞驶中连闯红灯或超速驾驶;反复多次追逐竞驶;不听交通警察劝阻继续追逐竞驶;等等。(2)在道路上醉酒驾驶机动车。醉酒驾驶属于规范的构成要件,不同于日常生活中的醉酒,而应该按照国家质量监督检验检疫局发布的《车辆驾驶人员血液、呼气酒精含量阈值与检验》(GB19522-2004)来认定。按照该标准,如果人体血液中酒精含量达到了80毫克/100毫升,就被认定为醉酒。而不需要考虑该行为人是否属于日常生活中的醉酒。(3)从事校车业务或旅客运输,严重超过额定乘员载客,或者严重超过规定时速行驶的行为。从事校车业务,是指驾驶专门从事接送幼儿园、中小学校学生的车辆的行为。从事旅客运输,是指驾驶车辆运输旅客的行为。从事校车业务或者旅客运输业务,包括了符合法定资质的依法从事校车或者旅客运输业务的,也包括了不符合法定资质的私自从事校车业务或旅客运输业务的。所谓严重超载,是指严重超过额定乘员载客的行为。所谓严重超过规定时速行驶,是指从事客运业务的车辆行驶时速严重超过公路规定的最高限速的行为。(4)违反危险化学品安全管理规定运输危险化学物品,危及公共安全的行为。该行为是指违反了《危险化学品安全管理条例》第5章"运输安全"规定的运输危险化学物品、足以危及公共安全但没有造成运输事故的行为。

(3)本罪主体为一般主体。凡已满16周岁、具有刑事责任能力的自然人,均可成为本罪主体。

(4)本罪主观方面是故意,即行为人明知危险驾驶行为会对公共安全造成极大的威胁,但行为人却放任这种危险状态的存在。

(二)危险驾驶罪的认定

1. 危险驾驶罪与非罪的界限

按照日常一般观念,具有危险性的驾驶行为有很多,如超速驾驶、超载驾驶、无证驾驶、吸毒后驾驶、闯红灯、饮酒后驾驶、追逐竞驶等。但根据罪刑法定原则,只有在道路上驾驶机动车追逐竞驶,情节恶劣的行为、在道路上醉酒驾驶机动车的行为、在道路上从事校车业务或旅客运输业务,严重超过额定乘员载客,或者严重超过规定时速行为和违反危险化学品安全管理规定运输危险化学物品,危及公共安全的行为才能成立本罪,其他危险驾驶行为则按一般交通违法行为处理。应当注意的是,

---

① 参见《中华人民共和国道路交通安全法》第119条第1项。

虽然有在道路上驾驶机动车追逐竞驶的行为,但不是情节恶劣的,亦不成立犯罪。另外,并不是所有酒后驾驶行为都构成犯罪,只有当人饮酒达到醉酒标准,在道路上驾驶机动车的,才成立本罪。

2. 危险驾驶罪与相关犯罪的关系

(1) 本罪与交通肇事罪的关系

危险驾驶罪是故意犯罪,是危险犯;而交通肇事罪是过失犯罪,是结果犯。二者似乎泾渭分明。其实不然,危险驾驶与交通肇事本就不是绝对独立的两个范畴,两者有着密切的联系。危险驾驶罪中的危险驾驶行为无疑都是违反交通运输管理法规的行为,若因此而发生重大交通事故,致人重伤、死亡或使公私财产遭受重大损失的,只要行为人对危害结果是过失的态度,则构成交通肇事罪。根据《刑法》第133条之一的规定,有危险驾驶罪行为,同时构成其他犯罪的,依照处罚较重的规定定罪处罚。

(2) 本罪与以危险方法危害公共安全罪的关系

从犯罪客体上看,两者都危害公共安全;从犯罪性质上看,两者都是危险犯;从主观罪过上看,两者都是故意;从客观行为上看,危险驾驶行为,都属于以危险方法危害公共安全罪中的危险方法。但不同的是,以危险方法危害公共安全罪属于具体危险犯,危险驾驶罪则属于抽象危险犯。前者是指在个案上,已经引起刑法保护法益的危险,此危险状态可以在经验上被感知。后者是指立法上认定特定的行为方式一旦出现,危险状态即伴随而生。这一区分的意义在于,对于以危险方法危害公共安全罪,认定罪名时需斟酌个案中的各种要素以确认是否对法益造成危险;而对于危险驾驶罪,特定的危险驾驶行为一经出现,立法上就认定危险状态已经产生,而无需再逐案判断客观上是否发生危险。因此,如果行为人出于报复社会、泄愤的目的,故意醉酒驾车,或在公共道路上横冲直撞,追逐竞驶,已对不特定或多数人的生命、健康和财产安全造成现实危险,其行为同时符合危险驾驶罪和《刑法》第114条规定的以危险方法危害公共安全罪;若该行为已造成致人重伤、死亡或使公私财产遭受重大损失的实害结果,行为人对这一结果明显具有故意时,其行为同时构成危险驾驶罪和《刑法》第115条规定的以危险方法危害公共安全罪。根据《刑法》第133条之一的规定,有危险驾驶罪行为,同时构成其他犯罪的,依照处罚较重的规定定罪处罚。

(三) 危险驾驶罪的刑事责任

根据《刑法》第133条之一的规定,犯本罪的,处拘役,并处罚金。

机动车所有人、管理人对从事校车业务或旅客运输业务危险驾驶或违反危险化学品安全管理规定运输危险化学品行为负有直接责任的,按照本罪定罪处罚。

犯本罪的,同时构成其他犯罪的,依照处罚较重的规定定罪处罚。

五、重大责任事故罪

(一) 重大责任事故罪的概念与特征

本罪是《刑法修正案(六)》对《刑法》第134条修改后发生变化的罪名。根据修正后的《刑法》第134条第1款的规定,重大责任事故罪,是指在生产、作业中违反有

关安全管理的规定,因而发生重大伤亡事故或者造成其他严重后果的行为。本罪的主要特征是:

(1) 本罪客体是生产、作业安全。生产、作业安全是公共安全的重要组成部分,危害生产、作业安全,同样会使不特定或者多数人的生命、健康和公私财产安全遭受侵害。

(2) 本罪客观方面表现为在生产、作业中违反有关安全管理的规定,造成重大安全事故的行为。其一,行为人必须有违反有关安全管理规定的行为,即有违反同保障生产、作业安全有关的法律、法规,以及企事业单位或其上级主管机关制定的保障生产、作业安全的规章制度的行为。其二,必须发生重大伤亡事故或者造成其他严重后果。其三,重大事故必须发生在生产、作业活动中,并同有关职工、从业人员的生产、作业活动有直接联系。如果事故的发生与生产、作业没有关系,则不宜以本罪论处。

(3) 本罪主体是特殊主体,主要包括生产、作业负有组织、指挥或者管理职责的负责人、管理人员、实际控制人、投资人等人员,以及直接从事生产、作业的人员。

(4) 本罪主观方面只能是过失,即应当预见自己不服管理、违反规章制度生产、作业可能发生伤亡事故或者造成其他严重后果,但因为疏忽大意而没有预见或者已经预见而轻信能够避免,以致发生这种结果。至于行为人违反安全管理规定,则可能是明知故犯。

(二) 认定本罪应注意的问题

(1) 罪与非罪的界限。其一,由于不能预见或者不能抗拒的自然现象引起的事故,以及因为技术条件或设备条件的限制而无法避免的事故,因为行为人主观上没有过失,不能认定为本罪。其二,在技术革新、科学实验中,只要行为人遵守了有关规则,就不能因为技术革新或科学实验失败而认定为本罪。时代的发展需要技术革新与科学实验,而技术革新与科学实验都面临着两种结局:成功与失败,行为人一般也预见到了失败的可能性。在这种情况下,不能轻易认定行为人具有过于自信的过失,否则会抑制人民群众的积极性与创造性。只有在行为人没有遵守有关规则的情况下,才能认定为过失行为。其三,行为人虽然在生产、作业中违反规章制度,但没有造成严重后果的,不能认定为本罪。所谓重大伤亡事故或者造成其他严重后果,包括造成死亡1人以上,或者重伤3人以上;或者造成直接经济损失50万元(如果属于矿山生产安全责任事故,则造成直接经济损失100万元);造成其他严重后果的情形。[①]

(2) 此罪与彼罪的界限。其一,本罪与失火罪、过失爆炸罪等的界限。两者在主观上都是过失,在客观上都造成了人员的重大伤亡或公私财产的重大损失。其主

---

① 参见2007年2月28日最高人民法院、最高人民检察院《关于办理危害矿山安全刑事案件具体应用法律若干问题的解释》第4条和2008年6月23日最高人民检察院、公安部《关于公安机关管辖的刑事案件立案追诉标准的规定(一)》第8条的规定。

要区别是：前者是在生产、作业活动中违反规章制度造成严重后果，后者是在日常生活中违反生活规则造成严重后果；前者是特殊主体，后者是一般主体；前者是业务过失，后者是普通过失。其二，本罪与交通肇事罪的界限。两者一般容易区别，但对厂（矿）区内机动车作业期间发生的伤亡事故案件有时难以认定。对此应根据不同情况，区别对待：在公共交通管理范围内，因违反交通运输管理法规，造成重大事故的，应认定为交通肇事罪；因违反安全生产规章制度，发生重大伤亡事故，造成严重后果的，应认定为本罪。在公共交通管理范围外机动车作业期间发生的伤亡事故案件，应认定为本罪。①

六、强令违章冒险作业罪

强令违章冒险作业罪，是指强令他人违章冒险作业，因而发生重大伤亡事故或者造成其他严重后果的行为。

本罪客体是生产、作业安全。本罪客观方面表现为强令他人违章冒险作业，因而发生重大伤亡事故或者造成其他严重后果的行为。本罪主体是特殊主体，包括对生产、作业负有组织、指挥或者管理职责的负责人、管理人员、实际控制人、投资人等人员。本罪主观方面只能是过失，即应当预见强令他人违章冒险作业可能发生伤亡事故或者其他严重后果，但因为疏忽大意而没有预见，或者已经预见而轻信能够避免，以致发生这种结果。

七、重大劳动安全事故罪

重大劳动安全事故罪，是指安全生产设施或者安全生产条件不符合国家规定，因而发生重大伤亡事故或者造成其他严重后果的行为。

本罪客体是生产安全。本罪客观方面表现为单位的安全生产设施或者安全生产条件不符合国家规定，因而发生重大伤亡事故或者造成其他严重后果。安全生产设施或条件，是指用于保护生产者人身安全和健康、符合国家标准的各种设施、设备、用品及条件。如果安全生产设施或条件符合国家规定，由于其他原因造成严重后果的，不成立本罪。尽管安全生产设施或者安全生产条件不符合国家规定，但如果没有发生重大伤亡事故或者造成其他严重后果的，也不成立本罪。本罪主体是特殊主体，是指对安全生产设施或者安全生产条件不符合国家规定负有直接责任的生产经营单位负责人、管理人员、实际控制人、投资人，以及其他对安全生产设施或者安全生产条件负有管理、维护职责的人员。本罪主观方面只能是过失，即应当预见生产设施或者生产条件不符合国家规定，可能发生重大伤亡事故或者造成其他严重后果，但因为疏忽大意而没有预见，或者已经预见而轻信能够避免，以致发生这种结果。

---

① 参见1992年3月23日最高人民检察院《关于在厂（矿）区内机动车造成伤亡事故的犯罪案件如何定性处理问题的批复》。

八、大型群众性活动重大安全事故罪

大型群众性活动重大安全事故罪,是指举办大型群众性活动违反安全管理规定,因而发生重大伤亡事故或者造成其他严重后果的行为。

本罪客体是大型群众性活动的安全。本罪客观方面表现为在举办大型群众性活动时违反安全管理规定,因而发生重大伤亡事故或者造成其他严重后果。这里的大型群众性活动,主要是指参加人数多、涉及面广的一些大型群众性的文艺、体育或娱乐等活动。本罪主体为特殊主体,即对举办大型群众性活动的安全直接负责的主管人员和其他直接责任人员。本罪主观方面是过失。

九、危险物品肇事罪

危险物品肇事罪,是指违反爆炸性、易燃性、放射性、毒害性、腐蚀性物品的管理规定,在生产、储存、运输、使用中发生重大事故,造成严重后果的行为。

本罪客体是公共安全和国家对危险物品的管理制度。本罪客观方面表现为行为人违反爆炸性、易燃性、放射性、毒害性、腐蚀性物品的管理规定,在生产、储存、运输、使用中发生重大事故,造成严重后果的行为。(1)必须有违反危险物品管理规定的行为。这里的危险物品,是指具有爆炸性、易燃性、放射性、毒害性、腐蚀性,如果管理、使用不当,极易引起重大事故发生的物品。(2)必须因违反危险物品管理规定而发生重大事故,造成严重后果。(3)行为必须发生在生产、储存、运输、使用上述危险物品的过程中。在其他情况下发生的与危险物品有关的事故,不以本罪论处。本罪主体是一般主体,从《刑法》的规定来看,主要是生产、运输、储存、使用危险物品的人。本罪主观方面是过失,既可以是疏忽大意的过失,也可以是过于自信的过失,即行为人应当预见违反危险物品管理规定的行为可能发生重大事故,造成严重后果,但因为疏忽大意而没有预见,或者已经预见而轻信能够避免,以致发生这种结果。

十、工程重大安全事故罪

工程重大安全事故罪,是指建设单位、设计单位、施工单位、工程监理单位违反国家规定,降低工程质量标准,造成重大安全事故的行为。

本罪客体是公共安全和国家对建筑工程的管理制度。本罪客观方面表现为违反国家规定,降低工程质量标准,造成重大安全事故的行为。如果只有违反国家规定,降低工程质量标准的行为,而没有造成重大安全事故的结果,则不能成立本罪。本罪主体是特殊主体,即必须是建设单位、设计单位、施工单位与工程监理单位,但刑法只处罚直接责任人员。本罪主观方面只能是过失,即应当预见违反国家规定、降低工程质量标准的行为可能引发重大安全事故,但因为疏忽大意而没有预见,或者已经预见而轻信能够避免。

十一、教育设施重大安全事故罪

教育设施重大安全事故罪，是指明知校舍或者教育教学设施有危险，而不采取措施或者不及时报告，致使发生重大伤亡事故的行为。

本罪客体是教学活动的安全。本罪客观方面表现为在校舍或其他教育教学设施存在危险的情况下，不采取措施消除、避免危险或者不及时向有关部门报告，以致发生重大伤亡事故的行为。可见，本罪行为表现为不作为，因此如果行为人采取了一定措施或者及时向有关部门报告了情况，即使仍造成了重大伤亡事故，也不成立本罪。本罪主体是对教育教学设施负有管理责任的人员。本罪主观方面是过失。

十二、消防责任事故罪

消防责任事故罪，是指违反消防管理法规，经消防监督机构通知采取改正措施而拒绝执行，造成严重后果的行为。

十三、不报、谎报安全事故罪

不报、谎报安全事故罪，是指在安全事故发生后，负有报告职责的人员不报或者谎报事故情况，贻误事故抢救，情节严重的行为。

本章重点问题提示

如何理解公共安全

何谓公共安全，刑法理论界有不同认识。概括一下，大致有以下四种观点：

（1）强调公共安全的本质特征在于它的"不特定多数性"。具体有以下几种表述：第一种表述为，公共安全是指"不特定多数人的生命、健康和重大公私财产安全"①；第二种表述为，公共安全是指"不特定多数人的生命健康、财产安全、重大公共财产安全和其他公共利益的安全"②；第三种表述为，公共安全就是指"不特定多数人的生命、健康和重大公私财产以及社会生产、工作、生活的安全"③。

（2）强调公共安全的本质特征在于它的"多数性"。如公共安全是指"特定或不特定多数人的生命和财产安全"。④

（3）强调公共安全的本质特征在于它的"不特定性"。如"这里的社会公共安全，是指不特定的人的生命、健康安全或者重大公私财产安全"。⑤

---

① 参见高铭暄：《刑法学》，北京大学出版社2000年版，第240页。
② 参见高铭暄、马克昌：《刑法学》，中国法制出版社2000年版。
③ 参见鲍遂献、雷东生：《危害公共安全罪》，中国人民公安大学出版社2003年版，第4页。
④ 参见高格：《定罪与量刑》（上卷），中国方正出版社1999年版，第342页。
⑤ 参见齐文远：《刑法学》，法律出版社1999年版，第403页。

（4）强调公共安全的本质特征在于它的"不特定性或者多数性"。如公共安全是指"不特定或多数人的生命、健康和重大公私财产的安全"。①

上述第一种观点中的"不特定多数"的表述意味着公共安全要同时具备两个特点，即"不特定性"和"多数性"。这就意味着不特定少数人的生命、健康和财产安全，不是公共安全。这与我国刑事立法及司法实践不符。例如，交通肇事至一人死亡，司法机关仍可将其认定为交通肇事罪。而交通肇事罪正是危害公共安全罪中的个罪。故这种观点缩小了公共安全的范围。第二种观点只强调公共安全的"多数性"，包括"特定多数"和"不特定多数"，这同样意味着不特定少数人的生命、健康和财产安全，不是公共安全，同样缩小了公共安全的范围；第三种观点所称的公共安全包括"不特定多数"和"不特定少数"。可以肯定的是，这两者都属于公共安全范畴，但此说将"特定的多数"排除在公共安全的范围之外，同样有缩小公共安全范围之嫌。第四种观点强调，公共安全应包括"不特定少数""不特定多数"及"特定多数"几种情形，也就是说，只有当行为侵犯的是"特定少数"人的生命、健康及"特定少数"的公私财产时，其行为才没有危害公共安全。

之所以会出现如此混乱的局面，关键是不同的人对以下几个问题有不同的理解：公共安全的本质特征是什么？是在于其不"特定性"，还是在于其"多数性"？何谓"特定"？何谓"不特定"？何谓"少数"？何谓"多数"？

只有对以上问题有一个统一、明确的认识，对公共安全的不同认识才会统一起来。笔者认为，公共安全的本质特征首先在于其危害的重大性，即危害公共安全的犯罪往往造成大量人身伤亡、重大财产毁损，也就是所谓危害数量的"多数性"；其次，公共安全的另一特征就是其危害的"不特定性"。正是这种"不特定性"，意味着行为对象、行为结果随时有向多数发展的现实可能性。所谓"不特定"，是与"特定"相对而言的，指犯罪行为可能侵犯的对象和可能造成的结果事先无法确定，行为人对此既无法具体预料也难以实际控制，行为造成的危险状态或危害结果可能随时扩大或增加。这种对象与结果的不确定性，不仅常常造成极其严重的人身伤亡、财产损毁、秩序混乱等严重后果，而且使公众普遍陷于这种难以提防的危险所带来的恐惧之中而平添不安全感。正因为如此，危害公共安全罪比那些单纯侵犯人身权利或财产权利的犯罪危害要大，是普通刑事犯罪中危害最严重的犯罪。这也正是《刑法》分则单列此类犯罪并将其摆在仅次于危害国家安全罪的位置的主要原因。因此，公共安全的本质特征在于其危害的"不特定性"或"多数性"。无论是对"不特定多数""不特定少数"，还是对"特定多数"对象的危害，都是对公共安全的危害。应当注意的是，我们强调公共安全的"不特定性"，是指行为在客观上具有危害或足以危害不特定人的生命、健康或公私财产安全的特性。这并不否定行为人在实施某一行为时主观上有明确具体的对象，但只要行为人对自己的行为实际侵害或可能侵害的对

---

① 参见马克昌：《刑法学》，高等教育出版社2003年版，第349页。

象、实际造成或可能造成的后果无法控制,且其行为客观上可能使处于相同情况下的其他人、其他财产受到相同性质的侵害,该行为就具有危害公共安全的性质。而所谓"特定",是指行为人实施犯罪时有明确的犯罪对象,并且能将自己的行为对象、行为结果有效地控制在其目标范围内,至少控制在一定的较小范围内,其行为不会对此范围之外的其他对象形成威胁或造成实际损害。因此,"特定"就是指行为对象与行为结果两者都是确定的。至于何谓"多数"?何谓"少数"?这是两个无法用具体数字来说明的问题。"多数"应指较多的人或较大的公私财产,"少数"应指较少的人或较小的公私财产。

思考题

1. 如何理解公共安全?
2. 放火罪的概念、特征是什么?如何正确认定放火罪?
3. 投放危险物质罪的概念、特征是什么?如何正确认定投放危险物质罪?
4. 破坏交通工具罪的概念、特征是什么?它与相关犯罪的区别有哪些?
5. 如何正确认定交通肇事罪?如何理解交通肇事罪的刑事责任?
6. 什么是危险驾驶罪?它与交通肇事罪、以危险方法危害公共安全罪有何联系和区别?

第二十三章　破坏社会主义市场经济秩序罪

内容提要

本章重点阐述了生产、销售伪劣产品罪的概念、构成特征和认定,生产、销售有毒、有害食品罪的概念和构成特征以及与生产、销售不符合安全标准的食品罪的界限,走私假币罪的概念、构成特征和认定,伪造货币罪的概念、构成特征和认定,高利转贷罪的概念、构成特征和认定,保险诈骗罪的概念、构成特征和认定,假冒注册商标罪的概念、构成特征和认定,侵犯商业秘密罪的概念、构成特征和认定,损害商业信誉、商品声誉罪的概念、构成特征和认定,虚假广告罪的概念、构成特征和认定,合同诈骗罪的概念、构成特征和认定。

关键词

生产、销售伪劣产品罪　生产、销售有毒、有害食品罪　走私假币罪　伪造货币罪　高利转贷罪　保险诈骗罪　假冒注册商标罪　侵犯商业秘密罪　合同诈骗罪

第一节　生产、销售伪劣商品罪

一、生产、销售伪劣产品罪

(一) 生产、销售伪劣产品罪的概念与特征

生产、销售伪劣产品罪,是指生产者、销售者在产品中掺杂、掺假,以假充真,以次充好或者以不合格产品冒充合格产品,销售金额达5万元以上的行为。本罪具有以下构成特征:

(1) 本罪的客体是复杂客体,即本罪既侵犯了国家对产品质量的管理秩序,又侵犯了消费者的合法权益。其中,国家对产品质量的管理秩序是主要客体。一方面,因为任何生产、销售伪劣产品的行为,都是违反《产品质量法》的行为,必然侵犯该法保护的国家产品质量管理秩序;另一方面,任何产品都是由于消费的,所以生产、消费伪劣产品的行为必然侵害或者威胁消费者的合法权益。

(2) 本罪在犯罪客观方面表现为生产者、销售者在产品中掺杂、掺假,以假充真,以次充好或者以不合格产品冒充合格产品,销售金额达5万元以上的行为。

第一，行为人必须实施了生产、销售伪劣产品的行为。该行为方式具体表现为四种情况：一是在产品中掺杂、掺假。根据最高人民法院、最高人民检察院2001年4月9日《关于办理生产、销售伪劣商品刑事案件具体应用法律若干问题的解释》的规定，所谓"在产品中掺杂、掺假"，是指在产品中掺入杂质或者异物，致使产品质量不符合国家法律、法规或者产品明示质量标准规定的质量要求，降低、失去应有使用性能的行为。二是以假充真。所谓"以假充真"，是指以不具有某种使用性能的产品冒充具有该种使用性能的产品的行为。三是以次充好。"以次充好"，是指以低等级、低档次产品冒充高等级、高档次产品，或者以残次、废旧零配件组合、拼装后冒充正品或者新产品的行为。四是以不合格产品冒充合格产品。"不合格产品"，是指不符合《中华人民共和国产品质量法》（以下简称《产品质量法》）第26条第2款规定的质量要求的产品。根据《产品质量法》第26条第2款的规定，下列产品属于不合格产品：存在危及人身、财产安全的不合理危险的产品；有保障人体健康，人身、财产安全的国家标准、行业标准，而不符合国家标准、行业标准的；不具备产品的使用性能又不对产品所存在的使用性能的瑕疵作出说明的产品；不符合在产品或者包装上注明采用的产品标准的产品；不符合以产品说明、实物样品等方式表明的质量状况的产品。以上行为方式只要实施其中一种便可能构成生产、销售伪劣产品罪，同时实施多种行为的，也只以一罪论处。

第二，本罪的犯罪对象是伪劣产品。根据《产品质量法》第2条的规定，这里的"产品"应是指经过加工、制作，用于销售的产品，但不包括建筑工程。根据《产品质量法》的规定，伪劣产品包括：伪造检验数据或者检验结论的产品；无检验合格证或无有关单位允许销售证明的产品；没有中文表明的产品名称、生产厂名和厂址的"三无"产品；限期使用产品未标明生产日期和安全使用日期或失效日期的产品；制造者掺杂、掺假，以假充真，以次充好，以不合格冒充合格的产品；未在包装的显著部位标明是处理品的处理品；失效、变质的产品。

第三，生产、销售伪劣产品构成犯罪的，要求销售金额在5万元以上。根据司法解释的规定，所谓"销售金额"是指生产者、销售者出售伪劣产品后所得和应得的全部违法收入。伪劣产品尚未销售，货值金额达到5万元的3倍以上的，也认定为本罪（未遂）。多次实施生产、销售伪劣产品行为，未经处理的，伪劣产品的销售金额累计计算。货值金额以违法生产、销售的伪劣产品的标价计算；没有标价的，按照同类合格产品的市场中间价格计算。货值难以确定的，按照国家计划委员会、最高人民法院、最高人民检察院、公安部1997年4月22日联合发布的《扣押、追缴、没收物品估价管理办法》的规定，委托指定的估价机构确定。

（3）犯罪的主体是一般主体，包括自然人和单位，具体是指生产者与销售者。至于生产者、销售者是否取得了有关产品的生产许可证或营业执照，不影响本罪的成立。此外，根据司法解释的规定，知道或者应当知道他人实施生产、销售伪劣产品罪，而为其提供贷款、资金、账号、发票、证明、许可证件，或者提供生产、经营场所或者运输、仓储、保管、邮寄等便利条件,或者提供制假生产技术的,以本罪的共犯论处。①

(4) 犯罪主观方面只能是故意,并且一般还具有获取非法牟利的目的。过失不可能构成本罪。例如,生产者在生产过程中疏忽大意造成产品配方出现错误,使该产品成为伪劣产品的,不构成本罪。如果造成严重后果的,也只能以其他犯罪论处。

(二) 生产、销售伪劣产品罪的认定

1. 本罪与非罪的界限

本罪与非罪的界限可从以下几个方面把握:一是看行为人主观方面是否出于生产、销售伪劣产品的故意,不知道自己生产、销售的是伪劣产品的,不能构成本罪;二是看销售金额的大小,销售金额必须在5万元以上才能构成本罪;三是看行为人是否实施了掺杂、掺假,以假充真,以次充好或者以不合格产品冒充合格产品的行为,如果没有实施上述行为,而是伪造产地、伪造或者冒用其他的产名、产址等,则不能构成本罪。

2. 生产、销售伪劣产品罪与诈骗罪的区别

诈骗罪,是指以非法占有为目的,用虚构事实或隐瞒真相的方法,骗取数额较大的公私财物的行为。行为人往往为了牟取非法利益而以欺诈手段生产、销售伪劣产品,因而两罪有相似之处,容易混淆。两者的主要区别在于:(1) 犯罪目的不同。生产、销售伪劣产品的犯罪目的是获取非法利润,而诈骗罪的犯罪目的则是非法占有公私财物。(2) 犯罪主体有所不同。生产、销售伪劣产品罪的主体既可由自然人构成,亦可由单位构成,而诈骗罪只能由自然人构成。(3) 客观方面的行为表现不同。虽然生产、销售伪劣产品的行为含有欺诈因素,但一般限于产品质量方面,毕竟有买卖活动,有商品交易,还是一种经营活动、经济行为。而诈骗行为表现为以虚构事实或隐瞒真相的方法骗取他人财物,本身不是经济行为。因此,生产、销售伪劣产品罪的行为人一般有真实的交易意图,进行真实的交易活动,客观上一般都交付了标的,虽然标的并非真的、好的或合格的,但也并非毫无价值,而是有一定成本的。而诈骗罪的行为人根本没有真实的交易意图,并非真的履行合同,交易只不过是其诈骗的手段,所以往往不会交付标的。即使万不得已交付了标的,标的也是毫无价值的。

3. 生产、销售伪劣产品罪的一罪与数罪

根据司法解释的规定,生产、销售伪劣产品,同时构成侵犯知识产权、非法经营等犯罪的,依照处罚较重的规定定罪处罚。犯本罪,又以暴力、威胁方法抗拒查处,构成妨害公务等罪的,依照数罪并罚的规定处罚。

---

① 根据司法解释的规定,行为人"应当知道"他人实施本罪,而提供各种帮助行为的,也应以共犯论处。实际上,"应当知道"而不知道的,不具备故意的认识因素。

二、生产、销售假药罪

(一) 生产、销售假药罪的概念与特征

生产、销售假药罪,是指生产、销售假药的行为。本罪具有以下构成特征:

(1) 本罪的客体是复杂客体,本罪既侵犯了国家的药品管理秩序,又侵害了消费者的生命健康安全。药品,是指用于预防、治疗、诊断人的疾病,有目的地调节人的生理机能并规定有适应症或者功能主治、用法和用量的物质,包括中药材、中药饮片、中成药、化学原料药及其制剂、抗生素、生化药品、放射性药品、血清、疫苗、血液制品和诊断药品等。

(2) 本罪在客观方面表现为生产、销售假药的行为。

第一,行为人生产、销售的必须是假药。本罪中的假药是指依照《中华人民共和国药品管理法》(以下简称《药品管理法》)的规定属于假药和按假药处理的药品、非药品。根据《药品管理法》第 48 条的规定,有下列情形之一的为假药:① 药品所含成分与国家药品标准规定的成分不符的;② 以非药品冒充药品或者以他种药品冒充此种药品的。有下列情形之一的药品,按假药论处:① 国务院药品监督管理部门规定禁止使用的;② 依照本法必须经过批准而未经批准生产、进口,或者依照本法必须经过检验而未经检验即销售的;③ 变质的;④ 被污染的;⑤ 使用依照本法必须取得批准文号而未取得批准文号的原料药生产的;⑥ 所标明的适应症或者功能主治超出规定范围的。须特别说明的是,由于《刑法》明确规定,本罪中的假药是"足以严重危害人体健康"的假药,因此上述假药都限于用于人体的药品与非药品,不包括兽用药或者其他植物用药,如果生产、销售假农药、假兽药的,不构成本罪,《刑法》对生产、销售假农药、假兽药的行为另设了规定。

第二,具有生产、销售假药的行为。生产假药,指以生产、销售假药、劣药为目的,合成、精制、提取、储存、加工炮制药品原料、将药品原料、辅料、包装材料制成成品过程中,进行配料、混合、制剂、储存、包装或者印制包装材料、标签、说明书的行为。① 例如,把某种原材料制造、加工成不合格药品,采集非药品充当药品,将他种药品充当此种药品,收集禁止使用的、变质不能药用的物品或被污染不能药用的物品充当药品等,都是生产假药的行为。销售假药,是指一切有偿提供假药的行为。医疗机构、医疗机构工作人员明知是假药而有偿提供给他人使用,或者为出售而购买、储存的行为应该被认定为销售假药行为。销售的方式既可能是公开的,也可能是秘密的;假药在来源上既可能是自己生产的,也可能是自己购买的,还可能是通过诈骗、盗窃等方法取得的。销售的对象没有限制,即不问购买人是否达到法定年龄、是否具有辨认控制能力、是否与销售人具有某种关系。只要具有生产、销售假药的行为,即可构成本罪,如果生产、销售假药的行为对人体健康造成了严重危害或者有其

---

① 参见 2014 年 11 月 3 日最高人民法院、最高人民检察院《关于办理危害药品安全刑事案件适用法律若干问题的解释》第 6 条的规定。

他严重情节的,属于法定刑升格的情形。

(3) 犯罪主体既可以是已满16周岁、具有辨认控制能力的自然人,也可以是单位。

(4) 犯罪主观方面只能出于故意,并且通常具有获取非法利益的目的。

(二) 生产、销售假药罪与非罪的认定

1. 本罪与非罪的界限

区分本罪与非罪,应从以下几个方面把握:(1) 看犯罪对象是否是假药。如果行为人生产、销售的对象不是《药品管理法》所称的假药和按假药处理的药品与非药品,不构成本罪。(2) 看行为人生产、销售假药是否出于故意。如果行为人因过失生产、销售假药,不构成本罪。(3) 销售少量根据民间传统配方私自加工的药品,或者销售少量未经批准进口的国外、境外药品,没有造成他人伤害后果或者延误诊治,情节显著轻微危害不大的,不认为是犯罪。

2. 本罪的共犯形态

明知他人生产、销售假药,而有下列情形之一的,以共同犯罪论处:(1) 提供资金、贷款、账号、发票、证明、许可证件的;(2) 提供生产、经营场所、设备或者运输、储存、保管、邮寄、网络销售渠道等便利条件的;(3) 提供生产技术或者原料、辅料、包装材料、标签、说明书的;(4) 提供广告宣传等帮助行为的。[①]

3. 本罪的一罪与数罪

根据上述司法解释的规定,实施生产、销售假药犯罪,同时构成生产、销售伪劣产品、侵犯知识产权、非法经营、非法行医、非法采供血等犯罪的,依照处罚较重的规定定罪处罚。

三、生产、销售劣药罪

生产、销售劣药罪,是指生产、销售劣药,对人体健康造成严重危害的行为。

本罪的客体与生产、销售假药罪的客体相同。本罪在客观方面主要表现为生产、销售劣药,对人体健康造成严重危害的行为。根据《药品管理法》第49条的规定,药品成分的含量不符合国家药品标准的,为劣药。有下列情形之一的药品,按劣药论处:(1) 未标明有效期或者更改有效期的;(2) 不注明或者更改生产批号的;(3) 超过有效期的;(4) 直接接触药品的包装材料和容器未经批准的;(5) 擅自添加着色剂、防腐剂、香料、矫味剂及辅料的;(6) 其他不符合药品标准规定的。由于劣药比假药的危害小,故生产、销售劣药是实害犯,只有对人体健康造成严重危害的,才成立犯罪。如果行为人生产、销售的虽然是劣药,但没有严重危害人体健康的,不构成本罪,对其中销售金额在5万元以上的,应以生产、销售伪劣产品罪论处。本罪的主体既可以是自然人,也可以是单位。医疗机构知道或者应当知道是劣药而

[①] 参见2014年11月3日最高人民法院、最高人民检察院《关于办理危害药品安全刑事案件适用法律若干问题的解释》第8条的规定。

使用或者销售,对人体健康造成严重危害的,构成本罪。本罪主观上只能是故意,即明知生产、销售劣药的行为会造成严重危害人体健康的结果,并且希望或者放任这种结果的发生。

生产、销售劣药罪与生产、销售假药罪具有如下区别:(1) 对象不同。前者生产、销售的是劣药;后者生产、销售的是假药。(2) 构成犯罪的客观要求不同。前者要求对人体健康造成严重危害,因而是实害犯;后者不要求造成严重危害人体健康,因而是危险犯。

四、生产、销售不符合安全标准的食品罪

生产、销售不符合安全标准的食品罪,是指生产、销售不符合食品安全标准的食品,足以造成严重食物中毒事故或者其他严重食源性疾患的行为。

本罪的客体是国家食品监督管理秩序和不特定多数人的生命健康安全。本罪在客观方面主要表现为生产、销售不符合食品安全标准的食品,足以造成严重食物中毒事故或者其他严重食源性疾病的行为。根据《中华人民共和国食品安全法》(以下简称《食品安全法》)的规定,食品,指各种供人食用或者饮用的成品和原料以及按照传统既是食品又是药品的物品,但是不包括以治疗为目的的物品。不符合食品安全标准的食品,是指不符合《食品安全法》第28条规定的11种禁止生产经营的食品。但生产、销售有毒、有害食品的,不成立本罪。

本罪是具体危险犯。生产、销售不符合食品安全标准的食品必须足以造成严重食物中毒事故或者其他严重食源性疾病。下列情形足以认定为生产、销售不符合卫生标准的食品造成严重食物中毒事故或者其他严重食源性疾病:(1) 含有严重超出标准限量的致病性微生物、农药残留、兽药残留、重金属、污染物质以及其他危害人体健康的物质的;(2) 属于病死、死因不明或者检验检疫不合格的畜、禽、兽、水产动物及其肉类、肉类制品的;(3) 属于国家为防控疾病等特殊需要明令禁止生产、销售的;(4) 婴幼儿食品中生长发育所需营养成分严重不符合食品安全标准的;(5) 其他足以造成严重食物中毒事故或者严重食源性疾病的情形。如果行为人生产、销售的食品虽不符合食品安全标准,但尚不足以造成严重食物中毒事故或者其他严重食源性疾病的,不成立本罪,但如果销售金额在5万元以上的,应以生产、销售伪劣产品罪论处。本罪主体是自然人或者单位。本罪主观方面只能出于故意,过失不成立本罪。

五、生产、销售有毒、有害食品罪

(一) 生产、销售有毒、有害食品罪的概念与特征

生产、销售有毒、有害食品罪,是指在生产、销售的食品中掺入有毒、有害的非食品原料,或者销售明知掺有有毒、有害的非食品原料的食品的行为。

本罪在客观方面表现为在生产、销售的食品中掺入有毒、有害的非食品原料,或者明知是掺有有毒、有害的非食品原料的食品而予以销售的行为。有毒、有害的非

食品原料,主要是指损害人体健康的不能使用的原料,比如工业酒精等。使用盐酸克仑特罗等禁止在饲料和动物饮用水中使用的药品或者含有该类药品的饲料养殖供人食用的动物,或者销售明知是使用该类药品或者含有该类药品的饲料养殖的供人食用的动物的,以本罪论处。明知是使用盐酸克仑特罗等禁止在饲料和动物饮用水中使用的药品或者含有该类药品的饲料养殖的供人食用的动物,而提供屠宰等加工服务,或者销售其制品的,成立本罪。① 在食品生产、销售、运输、贮存等过程中,掺入有毒、有害的非食品原料,或者使用有毒、有害的非食品原料加工食品的行为,成立生产、销售有毒、有害食品罪。在食用农产品种植、养殖、销售、运输、贮存等过程中,使用禁用农药、兽药等禁用物质或者其他有毒、有害物质的行为,成立本罪。在保健食品或者其他食品中非法添加国家禁用药物等有毒、有害物质的,成立本罪。② 对于利用"地沟油"生产"食用油"的,成立生产有毒、有害食品罪;明知是利用"地沟油"生产的"食用油"而予以销售的,成立销售有毒、有害食品罪。③ 如果食品中掺入的不是非食品原料,而是有害的食品原料,或者虽然是非食品原料但无毒、无害,都不能成立本罪。本罪主体既可以是符合一般主体要件的自然人,也可以是单位。本罪的主观方面是故意,即故意在生产的食品中掺入有毒、有害的非食品原料,或者故意在销售的食品中掺入有毒、有害的非食品原料,或者明知是掺有有毒、有害的非食品原料的食品而销售。过失不成立本罪。

(二) 生产、销售有毒、有害食品罪的认定

(1) 本罪与生产、销售不符合食品安全标准的食品罪的界限。两罪在行为、主体、主观方面等都有相同或相似之处。两罪的区别主要表现为:第一,行为的对象不同。前者生产、销售的是掺有有毒、有害的非食品原料的食品;后者生产、销售的是没有掺入有毒、有害的非食品原料但不符合食品安全标准的食品。第二,对结果的要求不同。前者只要求实施了法定行为就可以构成犯罪;后者要求行为足以造成严重食物中毒或者其他严重食源性疾患才成立犯罪。

(2) 生产、销售有毒、有害食品罪与投放危险物质罪的界限。两罪的区别在于:第一,行为方式不同。前者表现为生产、销售了掺入有毒、有害的非食品原料的食品;后者表现为在食品、河流、水井乃至公众场所等地投放毒害性、放射性等危险物质。第二,行为发生的条件不同。前者是在生产、经营活动中实施的;后者一般与生产、经营活动没有关系,而是发生在日常生活中。第三,主体要求不同。前者的自然人主体必须已满16周岁,单位可以成为本罪主体;后者的自然人主体只需已满14周岁,单位不能成为其主体。

---

① 参见最高人民法院、最高人民检察院2002年8月16日《关于办理非法生产、销售、使用禁止在饲料和动物饮用水中使用的药品等刑事案件具体应用法律若干问题的解释》。

② 参见2013年5月2日最高人民法院、最高人民检察院《关于办理危害食品安全刑事案件适用法律若干问题的解释》第9条。

③ 参见2012年1月9日最高人民法院、最高人民检察院、公安部《关于依法严惩"地沟油"犯罪活动的通知》第2条的规定。

六、生产、销售不符合标准的医用器材罪

生产、销售不符合标准的医用器材罪,是指生产不符合保障人体健康的国家标准、行业标准的医疗器械、医用卫生材料,或者销售明知是不符合保障人体健康的国家标准、行业标准的医疗器械、医用卫生材料,足以危害人体健康的行为。

本罪的客体是国家对医用器材的质量监督管理秩序和不特定多数公民的生命健康权。本罪在客观方面表现为生产、销售不符合标准的医疗器械、医用卫生材料,足以危害人体健康的行为。(1) 本罪的对象是不符合标准的医疗器械和医用卫生材料。医疗器械,是指用于预防、诊断、治疗人体疾病,调节人的生理机能或者替代人体器官的仪器、设备、器具、植入物及相关物品。医用卫生材料,是指在医疗过程中使用的辅助性、消耗性物品。不符合标准是指不符合国家标准和行业标准。(2) 必须有生产、销售不符合保障人体健康的国家标准、行业标准的医疗器械、医用卫生材料的行为。本罪是选择性罪名,只要有生产、销售行为之一,即可构成本罪。(3) 本罪是危险犯,只要足以危害人体健康,就可构成本罪。本罪主体既可以是自然人,也可以是单位。本罪主观方面只能出于故意,过失不成立本罪。

七、生产、销售不符合安全标准的产品罪

生产、销售不符合安全标准的产品罪,是指生产不符合保障人身、财产安全的国家标准、行业标准的电器、压力容器、易燃易爆产品或者其他不符合保障人身、财产安全的国家标准、行业标准的产品,或者销售明知是以上不符合保障人身、财产安全的国家标准、行业标准的产品,造成严重后果的行为。

本罪的客体是国家对特定产品的质量监督管理秩序以及不特定或多数人的生命健康安全和财产安全。本罪在客观方面表现为违反国家产品质量管理法规,生产、销售不符合保障人身、财产安全的国家标准、行业标准的特定产品,并造成了严重后果的行为。如果行为人生产、销售不符合安全标准的产品,尚未造成严重后果的,不构成本罪,但如果销售金额在5万元以上的,应以生产、销售伪劣产品罪论处。本罪的主体是符合一般主体条件的自然人以及单位。本罪在主观方面是故意,过失不构成本罪。

八、生产、销售伪劣农药、兽药、化肥、种子罪

生产、销售伪劣农药、兽药、化肥、种子罪,是指生产假农药、假兽药、假化肥,销售明知是假的或者失去使用效能的农药、兽药、化肥、种子,或者生产者、销售者以不合格的农药、兽药、化肥、种子冒充合格的农药、兽药、化肥、种子,使生产遭受较大损失的行为。

本罪的客体是国家对农业生产资料市场的管理秩序和农业生产安全。本罪在客观方面表现为生产、销售伪劣农药、兽药、化肥、种子,使生产遭受较大损失的行为。如果行为人生产、销售伪劣农药、兽药、化肥、种子,尚未使生产遭受较大损失

的,不构成本罪。本罪的主体是符合一般主体条件的自然人以及单位。本罪在主观方面是故意,过失不构成本罪。

九、生产、销售不符合卫生标准的化妆品罪

生产、销售不符合卫生标准的化妆品罪,是指生产不符合卫生标准的化妆品,或者销售明知是不符合卫生标准的化妆品,造成严重后果的行为。

本罪的客体是国家对化妆品的质量监督管理秩序和不特定或多数人的健康安全。本罪在客观方面表现为生产不符合卫生标准的化妆品,或者销售明知是不符合卫生标准的化妆品,造成严重后果的行为。(1)本罪的对象是化妆品。根据《化妆品卫生监督条例》,化妆品是指以涂擦、喷洒或者其他类似方法,散布于人体表面任何部位(皮肤、毛发、指甲、口唇等),以达到清洁、消除不良气味、护肤、美容和修饰目的的日用化学工业品。不符合卫生标准的化妆品,是指不符合国家相关法规规定的卫生标准的化妆品。(2)必须有生产、销售的行为。(3)本罪是结果犯,必须造成严重的后果才能构成本罪。

十、本节犯罪的认定与处罚的特别规定

《刑法》第149条第1款规定:"生产、销售本节第141条至第148条所列产品,不构成各该条规定的犯罪,但是销售金额在5万元以上的,依照本节第140条的规定定罪处罚。"因此,生产、销售特定伪劣产品,如果不符合《刑法》第141—148条规定的构成要件,但是销售金额在5万元以上的,则依照《刑法》第140条的规定认定为生产、销售伪劣产品罪。《刑法》第141—148条所列的特定伪劣产品,有的要求发生特定的危害结果或者危险才能成立犯罪。例如,生产、销售假药要求足以严重危害人体健康;生产、销售劣药要求对人体造成严重危害;生产、销售不卫生化妆品要求造成严重后果等。因此,生产、销售《刑法》第141—148条所列的特定的伪劣产品,没有发生特定的后果或危险,就是"生产、销售本节第141条至第148条所列产品,不构成各该条规定的犯罪",在这种情况下,如果销售金额达到了5万元,则认定为《刑法》第140条规定的生产、销售伪劣产品罪。

《刑法》第149条第2款规定:"生产、销售本节第141条至第148条所列产品,构成各该条规定的犯罪,同时又构成本节第140条规定之罪的,依照处罚较重的规定定罪处罚。"这是有关法条竞合适用原则的规定。《刑法》第140条对生产、销售的产品种类没有任何限定,是关于生产、销售伪劣商品犯罪的普通法条。第141—148条对生产、销售的产品种类作了特别规定,是关于生产、销售伪劣商品犯罪的特别法条。根据法条竞合的适用原则,在一般情况下,应按特别法优于普通法的原则处理。但立法机关考虑到如果一概适用该原则,处理本节犯罪时会导致罪刑不均衡的现象,于是规定了重法优于轻法的原则。例如,行为人生产、销售不符合卫生标准的化妆品,造成严重后果,且销售金额在80万元以上的,根据《刑法》第148条的规定,法定最高刑为3年有期徒刑,而根据《刑法》第140条的规定,法定最高刑为15年有期

徒刑。因此,对这种生产、销售不符合卫生标准的化妆品的行为,应认定为生产、销售伪劣产品罪。

第二节 走 私 罪

一、走私武器、弹药罪

(一) 走私武器、弹药罪的概念与特征

走私武器、弹药罪,是指违反海关法规,逃避海关监管,运输、携带、邮寄武器、弹药进出国(边)境的行为。本罪的特征表现为:

(1) 本罪的客体是国家禁止非法进出口武器、弹药的对外贸易管理制度。走私对象为武器、弹药。本罪中的武器、弹药,是指《中华人民共和国海关进口税则》及《中华人民共和国禁止进出境物品表》中规定的各种军用及非军用的武器弹药。

(2) 本罪在客观上表现为违反海关法规,逃避海关监管,走私武器、弹药的行为。本罪的走私行为主要表现为以下几种形式:第一,未经国务院或国务院授权的部门批准,不经过设立海关的地点,非法运输、携带武器、弹药进出国(边)境;第二,虽然通过设立海关的地点进出国(边)境,但采取隐匿、伪装、假报等欺骗手段,逃避海关监管、检查,非法盗运、偷带或者非法邮寄武器、弹药;第三,直接向走私人非法收购武器、弹药;第四,在内海、领海、界河、界湖运输、收购、贩卖武器、弹药;第五,与走私武器、弹药的罪犯通谋,为其提供贷款、资金、账号、发票、证明,或者为其提供运输、保管、邮寄或者其他方便。上述第三种和第四种形式的行为,属于《刑法》第155条规定的行为,学理上多称之为间接走私。第五种形式的行为规定在《刑法》第156条中,属于走私罪的共犯。

(3) 犯罪主体既可以是已满16周岁、具有辨认控制能力的自然人,也可以是单位。

(4) 主观方面只能是故意,即明知是国家禁止进出口的武器、弹药,仍然故意逃避海关监管,将其非法运输、携带或者邮寄进出境。过失不成立本罪。

(二) 走私武器、弹药罪的认定

本罪与非法买卖、运输、邮寄、储存枪支、弹药罪有很多相同点。两罪的主要区别在于:(1) 行为方式不同。前者表现为逃避海关监管,运输、携带、邮寄武器、弹药进出国(边)境的行为;后者仅限于在境内实施,不存在逃避海关监管的问题。(2) 行为的对象不尽相同。前者的对象是武器、弹药;后者的对象是枪支、弹药、爆炸物。

二、走私核材料罪

走私核材料罪,是指违反海关法规,逃避海关监管,运输、携带、邮寄核材料进出国(边)境的行为。

本罪的客体是禁止核材料进出口的对外贸易管理制度。由于核材料拥有巨大的能量,一旦被用于犯罪或者不适当地加以使用,会给人类安全带来极大的威胁与危害,所以国际社会非常关注核材料实物保护,先后缔结了一系列的国际条约加强对核材料的管制。我国作为有关核材料公约的参加国,同样对核材料实行严格管制。本罪的走私对象为核材料。根据我国1989年加入的《核材料实物保护公约》的规定,核材料具体包括:钚,但钚—238同位素含量超过80%者除外;铀—233;同位素235或233浓缩的铀;非矿石或矿渣形式的含天然存在的同位素混合物的铀;任何含有上述一种或多种成分的材料。走私行为的表现形式、犯罪主体与走私武器、弹药罪相同。

三、走私假币罪

走私假币罪,是指违反海关法规,逃避海关监管,运输、携带、邮寄伪造的货币进出国(边)境的行为。

本罪的主体、行为方式与走私武器、弹药罪相同。本罪的对象是伪造的货币。本罪中的货币,既包括正在流通的人民币,也包括正在流通的境外货币。走私变造的货币的行为,不成立本罪。行为人主观上必须明知是伪造的货币而走私;不明知是伪造的货币而携带、运输其进出境的,不成立本罪。在司法实践中,走私伪造的货币,总面额在二千元以上或者币量在二百张(枚)以上的,应予立案追诉。①

根据《刑法》第151条第1款的规定,犯本罪的,处7年以上有期徒刑,并处罚金或者没收财产;情节特别严重的,处无期徒刑或者死刑,并处没收财产;情节较轻的,处3年以上7年以下有期徒刑,并处罚金。单位犯本罪的,对单位判处罚金,并对其直接负责的主管人员和其他直接责任人员,依照上述规定处罚。

四、走私文物罪

走私文物罪,是指违反海关法规,逃避海关监管,运输、携带、邮寄国家禁止出口的文物出境的行为。

本罪的对象是国家禁止出口的文物。国家禁止出口的文物,依照《中华人民共和国文物保护法》规定的"国家禁止出境的文物"的范围认定。② 走私文物进境或者走私国家允许出口的文物的行为,不构成本罪,情节严重的,以走私普通货物、物品罪论处。本罪的主体和行为方式与走私武器、弹药罪相同。

---

① 2010年《最高人民检察院公安部关于公安机关管辖的刑事案件立案追诉标准的规定(二)》第2条的规定。

② 国家禁止出口的文物的学理解释,请参见李晓明主编:《中国刑法罪刑适用》,法律出版社2005年版,第532页。

五、走私贵重金属罪

走私贵重金属罪,是指违反海关法规,逃避海关监管,运输、携带、邮寄国家禁止出口的黄金、白银或者其他贵重金属出境的行为。

本罪仅限于将贵重金属从境内走私至境外的行为。将贵重金属从境外走私至境内的,只能成立走私普通货物、物品罪。本罪的走私方式与走私武器、弹药罪相同。

六、走私珍贵动物、珍贵动物制品罪

走私珍贵动物、珍贵动物制品罪,是指违反海关法规,逃避海关监管,运输、携带、邮寄国家禁止进出口的珍贵动物、珍贵动物制品进出国(边)境的行为。

本罪对象仅限于珍贵动物及其制品。珍贵动物,包括列入《国家重点保护野生动物名录》中的国家一、二级保护野生动物,《濒危野生动植物种国际贸易公约》附录Ⅰ、附录Ⅱ中的野生动物以及驯养繁殖的上述动物。珍贵动物制品,是指利用珍贵动物的皮、毛、肉、骨等所制的制成品。本罪的行为方式与走私武器、弹药罪相同;主体既可以是自然人,也可以是单位;主观方面只能是故意。

七、走私国家禁止进出口的货物、物品罪

走私国家禁止进出口的货物、物品罪,是指违反海关法规,逃避海关监管,非法运输、携带、邮寄国家禁止进出口的珍稀植物及其制品等国家禁止进出口的其他货物、物品进出国(边)境的行为。

本罪的犯罪对象,包括国家禁止进出口的贵重金属、珍贵动物及其制品、珍稀植物及其制品和国家禁止进出口的其他货物、物品。其中,珍稀植物,是指列入《国家重点保护野生植物名录》《国家重点保护野生药材物种名录》《国家珍贵树种名录》中的国家一、二级保护野生植物、国家重点保护的野生药材、珍贵树木,《濒危野生动植物种国际贸易公约》附录Ⅰ、附录Ⅱ中的野生植物,以及人工培育的上述植物。

珍稀植物制品,是指利用珍稀植物的皮、干、枝、根、花、果实、种子等所制的制成品。本罪的行为表现方式与走私武器、弹药罪相同。

八、走私淫秽物品罪

走私淫秽物品罪,是指违反海关法规,逃避海关监管,以牟利或者传播为目的,非法运输、携带、邮寄淫秽的影片、录像带、录音带、图片、书刊或者其他淫秽物品进出国(边)境的行为。

本罪的对象是淫秽物品。淫秽物品是指具体描绘性行为或者露骨宣扬色情的诲淫性的书刊、影片、录像带、录音带、图片及其他淫秽物品。行为人走私的不是淫秽的影片、影碟、录像带、录音带、音碟、图片、书刊、电子出版物等物品的,按走私普

通货物、物品罪定罪处罚。本罪的行为表现形式与走私武器、弹药罪相同。本罪主观上不仅要求故意,而且要求以牟利或者传播为目的。

九、走私废物罪

走私废物罪,是指违反海关法规,逃避海关监管,将境外固体废物、液态废物和气态废物运输进境,情节严重的行为。

本罪的对象是境外的固体废物、液态废物和气态废物。如果走私的不是境外废物,则不能构成走私废物罪。本罪在客观方面仅限于将废物运输进境的行为。因此,将废物运输出境的,不成立本罪。根据《刑法》第339条第3款的规定,以原料利用为名,进口不能用作原料的固体废物、液态废物和气态废物的,以本罪论处。

十、走私普通货物、物品罪

走私普通货物、物品罪,是指违反海关法规,逃避海关监管,走私《刑法》第151条、第152条、第347条规定以外的货物、物品,偷逃应缴关税数额较大,或者一年内曾因走私被给予二次行政处罚后又走私的行为。

本罪在客观方面表现为违反海关法规,逃避海关监管,走私《刑法》第151条、第152条、第347条规定以外的货物、物品,偷逃应缴关税数额较大,或者一年内曾因走私被给予二次行政处罚后又走私的行为。(1)本罪的走私对象是除前九种走私犯罪中的物品和毒品以外的货物、物品。(2)本罪的行为除了前述通常的走私方式外,还包括《刑法》第154条规定的两种特殊方式:未经海关许可并补缴关税,擅自将批准进口的来料加工、来件配装、补偿贸易的原材料、零件、制成品、设备等保税货物,在境内销售牟利的;未经海关许可并补缴关税,擅自将特定减税、免税进口的货物、物品,在境内销售牟利的。其中的保税货物,是指经海关批准,在未办理纳税手续的情况下进境,在境内储存、加工、装配后应予复运出境的货物。保税货物包括通过加工贸易、补偿贸易等方式进口的货物,以及在保税仓库、保税工厂、保税区或者免税商店内等储存、加工、寄售的货物。所谓特定减税、免税货物、物品,是指依法被减税、免税的用于特定地区、特定企业、特定用途的货物、物品。根据《刑法》的规定,成立本罪要求走私货物、物品数额较大,即走私货物、物品偷逃应缴税额5万元以上的,才以本罪论处。应缴税额,是指进出口货物、物品应当缴纳的进出口关税和进口环节海关代征税的税额。走私货物、物品所偷逃的应缴税额,应当以走私行为案发时所适用的税则、税率、汇率和海关审定的完税价格计算,并以海关出具的证明为准。(3)情节严重。情节严重可两种表现:一是偷逃应缴关税数额较大;二是一年内曾因走私被给予二次行政处罚后又走私的。

本罪主体既可以是已满16周岁、具有辨认控制能力的自然人,也可以是单位。本罪主观方面只能是故意,故意的认识因素的具体内容因走私行为的具体方式以及走私对象的不同而有所区别。

十一、本节犯罪的认定与处罚

（一）间接走私

所谓间接走私，也称为准走私，是指《刑法》第 155 条第 1、2 项规定的两种行为：(1) 直接向走私人非法收购国家禁止进口物品，或直接向走私人非法收购走私进口的其他货物、物品，数额较大的；(2) 在内海、领海、界河、界湖运输、收购、贩卖国家禁止进出口物品，或者运输、收购、贩卖国家限制进出口货物、物品，数额较大，没有合法证明的。

走私的本质在于违反海关法规，逃避海关监管和检查，破坏对外贸易管制，而间接走私的行为不具备这个特征，因而不能将其与走私混为一谈。《刑法》之所以将直接向走私犯非法收购私货的行为视为走私，是因为这些行为人帮助走私分子完成了走私过程，与走私行为密切相关。[①] 间接走私没有独立的法定刑，在认定的时候，按照行为人间接走私的物品的性质而构成具体犯罪，即如果间接走私的是《刑法》第 151、152 条规定的特定物品，则成立走私特定物品的犯罪并按照各该罪的法定刑处罚；如果间接走私的是上述特定物品以外的其他货物或物品，应当按照走私普通货物、物品罪处罚。

（二）武装掩护走私

《刑法》第 157 条第 1 款规定："武装掩护走私的，按照本法第 151 条第 1 款的规定从重处罚。"

武装掩护走私，是指携带武器装备或者雇用武装人员为走私提供安全保障的行为。因为走私人携带或使用了武器装备为走私行为提供安全保障，也就直接携带武器装备入境，因此按照《刑法》第 151 条第 1 款所规定的走私武器、弹药罪定罪处罚，而所走私的其他货物、物品作为走私武器、弹药罪的量刑情节。如果走私人为了抗拒缉私使用了武器装备，应该按照走私武器、弹药罪和妨害公务罪数罪并罚；如果为了抗拒缉私使用武器装备，造成了重伤或死亡结果的，应该按照走私武器、弹药罪和故意伤害罪或故意杀人罪数罪并罚。

（三）抗拒缉私

《刑法》第 157 条第 2 款规定："以暴力、威胁方法抗拒缉私的，以走私罪和本法第 277 条规定的阻碍国家机关工作人员依法执行职务罪，依照数罪并罚的规定处罚。"

行为人既实施了走私行为，又实施了阻碍国家机关工作人员执行职务的行为的，属于刑法理论上的牵连犯，但刑法明确规定处罚原则是数罪并罚。在具体适用刑法的时候，对于走私行为应根据具体走私对象的性质定罪，如果走私的是刑法规定的特定物品，就成立走私特定物品的犯罪，如果走私的是特定物品以外的其他货

[①] 参见马克昌主编：《经济犯罪新论》，武汉大学出版社 1998 年版，第 142 页。

物、物品,应当按照走私普通货物、物品罪处罚。如果暴力抗拒缉私,造成重伤或者死亡结果的,应该按照走私罪和故意伤害罪或故意杀人罪数罪并罚。

(四) 走私罪的共犯

《刑法》第 156 条规定:"与走私犯通谋,为其提供贷款、资金、账号、发票、证明,或者为其提供运输、保管、邮寄或者其他方便的,以走私罪的共犯论处。"

根据《刑法》的这一规定,要构成走私罪的共犯,必须主观上与走私罪犯通谋,客观上有为走私罪犯提供便利的行为。

第三节 妨害对公司、企业的管理秩序罪

一、虚报注册资本罪

虚报注册资本罪,是指申请公司登记使用虚假证明文件或者采取其他欺诈手段虚报注册资本,欺骗公司登记主管部门,取得公司登记,虚报注册资本数额巨大、后果严重或者有其他严重情节的行为。

本罪在客观方面表现为违反公司法的规定,在申请公司登记时,使用虚假证明文件或者采取其他欺诈手段虚报注册资本,欺骗公司登记主管部门,取得公司登记,虚报注册资本数额巨大、后果严重或者有其他严重情节的行为。根据相关立法解释,这里的公司仅指依法实行注册资本实缴登记制的公司。① 具体包括以下几个方面的内容:第一,行为人使用虚假证明文件或者采取其他欺诈手段虚报注册资本,欺骗公司登记主管部门。虚报注册资本既可以表现为没有达到登记注册的资本数额却采取欺诈手段证明达到了法定数额,也可以表现为虽然达到了法定数额却虚报具有更高数额的资本。第二,已经取得公司登记,即已被公司登记机关批准登记注册并已发给《企业法人营业执照》。如果欺诈手段被登记机关发觉而未予登记的,则不成立本罪。第三,虚报注册资本数额巨大、后果严重或者有其他严重情节。具备三者之一,即可成立本罪。

本罪主体是申请公司登记的自然人与单位。根据《公司法》和《公司登记管理条例》的规定,申请公司登记的人具体是指:设立有限责任公司的,是全体股东指定的代表或共同委托的代理人;以发起方式设立股份有限公司的,是全体发起人指定的代表或共同委托的代理人;以募集方式设立股份有限公司的,是董事会成员;设立国有独资公司的,是国家授权的机构或者部门的申请人或单位。

主观方面只能出于故意,即明知自己虚报注册资本,欺骗公司登记主管部门的行为会发生破坏公司登记秩序的危害结果,并且希望或者放任这种结果的发生。主观目的在于取得公司登记。

---

① 参见 2014 年第 12 届全国人民代表大会常委会第 8 次会议通过的《关于〈中华人民共和国〉第 158 条、第 159 条的解释》的规定。

二、虚假出资、抽逃出资罪

虚假出资、抽逃出资罪，是指公司发起人、股东违反公司法的规定，未交付货币、实物或者未转移财产权，虚假出资，或者在公司成立后又抽逃其出资，数额巨大、后果严重或者有其他严重情节的行为。

本罪在客观方面表现为公司发起人、股东违反公司法的规定，虚假出资、抽逃出资，数额巨大、后果严重或者有其他严重情节的行为。根据相关立法解释，这里的公司仅指依法实行注册资本实缴登记制的公司。[①] 具体包括两种行为：违反公司法的规定，虚假出资；违反公司法的规定，抽逃出资。所谓虚假出资，是指公司发起人、股东违反公司法的规定，未交付应当认缴的出资额或者未办理出资额中的财产权转移手续的行为；所谓抽逃出资，是指公司发起人、股东在公司成立时缴纳了所应认缴的出资，但在公司成立后又撤出其出资，使公司成立时的原有注册资本减少的行为。本罪名为选择性罪名。具备上述两种行为之一的，即可构成本罪。此外，成立本罪还要求数额巨大、后果严重或者有其他严重情节，具备三者之一，即可构成本罪。

本罪的主体是公司发起人、股东，包括自然人与单位。本罪主观方面必须出于故意。

三、欺诈发行股票、债券罪

欺诈发行股票、债券罪，是指在招股说明书、认股书、公司、企业债券募集办法中，隐瞒重要事实或者编造重大虚假内容，发行股票或者公司、企业债券，数额巨大、后果严重或者有其他严重情节的行为。

本罪在客观方面表现为实施欺诈发行股票、债券，并且数额巨大、后果严重或者有其他严重情节的行为。本罪的主体是个人或单位，其中，欺诈发行股票的主体仅限于以募集方式设立股份有限公司的自然人和单位。欺诈发行公司、企业债券的行为主体是具有发行债券资格的公司、企业及自然人。

四、违规披露、不披露重要信息罪

违规披露、不披露重要信息罪，是指依法负有信息披露义务的公司、企业向股东和社会公众提供虚假的或者隐瞒重要事实的财务会计报告，或者对依法应当披露的其他重要信息不按照规定披露，严重损害股东或者其他人利益，或者有其他严重情节的行为。

本罪的主体是依法负有信息披露义务的公司、企业。本罪在客观方面表现为提供虚假的或者隐瞒重要事实的财务会计报告，或者对依法应当披露的其他重要信息不按照规定披露，严重损害股东或者其他人利益，或者有其他严重情节的行为。

[①] 参见 2014 年第 12 届全国人民代表大会常委会第 8 次会议通过的《关于〈中华人民共和国〉第 158 条、第 159 条的解释》的规定。

五、妨害清算罪

妨害清算罪,是指公司、企业在进行清算时,隐匿财产,对资产负债表或者财产清单作虚伪记载或者在未清偿债务前分配公司、企业财产,严重损害债权人或者其他人利益的行为。

本罪在客观方面表现为违反有关公司、企业清算的规定,在清算时,隐匿财产,对资产负债表或者财产清单作虚伪记载或者在未清偿债务前分配公司、企业财产,严重损害债权人或者其他人利益的行为。具体包括以下要件:(1)行为发生在公司、企业清算财产时。(2)实施了以下四种行为之一:第一,隐匿财产;第二,对资产负债表作虚假记载,如夸大负债数额,作实际上并不存在的负债记载,对特定债权人作不符合事实的负债记载等;第三,对财产清单作虚伪记载,如减少公司、企业的收入,提高固定资产的价格等;第四,在清偿债务前分配公司、企业财产。但本罪不包括集体私分国有资产的行为,后者应被认定为私分国有资产罪。(3)严重损害债权人或者其他人的利益。本罪主体是公司、企业。本罪主观方面必须出于故意。

六、隐匿、故意销毁会计凭证、会计账簿、财务会计报告罪

隐匿、故意销毁会计凭证、会计账簿、财务会计报告罪,是指故意隐匿、销毁依法应当保存的会计凭证、会计账簿、财务会计报告,情节严重的行为。

本罪的犯罪对象是依法应当保存的会计凭证、会计账簿、财务会计报告。行为表现为隐匿与销毁。隐匿,是指将会计凭证、会计账簿、财务会计报告予以隐瞒、藏匿,妨碍他人依法发现;销毁,是指将会计凭证、会计账簿、财务会计报告予以损坏、毁灭,使其失去本来的效用。本罪主体既可以是自然人,也可以是单位。行为人主观上必须出于故意,过失行为不成立本罪。此外,成立本罪还要求情节严重,如隐匿、销毁重要或者大量会计凭证、会计账簿、财务会计报告,多次实施隐匿、销毁行为,隐匿、销毁行为造成了严重后果等。

七、虚假破产罪

虚假破产罪,是指公司、企业通过隐匿财产、承担虚构的债务或者以其他方法转移、处分财产,实施虚假破产,严重损害债权人或者其他人利益的行为。

本罪在客观方面表现为公司、企业通过隐匿财产、承担虚构的债务或者以其他方法转移、处分财产,实施虚假破产,严重损害债权人或者其他人利益的行为。具体包括以下要件:(1)实施了虚假破产行为。行为方式具体表现为三种:隐匿财产;承担虚构的债务;其他方法。(2)严重损害债权人或者其他人利益。本罪主体是公司、企业。本罪主观方面必须出于故意。

八、非国家工作人员受贿罪

(一) 非国家工作人员受贿罪的概念与特征

非国家工作人员受贿罪,是指公司、企业或者其他单位的工作人员利用职务上的便利,索取他人财物或者非法收受他人财物,为他人谋取利益,数额较大的行为。本罪原为公司、企业人员受贿罪,《刑法修正案(六)》对《刑法》第163条进行了修订,将"其他单位"工作人员增加为本罪的主体,从而形成了新的罪名。

本罪在客观方面表现为利用职务上的便利,索取他人财物或者非法收受他人财物,为他人谋取利益,数额较大的行为。具体表现为:第一,行为人实施了向他人索取财物或者非法收受他人财物的行为,并且数额较大。索取财物和接受贿赂均可构成本罪。另外,根据《刑法》第163条第2款的规定,公司、企业或者其他单位的工作人员在经济往来中,利用职务上的便利,违反国家规定,收受各种名义的回扣、手续费,归个人所有的,也应认定为收受贿赂。第二,必须利用了职务上的便利。利用职务上的便利,是指利用职务范围内主管、经手、承办某项公司、企业事务的权力和便利条件。第三,不管是索取他人财物还是收受他人财物,都必须为他人谋取利益。但谋取的利益是否实现,利益是否正当,不影响本罪的成立。

本罪的主体必须是公司、企业或者其他单位的工作人员,但不包括国有公司、企业或者其他国有单位中从事公务的人员和国有公司、企业或者其他国有单位委派到非国有公司、企业或者其他单位从事公务的人员。根据《刑法》第184条的规定,银行或者其他金融机构的工作人员(国有金融机构工作人员和国有金融机构委派到非国有金融机构从事公务的人员除外),在金融业务活动中索取他人财物或者非法收受他人财物,为他人谋取利益的,或者违反国家规定,收受各种名义的回扣、手续费,归个人所有的,以本罪论处。

本罪主观方面只能是故意,即行为人明知自己收受贿赂的行为是非法的,明知自己的行为会发生侵犯公司、企业、其他单位管理秩序的结果,却仍然故意实施。

(二) 非国家工作人员受贿罪的认定

认定本罪时应注意,违反国家规定,收受各种名义的回扣、手续费归个人所有的,构成本罪。《中华人民共和国反不正当竞争法》第8条第1款规定:"经营者不得采用财物或者其他手段进行贿赂以销售或者购买商品。在账外暗中给予对方单位或者个人回扣的,以行贿论处;对方单位或者个人在账外暗中收受回扣的,以受贿论处。"根据该条第2款的规定,经营者销售或者购买商品,可以明示方法给对方折扣,可以给中间人佣金,但必须如实入账;接受折扣、佣金的经营者也必须如实入账。根据该规定,如果在经济往来中,公司、企业或者其他单位的工作人员收受各种名义的折扣、佣金等,如实入了本单位账目的,不能认定为受贿;但对违反国家规定,收受各种名义的回扣、手续费,归个人所有的,应认定为受贿。

九、对非国家工作人员行贿罪

对非国家工作人员行贿罪,是指为谋取不正当利益,给予公司、企业或者其他单位的工作人员以财物,数额较大的行为。

本罪在客观方面表现为实施了给予公司、企业或者其他单位的工作人员以数额较大的财物的行为。具体包括以下三个方面:(1)给予公司、企业或者其他单位工作人员以财物。公司、企业或者其他单位的工作人员的范围与前罪中的公司、企业或者其他单位的工作人员的范围完全相同,不包括国家工作人员。(2)给予公司、企业或者其他单位工作人员以财物,是为了谋取不正当利益。所谓谋取不正当利益,是指谋取违反法律、法规、国家政策和国务院各部门规定的利益,以及要求国家工作人员提供帮助或者方便的行为。(3)给予的财物数额较大。

本罪的主体既可以是自然人,也可以是单位;根据《刑法修正案(六)》的规定,不仅包括公司、企业的工作人员,而且包括其他单位的工作人员。主观方面必须出于故意,并且是为了谋取不正当利益。至于实际上是否获取了不正当利益,则不影响本罪的成立。参照《刑法》第389条的规定,因被勒索给予公司、企业人员以财物,没有获得不正当利益的,不宜认定为本罪。

根据《刑法》第164条的规定,犯本罪的,处3年以下有期徒刑或者拘役,并处罚金;数额巨大的,处3年以上10年以下有期徒刑,并处罚金。单位犯本罪的,对单位判处罚金,并对其直接负责的主管人员和其他直接责任人员,依照上述规定处罚。行贿人在被追诉前主动交代行贿行为的,可以减轻处罚或者免除处罚。

十、对外国公职人员、国际公共组织人员行贿罪

对外国公职人员、国际公共组织人员行贿罪,是指为谋取不正当商业利益,给予外国公职人员或者国际公共组织官员以财物的行为。

十一、非法经营同类营业罪

非法经营同类营业罪,是指国有公司、企业的董事、经理利用职务便利自己经营或者为他人经营与其所任职公司、企业同类的营业,获取非法利益,数额巨大的行为。

公司、企业的董事、经理,应当忠实履行职务,维护该公司、企业的合法权益。董事、经理拥有管理公司、企业事务的权利,熟知该公司、企业的内情,如果允许其在该公司、企业外与该公司、企业自由竞业,他就可能为给自己或者他人牟取私利而损害该公司、企业的利益。因此,公司法禁止公司、企业的董事、经理自营或者为他人经营与其所任职公司、企业同类的营业,刑法进一步将其中的严重行为规定为非法经营同类营业罪。[1]

---

[1] 参见张明楷:《刑法学》,法律出版社2003年版,第603页。

本罪在客观方面表现为违反公司法规定，利用职务上的便利，自己经营与其所任职公司、企业同类的营业，或者为他人经营与其所任职公司、企业同类的营业，获取非法利益，数额巨大的行为。具体而言，必须具备以下几个条件：(1) 利用职务之便。所谓职务之便，就是指利用职权及与职务有关的便利条件。(2) 实施了为自己经营或者为他人经营与其所任职公司、企业同类营业的行为。同类营业就是指经营项目属于同一类别的营业。(3) 获取非法利益，数额巨大。本罪主体是特殊主体，只能是国有公司、企业的董事、经理。本罪主观方面只能是故意，过失不可能成立本罪。

十二、为亲友非法牟利罪

为亲友非法牟利罪，是指国有公司、企业、事业单位的工作人员，利用职务上的便利，背信经营，致使国家利益遭受重大损失的行为。

旧中国刑法及其他许多国家的刑法都规定了背信罪（或背任罪）。背信罪，是指为他人处理事务的人，为谋求自己或者第三者的利益，或以损害委托人的利益为目的，而违背其任务，致使委托人的财产受到损失的行为。我国1979年《刑法》没有规定背信罪，在修订刑法的过程中，也只是增加了一些特殊的背信罪，为亲友非法牟利罪即是背信罪的一种表现形式。①

本罪在客观方面表现为利用职务之便，实施了刑法规定的三种为亲友非法牟利的行为，致使国家利益遭受重大损失的行为。具体而言，必须符合以下三个条件：(1) 必须利用职务上的便利，即利用自己主管、管理、经营、经手公司、企业业务的便利。(2) 必须实施了下列三种行为之一：第一，将本单位的盈利业务交由自己的亲友进行经营；第二，以明显高于市场的价格向自己亲友经营管理的单位采购商品，或者以明显低于市场的价格向自己的亲友经营管理的单位销售商品；第三，向自己的亲友经营管理的单位采购不合格的商品。实施其中一种行为即可成立本罪，同时实施上述行为的也只成立一罪。(3) 必须致使国家利益遭受重大损失。本罪主体必须是国有公司、企业、事业单位的工作人员。本罪主观方面只能由故意构成，过失行为不可能成立本罪。

十三、签订、履行合同失职被骗罪

签订、履行合同失职被骗罪，是指国有公司、企业、事业单位的直接负责的主管人员，在签订、履行合同过程中，因严重不负责任被诈骗，致使国家利益遭受重大损失的行为。

本罪在客观方面表现为行为人在签订、履行合同的过程中，因严重不负责任被诈骗，致使国家利益遭受重大损失的行为。本罪是结果犯，只有因为严重不负责任

---

① 参见张明楷：《关于增设背信罪的探讨》，载《中国法学》1997年第1期。

被诈骗,致使国家利益遭受重大损失的,才可能成立本罪。"致使国家利益遭受重大损失"包括造成大量财物被诈骗、因为被骗造成停产等损失。本罪主体只限于国有公司、企业、事业单位的直接负责的主管人员。根据《惩治外汇犯罪的决定》第7条的规定,金融机构、从事对外贸易经营活动的公司、企业的工作人员严重不负责任,造成大量外汇被骗购或者逃汇,致使国家利益遭受重大损失的,依照本罪处罚。本罪主观方面应是过失,既可能是疏忽大意的过失,也可能是过于自信的过失。

十四、国有公司、企业、事业单位人员失职罪

国有公司、企业、事业单位人员失职罪是指国有公司、企业、事业单位的工作人员,由于严重不负责任,造成国有公司、企业、事业单位破产或者严重损失,致使国家利益遭受重大损失的行为。

本罪在客观方面表现为行为人严重不负责任,造成国有公司、企业、事业单位破产或者严重损失的行为。严重不负责任,是指行为人不履行或者不正确履行自己的职责。成立本罪必须造成了国有公司、企业、事业单位破产或者严重损失,致使国家利益遭受重大损失。本罪的主体是特殊主体,即国有公司、企业、事业单位的工作人员。本罪主观方面是过失。

十五、国有公司、企业、事业单位人员滥用职权罪

国有公司、企业、事业单位人员滥用职权罪,是指国有公司、企业、事业单位的工作人员滥用职权,造成国有公司、企业、事业单位破产、严重亏损,致使国家利益遭受重大损失的行为。

本罪主体是特殊主体,即国有公司、企业、事业单位的工作人员。本罪主观方面是故意。

本罪的处罚与国有公司、企业、事业单位人员失职罪相同。

十六、徇私舞弊低价折股、出售国有资产罪

徇私舞弊低价折股、出售国有资产罪,是指国有公司、企业或者其上级主管部门直接负责的主管人员,徇私舞弊,将国有资产低价折股或者低价出售,致使国家利益遭受重大损失的行为。

十七、背信损害上市公司利益罪

背信损害上市公司利益罪是指上市公司的董事、监事、高级管理人员违背对公司的忠实义务,利用职务便利,操纵上市公司从事损害上市公司利益的行为,以及上市公司的控股股东或者实际控制人,指使上市公司董事、监事、高级管理人员实施损害上市公司利益的行为。

本罪在客观方面表现为利用职务便利,操纵上市公司,致使上市公司利益遭受重大损失的行为。所谓操纵上市公司,是指具有下列行为之一:(1)无偿向其他单

位或者个人提供资金、商品、服务或者其他资产的;(2) 以明显不公平的条件,提供或者接受资金、商品、服务或者其他资产的;(3) 向明显不具有清偿能力的单位或者个人提供资金、商品、服务或者其他资产的;(4) 为明显不具有清偿能力的单位或者个人提供担保,或者无正当理由为其他单位或者个人提供担保的;(5) 无正当理由放弃债权、承担债务的;(6) 采用其他方式损害上市公司利益的。

本罪的主体是上市公司的董事、监事、高级管理人员,以及指使上市公司董事、监事、高级管理人员实施上述行为的上市公司的控股股东或者实际控制人。单位作为上市公司的控股股东或者实际控制人的,可以成为本罪主体。本罪的主观方面是故意。

第四节 破坏金融管理秩序罪

一、伪造货币罪

(一) 伪造货币罪的概念与特征

伪造货币罪,是指行为人违反金融管理法规,仿照真货币的外部特征,非法制造外观上足以使一般人误认为是货币的假货币,妨害货币公共信用的行为。本罪的特征表现为:

(1) 本罪的客体是国家对货币的管理制度。国外刑法理论关于本罪侵犯的客体存在两种观点:一种观点认为,伪造货币罪的客体是货币的公共信用;另一种观点认为,伪造货币罪的客体是货币发行权。[①] 我们认为,国家对货币的管理制度主要表现为货币的公共信用和货币的发行权。随着商品交换、经济交易的发展,货币的公共信用成为保障交易安全和金融秩序的基础,行为人伪造货币的行为使人们对货币的真实性产生怀疑,因此伪造货币的行为首先直接侵犯了货币的公共信用。而且,为了保证货币的公共信用,任何国家都规定了专有的货币发行权。伪造货币的行为人都是没有货币发行权的人,例如根据《中华人民共和国银行法》的规定,人民币由中国人民银行统一印制、发行,其他任何人都无权印制、发行人民币,所以伪造货币的行为还侵犯了货币发行权。

(2) 本罪在客观方面表现为实施了伪造货币的行为。其一,行为的对象是流通的货币,包括人民币(含普通纪念币、贵金属纪念币)、港元、澳门元、新台币,以及其他国家及地区的法定货币。随着国际贸易的发展,对货币的保护成为各国共同的任务,我国刑法基于世界主义的立场处罚伪造中国货币与境外货币的一切行为。[②] 如果行为人以使用为目的,伪造停止流通的货币,应当以诈骗罪定罪处罚。[③] 其二,实

[①] 参见〔日〕前田雅英:《刑法各论讲义》,东京大学出版会1999年版,第348页以下。
[②] 参见张明楷:《刑法学》(第三版),法律出版社2007年版,第577页。
[③] 参见2010年10月最高人民法院《关于审理伪造货币等案件具体应用法律若干问题的解释(二)》。

施了伪造货币的行为。伪造,是指仿照真货币的图案、形状、色彩等特征非法制造假币,冒充真币的行为。其三,一般说来,所伪造的货币应在外观上足以使一般人误认为是真货币,即对于所伪造的货币必须特别加以注意,或者具有一定检测手段、具有专业知识方能发现。行为人制造出来的物品完全不可能被人们误认为是真货币的,不可能成立伪造货币罪。

(3) 本罪的主体是已满16周岁、具有辨认控制能力的自然人,单位不能成为本罪主体。

(4) 本罪在主观方面只能是故意,即明知自己伪造货币的行为会发生侵犯货币的公共信用与货币发行权的危害结果,并且希望或者放任这种结果发生。

(二) 伪造货币罪的认定

1. 本罪的罪与非罪的区分

根据《刑法》第170条的规定,构成本罪并没有定量的要求,即只要行为人实施了伪造货币的行为,不论伪造的货币数额(量)大小,都构成伪造货币罪。但是,根据《刑法》第13的但书规定,如果行为人伪造货币情节显著轻微,危害不大的,不认为是犯罪。

2. 本罪的数罪形态

在司法实践中,行为人伪造货币的目的通常是为了出售或使用,因此,伪造货币后又出售或者运输自己伪造的货币的,根据《刑法》第171条第3款的规定,按照伪造货币罪从重处罚,不能实行数罪并罚。但如果行为人伪造了一宗货币,又出售或者运输另一宗他人伪造的货币,则应按伪造货币罪和有关犯罪实行数罪并罚。

二、出售、购买、运输假币罪

出售、购买、运输假币罪,是指明知是伪造的货币而出售、购买或者运输,数额较大的行为。

本罪在客观方面表现为出售、购买、运输伪造的货币,数额较大的行为。出售,是指有偿转让伪造的货币;购买,是指有偿取得伪造的货币;运输,是指将伪造的货币的存在地点进行转移。本罪主体只能是具备法定条件的自然人,但购买假币的主体必须不是金融机构的工作人员。金融机构的工作人员购买伪造的货币的,应以金融工作人员购买假币罪论处。本罪主观方面只能是故意,即明知是假币而出售、购买或者运输。

行为人伪造货币并出售或者运输伪造的货币的,以伪造货币罪从重处罚,不另成立出售、运输假币罪。因为出售或者运输假币是伪造货币的行为的必然延伸或者当然发展,但这仅限于行为人出售、运输自己伪造的假币的情形。如果行为人伪造货币,而且出售或者运输他人伪造的货币,则应当以伪造货币罪和出售、运输假币罪实行数罪并罚。

三、金融工作人员购买假币、以假币换取货币罪

金融工作人员购买假币、以假币换取货币罪，是指银行或者其他金融机构工作人员，购买伪造的货币，或者利用职务上的便利，以伪造的货币换取货币的行为。

本罪在客观方面表现为两种情形：一是购买伪造的货币；二是利用职务上的便利，以伪造的货币换取货币，即利用职务上管理金库、出纳现金、吸收付出存款等便利条件，将假币调换成真货币。同时实施购买与调换这两种行为的，也只以一罪论处。本罪的主体是特殊主体，必须是银行或者其他金融机构工作人员。本罪在主观方面只能是故意，即明知是假币而购买，或者明知是假币而将其调换成真货币。

本罪中的购买假币的行为与前一犯罪中的购买假币的行为，在犯罪构成要件上存在区别：(1) 本罪的主体必须是金融机构工作人员，而前罪的主体没有身份要求；(2) 本罪不要求数额较大，而前罪要求数额较大。对金融机构工作人员购买假币的行为作特别规定并提高法定刑，是因为他们的身份决定了他们随时可能将假币调换成为真货币，从而使国家与公民利益受到损害。

四、持有、使用假币罪

持有、使用假币罪，是指明知是伪造的货币而持有、使用，数额较大的行为。

本罪在客观上表现为持有、使用伪造的货币，数额较大的行为。持有，是指将假币置于行为人事实上的支配之下。使用，是指将假币作为真货币而进行流通。此外，成立本罪还要求持有、使用假币数额较大。本罪主体只能是已满16周岁、具有辨认控制能力的自然人，而不能是单位。本罪主观方面只能是故意，即明知是假币而非法持有或者使用。

根据2000年9月8日最高人民法院《关于审理伪造货币等案件具体应用法律若干问题的解释》的规定，行为人购买假币后使用，构成犯罪的，以购买假币罪定罪，从重处罚，不另认定为使用假币罪；但行为人出售、运输假币构成犯罪，同时又有使用假币行为的，应当实行数罪并罚。

五、变造货币罪

变造货币罪，是指行为人对真正的货币进行各种方式的加工，改变其面额或者含量，数额较大的行为。

变造，一般是指对真货币采用剪贴、挖补、揭层、涂改、移位、重印等方法加工处理，改变真币形态、价值的行为。变造一般表现为将货币面额增加，如将50元的真货币变造成为100元的货币。但是，减少金属货币的金属含量的行为，也应认定为变造。变造货币数额较大的，才成立犯罪。变造货币的主体为具备法定主体要件的自然人。主观方面只能是故意。

本罪与伪造货币罪都以货币为犯罪对象，其关键的区别在于客观行为方式不同：伪造不以真实的货币为对象，而变造则是在真实货币的基础上进行加工、改造。

如果行为人同时采用伪造和变造手段,制造真伪拼凑货币的,根据 2010 年 10 月 11 日通过的《最高人民法院关于审理伪造货币等案件具体应用法律若干问题的解释（二）》的规定,应当以伪造货币罪定罪处罚。

六、擅自设立金融机构罪

擅自设立金融机构罪,是指未经国家有关主管部门批准,擅自设立商业银行、证券交易所、期货交易所、证券公司、期货经纪公司、保险公司或者其他金融机构的行为。

本罪的客观方面表现为未经有关主管部门批准,擅自设立商业银行、证券交易所、期货交易所、证券公司、期货经纪公司、保险公司或者其他金融机构的行为。未经批准,是指没有依法提出设立金融机构的申请便自行设立金融机构,或者虽然依法提出了申请但在没有获得正式批准时便自行设立金融机构。本罪的主体既可以是自然人,也可以是单位。本罪主观方面只能是故意,即明知设立金融机构应依法获得中国人民银行的批准,明知擅自设立金融机构的行为会发生扰乱金融秩序的危害结果,并且希望或者放任这种结果的发生。

七、伪造、变造、转让金融机构经营许可证、批准文件罪

伪造、变造、转让金融机构经营许可证、批准文件罪,是指违反国家金融管理法规,伪造、变造、转让商业银行、证券交易所、期货交易所、证券公司、期货经纪公司、保险公司或者其他金融机构经营许可证或者批准文件的行为。

本罪在客观方面表现为伪造、变造、转让金融机构经营许可证、批准文件的行为。金融机构经营许可证包括金融机构法人许可证、金融机构营业许可证、经营外汇业务许可证,包括各自的正本与副本。伪造,是指没有制作、发放权的人,擅自制造金融机构经营许可证、批准文件;变造,是指对真正的金融机构经营许可证、批准文件进行加工,如更改金融机构名称、编号、注册资本数额、业务范围、有效期限等;转让,是指将金融机构经营许可证、批准文件有偿或者无偿地让与他人。具有伪造、变造、转让行为之一即可成立本罪。具有数个行为的,也成立一罪,不进行数罪并罚。

八、高利转贷罪

(一) 高利转贷罪的概念与特征

高利转贷罪,是指以转贷牟利为目的,套取金融机构信贷资金高利转贷他人,违法所得数额较大的行为。

本罪客观方面表现为套取金融机构信贷资金高利转贷他人,违法所得数额较大的行为。其一,必须套取金融机构信贷资金。所谓套取,是指行为人在不符合贷款条件的前提下,虚构借款用途,采取担保贷款或者信用贷款的方式,获取银行或者其他金融机构信贷资金的行为。信贷资金,是指银行用于发放贷款的资金。信贷资金

既包括以信用贷款方式发放的资金,也包括以担保贷款方式发放的资金。其二,必须高利转贷他人。所谓高利转贷他人,是指从金融机构套取信贷资金后,再以更高的利率借贷给他人或者其他单位。其三,实施高利转贷行为违法所得数额较大的,才以犯罪论处。本罪主体既可以是已满16周岁、具有辨认控制能力的自然人,也可以是单位。本罪主观方面只能是故意,且必须具有转贷牟利的目的。

(二) 高利转贷罪的认定

在认定本罪时,应注意区分罪与非罪的界限:(1) 看行为人主观上是否具有转贷牟利的目的。如果行为人出于其他目的取得金融机构信贷资金,然后产生将信贷资金高利转贷他人的意图进而实施这种行为的,不应以犯罪论处。(2) 看高利转贷违法所得数额是否较大。对于高利转贷信贷资金,违法所得数额较小的,不能认定为本罪。行为人套取金融机构信贷资金后,转贷他人只是略高于法定利率的,一般也不宜以犯罪论处。

九、骗取贷款、票据承兑、金融票证罪

骗取贷款、票据承兑、金融票证罪是指自然人或者单位以欺骗手段取得银行或者其他金融机构贷款、票据承兑、信用证、保函等,给银行或者其他金融机构造成重大损失或者有其他严重情节的行为。

本罪在客观方面表现为以欺骗手段取得银行或者其他金融机构贷款、票据承兑、信用证、保函等,给银行或者其他金融机构造成重大损失或者有其他严重情节的行为。本罪的犯罪主体既可以是已满16周岁、具有辨认控制能力的自然人,也可以是单位。本罪的主观方面是故意,并且必须具有非法占有贷款或者票据、信用证项下资金的目的。

十、非法吸收公众存款罪

非法吸收公众存款罪,是指非法吸收公众存款或者非法变相吸收公众存款,扰乱金融秩序的行为。

本罪客观方面表现为非法吸收公众存款或者非法变相吸收公众存款。本罪主体既可以是已满16周岁、具有辨认控制能力的自然人,也可以是单位。本罪主观方面只能是故意。

十一、伪造、变造金融票证罪

伪造、变造金融票证罪,是指伪造、变造汇票、本票、支票、委托收款凭证、汇款凭证、银行存单及其他结算凭证、信用证或者附随的单据、文件以及伪造信用卡的行为。

本罪的客观方面表现为伪造、变造各种金融票证。根据《刑法》第177条的规定,伪造、变造金融票证,包括下列情形:

第一,伪造、变造汇票、本票、支票。汇票,是指出票人签发的,委托付款人在见

票时或者在指定日期,无条件支付确定的金额给收款人或持票人的票据。本票,是指出票人签发的,承诺由自己在见票时无条件支付确定的金额给收款人或持票人的票据。支票,是指出票人签发的,委托办理支票存款业务的银行或者其他金融机构在见票时无条件支付确定的金额给收款人或持票人的票据。行为人伪造、变造其中一种票证的,便成立犯罪。

第二,伪造、变造委托收款凭证、汇款凭证、银行存单及其他银行结算凭证。委托收款凭证,是指收款人向银行提供的,委托其向付款人收取款项的结算凭证。汇款凭证,是指汇款人委托银行给异地收款人进行汇兑结算的凭证,包括信汇凭证与电汇凭证。银行存单是银行发行的可以用于支付债务的工具,它一般不记名、定额、可自由流通。其他银行结算凭证,是指除上述结算凭证以外的结算凭证。行为人伪造、变造其中一种票证的,便成立犯罪。

第三,伪造、变造信用证或者附随的单据、文件。信用证,是指应客户要求和指示,或自己主动向受益人签发的,如受益人满足约定条件,开证行就向其支付规定金额的书面文件。附随的单据、文件,是指由信用证受益人向金融机构提供的,与信用证条款规定相一致的代表货物的单据、文件。行为人伪造、变造其中一种票证的,便成立犯罪。

第四,伪造信用卡。信用卡,是指银行发给资信情况较好的单位和有稳定收入的个人,便利其购买商品、取得服务的信用凭证。

本罪的主体既可以是已满16周岁、具有辨认控制能力的自然人,也可以是单位。本罪主观方面只能是故意,即明知自己伪造、变造金融票证的行为会发生破坏金融秩序的结果,并且希望或者放任这种结果的发生。

十二、妨害信用卡管理罪

妨害信用卡管理罪,是指故意妨害信用卡管理秩序的行为。

本罪在客观方面表现为以下四种基本行为方式:(1)明知是伪造的信用卡而持有、运输的,或者明知是伪造的空白信用卡而持有、运输,数量较大的。在这种情况下,行为的方式是持有、运输;行为的对象是伪造的信用卡和伪造的空白信用卡。所谓空白的信用卡,是指发卡机构在将信用卡正式发放给用户之前所持有的未写入任何内容的卡片,待正式发放时才写入用户资料等实质内容从而成为可以流通的信用卡。伪造信用卡是伪造金融票证罪的行为方式之一,伪造信用卡后又持有该伪造的信用卡的,属于刑法理论中的吸收犯,只成立伪造金融票证罪。(2)非法持有他人信用卡,数量较大的。这里的信用卡必须是他人真实的信用卡;持有行为必须是非法的。(3)使用虚假的身份证明骗领信用卡的。信用卡具有透支的功能。银行顺利开展这一业务功能的重要前提就在于,用户在申领信用卡的时候,必须填写真实的身份情况,一旦透支,银行可以根据客户的身份资料对用户进行催收,如果使用虚假的身份证明骗领信用卡,进而恶意透支的,将给银行造成很大的损失。使用虚假的身份证明骗领信用卡,是指违背他人意愿,使用其居民身份证、军官证、士兵证、港澳居民往来内地通行证、台湾居民来往大陆通行证、护照等身份证明申领信用卡的,或者使用伪造、变造的身份证明申领信用卡的行为。(4)出售、购买、为他人提供伪造的信用卡或者以虚假身份证明骗领的信用卡。行为方式是出售、购买、为他人提供;行为的对象是伪造的信用卡或者以虚假身份证明骗领的信用卡。本罪的主体是符合一般主体条件的自然人,单位不能构成本罪。本罪的主观方面是故意。

十三、窃取、收买、非法提供他人信用卡信息资料罪

窃取、收买、非法提供他人信用卡信息资料罪,就是指窃取、收买或非法提供他人信用卡信息资料的行为。

本罪在客观方面表现为实施了窃取、收买或非法提供他人信用卡信息资料的行为。窃取,是指以秘密方法非法占有他人信用卡信息资料。收买,是指有偿获取他人的信用卡信息资料。非法提供,是指违反规定,将信用卡信息资料提供给他人,这里的提供既可以是有偿的,也可以是无偿的。本罪的主体是符合一般主体条件的自然人,单位不能构成本罪。本罪的主观方面是故意。

十四、伪造、变造国家有价证券罪

伪造、变造国家有价证券罪,是指伪造、变造国库券或者国家发行的其他有价证券,数额较大的行为。

国家有价证券包括国库券或者国家发行的其他以一定票面货币价值表示的财产权凭证,不包括地方政府发行的债券。本罪的主体是自然人或者单位。

十五、伪造、变造股票、公司、企业债券罪

伪造、变造股票、公司、企业债券罪,是指伪造、变造股票或公司、企业债券,数额较大的行为。

股票,是指股份公司为筹集资金公开发行的证明股东在公司中拥有一定权益的有价证券。公司、企业债券,是指公司、企业发行的,保证按规定时间向债券持有人(债权人)偿还本金和支付利息的凭证。

十六、擅自发行股票、公司、企业债券罪

擅自发行股票、公司、企业债券罪,是指未经国家有关主管部门批准,擅自发行股票或者公司、企业债券,数额巨大、后果严重或者有其他严重情节的行为。

本罪在客观方面表现为未经国家有关主管部门批准,擅自发行股票或者公司、企业债券,数额巨大、后果严重或者有其他严重情节的行为。擅自发行,是指违反《证券法》的规定,在不具备法定授权的情况下自行发行。根据《证券法》的规定,公开发行股票须报国务院证券监督管理机构核准;发行公司债券须报国务院授权的部门审批。此外,成立本罪要求数额巨大、后果严重或者有其他严重情节。本罪的主体是一般主体,自然人和单位均可构成。本罪在主观方面是故意。

本罪与欺诈发行股票、债券罪有相同之处,如都是非法发行股票或者公司、企业债券;都要求数额巨大、后果严重或者有其他严重情节;主体都包括自然人与单位;主观方面都是故意。关键区别在于:本罪是未经国家有关主管部门批准而擅自发行股票或者公司、企业债券;而欺诈发行股票、债券罪,是指在招股说明书、认股书、公司、企业债券募集办法中隐瞒重要事实或者编造重大虚假内容,发行股票或者公司、企业债券。既未经国家有关主管部门批准,又采取欺诈方法发行股票或者公司、企业债券的,属于一行为触犯数罪名,按一重罪定罪量刑。

十七、内幕交易、泄露内幕信息罪

内幕交易、泄露内幕信息罪,是指证券、期货交易内幕信息的知情人员或者非法获取证券、期货交易内幕信息的人员,在涉及证券的发行,证券、期货交易或者其他对证券、期货交易价格有重大影响的信息尚未公开前,买入或者卖出该证券,或者从事与该内幕信息有关的期货交易,或者泄露该信息,或者明示、暗示他人从事上述交易活动,情节严重的行为。

本罪客观方面表现为三种行为:一是进行内幕交易,即在涉及证券的发行,证券、期货交易或者其他对证券、期货交易价格有重大影响的信息尚未公开前,买入或者卖出该证券,或者从事与该内幕信息有关的期货交易;二是泄露内幕信息,即使内幕信息处于使不应知悉该信息的人知悉或者可能知悉的状态;三是明示、暗示他人从事上述交易活动。"内幕信息",是指为内幕人员所知悉的、尚未公开并对证券的发行,证券、期货交易或者价格有重大影响的信息,其具体范围根据法律、行政法规的规定确定。上述三种行为,只要具备其中之一,就可构成本罪。此外,成立本罪还要求情节严重。

本罪主体必须是证券、期货交易内幕信息的知情人员或者非法获取证券、期货交易内幕信息的人员与单位。具体包括两类:内幕信息的知情人员;非法获取证券交易内幕信息的人员。证券、期货交易内幕信息的知情人员具体包括《证券法》第74条规定的人员和《期货交易管理条例》第85条第12项规定的人员。非法获取证券、期货交易内幕信息的人员,包括(1)利用窃取、骗取、套取、窃听、利诱、刺探或者私下交易等手段获取内幕信息的;(2)内幕信息知情人员的近亲属或者其他与内幕信息知情人员关系密切的人员,在内幕信息敏感期内,从事或者明示、暗示他人从事,或者泄露内幕信息导致他人从事与该内幕信息有关的证券、期货交易,相关交易行为明显异常,且无正当理由或者正当信息来源的;(3)在内幕信息敏感期内,与内幕信息知情人员联络、接触,从事或者明示、暗示他人从事,或者泄露内幕信息导致他人从事与该内幕信息有关的证券、期货交易,相关交易行为明显异常,且无正当理由或者正当信息来源的。[①] 此外,单位也可以成为本罪主体。

---

① 2012年3月29日最高人民法院、最高人民检察院《关于办理内幕交易、泄露内幕信息刑事案件具体应用法律若干问题的解释》第1条、第2条的规定。

本罪主观方面只能是故意,即明知证券、期货交易内幕信息尚未公开而买入或者卖出证券,或者从事与该内幕有关的期货交易,或者明知是证券交易内幕信息而泄露。

十八、利用未公开信息交易罪

利用未公开信息交易罪,是指证券交易所、期货交易所、证券公司、期货经纪公司、基金管理公司、商业银行、保险公司等金融机构的从业人员以及有关监管部门或者行业协会的工作人员,利用因职务便利获取的内幕信息以外的其他未公开的信息,违反规定,从事与该信息相关的证券、期货交易活动,或者明示、暗示他人从事相关交易活动,情节严重的行为。本罪的构成特征主要是:

本罪主体是相关金融机构的从业人员以及有关监管部门或者行业协会的工作人员。本罪客观方面表现为,利用因职务之便利获取的内幕信息以外的其他未公开的信息,违反规定,从事与该信息相关的证券、期货交易活动,或者明示、暗示他人从事相关交易活动,情节严重的行为。

十九、编造并传播证券、期货交易虚假信息罪

编造并传播证券、期货交易虚假信息罪,是指编造并且传播影响证券、期货交易的虚假信息,扰乱证券、期货交易市场,造成严重后果的行为。

本罪在客观方面表现为编造并且传播影响证券、期货交易的虚假信息,扰乱证券、期货交易市场,造成严重后果的行为。编造,是指捏造虚假信息,既包括虚构本不存在的信息,也包括篡改、加工、隐瞒真实的信息。传播,是指使用各种方式使虚假信息处于不特定人或者多数人知悉或可能知悉的状态。只编造不传播或者只传播不编造的,不能构成本罪。虚假信息,是指足以影响证券、期货交易价格的各种不真实的信息。构成本罪还要求造成严重后果。本罪的主体是一般主体,自然人和单位均能成为本罪的主体。本罪的主观方面是故意。

二十、诱骗投资者买卖证券、期货合约罪

诱骗投资者买卖证券、期货合约罪,是指证券交易所、期货交易所、证券公司、期货经纪公司的从业人员,证券业协会、期货业协会或者证券、期货管理部门的工作人员与单位,故意提供虚假信息或者伪造、变造、销毁交易记录,诱骗投资者买卖证券、期货合约,造成严重后果的行为。

本罪在客观方面表现为提供虚假信息或者伪造、变造、销毁交易记录,诱骗投资者买卖证券或者期货合约,造成严重后果的行为。本罪主体为特殊主体,既可以是证券交易所、期货交易所、证券公司、期货经纪公司的从业人员,证券业协会、期货业协会或者证券、期货管理部门的工作人员,也可以是证券交易所、期货交易所、证券公司、期货经纪公司以及证券、期货管理部门等单位。本罪主观上只能出于故意。

二十一、操纵证券、期货市场罪

操纵证券、期货市场罪,是指自然人或者单位,故意操纵证券、期货市场,情节严重的行为。

本罪在客观方面表现为操纵证券、期货市场,情节严重的行为。根据《刑法》的规定,其行为方式表现为以下四种:(1) 单独或者合谋,集中资金优势、持股或者持仓优势或者利用信息优势联合或者连续买卖,操纵证券、期货交易价格或者证券、期货交易量;(2) 与他人串通,以事先约定的时间、价格和方式相互进行证券、期货交易,影响证券、期货交易价格或者证券、期货交易量;(3) 在自己实际控制的账户之间进行证券交易,或者以自己为交易对象,自买自卖期货合约,影响证券、期货交易价格或者证券、期货交易量;(4) 以其他方法操纵证券、期货市场。构成本罪还要求情节严重。本罪主体既可以是自然人,也可以是单位。本罪主观方面只能是故意。

二十二、背信运用受托财产罪

背信运用受托财产罪是指商业银行、证券交易所、期货交易所、证券公司、期货经纪公司、保险公司或者其他金融机构,违背受托义务,擅自运用客户资金或者其他委托、信托的财产,情节严重的行为。

本罪在客观方面表现为金融机构违背受托义务,擅自运用客户资金或者其他委托、信托的财产,情节严重的行为。擅自运用资金不能归个人使用,否则成立挪用资金罪或者挪用公款罪。本罪的主体是商业银行、证券交易所、期货交易所、证券公司、期货经纪公司、保险公司或者其他金融机构。本罪主观方面是故意。

二十三、违法运用资金罪

违法运用资金罪是指社会保障基金管理机构、住房公积金管理机构等公众资金管理机构,以及保险公司、保险资产管理公司、证券投资基金管理公司,违反国家规定运用资金的行为。

本罪在客观方面表现为社会保障基金管理机构、住房公积金管理机构等公众资金管理机构,以及保险公司、保险资产管理公司、证券投资基金管理公司,违反国家规定运用资金的行为。擅自运用资金不能归个人使用,否则成立挪用资金罪或者挪用公款罪。本罪的主体是社会保障基金管理机构、住房公积金管理机构等公众资金管理机构,以及保险公司、保险资产管理公司、证券投资基金管理公司。本罪主观方面是故意。

二十四、违法发放贷款罪

违法发放贷款罪,是指银行或者金融机构的工作人员或者单位,违反国家规定发放贷款,数额巨大或者造成重大损失的行为。

本罪在客观方面表现为违反国家规定发放贷款,数额巨大或者造成重大损失的行为。本罪主体必须是银行或者其他金融机构的工作人员,或者是银行与其他金融机构。本罪主观上应是故意。

二十五、吸收客户资金不入账罪

吸收客户资金不入账罪,是指银行或者其他金融机构的工作人员吸收客户资金不入账,数额巨大或者造成重大损失的行为。

本罪客观方面表现为吸收客户资金不入账,数额巨大后者造成重大损失的行为。吸收客户资金不入账,是指不记入金融机构的法定存款账目,以逃避国家金融监管,是否记入法定账目以外设立的账目不影响该罪的成立。成立本罪要求数额巨大或者造成重大损失,本罪主体既可以是银行或者其他金融机构的工作人员,也可以是单位。本罪主观上是出于故意。

二十六、违规出具金融票证罪

违规出具金融票证罪,是指银行或者其他金融机构的工作人员以及单位,违反规定,为他人出具信用证或者其他保函、票据、存单、资信证明,情节严重的行为。

本罪客观方面表现为违反规定为他人出具金融票证的行为。其中的"违反规定",是指违反有关金融法律、行政法规、规章及银行金融机构内部制定的规章制度与业务规则。金融票证具体包括信用证或者其他保函、票据、存单、资信证明。保函,是指银行办理代客担保业务时,应申请人的要求,向受益人开出的保证函件。票据指金融票据。存单即银行存单。资信证明,是指提供客户的财产状况、偿还能力、信用程度等情况的证明文件。此外,成立本罪还要求情节严重。本罪的主体是特殊主体,即银行或者其他金融机构的工作人员。本罪的主观方面为故意。

二十七、对违法票据承兑、付款、保证罪

对违法票据承兑、付款、保证罪,是指银行或者其他金融机构的工作人员,在票据业务中,对违反票据法规定的票据予以承兑、付款或者保证,造成重大损失的行为。

本罪客观方面表现为在票据业务中,对违反票据法规定的票据予以承兑、付款或保证,造成重大损失的行为。违反票据法规定的票据,是指票据记载事实不符合票据法规定的金融票据。承兑,是指汇票付款人承诺在汇票到期日支付汇票金额的票据行为;付款,是指票据债务人向票据债权人支付票据金额的行为;保证,是指对已经存在的票据上的债务进行担保的票据行为。只要行为人实施了上述行为之一,并造成重大损失,即可构成本罪。

二十八、逃汇罪

逃汇罪,是指公司、企业或者其他单位,违反国家规定,擅自将外汇存放境外,或者将境内的外汇非法转移到境外,数额较大的行为。

本罪在客观方面表现为违反国家规定,擅自将外汇存放境外,或者将境内的外汇非法转移到境外的行为。(1)违反国家的规定是构成本罪的前提条件。所谓国家的规定,主要是外汇管理法规。(2)必须擅自将外汇存放境外,或者将境内的外汇非法转移到境外,数额较大。本罪的行为对象是外汇,即以外币表示的可以用作国际清偿的外国货币、外币支付凭证、外币有价证券、特别提款权、欧洲货币单位及其他外汇资产。逃汇行为的方式多种多样,但并非都构成犯罪,根据《关于惩治骗购外汇、逃汇和非法买卖外汇犯罪的决定》第3条的规定,只有擅自将外汇存放境外或者将境内的外汇非法转移到境外的行为,才能构成犯罪。擅自将外汇存放境外,是指将应当调回国内的经常项目外汇收入擅自存放在境外。将境内的外汇非法转移到境外,是指违反国家规定,将境内的外汇私自转移到境外的行为。(3)必须是逃汇数额较大。《刑法》第190条规定,只有情节严重的逃汇行为才能构成逃汇罪。《关于惩治骗购外汇、逃汇和非法买卖外汇犯罪的决定》将《刑法》第190条的情节要件改为数额要件,即只有数额较大的行为才能构成本罪。具备上述行为方式之一,且数额较大的,就成立本罪。本罪主体为公司、企业或者其他单位。主观方面必须出于故意。

二十九、骗购外汇罪

骗购外汇罪,是指骗购外汇,数额较大的行为。本罪由全国人大常委会1998年全国人大常委会通过的《关于惩治骗购外汇、逃汇和非法买卖外汇犯罪的决定》规定。

本罪在客观方面具体表现为以下几种形式:(1)使用伪造、变造的海关签发的报关单、进口证明、外汇管理部门核准件等凭证和单据;(2)重复使用海关签发的报关单、进口证明、外汇管理部门核准件等凭证和单据;(3)以其他方式骗购外汇。上述三种情形都要求骗购的外汇数额较大才成立犯罪。本罪的主体是一般主体,既可以是自然人,也可以是单位。明知用于骗购外汇而提供人民币资金的,以共犯论处。海关、外汇管理部门以及金融机构、从事对外贸易经营活动的公司、企业或者其他单位的工作人员与骗购外汇或者逃汇的行为人通谋,为其提供购买外汇的有关凭证或者其他便利的,或者明知是伪造、变造的凭证和单据而售汇、付汇的,以共犯论,从重处罚。本罪在主观方面是故意。

三十、洗钱罪

洗钱罪,是指明知是毒品犯罪、黑社会性质的组织犯罪、恐怖活动犯罪、走私犯罪、贪污贿赂犯罪、破坏金融管理秩序犯罪、金融诈骗犯罪的所得及其产生的收益,为掩饰、隐瞒其来源与性质,而提供资金账户,协助将财产转换为现金、金融票据或者有价证券,通过转账或者其他结算方式协助资金转移,协助将资金汇往境外,或者以其他方法掩饰、隐瞒犯罪所得及其收益的性质和来源的行为。

本罪的客观方面表现为掩饰、隐瞒毒品犯罪、黑社会性质的组织犯罪、恐怖活动犯罪、走私犯罪、贪污贿赂犯罪、破坏金融管理秩序犯罪、金融诈骗犯罪的所得及其产生的收益的来源和性质的洗钱行为。(1) 根据刑法的规定,洗钱具体包括以下五种行为方式:一是提供资金账户;二是协助将财产转换为现金、金融票据或者有价证券;三是通过转账或者其他结算方式协助资金转移;四是协助将资金汇往境外;五是以其他方法掩饰、隐瞒犯罪的违法所得及其收益的性质和来源。根据2009年通过的《最高人民法院关于审理洗钱等刑事案件具体应用法律若干问题的解释》的规定,具有下列情形之一的,可以认定为"以其他方法掩饰、隐瞒犯罪所得及其收益的来源和性质":① 通过典当、租赁、买卖、投资等方式,协助转移、转换犯罪所得及其收益的;② 通过与商场、饭店、娱乐场所等现金密集型场所的经营收入相混合的方式,协助转移、转换犯罪所得及其收益的;③ 通过虚构交易、虚设债权债务、虚假担保、虚报收入等方式,协助将犯罪所得及其收益转换为"合法"财物的;④ 通过买卖彩票、奖券等方式,协助转换犯罪所得及其收益的;⑤ 通过赌博方式,协助将犯罪所得及其收益转换为赌博收益的;⑥ 协助将犯罪所得及其收益携带、运输或者邮寄出入境的;⑦ 通过前述规定以外的方式协助转移、转换犯罪所得及其收益的。上述五种行为方式,行为人只要实施上述行为之一的,就可以构成本罪。(2) 我国刑法将洗钱罪的上游犯罪限定为毒品犯罪、黑社会性质的组织犯罪、恐怖活动犯罪、走私犯罪、贪污贿赂犯罪、破坏金融管理秩序犯罪、金融诈骗犯罪。掩饰、隐瞒其他犯罪的所得及其收益的来源和性质的,不构成本罪。毒品犯罪,是指《刑法》分则第6章第7节规定的各种有关毒品的犯罪;黑社会性质的组织犯罪,是指以黑社会性质的组织为主体所实施的各种犯罪;恐怖活动犯罪,是指恐怖组织实施的各种犯罪;走私犯罪,是指《刑法》分则第3章第2节规定的各种走私犯罪;贪污贿赂犯罪,是指《刑法》分则第8章规定的各种犯罪;破坏金融管理秩序罪,是指《刑法》分则第3章第4节规定的各种犯罪;金融诈骗罪,是指《刑法》分则第3章第5节规定的各种犯罪。本罪的主体是符合一般主体条件的自然人和单位。本罪的主观方面是故意,即明知是毒品犯罪、黑社会性质的组织犯罪、恐怖活动犯罪、走私犯罪、贪污贿赂犯罪、破坏金融管理秩序犯罪、金融诈骗犯罪的所得及其产生的收益,但为了掩饰、隐瞒其来源与性质而故意进行洗钱活动。

本罪在主观方面只能由故意构成。即行为人明知是毒品犯罪、黑社会性质的组织犯罪、恐怖活动犯罪、走私犯罪、贪污贿赂犯罪、破坏金融管理制度犯罪、金融诈骗罪的所得及其产生的收益,而故意通过提供资金账号、转账等方式,掩饰或者隐瞒其来源和性质。"明知",应当结合被告人的认知能力,接触他人犯罪所得及其收益的情况,犯罪所得及其收益的种类、数额,犯罪所得及其收益的转换、转移方式以及被告人的供述等主、客观因素进行认定。根据司法解释①,具有下列情形之一的,可以认定被告人明知系犯罪所得及其收益,但有证据证明确实不知道的除外:(1) 知道

---

① 2009年最高人民法院《关于审理洗钱等刑事案件具体应用法律若干问题的解释》第1条。

他人从事犯罪活动,协助转换或者转移财物的;(2)没有正当理由,通过非法途径协助转换或者转移财物的;(3)没有正当理由,以明显低于市场的价格收购财物的;(4)没有正当理由,协助转换或者转移财物,收取明显高于市场的"手续费"的;(5)没有正当理由,协助他人将巨额现金散存于多个银行账户或者在不同银行账户之间频繁划转的;(6)协助近亲属或者其他关系密切的人转换或者转移与其职业或者财产状况明显不符的财物的;(7)其他可以认定行为人明知的情形。

第五节 金融诈骗罪

一、集资诈骗罪

(一)集资诈骗罪的概念与特征

集资诈骗罪,是指以非法占有为目的,使用诈骗方法非法集资,数额较大的行为。

本罪在客观方面表现为使用诈骗方法非法集资,数额较大的行为。本罪是从普通诈骗中分离出来的一种特殊诈骗罪。其一,必须使用诈骗方法。本罪中的诈骗方法包括虚构资金用途,以虚假的证明文件和高回报率为诱饵,或者其他骗取集资款的手段。其二,非法集资数额较大。根据2010年最高人民检察院、公安部《关于公安机关管辖的刑事案件立案追诉标准的规定(二)》的规定,个人集资诈骗,数额在10万元以上的;单位集资诈骗,数额在50万元以上的。属于数额较大,应当追诉。

本罪主体既可以是已满16周岁、具有辨认控制能力的自然人,也可以是单位。

本罪在主观方面只能是故意,并且具有非法占有的目的。根据司法实践①,使用诈骗方法非法集资,具有下列情形之一的,可以认定为"以非法占有为目的":(1)集资后不用于生产经营活动或者用于生产经营活动与筹集资金规模明显不成比例,致使集资款不能返还的;(2)肆意挥霍集资款,致使集资款不能返还的;(3)携带集资款逃匿的;(4)将集资款用于违法犯罪活动的;(5)抽逃、转移资金、隐匿财产,逃避返还资金的;(6)隐匿、销毁账目,或者搞假破产、假倒闭,逃避返还资金的;(7)拒不交代资金去向,逃避返还资金的;(8)其他可以认定非法占有目的的情形。

(二)集资诈骗罪的认定

1. 集资诈骗罪与非罪的界限

区别罪与非罪的界限应当把握以下两点:(1)数额是否较大。只有数额较大的,才可能构成本罪。对骗取数额较小资金且情节较轻的行为,不宜认定为犯罪。(2)主观上有无非法占有他人财物的目的。成立本罪要求主观上具有非法占有他

---

① 2010年11月22日最高人民法院通过的《关于审理非法集资刑事案件具体应用法律若干问题的解释》的规定。

人财物的目的。

2. 集资诈骗罪与非法吸收公众存款罪的界限

非法吸收公众存款罪也是非法募集资金的行为。两罪的区别主要表现在：（1）犯罪目的不同。前罪以非法占有为目的；而后罪不具有非法占有的意图，而是具有返还的意图。这是两罪的本质区别。因此，认定行为人是否具有不法占有的目的，是区分本罪与相关犯罪的关键。（2）行为方式不同。前罪的行为人一般是采取诈骗手段，骗取公众信任后非法取得集资款；后罪在主体资格、条件、程序上往往有弄虚作假行为，但在吸收存款的目的上则不需要采取欺骗手段。

3. 集资诈骗罪与擅自发行股票、公司、企业债券罪的界限

两罪的区别主要表现在：（1）行为方式不尽相同。虽然两罪在一定程度上都使用了欺诈的方法，但是欺诈的具体内容和方式不同。（2）行为发生的具体场合不同。前罪可以发生在任何集资活动过程中，而后罪只能发生在发行股票或者公司、企业债券的特定集资活动过程中。（3）主观目的不同。前罪以非法占有为目的，而后罪的目的在于通过擅自发行股票、公司、企业债券来募集资金以发展生产、经营，不具有非法占有的目的。

二、贷款诈骗罪

（一）贷款诈骗罪的概念与特征

贷款诈骗罪，是指以非法占有为目的，用虚构事实和隐瞒真相的方法，诈骗银行或者其他金融机构的贷款，数额较大的行为。

本罪在客观方面必须是使用欺诈方法，诈骗银行或者其他金融机构的贷款，数额较大的行为。本罪的客观行为方式有：编造引进资金、项目等虚假理由；使用虚假的经济合同；使用虚假的证明文件；使用虚假的产权证明作担保或者超出抵押物价值重复担保；以其他方法诈骗贷款的。使用上述方法之一的，即可成立本罪；同时使用几种方法的，也只成立一罪。诈骗贷款，是指诈骗银行或者其他金融机构的信贷资金。诈骗贷款数额较大的才成立本罪。本罪的主体必须是已满16周岁、具有辨认和控制能力的自然人，单位不能成为本罪主体。本罪在主观方面必须是故意，并具有非法占有的目的。

（二）贷款诈骗罪的认定

1. 贷款诈骗罪与借贷纠纷的界限

实践中，经常有人从银行或者其他金融机构获得贷款，但到期拖欠不还或者无力偿还，有些人在贷款时也可能使用了一定的欺骗手段。区分贷款诈骗罪与借贷纠纷的关键是看行为人主观上有无非法占有的目的。这就要从以下几个方面进行判断：申请贷款时是否使用了刑法规定的诈骗手段（对于合法取得贷款后没有按规定的用途使用贷款，到期没有归还贷款的，不能以贷款诈骗罪定罪处罚）；取得贷款后是否按贷款用途使用；是否使用贷款进行违法犯罪活动；是否携款潜逃；到期后是否积极准备偿还贷款等。对于具有下列情形之一的，应认定为具有非法占有的目的：

(1)假冒他人名义贷款的;(2)贷款后携款潜逃的;(3)未将贷款按贷款用途使用,而是用于挥霍致使贷款无法偿还的;(4)改变贷款用途,将贷款用于高风险的经济活动造成重大经济损失,导致无法偿还贷款的;(5)为谋取不正当利益,改变贷款用途,造成重大经济损失,致使无法偿还贷款的;(6)使用贷款进行违法犯罪活动的;(7)隐匿贷款去向,贷款到期后拒不偿还的等。对于确有证据证明行为人不具有非法占有的目的,因不具备贷款的条件而采取了欺骗手段获取贷款,案发时有能力履行还贷义务,或者案发时不能归还贷款是因为意志以外的原因如因经营不善、被骗、市场风险等的,不应以贷款诈骗罪定罪处罚。

2. 贷款诈骗罪与诈骗罪的界限

《刑法》关于贷款诈骗罪的规定和诈骗罪的规定构成同一法律中特别条款和普通条款的法条竞合关系。根据特别法优于普通法的原则,对于以非法占有为目的的诈骗贷款的行为,应以贷款诈骗罪论处。两罪的主要区别表现在:(1)两罪侵犯的客体不同。诈骗罪侵犯的是公私财产的所有权,而贷款诈骗罪侵犯的是复杂客体。(2)两罪的犯罪对象不同。诈骗罪的犯罪对象既可以是物品又可以是金钱,而贷款诈骗罪是针对银行或者其他金融机构的犯罪。(3)行为表现不同。诈骗罪的欺骗方式多种多样,而贷款诈骗罪只能是《刑法》第193条规定的五种行为。[①]

3. 贷款诈骗罪与合同诈骗罪的界限

行为人贷款时,银行或者其他金融机构与贷款人都必须签订贷款合同,但在贷款诈骗犯罪中,贷款人在签订贷款合同时并无履行合同的诚意,签订贷款合同仅是贷款人诈骗贷款的必经手续而已。可见,贷款诈骗具有合同诈骗的性质,但两罪的区别也是明显的:(1)侵犯的客体不同。合同诈骗罪侵犯的客体是市场秩序;而贷款诈骗罪属于金融诈骗罪,侵犯的是贷款管理秩序。(2)行为对象不同。贷款诈骗罪的行为对象是银行或其他金融机构的贷款;而合同诈骗罪的行为对象则是对方当事人的任何货币或者商品。(3)合同性质不同。贷款诈骗罪中的合同仅限于贷款合同,而合同诈骗中的合同是指一般合同,并不限于贷款合同。

三、票据诈骗罪

票据诈骗罪,是指以非法占有为目的,利用金融票据进行诈骗活动,骗取数额较大财物的行为。

本罪在客观方面表现为利用金融票据进行诈骗活动,骗取数额较大财物的行为。根据《刑法》的规定,金融票据诈骗具体表现为以下几种形式:(1)明知是伪造、变造的汇票、本票、支票而使用。(2)明知是作废的汇票、本票、支票而使用。(3)冒用他人的汇票、本票、支票。(4)签发空头支票或者与其预留印鉴不符的支票,骗取财物。(5)汇票、本票的出票人签发无资金保证的汇票、本票或者在出票时

---

① 参见赵俊新:《诈骗犯罪研究》,陕西人民出版社1997年版,第126页。

作虚伪记载,骗取财物。行为人实施上述行为之一,骗取数额较大的财物的,即可成立本罪。本罪主体既可以是已满16周岁、具有辨认控制能力的自然人,也可以是单位。本罪在主观上只能是故意,行为人在使用伪造、变造的金融票据进行诈骗时,必须明知是伪造、变造的票据。

四、金融凭证诈骗罪

金融凭证诈骗罪,是指以非法占有为目的,使用伪造、变造的委托收款凭证、汇款凭证、银行存单或其他银行结算凭证,骗取财物的行为。其中的"其他银行结算凭证"不包括票据诈骗罪中的各种票据。本罪的法定刑与票据诈骗罪的法定刑相同。

五、信用证诈骗罪

信用证诈骗罪,是指以非法占有为目的,利用信用证进行诈骗活动的行为。

本罪的客体是信用证管理制度和他人的财物所有权。信用证是国际结算的常见方式,信用证的产生是为了促进国际贸易和规避风险。其付款依据为买卖合同和凭单,不以货物为准,只要单据相符,开证行就应无条件付款,这就使一些人乘机进行诈骗活动。本罪在客观方面表现为利用信用证进行诈骗活动的行为。根据《刑法》第195条的规定,本罪的客观行为方式表现为以下几种:(1)使用伪造、变造的信用证或者附随的单据、文件;(2)使用作废的信用证;(3)骗取信用证;(4)以其他方法进行信用证诈骗活动。本罪的主体是符合一般主体条件的自然人和单位。本罪在主观方面为故意。

六、信用卡诈骗罪

(一)信用卡诈骗罪的概念与特征

信用卡诈骗罪,是指以非法占有为目的,利用信用卡进行诈骗活动,骗取数额较大财物的行为。

本罪在客观上表现为利用信用卡进行诈骗活动,骗取数额较大的财物。根据《刑法》第196条和《刑法修正案(五)》的规定,利用信用卡进行诈骗的行为方式有四种:(1)使用伪造的信用卡的,或者使用以虚假的身份证明骗领的信用卡的;(2)使用作废的信用卡的;(3)冒用他人信用卡的;冒用他人信用卡,包括以下情形:拾得他人信用卡并使用的;骗取他人信用卡并使用的;窃取、收买、骗取或者以其他非法方式获取他人信用卡信息资料,并通过互联网、通讯终端等使用的;以及其他冒用他人信用卡的情形。(4)恶意透支的。恶意透支,是指持卡人以非法占有为目的,超过规定限额或者规定期限透支,并且经发卡银行两次催收后超过三个月仍不归还的行为。"以非法占有为目的",根据司法解释[1],具有下列情形之一的,即可认

---

[1] 2009年最高人民法院、最高人民检察院《关于办理妨害信用卡管理刑事案件具体应用法律若干问题的解释》。

定为"以非法占有为目的";明知没有还款能力而大量透支,无法归还的;肆意挥霍透支的资金,无法归还的;透支后逃匿、改变联系方式,逃避银行催收的;抽逃、转移资金,隐匿财产,逃避还款的;使用透支的资金进行违法犯罪活动的;或者其他非法占有资金,拒不归还的行为。"催收"既包括书面催收,也包括口头催收,但仅限于对持卡人催收,对保证人或者持卡人家属催收的,不属于"催收"。"仍不归还"是指自收到发卡银行催收通知之日起3个月仍不归还。根据2009年"两高"《关于办理妨害信用卡管理刑事案件具体应用法律若干问题的解释》的规定,数额较大,是指恶意透支的数额在1万元以上不满10万元。恶意透支的数额是指持卡人拒不归还的数额或者尚未归还的数额。不包括复利、滞纳金、手续费等发卡银行收取的费用。

本罪的主体必须是已满16周岁、具有辨认控制能力的自然人,单位不能成为本罪主体。本罪在主观方面必须是故意,并且具有不法所有他人财物的目的。

(二) 信用卡诈骗罪的认定

1. 信用卡诈骗罪与非罪的界限

对于误用他人信用卡,或者经过持卡人同意而使用他人信用卡的,不能认定为犯罪。善意透支行为,不成立本罪。善意透支与恶意透支的根本区别表现为:(1) 行为人透支是否超过银行规定的限额;(2) 行为人对于超额透支是否偿还,有无能力偿还。以上两点是确定行为人是否具有非法占有目的,从而确定行为人是否属于恶意透支的重要依据。

2. "盗窃信用卡并使用"的行为认定

根据《刑法》第196条第3款的规定,盗窃信用卡并使用的,依照《刑法》第264条关于盗窃罪的规定定罪处罚。这里的信用卡仅限于他人的真实有效的信用卡,如果盗窃伪造或作废的信用卡并使用的,应认定为信用卡诈骗罪。

七、有价证券诈骗罪

有价证券诈骗罪,是指使用伪造、变造的国库券或者国家发行的其他有价证券,进行诈骗活动,数额较大的行为。

本罪的主体是符合一般主体条件的自然人,单位不能构成本罪。本罪主观方面为故意,并且具有非法占有的目的。

八、保险诈骗罪

(一) 保险诈骗罪的概念与特征

保险诈骗罪,是指投保人、被保险人、受益人,以使自己或者第三者获取保险金为目的,采取虚构保险标的、保险事故或者制造保险事故等方法,骗取保险金,数额较大的行为。本罪在客观方面表现为采取虚构保险标的、保险事故或者制造保险事故等方法,骗取保险人的保险金,数额较大的行为。根据《刑法》第198条的规定,具体表现为以下五种行为:一是投保人故意虚构保险标的,骗取保险金的;二是投保人、被保险人或者受益人对发生的保险事故编造虚假的原因或者夸大损失的程度,骗取保险金的;三是投保人、被保险人或者受益人编造未曾发生的保险事故,骗取保险金的;四是投保人、被保险人故意造成财产损失的保险事故,骗取保险金的;五是投保人、受益人故意造成被保险人死亡、伤残或者疾病,骗取保险金的。行为人实施以上行为之一,骗取保险金数额较大的,即可构成本罪。

本罪的主体是投保人、被保险人与受益人,可以是自然人,也可以是单位。投保人,是指与保险人订立保险合同,并按照保险合同负有支付保险费义务的人。被保险人,是指其财产或者人身受保险合同保障,享有保险金请求权的人,投保人可以为被保险人。受益人,是指人身保险合同中由被保险人或者投保人指定的享有保险金请求权的人,投保人、被保险人可以为受益人。根据《刑法》第198条第3、4款的规定,单位可以成为本罪的主体;保险事故的鉴定人、证明人、财产评估人故意提供虚假的证明文件,为他人诈骗提供条件的,以保险诈骗罪的共犯论处。本罪主观方面只能是故意,并且具有不法占有的目的。

(二)保险诈骗罪的认定

1. 保险诈骗罪的着手的认定

在保险诈骗中,虚构保险标的、造成保险事故等行为,只是为诈骗保险金创造了前提条件;如果行为人造成保险事故后并未到保险公司索赔,保险活动秩序与保险公司的财产受侵害的危险性就比较小;只有在行为人向保险公司索赔时,才能认为保险活动秩序与保险公司的财产受侵害的危险性达到了紧迫程度。因此,对于保险诈骗罪而言,到保险公司索赔的行为或者提出支付保险金的请求的行为,才是实行行为;开始实施索赔行为或者开始向保险公司提出支付保险金请求的行为,才是本罪的着手,本罪不应以开始实施虚构保险标的、开始制造保险事故等为着手。① 例如,行为人为了骗取保险金,放火烧毁已经投保的房屋,进而骗取保险金的,开始放火烧毁房屋时,还不是保险诈骗罪的着手,以房屋被烧毁为根据向保险人提出给付保险金的请求时,才是保险诈骗罪的着手。

2. 保险诈骗罪的共犯认定

《刑法》第198条第4款规定:"保险事故的鉴定人、证明人、财产评估人故意提供虚假的证明文件,为他人诈骗提供条件的,以保险诈骗的共犯论处。"正确适用该款规定,应当注意以下几点:(1)主体仅限于保险事故的鉴定人、证明人、财产评估人。(2)以上主体必须有提供虚假的证明文件,为他人进行保险诈骗提供条件的行为。(3)上述主体主观上必须出于故意,即明知他人用于保险诈骗而提供虚假的证明文件。

此外,由于《刑法》第229条规定了提供虚假证明文件罪,如果保险事故的鉴定人、证明人、财产评估人是承担资产评估、验资、验证、会计、审计、法律服务等职责的中介组织人员,其故意提供虚假的证明文件,为他人诈骗保险金提供条件的行为,且

---

① 参见张明楷:《未遂犯论》,法律出版社1997年版,第130页以下。

情节严重的,就同时触犯了中介组织人员提供虚假证明文件罪和保险诈骗罪,这属于一行为触犯数罪名,符合想象竞合犯的特征,以"从一重处断"的原则论处。

3. 保险诈骗罪与职务侵占罪、贪污罪的界限

根据《刑法》第 183 条的规定,保险公司的工作人员利用职务上的便利,故意编造未曾发生的保险事故进行虚假理赔,骗取保险金归自己所有的,依照《刑法》第 271 条的规定(即职务侵占罪)定罪处罚。国有保险公司工作人员和国有保险公司委派到非国有保险公司从事公务的人员实施上述行为的,以贪污罪定罪处罚。

4. 保险诈骗罪的罪数形态

根据《刑法》第 198 条第 2 款的规定,投保人、被保险人故意造成财产损失的保险事故,投保人、受益人故意造成被保险人死亡、伤残或者疾病,骗取保险金,同时构成其他犯罪的,依照数罪并罚的规定处罚。行为人为了诈骗保险金而故意造成财产损失或者造成被保险人死亡、伤残或者疾病的,这实际上属于刑法理论上的牵连犯,但是刑法明文规定进行数罪并罚。

第六节 危害税收征管罪

一、逃税罪

(一)逃税罪的概念与特征

逃税罪,是指纳税人采取欺骗、隐瞒手段进行虚假纳税申报或者不申报,逃避缴纳税款数额较大并且占应纳税额 10% 以上的,或者扣缴义务人采取欺骗、隐瞒手段,不缴或者少缴已扣、已收税款,数额较大的行为。本罪的特征表现为:

(1)本罪的客体是国家的税收征管制度。

(2)本罪在客观方面表现为,纳税人采取欺骗、隐瞒手段进行虚假纳税申报或者不申报,逃避缴纳税款数额较大并且占应纳税额 10% 以上的,或者扣缴义务人采取欺骗、隐瞒手段,不缴或者少缴已扣、已收税款,数额较大的行为。具体而言:

首先,采取欺骗、隐瞒方法逃避缴纳税款。欺骗、隐瞒的手段具体可表现为:① 采取伪造、变造、隐匿、擅自销毁账簿、记账凭证。这种行为使得征收税款失去了直接依据或真实依据。根据 2002 年 11 月 4 日最高人民法院《关于审理逃税抗税刑事案件具体应用法律若干问题的解释》,伪造、变造、隐匿、擅自销毁用于记账的发票等原始凭证的行为,应当认定为伪造、变造、隐匿、擅自销毁记账凭证的行为。② 在账簿上多列支出或者不列、少列收入。这种行为使得税额减少乃至免除。③ 其他方式。

其次,进行虚假的纳税申报或者不申报。纳税申报是指纳税人经过一段生产经营期间,依照税法规定的环节和期限,应在缴纳税款前主动向有管辖权的税务机关申报生产经营情况和计税金额、财务会计报表等资料的活动。纳税申报是依法纳税的前提。根据 2002 年最高人民法院《关于审理偷税抗税刑事案件具体应用法律若

干问题的解释》第 2 条的规定,所谓虚假的纳税申报,是指纳税人或者扣缴义务人向税务机关报送虚假的纳税申报表、财务报表、代扣代缴、代收代缴税款报告表或者其他纳税申报资料,如提供虚假申请,编造减税、免税、抵税、先征收后退还税款等虚假资料等。所谓不申报,是指行为人出于逃税目的而不申报纳税。

最后,逃避缴纳税款数额达到法定标准。对于纳税人而言,逃避缴纳税款数额较大并且占应纳税额10%以上。根据 2010 年最高人民检察院、公安部《关于公安机关管辖的刑事案件立案追诉标准的规定(二)》的规定,纳税人逃避缴纳税款,数额在 5 万元以上并且占各税种应纳税总额10%以上的,属于数额较大。为了更好地贯彻宽严相济的刑事政策,《刑法》第 201 条第 4 款规定,纳税人逃税后,经税务机关依法下达追缴通知后,补缴应纳税款,缴纳滞纳金,已受行政处罚的,不追究刑事责任。但行为人 5 年内因逃避缴纳税款受过刑事处罚或者被税务机关给予二次以上行政处罚的除外。对于扣缴义务人而言,只要不缴或者少缴已扣税款,数额较大的,就能构成本罪。可见,对于扣缴义务人,不需要达到占应代缴税额10%这个比例要求。而且,对于扣缴义务人,经税务机关依法下达追缴通知后,补缴应纳税款,缴纳滞纳金,已受行政处罚的,应追究刑事责任。根据 2010 年最高人民检察院、公安部《关于公安机关管辖的刑事案件立案追诉标准的规定(二)》的规定,扣缴义务人采取欺骗、隐瞒手段,不缴或者少缴已扣、已收税款,数额在 5 万元以上的,属于数额较大。

(3) 本罪主体是纳税人与扣缴义务人。纳税人是指法律、行政法规规定的负有纳税义务的单位或者个人;扣缴义务人是指法律、行政法规规定的负有代扣代缴、代收代缴税款义务的单位或者个人。因此,逃税罪的主体既可以是自然人,也可以是单位。此外,税务人员与纳税人相互勾结,共同实施逃税行为的,以逃税罪共犯论处。

(4) 本罪的主观方面只能是故意,虽然刑法没有规定要求特定目的,但从其对客观行为的表述以及逃税罪的性质来看,行为人主观上必须出于不缴或者少缴应纳税款或已扣、已收税款的目的。过失行为导致不缴或者少缴税款的,不成立本罪。

(二) 逃税罪的认定

1. 逃税罪与一般逃税违法行为的界限

根据《刑法》第 201 条的规定,逃税罪与一般逃税违法行为的界限主要从两个方面把握:(1) 从逃税数额上区分。逃税数额占应纳税额的10%以上并且逃税数额较大的,构成逃税罪;如果逃税数额占应纳税额不足10%的,或者逃税数额没有达到较大要求的,属于一般逃税违法行为。(2) 从逃税的情节上区分。行为人 5 年内因逃避缴纳税款受过刑事处罚或者被税务机关给予二次以上行政处罚的,构成逃税罪。

2. 逃税与漏税的界限

漏税,是指纳税单位或者个人属于无意识而发生的漏缴或少缴税款的行为,如由于不了解、不熟悉税法规定和财务制度或因工作粗心大意,错用税率、漏报应税项目,不计应税数量、销售金额和经营利润等。漏税行为不构成犯罪,它与逃税的区别主要表现在两个方面:(1) 逃税行为只能是故意实施的,而且具有不缴或者少缴税款的目的;而漏税不是故意实施的,不具有不缴或者少缴税款的目的。这是区分逃税与漏税的关键。(2)逃税行为表现为采取欺骗性、逃避性的非法手段逃避纳税义务;而漏税行为并没有采取这种非法手段。

3. 逃税与避税的界限

一般认为,避税是指通过选择合理的计税方法或利用税法的漏洞或模糊之处,以达到免税或者少缴税款目的的行为。从与税收法规的关系上看,避税行为表现为以下四种情况:(1)利用选择性条文避税;(2)利用不清晰的条文避税;(3)利用伸缩性条文避税;(4)利用矛盾性、冲突性条文避税。第一种行为并不违法,其他三种行为虽然违反税法精神,但由于不符合逃税罪的构成要件,故只能根据税法的有关规定作补税处理,不能认定为逃税罪。①

(三)逃税罪的刑事责任

根据《刑法》第201、211、212条的规定,纳税人逃避缴纳税款数额较大并且占应缴税额的10%以上的,或者扣缴义务人逃避缴纳税款数额较大的,处3年以下有期徒刑或者拘役,并处罚金;数额巨大并且占应纳税额30%以上的,处3年以上7年以下有期徒刑,并处罚金。单位犯本罪的,对单位判处罚金,并对其直接负责的主管人员和其他直接责任人员,依照上述规定处罚。判处罚金的,在执行前,应当先由税务机关追缴税款,即实行"先追缴后处罚"原则。对多次实施逃税行为,未经处理的,按照累计数额计算。

二、抗税罪

抗税罪,是指以暴力、威胁方法拒不缴纳税款的行为。

本罪的客观方面必须是使用暴力、威胁方法拒不缴纳税款。其中的暴力包括两种情况:(1)对人暴力,即对履行税收职责的税务人员的人身不法行使有形力,使其不能正常履行职责;(2)对物暴力,即冲击、打砸税务机关,使税务机关不能从事正常的税收活动。威胁方法,是指对履行税收职责的税务人员实行精神强制,使其不敢正常履行税收职责。暴力、威胁是手段行为,目的的行为是拒绝缴纳税款。② 实施抗税行为致人重伤、死亡,构成故意伤害罪、故意杀人罪的,分别依照《刑法》第234条第2款、第232条的规定定罪处罚。本罪的主体是纳税人和扣缴义务人,单位不能构成本罪。与纳税人或者扣缴义务人共同实施抗税行为的,以抗税罪的共犯依法处罚。本罪在主观方面只能是故意。

根据《刑法》第202条的规定,犯抗税罪的,处3年以下有期徒刑或者拘役,并处拒缴税款1倍以上5倍以下罚金;情节严重的,处3年以上7年以下有期徒刑,并处拒缴税款1倍以上5倍以下罚金。根据《刑法》第212条的规定,被判处罚金的,执行罚金前,应当先由税务机关追缴税款。

---

① 参见张明楷:《刑法学》,法律出版社2003年版,第642页。
② 参见同上书,第643页。

三、逃避追缴欠税罪

逃避追缴欠税罪,是指纳税人欠缴应纳税款,采取转移或者隐匿财产的手段,致使税务机关无法追缴欠缴的税款,数额较大的行为。

本罪客观方面表现为在欠缴税款的情况下,采取转移、隐匿财产的手段,致使税务机关无法追缴欠缴的税款,数额在1万元以上的行为。(1)行为人必须有欠税的情况,如果没有欠税而转移、隐匿财产的,不成立本罪。(2)行为方式表现为转移财产或隐匿财产。所谓转移财产,主要是指行为人从开户银行或者有关金融机构将存款转入他人账号或者提走存款,或者将其商品、产品、货物或者其他财产转移至通常存放地点以外的地点。隐匿财产,是指行为人将其财产予以隐藏,使税务机关难以或者不能发现。转移、隐匿财产的行为必须使税务机关无法追缴欠缴的税款。(3)致使税务机关无法追缴的税款数额较大。这里的"无法追缴"应该理解为足以使行为人逃税[①],即只要行为人转移、隐匿财产的行为达到了足以使行为人逃税,具有使税务机关不能追缴欠税的可能性的程度,就可以认定为本罪。根据《刑法》的规定,数额较大是指1万元以上。本罪主体是负有纳税义务的欠税人。欠税人既可以是自然人,也可以是单位,因此,本罪主体既可以是自然人,也可以是单位。本罪主观方面只能是故意,即行为人明知转移、隐匿财产的行为会发生使税务机关无法追缴欠缴税款的结果,并且希望或者放任这种结果发生。行为人转移、隐匿财产的目的,就是为了逃避税务机关追缴欠缴税款。

四、骗取出口退税罪

骗取出口退税罪,是指以假报出口或者其他欺骗手段,骗取国家出口退税款,数额较大的行为。

本罪客观方面表现为采取假报出口或者其他欺骗手段,骗取国家出口退税,数额较大的行为。本罪的行为方式具体有两种:(1)假报出口。即根本没有商品出口却利用伪造的出口证明文件和各种单据,谎报出口,骗取出口退税。(2)其他欺骗行为。如虽然有产品出口,但是虚报出口商品的数量或价格等。此外,根据《刑法》的规定,成立本罪还要求骗取出口退税数额较大本罪主体既可以是自然人,也可以是单位。本罪主观方面只能是故意,即行为人明知自己的行为会骗取国家出口退税款而故意实施该行为,其目的在于不法占有国家出口退税款。

骗取出口退税罪,只有在没有缴纳税款的情况下才可能成立。如果纳税人缴纳税款后,采取假报出口等欺骗方法,骗取所交纳的税款的,成立逃税罪。对于纳税人缴纳税款后,骗取税款超过所交纳的税款部分,则应认定为骗取出口退税罪,与逃税罪实行并罚。

---

① 参见张明楷:《刑法学》,法律出版社2003年版,第644页。

五、虚开增值税专用发票、用于骗取出口退税、抵扣税款发票罪

虚开增值税专用发票、用于骗取出口退税、抵扣税款发票罪,是指故意虚开增值税专用发票或者虚开用于骗取出口退税、抵扣税款的其他发票的行为。

本罪客观方面表现为虚开专用发票的行为。行为对象是增值税专用发票与用于骗取出口退税、抵扣税款的其他发票。行为方式表现为虚开专用发票,具体包括为他人虚开、为自己虚开、让他人为自己虚开、介绍他人虚开专用发票四种情况。本罪主体既可以是自然人,也可以是单位。本罪主观方面只能是故意,行为人明知虚开增值税专用发票或者用于骗取国家出口退税、抵扣税款的其他发票会造成国家税款的流失,而故意实施该行为。过失不成立本罪。

六、虚开发票罪

虚开发票罪,是指虚开增值税专用发票、用于骗取出口退税、抵扣税款发票以外的其他发票,情节严重的行为。

七、伪造、出售伪造的增值税专用发票罪

伪造、出售伪造的增值税专用发票罪,是指伪造增值税专用发票或者出售伪造的增值税专用发票的行为。

本罪在客观方面表现为违反国家关于增值税专用发票的管理规定,伪造或者出售伪造的增值税专用发票的行为。本罪的主体是符合一般主体条件的自然人以及单位。本罪在主观方面为故意,过失不构成本罪。

八、非法出售增值税专用发票罪

非法出售增值税专用发票罪,是指自然人或者单位,违反国家发票管理法规,故意非法出售增值税专用发票的行为。

本罪在客观方面表现为违反国家发票管理规定,非法出售增值税专用发票的行为。行为人所出售的必须是真实的增值税专用发票,如果出售伪造的增值税专用发票,则成立出售伪造的增值税专用发票罪。本罪的主体是符合一般主体条件的自然人和单位。本罪在主观方面是故意。

九、非法购买增值税专用发票、购买伪造的增值税专用发票罪

非法购买增值税专用发票、购买伪造的增值税专用发票罪,是指自然人或者单位,违反国家发票管理法规,故意非法购买增值税专用发票,或者购买伪造的增值税专用发票的行为。

本罪在客观方面表现为非法购买增值税专用发票或者购买伪造的增值税专用发票的行为。行为对象包括真实的和伪造的增值税专用发票。非法购买增值税专用发票或者购买伪造的增值税专用发票又虚开或者出售的,分别以虚开增值税专用

发票、用于骗取出口退税、抵扣税款发票罪、出售伪造的增值税专用发票罪、非法出售增值税专用发票罪论处。本罪的主体与罪过形式与前罪相同。

十、非法制造、出售非法制造的用于骗取出口退税、抵扣税款发票罪

非法制造、出售非法制造的用于骗取出口退税、抵扣税款发票罪,是指自然人或者单位,故意伪造、擅自制造或者出售伪造、擅自制造的增值税专用发票以外的可以用于骗取出口退税、抵扣税款的其他发票的行为。

本罪在客观方面表现为伪造、擅自制造或者出售伪造、擅自制造的增值税专用发票以外的可以用于骗取出口退税、抵扣税款的其他发票的行为。本罪行为的对象是可以用于骗取出口退税、抵扣税款的非增值税发票。伪造,是指没有专用发票印制权的人,印制足以使一般人误认为是可以用于骗取出口退税、抵扣税款的发票;擅自制造,是指税务机关指定的发票印制的企业,超出税务机关批准的范围,私自非法印制上述发票。可见,本罪中的擅自制造行为只能由单位实施,其他行为则既可以由单位实施,也可以由自然人实施。

十一、非法制造、出售非法制造的发票罪

非法制造、出售非法制造的发票罪,是指自然人或者单位,违反国家发票管理法规,故意伪造、擅自制造或者出售伪造、擅自制造的除增值税专用发票、可以用于骗取出口退税、抵扣税款发票以外的其他发票的行为。

本罪在客观方面表现为伪造、擅自制造或者出售伪造、擅自制造的除增值税专用发票、可以用于骗取出口退税、抵扣税款发票以外的其他发票的行为。实施上述行为之一的,即可构成本罪。同时实施两种行为的,也只成立一罪,不数罪并罚。本罪的主体是一般主体,包括自然人和单位。本罪在主观方面是故意。

十二、非法出售用于骗取出口退税、抵扣税款发票罪

非法出售用于骗取出口退税、抵扣税款发票罪,是指自然人或者单位,违反国家发票管理法规,故意非法出售除增值税专用发票以外的可以用于骗取出口退税、抵扣税款的其他发票的行为。

本罪在客观方面表现为非法出售除增值税专用发票以外的可以用于骗取出口退税、抵扣税款的其他发票的行为。行为人所出售的必须是真实发票,如果出售伪造、擅自制造的可以用于骗取出口退税、抵扣税款的发票,则成立出售非法制造的用于骗取出口退税、抵扣税款发票罪。本罪的主体是一般主体,包括自然人和单位。本罪在主观方面是故意。

十三、非法出售发票罪

非法出售发票罪,是指自然人或者单位,违反国家发票管理法规,故意非法出售除增值税专用发票、可以用于骗取出口退税、抵扣税款发票以外的其他发票的行为。

本罪在客观方面表现为非法出售除增值税专用发票以及其他可用于骗取出口退税、抵扣税款的发票以外的普通发票的行为。行为人所出售的必须是真实发票，如果出售伪造、擅自制造的普通发票，则成立出售非法制造的发票罪。本罪的主体是一般主体，包括自然人和单位。本罪在主观方面是故意。

十四、持有伪造的发票罪

非法持有伪造的发票罪，是指明知是伪造的发票而持有，数量较大的行为。

第七节 侵犯知识产权罪

一、假冒注册商标罪

（一）假冒注册商标罪的概念与特征

假冒注册商标罪，是指未经注册商标所有人的许可，在同一种商品上使用与其注册商标相同的商标，情节严重的行为。

本罪在客观方面表现为未经商标所有人的许可，在同一种商品上使用与其注册商标相同的商标，情节严重的行为。

第一，行为人必须使用了与他人注册商标相同的商标。所谓"使用"，根据2004年11月最高人民法院、最高人民检察院《关于办理侵犯知识产权刑事案件具体应用法律若干问题的解释》（本节以下简称为"2004年司法解释"），是指将注册商标或者假冒的注册商标用于商品、商品包装或者容器以及产品说明书、商品交易文书，或者将注册商标或者假冒的注册商标用于广告宣传、展览以及其他商业活动等行为。所谓"注册商标"，是指经商标局审核注册的商标。所谓"他人"，是指向商标局申请商标注册，并依法取得商标专用权的企业、事业单位及个体工商业者，包括外国企业和外国人。成立本罪要求使用与他人的注册商标相同的商标，如果行为人使用与他人注册商标相似的商标，则不构成本罪。根据2004年司法解释，"相同的商标"是指与被假冒的注册商标完全相同，或者与被假冒的注册商标在视觉上基本无差别、足以对公众产生误导的商标。在司法实践中，根据2011年1月11日最高人民法院、最高人民检察院、公安部《关于办理侵犯知识产权刑事案件适用法律若干问题的意见》的规定（本节以下简称"2011年司法解释"），具有下列情形之一的，可以认定为"与其注册商标相同的商标"：① 改变注册商标的字体、字母大小写或者文字横竖排列，与注册商标之间仅有细微差别的；② 改变注册商标的文字、字母、数字等之间的间距，不影响体现注册商标显著特征的；③ 改变注册商标颜色的；④ 其他与注册商标在视觉上基本无差别、足以对公众产生误导的商标。

第二，必须是在同一种商品上使用与他人注册商标相同的商标。"同一种商品"的含义，根据2011年司法解释，一般是指名称相同的商品以及名称不同但指同一事物的商品,可以认定为"同一种商品"。"名称"是指国家工商行政管理总局商标局在商标注册工作中对商品使用的名称,通常即《商标注册用商品和服务国际分类》中规定的商品名称。"名称不同但指同一事物的商品"是指在功能、用途、主要原料、消费对象、销售渠道等方面相同或者基本相同,相关公众一般认为是同一种事物的商品。认定"同一种商品",应当在权利人注册商标核定使用的商品和行为人实际生产销售的商品之间进行比较。

第三,必须是未经注册商标所有人的许可而使用与其注册商标相同的商标。这是本罪行为侵犯他人注册商标专用权的实质所在,因为《商标法》第40条规定:"商标注册人可以通过签订商标使用许可合同,许可他人使用其注册商标。"据此,经过注册商标所有人许可,在同一种商品上使用该注册商标的,是合法行为,不构成假冒注册商标罪。

第四,根据《刑法》的规定,假冒他人注册商标,必须情节严重才成立本罪。根据2010年最高人民检察院、公安部《关于公安机关管辖的刑事案件立案追诉标准的规定(二)》的规定,具有下列情形之一的,属于"情节严重":① 非法经营数额在5万元以上或者违法所得数额在3万元以上的;② 假冒两种以上注册商标,非法经营数额在3万元以上或者违法所得数额在2万元以上的;③ 其他情节严重的情形。其中的"非法经营数额",根据2004年司法解释的规定,是指行为人在实施行为过程中,制造、储存、运输、销售侵权产品的价值。已销售的侵权产品的价值,按照实际销售的价格计算。制造、储存、运输和未销售的侵权产品的价值,按照标价或者已经查清的侵权产品的实际销售平均价格计算。侵权产品没有标价或者无法查清其实际销售价格的,按照被侵权产品的市场中间价格计算。

(3) 本罪主体既可以是已满16周岁、具有辨认控制能力的自然人,也可以是单位。明知他人实施假冒注册商标罪,而为其提供贷款、资金、账号、发票、证明、许可证件,或者提供生产、经营场所或运输、储存、代理进出口等便利条件、帮助的,以假冒注册商标罪的共犯论处。

(4) 本罪的主观方面是故意。故意的内容表现为,行为人不仅认识到自己使用的商标与他人已经注册的商标相同,而且认识到自己的行为未经注册商标所有人许可,但有意在同一种商品上使用与他人注册商标相同的商标。行为人的动机多种多样,但不同的动机不影响犯罪的成立。

(二) 假冒注册商标罪的认定

1. 假冒注册商标罪与非罪的界限

擅自在类似商品上使用与他人注册商标相同或者相似的商标,以及在同一种商品上使用与他人注册商标相似的商标的行为,不构成假冒注册商标罪。未经注册的商标,在不侵犯他人注册商标专用权的前提下,虽然可以使用,但不受法律保护,也不能取得商标专用权。因此,假冒他人没有注册的商标的,不可能构成假冒注册商标罪。此外,对于未经注册商标所有人许可,在同一种商品上使用与其注册商标相同的商标,但情节不严重的,属于一般商标侵权行为,不构成犯罪。

2. 假冒注册商标罪与生产、销售伪劣商品犯罪的界限

以假冒注册商标方式生产、销售伪劣商品的行为,属于一行为触犯数罪名的想象竞合犯,应以一重罪论处。

二、销售假冒注册商标的商品罪

销售假冒注册商标的商品罪,是指明知是假冒注册商标的商品,而予以销售,且销售金额数额较大的行为。本罪具有以下特征:

(1) 本罪的客体是商标的管理制度和他人注册商标的专用权。

(2) 本罪在客观方面表现为销售假冒注册商标的商品,销售金额数额较大的行为。第一,行为的方式为销售,既包括零售,也包括批发;既包括市场销售,也包括内部销售。销售方式没有限制,以任何方式将假冒注册商标的商品卖出的行为,都是"销售"。第二,行为的对象是假冒注册商标的商品,即未经注册商标所有人许可,使用与其注册商标相同的商标的同一种商品。至于这种商品的质量与真正注册商标的商品质量有无差异,则在所不问。即使假冒注册商标的商品质量优于真正注册商标的商品质量,也不影响本罪的成立。因为刑法规定此罪的目的主要是为了保护注册商标所有人对商标的专用权,任何销售假冒他人注册商标的商品的行为,都会侵犯注册商标的专用权。第三,成立本罪还要求销售金额数额较大。

(3) 本罪主体既可以是自然人,也可以是单位。

(4) 本罪在主观上表现为故意,其核心是要求行为人"明知是假冒注册商标的商品"。根据2004年司法解释,具有下列情形之一的,应当认定为"明知":第一,知道自己销售的商品上的注册商标被涂改、调换或者覆盖的;第二,因销售假冒注册商标的商品受到过行政处罚或者承担过民事责任又销售同一种假冒注册商标的商品的;第三,伪造、涂改商标注册人授权文件或者知道该文件被伪造、涂改的;第四,其他知道或者应当知道是假冒注册商标的商品的情形。销售假冒注册商标的商品罪可能同时触犯销售伪劣产品罪,因为假冒注册商标的商品通常属于伪造产品,由于行为人仅实施了一个销售行为,故成立一个行为触犯数个罪名的想象竞合犯,从一重罪论处。

三、非法制造、销售非法制造的注册商标标识罪

非法制造、销售非法制造的注册商标标识罪,是指故意伪造、擅自制造他人注册商标标识,或者销售伪造、擅自制造的注册商标标识,情节严重的行为。

本罪在客观方面表现为伪造、擅自制造他人注册商标标识,或者销售伪造、擅自制造的注册商标标识,情节严重的行为。行为对象是他人的注册商标标识。所谓商标标识,是指商品本身或其包装上使用的附有文字、图形或文字与图形的组合所构成的商标图案的物质实体,如商标纸、商标标牌、商标识带等。根据《刑法》的规定,只有伪造、擅自制造他人注册商标标识或者销售伪造、擅自制造的注册商标标识,才能构成犯罪,如果伪造、擅自制造他人未注册的商标标识或者销售这种未注册的商标标识的,则不构成本罪。此外,成立本罪要求情节严重。

四、假冒专利罪

假冒专利罪,是指违反专利管理法规,故意假冒他人专利,情节严重的行为。

本罪在客观方面表现为故意假冒他人专利,情节严重的行为。(1)必须有假冒他人专利的行为。根据司法解释,实施下列行为之一的,是"假冒他人专利"的行为:第一,未经许可,在其制造或者销售的产品、产品的包装上标注他人专利号的;第二,未经许可,在广告或者其他宣传材料中使用他人的专利号,使人将所涉及的技术误认为是他人专利技术的;第三,未经许可,在合同中使用他人的专利号,使人将合同涉及的技术误认为是他人专利技术的;第四,伪造或者变造他人的专利证书、专利文件或者专利申请文件的。(2)行为必须达到情节严重的程度。本罪的主体为符合一般主体条件的自然人以及单位。本罪主观方面只能是故意,过失不构成本罪。

五、侵犯著作权罪

(一)侵犯著作权罪的概念与特征

侵犯著作权罪,是指以营利为目的,侵犯他人著作权,违法所得数额较大或者有其他严重情节的行为。

本罪在客观方面表现为违反著作权法的规定,侵犯了他人著作权,违法所得数额较大或者有其他严重情节的行为。根据《刑法》第217条的规定,具体有以下四种行为方式:

(1)未经著作权人许可,复制发行其文字作品、音乐、电影、电视、录像作品、计算机软件及其他作品以及录音录像制品。[①] 首先,未经著作权人许可。根据2004年司法解释,"未经著作权人许可"是指没有得到著作权人授权或者伪造、涂改著作权人授权许可文件或者超出授权许可范围的情形。对"未经著作权人许可"的认定[②],一般应当依据著作权人或者其授权的代理人、著作权集体管理组织、国家著作权行政管理部门指定的著作权认证机构出具的涉案作品版权认证文书,或者证明出版者、复制发行者伪造、涂改授权许可文件或者超出授权许可范围的证据,结合其他证据综合予以认定。在涉案作品种类众多且权利人分散的案件中,上述证据确实难以一一取得,但有证据证明涉案复制品系非法出版、复制发行的,且出版者、复制发行者不能提供获得著作权人许可的相关证明材料的,可以认定为"未经著作权人许可"。但是,有证据证明权利人放弃权利、涉案作品的著作权不受我国著作权法保护,或者著作权保护期限已经届满的除外。其次,复制发行。复制发行,包括复制、发行或者既复制又发行。复制,是指以印刷、复印、临摹、拓印、录音、录像、翻拍等方

[①] 参见2005年9月最高人民法院、最高人民检察院《关于办理侵犯著作权刑事案件中涉及录音录像制品有关问题的批复》。

[②] 2011年1月11日最高人民法院、最高人民检察院、公安部《关于办理侵犯知识产权刑事案件适用法律若干问题的意见》。

式将作品制作一份或者多份的行为。发行,是指通过出售、出租等方式向公众提供一定数量的作品复制件的行为。"发行",包括总发行、批发、零售、通过信息网络传播以及出租、展销等活动。根据2004年司法解释,通过信息网络向公众传播他人文字作品、音乐、电影、电视、录像作品、计算机软件及其他作品以及录音录像制品的行为,视为"复制发行"。最后,复制发行的对象是他人享有著作权的作品,包括文字作品、音乐、电影、电视、录像作品、计算机软件及其他作品。文字作品,是指小说、诗词、散文、论文等以文字形式表现的作品。音乐作品,是指歌曲、交响乐等能够演唱或者演奏的带词或者不带词的作品。电影、电视、录像作品,是指摄制在一定介质上,由一系列有伴音或者无伴音的画面组成,并且借助适当装置放映或者以其他方式传播的作品。计算机软件,是指计算机程序及其有关文档。其他作品,包括口述作品、戏剧作品、曲艺作品、舞蹈作品、杂技艺术作品、美术作品、建筑作品、摄影作品、类似摄制电影的方法创作的作品、图形作品、模型作品等。

(2)出版他人享有专有出版权的图书。出版,是指将作品编辑加工后,经过复制向公众发行。根据我国《著作权法》的规定,图书出版者对著作权人交付出版的作品,在合同约定期间享有专有出版权。图书出版者一旦享有对某一作品的专有出版权,就可在作品的出版传播方面对抗包括著作权人在内的任意第三人,他人未经出版者许可而出版的,就构成侵权。

(3)未经录音录像制作者许可,复制发行其制作的录音录像。

(4)制作、出售假冒他人署名的美术作品。美术作品,是指绘画、书法、雕塑等以线条、色彩或者其他方式构成的有审美意义的平面或者立体的造型艺术作品。

此外,成立本罪要求违法所得数额较大或者有其他严重情节。

本罪主体是符合一般主体条件的自然人以及单位。出版单位与他人事前通谋,向其出售、出租或者以其他形式转让该出版单位的名称、书号、刊号、版号,他人实施侵犯著作权行为,构成犯罪的,对该出版单位应当以共犯论处。

本罪主观方面只能是故意,即行为人明知自己的行为侵犯他人著作权而故意实施。根据《刑法》的规定,行为人主观上还必须具有营利目的,如果出于教学、研究等非营利目的复制他人作品,则不属于侵犯著作权的行为。关于以营利为目的的认定,根据2011年司法解释,除销售外,具有下列情形之一的,可以认定为"以营利为目的":① 以在他人作品中刊登收费广告、捆绑第三方作品等方式直接或者间接收取费用的;② 通过信息网络传播他人作品,或者利用他人上传的侵权作品,在网站或者网页上提供刊登收费广告服务,直接或者间接收取费用的;③ 以会员制方式通过信息网络传播他人作品,收取会员注册费或者其他费用的;④ 其他利用他人作品牟利的情形。

(二)侵犯著作权罪的认定

1. 侵犯著作权罪与合理使用他人作品的界限

根据《著作权法》的规定,在下列情况下使用作品,可以不经著作权人许可,不向其支付报酬(但应当指明作者姓名、作品名称,并且不得侵犯著作权人依照本法享有的其他权利),因此不成立侵犯著作权罪:(1)为个人学习、研究或者欣赏,使用他人已经发表的作品;(2)为介绍、评论某一作品或者说明某一问题,在作品中适当引用他人已经发表的作品;(3)为报道时事新闻,在报纸、期刊、广播电台、电视台等媒体中不可避免地再现或者引用已经发表的作品;(4)报纸、期刊、广播电台、电视台等媒体刊登或者播放其他报纸、期刊、广播电台、电视台等媒体已经发表的关于政治、经济、宗教问题的时事性文章,但作者声明不许刊登、播放的除外;(5)报纸、期刊、广播电台、电视台等媒体刊登或者播放在公众集会上发表的讲话,但作者声明不许刊登、播放的除外;(6)为学校课堂教学或者科学研究,翻译或者少量复制已经发表的作品,供教学或者科研人员使用,但不得出版发行;(7)国家机关为执行公务在合理范围内使用已经发表的作品;(8)图书馆、档案馆、纪念馆、博物馆、美术馆等为陈列或者保存版本的需要,复制本馆收藏的作品;(9)免费表演已经发表的作品,该表演未向公众收取费用,也未向表演者支付报酬;(10)对设置或者陈列在室外公共场所的艺术作品进行临摹、绘画、摄影、录像;(11)将中国公民、法人或者其他组织已经发表的以汉语言文字创作的作品翻译成少数民族语言文字作品在国内出版发行;(12)将已经发表的作品改成盲文出版。

2. 侵犯著作权罪与假冒注册商标罪的界限

侵犯著作权罪与假冒注册商标罪的主要区别表现在:(1)行为对象不同。前罪的行为对象是著作权人的各种作品、图书、录音录像制品等;后罪的行为对象是他人的注册商标。(2)客观方面的行为方式不同。前罪的犯罪行为方式是刑法规定的复制、发行、出版、制作、出售;后罪的行为方式表现为未经注册商标所有人许可,在同一种商品上使用与其注册商标相同的商标的行为。

六、销售侵权复制品罪

销售侵权复制品罪,是指以营利为目的,销售明知是侵权复制品的物品,违法所得数额巨大的行为。

本罪在客观方面表现为销售侵权复制品,违法所得数额巨大的行为。侵权复制品,是指犯侵犯著作权罪而形成的复制品,即《刑法》第217条规定的侵权复制品。根据司法解释,"违法所得数额巨大"是指违法所得数额在10万元以上。本罪的主体是符合一般主体条件的自然人以及单位。本罪在主观方面必须明知是他人犯侵犯著作权罪而形成的侵权复制品而销售,并具有营利目的。根据司法解释,实施侵犯著作权犯罪,又销售该侵权复制品,构成犯罪的,应当以侵犯著作权罪定罪处罚。实施侵犯著作权犯罪,又销售明知是他人的侵权复制品,构成犯罪的,应当实行数罪并罚。

七、侵犯商业秘密罪

(一)侵犯商业秘密罪的概念与特征

侵犯商业秘密罪,是指违反国家有关商业秘密的保护法规,侵犯他人商业秘密,给商业秘密的权利人造成重大损失的行为。

本罪客观上表现为实施了侵犯他人商业秘密,并且给权利人造成了重大损失的行为。具体包括以下内容:(1) 行为对象为商业秘密。根据《刑法》第 219 条的规定,所谓商业秘密,是指不为公众所知悉,能为权利人带来经济利益,具有实用性并经权利人采取保密措施的技术信息和经营信息。据此,商业秘密具有以下特点:一是商业秘密是一种技术信息与经营信息。二是商业秘密是不为公众所知悉的事项,即具有秘密性。三是商业秘密能为权利人带来经济利益,即具有价值性。四是商业秘密具有实用性,即具有直接的、现实的使用价值,权利人能够将商业秘密直接运用于生产、经营活动。五是商业秘密经权利人采取了保密措施。此外,商业秘密还具有使用权可以转让、没有固定的保护期限、内容广泛等特点。① (2) 实施了侵犯商业秘密的行为。侵犯商业秘密罪的客观行为方式表现为以下几种情况:① 以盗窃、利诱、胁迫或者其他不正当手段获取权利人的商业秘密;② 披露、使用或者允许他人使用以上述第一种手段获取的权利人的商业秘密;③ 违反约定或者违反权利人有关保守商业秘密的要求,披露、使用或者允许他人使用其所掌握的商业秘密;④ 明知或应知前述第一至三种违法行为,而获取、使用或者披露他人商业秘密。这是间接侵犯商业秘密的行为,即第三者明知或者应知向其传授商业秘密的人具有上述违法行为,但获取、使用或者披露他人的商业秘密。行为人实施上述两种或者两种行为以上行为的,也只构成一罪,不实行数罪并罚。(3) 实施前述行为给权利人造成了重大损失。

本罪的主体既可以是自然人,也可以是单位。本罪主观方面原则上为故意。实施上述第一至三种行为的,显然只能是故意,即行为人明知自己的行为侵犯了他人商业秘密,会给权利人造成重大损失,并且希望或者放任这种结果发生。实施上述第四种行为时,由于《刑法》规定为"明知或者应知",如果只是"应知",则应认为是一种过失犯罪。但是在立法精神上,不宜将过失行为作为本罪处理。

(二) 侵犯商业秘密罪的认定

1. 侵犯商业秘密罪与其他知识产权犯罪的界限

侵犯商业秘密罪与假冒注册商标罪、假冒专利罪、侵犯著作权罪有相似之处,都侵犯了知识产权。其主要区别在于:(1) 本罪侵犯的是商业秘密;而其他知识产权犯罪侵犯的是商标权、专利权与著作权。(2) 本罪行为主要表现为以不法手段获取商业秘密,或者非法披露、使用或允许他人使用商业秘密;而其他知识产权犯罪主要表现为假冒行为。

2. 侵犯商业秘密罪与侵犯国家秘密罪的界限

《刑法》对有关国家秘密的犯罪作了相应的规定,主要有第 111 条规定的为境外窃取、刺探、收买、非法提供国家秘密、情报罪,第 282 条规定的非法获取国家秘密罪,第 398 条规定的故意泄露国家秘密罪和过失泄露国家秘密罪。侵犯商业秘密罪

---

① 参见张明楷:《刑法学》,法律出版社 2003 年版,第 658 页。

与上述四种犯罪的关键区别在于犯罪对象不同,本罪的对象是他人的商业秘密,而上述四种犯罪的对象是国家秘密。

第八节 扰乱市场秩序罪

一、损害商业信誉、商品声誉罪

(一)损害商业信誉、商品声誉罪的概念与特征

损害商业信誉、商品声誉罪,是指捏造并散布虚伪事实,损害他人的商业信誉、商品声誉,给他人造成重大损失或者有其他严重情节的行为。

本罪在客观方面表现为捏造并散布虚伪事实,损害他人的商业信誉、商品声誉,给他人造成重大损失或者有其他严重情节的行为。其一,行为人必须有捏造并散布虚伪事实的行为。捏造,是指虚构、编造不符合真相或并不存在的事实,既可以是完全虚构,也可以是部分虚构。散布,是指使不特定人或者多数人知悉或可能知悉行为人所捏造的虚伪事实。捏造和散布是并列行为,只有捏造没有散布或者只有散布没有捏造,均不构成本罪。其二,行为人损害了他人的商业信誉、商品声誉。这里的"他人",是指捏造散布者以外的自然人和单位。商业信誉和商品声誉是相对独立的。商业信誉包括商业信用与商业名誉。商业信用,是指商业行为与经济能力在经济活动中所受到的信赖;商业名誉,是指社会对他人在商业活动中的价值和地位的客观评价。商品声誉,是指社会对商品的良好称誉。① 其三,成立损害商业信誉、商品声誉罪,还要求给他人造成重大损失或者有其他严重情节。

本罪的主体既可以是已满 16 周岁、具有辨认控制能力的自然人,也可以是单位。本罪在主观方面只能是故意,即行为人明知捏造并散布虚伪事实的行为会损害他人的商业信誉、商品声誉,并且希望或者放任这种结果发生。

(二)损害商业信誉、商品声誉罪的认定

1. 损害商业信誉、商品声誉罪与非罪的界限

区分损害商业信誉、商品声誉罪与非罪,主要注意以下几点:(1)消费者及新闻单位对经营者的产品质量、服务质量进行合理批评、评论的,不得认定为本罪。(2)只是捏造或者只是散布虚伪事实的,不成立本罪。但在共同犯罪中,一部分人捏造事实、另一部分人散布虚伪事实的,应认定为本罪。(3)虽然捏造并散布虚伪事实,但没有造成重大损失,也没有其他严重情节的,不能认定为本罪。

2. 损害商业信誉、商品声誉罪与诽谤罪的界限

诽谤罪是指故意捏造并散布某种虚构的事实,足以损害他人的人格,破坏他人的名誉,情节严重的行为。本罪与诽谤罪的相似之处在于都是故意捏造并散布某种虚构的事实,都侵犯了人格权。但两者有明显的区别:本罪的犯罪对象是商业信誉

---

① 参见张明楷:《刑法学》,法律出版社 2003 年版,第 660 页。

和商品声誉,而诽谤罪侵犯的对象只能是公民的人格和名誉;本罪既侵犯商品生产者、经营者的人格权与荣誉权和商品声誉拥有者的合法权益,又侵犯了市场管理秩序,诽谤罪侵犯的是公民的人格权和名誉权。

二、虚假广告罪

(一) 虚假广告罪的概念与特征

虚假广告罪,是指广告主、广告经营者、广告发布者违反国家规定,利用广告对商品或者服务作虚假宣传,情节严重的行为。

本罪在客观方面表现为违反国家规定,利用广告对商品或者服务作虚假宣传,情节严重的行为。(1) 行为人的行为违反了国家规定。这里主要是指违反《广告法》及相关法律、法规的规定。(2) 行为人利用广告对商品和服务作虚假的宣传。广告,是指商业性广告,即商品经营者或者服务提供者为了商业目的,通过报刊、广播、电视、电影、路牌、橱窗、印刷品、霓虹灯等媒介或者形式,直接或者间接对自己的商品或者服务所进行的公开宣传。虚假宣传主要包括两种情况:一是对商品或者服务作夸大失实的宣传,即对生产、经销的产品的质量、制作成分、性能、用途、生产者、有效期限、产地、来源等情况,或者对所提供的服务的质量规格、技术标准、价格等交易资料进行夸大、无中生有的、与实际情况不符的宣传。二是对商品或者服务作语意含糊、令人误解的宣传,即通过措辞的技巧、明示或者暗示、省略或者含糊的手段,使消费者对商品或者服务产生误解。① (3) 虚假广告行为要达到情节严重的程度。

本罪的主体是广告主、广告经营者、广告发布者。广告主,是指为推销商品或者提供服务,自行或者委托他人设计、制作、发布广告的法人、其他经济组织或者个人;广告经营者,是指受委托提供广告设计、制作、代理服务的法人、其他经济组织或者个人;广告发布者,是指为广告主或者广告主委托的广告经营者发布广告的法人或者其他经济组织。

本罪主观方面必须是故意,即明知利用广告对商品或者服务作虚假宣传的行为会扰乱市场秩序,损害消费者的权益,并希望或者放任这种结果的发生。

(二) 虚假广告罪的认定

1. 虚假广告罪与损害商业信誉、商品声誉罪的界限

损害商业信誉、商品声誉罪中的"利用虚假的广告诋毁他人商誉"与虚假广告罪的表现形式存在相似之处,容易混淆。两罪的区别主要表现在:(1) 主体不同。前罪的主体是一般主体;后罪的主体是特殊主体,即仅限于广告主、广告经营者、广告发布者。(2) 主观故意的内容不同。两罪主观上虽然都是出于故意,但前罪一般是出于损害他人商誉的目的,而后罪往往是利用虚假广告骗取消费者的钱财。

---

① 参见张明楷:《刑法学》,法律出版社 2003 年版,第 661 页。

2. 虚假广告罪与生产、销售伪劣商品犯罪的界限

行为人利用广告对自己生产、销售的伪劣商品作虚假宣传，或者说利用虚假广告生产、销售伪劣商品的，可以认为是行为的手段触犯了其他罪名，只以一个重罪论处，即仅认定为生产、销售伪劣商品犯罪。

三、串通投标罪

串通投标罪，是指投标人相互串通投标报价，损害招标人或者其他投标人的利益，情节严重，或者投标人与招标人串通投标，损害国家、集体、公民的合法权益的行为。

本罪在客观方面表现为两种情况：一是投标人相互串通投标报价，损害招标人或者其他投标人的利益，并且情节严重的行为。二是投标人与招标人串通投标，损害国家、集体、公民的合法权益。本罪的主体分别为投标人与投标人、投标人与招标人，因而属于刑法理论中的必要共犯。这里的投标人、招标人，包括自然人与单位。本罪的主观方面只能由故意构成，过失不成立本罪。

四、合同诈骗罪

(一) 合同诈骗罪的概念与特征

合同诈骗罪，是指以非法占有为目的，在签订、履行合同过程中，骗取对方当事人财物，数额较大的行为。本罪的构成特征如下：

(1) 本罪的客体是国家的合同管理制度和公私财产所有权。本罪是诈骗罪的一种特殊形式，《刑法》之所以将其从普通诈骗罪中分离出来规定为独立的犯罪，主要是因为这种犯罪不仅侵害了公私财产所有权，而且行为人利用经济合同骗取对方当事人财物的行为，使人们对合同这种手段失去信赖，侵害了市场秩序。

(2) 本罪在客观方面表现为在签订、履行合同过程中，骗取对方当事人数额较大的财物的行为。本罪行为方式具体表现为以下几种：第一，以虚构的单位或者冒用他人名义签订合同；第二，以伪造、变造、作废的票据或者其他虚假的产权证明作担保；第三，没有实际履行能力，以先履行小额合同或者部分履行合同的方法，诱骗对方当事人继续签订和履行合同；第四，收受对方当事人给付的货物、货款、预付款或者担保财产后逃匿；第五，以其他方法骗取对方当事人财物。实施上述行为之一，骗取对方当事人数额较大财物的，即可成立本罪。此外，本罪还以"骗取对方当事人财物，数额较大"为要件。

(3) 本罪的主体既可以是已满 16 周岁、具有辨认控制能力的自然人，也可以是单位。

(4) 本罪在主观方面只能是故意，并且具有非法占有目的，即具有不法占有对方当事人财物的目的。

(二) 合同诈骗罪的认定

1. 合同诈骗罪与合同纠纷的界限

合同诈骗罪与合同纠纷之间实质上为罪与非罪的区别，但行为人在签订、履行

经济合同过程中,使用了一定欺诈手段时,难以区分罪与非罪。区分两者的关键在于是否具有非法占有对方当事人财物的目的。合同诈骗罪的行为人意欲利用合同非法占有对方当事人的财物,而经济合同纠纷的当事人只是通过合同进行正常经济活动从而取得经济利益。考察行为人有无非法占有的目的,应当着重考察以下几点:(1)看行为人有无履行合同的能力和担保;(2)看行为人在签订合同后,有无履行合同的实际行动;(3)看行为人取得货、款后的处置情况以及偿还能力。

2. 合同诈骗罪与普通诈骗罪的界限

普通诈骗罪与合同诈骗罪有许多相似之处,但这两个罪毕竟是不同性质的犯罪,其区别主要表现为以下两个方面:(1)两罪侵犯的客体不同。普通诈骗罪侵犯的客体是公私财物的所有权,它属于侵犯财产的犯罪;而合同诈骗罪侵犯的客体是市场秩序。(2)客观方面的行为表现不同。普通诈骗罪行为多种多样,而合同诈骗罪只能是利用合同进行诈骗,并且只能发生在合同的签订、履行过程之中。

3. 合同诈骗罪与金融诈骗罪的界限

《刑法》规定的各种金融诈骗罪大多也会利用经济合同的形式,如保险诈骗罪事实上利用了保险合同,贷款诈骗罪事实上利用了贷款合同。但由于刑法对金融诈骗罪作了特别规定,所以,凡是符合金融诈骗罪构成要件的,应以金融诈骗罪论处。如利用合同诈骗银行或其他金融机构贷款的,应认定为贷款诈骗罪。

五、组织、领导传销活动罪

组织、领导传销活动罪,是指组织、领导传销活动,扰乱经济社会秩序的行为。

本罪的主体是传销活动的组织者和领导者。传销活动的组织者、领导者,是指在传销活动中起组织、领导作用的发起人、决策人、操纵人,以及在传销活动中担负策划、指挥、布置、协调等重要职责,或者在传销活动实施中起到关键作用的人员。本罪在客观方面表现为组织、领导传销活动的行为。所谓传销活动,根据《刑法》的规定,是指以推销商品、提供服务等经营活动为名,要求参加者以缴纳费用或者购买商品、服务等方式获得加入资格,并按照一定顺序组成层级,直接或者间接以发展人员的数量作为计酬或者返利依据,引诱、胁迫参加者继续发展他人参加,骗取财物,扰乱经济社会秩序的活动。

六、非法经营罪

(一)非法经营罪的概念与特征

非法经营罪,是指违反国家规定,故意从事非法经营活动,扰乱市场秩序,情节严重的行为。

本罪在客观方面表现为违反国家规定,故意从事非法经营活动,扰乱市场秩序,情节严重的行为。(1)违反国家规定,是构成本罪的前提条件。这里的"国家规定"主要是国家关于专营、专卖物品或者其他限制买卖物品的法律法规。(2)故意从事非法经营活动。根据《刑法》《关于惩治骗购外汇、逃汇和非法买卖外汇犯罪的决定》以及《刑法修正案》的规定，具体行为方式表现为：① 未经许可，经营法律、行政法规规定的专营、专卖物品或者其他限制买卖的物品；② 买卖进出口许可证、进出口原产地证明以及法律、行政法规规定的其他经营许可证或者批准文件；③ 未经国家有关主管部门批准，非法经营证券、期货或者保险业务，或者非法从事资金支付结算业务的；④ 其他严重扰乱市场经营的非法经营行为。(3) 构成本罪还要求情节严重。本罪的主体是符合一般主体条件的自然人以及单位。本罪的主观方面是故意，过失不能成立本罪。

七、强迫交易罪

强迫交易罪，是指以暴力、威胁手段强迫他人交易，情节严重的行为。

本罪在客观方面表现为，行为人以暴力、威胁手段实施了强迫他人交易，情节严重的行为。成立本罪首先必须使用暴力、威胁手段，这里的暴力程度仅限于造成人身轻伤的方法和结果，如果致人重伤或者死亡，则应当以故意伤害罪论处。其次，必须实施了强迫交易行为。本罪客观行为方式包括以下几种情况：(1) 强买强卖商品的；(2) 强迫他人提供或者接受服务的；根据相关司法解释，以暴力、胁迫手段强迫他人借贷，属于强迫他人提供或者接受服务。① (3) 强迫他人参与或者退出投标、拍卖的；(4) 强迫他人转让或者收购公司、企业的股份、债券或者其他资产的；(5) 强迫他人参与或者退出特定的经营活动的。最后，成立本罪还要求情节严重。本罪的主体是符合一般主体条件的自然人以及单位。本罪的主观方面只能是故意。

八、伪造、倒卖伪造的有价票证罪

伪造、倒卖伪造的有价票证罪，是指伪造车票、船票、邮票或者其他有价票证，或者倒卖伪造的车票、船票、邮票或者其他有价票证，数额较大的行为。

本罪的客体是国家对有价票证的管理制度。本罪在客观方面表现为伪造有价票证或者倒卖伪造的有价票证，数额较大的行为。(1) 必须实施了伪造、倒卖伪造的有价票证的行为。本罪中的"伪造"，是指广义的伪造，不仅包括没有制作权的人制作出足以使一般人信以为真的车票、船票、邮票或其他有价票证，而且包括变造有价票证的行为。② 行为人必须伪造或倒卖伪造的有价票证。这里的有价票证，是指和车票、船票、邮票同性质的，具有一定的价值，在规定范围内流通和使用的书面凭证，如汽油票、球票、戏票等。如果伪造、倒卖伪造的金融票证、票据，则成立破坏金融秩序的犯罪或金融诈骗犯罪。伪造和倒卖是两种独立的行为，行为人实施行为之一，即可构成犯罪，既实施伪造行为又实施倒卖行为的，也只成立一罪，不数罪并罚。(2) 成立本罪要求数额较大。本罪的主体是一般主体，包括自然人和单位。本

---

① 参见 2014 年 4 月 17 日最高人民检察院《关于强迫借贷行为适用法律问题的批复》的规定。
② 参见张明楷：《刑法学》，法律出版社 2003 年版，第 669 页；马克昌主编：《经济犯罪新论》，武汉大学出版社 1998 年版，第 606 页。

罪在主观方面表现为故意。

九、倒卖车票、船票罪

倒卖车票、船票罪,是指倒卖车票、船票,情节严重的行为。

本罪在客观方面表现为倒卖车票、船票,情节严重的行为。其中的车票、船票,必须是真实的车票、船票。倒卖其他交通运输乘用证的,不成立本罪。成立本罪还要求情节严重。本罪的主体是一般主体,包括自然人和单位。本罪在主观方面是故意,一般具有非法牟利的目的。

十、非法转让、倒卖土地使用权罪

非法转让、倒卖土地使用权罪,是指以牟利为目的,违反土地管理法规,非法转让、倒卖土地使用权,情节严重的行为。

本罪在客观方面表现为违反土地管理法规,非法转让、倒卖土地使用权,情节严重的行为。(1)必须违反土地管理法规,这是成立本罪的前提条件。违反土地管理法规,是指违反土地管理法、森林法、草原法等法律以及有关行政法规中关于土地管理的规定。① (2)必须实施了非法转让、倒卖土地使用权的行为。非法转让土地使用权,是指行为人合法取得土地使用权以后,违反国家土地管理法规定的转让、买卖土地使用权的条件和程序,未经批准,擅自将土地转让给他人使用的行为。② 非法倒卖土地使用权,是指土地受让者违反国家土地管理法规,不进行任何开发建设,擅自将土地转手卖给他人,从中牟取暴利的行为。(3)成立本罪必须达到情节严重。

十一、提供虚假证明文件罪

提供虚假证明文件罪,是指承担资产评估、验资、验证、会计、审计、法律服务等职责的中介组织或者中介组织的人员,故意提供虚假证明文件,情节严重的行为。

本罪在客观方面表现为提供虚假证明文件,情节严重的行为。(1)必须有提供虚假中介证明文件的行为,即提供了与事实不相符合的资产评估报告、验资证明、验证证明、会计报告、审计报告、法律文书等虚假的证明文件。(2)成立本罪要求达到情节严重。

本罪主体必须是承担资产评估、验资、验证、会计、审计、法律服务等职责的中介组织或者上述中介组织的人员。本罪主观方面只能是故意,即明知是虚假的证明文件而提供。

---

① 参见2001年8月31日全国人民代表大会常务委员会《关于〈中华人民共和国刑法〉第228条、第342条、第410条的解释》。
② 参见马克昌主编:《经济犯罪新论》,武汉大学出版社1998年版,第616页。

十二、出具证明文件重大失实罪

出具证明文件重大失实罪,是指承担资产评估、验资、验证、会计、审计、法律服务等职责的中介组织或者中介组织的人员,严重不负责任,出具的证明文件有重大失实,造成严重后果的行为。

本罪在客观方面表现为行为人严重不负责任,出具的证明文件有重大失实,造成严重后果的行为。本罪的主观方面是过失。

十三、逃避商检罪

逃避商检罪,是指违反进出口商品检验法的规定,故意逃避商品检验,将必须经商检机构检验的进口商品未报经检验而擅自销售、使用,或者将必须经商检机构检验的出口商品未报经检验合格而擅自出口,情节严重的行为。

本罪在客观方面表现为违反进出口商品检验法的规定,逃避国家对进出口商品的检验,情节严重的行为。(1)必须违反进出口商品检验法的规定,这是构成本罪的前提。(2)有逃避进出口商品检验的行为。根据《刑法》的规定,具体行为方式表现为:将必须经商检机构检验的进口商品未报经检验而擅自销售、使用;将必须经商检机构检验的出口商品未报经检验合格而擅自出口。(3)成立本罪要求情节严重。

本章重点问题提示

一、生产、销售伪劣产品罪的争议问题

(一)本罪的主体是一般主体还是特殊主体

关于本罪的主体,我国刑法学界存在两种观点:一种观点认为,本罪的"犯罪主体为一般主体。只要达到刑事责任年龄和具有刑事责任能力的自然人,均构成,如个体户、无业人员、工人、农民等。此外,根据《刑法》第 150 条的规定,单位也能够成本罪的主体"[①]。另一种观点认为,"本罪的主体是特殊主体,即'生产者、销售者'。这里的生产者、销售者既可以是自然人也可以是单位。就自然人而言,根据《刑法》第 17 条、第 18 条的规定,必须是已满 16 周岁,未丧失或未完全丧失辨认和控制自己行为能力的人;就单位而言,既可以是公司、企业、事业单位,也可以是机关、团体"[②]。

(二)对本罪中"销售金额"的理解

目前,我国刑法学界对"销售金额"的理解主要有以下几种观点:(1)"销售

[①] 周道鸾等主编:《刑法的修改与适用》,人民法院出版社 1997 年版,第 321 页。
[②] 黄京平主编:《破坏市场经济秩序罪研究》,中国人民大学出版社 1999 年版,第 111 页。

金额"是指生产者或销售者销售伪劣商品的全部销售收入,该收入包括生产、销售成本与利润,而不单纯是销售利润。① (2)"销售金额"是指生产、销售伪劣产品的经营额。② (3)"销售金额"是指生产、销售伪劣商品的货值总额。③ (4)"销售金额"既指实际已经销售出去的产品金额,又指尚未销售而可能销售出去的产品金额。④ (5)只要认定行为人已经销售,那么就按照该销售所实际得到、应当得到或可能得到的金额来计算。具体而言,销售金额应当分以下几种情况考虑:一是行为人已经实际销售了伪劣产品,而且现实获得了销售金额;二是已经生产或者购入了伪劣产品,并且已与对方签订了买卖合同,但对方还没有付款;三是仅生产或仅购入了伪劣产品,但既没有实际销售,也没有与他人签订销售合同。在第三种情况下,没有销售金额,不应认定为犯罪;在第二种情况下,应当将买方的"应付款"计入销售金额。⑤

(三) 建筑工程是否属于本罪中"产品"的范围

关于"产品"的范围,理论上有多种观点。一种观点认为,根据我国《产品质量法》的规定,这里的所谓"产品",是指经过加工、制作,用于销售的产品,不包括建设工程。⑥ 而另一种观点则认为,建设工程不适用《产品质量法》,并不是说也不适用于其他专门的产品质量法。因而,建设工程不符合国家建设质量标准的,也属于伪劣产品。⑦ 就建设工程而言,假如施工单位违反国家规定,故意降低工程质量标准,建设劣质"豆腐渣"工程,如果造成重大安全事故的,则可以按工程重大安全事故罪追究其直接责任人员的刑事责任;如果没有造成重大安全事故,但建设的工程的销售金额在5万元以上的,也可以按生产、销售伪劣产品罪追究刑事责任。⑧

二、金融诈骗罪中的争议问题

(一)"盗窃信用卡并使用的"以盗窃罪定罪处罚是否合理

我国刑法理论界存在肯定与否定两种不同观点。肯定论者根据提出的理由不同又有三种意见:一种意见认为,这是属于牵连犯的问题,即牵连触犯盗窃罪和信用卡诈骗罪两个罪名,应从一重处断,按盗窃罪定罪处罚。⑨ 第二种意见认为,在这种情况下,盗窃行为是主行为,行为人冒用他人名义使用信用卡的行为是盗窃罪的继

---

① 参见何秉松:《刑法教科书》(下卷),中国法制出版社2000年版,第741页。
② 参见欧阳涛:《中华人民共和国新刑法注释与适用》,人民法院出版社1997年版,第267页。
③ 参见唐世玉:《略论生产、销售伪劣商品罪》,载《法学家》1999年第3期。
④ 参见谢望原:《论生产、销售伪劣产品罪中的销售金额》,载《中国刑事法杂志》1999年第3期。
⑤ 参见张明楷:《刑法第140条"销售金额"的展开》,载马俊驹主编:《清华法律评论》(第2辑),清华大学出版社1999年版。
⑥ 参见高铭暄、马克昌主编:《刑法学》,北京大学出版社、高等教育出版社2000年版。
⑦ 参见何秉松主编:《刑法教科书》,中国法制出版社2000年版。
⑧ 参见赵важ志、许成磊:《生产、销售伪劣商品罪若干疑难问题研究》,载《法律应用研究》(第2辑),中国法制出版社2001年版。
⑨ 参见王作富主编:《刑法》,中国人民大学出版社1999年版,第319页。

续,是从行为。按主行为吸收从行为的原则,应定盗窃罪。① 第三种意见认为,盗窃他人的信用卡就等于取得了一定价值的货币使用权,只不过这些货币要通过使用信用卡而得以实现,因此盗窃信用卡并使用的,在性质上是盗窃,应当按盗窃罪定罪处罚。② 否定论者认为:(1) 信用卡是银行或金融机构发给消费者使用的一种信用凭证。它不同于货币和有价证券,本身并非财物,持卡人失去信用卡并不会直接造成财产损失,因此盗窃信用卡的行为,不可能触犯盗窃罪的罪名,自然不发生与信用卡诈骗罪相牵连的问题,同样不存在盗窃罪这种主行为吸收信用卡诈骗罪之从行为的现象。(2) 认为盗窃信用卡等于取得了一定价值的货币使用权,这也不够妥当,因为盗窃罪的对象只限于财物,不包括财产权利或财产性利益,这是各国刑法理论所公认的观点,也是许多国家刑法有明文规定的。(3) 盗窃信用卡后如果不使用就不会侵害他人的财产权,使用才是行为人取得财物或财产性利益的关键,也是造成他人财产损害的原因所在。盗窃罪作为一种取得罪是以窃取财物为本质特征的,使用他人信用卡取得财物显然不具有窃取的性质,因而不可能构成盗窃罪。而使用他人信用卡也就是"冒用他人信用卡",是《刑法》第196条规定的信用卡诈骗罪的一种基本表现形式。(4) 从各国刑法的规定来看,似乎还没有把盗窃信用卡并使用的行为按盗窃罪定罪处罚的立法例。③

(二) 恶意透支的主体是否仅限于合法持卡人

理论上对恶意透支的主体是否限于合法持卡人存在不同看法:一种意见认为,恶意透支的主体只能是合法持卡人,这与银行信用卡章程有关恶意透支的规定一致。非法持卡人利用所持信用卡透支,不能以恶意透支的罪名认定。④ 第二种意见认为,恶意透支型诈骗犯罪主要有两种形式:一是持卡人以非法占有为目的,进行恶意透支;二是持卡人在申领信用卡时弄虚作假,私刻公章,伪造保函、证明,伪造身份证件或者使用他人的身份证件等,骗得银行工作人员信任后,办理了信用卡,然后进行大量透支。⑤

思考题

1. 生产、销售伪劣产品罪的概念和特征是什么?
2. 走私普通货物物品罪的概念和特征是什么?
3. 公司、企业、其他单位人员受贿罪的概念和特征是什么?
4. 伪造货币罪的概念和特征是什么?

---

① 参见陈明华主编:《刑法学》,中国政法大学出版社1999年版,第508页。
② 参见宋晓峰主编:《金融犯罪的界限与认定处理》,中国方正出版社1998年版,第246页。
③ 参见刘明祥:《论信用卡诈骗罪》,载《法律科学》2001年第2期。
④ 参见刘华:《信用卡犯罪中若干疑难问题探讨》,载《法学》1996年第2期。
⑤ 参见孙军工主编:《金融诈骗罪》,中国人民公安大学出版社1999年版,第170页。

5. 集资诈骗罪的概念和特征是什么？该罪和非法吸收公众存款罪有哪些区别？
6. 侵犯著作权罪的概念和特征是什么？
7. 侵犯商业秘密罪的概念和特征是什么？
8. 合同诈骗罪的概念和特征是什么？

第二十四章　侵犯公民人身权利、民主权利罪

> **内容提要**

　　本章重点阐述了故意杀人罪、过失致人死亡罪、故意伤害罪、组织出卖人体器官罪、非法拘禁罪等罪的概念、构成特征。

> **关键词**

　　故意杀人罪　故意伤害罪　绑架罪　强奸罪　拐卖妇女、儿童罪　刑讯逼供罪

第一节　侵犯公民人身权利罪

一、故意杀人罪

（一）故意杀人罪的概念和特征

故意杀人罪是指故意非法地剥夺他人生命的行为。故意杀人罪的特征是：

（1）本罪的客体是他人的生命权利。生命权利是一个人存活的基本保证，是自然人享有其他人身权利的基础，因此，在侵犯人身权利的犯罪中，故意杀人罪的危害性最为严重。侵犯他人的生命权利，也是故意杀人罪区别于其他侵犯人身权利犯罪的重要特征之一。本罪所侵犯的对象为具有生命的自然人，并无男女老少之分，也无健康与否、是否与行为人有亲属关系之别。危害生命尚未开始的胎儿以及生命已经结束的尸体，均不能够构成故意杀人罪。至于人之生命开始与终结的标准，中外立法及司法实践掌握不一。人的生命开始的标准，大致有阵痛说、一部分露出说、全部露出说、断带说、独立呼吸说等不同观点和立法例。我国刑法学界一般主张独立呼吸说，但是也有人对此提出异议。人死亡的标准传统上大都采取心死说，即心脏停止跳动、呼吸和脉搏停止作为人死亡的标志。随着医学科学的发展，国外一些发达国家已采用脑死亡作为人生命结束的标准。我国目前关于脑死亡立法的呼声也日益高涨。

（2）本罪客观方面表现为行为人实施非法剥夺他人生命的行为。把握这一特征，有两个要点需要注意：其一，剥夺他人的生命必须是缺乏法律根据的，即具有违法性。如果是合法地结束一个人的生命如依法执行死刑、战争状态下将敌方人员击

毙、正当防卫条件下将侵害人杀死等,都不能构成故意杀人罪。实践中的"大义灭亲",杀死自己的亲属、经被害人同意而将被害人杀死的行为,都因缺乏法律根据而可以构成故意杀人罪。其二,行为人必须实施了杀人的行为。至于杀人的手段,可以是暴力的,也可以是非暴力的,还可以是利用工具、动物甚至第三人的行为。行为的方式,可以是积极的作为,也可以是以消极的不作为方式导致他人死亡。在以不作为方式故意杀人的情况下,行为人必须具有特定的义务。在不作为义务的来源上,尽管国外有立法例确认了道德义务在一定条件下可以作为不作为杀人义务的来源,但在我国立法上并无规定此种行为可以构成犯罪,司法实践也持否定态度。必须强调,无论行为人所采用的是何种方法,都必须具有导致他人死亡的现实可能性,才能够称为是杀人的行为。如果行为人采用根本不可能对他人生命造成任何危害的方式意图"杀人"的,如"迷信犯",不能视为杀人行为。此外,故意杀人罪是结果犯,是否将人杀死,是区别本罪既遂与否的标志。

(3) 本罪的主体为一般主体。根据《刑法》第 17 条第 2 款的规定,已满 14 周岁的人犯本罪的,应当负刑事责任。

(4) 本罪主观方面,行为人必须出自故意,故意的内容是剥夺他人的生命。至于犯罪动机如何,并不影响定罪,但在量刑时有一定的意义。故意的形态,可以分为直接故意杀人和间接故意杀人。行为人希望或放任自己的行为导致他人死亡的心理态度,是区分故意杀人罪与过失致人死亡罪、故意伤害罪的界限。

(二) 故意杀人罪的认定

1. 故意杀人罪与一些危害公共安全犯罪的竞合关系

在实践中,行为人常常采用放火、爆炸、投毒或者其他危害公共安全的方法杀人,在此情况下,形成故意杀人罪与放火、爆炸、投毒等犯罪的竞合,可以按照想象竞合犯的处断原则,从一重罪处罚。但是,如果行为人的放火、爆炸、投毒等行为尚不足以危及公共安全的,则直接以故意杀人罪论处;如果行为人将人杀死后又实施放火、爆炸、投毒等危害公共安全犯罪的,则应以故意杀人罪和相关的危害公共安全犯罪进行并罚。

2. 故意杀人罪同有关暴力犯罪中致人死亡的联系与区别

我国刑法中有诸多暴力犯罪致人死亡的处罚规定,它们与故意杀人罪的区别与联系主要表现为两个方面:其一,某种暴力犯罪中的致人死亡并不包含故意杀人内容的,行为人实施了此种犯罪又故意将被害人杀死的,应当以所犯之罪与故意杀人罪进行并罚。如暴力干涉他人婚姻自由,又使用暴力故意杀害被害人的,就应以暴力干涉婚姻自由罪和故意杀人罪进行并罚。其二,某种暴力犯罪的构成要件或处罚情节中已包括故意杀人内容的,行为人实施该犯罪并将被害人杀害的,因故意杀人的情节已被吸收,就不再单独论罪,而直接以该种暴力犯罪一罪处罚。如抢劫致人死亡、绑架并杀害人质的,等等,都不再单独处罚其杀人的行为。但是,如果行为人在实施了上述暴力犯罪之后,为了灭口、逃避侦查等原因而将被害人杀害的,其故意杀人行为与有关的暴力犯罪之间就不存在吸收关系,应按照故意杀人罪和有关的暴力犯罪进行并罚。

3. 引起他人自杀案件与故意杀人罪的关系

自杀是自己亲手结束自己生命的行为,在我国刑法中并不认为是犯罪。但是在实践中,行为人的某种行为导致其他人自杀,是否构成故意杀人罪却值得研究。解决此类案件,应把握住以下三个方面的内容:其一,行为人是否实施了某种犯罪行为;其二,行为人的行为与他人自杀之间是否具有因果关系;其三,行为人对他人自杀是一种什么样的心理态度。根据上述标准并结合引起自杀的不同原因,我们可以将此类案件具体分为以下几种情况分别处理:

其一,行为人实施的行为不具有违法性或是有轻微的违法性但并未达到犯罪的程度,自杀主要是自杀者基于心胸过于狭窄或重大误解所致,不能对行为人追究刑事责任。

其二,行为人实施了某种犯罪行为,如强奸、暴力干涉婚姻自由、非法拘禁、刑讯逼供、虐待、侮辱、诽谤等,而引起被害人自杀的,其行为与被害人自杀之间存在间接因果关系,行为人应当对他人自杀的结果承担刑事责任。但因行为人缺乏剥夺他人生命的故意,不能以故意杀人罪论处,而应以上述相关的犯罪定罪,将引起他人自杀作为从严处罚的一个情节。

其三,行为人具有剥夺他人生命的故意,而逼迫、诱骗、教唆或帮助他人自杀的,一律按照故意杀人罪论处。逼迫他人自杀,是指行为人采用暴力、胁迫等方法,故意置被害人于走投无路之境地,逼其自杀的情形;诱骗他人自杀,是指故意设下圈套或者陷阱,或者利用他人的无知,诱使他人自杀的情况;教唆他人自杀,是指在他人本无自杀意念或尚无自杀决意的情况下,行为人用鼓动、怂恿的方法,使他人产生自杀意念或自杀决定,进而自杀的情况;帮助他人自杀,是指行为人在他人自杀时提供行为或物质上的帮助,促使他人自杀的情形。这些情形中,行为人主观上都有剥夺他人生命的故意,实施了导致他人死亡的某些行为,且这些行为与自杀者死亡之间具有因果关系,完全符合故意杀人罪的构成要件。根据最高司法机关的司法解释,组织和利用邪教组织制造、散布迷信邪说,指使、胁迫其成员或者其他人实施自杀的,以故意杀人罪论处。①

4. 受嘱托杀人案件的定性

受嘱托杀人是指行为人接受他人的嘱托,而故意地将其杀死的行为。从行为人的角度看,这是一种被害人承诺的行为。在一般具有危害性的行为中,被害人承诺可以作为违法阻却的一个理由而免除行为人的刑事责任。但是从各国的立法及司法实践来看,被害人承诺的范围一般不应包括自己的生命在内,对受嘱托而杀死他人的,应当追究刑事责任。我国刑法对此未作明文规定,在司法实践中对此种行为

---

① 参见1999年10月8日最高人民法院、最高人民检察院《关于办理组织和利用邪教组织犯罪案件具体应用法律若干问题的解释》。

应以故意杀人罪论处。

与受嘱托杀人相关的一个热点问题是关于安乐死是否构成杀人罪的争论。从本质上讲,对身患绝症濒临死亡之人提早结束其生命,也属于受嘱托杀人的范围,不能阻却其违法性,仍应以故意杀人罪论处。但是,鉴于安乐死与一般的受嘱托杀人相比具有特殊性,其是否应予以合法化,在国内外都引起了激烈的争论。目前,已有个别国家通过立法将安乐死合法化。但在我国,安乐死是否合法化仍处于理论争论阶段。

5. 相约自杀案件的处理

相约自杀是指二人以上约定共同结束生命的行为。在相约自杀未遂的情况下,是否对自杀未遂者以故意杀人罪论,也颇值得研究。从实践中的案例来看,大致可以分为四种情况:其一,相约自杀,各自实施自杀行为的,对自杀未遂者不能追究刑事责任。其二,行为人教唆、帮助他人自杀,自己也同他人约定自杀,结果该人自杀未遂的,可以按照教唆、帮助他人自杀的情形处理。其三,行为人与他人相约共同自杀,但他人无勇气或无能力实施自杀,要求行为人先将其杀死再自杀;行为人将他人杀死之后,自杀未遂的,符合受嘱托杀人的特征,仍应以故意杀人罪论处。其四,行为人以虚假的意思表示,假意与他人相约自杀,他人自杀而行为人未自杀的,符合诱骗他人自杀特征,应以故意杀人罪论处。

二、过失致人死亡罪

过失致人死亡罪,是指由于过失而致人死亡的行为。本罪的客体是他人的生命权利。本罪的客观方面表现为致人死亡行为,致人死亡的行为与死亡结果之间存在因果关系。在犯罪主观方面行为人出自过失。

认定本罪应注意如下几个问题:第一,要将本罪与故意杀人罪(尤其间接故意)区分开来。前者对死亡结果持否定态度;后者持希望或者放任态度。第二,要把本罪同意外事件区别开来。前者对死亡结果应当预见,后者没有预见,也不应当预见;前者行为人主观上有过失的罪过,应当负刑事责任,后者无罪过,不应当负刑事责任。第三,要把本罪与刑法另有规定的致人死亡的行为区别开来。《刑法》第233条规定:"本法另有规定的,依照规定。"这是指实践中因过失致人死亡的情况较多,刑法分则对这些情况如失火、交通肇事、重大责任事故等都作了专门规定,分别有独立的罪名和法定刑,可分别按照各有关条款的规定定罪处刑,不再另定过失致人死亡罪。

三、故意伤害罪

(一) 故意伤害罪的概念和特征

故意伤害罪,是指故意非法地损害他人身体健康的行为。故意伤害罪的特征是:

(1) 本罪的客体是他人的健康权利。这是本罪区别于其他侵犯人身权利犯罪的一个重要特征。从犯罪对象上看,本罪所侵害的只能是行为人以外的具有生命的自然人,因为没有生命,便无所谓健康。损害自己健康的,也不能够构成本罪。只有伤害自己的身体是为了损害社会利益而触犯刑律的,才应以有关法律规定定罪。例如,军人战时自伤身体,逃避履行军事义务的,依照《刑法》第 434 条规定的战时自伤罪论处;自伤身体是为了嫁祸于人诬陷他人,意图使他人受到刑事追究,情节严重的,应依照第 243 条规定的诬告陷害罪论处。

(2) 本罪客观方面表现为行为人非法损害他人身体健康的行为。这一特征有两层含义:其一,行为人的行为必须是非法的,如果是合法行为如医疗行为,就不能构成本罪。其二,必须使他人的身体健康受到损害。身体健康受到损害,包括人身组织的损害和身体器官正常机能的损害两个方面;损害的程度可以分为轻伤、重伤、致人死亡三个层次。至于行为人是采用暴力还是非暴力的、作为还是不作为的方式实施犯罪,均在所不问。

(3) 本罪的主体是一般主体,至于负刑事责任的年龄,根据《刑法》第 17 条的规定,分为两种情况:故意伤害致人轻伤的,已满 16 周岁的人应当负刑事责任;故意伤害致人重伤或者死亡的,已满 14 周岁的人应当负刑事责任。

(4) 本罪的主观方面,行为人须出自故意。故意的内容是行为人对自己的行为导致他人人身损害的结果持希望或放任的态度。故意的形态有直接故意伤害和间接故意伤害。至于行为人在主观上要造成什么样的伤害结果,有的有明确肯定的故意,在多数情况下,只有概括故意,对伤害的部位和造成轻伤还是重伤,是不明确、不肯定的。故意伤害的动机多种多样,有的为了个人报复、嫉妒,有的出于滋事斗殴,有的由于家庭、婚姻或其他纠纷引起,等等。不同的动机不影响本罪的成立。根据前述最高人民法院、最高人民检察院的司法解释,组织和利用邪教组织制造、散布迷信邪说,指使、胁迫其成员或者其他人实施自伤行为的,依照故意伤害罪定罪处罚。①

(二) 故意伤害罪的认定

1. 伤害程度判定的标准

在故意伤害犯罪中,行为人的行为对被害人造成的损害程度,对定罪量刑具有重大影响。根据我国刑法的规定和司法实践经验,将伤害程度分为轻微伤、轻伤、重伤、伤害致死。其中,轻微伤不属于伤害罪的范围,对行为人应按治安管理处罚条例予以处罚;轻伤、重伤和伤害致死同属于伤害罪,只是罪轻罪重之别。根据《刑法》第 95 条的规定,具有下列情形之一的,都属于重伤:(1) 使人肢体残废或者毁人容颜的;(2) 使人丧失听觉、视觉或者其他器官机能的;(3) 其他对于人身健康有重大伤害的。为了使重伤、轻伤的标准具体化,2013 年 8 月 30 日最高人民法院、最高人民检察院、公安部、国家安全局和司法部发布了《关于发布〈人体损伤程度鉴定标准〉的公告》,《人体损伤程度鉴定标准》于 2014 年 1 月 1 日正式实施,该标准对重伤、轻伤的具体认定作了详细的解释。

---

① 参见 1999 年 10 月 8 日最高人民法院、最高人民检察院《关于办理组织和利用邪教组织犯罪案件具体应用法律若干问题的解释》。

在司法实践中,对于伤害结果的鉴定,是以被害人受伤当时的伤势为准,还是以治疗后的结果为准,有不同的见解。通说认为,伤害结果应以伤害当时的伤势同治疗后的结果结合起来进行综合考量,同时也应兼顾受伤部位同被害人职业的关系等因素。

2. 故意伤害罪与故意杀人罪的区别

故意伤害罪与故意杀人罪的区别,从理论上应重点把握两个方面:一是从犯罪的客体上看,故意伤害罪侵犯的是他人的人身健康权,故意杀人罪则是侵犯了他人的生命权。二是在主观方面,两罪虽然都是故意犯罪,但故意的内容有重大区别。在故意伤害罪中,行为人是明知自己的行为会造成他人身体损害的结果,并且希望或放任这种结果的发生;而在故意杀人罪中,行为人是明知自己的行为会造成他人死亡的结果,并且希望或放任这种结果的发生。在实践中,查明行为人主观故意的内容,对认定其行为的性质具有重要意义。如果行为人在实施行为时,对他人是死是伤均是持放任的态度,则应根据最终的结果认定行为人行为的性质,即造成伤害结果的,定故意伤害罪,造成死亡结果的,定故意杀人罪;如果行为人主观上只有致人伤害的故意,而无致人死亡的故意,结果却造成了致人死亡结果的,仍应以故意伤害罪论处;如果行为人主观上有致人死亡的故意,尽管客观上没有导致他人的死亡,也应按故意杀人罪(未遂)处理。

3. 故意伤害罪与其他暴力性犯罪的关系

故意伤害罪与其他暴力性犯罪的区别,主要是看其他暴力性犯罪的构成要件或处罚情节中是否包含了故意伤害罪的内容以及包含到何种程度。凡是其他暴力性犯罪能够包含的伤害行为,都适用《刑法》第234条第2款规定的"本法另有规定的,依照规定"的原则,不再定故意伤害罪;凡是暴力性犯罪中只包含轻伤,而不包含重伤或致人死亡情节的,在致人重伤或者死亡的情况下,则应以故意伤害罪定罪处罚。如刑讯逼供罪、暴力取证罪、虐待被监管人罪、聚众斗殴罪以及妨害公务罪中的暴力,仅包括致人轻伤的情形,如果行为人实施上述犯罪致人轻伤的,直接以上述相关犯罪定罪处罚;如果行为人实施上述犯罪致人伤残、死亡的,均超出了上述犯罪暴力的内容,行为人基于伤害故意的,都应以故意伤害罪定罪处罚。

(三)故意伤害罪的处罚

根据《刑法》第234条的规定,犯本罪的,处3年以下有期徒刑、拘役或者管制;致人重伤的,处3年以上10年以下有期徒刑;致人死亡或者以特别残忍手段致人重伤造成严重残疾的,处10年以上有期徒刑、无期徒刑或者死刑。

四、组织出卖人体器官罪

随着器官移植手术的迅速发展,盗窃人体器官、组织贩卖人体器官、欺骗他人捐献器官等非法行为时有发生。鉴于涉及人体器官犯罪的形式呈现多样化、复杂化的趋势,已严重威胁到人民群众的生命健康安全,《刑法修正案(八)》规定了组织出卖人体器官罪。

所谓"组织"是指行为人实施领导、策划、控制他人进行其所指定的行为活动。"出卖"应当是基于受害人本人的同意,即受害人能够意识到其行为是出卖器官,并且能够认识到出卖器官对身体造成的影响。倘若受害人没有上述意识,则组织者侵犯了受害人的意思自由,违背了受害人捐献器官的自主选择意识,此种情况下组织者的行为已经超出了"组织"的范畴,已经对受害人的身体健康权造成威胁,应当按照故意伤害罪处理。而本罪的犯罪对象"人体器官",应主要从医学角度理解。从医学角度来讲,人体器官是指人体中由多种生物学组织共同构成的有机结构,用来完成特定生理功能。应当注意的是,本人出卖自己的器官并不构成犯罪。

另外,根据《刑法》第234条之一第2款规定,未经本人同意摘取其器官,或者摘取不满18周岁的人的器官,或者强迫、欺骗他人捐献器官的,依照故意杀人罪或者故意伤害罪定罪处罚。强制摘取人体器官一般表现为胁迫和欺骗。胁迫一般是以暴力、胁迫、威胁等使被害人处于不能反抗或者丧失反抗能力的状态,尔后摘取其器官的行为。因此该条文中的"强迫"应做广义理解,即使被害人无法抗拒、不敢抗拒的手段均被认定为强迫。

根据《刑法》第234条之一第3款规定,违背本人生前意愿摘取其尸体器官,或者本人生前未表示同意,违反国家规定,违背其近亲属意愿摘取其尸体器官的,依照盗窃、侮辱尸体罪定罪处罚。由于活体器官供应的急缺,尸体器官便成为器官移植手术的主要来源。违背其本人生前意志摘取器官,甚至直接盗窃尸体器官便成为其来源的主要手段之一,特别是无家属认领的患者尸体更是任由不法人员肆意摘取其器官。非法使用尸体器官主要表现在医疗机构、医师或其他人未经死者生前同意或者其死后家属的同意,擅自摘取尸体器官的行为。从社会文化的角度考虑,即便是摘取尸体器官也应当是在尊重器官供体尊严的基础上进行,也必须遵守器官所有者的自主决定权。因此,违背本人生前意愿摘取其尸体器官,或者本人生前未表示同意,违反国家规定,违背其近亲属意愿摘取其尸体器官的,也应当承担刑事责任。

五、过失致人重伤罪

过失致人重伤罪,是指行为人因过失造成他人身体重伤的行为。本罪的客体是他人的健康权利。客观方面表现为行为人实施了非法损害他人身体健康的行为,并且伤害结果达到重伤的程度。如果致人死亡的,应以过失致人死亡罪论处。本罪主观方面要求行为人出自过失,即行为人对自己的行为造成他人重伤的结果有过失。刑法分则规定的其他犯罪中包含过失致人重伤情节的,依照相关的犯罪定罪处罚,不再定本罪。

六、强奸罪

(一)强奸罪的概念和特征

强奸罪分为两种类型,一种是普通强奸,另一种是奸淫幼女。普通强奸,是指违背妇女意志,使用暴力、胁迫或者其他手段,强行与妇女发生性交的行为。而奸淫幼女,是指故意对不满14周岁的幼女实施奸淫的行为。

(二) 强奸罪的特征

第一,客体是妇女的性自主权利。其侵害的对象是14周岁以上的女性和不满14周岁的幼女。

第二,本罪的客观方面表现为行为人违背妇女意志,强行与其发生性交的行为。违背妇女意志,是强奸妇女罪的内在本质特征。如要达到在违背妇女意志的情况下性交,行为人往往要采取一些使妇女不能反抗、不知反抗或不敢反抗的手段。这些手段,正是违背妇女意志这个本质特征的外在表现。因此,考察犯罪手段,对于确定是否属于强奸是有重要意义。强行与妇女发生性交行为的手段通常有以下几种:(1) 暴力手段。即行为人使用暴力对被害妇女直接施以身体上的强制,如殴打、捆绑、按倒、卡脖子、塞嘴巴等,使妇女不能反抗。(2) 胁迫手段。即行为人对被害妇女施以威胁、恫吓,进行精神上的强制,如以杀伤被害人或其家属、揭发其隐私;利用迷信邪说对被害人进行恐吓、欺骗;利用教养或从属关系以及孤立无援的状态,使妇女不敢反抗。(3) 其他手段。即行为人使用暴力、胁迫以外的手段,使被害妇女不知反抗或无法反抗。例如,乘妇女昏迷、熟睡、重病之机进行奸淫;以灌醉酒或用药物将妇女麻醉,使其处于昏迷状态而奸淫;以为妇女治病为名进行奸淫;深夜冒充妇女的丈夫或恋人使妇女受蒙蔽而奸淫,等等。这些手段,在本质上都是违背妇女意志的。采用什么手段,只是考察违背妇女意志的客观事实,正确认定强奸罪,关键是要查明行为人是否违背妇女意志而与之性交。与明知无责任能力的妇女如精神病患者或者呆傻妇女发生性交行为,无论行为人采用何种手段,也不论被害人是否表示同意,均构成强奸罪。与年龄不满14周岁的幼女发生性行为的,对行为方式没有限定。

第三,本罪的主体是一般主体。依照《刑法》第17条第2款的规定,已满14周岁的人犯强奸罪的,应当负刑事责任。

第四,本罪的主观方面,行为人只能出自直接故意,并且具有奸淫的目的,即意图与被害妇女发生性关系的目的。这是从主观方面区分强奸行为与猥亵行为的关键。与年龄不满14周岁的幼女发生性行为,应当明知受害人不满14周岁,即已经知道或应该知道受害人不满14周岁。

(三) 强奸罪的认定

1. 强奸罪的既遂标准

根据我国的刑法基本理论,犯罪既遂以犯罪构成要件是否齐备作为标准。就普通强奸罪来说,行为人的行为是否完成了性交,是认定该罪既遂与否的标准。那么性交行为达到何种程度,作为性交完成的标志,大致有接触说、插入说和射精说三种意见。我国刑法理论界以插入说为通行的观点。而对于奸淫幼女来说,为了进一步体现保护幼女的精神,在犯罪成立的标准上,只要行为人的生殖器与幼女的生殖器相接触,即应认为是强奸罪的既遂。

2. 强奸罪与通奸的界限

通奸是指一方或者双方有配偶的男女之间，自愿发生性交的行为。在我国，通奸属于道德规范调整的范围，应受到社会舆论的谴责，情节严重的，可给予党纪、政纪的处分。强奸与通奸的本质区别在于性交是否违背妇女意志。从理论上讲通奸与强奸并不难划分，但在实践中情况比较复杂，易于混淆。根据司法实践经验，是否认定强奸可以区分为以下几种情况：(1) 有的妇女原来与人通奸，事情败露后，为保全自己的名誉，或者怕夫妻关系破裂，把通奸说成强奸；也有的犯罪分子在案发后，为了推脱罪责，把强奸说成通奸。这种情况都不能改变原来通奸或者强奸的性质，司法机关应查明真相，实事求是地认定。(2) 对所谓"半推半就"的案件，不能一概视为强奸或通奸，因为这种情况行为人强制手段不明显，也不都是违背妇女意志。只有确实查明与妇女发生性交的行为是违背其意志的，才宜认定为强奸性质。否则，应以通奸论。(3) 原属通奸，以后女方因故与男方断绝往来，而男方继续纠缠不休，并使用暴力、威胁或者其他手段，强行与妇女性交的，应认定为强奸罪。(4) 第一次是强奸，但女方并未告发，尔后形成了通奸关系，性交并不违背妇女意志，而是女方愿意的，一般不宜以强奸罪论处；如果以后多次性交是在男方的强制下，女方忍辱屈从的，则应以强奸罪论处。(5) 被淫乱分子强奸的女性，后来与该淫乱分子一起参加了淫乱活动，对行为人原来强奸女性的行为，应定为强奸罪。(6) 对于有从属关系的男女发生性交的，是否构成强奸罪，要作具体分析。如行为人是利用职务上的从属关系或教养关系进行打击、迫害、要挟、刁难或者乘人之危，逼迫妇女违心屈从与之发生性交的，应认定为强奸罪。如果行为人利用职权引诱女方，女方基于利用行为人而与之发生性交的，或者虽有教养关系，但女方已满14周岁，男方又未使用强制手段的，不以强奸罪论处。

3. 强奸未遂同强制猥亵罪、强制侮辱妇女罪的界限

区别的关键在于行为人主观上有无奸淫的目的。如果行为人具有奸淫的目的，已着手实行强奸行为，只是由于被害人的反抗或者其他行为人意志以外的原因而未得逞的，应定为强奸未遂；如果行为人只以暴力、胁迫或者其他方法强制猥亵罪、强制侮辱妇女，以满足其变态性欲，并无强行奸淫的目的，构成犯罪的，应以强制猥亵罪或强制侮辱妇女罪论处。

4. 轮奸与聚众淫乱罪的界限

轮奸妇女，是指两个以上的男性出于共同故意，在同一时间轮流对同一妇女强行奸淫的行为。轮奸较之一般强奸有更大的社会危害性，是强奸罪的从重处罚情节，并不是独立的罪名。聚众淫乱罪，是指聚集多人乱搞两性关系的行为，其中的男女之间不存在强迫与被强迫的关系，对于发生性交的行为，每个人都是自愿的。

(四) 强奸罪的处罚

根据《刑法》第236条的规定，犯本罪的，处3年以上10年以下有期徒刑。有下列情形之一的，处10年以上有期徒刑、无期徒刑或者死刑：(1) 强奸妇女情节恶劣的；(2) 强奸妇女多人的；(3) 在公共场所当众强奸妇女的；(4) 二人以上轮奸的；

(5) 致使被害人重伤、死亡或者造成其他严重后果的。依照《刑法》第 236 条第 2 款的规定,奸淫不满 14 周岁的幼女的,以强奸论,从重处罚。

七、强制猥亵罪①

强制猥亵罪,是指以暴力、胁迫或者其他方法强制猥亵他人的行为。

本罪的客体是人格尊严和人身自由权利。本罪侵犯的对象为自然人,包括不满 14 周岁的儿童和已满 14 周岁以上的男性和女性。强制,是指采用暴力或者胁迫方法;猥亵,是指性交以外的、满足自己或者他人性欲行为,具体表现为行为人为了追求异性刺激,以满足其变态性欲,用淫秽、下流的方法,亵渎他人的行为。强奸男性的行为,可以成立本罪。

根据《刑法》第 237 条的规定,犯本罪的,处 5 年以下有期徒刑或者拘役;聚众或者在公共场所当众犯本罪的,处 5 年以上有期徒刑。猥亵儿童的,依照前款的规定从重处罚。

八、强制侮辱妇女罪

强制侮辱妇女罪,是指侵犯妇女名誉权以外的其他强制侮辱妇女的行为。

本罪的客体是妇女的人格尊严和人身自由权利,但是不包括妇女的名誉权,因为侵犯妇女的名誉权的行为成立侮辱罪。本罪侵犯的对象为 14 周岁以上的女性。强制侮辱,是指违背妇女意志,除侵犯妇女名誉权以外的、其他贬低妇女人格地位、使其产生耻辱心理的行为,具体表现为强行脱去、或者撕毁衣服;剪去其头发或者涂抹污秽物品等行为。如果被害妇女同意,则不能成立犯罪。

九、非法拘禁罪

(一) 非法拘禁罪的概念和特征

非法拘禁罪,是指故意非法剥夺他人行动自由的行为。本罪的特征是:

(1) 本罪的客体,是他人行动自由的权利。行动自由是指公民身体在不受强制约束的条件下,按照自己的意志,在任意的时间、空间自由支配自己的行动。

(2) 本罪的客观方面,表现为行为人实施了非法拘禁他人或者以其他方法剥夺他人行动自由的行为。这一特征,有两个要点需要把握:其一,行为人的行为必须是非法的,如果国家机关工作人员合法地将公民予以拘押,即使是后来证明羁押有误,也不能构成非法拘禁罪;医生对病人实行隔离、监管以及监护人对无行为能力之人实行的监护、军队对违纪军人关禁闭等合法行为,均不能视为非法拘禁。当然,如上

---

① 2015 年 10 月 30 日最高人民法院、最高人民检察院《关于执行〈中华人民共和国刑法〉确定罪名的补充规定(六)》将《刑法》第 237 条第 1 款、第 2 款的罪名规定为"强制猥亵、强制侮辱罪"值得商榷。因为强制猥亵和强制侮辱的对象并不相同,前者包括妇女在内的任何人,而后者仅包括妇女。因此不能将这两个罪规定为一个选择罪名,而应该分别规定为强制猥亵罪和强制侮辱妇女罪。故本教科书没有接受该司法解释对《刑法》第 237 条第 1 款、第 2 款所确定的罪名。

述行为是被滥用的,则也失去合法性,仍可构成犯罪。其二,行为人实施了将他人限制在一定的空间以内,使其不得自主脱离该空间的行为。至于行为是否具有暴力性,是作为还是不作为,使用何种手段、方式,均在所不问。行为人的行为既可以是直接地施加于被害人的身体,如捆绑等,也可以是设置某种物质障碍,使被害人不能自由出入某场所。如仓库保管员误将某人锁入仓库内,发现之后故意不予释放;将在特定场所洗浴的女性的衣物取走,等等,均可构成本罪。

(3) 本罪的主体是一般主体。

(4) 本罪的主观方面是故意,包括直接故意和间接故意。至于行为人动机如何,并不影响本罪的成立。《刑法》第238条强调,为索取债务非法扣押、拘禁他人的,应以本罪论处,至于债务本身是否合法,在所不问。

(二) 非法拘禁罪的认定

1. 本罪既遂与未遂的区分

本罪所侵害的是公民的行动自由,在既遂形态上是一种行为犯,即行为人的行为达到剥夺他人行动自由的程度时,犯罪即告既遂;行为人的行为在尚未达到剥夺他人行动自由的程度时停止下来,则只能构成未完成形态。因此,被害人的行动自由是否被剥夺,是区分本罪既遂与否的标准。与此同时,本罪是一种继续犯,犯罪一旦既遂,其持续时间的长短并不影响行为的性质,只是危害程度上有所差异。

2. 非法拘禁罪与非罪的界限

如上所述,只要行为人的行为达到了剥夺他人的行动自由的程度,原则上均可构成犯罪的既遂。但是,在实践中,非法拘禁的情况千差万别,判断行为人的行为是否达到了犯罪的程度,也应综合考量其危害性,对于情节显著轻微危害不大的,不应以犯罪论处。根据有关司法解释的规定,1999年8月6日最高人民检察院《关于人民检察院直接受理立案侦查案件立案标准的规定(试行)》。非法拘禁他人具有下列情节之一的,应以犯罪论处:(1) 非法拘禁持续时间超过24小时的;(2) 3次以上非法拘禁他人,或者一次非法拘禁3人以上的;(3) 非法拘禁他人,并实施捆绑、殴打、侮辱等行为的;(4) 非法拘禁,致人伤残、死亡、精神失常的;(5) 为索取债务非法扣押、拘禁他人,具有上述情形之一的;(6) 司法工作人员对明知是无辜的人而非法拘禁的。

3. 非法拘禁罪与其他犯罪的竞合或牵连问题

在我国刑法中,除非法拘禁罪之外,还有其他一些犯罪行为可以是以非法剥夺他人行动自由的方法实施的,如强奸罪、刑讯逼供罪、暴力干涉婚姻自由罪、拐骗儿童罪、妨害公务罪等,在此情况下,应区分不同情况,按照想象竞合犯或牵连犯的处罚原则定罪处罚。

4. 非法拘禁罪与故意伤害罪、故意杀人罪以及过失致人重伤罪、过失致人死亡罪的界限

《刑法》第238条规定,非法拘禁他人,具有殴打情节的,从重处罚。殴打,往往会致人伤残、死亡。非法拘禁他人犯罪中的"殴打",以故意致人轻伤为限。如果行

为人故意致人重伤,或者故意杀害被害人的,则已超出了非法拘禁罪的构成要件,对行为人应直接以故意伤害罪或者故意杀人罪定罪处罚;如果行为人的拘禁行为过失地导致被害人重伤、死亡的,则已为非法拘禁罪的结果加重情节所包含,仍以非法拘禁罪定罪处罚,不再论以过失致人重伤罪或过失致人死亡罪。

(三) 非法拘禁罪的处罚

根据《刑法》第 238 条的规定,犯本罪的,处 3 年以下有期徒刑、拘役、管制或者剥夺政治权利。具有殴打、侮辱情节的,从重处罚。犯本罪致人重伤的,处 3 年以上 10 年以下有期徒刑;致人死亡的,处 10 年以上有期徒刑。非法拘禁他人使用暴力致人伤残、死亡的,分别以故意伤害罪或故意杀人罪定罪处罚。为索取债务非法扣押、拘禁他人的,依照上述规定处罚。国家机关工作人员利用职权犯本罪的,从重处罚。

十、绑架罪

(一) 绑架罪的概念和特征

绑架罪,是指以勒索财物或其他要求为目的,绑架他人作为人质的行为。绑架罪的特征是:

(1) 本罪的客体是复杂客体,即侵犯了他人的人身自由和财产及其他个人、社会利益。但是,在这些客体中,侵犯他人的人身自由是本罪最基本、最固定的内容,所以刑法将本罪规定于侵犯公民人身权利罪之中。

(2) 本罪的客观方面表现为行为人实施了绑架他人作为人质的行为。绑架,是指以暴力、胁迫、麻醉或其他方法,强行控制被害人的行动的行为。其中,强行控制被害人作为人质,是本罪客观方面一个重要特征。应当说,只要符合这一特征,均可构成犯罪。至于行为人采用什么样的手段,将被害人挟持在什么场所,并不重要。但是,在实践中,由于绑架犯罪以暴力实施者较为常见,《刑法》第 239 条就特别强调,以勒索财物为目的偷盗婴幼儿的,也构成绑架罪,旨在对没有认知及反抗能力的婴幼儿实行特别保护。

(3) 本罪的主体是一般主体,即年满 16 周岁、具有刑事责任能力的人均可构成本罪主体。至于行为人与被害人关系若何,在所不问。

(4) 本罪的主观方面是故意,并且行为人具有将被害人作为人质的目的。所谓作为人质,是指行为人以扣押的被害人作为交换条件,向他人提出要求,满足其所提要求者,释放被害人,不满足其要求者,继续加害于被害人。如果行为人主观上不具有将被害人作为人质的目的,而是为了直接实施某种犯罪而剥夺他人的行动自由的,则不能论以绑架罪。例如行为人为实施杀人、伤害、强奸、拐卖妇女儿童、妨害公务、虐待、暴力干涉婚姻自由等犯罪而将被害人予以绑架的,均不能以绑架罪论处。《刑法》第 238 条也明确规定,为索取债务非法扣押、拘禁他人的,以非法拘禁罪论处,不以绑架罪定罪。

行为人将他人绑架作为人质,提出要求的内容,我国刑法规定了两个方面:一是勒索财物,即将被害人作为人质,要求其他人交付一定数量的财物,赎回被害人;二是其他政治、经济等方面的要求,如劫持人质要求释放在押人犯、提供交通工具等等。这里有一个问题值得研究,即行为人劫持人质所提出的要求是否仅限于非法的,也就是说行为人为了获得其本应得到的合法权益以劫持人质的方法向有关部门、人员施加压力的,是否构成绑架罪呢？我们认为,绑架罪是一种严重侵犯公民人身权利的犯罪,不得被用作实现合法权益的手段。即合法权益的实现,只能通过合法的途径解决,不能以侵犯他人人身权利的方法获取。因此,尽管行为人的要求是合法的,也不能阻却其绑架行为的犯罪性质。

(二) 绑架罪的认定

1. 绑架罪的既遂标准

关于绑架罪的既遂标准,刑法理论界的意见并不一致。产生歧见的根源是将绑架罪的构成要件中的行为视为单一行为还是视为复合行为。认为是单一行为者,绑架罪的既遂即以被害人的人身自由被剥夺作为标准;认为是复合行为者,绑架罪的既遂仅有劫持他人的行为尚不够,而要进一步实施目的行为如勒索财物等,方能成立。持第二种观点者认为,如果按单一行为说,有以下两个问题不能得到正确、合理地解决:一是犯罪中止问题。按照单一行为说,行为人一经实施绑架行为,即构成既遂,行为人即使放弃勒索或其他要求的行为,也没有犯罪中止之余地,这不仅不合情理,也与刑法鼓励犯罪分子自动放弃本可以继续实施的犯罪的精神相悖。二是共同犯罪问题。司法实践中,有的行为人在其他犯罪分子实施了绑架行为后,参与勒索他人财物的行为。对于此种情况,按单一行为说,显然不能按绑架的共同犯罪处理,于理于法都是说不通的。

我们认为,我国刑法中的绑架罪是一种严重侵犯公民人身权利的犯罪,立法设立本罪的宗旨在于对公民的人身权利予以重点保护。至于财产等其他权利或利益,在本罪中处于次要地位。从构成要件上看,绑架行为与以人质相要挟提出要求都是绑架罪的构成要件,但前者属于客观行为要件,后者属于主观要件,二者不具有客观要件的复合性。即只要行为人主观上以勒索财物或其他要挟为目的,客观上实施了绑架的行为,即可构成犯罪的既遂,并不要求其勒索行为必须发出,更不要求其目的一定实现。至于上述复合说提出的犯罪中止和共同犯罪问题,都不足以推翻我国刑法的基本理论。根据我国刑法理论,犯罪既遂之后,无论行为人是否停止其犯罪行为,均不可能再有犯罪中止的出现。至于事后帮助犯不能以共同犯罪论处,更是我国刑法理论坚持主客观相统一定罪原则的必然结论,亦无不符理与法之嫌。根据我国刑法理论,事先无通谋的事后帮助行为,不能与他人的先前犯罪构成共犯,若行为人的帮助行为构成独立犯罪的,按有关犯罪定罪处罚;其帮助行为属于法无明文规定者,依据罪刑法定原则不予处罚。正如事后帮助盗窃犯销赃仅构成销赃罪而不构成共同盗窃罪,别人杀人后帮助掩埋尸体构成包庇罪而不构成共同杀人罪一样,事后帮助绑架人质的犯罪分子向他人提出勒索要求的,也不能以绑架罪的共同犯罪论处,其行为构成什么罪(如敲诈勒索罪),就直接按什么罪处罚,不符合任何犯罪构成要件的,不能以犯罪论处。反之,若如复合行为论的观点,仅仅在事后参与勒索或要挟行为的人也按绑架罪的共同犯罪定罪处罚,显然违背了主客观相统一的定罪原则,而且让缺乏绑架故意而仅实施了勒索行为的人承担最低刑为10年有期徒刑的绑架罪的刑事责任,则更是于理不符。

2. 绑架罪与非法拘禁罪的区别

从犯罪客体和客观行为要件上看,绑架罪与非法拘禁罪,都是非法地剥夺了他人的行动自由,在本质和外部特征上是趋于同一的。两罪区别的关键,是看行为人主观上是否具有剥夺他人行动自由并将其作为人质进行勒索或要挟的目的。如果不具备这种目的而非法剥夺他人行动自由的,应以非法拘禁罪论处;具备这一目的的,则构成绑架罪。但根据《刑法》第238条的规定,为索取债务非法扣押、拘禁他人的,不按绑架罪论处。

3. 绑架罪涉及的罪数问题

绑架是一种暴力性犯罪,在犯罪过程中往往会导致被害人伤亡的后果,与其他犯罪之间形成想象竞合犯或法定吸收关系。具体表现为:(1)行为人在实施绑架犯罪行为中故意或过失地致人重伤,形成绑架罪与故意伤害罪或过失致人重伤罪的竞合,理论上应按一重罪处罚。在立法上,此种结果已为绑架罪所包含,符合《刑法》第234条和第235条规定的"本法另有规定的,依照规定"的情形,直接以绑架罪定罪处罚。(2)行为人在绑架犯罪过程中,过失地致被害人死亡,形成绑架罪与过失致人死亡罪之间的想象竞合,理论上应按一重罪处罚。在立法上,《刑法》第239条将此种情况作为绑架罪的结果加重犯予以规定,符合《刑法》第233条规定的"本法另有规定的,依照规定"的情形,按绑架罪定罪处罚。(3)行为人在绑架犯罪过程中或犯罪既遂之后,故意将被害人杀死(撕票),独立地构成故意杀人罪。但是根据《刑法》第239条的规定,此种情况属于绑架罪的一个处罚情节,已为绑架罪所吸收,以绑架罪定罪处罚,不再单独论以故意杀人罪。(4)绑架犯罪引起被害人自杀的,绑架行为与被害人自杀之间存在偶然因果关系,行为人也应对此承担刑事责任,应当按照绑架罪从重处罚。除上述情形之外,行为人在绑架过程中又实施了其他加害于被害人的行为构成犯罪的,应当与绑架罪进行并罚。如绑架妇女作人质,又实施强奸行为的,就应当以绑架罪和强奸罪进行并罚。

十一、拐卖妇女、儿童罪

(一)拐卖妇女、儿童罪的概念和特征

拐卖妇女、儿童罪,是指以出卖为目的,拐骗、绑架、收买、贩卖、接送、中转妇女、儿童的行为。拐卖妇女、儿童罪的特征是:

(1)本罪的客体是妇女、儿童的人身自由和人格尊严。人是社会关系的主体,生而享有人身自由和人格尊严,任何人不得非法剥夺他人的人身自由,其人格尊严更是神圣不可侵犯。拐卖妇女儿童罪,其本质是将妇女、儿童作为社会关系之客体,作为商品予以交换,是对他人人格尊严的严重践踏。本罪的对象,仅限于妇女和儿童,不包括成年男子。在实践中,若发生拐卖已满14周岁男子行为的,并无相应的犯罪予以定罪处罚。如果行为人的行为触犯了其他犯罪如非法拘禁、伤害、杀人等，直接依照相关的犯罪定罪处罚。本罪所称之妇女，是指已满14周岁的女性；本罪所称之儿童，是指未满14周岁男女儿童。必须注意，本罪所侵犯的对象，仅有年龄与性别的限制，至于被害人精神状况、健康状况如何、生活质量好坏以及与犯罪人是何种关系、是否具有中国国籍，均在所不问。

（2）本罪的客观方面，表现为行为人实施了拐卖妇女、儿童的行为。根据《刑法》第240条的规定，拐卖妇女、儿童是指以出卖为目的，有拐骗、绑架、收买、贩卖、接送、中转妇女、儿童的行为之一的情形。"拐骗"，是指采用欺骗、利诱等方法使被害人轻信后脱离家庭，置于行为人控制之下；"绑架"，是指以暴力、胁迫或者麻醉等方法劫持妇女、儿童；"收买"，是指以出卖为目的，用一定的钱物购买妇女、儿童；"贩卖"，是指将拐骗、绑架、收买的妇女、儿童转手出卖；"接送""中转"，是指在拐卖妇女、儿童的共同犯罪中，分工接送被害人或者将被害人转手交给其他人贩子，为人贩子找买主，为人贩子在拐卖途中窝藏、看管被拐卖的妇女、儿童等。行为人只要实施了上述行为之一的，即构成本罪。此外，根据《刑法》第240条之规定，以出卖为目的而偷盗婴幼儿的，也构成拐卖妇女、儿童罪。

（3）本罪的主体是一般主体，即凡年满16周岁，具有刑事责任能力的人，都可成为本罪的主体，男女、国籍在所不问。

（4）本罪的主观方面是故意，即行为人明知是妇女、儿童，又故意实施拐卖的行为。构成本罪，行为人必须具有出卖的目的，至于该目的是否实现，出卖后是否获利，均不影响犯罪的成立。

（二）拐卖妇女、儿童罪的认定

1. 拐卖妇女、儿童罪与以勒索财物为目的的绑架罪的界限

两罪的客观行为有相同之处，其主要区别是：（1）客体不同。前罪的客体是被害人的人身权利和人格尊严；后罪的客体是他人的人身权利和财产权利。（2）犯罪对象不同。前罪仅限于妇女、儿童；后罪可以是任何人。（3）取财方式不同。前罪通过将妇女、儿童出卖得到钱财；后罪是向被绑架人质的亲属或关系人勒索财物。（4）主观目的不同。前罪以出卖为目的；后罪以勒索财物为目的。

2. 拐卖妇女罪与借介绍婚姻从中索取钱财行为界限

二者的主要区别是：（1）目的不同。前者为出卖妇女；后者为介绍婚姻，借机索财只是动机。（2）前者被拐卖的妇女往往不知自己被拐卖，有被欺骗和违背其意志的因素；后者在客观上并没有欺骗妇女或违背其意志的因素，被介绍的男女双方都知悉婚姻的真实情况。

3. 拐卖妇女罪与诈骗罪的界限

在司法实践中，有的妇女与他人合谋，将妇女卖与他人为妻，得款后即溜之大吉（欲称"放飞鸽"）。此时卖者和被卖者共同构成诈骗罪。拐卖妇女罪与这种形式的诈骗罪的主要区别是：（1）客体不同。前罪的客体是他人的人身权利和人格尊严；后罪的客体是财产所有权。（2）客观方面不同。前罪是以欺骗方法，蒙蔽妇女，将

其卖给他人;后罪则是卖者与被卖者合谋,共同实施骗取他人财物的行为。(3)主观方面不同。前罪的目的是将被拐来的妇女"出卖"后获得财物;后罪则是以非法占有为目的直接骗取对方财物。

4. 拐卖儿童罪与拐骗儿童罪的界限

两罪都侵犯了他人的人身权利,犯罪对象都是儿童,都可以采取欺骗手段。两罪的主要区别是犯罪目的不同:前罪是以出卖为目的;后罪非以出卖为目的,一般是为了供自己或他人收养、奴役。

5. 本罪既遂的标准

从构成要件上看,出卖是本罪的主观要件,拐卖是行为要件。因此,构成本罪的既遂,应以行为人的拐卖行为是否成立为标准,而不是以出卖的目的是否实现为标准。只要行为人是以出卖为目的实施了7种法定的拐卖行为之一,即可构成犯罪的既遂。

6. 本罪的罪数关系

在实践中,拐卖妇女、儿童的犯罪分子大多手段残忍,不顾被害人的人身安全,在犯罪过程中,常常使用暴力殴打、侮辱被害人,从而涉及其他犯罪,如伤害、杀害、强奸被害人,或者强迫被拐卖的妇女卖淫等。从刑法理论上讲,这些行为都已非拐卖妇女、儿童罪的构成要件所包含,应独立地构成相应的犯罪。但是,是否对这些独立的犯罪与本罪进行并罚,则应依据法律规定予以区分:(1)拐卖妇女、儿童的犯罪分子奸淫被拐卖妇女、强迫被拐卖妇女卖淫的,均作为吸收情节,按拐卖妇女、儿童罪定罪处罚,不再单独定罪。(2)拐卖妇女、儿童的犯罪行为本身直接导致被害人重伤、死亡的,构成拐卖妇女、儿童犯罪的结果加重犯,也不另定罪名。(3)拐卖妇女、儿童过程中,行为人又故意伤害、杀害被害人的,应对行为人的故意伤害、杀害行为进行独立评价,以拐卖妇女、儿童罪和故意伤害罪、故意杀人罪进行并罚。

(三)拐卖妇女、儿童罪的处罚

根据《刑法》第240条的规定,犯本罪的,处5年以上10年以下有期徒刑,并处罚金。有下列情形之一的,处10年以上有期徒刑或者无期徒刑,并处罚金或者没收财产;情节特别严重的,处死刑,并处没收财产:(1)拐卖妇女、儿童集团的首要分子;(2)拐卖妇女、儿童3人以上的;(3)奸淫被拐卖的妇女的;(4)诱骗、强迫被拐卖的妇女卖淫或者将被拐卖的妇女卖给他人迫使其卖淫的;(5)以出卖为目的,使用暴力、胁迫或者麻醉方法绑架妇女、儿童的;(6)以出卖为目的,偷盗婴幼儿的;(7)造成被拐卖的妇女、儿童或者其亲属重伤、死亡或者其他严重后果的;(8)将妇女、儿童卖往境外的。

十二、收买被拐卖的妇女、儿童罪

收买被拐卖的妇女、儿童罪,是指不以出卖为目的,明知是被拐卖的妇女、儿童而予以收买的行为。本罪的客体是妇女、儿童的人身自由和人格尊严。本罪所侵犯的对象必须是被拐卖的妇女、儿童。客观方面表现为对拐卖的妇女、儿童实施收买行为。主观方面行为人是出自故意,但不具有出卖的目的,这是本罪与拐卖妇女、儿童罪的一个重要区别。

根据《刑法》第241条的规定,犯本罪的,处3年以下有期徒刑、拘役或者管制。强行与被收买的妇女性交的,以强奸罪论处并与本罪实行并罚;非法剥夺、限制被收买的妇女、儿童的人身自由或者有伤害、侮辱等犯罪行为的,以相关的犯罪与本罪进行并罚。如果收买后又出卖的,以拐卖妇女、儿童罪定罪处罚。收买被拐卖的妇女、儿童,对被买儿童没有虐待行为,不阻碍对其进行解救的,可以从轻处罚;按照被买妇女的意愿,不阻碍其返回原居住地的,可以从轻或者减轻处罚。

十三、聚众阻碍解救被收买的妇女、儿童罪

聚众阻碍解救被收买的妇女、儿童罪,是指纠集、煽动多人阻碍国家机关工作人员解救被收买的妇女、儿童或者使用暴力、威胁方法参与聚众阻碍国家机关工作人员解救被收买的妇女儿童的行为。本罪的客体是妇女、儿童的人身权利和国家机关的公务活动。需要注意的是,本罪的对象是被收买的妇女、儿童,而不是被拐卖的妇女、儿童。因为本罪之实施者往往是收买了被拐卖的妇女、儿童之人,对于拐卖者来说,一般很少发生聚众阻碍解救的行为。对于收买人来讲,其对象应当是被收买的妇女、儿童。聚众阻碍是本罪的重要特征。所谓"聚众",是指纠集、组织、策划、指挥多人共同阻碍国家机关工作人员执行解救公务;"阻碍",是指阻止、妨碍,如以暴力、威胁、恫吓等多种形式。如果犯罪行为不是以聚众方式实施的,则不构成本罪,而应依照《刑法》第277条规定的妨害公务罪定罪处罚。本罪的主体包括两类人员即在聚众犯罪中起组织、策划、煽动、指挥作用的首要分子和使用暴力、威胁方法的参与者。

十四、诬告陷害罪

(一) 诬告陷害罪的概念和特征

诬告陷害罪,是指捏造犯罪事实,向国家机关或有关单位作虚假告发,意图使他人受到刑事追究,情节严重的行为。诬告陷害罪的特征是:

第一,本罪的客体是他人的人身权利和司法机关的正常活动。行为人意图假借司法机关的活动实现其诬陷无辜的目的,这既侵犯公民的人身权利,又可能干扰司法机关的正常活动,出现冤假错案,败坏司法机关的声誉。诬陷告发,必须有特定对象,没有特定对象,不能引起刑事诉讼,也谈不上对公民人身权利的侵犯。对诬陷告发的对象,不一定指名道姓,只要从诬陷的内容和对被诬陷者的形象方面的描述,使人不难判断出被诬陷者是谁就足够了。被诬陷的对象,法律未作特殊限制,可以是任何公民,其中包括正在服刑的犯人。但是,诬告单位犯罪的,一般不宜认定为犯罪。

第二,本罪的客观方面表现为行为人实施了捏造犯罪事实,并向国家机关和有关单位进行虚假告发的行为。这一特征有两个要点:其一,必须有捏造犯罪事实的

行为。捏造犯罪事实是引起刑事追究的前提条件,至于是否捏造了证据,不影响本罪的成立。如果捏造的某些事实不属于犯罪事实,而是损害他人人格、名誉的事实,不构成诬告陷害罪,情节严重构成犯罪的,以诽谤罪论处。捏造的事实,既可以是全部的,也可以是部分的。其二,必须有向国家机关或其他单位作虚假告发的行为。"捏造"和"告发"是成立诬告陷害罪的客观必备要件。告发的形式,可以是投书检举告发,也可以是向有关部门当面告发;可以是署名告发,也可以是匿名告发;可以向公安司法部门告发,也可以向其他有关单位或者有关人员告发。以他人名义作案,实质上是一种特殊的告发形式,其目的是诬陷他人,使司法机关信以为真,去追究他人的刑事责任,不论其作案后告发与否都构成诬告陷害罪。本罪属于行为犯,只要行为人以诬陷他人为目的,实施了捏造犯罪事实并告发的诬陷行为,便构成既遂。至于被诬陷者实际上是否受到刑事追究,不影响犯罪的成立。

第三,本罪的主体为一般主体,即年满16周岁、具有刑事责任能力的人都可以构成本罪。

第四,本罪的主观方面行为人是基于直接故意,并具有诬陷他人,使其受到刑事追究的目的。动机如何,在所不问。

(二) 诬告陷害罪的认定

1. 诬告陷害罪与错告、检举失实的界限

二者在客观方面有相同之处,即都是向国家机关或有关单位进行告发,告发的事实都与客观实际情况不相符合。二者的本质区别在于:行为人主观心理状态不同。诬告陷害是故意捏造事实,出于使他人受到刑事追究的目的,向国家机关作虚假的告发;而错告、检举失实则是对情况不了解或思想方法上的片面性而告发检举,主观上没有陷害他人的目的,而且往往是为了伸张正义,同犯罪分子作斗争,向有关方面进行告发检举的。前者是应受到法律制裁的犯罪行为;后者是一般的错误行为,不追究刑事责任。

2. 诬告陷害与一般诬告行为的界限

二者在客观方面都具有捏造事实、向有关单位告发的行为,在主观上都具有诬告他人的故意。其区别的关键在于:一要看捏造的是犯罪事实还是一般违法的、错误的事实;二要看诬告的目的是意图使被诬陷者受刑事追究还是受党纪、政纪处分。

3. 诬告陷害罪既遂的标准

本罪的构成要件中,主观方面是以使他人受到刑事追究为目的,客观上是实施了捏造犯罪事实并进行告发的行为,其既遂的标准是行为实施完毕,即只要行为人捏造了犯罪事实并且进行了告发,不论他人是否受到刑事追究,均构成犯罪的既遂。

十五、强迫劳动罪

强迫劳动罪,是指自然人或者单位以暴力、威胁或者限制人身自由的方法强迫他人劳动的行为。本罪的客体是劳动者(职工)的休息权和人身自由权利。本罪的客观方面表现为以暴力、威胁或者限制人身自由方法强迫他人劳动的行为。明知他人以暴力、威胁或者限制人身自由方法强迫他人劳动行为,为其招募、运送人员或者有其他协助强迫他人劳动行为的,本来应当是强迫劳动罪的从犯,但《刑法修正案(八)》也将其作为强迫劳动罪的客观表现形式。认定本罪要注意有些单位领导强迫命令、简单粗暴的工作作风与限制人身自由强迫劳动构成犯罪的界限。本罪与非法拘禁罪的区别在于客观方面不同。非法拘禁罪表现为非法拘禁或以其他方法非法剥夺他人人身自由的行为;本罪表现为限制他人的人身自由。

十六、雇用童工从事危重劳动罪

雇用童工从事危重劳动罪,是指违反劳动管理法规,雇用未满16周岁的未成年人从事超强度体力劳动,或者高空、井下作业,或者在爆炸性、易燃性、放射性、毒害性等危险环境下从事劳动,情节严重的行为。本罪侵犯的客体是未成年人的身心健康。犯罪对象是童工。童工是指未满16周岁,与单位或者个人发生劳动关系,从事有经济收入的劳动或者从事个体劳动的少年儿童。本罪的客观方面表现为违反劳动管理法规,雇用未满16周岁的未成年人从事超强度体力劳动,或者高空、井下作业,或者在爆炸性、易燃性、放射性、毒害性等危险环境下从事劳动,情节严重的行为。违反劳动管理法规是构成本罪的前提条件。所谓违反劳动管理法规,是指违反《劳动法》、《劳动合同法》等劳动法律法规。这种犯罪行为在客观方面的具体表现形式有三种:一是从事"超强度体力劳动的"。这是指从事国家禁止的《体力劳动强度分级》国家标准中第四级体力劳动强度的作业。二是从事"高空、井下作业"。这是指从事国家禁止的《高处作业分级》国家标准中第二级以上的高处作业和矿山井下作业。三是"在爆炸性、易燃性、放射性、毒害性等危险环境下"从事劳动。在"爆炸性"危险环境下劳动,是指从事具有爆炸性能、能够引起爆炸的各种用于爆破、杀伤的物质的劳动,如炸弹、手榴弹、地雷、雷管、导火索、炸药以及各种固体、液体、气体易爆物品等。在"易燃性"危险环境下劳动,是指从事各种很容易引起燃烧的化学物品、液剂等劳动,如汽油、液化石油、酒精、丙酮、橡胶水等。在"放射性"危险环境下劳动,是指从事含有能自发放射出穿透力很强的放射性化学元素和其他各种具有放射性能,并对人体或者牲畜能够造成严重损害的物质的劳动,如铀、钴、镭等。在"毒害性"危险环境下劳动,是指从事含有能致人死亡的毒质的有机物或者无机物的劳动,如砒霜、敌敌畏、氰化钾、剧毒农药、毒气等。行为人只要具有其中的一种行为就构成本罪。

划清非法雇用童工与合法招用童工的界限。法律禁止使用童工,但是法律允许文艺、体育单位经未成年人的父母或其他监护的同意招用不满16周岁的专业文艺工作者、运动员,并保障其身心健康和接受义务教育的权利。

根据《刑法》第244条之一的规定,犯本罪的,情节严重的,对直接责任人员,处3年以下有期徒刑或者拘役,并处罚金;情节特别严重的,处3年以上7年以下有期徒刑,并处罚金。雇用童工从事危重劳动,造成事故,又构成其他犯罪的,依照数罪并罚的规定处罚。

十七、非法搜查罪

非法搜查罪,是指非法对他人的身体或住宅进行搜查的行为。本罪的客体是他人的人身权利和住宅不受侵犯权。本罪的客观表现可以分为两种情况:一是无权搜查的人非法搜查;二是有搜查权的人违反法律规定,滥用搜查权擅自对他人的人身、住宅进行搜查。本罪的主体是一般主体,并不限于司法工作人员。行为所指向的对象,仅限于公民的身体和住宅,搜查其他场所的,不构成本罪。本罪主观方面要求行为人基于故意,但动机若何,不影响犯罪的成立。根据有关司法解释,非法搜查行为具备下列情节之一的,应以犯罪论处[①]:(1)非法搜查他人身体、住宅,手段恶劣的;(2)非法搜查引起被搜查人精神失常、自杀或者造成财物严重损坏的;(3)司法工作人员对明知是与涉嫌犯罪无关的人身、场所非法搜查的;(4)3次以上或者对3人(户)以上进行非法搜查的。

十八、非法侵入住宅罪

非法侵入住宅罪,是指非法闯入他人住宅或者经要求退出仍拒不退出的行为。本罪的客体是住宅不受侵犯的权利。本罪侵犯的对象是公民的住宅,即公民居住和生活的场所。客观方面表现为两种情况:一是未经住宅主人同意,无正当理由擅自闯入他人住宅;二是经主人要求退出仍拒不退出的行为。行为人的行为符合其中一种情况的就构成犯罪。犯罪主体是一般主体,并不限于司法工作人员。主观方面行为人是基于故意,非出于故意而误入他人住宅的,不构成本罪。

需要注意的是,非法侵入住宅罪中的"住宅"应当从实质意义上进行理解,只要是供人起居就寝的场所,都可以称为住宅,无论形式结构如何。如果是地窖、山洞,只要是供人居住,都不例外;住宅也不限于永久居住,临时搭建的帐篷或者宾馆房间,也都属于住宅。

非法侵入住宅罪一般和其他犯罪联系在一起,通常只对非法侵入他人住宅,严重侵犯他人住宅的安全平稳支配权,又没有构成其他犯罪的,才以此罪处理。

十九、侮辱罪

侮辱罪,是指使用暴力或者其他方法,公然贬低他人人格,破坏他人名誉,情节严重的行为。本罪的客体是他人的人格尊严和名誉权。本罪的客观方面表现为行为人采用暴力或其他方法(如言词、文字、图画等),或者利用互联网散布,公然贬低其人格、毁坏其名誉。在主观方面行为人出自故意,并具有贬低他人人格、破坏他人名誉的目的。构成本罪,必须具备情节严重的条件,否则不能以犯罪论处。行为人使用暴力方法侮辱他人,过失致人重伤、死亡的,属于想象竞合犯,应以一重罪定罪

---

① 参见最高人民检察院《关于人民检察院直接受理立案侦查案件立案标准的规定(试行)》。

处罚。若行为人基于故意伤害他人的,则应以故意伤害罪定罪处罚。

根据《刑法》246条的规定,犯本罪的,处3年以下有期徒刑、拘役、管制或者剥夺政治权利。本罪告诉的才处理,但严重危害社会秩序和国家利益的侮辱行为除外。通过信息网络实施侮辱行为,被害人向人民法院告诉,但提供证据确有困难的,人民法院可以要求公安机关提供协助。

二十、诽谤罪

诽谤罪,是指故意捏造并散布某种虚构的事实,损害他人人格和名誉,情节严重的行为。本罪的客体是他人的人格尊严和名誉权。本罪的客观方面表现为行为人无中生有地编造损害他人人格、名誉的虚假事实并向众人扩散的行为,包括通过互联网散布的行为。"情节严重"是指诽谤他人手段恶劣、后果严重或者影响极坏等情况。

侮辱罪和诽谤罪尽管都是侵犯公民名誉的行为,但两者存在较为明显的区别:第一,实施的方式有所区别。诽谤只能是文字或者口头的方式来实施,而侮辱则不限于此。第二,诽谤是捏造并散布某种虚构的事实,而侮辱则不限于此,可以用真实事实来损害他人名誉。

根据《刑法》246条的规定,犯本罪的,处3年以下有期徒刑、拘役、管制或者剥夺政治权利。本罪告诉的才处理,但严重危害社会秩序和国家利益的侮辱行为除外。通过信息网络实施诽谤行为,被害人向人民法院告诉,但提供证据确有困难的,人民法院可以要求公安机关提供协助。

二十一、刑讯逼供罪

(一) 刑讯逼供罪的概念和特征

刑讯逼供罪,是指司法工作人员对犯罪嫌疑人、被告人使用肉刑或者变相肉刑,逼取口供的行为。

刑讯逼供罪的特征是:

第一,本罪的客体是公民的人身权利和国家司法机关的正常活动。刑讯逼供是以刑讯为手段,不仅直接侵犯公民的人身权利,而且由于所得的口供缺乏可靠性,必然会误导司法,造成冤假错案,妨害司法机关的正常活动。本罪的对象仅限于犯罪嫌疑人、被告人。

第二,本罪的客观方面是行为人对犯罪嫌疑人、被告人实施了肉刑或者变相肉刑,逼取口供的行为。所谓肉刑和变相肉刑,主要是指吊打、捆绑以及其他折磨人的肉体和精神的方法。如罚站、罚跪、冻饿、日晒、雨淋、火烤、"车轮战"、不准睡眠,等等,以达到使犯罪嫌疑人、被告人在不堪忍受肉体和精神痛苦的情况下予以供述。司法工作人员如果只是采用诱供、指名问供而没有使用肉刑或变相肉刑的,不构成本罪。

第三,本罪的主体为特殊主体,即必须是司法工作人员。根据《刑法》第94条的规定,司法工作人员是指有侦查、检察、审判、监管职责的工作人员。非司法工作人员私设公堂,非法审讯,对他人捆绑、逼供、拷打的,可构成非法拘禁罪或故意伤害罪,但不能以刑讯逼供罪论处。

第四,本罪的主观方面行为人是基于直接故意,并且具有逼取口供的目的。行为人不具有逼取口供的目的,可以构成其他罪(如伤害罪)而不构成本罪。逼取口供的动机,有的是挟嫌报复,有的是轻信控告,有的是急于破案或结案等。无论出于何种动机,对构成本罪均无影响,但不同的动机,可作为量刑的情节予以考虑。

(二)刑讯逼供罪的认定

1. 刑讯逼供罪与刑讯逼供一般违法行为的界限

在司法实践中,并非一切刑讯逼供行为都构成刑讯逼供罪,而只是对情节相对严重的刑讯逼供行为,才以犯罪论处。根据司法实践经验,对具有下列情形之一的,以刑讯逼供罪论处①:(1)出于泄愤报复的个人动机而进行刑讯逼供的;(2)多次或对多人进行刑讯逼供,屡教不改,造成恶劣影响的;(3)刑讯逼供手段残忍,造成恶劣影响的;(4)刑讯逼供造成冤假错案的;(5)刑讯逼供致人精神失常或自杀的;(6)刑讯逼供造成其他严重后果的;(7)授意、指使、强迫他人刑讯逼供的。

2. 刑讯逼供罪与非法拘禁罪的界限

两者都属于侵犯人身权利的犯罪,有某些类似的地方,但也有许多不同之处:(1)犯罪对象不同。前罪的对象是犯罪嫌疑人、被告人,而后罪的对象则是任何依法享有人身自由权利的公民。(2)行为表现不同。前罪是对犯罪嫌疑人、被告人使用肉刑或者变相肉刑逼取口供的行为;而后罪则是以拘禁或者其他强制方法非法剥夺他人人身自由的行为。(3)犯罪目的不同。前罪的目的只能是逼取口供,不具备这一主观特征的,不构成本罪;而后罪则不要求具有这一目的。(4)犯罪的主体不同。前罪的主体只能是司法工作人员,非司法工作人员不能独立构成;后罪的主体则属于一般主体。

3. 刑讯逼供罪与故意伤害罪的界限

由于刑讯逼供罪是以肉刑或变相肉刑为手段,就往往会造成被害人身体的损害,从而和故意伤害罪发生交叉。从构成要件上分析,刑讯逼供罪可以包含致人轻伤的情形。因此,刑讯逼供致人轻伤的,形成故意伤害罪与刑讯逼供罪的犯罪竞合。依照《刑法》第234条的规定,此种情况,应以刑讯逼供罪定罪处罚,不再论以故意伤害罪。但是如果刑讯逼供致人重伤、残疾的,则已超出刑讯逼供罪的构成条件,根据《刑法》第247条的规定,应直接按照故意伤害罪定罪并从重处罚。

4. 刑讯逼供罪与故意杀人罪的区别

从构成要件上看,刑讯逼供罪与故意杀人罪并无重合或交叉。因此,行为人在刑讯过程中,故意致人死亡的,依据《刑法》第247条的规定,以故意杀人罪从重处

---

① 参见1999年8月6日最高人民检察院《关于人民检察院直接受理立案侦查案件立案标准的规定(试行)》。

罚。但是,如果行为人对被害人的死亡结果缺乏故意的,则仍应以故意伤害罪定罪处罚。

二十二、暴力取证罪

暴力取证罪,是指司法工作人员使用暴力逼取证人证言的行为。本罪的客体是他人的人身权利和司法机关的正常活动。本罪侵害的对象仅限于证人。在客观方面表现为使用暴力(如肉刑、伤害、殴打等)逼取证人证言的行为。犯罪的主体是特殊主体,即司法工作人员。主观方面行为人出自直接故意,并且具有逼取证言的目的。根据有关司法解释,具有下列情节之一的,应以犯罪论处[①]:(1)手段残忍、影响恶劣的;(2)致人自杀或者精神失常的;(3)造成冤、假、错案的;(4)3次以上或者对3人以上进行暴力取证的;(5)授意、指使、强迫他人暴力取证的。

二十三、虐待被监管人罪

虐待被监管人罪,是指监狱、拘留所、看守所等监管机构的监管人员对被监管人进行殴打或者体罚虐待,情节严重的行为。本罪的客体是被监管人的人身权利和监管活动的正常秩序。本罪所侵害的对象是被监管人,包括已被判处拘役以上刑罚还在服刑的罪犯和正在刑事诉讼中的犯罪嫌疑人、被告人。客观方面表现为行为人对被监管人进行殴打或体罚虐待,并且达到情节严重的程度。"情节严重"是指[②]:(1)造成被监管人轻伤的;(2)致使被监管人自杀、精神失常或其他严重后果的;(3)对被监管人3人以上或3次以上实施殴打、体罚虐待的;(4)手段残忍、影响恶劣的;(5)指使被监管人殴打、体罚虐待其他被监管人,具有上述情形之一的。

本罪的主体是特殊主体,即监狱、拘留所、看守所等监管机构的监管人员。监管人员指使被监管人殴打或者体罚虐待其他被监管人的,视作监督管人员的犯罪行为。

二十四、暴力干涉婚姻自由罪

暴力干涉婚姻自由罪,是指以暴力手段干涉他人结婚和离婚自由的行为。本罪的客体是他人的婚姻自由权利和人身权利。本罪客观方面表现为行为人实施了以暴力干涉他人婚姻自由的行为。但是,不能认为凡有暴力行为的就构成本罪,暴力轻微危害不大,不足以达到干涉被干涉者行使婚姻自由权利程度的,不能以犯罪论处。行为人干涉他人婚姻自由的目的不能实现,而故意致被害人重伤或杀害的,则应按故意伤害罪或故意杀人罪论处。本罪的主体是一般主体,实践中主要是被害人的家庭成员、亲属或有扶养关系的人,也有的是家族尊长或奸夫、情妇等。本罪的主观方面要求行为人基于直接故意,犯罪的动机若何,不影响本罪的成立。

---

① 参见最高人民检察院《关于人民检察院直接受理立案侦查案件立案标准的规定(试行)》。
② 参见同上。

二十五、重婚罪

（一）重婚罪的概念和特征

重婚罪，是指有配偶的人在夫妻关系存续期间又与其他人建立另一个夫妻关系或者明知他人有配偶而与之结婚的行为。重婚罪的特征是：

第一，本罪的客体是我国婚姻法规定的一夫一妻制度。

第二，本罪的客观方面表现为有配偶的人在夫妻关系存续期间又与其他人建立另一个夫妻关系或者明知他人有配偶而与之结婚的行为。重婚有两种情况：一是法律重婚，即有配偶者在婚姻关系存续期间又与他人登记结婚，或者无配偶者明知他人有配偶而与之登记结婚；二是事实重婚，即虽然没有结婚登记，但却公开以夫妻关系长期共同生活在一起，形成事实上的婚姻关系。对这种事实婚，在婚姻法上并不予以承认和保护，但在刑法上事实重婚仍应以重婚罪论处。

第三，本罪的主体是特定的两种人：一是重婚者，即有配偶而且未解除婚姻关系，又与他人结婚的人。所谓"有配偶"，是指男子有妻、女子有夫，并且这种夫妻关系还处于存续期间。二是相婚者，即明知对方有配偶而与之结婚的人。相婚者本人并没有重婚，但他明知对方有配偶而与之结婚，就构成了重婚罪不可缺少的一方。这是重婚罪具有对合性的表现，单个人不能构成，重婚者和相婚者就构成了刑法理论上的对向犯。因此，相婚者的行为也破坏了一夫一妻制的婚姻家庭关系，亦构成重婚罪的主体。

第四，本罪的主观方面只能是故意。如果一方因受对方的欺骗不明知对方已有配偶而与之结婚的，受骗一方不构成重婚罪。

（二）重婚罪的认定

1. 重婚罪与不宜以犯罪论处的重婚行为的界限

在司法实践中，由于特殊原因引起的重婚行为，可不以重婚罪论处。常见的情况有：对于有配偶的妇女被拐卖后重婚的；因遭受自然灾害，生活困难，被迫外流谋生而重婚的；婚后一直受虐待，被迫外逃而重婚的；因反抗包办买卖婚姻而外逃，在包办婚姻关系解除前而重婚的；因配偶长期外出，生死下落不明，家庭生活发生严重困难而重婚的，等等。由于这些情况下的重婚确属事出有因，重婚者的主观恶性和行为的社会危害性相对较小，可以不以重婚罪论处。

2. 重婚罪与通奸及非法同居行为的界限

通奸，指有配偶的人与他人发生的婚外性行为，是应受到社会舆论谴责的不道德行为，但不构成重婚罪。非法同居一般也不构成重婚，但是，如果是以夫妻名义，双方或者其中有一方有配偶的，即构成重婚罪。

3. 变性人能够成为重婚罪的主体问题

如果夫妻双方有一个人作了变性手术后，变性人又与他人结婚，能否成立重婚罪呢？首先，需要明确的是，夫妻中的一方作了变性手术后，夫妻双方从生理角度来讲，已经成为同性的两个人。那么，在这种情况下，两个人的婚姻关系该如何处理呢？对此问题,实践中看法也不尽一致。2002年民政部《关于婚姻当事人一方变性后如何解除婚姻关系问题的答复》中指出,变性人的原婚姻登记合法有效,解除婚姻关系参照协议离婚处理。这样,一对合法夫妻因为丈夫做了变性手术,而要求撤销婚姻关系,婚姻登记机关对上述撤销婚姻关系的请求不予支持。由上,既然变性人原有的婚姻关系仍然合法有效,那么,变性人如果没有按照有关程序解除婚姻,而与他人结婚或者存有事实婚姻,则应该构成重婚罪。

二十六、破坏军婚罪

破坏军婚罪,是指明知是现役军人的配偶,而与之同居或者结婚的行为。本罪的客体是现役军人的婚姻关系。现役军人,是指中国人民解放军和人民武装警察部队的现役军官、警官、文职干部、士兵及具有军籍的学员。不包括现在没有军籍或曾有过军籍的任何人。现役军人配偶,是指依法与现役军人已经结婚的妻子或丈夫,不包括仅订有婚约的未婚夫、妻。本罪的客观方面,表现为行为人实施了与现役军人配偶结婚或者同居的行为。"结婚",是指与现役军人的妻子或丈夫登记结婚。"同居",是指与现役军人的配偶以夫妻名义共同生活；或者在较长时间内公开地、秘密地共同生活。同居一般表现为既有不正当的两性关系,也有共同的经济生活关系。本罪的主体是一般主体。构成本罪,只要是对业已存在的军人婚姻关系予以破坏的,不管行为人一方或双方是否是现役军人,都应以破坏军婚罪论处。本罪的主观方面要求行为人基于直接故意,即明知对方是现役军人配偶而与之结婚或者同居。如果对方将自己有配偶的事实隐瞒,致使行为人受欺骗而与之结婚或者同居,不应以本罪论处。利用职权、从属关系,以胁迫手段奸淫现役军人的妻子的,依照《刑法》第236条规定的强奸罪定罪处罚。

二十七、虐待罪

(一) 虐待罪的概念和特征

虐待罪,是指经常以打骂、冻饿、禁闭、强迫过度劳动、有病不给治疗等方法,对共同生活的家庭成员从肉体上、精神上肆意摧残、折磨,情节恶劣的行为。虐待罪的特征是：

第一,本罪的客体是复杂客体,既包括家庭成员间的平等权利,也包括被害人的人身权。

第二,本罪的客观方面表现为行为人对被害人的身体或精神进行摧残、迫害的行为。虐待行为有两类：一是肉体摧残,如殴打、冻饿、禁闭、捆绑、有病不给治疗、强迫过度劳动等；二是精神上折磨,如侮辱、咒骂、讽刺、凌辱人格、限制行动自由、不让参加社会活动等。这两类手段,可能同时使用,也可能单独使用或交替使用。虐待行为的方式既可表现为作为,也可表现为不作为。构成本罪的摧残、折磨必须具有经常性、一贯性的特点。这一特点决定了虐待行为的社会危害性和行为人的主观恶性。如果仅是偶尔为之,不构成犯罪。

第三，本罪的主体是特殊主体，必须是与被害人共同生活的同一家庭成员。所谓同一家庭成员，是指基于婚姻、血缘、收养等关系生活在一个家庭中的人，他们相互之间存在着亲属关系或扶养关系，如夫妻、父母（包括继父母、养父母）、子女（包括继子女、养子女）、兄弟姐妹等。虐待者一般都是利用自己在家庭经济上或亲属关系上的优势地位而实施虐待行为。非家庭成员不能成为本罪的主体。例如，行为人虐待保姆、教师虐待学生等，不能以本罪论处。

第四，本罪的主观方面要求行为人基于故意，其特点是行为人是基于一个概括的犯罪故意，通过经常进行的虐待行为，造成一个总的虐待结果。虐待的动机多种多样，有的为图自己过舒适生活而虐待父母；有的为逼迫离婚而虐待妻子；有的基于重男轻女的思想而虐待女儿或者虐待生了女孩的妻子和儿媳，等等。但动机若何，不影响犯罪的成立。

（二）虐待罪的处罚

根据《刑法》第260条的规定，犯本罪的，处2年以下有期徒刑、拘役或者管制；致使被害人重伤、死亡的，处2年以上7年以下有期徒刑。虐待罪，告诉的才处理，但被害人没有能力告诉，或者因受到强制、威吓无法告诉的除外。

二十八、虐待被监护、看护人罪

虐待被监护、看护人罪，是指对未成年人、老年人、患病的人、残疾人等负有监护、看护职责的人虐待被监护、被看护的人，情节恶劣的行为。

本罪所侵犯的客体是被监护人、被看护人的人格平等权和其他人身权利。监护人和被监护人、看护人和被看护人在人格上是平等的，人格平等权不容侵犯。

本罪的客观方面表现为对未成年人、老年人、患病的人、残疾人等负有监护、看护职责的人虐待被监护人、被看护人，情节恶劣的行为。本罪的犯罪对象为被监护、看护的未成年人、老年人、患病的人和残疾人。其他人员不能成为本罪的犯罪对象。监护人，是对无民事行为能力和限制民事行为能力的人（如未成年人或精神病人）的人身、财产和其他合法权益负有监督和保护责任的人。监护人必须具有完全行为能力，并依法律规定产生。但是监护人并没有法定的概念。看护人一般是通过法律关系或合同关系所形成的一种事实上的看管、保护人。例如，医生、护士对患病的人；养老院的护工对养老的人；幼儿园、中小学老师对幼儿园幼儿、中小学学生，都有看护义务。

本罪的主体是特殊主体，即监护人、看护人。监护人、看护人以外的其他人不能成为本罪的主体。单位可以成为本罪的主体。

本罪的主观方面为故意，过失不能成立本罪。

按照《刑法》第260条之一的规定，犯本罪的，处3年以下有期徒刑或者拘役。单位犯前款罪的，对单位判处罚金，并对其直接负责的主管人员和其他直接责任人员，依照前款的规定处罚。有虐待行为，同时构成其他犯罪的，依照处罚较重的规定定罪处罚。

二十九、遗弃罪

遗弃罪,是指对于年老、年幼、患病或者其他没有独立生活能力的人,负有扶养义务而拒绝扶养,情节恶劣的行为。本罪的客体是被遗弃人受抚养的权利。遗弃的对象,必须是年老、年幼、患病或者其他没有独立生活能力的人。犯罪的客观方面必须有遗弃行为,具体表现为以不作为的方式实施犯罪,即行为人负有法定扶养义务,又有扶养能力却拒不履行这种义务。正是基于此,理论上将遗弃罪视为纯正的不作为犯。本罪的主观方面行为人出于故意,即行为人明知自己不履行扶养义务,会给被扶养人造成困难,带来危害,仍拒绝履行法定义务。犯罪动机如何,不影响本罪的成立。遗弃行为情节恶劣的,才构成遗弃罪。

要准确区分遗弃罪与故意杀人罪的界限。根据被告人的主观故意、所实施行为的时间与地点、是否立即造成被害人死亡,以及被害人对被告人的依赖程度等进行综合判断。对于只是为了逃避扶养义务,并不希望或者放任被害人死亡,将生活不能自理的被害人弃置在福利院、医院、派出所等单位或者广场、车站等行人较多的场所,希望被害人得到他人救助的,一般以遗弃罪定罪处罚。对于希望或者放任被害人死亡,不履行必要的扶养义务,致使被害人因缺乏生活照料而死亡,或者将生活不能自理的被害人带至荒山野岭等人迹罕至的场所扔弃,使被害人难以得到他人救助的,应当以故意杀人罪定罪处罚。①

三十、拐骗儿童罪

拐骗儿童罪,是指以欺骗、引诱或者其他方法,使不满14周岁的未成年人脱离家庭或者监护人的行为。本罪的客体是他人的家庭关系以及儿童的合法权益。本罪的客观方面表现为拐骗不满14周岁的未成年人脱离家庭或者监护人的行为。本罪的"拐骗"是指利用欺骗、利诱或者其他手段,将儿童拐走予以控制的行为。欺骗、利诱或者其他手段,可以是直接对被拐骗的儿童实施,也可以对儿童的监护人、看管人实施。本罪的主观方面要求行为人出于直接故意,其目的是为了收养或奴役,如果是以出卖为目的,则构成拐卖妇女、儿童罪。

三十一、组织残疾人、儿童乞讨罪

组织残疾人、儿童乞讨罪是指以暴力、胁迫手段组织残疾人或者不满14周岁的未成年人乞讨的行为。本罪的客体是残疾人或者不满14周岁的未成年人的合法权益。本罪的客观方面表现为以暴力、胁迫手段组织残疾人或者不满14周岁的未成年人乞讨的行为。

---

① 参见2015年3月2日最高人民法院、最高人民检察院、公安部、司法部《关于依法办理家庭暴力犯罪案件的意见》的规定。

三十二、组织未成年人进行违反治安管理活动罪

组织未成年人进行违反治安管理活动罪是指组织未成年人进行盗窃、诈骗、抢夺、敲诈勒索等违反治安管理活动的行为。

第一,本罪的客体是复杂客体。即在侵犯了未成年人的人身自由及身心健康的同时,也侵害了社会管理秩序。打击本款规定的犯罪行为,首先能够保护未成年人的人身自由和权利免受侵犯、身心健康不受摧残,其次可以维护正常的社会秩序,因此,未成年人的人身自由和身心健康是本罪的主要客体,社会管理秩序是本罪的次要客体。本罪的对象是未成年人,但是与《刑法》262 条第 1、2 款的规定不同,本罪的犯罪对象是不满 18 周岁的未成年人,扩大了保护的范围。

第二,本罪的客观方面表现为行为人实施了组织未成年人违犯治安管理活动的行为,这就是说行为人组织未成年人实施的盗窃、抢夺、敲诈勒索的行为没有达到我国刑法规定的犯罪的标准,但是已经违反了我国《治安管理处罚法》。依据我国《治安管理处罚法》第 23 条规定,有下列侵犯公私财物行为之一,尚不够刑事处罚的,处 15 日以下拘留或者警告,可以单处或者并处 200 元以下罚款:(1)偷窃、骗取、抢夺少量公私财物的;(2)哄抢国家、集体、个人财物的;(3)敲诈勒索公私财物的;(4)故意损坏公私财物的。

由此,只有符合上述 4 项内容的行为,才能被认定为违反了《治安管理处罚法》,是属于违犯治安管理活动的行为,符合组织未成年人进行违反治安管理活动罪的客观方面的构成要件。

第三,从该条的规定来看,本罪主体需为年满 16 周岁的具有刑事责任能力的自然人。不可以将本罪的主体定义为成年人。本罪处罚的主体是"组织者",即法学理论上的"组织犯"本罪,只处罚组织者,其他所涉的残疾人、未成年人都不作为犯罪来处理。

第四,本罪的主观方面非常明确,即故意,既包括组织者明知自己是组织未成年人实施违反治安管理的行为的直接故意,也包括组织者可以按照普通人的理解推断出是未成年人而仍旧组织其进行违反治安管理的活动的间接故意。如果行为人在实施组织行为时并不知道对象是未成年人,但是在实施行为之后的某个时刻了解了对象的年龄,但却没有停止行为,仍让进行组织活动,那么我们认为也应当认定行为人主观上是故意。

第二节 侵犯公民民主权利罪

一、煽动民族仇恨、民族歧视罪

煽动民族仇恨、民族歧视罪,是指故意煽动不同民族之间相互仇恨、歧视,破坏民族团结,情节严重的行为。本罪的客体是各民族的平等和民族和睦关系。本罪的

客观方面表现为煽动民族仇恨和民族歧视的行为。所谓"煽动"，是公开或秘密地以语言、文字、图像等方式，散布破坏民族团结，引起民族仇恨、相互歧视内容的言论的行为。

二、出版歧视、侮辱少数民族作品罪

出版歧视、侮辱少数民族作品罪，是指在出版物中刊载歧视、侮辱少数民族的内容，情节恶劣，造成严重后果的行为。本罪的客体是少数民族的尊严和民族和睦关系。本罪的客观方面表现为在出版物中刊载歧视、侮辱少数民族的内容，情节恶劣的行为。其中，出版物包括印刷品、音像制品、电子出版物。歧视、侮辱少数民族的内容，是指利用少数民族的历史、习惯等，对少数民族进行嘲讽、丑化、贬低，损害其民族形象和尊严。本罪的主体是一般主体，具体是指在出版物中刊载歧视、侮辱少数民族内容的直接责任人员。主观方面行为人是出于故意，动机若何，不影响定罪。

三、非法剥夺公民宗教信仰自由罪

非法剥夺公民宗教信仰自由罪，是指国家机关工作人员非法剥夺公民宗教信仰自由，情节严重的行为。本罪的客体是公民的宗教信仰自由权利。本罪的客观方面表现为行为人用任何手段剥夺公民的此项自由，情节严重的行为。"情节严重"，一般是指手段恶劣、后果严重、影响很坏。本罪的主体是特殊主体，即仅限于国家机关工作人员。

四、侵犯少数民族风俗习惯罪

侵犯少数民族风俗习惯罪，是指国家机关工作人员以各种手段，侵犯少数民族风俗习惯，情节严重的行为。本罪的客体是少数民族保持和改革本民族风俗习惯的权利。本罪在客观方面表现为行为人非法干涉、破坏少数民族风俗习惯的行为。至于手段若何，是否采取暴力，均在所不问。本罪的主体为特殊主体，即仅限于国家机关工作人员。本罪是故意犯罪，如果行为人因工作失误、行为不慎侵犯少数民族风俗习惯的，不能构成本罪。

五、侵犯通信自由罪

侵犯通信自由罪，是指故意隐匿、毁弃或者非法开拆他人信件，侵犯公民通信自由，情节严重的行为。本罪的客体是公民的通信自由权利。本罪的客观方面表现为隐匿、毁弃或者非法开拆他人信件，侵犯公民通信自由，情节严重的行为。其中，"隐匿"是指将他人的信件秘密隐藏起来，使收件人无法查收；"毁弃"是指将信件销毁丢弃；"非法开拆"是指违反国家法律、法规的规定或未经收件人同意，私自开启他人信件，偷看信件内容。非法开拆的情况下，信件不一定受到毁损，有的还恢复原封，他人亦能收到信件。这里的"他人"应作广义解释，包括自然人、法人及非法人组织。

本罪的主观方面要求行为人出自故意,即行为人明知是他人信件而故意加以隐匿、毁弃或者开拆。犯罪动机多种多样,有的出于好奇,有的意图窃取钱财,有的破坏他人恋爱关系,等等,但动机若何,不影响本罪的成立。

六、私自开拆、隐匿、毁弃邮件、电报罪

私自开拆、隐匿、毁弃邮件、电报罪,是指邮政工作人员利用职务上的便利,私自开拆、隐匿、毁弃邮件、电报的行为。本罪的客体是公民的通信自由权利和邮电部门正常的管理秩序。本罪的客观方面表现为利用从事邮政业务工作的便利,非法开拆、隐匿、毁弃邮件、电报的行为。本罪的行为具有选择性,即行为人实施了开拆、隐匿、毁弃三种行为之一的,即构成本罪。本罪的主体是特殊主体,即仅限于邮政工作人员,行为人必须利用其职务上的便利实施上述行为。值得注意的是,1979年《刑法》将私自开拆、隐匿、毁弃邮件、电报罪规定在渎职罪中,当时其侵犯的客体是邮电部门的正常活动,但1997年修订的《刑法》将私自开拆、隐匿、毁弃邮件、电报罪置于侵犯公民人身权利、民主权利罪一章中,其侵犯的客体就发生了变化,即由原来的邮电部门的正常活动调整为公民的通信自由权利。

七、侵犯公民个人信息罪

侵犯公民个人信息罪,是指违反国家规定,向他人出售或者提供公民个人信息或者通过窃取或者以其他方法非法获取公民个人信息,情节严重的行为。

公民个人信息是指以电子或者其他方式记录的能够单独或者与其他信息结合识别特定自然人身份或者反映特定自然人活动情况的各种信息,包括姓名、身份证件号码、通信通讯联系方式、住址、账号密码、财产状况、行踪轨迹等。

本罪的客观方面表现为违反国家有关规定,向他人出售或者提供公民个人信息或者通过窃取或者以其他方法非法获取公民个人信息,情节严重的行为。违反国家有关规定,是指违反法律、行政法规、部门规章有关公民个人信息保护的规定。出售,是指有偿提供公民个人信息的行为;提供是指向特定人提供公民个人信息,以及通过信息网络或者其他途径发布公民个人信息的行为;窃取,是指利用权利人不知,秘密占为己有;"以其他方法非法获取公民个人信息,是指违反国家有关规定,通过购买、收受、交换等方式获取公民个人信息,或者在履行职责、提供服务过程中收集公民个人信息。从窃取的特征分析,非法手段至少应当具备以下特点:一是违背了信息所有人的意愿或真实意思表示;二是信息获取者无权了解、接触相关公民个人信息;三是信息获取的手段违反了法律禁止性规定或社会公序良俗。本罪的主体包括自然人和单位。本罪的主观方面为故意。

根据《刑法》第253条之一的规定,犯本罪的,处3年以下有期徒刑或者拘役,并处或者单处罚金;情节特别严重的,处3年以上7年以下有期徒刑,并处罚金。

违反国家有关规定,将在履行职责或者提供服务过程中获得的公民个人信息,出售或者提供给他人的,依照前款的规定从重处罚。

单位犯前本罪的,对单位判处罚金,并对其直接负责的主管人员和其他直接责任人员,按照前述规定定罪处罚。

八、报复陷害罪

报复陷害罪,是指国家机关工作人员滥用职权、假公济私,对控告人、申诉人、批评人、举报人进行打击报复、恶意陷害的行为。本罪的客体是公民的控告权、申诉权、批评权、举报权等民主权利和国家机关的正常活动。客观方面表现为滥用职权、假公济私,对控告人、申诉人、批评人、举报人进行打击报复、恶意陷害的行为。报复陷害的手段不一而足,报复的内容可以是工作上、政治上、经济上、待遇上予以歧视、迫害,也可以是滥用权力,以种种借口对被害人进行处罚。本罪的主体是特殊主体,即仅限于国家机关工作人员。主观方面要求行为人基于直接故意,并且具有报复陷害他人的目的。根据有关司法解释,具备下列情节之一的,应以犯罪论处[①]:(1)致使被害人的人身权利、民主权利或者其他合法权利受到严重损害的;(2)致人精神失常或者自杀的;(3)手段恶劣、后果严重的。

九、打击报复会计、统计人员罪

打击报复会计、统计人员罪,是指公司、企业、事业单位、机关、团体的领导人,对依法履行职责、抵制违反会计法、统计法行为的会计人员、统计人员实行打击报复、情节恶劣的行为。本罪的客体是会计、统计人员的人身权利和国家会计、统计管理秩序。本罪客观方面表现为行为人利用其领导地位,对依法履行职责、抵制违反会计法、统计法行为的会计、统计人员实行打击报复的行为。本罪的主体为特殊主体,即公司、企业、事业单位、机关、团体的领导人。至于这些单位的所有制性质,并无特别要求。本罪的主观方面要求行为人是基于直接故意,并具有打击报复的目的。

十、破坏选举罪

(一) 破坏选举罪的概念和特征

破坏选举罪,是指在选举各级人民代表大会代表和国家机关领导人时,以暴力、威胁、欺骗、贿赂、伪造选举文件、虚报选举票数等手段破坏选举或者妨害选民和代表自由行使选举权和被选举权,情节严重的行为。破坏选举罪的特征是:

(1) 本罪的客体是公民的选举权和被选举权以及国家的选举工作的正常秩序。这里的所谓选举权和被选举权,是指选举和被选举各级人民代表大会代表和国家机关领导人员的权利。

(2) 本罪的客观方面表现为以暴力、威胁、欺骗、贿赂、伪造选举文件、虚报选举

---

① 参见 1999 年 8 月 6 日最高人民检察院《关于人民检察院直接受理立案侦查案件立案标准的规定(试行)》。

票数等手段破坏选举或者妨害选民和代表自由行使选举权和被选举权的行为。"暴力",是指对选民、各级人民代表大会代表、候选人、选举工作人员等进行殴打、捆绑等人身打击或强制;"威胁"是指以杀害、伤害、破坏名誉等手段进行要挟,迫使被要挟人不能正常履行组织管理职责或者放弃权利、机会等;"欺骗",是指捏造事实,颠倒是非,以虚假的事实扰乱选举的正常进行;"贿赂",是指用金钱或者其他物质利益收买选民、各级人民代表大会代表、候选人、选举工作人员等,以实现操纵、破坏选举或者进行其他舞弊活动的目的;"伪造选举文件",是指采用伪造选民证、选票、选民名单、候选人名单、代表资格报告等选举文件的方法破坏选举;"虚报选举票数",是指选举工作人员对于统计出来的选票数、赞成和反对票数等进行虚假报告的行为。只要行为人在选举各级人民代表大会代表和国家机关领导人时采用上述手段之一且情节严重的,即构成本罪。依照有关选举的法律规定,选举各级人大代表和国家机关领导人员的选举过程包括:选民登记、提出候选人、投票选举、统计票数、宣布选举结果、补选等。

(3) 本罪的主体为一般主体,既可以是有选举权的人,也可是无选举权的人;既可以是选举工作人员,也可是选民或者代表。但是,本罪的某些犯罪行为,只能由选举工作人员构成,如虚报选票数、对候选人情况作虚假的介绍等。

(4) 本罪的主观方面行为人是基于直接故意,并具有破坏选举工作、妨害选民和代表自由行使选举权和被选举权的目的。如果由于过失造成不良后果,如误计选举票数、漏发选票等影响了选举工作的,不构成本罪。

(二) 破坏选举罪的认定

1. 破坏选举罪与一般违反选举法行为的界限

构成本罪,必须具备"情节严重"这一条件。在司法实践中,"情节严重"一般指:(1) 以暴力、威胁、欺骗、贿赂等手段,妨害选民、各级人民代表大会代表自由行使选举权和被选举权,致使选举无法正常进行或者选举结果不真实的;(2) 以暴力破坏选举场所或者选举设备,致使选举无法进行的;(3) 伪造选举文件,虚报选举票,产生不真实的选举结果或者强行宣布合法选举无效、非法选举有效的;(4) 聚众冲击选举场所或者故意扰乱选举会场秩序,使选举工作无法进行的。[①] 对于那些虽违反选举法,但情节轻微,危害不大的,不宜以犯罪论处。

2. 破坏选举罪与其他犯罪的界限

以伪造选举文件等公文、证件为手段破坏选举活动的行为,在构成本罪的同时又触犯了伪造国家机关公文、证件、印章罪的,这种情况属于牵连犯,应依照处理牵连犯的原则,从一重罪论处。以暴力手段破坏选举,致人轻伤的,仍以本罪论处;致人重伤、死亡的,应按照故意伤害罪、故意杀人罪定罪处罚。

---

① 参见1999年8月6日最高人民检察院《关于人民检察院直接受理立案侦查案件立案标准的规定(试行)》。

本章重点问题提示

一、关于遗弃罪的客体问题

通说认为,遗弃罪的客体应是婚姻家庭关系下的抚养关系。在刑法修订后,我国学者张明楷教授对照日本刑法遗弃罪的有关规定,从法益侵害角度看,认为我国刑法中遗弃罪的客体也随着刑法的修订而发生变更,即遗弃罪的客体变化为广义的抚养关系,遗弃罪应作为对公民生命、健康权利的犯罪。① 随后,不少学者也跟进撰文予以赞同,形成了对通说的强烈的冲击。我们认为从历史解释和体系解释的角度看,遗弃罪的客体并没有发生变化,对非亲属间的遗弃行为若要作为犯罪处理,需要在刑法中加以专门规定,而不能以法律解释方法使其犯罪化。

二、奸淫幼女行为的定罪,是否要求行为人主观上明知是幼女

由于法条并没有明确规定,奸淫行为必须明知是幼女,故而对奸淫幼女行为定罪是否要求行为人明知是幼女,理论争论已久。刑法理论界和司法实务界存在"否定说""肯定说"和"折中说"三种不同的观点。2003年1月,最高人民法院就辽宁省高级人民法院请示的一个案件,发布了《关于行为人不明知是不满14周岁的幼女,双方自愿发生性关系是否构成强奸罪问题的批复》(以下简称2003年《批复》)。批复的要点在于,行为人明知是不满14周岁的幼女而与其发生性关系,不论幼女是否自愿,均应以强奸罪定罪处罚;行为人确实不知对方是不满14周岁的幼女,双方自愿发生性关系,未造成严重后果,情节显著轻微的,不认为是犯罪。由此引发了关于奸淫幼女要不要以"明知幼女的年龄"条件的争论。我们认为,奸淫幼女行为构成犯罪除了行为人对奸淫行为存在直接故意外,应以行为人主观上对幼女的年龄是否明知为要件。具体而言包括:(1)确实知道被害人是幼女,实施奸淫行为的,构成犯罪。(2)知道被害人可能是幼女,实施奸淫行为的,同样构成犯罪。(3)确实不知道并且根据实际情况(如谎报年龄已超过14周岁并且身体发育早熟,或存在其他特殊情况)也不可能知道被害人是幼女的,在一定条件下,可不认为构成该罪。

三、如何理解暴力干涉婚姻自由罪中的"暴力"

我国刑法学界一般认为,所谓暴力是指捆绑、殴打、禁闭、强抢等对人身实行强制或打击的方法。② 然而,上述定义实质上并没有准确的解释暴力的内涵与外延。而我国刑事立法也没有对暴力的概念予以明确界定,刑法典中暴力一词的分布也较为分散,总则与分则中皆有使用"暴力"一词之处。首先,在总则中暴力是与犯罪一起出现的,如《刑法》第20条第3款特殊防卫权所针对的对象是正在进行的行凶、杀人等严重危及人身安全的暴力犯罪;适用假释的消极条件——因为暴力性犯罪被判

---

① 参见张明楷:《法益初论》,中国政法大学出版社2000年版,第231—234页。
② 参见高铭暄、马克昌主编:《刑法学》,北京大学出版社、高等教育出版社2000年版,第498页。

处十年以上有期徒刑的犯罪分子,不得适用假释。其次,在分则中出现暴力可以分为两种情况:第一,罪名中包含有"暴力"的,这样的罪名只出现在刑法分则第4章中,且只有两个罪名,即第247条规定的暴力取证罪与第257条暴力干涉婚姻自由罪。第二,罪状中包含有"暴力"的,这样的罪名很多,且使用"暴力"一词意义一般在于将暴力作为实施犯罪行为的一种手段,典型的如抢劫罪以及强奸罪中的暴力方法。那么,刑法中暴力一词的含义是否相同呢?我们认为,尽管从逻辑规律以及应然角度而言,同一刑法系统中的同一用语具有同一含义。但是,应当看到,我国刑法立法的实际并没有完全达到这一技术要求,不少相同的用语在不同的条文规定中具有不同的含义。刑法用语的相对性,决定了"暴力"作为一刑法用语,其在不同的条文中不可能含义完全相同。国外学者常常将暴力分为四类,即最广义的暴力、广义的暴力、狭义的暴力以及最狭义的暴力。① 最广义的暴力,是指不法行使有形力量的一切情况,包括对人暴力与对物暴力;广义的暴力,是指不法对人行使有形力或物理力,但不要求直接对人的身体形式,即使是对物行使有形力,但因此对人的身体以强烈的物理影响时,也构成广义的暴力;狭义的暴力,是指不法对人的身体行使有形力或物理力,这种暴力也不要求物理上接触被害人的身体;最狭义的暴力,是指对人的身体行使有形力量并达到足以压制对方反抗的程度。我们认为,前三种暴力基本上都是从暴力作用的对象角度分类的。单纯的对物施加的暴力,或者不直接针对人的身体而只是对人产生一定的物理影响的,如手持铁器在被害人眼前挥舞,但并没有接触被害人身体的,似乎很难成为暴力干涉婚姻自由罪中的"暴力"。因此,暴力干涉婚姻自由罪中的"暴力"必须是针对被害人的身体实施暴力。当然,必须指出,不能机械地理解"针对被害人的身体实施暴力",如果是抓住被害人的衣领或头发实施暴力,也应当归入本罪的暴力的范围内。然而,仅仅是限定暴力作用的对象,并不能准确地界定暴力干涉婚姻自由罪中的"暴力"。因此,必须从暴力的程度角度进行认定。上述最狭义的暴力主要是从暴力的程度方面来划分的,其实质就是严重的暴力。显然,暴力干涉婚姻自由罪中的"暴力"不可能是最狭义的暴力。那么,如何界定本罪的暴力的程度呢?按照暴力所造成的实际后果,一般将暴力划分为致人死亡的暴力、致人重伤的暴力、致人轻伤的暴力、致人轻微伤的暴力以及只是造成肉体的暂时痛苦而没有造成任何轻伤害的暴力的单纯暴力。显然,暴力干涉婚姻自由罪中的"暴力"与刑法中规定的强奸罪、抢劫罪等罪中的"暴力"程度不可同日而语。因此,也是不能将暴力干涉婚姻自由罪纳入到暴力犯罪的范畴的原因。在我们看来,暴力干涉婚姻自由罪中的"暴力"仅仅是指造成肉体的暂时痛苦而没有造成任何轻伤害的暴力的单纯暴力。

---

① 参见〔日〕前田雅英:《刑法各论讲义》,日本东京大学出版会1995年第2版,第49页。

思考题

1. 侵犯公民人身权利、民主权利罪的概念和一般特征是什么？
2. 杀人罪的概念是什么？有什么构成特征？
3. 如何认定故意杀人罪与有关暴力犯罪中致人死亡的联系与区别？
4. 引起他人自杀案件应如何处理？
5. 受嘱托杀人应如何定性？
6. 故意伤害罪的概念和构成特征是什么？
7. 故意伤害罪与故意杀人罪有何区别？
8. 故意伤害罪与其他暴力性犯罪中的伤害行为如何区分？
9. 什么是强奸罪？强奸罪的构成特征有哪些？
10. 非法拘禁罪的概念和特征是什么？
11. 绑架罪的概念是什么？有哪些基本特征？
12. 绑架罪的既遂标准如何把握？
13. 如何认定绑架罪涉及的罪数问题？
14. 什么是拐卖妇女、儿童罪？它的基本特征是什么？
15. 诬告陷害罪的概念和特征是什么？
16. 刑讯逼供罪的概念和特征是什么？
17. 破坏选举罪的概念和特征是什么？
18. 重婚罪的概念和特征是什么？
19. 虐待罪的概念和特征是什么？

第二十五章　侵犯财产罪

内容提要

本章主要论述侵犯财产罪的概念与构成特征,侵犯财产罪中各种具体犯罪的概念与犯罪构成。重点在于抢劫罪概念、构成特征及认定,敲诈勒索罪的概念和构成特征,诈骗罪的概念和构成特征,侵占罪的概念和构成特征,挪用资金罪的概念和特征。

关键词

抢劫罪　敲诈勒索罪　诈骗罪　盗窃罪　侵占罪　挪用资金罪

第一节　暴力、胁迫型财产犯罪

一、抢劫罪

(一) 抢劫罪的概念与特征

抢劫罪,是指以非法占有为目的,当场使用暴力、胁迫或者其他方法,强行当场劫取公私财物的行为。本罪的构成特征表现为:

(1) 本罪的直接客体是复杂客体,本罪既侵犯了公私财产权利,又侵犯了他人的人身权利。其中,公私财产权利是主要客体,所以抢劫罪被规定在"侵犯财产罪"而不是"侵犯公民人身权利、民主权利罪"中。抢劫罪侵犯客体的复杂性,是由抢劫犯罪行为的特殊性所决定的。抢劫行为使用暴力、胁迫或者其他方法,表现为对被害人人身的侵犯。这既是抢劫罪与其他侵犯财产罪进行区别的显著标志,也是抢劫罪在处罚上重于其他侵犯财产罪的重要原因。

一般认为,抢劫罪侵害的对象是公私财物与他人的人身。这里的财物一般为动产和不动产中可移动的附着物。对于不动产能否成为本罪的对象,理论上尚有争议。一般认为,不应该将不动产排除在外。

(2) 本罪的客观方面表现为当场实施暴力、胁迫或者其他方法,强行当场劫取财物的行为。本罪的客观行为由方法行为与目的行为组成。其中,当场实施暴力、胁迫或者其他方法,是抢劫罪的方法行为;强行当场劫取财物的行为,是抢劫罪的目的行为。两者的结合才能构成一个完整的抢劫行为。根据刑法的规定,其方法行为

具体包括以下三种行为方式:

第一,暴力方法。所谓暴力方法,是指对财物的所有人、占有人、管理人不法行使有形力,使被害人不能反抗的行为,如殴打、捆绑、伤害、禁闭等。本罪中的暴力具有以下特点:首先,暴力指向的对象必须是他人的人身,如果不是以人身而是以他人的财物为作用对象,意图在于使被害人精神上感到恐惧的,应当属于胁迫的方法。这里的他人包括财物的直接持有人、有权处分财物的人以及其他妨碍行为人劫取财物的人。其次,实施暴力的时间必须是当场,即必须是在取得财物的当场予以实施。最后,暴力程度的下限,只要足以抑制对方的反抗即可,并不要求事实上抑制了对方的反抗,更不要求具有危害人身安全的性质。暴力程度的上限,可以包含为非法占有他人财物而当场故意杀人。

第二,胁迫方法。所谓胁迫方法,是指以当场立即使用暴力相威胁,使被害人产生恐惧心理因而不敢反抗的行为。本罪中的胁迫具有以下特点:首先,胁迫的方式多种多样,行为人既可以使用语言进行胁迫,也可以通过动作、手势进行胁迫。其次,胁迫的内容是当场立即对财物的所有人、占有人、管理人等实施暴力,其特点是如不交付财物或者进行反抗,便立即实现胁迫的内容;如果行为人以将来实施暴力相威胁,以及以当场立即实现损毁名誉等非暴力内容相威胁的,不成立抢劫罪。

第三,其他方法。所谓其他方法,指除暴力、胁迫以外的造成被害人不能反抗、不知反抗的强制方法。最典型的是采用药物、酒精使被害人暂时丧失自由意志,然后劫走财物。本罪中的其他方法具有以下特点:首先,其他方法只能直接对财物的持有者实施,而不是其他人。其次,其他方法必须是直接对他人的身体施加影响力,从而使其失去反抗的能力。也就是说,被害人不知反抗或失去反抗能力,必须是行为人的其他方法行为施加于被害人而造成的,如果被害人是由于自己的原因,或者某种意外而处于不知、不能反抗的状态,行为人单纯利用这种状态而取走财物的,不构成抢劫罪。最后,其他方法必须是行为人主观上为了排除被害人的反抗,从而当场占有其财物而故意采取的。如果是因为过失使他人处于不知反抗的状态,临时起意占有其财物的,不能成立抢劫罪。

抢劫罪的目的行为是强行当场劫取财物。具体表现为两种情况:一是行为人自己当场直接夺取、取走被害人占有的财物;二是迫使被害人当场交付(处分)财物。应当注意的是,对于"当场"的理解不能过于狭窄,暴力、胁迫或者其他方法与取得财物之间虽然持续一定时间,也不属于同一场所,但如果从整体上看,行为并无间断的,也应认定为当场取得财物。例如,行为人对被害人实施暴力,迫使被害人交付财物,但被害人身无分文,行为人令被害人立即从家中取来财物,或者一道前往被害人家中取得财物的,也应认定为抢劫罪。

(3) 本罪的主体是一般主体。根据《刑法》第17条第2款的规定,本罪的主体是年满14周岁、具有刑事责任能力的自然人。

(4) 本罪的主观方面表现为故意,并具有不法所有的目的。故意的内容是明知自己的抢劫行为会发生侵犯他人人身与财产的危害结果,并且希望或者放任这种结果的发生。其中,行为人对造成他人财产上的损失只能是持希望态度,但对造成他人人身的侵害则既可能是持希望态度,也可以是持放任态度。由于本罪的成立不以造成他人人身伤亡为要件,所以从总体上讲,抢劫罪的故意是直接故意。而非法占有目的是这一故意的核心内容。因此,为索取合法债务而使用暴力的,不成立抢劫罪,视情况成立故意伤害罪、非法拘禁罪、非法侵入住宅罪等。行为人出于其他目的的实施暴力行为致人昏迷或者死亡,然后产生非法占有财物的意图,进而取走财物的,不成立抢劫罪。例如,出于伤害故意使用暴力,在被害人昏迷后发现了财物进而取得该财物的,不成立抢劫罪。但是,行为人出于其他故意,于实施暴力、胁迫的过程中产生夺取财物的意思,并夺取财物的,则成立抢劫罪。例外情况是,在实行聚众"打砸抢"行为过程中,毁坏或抢走公私财物的,即使没有不法所有的目的,对首要分子也应根据《刑法》第289条的规定认定为抢劫罪。

(二) 抢劫罪的认定

1. 本罪与非罪的界限

虽然本罪是一种性质严重的犯罪,刑法没有对抢劫数额与其他情节进行限制,但这并不意味着所有的抢劫行为都构成犯罪。未成年人实施轻微的暴力或者威胁,强行索取小额的财物,情节显著轻微、危害不大的,不宜作为犯罪处理。如果因为正常的财产、债务纠纷,一方实施抢劫行为而占有他人财物的,或者是为抢回自己被骗的财物,不具有非法占有他人财物的目的的,不构成本罪,因此而造成人身伤亡的,应按相应的犯罪论处。

2. 抢劫罪与其他犯罪的界限

(1) 抢劫罪与故意杀人罪的界限。2001年5月22日最高人民法院《关于抢劫过程中故意杀人案件如何定罪问题的批复》指出:"行为人为劫取财物而预谋故意杀人,或者在劫取财物过程中,为制服被害人反抗而故意杀人的,以抢劫罪定罪处罚。行为人实施抢劫后,为灭口而故意杀人的,应以抢劫罪和故意杀人罪定罪,实行数罪处罚。"

(2) 抢劫罪与绑架罪的界限。抢劫罪中的暴力行为可能是绑架行为,因此两者容易混淆。两者区别的关键在于,索取财物的对象不同。绑架罪只能是向被绑架人的近亲属或者其他有关人勒索财物;抢劫罪是直接迫使被害人交付财物,而不是向第三者勒索财物。

(3) 抢劫罪与抢劫枪支、弹药、爆炸物、危险物质罪的界限。两罪的关键区别在于抢劫对象不同,因而所侵犯的客体不同。如果行为人故意抢劫一般财物,但实际上抢劫了枪支、弹药、爆炸物、危险物质,或者主观上具有抢劫枪支、弹药、爆炸物、危险物质的故意,而实际上抢劫了一般财物的,应在主客观相统一的范围内认定犯罪。如果行为人明知所抢劫的对象既有财物,又有枪支、弹药、爆炸物、危险物质的,倘若不是明显具有两个行为,则属于一行为触犯两个罪名,应按照处理想象竞合犯的原则处理。通常情况下按照抢劫枪支、弹药、爆炸物、危险物质罪处理。

3. 对《刑法》第269条的理解

《刑法》第269条规定:"犯盗窃、诈骗、抢夺罪,为窝藏赃物、抗拒抓捕或者毁灭罪证而当场使用暴力或者以暴力相威胁的,依照本法第263条的规定定罪处罚。"这种情况在理论上被称为事后抢劫,也被称为准抢劫罪,是在特定条件下由盗窃、诈骗、抢夺犯罪转化而来的抢劫罪。适用《刑法》第269条被认定为抢劫罪的行为,必须同时符合以下三个条件:(1)犯了盗窃、诈骗、抢夺罪之一。如何理解"犯盗窃、诈骗、抢夺罪"?由于盗窃罪要求"数额较大或者多次盗窃",诈骗罪与抢夺罪也要求"数额较大",那么实施了盗窃、诈骗、抢夺行为但并不构成犯罪时是否符合这一条件呢?对此,刑法理论有不同的观点。司法解释的态度是:被告人实施盗窃、诈骗、抢夺行为,虽未达到数额较大,但为窝藏赃物、抗拒抓捕或者毁灭罪证而当场使用暴力或者以暴力相威胁,情节严重的,以抢劫罪论处;如果使用暴力或以暴力相威胁的情节不严重,危害不大的,不认为是犯罪。① (2)当场实施暴力或者以暴力相威胁。这是适用第269条的实质要件。所谓当场,是指盗窃、诈骗、抢夺犯罪当时所在的场所,或者行为人刚一离开即被发觉跟踪抓捕的过程中。这是构成第269条犯罪的特定时间和空间条件。具体而言,这里的暴力或威胁行为与先前的抢夺、盗窃等行为在时间上是前后连续而未中断的,在空间上是同一场所或者是前行为场所的延续。(3)当场实施暴力或以暴力相威胁的目的是窝藏赃物、抗拒抓捕或者毁灭罪证,是适用第269条的主观要件。窝藏赃物,是指保护已经取得的赃物不被恢复原有状态;抗拒抓捕,是指拒绝司法人员的拘留、逮捕和一般公民的扭送;毁灭罪证,是指毁坏、消灭本人犯罪证据。如果主观上不是出于上述目的,则不能认定为事后抢劫。例如,行为人在实行盗窃、诈骗、抢夺过程中,尚未取得财物就被他人发现,为了非法取得财物,而使用暴力或者以暴力相威胁的,应直接适用《刑法》第263条认定为抢劫罪,不适用《刑法》第269条。

4. 抢劫罪既遂与未遂的界限

由于抢劫罪侵犯的客体既包括财产权利又包括人身权利,因此关于抢劫罪的既遂与未遂的区分标准,理论上存在不同观点。有人认为,应以行为人是否占有他人财物为标准;有人认为,应以行为是否侵害了他人的人身权利为标准;有人认为,抢劫罪的基本犯以是否占有他人财物为标准,抢劫致人重伤、死亡的,即使没有占有他人财物也是既遂等。② 我们认为,立法者将抢劫罪规定在侵犯财产罪中,因而财产权利为主要客体,同时抢劫实施暴力等侵犯人身权利是为取得财产,两者之间存在目的与手段的关系,所以既遂与未遂应以被害人是否丧失对财物的控制为标准。

(三)抢劫罪的刑事责任

根据《刑法》第263条的规定,犯本罪的,处3年以上10年以下有期徒刑,并处罚金;有下列情形之一的,处10年以上有期徒刑、无期徒刑或者死刑,并处罚金或者没收财产:(1)入户抢劫的;(2)在公共交通工具上抢劫的;(3)抢劫银行或者其他

---

① 参见1988年3月16日最高人民法院、最高人民检察院《关于如何适用刑法第153条的批复》(其中《刑法》指1979年《刑法》,相当于1997年《刑法》第269条)。
② 参见赵秉志主编:《刑法争议问题研究》(下卷),河南人民出版社1996年版,第350页以下。

金融机构的;(4)多次抢劫或者抢劫数额巨大的;(5)抢劫致人重伤、死亡的;(6)冒充军警人员抢劫的;(7)持枪抢劫的;(8)抢劫军用物资或者抢险、救灾、救济物资的。

根据2000年11月17日最高人民法院《关于审理抢劫案件具体应用法律若干问题的解释》(以下简称《抢劫解释》),《刑法》第263条所规定的8种加重情节的含义分别为:(1)入户抢劫,是指为实施抢劫行为而进入他人生活的与外界相对隔离的住所,包括封闭的院落、牧民的帐篷、渔民作为家庭生活场所的渔船、为生活租用的房屋等进行抢劫的行为。对于入户盗窃,因被发现而当场使用暴力或者以暴力相威胁的行为,应当认定为入户抢劫。(2)在公共交通工具上抢劫,既包括在从事旅客运输的各种公共汽车、大、中型出租车、火车、船只、飞机等正在运营中的机动公共交通工具上对旅客、司售、乘务人员实施的抢劫,也包括对运行途中的机动公共交通工具加以拦截后,对公共交通工具上的人员实施的抢劫。小型出租车不应视为公共交通工具。(3)抢劫银行或者其他金融机构,是指抢劫银行或者其他金融机构的经营资金、有价证券和客户的资金等。抢劫正在使用中的银行或者其他金融机构的运钞车的,视为抢劫银行或者其他金融机构。(4)多次抢劫应指3次以上抢劫;抢劫数额巨大的认定标准,参照各地确定的盗窃罪数额巨大的认定标准执行。(5)抢劫致人重伤、死亡,既包括行为人的暴力等行为过失致人重伤、死亡,也包括行为人为劫取财物而预谋故意杀人,或者在劫取财物过程中,为制服被害人反抗而故意杀人。(6)冒充军警人员抢劫,是指冒充现役军人、武装警察和公安司法警察进行抢劫的行为。(7)持枪抢劫,是指行为人使用枪支或者向被害人显示持有、佩带的枪支进行抢劫的行为。枪支的概念和范围,适用《枪支管理法》的规定。(8)抢劫军用物资或者抢险、救灾、救济物资中的"军用物资",是指除枪支、弹药、爆炸物之外的其他军用装备;抢险、救灾、救济物资,是指当发生自然灾害事故等时,国家或者当地已确定用于抢险、救灾、救济等的物资。

《刑法》第267条第2款规定:"携带凶器抢夺的,依照本法第263条的规定定罪处罚。"《抢劫解释》第6条规定:"《刑法》第267条第2款规定的'携带凶器抢夺',是指行为人随身携带枪支、爆炸物、管制刀具等国家禁止个人携带的器械进行抢夺或者为了实施犯罪而携带其他器械进行抢夺的行为。"

二、抢夺罪

抢夺罪是指以非法占有为目的,抢夺数额较大的公私财物或者多次抢夺的行为。本罪的构成特征表现为:

本罪的客体是他人财产所有权,对象是公私财物中的动产。但对于抢夺特定的枪支、弹药、爆炸物、危险物质、公文、证件、印章、国有档案的,应按照刑法所规定的其他相应犯罪论处。

本罪的客观方面表现为公然抢夺数额较大公私财物或多次抢夺的行为。抢夺行为具有两个特征:一是夺取财物的公然性。所谓公然性,是指当着财物的所有人、保管人的面或者使其可以立即发觉的方法夺取财物。这是抢夺罪和盗窃罪在客观方面的主要区别。二是行为人公然夺取财物时并不故意使用暴力或者以暴力相威胁等侵害被害人人身的手段行为。这是抢夺罪和抢劫罪在客观上的显著区别。抢劫罪的暴力是行为人故意对他人的人身实施的,行为人以此作为强行劫取财物的手段;而抢夺的行为人并不是故意以暴力侵犯他人人身的方法作为取得财物的手段,行为人的"力"施加于财物,以使财物脱离被害人的控制而取得财物。即使行为人夺取财物的行为致使被害人跌倒或者摔伤乃至死亡,也不成立抢劫罪。

抢夺行为包括抢夺数额较大的公私财物的行为和多次抢夺两种方式。所谓抢夺数额较大的公私财物,是指抢夺公私财物价值人民币1000元至3000元以上的。具体数额由各省、自治区、直辖市高级人民法院、人民检察院根据本地区经济发展状况,并考虑社会治安状况在上述范围内确定本地区执行的具体标准,报最高人民法院、最高人民检察院批准。抢夺公私财物,具有下列情形之一的,"数额较大"的标准按照规定标准的50%确定:(1)曾因抢劫、抢夺或者聚众哄抢受过刑事处罚的;(2)一年内曾因抢夺或者哄抢受过行政处罚的;(3)驾驶机动车、非机动车抢夺的;(4)组织、控制未成年人抢夺的;(5)抢夺老年人、未成年人、孕妇、携带婴幼儿的人、残疾人、丧失劳动能力人的财物的;(6)在医院抢夺病人或者其亲友财物的;(7)抢夺救灾、抢险、防汛、优抚、扶贫、移民、救济款物的;(8)自然灾害、事故灾害、社会安全事件等突发事件期间,在事件发生地抢夺的;(9)导致他人轻伤或者精神失常等严重后果的。① 可以参照最高人民法院关于多次盗窃是指在2年之内盗窃3次以上的解释,我们认为,所谓多次抢夺,是指2年以内抢夺3次以上。本罪的主体是一般主体,即年满16周岁、具有刑事责任能力的自然人。

本罪的主观方面是直接故意,并以非法占有为目的。至于动机如何,不影响本罪成立。

三、聚众哄抢罪

聚众哄抢罪,是指以非法占有为目的,聚众哄抢公私财物,数额较大或者有其他严重情节的行为。

本罪客体是公私财物的所有权。犯罪对象是公私财物中的动产。本罪的客观方面表现为聚众哄抢公私财物,数额较大或者有其他严重情节的行为。本罪在客观方面具有以下三个特征:(1)聚众性。所谓聚众,一般至少聚集3人以上。(2)公然性。即哄抢的行为是公然进行的。(3)非暴力性。即哄抢人不使用暴力、胁迫手段,依靠人多势众取得财物。此外,聚众哄抢公私财物,数额较大或者情节严重的,才构成本罪。本罪的主体是一般主体,即年满16周岁、具有刑事责任能力的自然人。但刑法只处罚在聚众哄抢中的首要分子和积极参加者。本罪的主观方面是直

---

① 参见2013年11月11日最高人民法院、最高人民检察院《关于办理抢夺刑事案件适用法律若干问题的解释》第1条、第2条的规定。

接故意,并以非法占有为目的。动机如何不影响本罪成立。

四、敲诈勒索罪

(一) 敲诈勒索罪的概念与特征

敲诈勒索罪,是指以不法所有为目的,对他人实行威胁,索取数额较大的公私财物或者多次敲诈勒索的行为。本罪的构成特征表现为:

(1) 本罪的客体是复杂客体,即本罪主要侵犯了公私财物的所有权,同时也侵害了被害人的人身权利或者其他权利。本罪的对象是公私财物以及财产性利益。

(2) 本罪在客观方面表现为威胁他人,迫使其当场或限期交出数额较大的财物或者多次实施敲诈勒索的行为。其一,必须实施了威胁行为。威胁,是指以恶害相通告迫使被害人处分财产,即如果不按照行为人的要求处分财产,就会在将来的某个时间遭受恶害。威胁内容的种类没有限制,包括对被害人及其亲属等的生命、身体、自由、名誉等进行威胁。威胁的方法没有限制,既可能是明示的,也可能是暗示的;既可以使用语言文字,也可以使用动作手势;既可以直接通告被害人,也可以通过第三者通告被害人。威胁的结果是使被害人产生恐惧心理,为了保护自己更大的利益而处分其数额较大的财产,从而使行为人取得财产。被害人处分财产的方式既可以是被害人直接交付财产,也可以是因为恐惧而默许行为人取得财产,还可以是与被害人有特别关系的第三者基于被害人的财产处分意思交付财产。至于取得财物的时间,既可以是迫使被害人当场交出,也可以是限期交出。其二,行为人勒索财物必须数额较大或者实施了多次敲诈勒索。根据 2013 年 4 月 23 日最高人民法院、最高人民检察院《关于办理敲诈勒索罪刑事案件适用法律若干问题的解释》的规定,敲诈勒索公私财物"数额较大",以 2000 元至 5000 元为起点;2 年内敲诈勒索 3 次以上的,属于多次敲诈勒索。

(3) 本罪的主体是一般主体,即年满 16 周岁、具有刑事责任能力的自然人。

(4) 本罪的主观方面是直接故意,并以非法占有他人财物为目的,动机如何不影响本罪成立。如果行为人不具有非法占有目的,而是为了追讨合法欠款对债务人使用威胁方法的,不能成立本罪。

(二) 敲诈勒索罪的认定

1. 本罪与非罪的界限

实践中对于下列情况,一般不能认定为犯罪:(1) 情节显著轻微、危害不大的;(2) 基于其他目的而实施敲诈的,如为解除婚约;(3) 为索取债务而进行威胁或要挟的;(4) 基于无因管理而付出劳动,为索取一定报酬而威胁或要挟的。

2. 本罪与抢劫罪的界限

本罪与抢劫罪有诸多相似之处:(1) 犯罪客体均为复杂客体,既侵犯他人的财产权利,也侵犯人身权利;(2) 客观方面都可以当场对被害人实施威胁,当场取得财物;(3) 主观上都是以非法占有为目的。两罪的区别主要是:(1) 威胁实施的方法不同。本罪的威胁可以当着被害人的面实施,也可以通过书信或第三者转达;而抢劫的胁迫必须是面对被害人直接实施。(2) 威胁内容不同。本罪的威胁内容比较广泛，除以实施暴力相威胁外，还可以毁坏名誉、破坏财产等相威胁，而且威胁的不利行为，也不以违法为必要条件；而抢劫罪威胁的内容以实施暴力为限，如以杀害、伤害相威胁。(3) 威胁的程度不同。本罪的威胁和要挟，主要是以以后将实施暴力或其他对被害人不利的行动相威胁(但包括要求承诺于指定的时间、地点交付财物，否则将当场实现威胁的内容)，被害人在威胁面前尚有选择的余地；而抢劫罪的威胁是以当场实施暴力相威胁，被害人在威胁面前毫无选择的余地。(4) 索取利益的性质不同。本罪取得的可以是动产或不动产，也可以是财产性的利益；而抢劫罪获取的一般只能是动产。(5) 获取利益的时间不同。本罪可以在当场取得，而绝大多数情况下是在事后取得财物；而抢劫罪只能是在当场取得。

3. 本罪与绑架罪的界限

绑架罪中包括了向被绑架人的近亲属及其他人勒索财物的情况，它与敲诈勒索罪的关键区别在于是否实际上绑架了他人。如果已经绑架了他人而向被绑架人之外的人勒索财物的，应认定为绑架罪；如果以将要实施绑架相威胁而勒索财物的，应以敲诈勒索罪论处。

4. 本罪的既遂与未遂

敲诈勒索罪的基本结构是：行为人以不法所有的目的对他人实行威胁——被害人产生恐惧心理——被害人基于恐惧心理作出处分财产的决定——行为人取得财产。因此，行为人对被害人进行威胁，被害人产生精神恐惧并基于恐惧心理交付了财物，行为人非法取得财物，即为敲诈勒索罪的既遂；如果被害人未交付财物，或者被害人不是基于恐惧心理交付财物，而是基于怜悯心理提供财物，或者为了配合警察逮捕行为人而按约定时间与地点交付财物的，只能认定为敲诈勒索罪的未遂。

第二节　窃取、骗取型财产犯罪

一、盗窃罪

(一) 盗窃罪的概念与特征

盗窃罪，是指以非法占有为目的，窃取公私财物数额较大，或者多次盗窃、入户盗窃、携带凶器盗窃、扒窃的行为。本罪的构成特征表现为：

(1) 本罪的客体是公私财产权利。公私财产权利的内容不仅包含所有权和合法占有的权利，还包含需要通过法定程序恢复应有状态的占有；但所有权人恢复权利的行为除外。据此，盗窃他人非法持有的毒品的，由于毒品属于需要法定程序恢复的占有，因此可以构成本罪。行为人盗窃了被害人的财物，被害人秘密取回的，不构成本罪。但如果是被害人以外的第三者秘密取得该财物的，则构成盗窃罪。

本罪的犯罪对象为公私财产，即国家、集体和个人所有的各种财物。一般是指有形的物品，但电力、煤气、天然气等具有经济价值的物品也可成为本罪的对象。一般是动产,不动产不能成为本罪的对象。但是从不动产拆卸或者分离出来的部分,如房屋的门窗等则可以成为本罪的对象。根据《刑法》第 196 条、第 210 条、第 265 条的规定,盗窃信用卡并使用的,盗窃增值税专用发票或者可以用于骗取出口退税、抵扣税款的其他发票的,或者以牟利为目的,盗接他人通信线路、复制他人电信码号或者明知是盗接、复制的电信设备、设施而使用的,也应当以盗窃罪论处。但盗窃枪支、弹药、爆炸物、危险物质或者公文、证件、印章、国有档案、重要技术成果、林木等,因刑法另有特殊规定不再成立盗窃罪。

(2) 本罪在客观方面表现为窃取数额较大的公私财物,或者多次盗窃、入户盗窃、携带凶器盗窃、扒窃的行为。其一,行为方式具有秘密性。这是盗窃罪的基本特征,也是本罪与抢劫、抢夺等其他财产犯罪的一个主要区别。所谓秘密窃取,是指行为人采用自认为不被发觉的方法取得并且占有公私财物的行为。秘密窃取的实质在于行为人自认为行为是隐秘的、暗中的,至于事实上是否隐秘、暗中,不影响行为的性质。所以,秘密窃取不以必须在暗中窃取或在被害人不知晓的情况下取得财物为必要条件。秘密窃取的方式多种多样,常见的如撬门破锁、翻墙入院、扒窃掏包、顺手牵羊等,行为方式不影响犯罪的认定。通常情况下,随着秘密窃取行为的实施,被窃财物在空间上会发生位置移动,但利用电子计算机等技术手段实施盗窃,则可以在原物没有发生位置移动的情况下实现秘密窃取。其二,成立本罪在客观上必须是窃取的财物数额较大或者多次盗窃、入户盗窃、携带凶器盗窃、扒窃。根据《刑法》第 264 条的规定,"数额较大或者多次盗窃、入户盗窃、携带凶器盗窃、扒窃"是盗窃行为的选择性的要件。根据司法解释,盗窃公私财物价值人民币 1000—3000 元以上的,为"数额较大"。但各省、自治区、直辖市高级人民法院可根据本地区经济发展状况,并考虑社会治安状况,在规定的数额幅度内,分别确定本地区执行的"数额较大"的标准。所谓多次盗窃,是指 2 年内盗窃 3 次以上的。所谓入户盗窃,是指非法进入供他人家庭生活,与外界相对隔离的住所盗窃的行为。所谓携带凶器盗窃,是指携带枪支、爆炸物、管制刀具等国家禁止个人携带的器械盗窃,或者为了实施违法犯罪活动携带其他足以危害他人人身安全的器械盗窃的行为。所谓扒窃,是指在公共场所或者公共交通工具上盗窃他人随身携带的财物的行为。①

(3) 本罪的主体是一般主体,即年满 16 周岁、具有刑事责任能力的自然人。根据《刑法》第 253 条第 2 款的规定,邮政工作人员私自开拆或者隐匿、毁弃邮件、电报,从中窃取财物的,以盗窃罪定罪,从重处罚。单位不能成为本罪主体,但单位组织、指使盗窃,追究组织者、指使者和直接实施者的刑事责任。

(4) 本罪的主观方面是直接故意,并具有非法占有的目的。动机如何,不影响认定。

---

① 参见 2013 年 4 月 2 日最高人民法院、最高人民检察院《关于办理盗窃刑事案件适用法律若干问题的解释》的规定。

(二) 盗窃罪的认定

1. 本罪与非罪的界限

根据刑法的规定,区别盗窃罪与非罪的界限是四个:一是盗窃"数额较大"的公私财物;二是"多次盗窃";三是"入户盗窃";四是"携带凶器盗窃、扒窃"。

"数额较大"是构成盗窃罪的重要条件,但不是唯一条件,必须考虑其他情节。根据相关司法解释,盗窃公私财物虽未达到数额较大,但接近数额较大的50%,具有下列情形之一的,可以追究刑事责任:(1) 曾因盗窃受过刑事处罚的;(2) 1年内曾因盗窃受过行政处罚的;(3) 组织、控制未成年人盗窃的;(4) 自然灾害、事故灾害、社会安全事件等突发事件期间,在事件发生地盗窃的;盗窃残疾人、孤寡老人、丧失劳动能力人的财物的;(6) 在医院盗窃病人或者其亲友财物的;(7) 盗窃救灾、抢险、防汛、优抚、扶贫、移民、救济款物的;(8) 因盗窃造成严重后果的。盗窃公私财物数额较大,行为人认罪、悔罪、退赃、退赔,且具有下列情形之一,情节轻微的,可以不起诉或者免予刑事处罚;必要时,由有关部门予以行政处罚:(1) 具有法定从宽处罚情节的;(2) 没有参与分赃或者获赃较少且不是主犯的;(3) 被害人谅解的;(4) 其他情节轻微、危害不大的。

已经窃取数额较大的公私财物是犯罪既遂。在某些特定的情况下,盗窃未遂,没有窃得财物,也可构成犯罪。根据相关司法解释,盗窃未遂,具有下列情形之一的,应当依法追究刑事责任:(1) 以数额巨大的财物为盗窃目标的;(2) 以珍贵文物为盗窃目标的;(3) 其他情节严重的情形。

"入户盗窃"与"携带凶器盗窃、扒窃"是《刑法修正案(八)》增加的两种盗窃罪的行为方式,与同是侵犯财产类型犯罪的抢劫罪、抢夺罪的行为方式相对应,完善了盗窃罪的立法体系。

根据相关司法解释,偷拿自己家庭的财物或者近亲属的财物,获得谅解的,一般可不按犯罪处理;追究刑事责任的,应当酌情从宽。这里所谓的"近亲属",按照刑事诉讼法的规定,是指夫、妻、父母、子女、同胞兄弟姐妹。"偷窃近亲属的财物"应包括偷窃已分居生活的近亲属的财物。偷窃自己家里的财物,既包括偷窃共同生活的近亲属的财物,也包括偷窃共同生活的其他非近亲属的财物。

2. 盗窃罪与其他犯罪的界限

当盗窃行为涉及刑法有特别规定的对象时,可能构成其他犯罪或者与其他犯罪具有牵连关系,因此应当予以认真区别。

(1) 盗窃广播电视设施、公用电信设施价值数额不大,但是构成危害公共安全犯罪的,依照《刑法》第124条的规定定罪处罚;盗窃广播电视设施、公用电信设施同时构成盗窃罪和破坏广播电视设施、公用电信设施罪的,择一重罪处罚。(2) 盗窃使用中的电力设备,同时构成盗窃罪和破坏电力设备罪的,择一重罪处罚。(3) 为盗窃其他财物,盗窃机动车辆当犯罪工具使用的,被盗机动车辆的价值计入盗窃数额;为实施其他犯罪盗窃机动车辆的,以盗窃罪和所实施的其他犯罪实行数罪并罚。为实施其他犯罪,偷开机动车辆当犯罪工具使用后,将偷开的机动车辆送回原处或者停放到原处附近,车辆未丢失的,按照其所实施的犯罪从重处罚。(4)为练习开车、游乐等目的,多次偷开机动车辆,并将机动车辆丢失的,以盗窃罪定罪处罚;在偷开机动车辆过程中发生交通肇事构成犯罪,又构成其他罪的,应当以交通肇事罪和其他罪实行数罪并罚;偷开机动车辆造成车辆损坏的,按照《刑法》第 275 条的规定定罪处罚;偶尔偷开机动车辆,情节轻微的,可以不认为是犯罪。(5)实施盗窃犯罪,造成公私财物损毁的,以盗窃罪从重处罚;又构成其他犯罪的,择一重罪从重处罚;盗窃公私财物未构成盗窃罪,但因采用破坏性手段造成公私财物损毁数额较大的,以故意毁坏财物罪定罪处罚。盗窃后,为掩盖盗窃罪行或者报复等,故意破坏公私财物构成犯罪的,应当以盗窃罪和构成的其他罪实行数罪并罚。(6)盗窃技术成果等商业秘密的,按照《刑法》第 219 条的规定定罪处罚。(7)2002 年 4 月 8 日最高人民法院《关于对采用破坏性手段盗窃正在使用的油田输油管道中油品的行为如何适用法律问题的批复》规定:"正在使用的油田输油管道,属于刑法规定的'易燃易爆设备'。行为人采用破坏性手段盗窃正在使用的油田输油管道中的油品,构成破坏易燃易爆设备罪、盗窃罪等犯罪的,依照处罚较重的规定定罪处罚。"(8)本罪与盗窃枪支、弹药、爆炸物罪的界限。前罪是一般规定,后罪是特别规定,两者形成了法条竞合关系,按照特别规定优于普通规定适用的原则,同时既构成盗窃罪又构成盗窃枪支、弹药、爆炸物罪的,应按盗窃枪支、弹药、爆炸物罪定罪处罚。

3. 本罪既遂与未遂的界限

盗窃既遂与未遂,既是量刑的情节,在某种意义上讲也是罪与非罪的界限,如一般盗窃而未遂的,一般不作为犯罪处罚,但如果盗窃目标巨大,未遂的也应依法定罪处罚。

盗窃的既遂与未遂在国内刑法理论上存在诸多的争论,有接触说、转移说、藏匿说、损失说、失控说、控制说、失控加控制说等。在我国主要是失控说、控制说、失控加控制说三种观点。失控说主张,凡是盗窃行为使财产所有人或保管人丧失了对财物的控制的,即为盗窃罪的既遂。控制说主张,凡是行为人已实际控制财物的,即为盗窃罪的既遂。失控加控制说则主张,凡被盗财物已脱离财物所有人或保管人的控制并且已实际置于行为人控制之下的,即为盗窃罪的既遂。盗窃罪的既遂标准原则上应是失控说,即只要被害人丧失了对自己财物的控制,不管行为人是否控制了该财物,都应当认定为盗窃既遂。因为盗窃行为是否侵害了他人财产,不是绝对取决于行为人是否控制了财产,而是取决于被害人是否丧失对自己的财产的控制。行为人是否控制了财产,不能改变被害人的财产实际上受侵害的事实。例如,行为人以不法所有为目的,从火车上将他人财物扔到偏僻的轨道旁,打算下车后再捡回该财物的,不管行为人事后是否捡回了该财物,被害人的财产受到实际侵害的事实不会发生变化,理当认定为犯罪既遂。当然,被害人的失控与行为人的控制也可能存在不统一的情况,如果难以认定被害人是否丧失了对财物的控制,但能认定行为人已经控制了财物的,也应认定为盗窃既遂。

二、诈骗罪

(一) 诈骗罪的概念与特征

诈骗罪,是指以非法占有为目的,用虚构事实或者隐瞒真相的方法,骗取数额较大的公私财物的行为。本罪的构成特征是:

(1) 本罪的客体是公私财产权。犯罪对象是公私财物。公私财物,既可以是有形财物,也可以是无形财物;可以是动产,也可以是不动产。对于骗取财产性利益的是否构成诈骗罪,理论上有不同认识,有学者认为本罪的对象只限于财物,也有学者认为可以包括财产性利益。我们认为,由于财产性利益是可以用具体数额的财物计算的,所以本罪的对象以广义理解比较恰当。根据《刑法》第210条的规定,使用欺骗手段骗取增值税专用发票或者可以用于骗取出口退税、抵扣税款的其他发票的,成立诈骗罪。根据《扰乱电信市场解释》,以虚假、冒用的身份证件办理入网手续并使用移动电话,造成电信资费损失数额较大的,以诈骗罪定罪处罚。

(2) 本罪在客观方面表现为用虚构事实或者隐瞒真相的方法,骗取数额较大的公私财物的行为。

第一,必须实施了骗取财物的行为。骗取财物的方式多种多样,概括起来不外乎两种类型:一是虚构事实。所谓虚构事实,是指捏造客观上并不存在的事实。至于捏造的是部分事实还是全部事实,不影响认定。二是隐瞒真相。所谓隐瞒真相,是指掩盖客观上存在的事实。至于掩盖的是部分事实还是全部事实,不影响认定。虚构事实或者隐瞒真相从实质上说都是使对方陷入处分财产的错误认识的行为。因此,不管是虚构、隐瞒过去的事实,还是现在的事实、将来的事实,只要具有上述内容的,就是一种骗取行为。欺骗被害人的手段是多种多样的,可以是口头编造谎言,也可以是利用信件、证件,如为骗取被害人信任而伪造公文印章,盗窃公文、印章、证件使用,或者假冒国家工作人员身份等。以欺诈、伪造证明材料或者其他社会保障待遇的,成立本罪。① 但须注意的是,在刑法中,使用欺骗性质手段骗取财物的还有多种犯罪,只要刑法另有规定,就应按照刑法规定的犯罪处罚,不构成本罪。如果诈骗的手段行为触犯其他罪名的,为牵连犯,按照牵连犯的原则处理。

对行为人伪造单据、合同并提起诉讼,欺骗法院并借法院之判决而非法占有他人财物或者逃避合法债务的,按照《刑法》第307条之一第3款的规定,又构成其他犯罪的,按照处罚较重的规定定罪处罚。问题是对于诉讼诈骗行为能否构成诈骗罪尚存在争议。2002年10月24日最高人民检察院《关于通过伪造证据骗取法院民事裁判占有他人财物的行为如何适用法律问题的答复》中指出:"以非法占有为目的,通过伪造证据骗取法院民事裁判占有他人财物的行为所侵害的主要是人民法院正常的审判活动,可以由人民法院依照民事诉讼法的有关规定作出处理,不宜以诈骗

---

① 参见2014年4月24日第十二届全国人民代表大会常委会第八次会议通过的《关于〈中华人民共和国刑法〉第266条的解释》的规定。

罪追究行为人的刑事责任。如果行为人伪造证据时,实施了伪造公司、企业、事业单位、人民团体印章的行为,构成犯罪的,应当依照《刑法》第 280 条第 2 款的规定,以伪造公司、企业、事业单位、人民团体印章罪追究刑事责任;如果行为人有指使他人作伪证行为,构成犯罪的,应当依照《刑法》第 307 条第 1 款的规定,以妨害作证罪追究刑事责任。"第 307 条之一仅规定了提起虚假诉讼行为的刑事责任,而该条也承认了通过虚假诉讼行为获取非法利益成立其他犯罪。既然手段行为可以成立伪造公司、企业、事业单位、人民团体印章罪或妨害作证罪,那么结果行为符合诈骗罪的,当然可以成立诈骗罪。①

第二,受害人产生了错误认识。即对方产生错误认识是行为人的欺诈行为所致。在欺诈行为与对方处分财产之间,必须介入对方的错误认识。如果对方不是因欺诈行为产生错误认识而处分财产,就不成立诈骗罪(但有成立诈骗未遂的可能性)。受害人只要求是具有处分财产的权限或者处于可以处分财产地位的人,不要求一定是财物的所有人或占有人。

第三,受害人基于错误认识实施了处分财产的行为。被欺诈人处分财产既包括客观的处分事实,也包括主观的处分意思。当对象是财物时,客观的处分事实表现为交付财物;当对象是财产上的利益时,客观的处分事实表现为承诺转移财产性利益,或者承诺免除行为人的债务。主观的处分意思是指认识到自己在将财物或者财产性利益转移给行为人,因此行为人应当具备行为能力,从无行为能力的人如幼儿、高度精神病患者手中骗取财物的,不构成诈骗罪。

第四,行为人获取财物或者财产性利益,且数额较大。

根据 2011 年 3 月 1 日最高人民法院与最高人民检察院发布的《关于办理诈骗刑事案件具体应用法律若干问题的解释》的规定,诈骗公私财物在 3000 元至 1 万元以上的,为数额较大。各省、自治区、直辖市高级人民法院可根据本地区经济发展状况,并考虑社会治安状况,在上述规定的幅度内,确定本地区执行的个人诈骗的"数额较大"的数额标准。

(3) 本罪的主体是一般主体,即年满 16 周岁、具有刑事责任能力的自然人。

(4) 本罪的主观方面是直接故意,并具有非法占有公私财物的目的,如果不具有非法占有的目的,以欺骗的方法骗回他人拖欠的货款的,不构成本罪。动机如何不影响本罪成立。

(二) 诈骗罪的认定

1. 本罪与非罪的界限

诈骗罪的成立,应当以骗取数额较大的公私财物为标准,如果诈骗公私财物数额较小,且情节轻微的,不以犯罪论处。对于不具有非法占有目的的民间借贷纠纷、代人购物拖欠贷款行为,不能以本罪论处。

---

① 通过虚假诉讼获得财物或财产性利益当然还可以成立职务侵占罪或贪污罪。参见 2015 年 10 月 29 日最高人民法院《关于〈中华人民共和国刑法修正案(九)〉时间效力问题的解释》第 7 条第 2 款的规定。

2. 本罪与特别诈骗犯罪的界限

所谓特别诈骗犯罪,是指从本条诈骗罪中分离出来,由《刑法》其他条款规定的犯罪,主要集中在破坏社会主义市场经济秩序一类犯罪中。具体是:集资诈骗罪(第192条)、贷款诈骗罪(第193条)、票据诈骗罪(第194条第1款)、金融凭证诈骗罪(第194条第2款)、信用证诈骗罪(第195条)、信用卡诈骗罪(第196条)、有价证券诈骗罪(第197条)、保险诈骗罪(第198条)、骗取出口退税罪(第204条第1款)、合同诈骗罪(第224条)。这些特殊诈骗罪主要在诈骗对象、手段上与普通诈骗罪存在区别,规定这些特殊诈骗罪的法条与《刑法》第266条是特别法条与普通法条的关系,根据特别法条优于普通法条的原则,对符合特殊诈骗罪构成要件的行为,应认定为特殊诈骗罪。因此,《刑法》第266条规定:"……本法另有规定的,依照规定。"这表明,凡是行为符合上述规定的特别诈骗犯罪的,应当根据这些规定论罪处罚。

3. 本罪与盗窃罪的界限

在一般情况下,两者的界限不难区分。但在行为人实施犯罪活动中既使用了欺骗的手段,又使用了秘密窃取的手段的情况下,却难以区分。两罪区别的关键是:被害人是否基于认识错误而处分财产。如果不存在被害人处分财产的事实,则不可能成立诈骗罪。

第三节 侵占、挪用型财产犯罪

一、侵占罪

(一)侵占罪的概念与特征

侵占罪,是指以非法占有为目的,将代为保管的他人财物或者将他人的遗忘物、埋藏物非法占为己有,数额较大,拒不退还或者拒不交出的行为。本罪的构成特征表现为:

(1)本罪的客体是公私财产所有权。根据刑法的规定,本罪对象只限于两类:一是行为人代为保管的他人财物。这里的财物既可以是动产,也可以是不动产;既可以是有形财产,也可以是无形财产,但无形财产不包括科技秘密等无形物。二是行为人持有的他人的遗忘物或者埋藏物。遗忘物,是指所有人或持有人有意识地放在某处,因一时疏忽忘记拿走的财物。埋藏物,是指埋藏于地下,所有人不明或应由国家所有的财物。如果是他人有意埋藏于地下的财物,则属于他人占有的财物,而非埋藏物。

(2)本罪在客观方面表现为将代为保管的他人财物或者将他人的遗忘物、埋藏物非法占有,数额较大,拒不退还或拒不交出的行为。构成本罪,在客观方面必须具备以下条件:

第一,行为人已经持有他人财物。这是侵占行为的前提,也是侵占罪区别于盗窃、抢劫、诈骗等罪的特征。所谓已经持有他人的财物,有两种情形:一是代为保管他人的财物;二是拾得或发现他人的遗忘物或者挖掘出他人埋藏物而持有。所谓代为保管他人的财物,是指基于委托、租赁、担保、借用等关系将他人的财物代为收受管理。对此,应以事实上或法律上对他人财物具有支配、控制力为条件,而不以行为人实际握持着为必要条件。所谓遗忘物或者埋藏物,是指因某种原因暂时脱离了权利人控制、管理的财物。

第二,将他人的财物非法占为己有。将他人财物非法占为己有,即"侵占"。占有的具体方法主要有两种:一是实施处分行为。即将自己持有的他人之物,视为自己之物而加以处分。这里的处分,可以是法律上的处分行为,也可以是事实上的处分行为。前者如抵押、买卖等,后者如消费或送给他人。二是易持有为所有之行为。即使财物的所有人丧失其所有权,如伪造契约来主张其代管的他人财物为自己所有。

第三,对代管的他人财物拒不退还,对他人的遗忘物、埋藏物拒不交出。所谓拒不退还,是指经权利人要求退还而拒绝退还。所谓拒不交出,是指对他人的遗忘物、埋藏物,在明确权利人之后,经有关机关要求交出而拒绝交出。不能认为只要有非法占为己有的事实,就成立侵占罪。

第四,行为人所侵占财物的数额较大。由于侵占行为是以非暴力的手段将他人财物非法占为己有的行为,其社会危害性一般较轻,因此必须是侵占财物的数额较大,社会危害性达到一定程度的,才能构成犯罪。

(3) 本罪的主体是一般主体,即年满16周岁、具有刑事责任能力的自然人。

(4) 本罪的主观方面是直接故意,并且有非法占有的目的。动机如何不影响本罪成立。

(二) 侵占罪的认定

1. 本罪与非罪的界限

把握侵占罪与非罪的界限,主要应注意考察以下方面:(1) 本罪以非法占有他人财物数额较大为必要条件,如果数额较小,是民事侵权行为,不构成犯罪;(2) 虽然发生了已经非法占有他人财物的事实,但在权利人要求其退还或者交出时,行为人退还或者交出的,不构成犯罪;(3) 根据刑法的规定,本罪属于"亲告罪",必须被害人告诉的才处理,即只有被害人告诉,才可能认为是犯罪。

2. 侵占罪与盗窃罪的区别

侵占罪和盗窃罪都以他人财物为对象,都侵犯了公私财物的所有权,都是故意犯罪,并且都具有非法占有的目的。两罪区别的关键是:盗窃罪的对象是他人控制之下的财物,对自己占有的财物不可能成立盗窃罪;侵占罪只能是侵占自己占有的他人财物或者遗忘物、埋藏物。所以,判断财物由谁占有、是否脱离占有,是区分侵占罪与盗窃罪的关键。

3. 本罪的既遂与未遂

根据刑法的规定,"拒不退还""拒不交出"是构成侵占罪的一个必要条件,行为人退还或交出,即不构成犯罪;反之,拒绝退还或交出,即构成侵占罪既遂。所以,这个条件既是区别罪与非罪的界限,又是确定犯罪既遂的标准。由于该条件形成要么是既遂,要么不构成犯罪,侵占罪几乎不可能形成未遂形态。因此,当行为人非法占有他人财物,经所有权人要求其退还或交出而拒绝退还或交出时,才能构成犯罪,也就是本罪的既遂。

二、职务侵占罪

职务侵占罪,是指公司、企业或者其他单位的人员利用职务上的便利,将本单位财物占为己有,数额较大的行为。本罪的构成特征为:

(1) 本罪的客体是公司、企业或者其他单位的财物所有权。犯罪对象是行为人所属的公司、企业或者其他单位的财物,包括动产和不动产,有形财产和无形财产。

(2) 本罪在客观方面表现为利用职务上的便利,将本单位财物非法占为己有,数额较大的行为。其一,行为人必须利用了职务上的便利,即利用了自己主管、管理、经营、经手单位财物的便利条件。不是利用职务之便,而是利用工作之便,侵占本单位财物的行为,不能构成本罪。其二,必须将单位财物非法占为己有。从行为方式上看,除了将代为保管的单位财物非法占为己有的侵占外,本罪还包括利用职务之便的窃取、骗取等行为。根据《刑法》第183条的规定,保险公司的工作人员(但国有保险公司的工作人员和国有保险公司委派到非国有保险公司从事公务的人员除外),利用职务上的便利,故意编造未曾发生的保险事故进行虚假理赔,骗取保险金归自己所有的,以职务侵占罪论处。行为对象必须是本单位财物,如果不是本单位财物,不构成本罪。其三,必须非法占有了数额较大的单位财物,这是区别罪与非罪的重要界限。

(3) 本罪的主体是特殊主体,即不属于国家工作人员的公司、企业或者其他单位的人员。根据1999年6月18日最高人民法院《关于村民小组组长利用职务便利非法占有公共财物行为如何定性问题的批复》,对村民小组组长利用职务上的便利,将村民小组集体财产非法占为己有,数额较大的行为,以职务侵占罪定罪处罚。根据2001年5月22日最高人民法院《关于在国有资本控股、参股的股份有限公司中从事管理工作的人员利用职务便利非法占有本公司财物如何定罪问题的批复》,在国有资本控股、参股的股份有限公司中从事管理工作的人员,除受国家机关、国有公司、企业、事业单位委派从事公务的以外,不属于国家工作人员。对其利用职务上的便利,将本单位财物非法占为己有,数额较大的,应当以职务侵占罪论处。

(4) 本罪的主观方面为故意,并具有非法占为己有的目的。动机如何不影响本罪成立。

三、挪用资金罪

(一) 挪用资金罪的概念与特征

挪用资金罪,是指公司、企业或者其他单位中的人员,利用职务上的便利,挪用本单位资金归个人使用或者借贷给他人,数额较大、超过3个月未还的,或者数额较

大、进行营利活动的,或者进行非法活动的行为。本罪的构成特征表现为:

(1) 本罪的客体是复杂客体,即公私财产所有权和财经管理制度。犯罪对象是行为人所在单位的资金。所谓资金,包括以货币形态表现的人民币、外币和以有价证券形式存在的股票、国库券等,但不包括单位的物资、设备和其他处于实物形态的财产。根据2000年10月9日最高人民检察院《关于挪用尚未注册成立公司资金的行为适用法律问题的批复》,筹建公司的工作人员在公司登记注册前,利用职务上的便利,挪用准备设立的公司在银行开设的临时账户上的资金,归个人使用或者借贷给他人,构成犯罪的,应当以挪用资金罪论处。

(2) 本罪在客观方面表现为行为人利用职务上的便利,挪用本单位资金归个人使用或者借贷给他人,数额较大、超过3个月未还的,或者数额较大、进行营利活动的,或者进行非法活动的行为。

第一,必须实施了挪用本单位资金的行为。所谓挪用,是指行为人未经合法批准,擅自决定将本单位资金改变用途。具体表现为三种情况:一是挪用资金归个人使用或者借贷给他人,数额较大、超过3个月未还的。所谓归个人使用,是指将挪用的资金归自己使用。所谓借贷给他人,是指将挪用的资金出借或者以贷款方式提供给他人使用。"他人"包括自然人和其他公司、企业单位。根据最高人民法院2000年6月30日《关于如何理解刑法第272条规定的"挪用本单位资金归个人使用或者借贷给他人"问题的批复》,公司、企业或者其他单位的非国家工作人员,利用职务上的便利,挪用本单位资金归本人或者其他自然人使用,或者挪用人以个人名义将所挪用的资金借给其他自然人和单位,构成犯罪的,应当以挪用资金罪定罪处罚。这种情况构成本罪必须具备数额较大、挪用时间超过3个月、案发时尚未归还三个条件。超过3个月未还,是指从挪用之日起经过了3个月还没有归还;挪用单位资金超过3个月之后,不问后来是否归还,都应以犯罪论处,事后归还,只是量刑情节;如果在3个月之内归还,则不成立本罪。二是挪用资金虽未超过3个月,但数额较大、进行营利活动的。所谓进行营利活动,是指将挪用的资金用于合法的经营活动。这种情况下,数额较大和进行营利活动是必备要求,没有挪用时间长短的限制,也不因发现时是否归还而影响本罪的成立。根据司法实践,"数额较大"是指在1万元至3万元以上。三是挪用资金用于非法活动。所谓用于非法活动,是指将挪用的资金用于一般的违法活动和犯罪活动,如用于非法经营、走私、赌博、嫖娼、贩毒等活动,包括将挪用资金归个人或者他人用于非法活动。这种情况构成本罪,既没有挪用时间的限制,也没有案发前归还与否的要求。根据司法实践,挪用单位资金进行非法活动,数额在5000元至2万元以上的,才追究刑事责任。

第二,挪用行为必须是利用了本人职务上的便利。所谓职务上的便利,是指行为人利用其在本单位中担任主管、掌管、管理本单位资金的职权形成的便利条件。如果行为人的挪用行为没有利用职务上的便利,不能构成本罪。

(3) 本罪的主体是特殊主体,即只能是公司、企业或者其他单位中的非国家工作人员。如果行为人具有国家工作人员的身份,则构成挪用公款罪。根据《刑法》第

185 条的规定,银行或者其他金融机构的工作人员(国有金融机构工作人员和国有金融机构委派到非国有金融机构从事公务的人员除外),利用职务上的便利,挪用本单位或者客户资金的,依照挪用资金罪定罪处罚。2000 年 2 月 13 日最高人民法院《关于对受委托管理、经营国有财产人员挪用国有资金行为如何定罪问题的批复》指出,对于受国有机关、国有公司、企业、事业单位、人民团体委托,管理、经营国有财产的非国家工作人员,利用职务上的便利,挪用国有资金归个人使用构成犯罪的,应当依照《刑法》第 272 条第 1 款的规定定罪处罚。

(4) 本罪主观方面是故意,犯罪的目的是非法暂时取得本单位资金的使用权,即行为人是准备以后归还,而没有不法占有的目的。如果行为人携带挪用的资金潜逃的,应以职务侵占罪论处。动机如何不影响本罪成立。

(二) 挪用资金罪的认定

1. 本罪与职务侵占罪的界限

两罪的犯罪主体完全相同,客观上都表现为必须利用职务上的便利。两罪的区别表现在:(1) 对象不完全相同:挪用资金罪的对象只能是本单位资金;而职务侵占罪的对象,除了本单位资金外,还可以是其他财物。(2) 行为不同:挪用资金罪只能是暂时占有、使用单位资金,因而只是侵犯了单位资金的占有权、使用权、收益权;职务侵占罪是将单位财物据为己有,因而侵犯了单位财物的所有权整体。(3) 故意的内容不同:挪用资金罪的行为人只是出于暂时占有、使用的故意,主观上具有归还资金的意图;职务侵占罪的行为人出于不法所有的故意,不具有归还的意图。

2. 本罪与挪用特定款物罪的界限

两罪都表现为"挪用",都是利用职务之便实施的。两罪的主要区别是:(1) 犯罪对象不完全相同。本罪的犯罪对象必须是本单位的资金;挪用特定款物罪的犯罪对象必须是用于救灾、抢险、防汛、优抚、扶贫、移民、救济的款物。(2) 挪用的用途不同。本罪是将挪用的资金归个人使用或者借贷给他人使用;挪用特定款物罪是将所挪用的特定款物改变原特定用途,但仍是为公用。(3) 客观方面的条件不完全相同。对本罪,法律并未明确规定要求的结果;而对挪用特定款物罪,法律则明确规定只有情节严重,致使国家和人民群众利益遭受重大损害的,才构成犯罪。(4) 犯罪主体不同。本罪的主体是公司、企业或者其他单位不具有国家工作人员身份的工作人员;而挪用特定款物罪的主体则是掌管、经手救灾、抢险、防汛、优抚、扶贫、移民、救济款物的直接责任人员。

四、挪用特定款物罪

挪用特定款物罪,是指违反国家财经管理制度,将专用于救灾、抢险、防汛、优抚、扶贫、移民、救济款物挪作他用,情节严重,致使国家和人民群众利益遭受重大损害的行为。本罪的构成特征如下:

(1) 本罪的客体是复杂客体,即本罪既侵犯了公共财物的所有权,又侵犯了国家关于特定款物专用的财经管理制度。根据刑法的规定,犯罪对象只限七项特定款物,即专门用于救灾、抢险、防汛、优抚、扶贫、移民、救济的特定款物。根据最高人民检察院2003年1月13日《关于挪用失业保险基金和下岗职工基本生活保障资金的行为适用法律问题的批复》的规定,挪用失业保险基金和下岗职工基本生活保障资金属于挪用救济款物。挪用失业保险基金和下岗职工基本生活保障资金,情节严重,致使国家和人民群众利益遭受重大损害的,对直接责任人员,应当依照《刑法》第273条的规定,以挪用特定款物罪追究刑事责任。

(2) 本罪在客观方面表现为违反国家财经管理制度,将上述专用款物挪作其他用途,情节严重,致使国家和人民群众利益遭受重大损害的行为。其一,必须有挪用行为。本罪中的"挪用",只限于由有关单位改变专用款物用途,不包括挪作个人使用。其二,必须是情节严重,给国家和人民群众利益造成重大损害。

(3) 本罪主体是特殊主体,即国家机关工作人员、事业单位工作人员和社会团体工作人员中掌管、支配、使用特定款物的直接责任人员,以及国家机关、事业单位、社会团体委托经手、管理特定款物的人员。

(4) 本罪的主观方面是故意,过失不构成本罪,动机如何不影响本罪成立。

第四节　毁坏、破坏型财产犯罪

一、故意毁坏财物罪

故意毁坏财物罪,是指故意毁坏公私财物,数额较大或者有其他严重情节的行为。本罪的构成特征表现为:

本罪的客体是公私财物的所有权,对象是各种公私财物,包括动产和不动产。但是故意毁坏刑法另有规定的某些特定财物的,依照刑法另外的规定处理,如毁坏耕地或者进行破坏性采矿的,成立其他犯罪,不成立本罪。本罪在客观方面表现为故意毁坏公私财物,数额较大或者有其他严重情节的行为。毁坏是指毁灭或者损坏。所谓毁灭,是指公私财物完全丧失价值与效用。所谓损坏,是指公私财物部分丧失价值与效用。毁灭与损坏的方式不限,但如果采用危害公共安全的方法的,应以危害公共安全相关罪论处。此外,成立本罪还要求毁坏公私财物,数额较大或者有其他严重情节。所谓"数额较大",是指造成公私财物的直接损失数额较大。所谓"其他严重情节",是指毁坏重要物资的,毁坏手段恶劣的,动机卑鄙的,毁坏财物嫁祸于人等。本罪的主体是一般主体,即年满16周岁、具有刑事责任能力的自然人。本罪的主观方面是故意,动机如何不影响本罪成立。

二、破坏生产经营罪

破坏生产经营罪,是指以泄愤报复或者其他个人目的,破坏机器设备、残害耕畜或者以其他方法破坏生产经营的行为。本罪的构成特征表现为:

本罪的客体是复杂客体,即本罪既侵犯了公私财产所有权,又侵犯了国家、集体或者个人生产经营的正常秩序。本罪的对象必须是与生产经营活动有直接联系的财物,即正在使用的各种设备和用具,非此对象不能构成本罪。本罪客观方面表现为毁坏机器设备、残害耕畜或者以其他方法破坏生产经营的行为。所谓"其他方法",是指其他与毁坏机器设备、残害耕畜相类似的足以破坏生产经营活动的方法。本罪的主体是一般主体,即年满16周岁、具有刑事责任能力的自然人。本罪的主观方面是故意,并具有泄愤报复或者其他个人目的,动机如何不影响本罪成立。过失不能构成本罪。

三、拒不支付劳动报酬罪

这是《刑法修正案(八)》新增加的规定,《关于执行〈中华人民共和国刑法〉确定罪名的补充规定(五)》将其罪名确定为拒不支付劳动报酬罪。本罪是指以转移财产、逃匿等方法逃避支付劳动者的劳动报酬或者有能力支付而不支付劳动者的劳动报酬,数额较大,经政府有关部门责令支付仍不支付的行为。

本罪的客体是劳动者的财产权。犯罪的客观方面表现为以转移财产、藏匿等方法逃避支付劳动者的劳动报酬或者有能力支付而不支付劳动者的劳动报酬,数额较大,经政府有关部门责令支付仍不支付的行为。本罪的主体包括自然人和单位。本罪的主观方面是故意,明知自己的行为会发生不能给劳动者发放工资的结果,而希望或者放任这样的结果发生。

根据《刑法》第276条之一规定,犯本罪的,处3年以下有期徒刑或者拘役,并处或者单处罚金;造成严重后果的,处3年以上7年以下有期徒刑,并处罚金。单位犯本罪的,对单位判处罚金,并对其直接负责的主管人员和其他直接责任人员,依照前款的规定处罚。有前两款行为,尚未造成严重后果,在提起公诉前支付劳动者的劳动报酬,并依法承担相应赔偿责任的,可以减轻或者免除处罚。

本章重点问题提示

一、侵犯财产罪中的对象——财物是否仅限于有体物

关于刑法上的财物是否仅限于有体物,理论上存在争议。有体性说认为,刑法上的财物只限于有体物,包括固体物、液体物与气体物。无体物不是刑法上的财物,不能成为侵犯财产罪的对象。液化气、蒸汽等是财物,但光、热等不是财物。物理管理可能性说认为,刑法上的财物并不限于有体物,还包括其他具有物理管理可能性的财物,或者说在物理上属于物的,就是刑法上的财物。有体物以及光、热、水力、冷气等是财物,但债权、人的劳动力、牛马的牵引力等不是财物。事务管理可能性说认为,凡是可以作为一种事务进行管理的物,都是刑法上的财物。有体物、无体物以及债权、人的劳动力、牛马的牵引力等都是财物。[①] 我们认为,刑法上的财物应包括有

---

① 参见〔日〕西田典之:《刑法各论》,日本弘文堂1999年版,第129页以下。

体物与无体物。

二、行为人为了行使自己的权利而使用威胁手段是否成立敲诈勒索罪

例如,债权人为了实现债权而对债务人实施胁迫行为是否成立敲诈勒索罪?在国外刑法理论上,主张无罪的人认为,具有正当权利的人,即使将胁迫作为实现权利的手段,也不宜认定为犯罪。主张成立胁迫罪(我国刑法没有规定该罪)的人认为,刑法设立财产犯罪是为了保护私法上的权利关系,既然行为人具有接受对方交付的财物的权利,而且只要是基于交付者的意思而交付的财物,对方就不存在财产上的损害,因而不成立财产犯罪。但是,其行权利的手段超出了法律允许的范围,故应成立胁迫罪。主张成立敲诈勒索罪的人认为,敲诈勒索罪也是财产犯罪,以造成他人财产上的损害为前提。既然行为人是使用胁迫手段,使他人基于恐惧心理而交付财物,那么就侵害了他人对财物的占有、使用、收益、处分这一本权的事实上的机能,产生了财产上的损害,故应成立敲诈勒索罪。① 我国主张采取无罪说。

三、关于侵占罪的对象

对于侵占罪对象的范围,理论上有不同观点:(1)认为财物限于公民个人的财产,不包括国有财物和公司、企业与其他单位的财物,且具有特定的范围,即必须是行为人代为保管的他人财物,既可能是被害人委托收管的财物,亦可能是按有关规定由其托管的财产。②(2)认为不仅包括私人所有财物,还包括公共财物,把公共财物排除在犯罪之外不利于刑法对公共财物的保护。③ 我们认为,《刑法》第270条并没有将本罪的犯罪对象明确规定为私有财物,而且从司法实践来看,确实存在侵占公有财物的情况,因此把本罪的犯罪对象限定为私人财物不符合法律的旨趣。

思考题

1. 什么是抢劫罪?它有哪些构成要件?
2. 诈骗罪与盗窃罪有何区别?
3. 什么是侵占罪?它有哪些构成要件?罪与非罪如何区别?
4. 职务侵占罪有哪些构成要件?它与盗窃罪、诈骗罪有何区别?
5. 如何理解挪用资金罪的概念和构成要件?它与挪用公款罪、职务侵占罪有何区别?

---

① 参见〔日〕早稻田司法考试研究室:《刑法各论》,日本早稻田经营出版1990年版,第176页。
② 参见黄太云、滕炜主编:《中华人民共和国刑法释义与适用指南》,红旗出版社1997年版,第386页;张明楷:《刑法学》(下),法律出版社1999年版,第783页;王光华、刘锁民:《论侵占罪的构成要件》,载《现代法学》1999年第4期。
③ 参见高铭暄、马克昌主编:《刑法学》,北京大学出版社、高等教育出版社2000年版,第520页;高铭暄、马克昌主编:《刑法学》(下编),中国法制出版社1999年版,第913、914页;赵秉志、于志刚:《论侵占罪的犯罪对象》,载《政治与法律》1999年第2期;王作富:《略论侵占罪的几个问题》,载《法学杂志》1998年第1期。

第二十六章　妨害社会管理秩序罪

> **内容提要**

本章主要论述妨害社会管理秩序罪的概念与构成特征,妨害社会管理秩序罪中各种具体犯罪的概念与犯罪构成。重点在于妨害公务罪、传授犯罪方法罪、赌博罪、伪证罪,窝藏、包庇罪,掩饰、隐瞒犯罪所得、犯罪所得收益罪、脱逃罪,医疗事故罪,盗伐林木罪,走私、贩卖、运输、制造毒品罪,引诱、容留、介绍卖淫罪,传播性病罪等重点、难点罪名的概念与犯罪构成。

> **关键词**

妨害公务罪　招摇撞骗罪　脱逃罪　医疗事故罪　走私、贩卖、运输、制造毒品罪

第一节　扰乱公共秩序罪

一、妨害公务罪

（一）妨害公务罪的概念与特征

妨害公务罪,是指用暴力、威胁的方法,阻碍国家机关工作人员、人大代表依法执行职务,或者在自然灾害或突发事件中阻碍"红十字"会工作人员依法履行职责,暴力袭击正在依法执行职务的人民警察或者故意阻碍国家安全机关、公安机关依法执行国家安全工作任务,虽未使暴力、威胁方法,但造成严重后果的行为。本罪的构成特征表现为:

（1）本罪的客体是复杂客体,其中主要客体是国家机关、人民代表大会、"红十字"会、人民警察、国家安全机关以及公安机关的公务活动,次要客体是国家机关工作人员、人大代表、"红十字"会工作人员、人民警察的人身权利。所谓公务,是指国家的公共事务,即上述人员代表国家所进行的对公共事务的管理活动。但是不包括法律另有规定的其他公务,例如征收税款。本罪的对象是依法执行公务或者履行职责的上述人员。本罪对象不包括在部队中从事公务的人员。阻碍军人执行职务的,构成《刑法》第 368 条的阻碍军人执行职务罪,而不成立本罪。此外,根据 2000 年 4 月 24 日最高人民检察院《关于以暴力威胁方法阻碍事业编制人员依法执行行政执

法职务是否可对侵害人以妨害公务罪论处的批复》,对于以暴力、威胁方法阻碍国有事业单位人员依照法律、行政法规的规定执行行政执法职务的,或者以暴力、威胁方法阻碍国家机关中受委托从事行政执法活动的事业编制人员执行行政执法职务的,可以对侵害人以妨害公务罪追究刑事责任。

(2) 本罪在客观方面具体表现为实施了以下五种行为之一:一是以暴力、威胁的方法阻碍国家机关工作人员、人大代表依法执行职务的行为;二是以暴力、威胁方法阻碍人大代表依法执行代表职务的行为;三是在自然灾害或者突发事件中,以暴力、威胁方法阻碍"红十字"会人员依法履行职责的行为;四是虽未使用暴力、威胁的方法,但故意阻碍国家安全机关、公安机关依法执行国家安全工作任务,造成严重后果的行为;五是暴力袭击正在依法执行职务的人民警察。在考察本罪的客观方面时,应当注意以下两个问题:

第一,对暴力袭击正在执行职务的人民警察、使用暴力、威胁国家工作人员、人大代表、"红十字"会工作人员是构成本罪的必要条件。所谓暴力方法,是指对国家机关工作人员、各级人大代表或"红十字"会工作人员和正在执行职务的人民警察的身体实行打击或强制,如殴打、捆绑或其他强行限制人身自由的行为;所谓威胁方法,是指对国家机关工作人员、各级人大代表或"红十字"会工作人员进行精神上的恐吓,如以杀害、伤害、毁坏财产、损害名誉等相威胁。如果没有采用暴力、威胁方法,即使客观上妨害了国家机关工作人员、各级人大代表或"红十字"会工作人员或人民警察正常执行职务,也不能以本罪论处。故意阻碍国家安全机关、公安机关依法执行国家安全工作任务,则不以使用暴力、威胁方法作为特定的手段要件,即使没有使用这种手段,只要造成了严重后果,也构成本罪。

第二,以暴力、威胁方法阻碍国家机关工作人员或各级人大代表依法执行职务,必须发生在上述人员正在依法执行职务时;以暴力、威胁方法阻碍"红十字"会工作人员依法履行职责,必须发生在自然灾害或突发事件中;暴力袭击人民警察必须是发生在正在执行职务过程中;对国家安全机关、公安机关进行妨碍必须是发生在上述两个机关执行国家安全任务过程中。这是特定的时间要件。如果不是发生在这一特定的时间里,就不存在该种形式的妨害公务罪。

(3) 本罪的主体是已满16周岁、具有辨认控制能力的自然人。

(4) 本罪的主观方面为故意,即行为人明知对方是正在依法执行职务或履行职责的国家机关工作人员、人大代表或"红十字"会工作人员或人民警察,而有意对其实施暴力、威胁,使之不能或不敢正常执行职务或者履行职责,或者明知对方正在执行国家安全工作任务,而有意进行阻碍。犯罪的动机如何,不影响本罪的成立。

(二) 妨害公务罪的认定

1. 罪与非罪的界限

妨害公务罪与非罪的界限主要从行为方式和危害后果上来把握。对于《刑法》第277条第1、2、3款规定的妨害公务的行为来说,使用暴力、威胁方法是必要条件,如果行为人未使用暴力、威胁方法,而只是采用言语顶撞、争执的方法的,或者只使用了轻微暴力、胁迫手段但客观上不足以阻碍国家机关工作人员依法执行职务的,一般不认为是妨害公务罪。对于第4款规定的妨害公务行为来说,造成严重后果是必要条件,即使没有采用暴力、威胁方法,但是造成严重后果的,也成立本罪。

2. 正确区分一罪与数罪

妨害公务的行为可能成为其他犯罪的手段,在这种情况下,原则上应从一重罪论处,但刑法有特别规定的,应当依照刑法的特别规定处理。例如,《刑法》第157条第2款规定,以暴力、胁迫方法抗拒缉私的,应以走私罪和本罪实行数罪并罚。再如,《刑法》第318条规定,在运送他人偷越国(边)境中以暴力、胁迫方法抗拒检查的,应适用刑法规定的较重法定刑。

3. 本罪与近似犯罪的界限

本罪由于通常表现为行为人以暴力或威胁的方法实施犯罪,因此易与侮辱罪、故意伤害罪、故意毁坏财物罪相混淆。其区别在于:本罪行为人的暴力、威胁行为必须发生在前述人员依法执行职务或履行职责期间,而上述三种犯罪在这方面则无时间性限制。如果行为人以暴力妨害公务的行为造成了国家机关工作人员或人大代表或"红十字"会工作人员重伤或死亡,属于妨害公务罪与故意伤害罪或故意杀人罪的想象竞合犯,按照"从一重处断"的原则,以故意伤害罪或故意杀人罪论处。①

4. 本罪与聚众阻碍解救被收买的妇女、儿童罪的界限

根据《刑法》第242条的规定,只有首要分子才能构成聚众阻碍解救被收买的妇女、儿童罪,非首要分子以外的其他参与者,如果使用暴力、威胁方法阻碍国家机关工作人员解救被收买的妇女、儿童的,按照妨害公务罪定罪处罚。

(三) 妨害公务罪的刑事责任

根据《刑法》第277条的规定,犯本罪的,处3年以下有期徒刑、拘役、管制或者罚金。暴力袭击正在执行职务的人民警察的,按照上述规定从重处罚。

二、煽动暴力抗拒法律实施罪

煽动暴力抗拒法律实施罪,是指煽动群众使用暴力抗拒国家法律、行政法规实施的行为。本罪的构成特征表现为:

本罪在客观方面表现为行为人实施了煽动群众使用暴力抗拒国家法律、行政法规实施的行为。煽动行为必须具有公然性,即在不特定人、多数人共见共闻或可见可闻的情形下从事煽动;煽动方法没有限制,一般是以文字、图画、演说等方式实施煽动;煽动的内容必须是暴力抗拒国家法律、行政法规的实施,如果煽动分裂国家、破坏国家统一的,煽动颠覆国家政权、推翻社会主义制度的,煽动军人逃离部队的,成立刑法规定的其他犯罪。本罪的主体是一般主体,即已满16周岁、具有刑事责任能力的自然人。本罪的主观方面为故意。

---

① 参见王作富主编:《刑法分则实务研究》(下),中国方正出版社2001年版,第1218页。

三、招摇撞骗罪

（一）招摇撞骗罪的概念与特征

招摇撞骗罪，是指为了谋取非法利益，假冒国家机关工作人员进行招摇撞骗的行为。本罪的构成特征表现为：

（1）本罪在客观方面表现为行为人实施了冒充国家机关工作人员进行招摇撞骗的行为。本罪在客观方面须同时具备两个条件：第一，行为人必须冒充国家机关工作人员。所谓冒充，是指不具备国家机关工作人员身份的人，假冒国家机关工作人员或人民警察身份。从司法实践情况来看，假冒国家机关工作人员身份的具体表现又包括三种情况：一是非国家机关工作人员冒充国家机关工作人员；二是此种国家机关工作人员冒充他种国家机关工作人员，如工商行政管理机关的工作人员冒充人民警察；三是职务低的国家机关工作人员冒充职务高的国家机关工作人员。冒充军人招摇撞骗的，不成立本罪，而成立刑法规定的其他犯罪。冒充非国家机关工作人员进行招摇撞骗的，不构成本罪。第二，行为人必须实施招摇撞骗的行为。所谓招摇撞骗，是指行为人以其假冒的国家机关工作人员的身份，炫耀并骗取非法利益。

（2）本罪的主体为一般主体，即已满16周岁并具有辨认控制能力的自然人。单位不能构成本罪。

（3）本罪的主观方面为直接故意，且具有骗取某种非法利益的目的。过失不构成本罪。

（二）招摇撞骗罪的认定

1. 本罪与诈骗罪的界限

本罪与诈骗罪的犯罪手段都是"骗"，但两者有明显的区别：（1）侵犯的客体不同。本罪侵犯的客体是国家机关的正常活动；诈骗罪侵犯的客体则是公私财产所有权。（2）犯罪的手段不同。本罪的行为方式只能是冒充国家机关工作人员或人民警察行骗；而诈骗罪的行为手段则是多种多样的，不限于冒充有特定身份的人员行骗。（3）主观目的不同。本罪的目的可以是骗取财物以外的其他利益，如骗取某种职务或者待遇；而诈骗罪的目的是非法占有公私财物。（4）成立犯罪的标准不同。本罪是行为犯，没有诈骗所得财物数额的要求，只要行为人实施了冒充国家机关工作人员或人民警察招摇撞骗的行为，原则上便构成犯罪；而诈骗罪是数额犯，刑法要求诈骗所得财物数额较大的，才构成诈骗罪。如果行为人冒充国家机关工作人员的目的就是为了骗取公私财物，且诈骗数额巨大或者特别巨大的，属于两罪的法条竞合，应以诈骗罪论处。因为诈骗罪的法定最高刑为无期徒刑，而招摇撞骗罪法定最高刑为10年有期徒刑，如果按照招摇撞骗罪论处，显然不能罚当其罪。

2. 本罪与冒充军人招摇撞骗罪的界限

两罪的关键区别就在于冒充的对象不同。本罪冒充的是军人以外的国家机关工作人员；冒充军人招摇撞骗罪冒充的是军人，即中国人民解放军和中国人民武装警察部队的现役军人。

四、伪造、变造、买卖国家机关公文、证件、印章罪

伪造、变造、买卖国家机关公文、证件、印章罪,是指伪造、变造、买卖国家机关的公文、证件、印章的行为。

本罪犯罪对象是国家机关的公文、证件、印章。根据相关司法解释,伪造、变造、买卖机动车牌证及机动车入户、过户、验证的有关证明文件构成犯罪的,以本罪定罪处罚。① 伪造、变造、买卖林木采伐许可证、木材运输证件,森林、林木、林地权属证书,占用或者征用林地审核同意书、育林基金等缴费收据以及其他国家机关批准的林业证件构成犯罪的,以本罪定罪处罚。② 伪造、变造、买卖国家机关颁发的野生动物允许进出口证明书、特许猎捕证、狩猎证、驯养繁殖许可证等公文、证件构成犯罪的,以本罪定罪处罚。③ 本罪在客观方面表现为行为人实施了伪造、变造、买卖国家机关的公文、证件、印章的行为。本罪是选择性罪名,只要行为人实施了伪造、变造、买卖三种行为之一的,便构成犯罪。如果同时实施了两种或者两种以上行为的,只构成一罪,而不能数罪并罚。本罪的主体为一般主体。本罪的主观方面为故意。至于行为人出于何种目的与动机,不影响本罪的成立。

五、盗窃、抢夺、毁灭国家机关公文、证件、印章罪

盗窃、抢夺、毁灭国家机关公文、证件、印章罪,是指盗窃、抢夺、毁灭国家机关公文、证件、印章的行为。

本罪的客体是国家机关的正常管理活动和国家机关的信誉。本罪的对象是国家机关的公文、证件、印章。本罪在客观方面表现为行为人实施了盗窃、抢夺、毁灭国家机关公文、证件、印章的行为。本罪是选择性罪名,只要行为人实施了盗窃、抢夺、毁灭公文、证件、印章之一种行为,便可成立犯罪。本罪的主体是一般主体,即已满16周岁且具有辨认控制能力的自然人。本罪的主观方面是故意。

六、伪造公司、企业、事业单位、人民团体印章罪

伪造公司、企业、事业单位、人民团体印章罪,是指故意伪造公司、企业、事业单位、人民团体印章的行为。

本罪的客体是公司、企业、事业单位、人民团体的信誉及正常活动。本罪的对象为上述单位的印章。本罪在客观方面表现为行为人实施了伪造公司、企业、事业单位、人民团体印章的行为。本罪的主体是已满16周岁且具有辨认控制能力的自然人。本罪的主观方面为故意。

---

① 参见1998年5月8日最高人民法院、最高人民检察院、公安部、国家工商行政管理局《关于依法查处盗窃、抢劫机动车案件的规定》。

② 参见2000年11月17日最高人民法院《关于审理破坏森林资源刑事案件具体应用法律若干问题的解释》。

③ 参见最高人民法院《关于审理破坏野生动物资源刑事案件具体应用法律若干问题的解释》。

七、伪造、变造、买卖身份证件罪

伪造、变造身份证件罪,是指违反我国居民身份证件管理法规,伪造、变造、买卖居民身份证、护照、社会保障卡或驾驶证等依法可以用于证明身份的证件的行为。

本罪所侵犯的客体是国家对身份证件的管理制度。本罪的对象是居民身份证、护照、社会保障卡和驾驶证等依法可以用于证明身份的证件。本罪在客观方面表现为行为人实施了伪造、变造、买卖居民身份证、护照、社会保障卡或驾驶证的行为。本罪的主体是已满16周岁且具有辨认控制能力的自然人。本罪的主观方面为故意。

八、使用虚假身份证件、盗用身份证件罪

使用虚假身份证件、盗用身份证件罪,是指在依照国家规定应当提供真实身份的活动中,使用伪造、变造或盗用他人的居民身份证、护照、社会保障卡、驾驶证等依法可以用于证明身份的证件,情节严重的行为。

本罪所侵犯的客体是国家对身份证件的管理制度。本罪的对象是居民身份证、护照、社会保障卡和驾驶证等依法可以用于证明身份的证件。本罪在客观方面表现为在依照国家规定应当提供真实身份的活动中,使用伪造、变造的或者盗用他人居民身份证、护照、社会保障卡或驾驶证等依法可以用于证明身份的证件的行为。本罪的主体是已满16周岁且具有辨认控制能力的自然人。本罪的主观方面为故意,行为人必须认识到所提供的是伪造、变造的居民身份证、护照或驾驶证。过失不成立本罪。

根据《刑法》第280条之一的规定,犯本罪的,处拘役或管制,并处或者单处罚金。有前述行为,同时构成其他犯罪的,依照处罚较重的规定定罪处罚。

九、非法生产、买卖警用装备罪

非法生产、买卖警用装备罪,是指非法生产、买卖人民警察制式服装、车辆号牌等专用标志、警械,情节严重的行为。

本罪的客体是国家对警用装备的管理制度。本罪的对象是人民警察制式服装、车辆号牌等专用标志、警械。本罪在客观方面表现为行为人实施了非法生产、买卖人民警察制式服装、车辆号牌等专用标志、警械的行为。非法生产、买卖包括两种情况:(1)无资格生产、买卖而生产、买卖;(2)指定生产的单位或者个人不按规定的规格、品种、数量、标号等进行生产或者擅自买卖。本罪的主体是已满16周岁且具有辨认控制能力的自然人和单位。本罪的主观方面为故意。此外,成立本罪还必须是情节严重的行为。

十、非法获取国家秘密罪

非法获取国家秘密罪,是指以窃取、刺探或者收买方法,非法获取国家秘密的行为。

本罪的客体是国家的保密制度。本罪的对象是国家秘密,包括国家绝密、国家机密与国家秘密。本罪在客观方面表现为非法窃取、刺探或者收买国家秘密的行为。本罪的主体是已满16周岁且具有辨认控制能力的自然人。本罪的主观方面为故意,即明知是国家秘密而故意非法获取。但行为人主观上必须不是为境外机构、组织、人员窃取、刺探、收买国家秘密,否则成立《刑法》第111条规定的犯罪。

十一、非法持有国家绝密、机密文件、资料、物品罪

非法持有国家绝密、机密文件、资料、物品罪,是指非法持有国家绝密、机密文件、资料或者其他物品,拒不说明来源与用途的行为。

本罪的对象是国家绝密、机密文件、资料或者其他物品。本罪在客观方面表现为行为人实施了非法持有属于国家绝密、机密文件、资料或者其他物品,且拒不说明来源与用途的行为。本罪在客观方面有两个基本特征:(1) 行为人必须"非法持有"国家绝密、机密文件、资料或者其他物品,如果行为人是合法持有,则不构成犯罪;(2) 行为人必须是"拒不说明来源与用途",如果行为人非法持有国家绝密、机密文件、资料或者其他物品,但说明了其来源与用途的,也不能以本罪论处。本罪的主体是已满16周岁且具有辨认控制能力的自然人。本罪的主观方面为故意。

十二、非法生产、销售专用间谍器材、窃听、窃照专用器材罪

非法生产、销售专用间谍器材、窃听、窃照专用器材罪,是指非法生产、销售专用间谍器材或窃听、窃照等专用器材的行为。

本罪的对象是间谍专用器材、窃听、窃照专用器材。本罪在客观方面表现为行为人实施了非法生产、销售间谍专用器材、窃听、窃照专用器材的行为。非法生产,既包括无资格生产而生产,也包括有资格生产而不按有关规定生产;非法销售,既包括无资格销售而销售,也包括有资格销售而不按有关规定销售。本罪的主体是已满16周岁且具有刑事责任能力的自然人。本罪的主观方面为故意。

十三、非法使用窃听、窃照专用器材罪

非法使用窃听、窃照专用器材罪,是指非法使用窃听、窃照专用器材,造成严重后果的行为。

本罪的对象是窃听、窃照专用器材。本罪在客观方面表现为,行为人实施了非法使用窃听、窃照专用器材且造成严重后果的行为。本罪的主体是已满16周岁且具有辨认控制能力的自然人。本罪的主观方面为故意。非法生产窃听、窃照等专用器材后又非法使用的,只成立非法生产间谍专用器材罪。非法使用窃听、窃照专用器材窃取他人商业秘密、国家秘密的,从一重罪论处,不实行数罪并罚。

十四、组织考试作弊罪

组织考试作弊罪,是指在国家规定的考试中,组织考试作弊的行为。

本罪的客观方面表现为在国家规定的考试中,组织考试作弊的行为。所谓在国家规定的考试中,是指由法律所规定的、国家统一组织的考试,包括国家教育考试、国家录用公务员考试和国家特定职业资格考试等。而由行政规章、地方性法规所规定考试不属于国家规定的考试。所谓组织考生作弊,是指组织代考、为考生提供考题和答案、为考试提供考试作弊器材或帮助的行为。为组织考试作弊提供作弊器材或者其他帮助的,作为组织作弊罪处理。

本罪的主体为已满16周岁且具有辨认控制能力的自然人。单位不能成为本罪的主体。

本罪的主观方面为故意,过失不能成立本罪。

根据《刑法》第284条之一第1款和第2款的规定,犯本罪的,处3年以下有期徒刑、拘役或者管制,并处或单处罚金;情节严重的,处3年以上7年以下有期徒刑,并处罚金。为他人实施前款犯罪提供作弊器材或者其他帮助的,依照前款的规定处罚。

十五、非法出售、提供试题、答案罪

非法出售、提供试题、答案罪,是指为实施考试作弊行为,向他人非法出售或提供法规规定的国家考试的试题、答案的行为。

本罪的客观方面表现为向他人非法出售或提供法规规定的国家考试的试题、答案的行为。这种非法出售或提供法律规定的国家考试的试题、答案的行为的目的是为了实施考试作弊行为。如果不是为了考试作弊行为,而是为了学术研究的目的,向他人出售或提供法律规定的国家考试的试题、答案的,不能成立本罪。

本罪的主体为已满16周岁且具有辨认控制能力的自然人。单位不能成为本罪的主体。

本罪的主观方面为故意,过失不能成立本罪。

十六、代替考试罪

代替考试罪,是指在国家规定考试中,代替他人或者让他人代替自己考试的行为。

本罪的客体是国家公平考试制度。本罪的客观方面表现为代替他人参加国家规定的考试或让他人代替自己参加国家规定的考试的行为。

本罪的主体为已满16周岁且具有辨认控制能力的自然人。单位不能成为本罪的主体。

本罪的主观方面为故意,过失不能成立本罪。

十七、非法侵入计算机信息系统罪

非法侵入计算机信息系统罪,指违反国家规定,侵入国家事务、国防建设、尖端科学技术领域的计算机信息系统的行为。

本罪的对象是国家事务、国防建设、尖端科学技术领域的计算机信息系统。所谓计算机信息系统，是指具备自动处理数据功能的系统，包括计算机、网络设备、通信设备、自动化控制设备等。所谓国家事务、国防建设、尖端科学技术领域计算机信息系统，是指该系统所采集、加工、存储、传输、检索的信息的性质属于国家事务、国防建设、尖端科学技术领域的范围。侵入其他计算机信息系统的行为，不成立本罪。本罪的客观方面表现为行为人违反国家规定，实施了侵入国家事务、国防建设、尖端科学技术领域的计算机信息系统的行为。所谓侵入，是指未取得有关部门的合法授权与批准，通过计算机终端访问国家事务、国防建设、尖端科学技术领域的计算机信息系统或者进行数据截收的行为。

本罪的主体是已满16周岁且具有辨认控制能力的自然人或单位。

本罪的主观方面为故意，即明知是国家事务、国防建设、尖端科学技术领域的计算机信息系统，自己无权进入而擅自侵入。过失进入国家重要的计算机信息系统的，不构成犯罪。

根据《刑法》第285条的规定，犯本罪的，处3年以下有期徒刑或者拘役；单位犯本罪的，对单位判处罚金，并对其直接负责主管人员和其他直接责任人员，处3年以下有期徒刑或者拘役。根据《刑法》第287条的规定侵入上述计算机信息系统窃取国家秘密或者构成其他犯罪的，按照刑法的有关规定定罪处罚。

十八、非法获取计算机信息系统数据、非法控制计算机信息系统罪

非法获取计算机信息系统数据、非法控制计算机信息系统罪，指违反国家规定，侵入国家事务、国防建设、尖端科学技术领域以外的计算机信息系统或者采用其他技术手段，获取该计算机信息系统中存储、处理或者传输的数据，或者对该计算机信息系统实施非法控制，情节严重的行为。

本罪客观方面表现为两种情况：(1) 违反国家规定，侵入计算机信息系统，获取该计算机信息系统中存储、处理或者传输的数据，或者对该计算机信息系统实施非法控制，情节严重的行为。常见的方式是利用他人网上认证信息进入计算机信息系统，或者在系统中植入木马、后门程序，获取存储、处理或传输的信息数据，或对系统实施非法控制。(2) 违反国家规定，利用其他技术手段非法获取储存、处理或者传输的数据信息，情节严重的行为。所谓"利用其他技术手段"，主要是指假冒或者设立虚假网站，或者利用网关欺骗技术，行为人并不需要进入他人的计算机信息系统就可获取其他计算机处理、传输的数据信息。

本罪的主体是已满16周岁且具有辨认控制能力的自然人或单位。

本罪的主观方面为故意，即明知是国家事务、国防建设、尖端科学技术领域以外的计算机信息系统，自己无权进入而擅自侵入。过失进入上述计算机信息系统的，不构成犯罪。

根据《刑法》第285条的规定，犯本罪的，处3年以下有期徒刑或者拘役，并处或单处罚金；情节特别严重的，处3年以上七年以下有期徒刑，并处罚金。单位犯本罪

的,对单位判处罚金,并对其直接负责主管人员和其他直接责任人员,处3年以下有期徒刑或者拘役。根据《刑法》第287条的规定侵入上述计算机信息系统实施其他犯罪的,按照刑法的有关规定定罪处罚。

十九、提供侵入、非法控制计算机信息系统程序、工具罪

提供侵入、非法控制计算信息系统程序、工具罪,指提供专门用于侵入、非法控制计算机信息系统的程序、工具,或者明知他人实施侵入、非法控制计算机信息系统的违法犯罪行为而为其提供程序、工具,情节严重的行为。

本罪的客观方面表现为两种情况:(1)违反国家规定,提供专门用于侵入、非法控制计算机信息系统的程序、工具,情节严重的行为。"专门用于非法控制计算机信息系统的程序、工具",主要是指可用于绕过计算机信息系统或者相关设备的防护措施,进而实施非法入侵或者获取目标系统中数据信息的计算机程序,如具有远程控制、盗取数据等功能的木马程序、后门程序等恶意代码。(2)违反国家规定,明知他人实施侵入、非法控制计算机信息系统的违法犯罪行为而为其提供程序、工具,情节严重的行为。

本罪的主体是已满16周岁且具有辨认控制能力的自然人或单位。

本罪的主观方面为故意。过失不构成本罪。

根据《刑法》第285条的规定,犯本罪的,处3年以下有期徒刑或者拘役,并处或单处罚金;情节特别严重的,处3年以上七年以下有期徒刑,并处罚金。单位犯本罪的,对单位判处罚金,并对其直接负责主管人员和其他直接责任人员,处3年以下有期徒刑或者拘役。根据《刑法》第287条的规定侵入上述计算机信息系统实施其他犯罪的,按照刑法的有关规定定罪处罚。

二十、破坏计算机信息系统罪

破坏计算机信息系统罪,是指违反国家规定,对计算机信息系统功能进行删除、修改、增加、干扰,造成计算机信息系统不能正常运行,或者对计算机信息系统中存储、处理或者传输的数据和应用程序进行删除、修改、增加的操作,或者故意制作、传播计算机病毒,影响计算机系统正常运行,后果严重的行为。

本罪的对象是计算机信息系统,包括数据、应用程序及系统功能。本罪在客观方面表现为三种情况:(1)违反国家规定,对计算机信息系统功能进行删除、修改、增加、干扰,造成计算机信息系统不能正常运行,后果严重的行为。造成计算机信息系统不能正常运行,包括使计算机信息系统不能运行和不能按原来的设计要求运行。(2)违反国家规定,对计算机信息系统中存储、处理或者传输的数据和应用程序进行删除、修改、增加的操作,后果严重的行为。(3)制作、传播计算机病毒等破坏性程序,影响计算机系统的正常运行,后果严重的行为。本罪的主体是已满16周岁且具有刑事责任能力的自然人。本罪的主观方面为故意,既可以是直接故意,也可以是间接故意。至于行为人出于何种目的与动机,不影响本罪的成立。

本罪的主体是已满16周岁且具有辨认控制能力的自然人或单位。

本罪的主观方面为故意。过失不构成本罪。

根据《刑法》第286条的规定，犯本罪的，处5年以下有期徒刑或者拘役；后果特别严重的，处5年以上七年以下有期徒刑。单位犯本罪的，对单位判处罚金，并对其直接负责主管人员和其他直接责任人员，按照前述规定定罪处罚。根据《刑法》第287条的规定利用计算机实施其他犯罪的，按照刑法的有关规定定罪处罚。根据全国人民代表大会常务委员会《关于维护互联网安全的决定》的规定，故意制作、传播计算机病毒等破坏性程序，攻击计算机系统及通信网络，致使计算机系统及通信网络遭受损害，以及违反国家规定，擅自中断计算机网络或者通信服务，造成计算机网络或者通信系统不能正常运行的，依照本罪定罪处罚。对于利用计算机病毒等破坏性程序非法占有他人财物或者实施其他犯罪的，应当依照刑法的有关规定定罪处罚。例如，利用计算机病毒盗窃财物的，应认定为盗窃罪；利用计算机病毒实施金融诈骗的，应认定为金融诈骗罪。

二十一、拒不履行信息网络安全管理义务罪

拒不履行信息网络安全管理义务罪，是指网络服务提供者不履行法律、行政法规规定的信息网络安全管理义务，经监管部门通过采取改正措施而拒不改正，情节严重的行为。

本罪所侵犯的客体是网络安全管理制度。

本罪的客观方面表现为网络服务提供者不履行法律、行政法规规定的信息网络安全管理义务，经监管部门通过采取改正措施而拒不改正，情节严重的行为。所谓情节严重，具体包括下列情节之一：(1)致使违法信息大量传播的；(2)致使用户信息泄露，造成严重后果的；(3)致使刑事犯罪证据灭失，严重妨害司法机关依法追究犯罪的；(4)有其他严重情节的。本罪是一个不作为犯罪。即行为人在监管部分通知采取改正措施而拒不改正的行为。

本罪的主体是已满16周岁且具有辨认控制能力的自然人或单位。

本罪的主观方面为故意。过失不构成本罪。行为人拒绝履行信息网络安全管理义务的行为是故意的。

根据《刑法》第286条的规定，犯本罪的，处3年以下有期徒刑或者拘役，并处或者单处罚金。

单位犯本罪的，对单位判处罚金，并对其直接负责主管人员和其他直接责任人员，按照前述规定定罪处罚。

犯本罪，同时构成其他犯罪的，依照处罚较重的规定定罪处罚。

二十二、非法利用信息网络罪

非法利用信息网罪，是指利用信息网络实施特定违法、犯罪活动，情节严重的行为。

本罪所侵犯的客体是信息网络的安全制度。本罪的客观方面表现为设立用于实施诈骗、传授犯罪方法、制作销售违禁物品、管制物品等违法犯罪活动的网站、通讯群组的;发布有关制作、销售毒品、枪支、淫秽物品等违禁物品、管制物品或者其他违反犯罪信息;为实施诈骗等违法、犯罪活动发布信息的行为。

本罪的主体为一般主体,即年满16周岁,具有辨认控制能力的自然人或单位。

本罪的主观方面为故意。过失不能成立本罪。

根据《刑法》第287条之一的规定,犯本罪的,处3年以下有期徒刑或者拘役,并处或者单处罚金。单位犯本罪的,对单位判处罚金,并对其直接负责的主管人员或其他直接责任人员,依照前述规定定罪处罚。

犯本罪,同时构成其他犯罪的,依照处罚较重的规定定罪处罚。

二十三、帮助信息网络犯罪活动罪

帮助信息网络犯罪活动罪,是指明知他人利用信息网络实施犯罪,为其犯罪提供互联网接入、服务器托管、网络存储、通讯传输等技术支持,或者提供广告推广、支付结算等帮助,情节严重的行为。

本罪所侵犯的客体是信息网络的安全制度。本罪的客观方面表现为明知他人利用信息网络实施犯罪,为其犯罪提供互联网接入、服务器托管、网络存储、通讯传输等技术支持,或者提供广告推广、支付结算等帮助,情节严重的行为。

本罪的主体为一般主体,即年满16周岁,具有辨认控制能力的自然人或单位。

本罪的主观方面为故意。过失不能成立本罪。

根据《刑法》第287条之二的规定,犯本罪的,处3年以下有期徒刑或者拘役,并处或者单处罚金。犯本罪,同时构成其他犯罪的,依照处罚较重的规定定罪处罚。

二十四、扰乱无线电通讯管理秩序罪

扰乱无线电通讯管理秩序罪,是指违反国家规定,擅自设置、使用无线电台(站),或者擅自使用无线电频率,干扰无线电通讯秩序,情节严重的行为。

本罪所侵犯的客体是无线电通讯秩序。本罪在客观方面具有以下特征:(1) 行为人违反国家有关规定;(2) 实施了擅自设置、使用无线电台(站)或者擅自使用无线电频率,干扰无线电通讯秩序;(3) 其行为情节严重。

本罪的主体是已满16周岁且具有辨认控制能力的自然人和单位。

本罪的主观方面为故意,即明知自己的行为会造成干扰无线电通讯正常进行的严重后果,仍决意而为。

二十五、聚众扰乱社会秩序罪

聚众扰乱社会秩序罪,是指聚众扰乱社会秩序,情节严重,致使工作、生产、营业或教学、科研、医疗无法进行,造成严重损失的行为。

本罪在客观方面表现为聚众扰乱社会秩序。聚众,是指首要分子纠集特定或者

不特定之多数人于一定地点,而成为可以从事共同行为的一群人。扰乱,是指造成社会秩序的混乱与社会心理的不安,具体表现为使社会秩序的有序性变为无序性,使社会秩序的稳定性变为动乱性,使社会秩序的连续性变为间断性。扰乱的手段多种多样,没有限制,既可以是暴力性的扰乱,也可以是非暴力性的扰乱。扰乱社会秩序必须达到情节严重,致使工作、生产、营业和教学、科研或医疗无法进行,造成严重损失的,才成立本罪。

本罪的主体是一般主体,但根据《刑法》第290条的规定,只有聚众扰乱社会秩序的首要分子与积极参加者才能构成本罪。

本罪的主观方面为故意。行为人的犯罪目的和动机如何,不影响本罪的成立。

二十六、聚众冲击国家机关罪

聚众冲击国家机关罪,是指聚众冲击国家机关,致使国家机关工作无法进行,造成严重损失的行为。

犯罪的对象是各级国家机关。本罪在客观方面表现为行为人实施了聚众冲击国家机关,致使国家机关工作无法进行且造成严重损失的行为。所谓聚众冲击,是指首要分子聚集多人,冲撞或包围国家机关,强行进入国家机关或堵塞国家机关通道以及占据国家机关办公场所等行为。本罪的主体是一般主体,但刑法只处罚首要分子和积极参加者。本罪的主观方面为故意,即明知是国家机关而故意进行冲击。

二十七、扰乱国家机关工作秩序罪

扰乱国家机关工作秩序罪,是指多次扰乱国家机关工作秩序,经处罚后仍不改正,造成严重后果的行为。

本罪所侵犯的客体是国家机关的工作秩序。本罪的客观方面表现为多次扰乱国家机关工作秩序,经处罚后仍不改正,造成严重后果的行为。

本罪的主体是已满16周岁且具有辨认控制能力的自然人。单位不能成为本罪的主体。

本罪的主观方面为故意,过失不能成立本罪。

二十八、组织、资助非法聚集罪

组织、资助非法聚集罪,是指多次组织、资助他人非法聚集,扰乱社会秩序,情节严重的行为。

本罪所侵犯的客体是社会秩序。本罪客观方面表现为多次组织、资助他人非法聚集,扰乱社会秩序,情节严重的行为。

本罪的主体是已满16周岁且具有辨认控制能力的自然人。单位不能成为本罪的主体。

本罪的主观方面为故意,过失不能成立本罪。

二十九、聚众扰乱公共场所秩序、交通秩序罪

聚众扰乱公共场所秩序、交通秩序罪,是指聚众扰乱车站、码头、民用航空站、商场、公园、影剧院、展览会、运动场及其他公共场所秩序,聚众堵塞交通或者破坏交通秩序,抗拒、阻碍国家治安管理工作人员依法执行职务,情节严重的行为。

本罪在客观方面表现为行为人实施如下三种行为之一:(1) 聚众扰乱公共场所秩序;(2) 聚众堵塞交通或者破坏交通秩序;(3) 聚众抗拒、阻碍国家治安管理工作人员依法执行职务。犯罪地点必须是公共场所或交通要道。此外,成立本罪的还必须是情节严重的行为。本罪的主体是一般主体,但刑法只处罚首要分子。本罪的主观方面为故意。

本罪与聚众扰乱社会秩序罪有许多相似之处。两罪区别的关键在于犯罪发生的地点不同。本罪发生在公共场所或者交通要道等人员集结、车辆通行的场所,所侵犯的是公共场所秩序或交通秩序;而聚众扰乱社会秩序罪则发生在机关、单位、团体的所在地、门前、院内等,所侵犯的是生产、工作、营业、教学、科研秩序。

三十、投放虚假的危险物质罪

投放虚假的危险物质罪,是《刑法修正案(三)》增加的罪名,是指行为人故意投放虚假的爆炸性、毒害性、放射性、传染病病原体等物质,严重扰乱社会秩序的行为。

本罪在客观方面表现为投放虚假的爆炸性、毒害性、放射性、传染病病原体等物质,严重扰乱社会秩序的行为。(1) 必须有投放虚假的爆炸性、毒害性、放射性、传染病病原体等物质的行为。如果投放的是真实的爆炸性、毒害性、放射性、传染病病原体等物质,则构成投放危险物质罪。(2) 只有严重扰乱了社会秩序,才成立本罪。本罪的主体是已满16周岁并具有辨认控制能力的自然人。本罪的主观方面为故意。

三十一、编造、故意传播虚假恐怖信息罪

编造、故意传播虚假恐怖信息罪,是《刑法修正案(三)》增加的罪名,是指编造爆炸威胁、生化威胁、放射威胁等恐怖信息,或者明知是编造的恐怖信息而故意传播,严重扰乱社会秩序的行为。

本罪的客体是公共秩序。本罪在客观方面表现为编造爆炸威胁、生化威胁、放射威胁等恐怖信息,或者明知是编造的恐怖信息而故意传播,严重扰乱社会秩序的行为。(1) 必须有编造爆炸威胁、生化威胁、放射威胁等恐怖信息,或者明知是编造的恐怖信息而故意传播的行为。行为方式包括编造、传播两种;行为对象必须是虚假的爆炸威胁、生化威胁、放射威胁等恐怖信息。(2) 必须严重扰乱社会秩序。本罪的主体是年满16周岁并具有辨认控制能力的自然人。本罪的主观方面为故意。"编造"行为本身的特点决定了该行为只能是故意,而关于"传播"行为,行为人必须明知该恐怖信息是编造的、虚假的。

三十二、编造、故意传播虚假信息罪

编造、故意传播虚假信息罪,是指编造虚假险情、疫情、灾情、警情,在信息网络或者其他媒体上传播,或者明知是上述虚假危险警示信息,故意在信息网络或者其他媒体上传播,严重扰乱社会秩序的行为。

本罪所侵犯的客体是社会秩序。本罪的客观方面表现为编造虚假险情、疫情、灾情、警情,在信息网络或者其他媒体上传播,或者明知是上述虚假危险警示信息,故意在信息网络或者其他媒体上传播,严重扰乱社会秩序的行为。

本罪的主体是已满16周岁且具有辨认控制能力的自然人。单位不能成为本罪的主体。

本罪的主观方面为故意,过失不能成立本罪。

三十三、聚众斗殴罪

聚众斗殴罪,是指基于私仇宿怨、争霸一方或者其他不正当目的,聚集众人成帮结伙地相互斗殴的行为。

本罪在客观方面表现为聚众斗殴的行为。犯罪主体是一般主体,但刑法只处罚聚众斗殴的首要分子和其他积极者。本罪的主观方面为故意。受蒙蔽、胁迫或其他被动参加聚众斗殴的人,不构成本罪。

根据《刑法》第292条第1款的规定,犯本罪的,处3年以下有期徒刑、拘役或者管制;有下列情形之一的,处3年以上10年以下有期徒刑:(1)多次聚众斗殴的;(2)聚众斗殴人数多、规模大、社会影响恶劣的;(3)在公共场所或者交通要道聚众斗殴,造成社会秩序严重混乱的;(4)持械聚众斗殴的。根据《刑法》第292条第2款的规定,聚众斗殴,致人重伤、死亡的,对行为人视具体情况分别以故意伤害罪、故意杀人罪论处。

三十四、寻衅滋事罪

寻衅滋事罪,是指寻衅滋事,破坏社会秩序,情节恶劣的行为。

本罪在客观方面表现为寻衅滋事的行为。行为人为寻求刺激、发泄情绪、逞强耍横等,无事生非,实施下列行为之一的,可以认定为寻衅滋事[①]:(1)随意殴打他人,情节恶劣的。随意殴打他人的后果应以造成他人轻伤为限,如果造成他人重伤、死亡的,应以故意伤害罪、故意杀人罪论处。(2)追逐、拦截、辱骂、恐吓他人,情节恶劣的。(3)强拿硬要或者任意损毁、占用公私财物,情节严重的。(4)在公共场所起哄闹事,造成公共场所秩序严重混乱的。行为人只要实施了以上四种行为之一,即可构成本罪。本罪的主体是已满16周岁且具有辨认控制能力的自然人。本

[①] 参见2013年7月15日最高人民法院、最高人民检察院《关于办理寻衅滋事刑事案件适用法律若干问题的解释》第1条的规定。

罪的主观方面为故意。

根据《刑法修正案(八)》对《刑法》第293条的修改规定,犯本罪的,处5年以下有期徒刑、拘役或者管制;纠集他人多次实施上述行为,严重破坏社会秩序的,处5年以上10年以下有期徒刑,可以并处罚金。

三十五、组织、领导、参加黑社会性质组织罪

(一) 组织、领导、参加黑社会性质组织罪的概念与特征

组织、领导、参加黑社会性质组织罪,是指组织、领导或者参加以暴力、威胁或者其他手段,有组织地进行违法犯罪活动,称霸一方,为非作恶,欺压、残害群众,严重破坏经济、社会生活秩序的黑社会性质组织的行为。本罪的构成特征表现为:

(1) 本罪的客体是复杂客体,即本罪既侵犯了正常的社会秩序,又侵犯了公民的人身权利。犯罪对象是黑社会性质组织。黑社会性质组织应当同时具备以下特征:一是形成较稳定的犯罪组织,人数较多,有明确的组织者、领导者,骨干成员基本固定;二是有组织地通过违法犯罪活动或者其他手段获取经济利益,具有一定的经济实力,以支持该组织的活动;三是以暴力、威胁或者其他手段,有组织地多次进行违法犯罪活动,为非作恶,欺压、残害群众;四是通过实施违法犯罪活动,或者利用国家工作人员的包庇或者纵容,称霸一方,在一定区域或者行业内,形成非法控制或者重大影响,严重破坏经济、社会生活秩序。

(2) 本罪在客观方面表现为行为人实施了组织、领导、参加黑社会性质组织的行为。行为方式有四种:一是组织,即倡导、发起、策划、安排、组建黑社会性质组织的行为。二是领导,即在黑社会性质组织中处于领导地位,对该组织的活动进行策划、决策、指挥协调的行为。通常,组织者即是领导者,但也不尽然,非组织者也可能成为领导者。三是参加,即虽然没有组织、领导,但参加到他人组织的黑社会性质组织中去,并参与实施违法犯罪活动的行为。参加分为积极参加和其他参加。积极参加是指明知是黑社会性质组织仍然热衷于加入的行为;其他参加是指除积极参加外的一般参加行为。本罪属选择性罪名,只要行为人实施了"组织、领导、参加"黑社会性质组织的行为之一,便成立本罪。本罪在犯罪形态上属于行为犯,即行为人只要实施了组织、领导、参加黑社会性质组织的行为就构成本罪。

(3) 本罪主体为一般主体。

(4) 本罪的主观方面为故意,即行为人明知是在组织或领导黑社会性质组织而有意为之,或者明知是黑社会性质组织而参加。因此,如果行为人在不知是犯罪组织的情况下或者在被欺骗的情况下而加入其中的,不构成犯罪。但行为人如果后来发现自己加入了黑社会性质组织而不退出,并参与犯罪活动的,仍可构成本罪。本罪的成立不要求行为人具有特定的目的。

(二) 组织、领导、参加黑社会性质组织罪的认定

1. 本罪与组织、领导、参加恐怖活动组织罪的界限

这两种犯罪有许多相同之处,如行为方式都为组织、领导、参加;同为行为犯,即

一旦实施组织、领导、参加行为,均可构成犯罪;主体同为一般主体。两者的区别在于:(1)组织、领导、参加的组织的性质不同。本罪行为的对象是黑社会性质组织;而组织、领导、参加恐怖活动组织行为的对象是恐怖活动组织。(2)侵犯的客体不同。本罪侵犯的是社会管理秩序;而组织、领导、参加恐怖活动组织罪侵犯的是不特定多数人的生命财产安全。

2. 本罪的罪数认定

根据刑法的规定,组织、领导、参加黑社会性质的组织本身便是犯罪行为,因此如果行为人组织、领导、参加黑社会性质的组织,又实施了其他犯罪的,应当依照数罪并罚的规定处罚。例如,参加黑社会性质的组织,并实施故意杀人罪、贩卖毒品罪的,应认定为参加黑社会性质组织罪与故意杀人罪、贩卖毒品罪,实行数罪并罚。

三十六、入境发展黑社会组织罪

入境发展黑社会组织罪,是指我国境外的黑社会组织的成员到我国境内发展其组织成员的行为。

本罪在客观方面表现为实施了到中华人民共和国境内发展境外黑社会组织成员的行为。所谓在中华人民共和国境内,并不要求境外的黑社会组织的人员自身进入中华人民共和国境内,因此行为人虽未进入中华人民共和国境内,但通过网络、电话等手段在中华人民共和国境内发展组织成员的,也应以本罪论处。所谓发展组织成员,是指将境内、外人员吸收为黑社会组织成员的行为。对黑社会组织成员进行内部调整等行为,可视为"发展组织成员"。① 本罪的主体是特殊主体,即只能是"境外的黑社会组织的人员"。所谓境外的黑社会组织,是指被境外国家和地区确定为黑社会的组织,既包括外国的黑社会组织,也包括我国港、澳、台地区的黑社会组织。境外黑社会组织的人员,是指境外黑社会组织的成员,包括组织者、领导者与参加者。本罪的主观方面为故意,动机如何不影响本罪的成立。

三十七、包庇、纵容黑社会性质组织罪

包庇、纵容黑社会性质组织罪,是指国家机关工作人员包庇黑社会性质的组织,或者纵容黑社会性质的组织进行违法犯罪活动的行为。

本罪在客观方面表现为两种行为:一是包庇黑社会性质的组织,二是纵容黑社会性质的组织进行违法犯罪活动。行为人只要实施了其中一种行为,即可构成本罪,即使实施了两种行为,也只以一罪论处,不实行数罪并罚。根据相关司法解释,包庇黑社会性质组织主要是指:国家机关工作人员为使黑社会性质组织及其成员逃避查禁,而通风报信,隐匿、毁灭、伪造证据,阻止他人作证、检举揭发,指使他人作伪证,帮助逃匿,阻挠其他国家机关工作人员依法查禁等行为。所谓纵容黑社会性

---

① 参见2000年12月4日最高人民法院《关于审理黑社会性质组织犯罪案件具体应用法律若干问题的解释》第2条的规定。

组织违法犯罪,是指国家机关工作人员不依法履行职责,放纵黑社会性质组织进行违法犯罪活动的行为。① "纵容"以行为人有制止、打击黑社会性质组织犯罪的职责为前提,缺乏这一前提的知情不举,则不属于纵容。纵容与共犯不同,纵容仅有不履行职责,放任他人违法犯罪的行为,但未参与黑社会性质组织进行违法犯罪的活动。纵容的对象是黑社会性质组织实施违法犯罪活动。如果黑社会性质组织没有实施具体的违法犯罪行为,或刚刚建立还未来得及实施就被查处,行为人纵容的,不构成本罪。可见,"包庇"是一种积极作为行为,而"纵容"是一种消极不作为行为。本罪是特殊主体,即国家机关工作人员,但又不是黑社会性质组织的成员。如果司法工作人员在刑事司法活动中故意包庇黑社会性质组织的成员,使其不受追诉,或者违背事实和法律作枉法裁判而包庇黑社会性质组织的,其行为同时构成本罪和徇私枉法罪,应当从一重罪论处,认定为徇私枉法罪。本罪的主观方面为故意,即明知是黑社会性质的组织,或者明知该组织进行违法犯罪活动,而故意进行包庇、纵容。

根据《刑法》第 294 条的规定,犯本罪的,处 5 年以下有期徒刑;情节严重的,处 5 年以上有期徒刑。所谓"情节严重",主要是指:包庇、纵容黑社会性质组织跨境实施违法犯罪活动的;包庇、纵容境外黑社会组织在境内实施违法犯罪活动的;多次实施包庇、纵容行为的;致使某一区域或者行业的经济、社会生活秩序遭受黑社会性质组织特别严重破坏的;致使黑社会性质组织的组织者、领导者逃匿,或者致使对黑社会性质组织的查禁工作严重受阻的;具有其他严重情节。② 犯本罪又有其他犯罪行为的,依照数罪并罚的规定处罚。

三十八、传授犯罪方法罪

(一)传授犯罪方法罪的概念与特征

传授犯罪方法罪,是指故意使用各种手段将犯罪方法传授给他人的行为。本罪的构成特征表现为:本罪在客观方面表现为使用各种手段将犯罪方法传授给他人。这里的各种手段,包括口头传授、书面传授与动作示范传授,包括公开传授与秘密传授、直接传授与间接传授。犯罪方法,包括预备犯罪、实行犯罪的技术、步骤、办法等。传授犯罪方法罪的成立不要求被传授者学到或者提高了犯罪技能,也不要求被传授者实施了被传授的犯罪行为,本罪属于行为犯,行为人只要实施了向他人传授犯罪方法的行为,就可以构成本罪。本罪的主体是已满 16 周岁且具有辨认控制能力的自然人。本罪的主观方面为故意,即明知是犯罪方法而故意向他人传授。

(二)传授犯罪方法罪的认定

在认定本罪时,主要是要划清本罪与教唆犯罪的界限。两者的主要区别在于:(1)侵犯的合法权益的性质不同。本罪侵犯的客体是确定的,即社会治安管理秩序;而教唆犯罪侵犯的客体取决于被教唆者的犯罪性质。(2)犯罪对象不同。本罪

---

① 参见《关于审理黑社会性质组织犯罪案件具体应用法律若干问题的解释》第 5 条。
② 参见《关于审理黑社会性质组织犯罪案件具体应用法律若干问题的解释》第 6 条。

的犯罪对象可以是任何自然人,没有限定;而教唆犯罪则要求犯罪对象是达到法定年龄、具有辨认控制能力的人,如果教唆无刑事责任能力的人,属于刑法理论上的间接正犯。(3) 客观行为不同。本罪是行为人将自己的犯罪经验和方法传授给他人的行为;教唆犯罪是唆使他人实施犯罪的行为,即引起他人犯罪意图的行为。(4) 犯罪故意的内容不同。本罪是出于传授犯罪方法的故意,被传授者原来有无犯罪意图在所不问;教唆犯罪是出于唆使他人实施犯罪的故意,不要求在犯罪方法上予以传授或提示。(5) 一罪与数罪的标准不同。由于本罪是独立的罪名,因此无论行为人传授了多少犯罪方法,实施了几次传授行为,只能以一罪论处;而教唆犯罪是根据其教唆罪名的不同而构成不同的犯罪,无论其教唆的对象是一人还是数人,都应数罪并罚。(6) 共犯的成立不同。本罪是独立的罪名,传授人与被传授人之间不存在共犯关系;而教唆犯罪属于共同犯罪的范畴,教唆人与被教唆人之间是一种共犯关系。传授暴力恐怖或者其他犯罪技能、经验,依法不能认定为组织、领导、参加恐怖组织罪的,以传授犯罪方法罪处罚。为实现所教唆的犯罪,教唆者又传授犯罪方法的,择一重罪定罪处罚。① (7) 定罪量刑及其依据不同。本罪具有独立的罪名和法定刑,依照《刑法》第295条的规定,依情节不同具有三个幅度的法定刑;教唆犯的罪名依教唆犯罪的性质而确定,按照其在犯罪中的不同作用分别按主犯、从犯及所教唆之罪的法定刑处罚。

三十九、非法集会、游行、示威罪

非法集会、游行、示威罪,是指举行集会、游行、示威,未依照法律规定申请或者申请未获许可,或者未按照主管机关许可的起止时间、地点、路线进行,又拒不服从解散命令,严重破坏社会秩序的行为。

本罪的客观方面表现为两种情况:(1) 未依照法律规定申请或者申请未获许可,而举行集会、游行、示威,又拒不服从解散命令,严重破坏社会秩序;(2) 未按照主管机关许可的起止时间、地点、路线进行集会、游行、示威,又拒不服从解散命令,严重破坏社会秩序。本罪的主体为集会、游行、示威活动的负责人和直接责任人员。本罪的主观方面为故意。至于行为人出于何种动机,不影响本罪的成立。

四十、非法携带武器、管制刀具、爆炸物参加集会、游行、示威罪

非法携带武器、管制刀具、爆炸物参加集会、游行、示威罪,是指违反法律规定,携带武器、管制刀具、爆炸物参加集会、游行、示威的行为。

本罪在客观方面包括三个方面的内容:(1) 行为人违反了法律规定;(2) 行为人携带了武器、管制刀具、爆炸物;(3) 行为发生在行为人参加集会、游行、示威之时。本罪的主体是已满16周岁且具有辨认控制能力的自然人。本罪的主观方面为

---

① 参见2014年9月9日最高人民法院、最高人民检察院、公安部《关于办理暴力恐怖和宗教极端刑事案件适用法律若干问题的意见》第2条的规定。

故意。在非法集会、游行、示威时,携带上述危险物品参加集会、游行、示威的,原则上属于一行为触犯数罪名,应从一重罪论处,认定为非法集会、游行、示威罪。携带枪支、弹药参加集会、游行、示威的,如果所携带的是自己事先非法持有、私藏的枪支、弹药,则成立数罪,实行并罚。①

四十一、破坏集会、游行、示威罪

破坏集会、游行、示威罪,是指以扰乱、冲击或者以其他方法破坏依法举行的集会、游行、示威,造成公共秩序混乱的行为。

本罪在客观方面表现为行为人实施了扰乱、冲击或者以其他方法破坏依法举行的集会、游行、示威的行为。此外,成立本罪必须有造成公共秩序混乱的结果。本罪的主体为一般主体。本罪的主观方面表现为故意。

四十二、侮辱国旗、国徽罪

侮辱国旗、国徽罪,是指在公众场合故意以焚烧、毁坏、涂划、玷污、践踏等方式侮辱中华人民共和国国旗、国徽的行为。

本罪行为对象仅限于我国的国旗与国徽。本罪在客观方面表现为:(1) 行为发生在公众场合;(2) 行为方式是焚烧、毁坏、涂划、玷污、践踏及其他侮辱中华人民共和国国旗、国徽尊严的作为形式。本罪的主体是已满16周岁且具有辨认控制能力的自然人。本罪主观方面为故意。

四十三、侮辱国歌罪

侮辱国歌罪,是指在公共场所,故意篡改中华人民共和国国歌歌词、曲谱,以歪曲、贬损的方式奏唱国歌,或者以其他方式侮辱国歌,情节严重的行为。

本罪在客观方面表现为在公共场合篡改中华人民共和国国歌歌词、曲谱,以歪曲、贬损方式奏唱国歌,或者以其他方式侮辱国歌,情节严重的行为。本罪的主体为一般主体。本罪主观方面为故意。

四十四、组织、利用会道门、邪教组织、利用迷信破坏法律实施罪

组织、利用会道门、邪教组织、利用迷信破坏法律实施罪,是指组织和利用会道门、邪教组织或者利用迷信破坏国家法律、行政法规实施的行为。

本罪在客观方面表现为,组织和利用会道门、邪教组织或者利用迷信破坏国家法律、行政法规实施的行为。行为方式有两种:(1) 组织和利用会道门、邪教组织破坏国家法律、行政法规的实施。所谓邪教组织,是指冒用宗教、气功或者其他名义建立,神化首要分子,利用制造、散布迷信邪说等手段蛊惑、蒙骗他人,发展、控制成员,危害社会的非法组织。② (2) 利用迷信破坏国家法律、行政法规的实施。本罪的主

---

① 参见张明楷:《刑法学》,法律出版社2003年版,第818页。
② 参见1999年10月9日最高人民法院、最高人民检察院《关于办理组织和利用邪教组织犯罪案件具体应用法律若干问题的解释》第1条。

体是已满 16 周岁且具有辨认控制能力的自然人。本罪的主观方面为故意。

根据 2017 年 1 月 25 日最高人民法院、最高人民检察院《关于办理组织、利用邪教组织破坏法律实施等刑事案件适用法律若干问题的解释》的规定,组织和利用邪教组织并具有下列情形之一的,依照《刑法》第 300 条第 1 款的规定定罪处罚:(1) 建立邪教组织,或者邪教组织被取缔后又恢复、另行建立邪教组织的;(2) 聚众包围、冲击、强占、哄闹国家机关、企业事业单位或者公共场所、宗教活动场所,扰乱社会秩序的;(3) 非法举行集会、游行、示威,扰乱社会秩序的;(4) 使用暴力、胁迫或者以其他方法强迫他人加入或者阻止他人退出邪教组织的;(5) 组织、煽动、蒙骗成员或者他人不履行法定义务的;(6) 使用"伪基站""黑广播"等无线电台(站)或者无线电频率宣扬邪教的;(7) 曾因从事邪教活动被追究刑事责任或者 2 年内受过行政处罚,又从事邪教活动的;(8) 发展邪教组织成员 50 人以上的;(9) 敛取钱财或者造成经济损失 100 万元以上的;(10) 以货币为载体宣扬邪教,数量在 500 张(枚)以上的;(11) 制作传单、喷图、图片、标语、报纸 1000 份(张)以上、制作书籍、刊物 250 册以上、制作录音带、录像带等音像制品 250 盒(张)以上、制作标识、标志物 250 件以上、制作光盘、U 盘、储存卡、移动硬盘等移动存储介质 100 个以上或者制作横幅、条幅 50 条(个)以上,传播邪教宣传品的;(12) 利用通讯信息网络,制作、传播宣扬邪教的电子图片、文章 200 张(篇)以上、电子书籍、刊物、音视频 50 册(个)以上,或者电子文档 500 万字符以上、电子音视频 250 分钟以上、编发信息、拨打电话 1000 条(次)以上、利用在线人数累计达到 1000 以上的聊天室,或者利用群组成员、关注人员等账号数累计 1000 以上的通讯群组、微信、微博等社交网络宣扬邪教、邪教信息实际被点击、浏览数达到 5000 次以上,传播邪教宣传品的;(13) 其他破坏国家法律、行政法规实施的行为,情节严重的。

行为人组织和利用会道门、邪教组织或者迷信奸淫妇女、诈骗财物的,则分别以强奸、诈骗等罪定罪处罚;以自焚、自爆或者其他危险方法危害公共安全的,分别依照《刑法》第 114 条、第 115 条第 1 款的规定定罪处罚。

根据《刑法》第 300 条第 1 款的规定,犯本罪的,处 3 年以上 7 年以下有期徒刑,并处罚金;情节特别严重的,处 7 年以上有期徒刑,并处罚金;情节较轻的,处 3 年以下有期徒刑、拘役或者管制,并处或者单处罚金。

犯本罪,又有奸淫妇女、诈骗财物等犯罪行为的,依照数罪并罚的规定处罚。

四十五、组织、利用会道门、邪教组织、利用迷信致人重伤、死亡罪

组织、利用会道门、邪教组织、利用迷信致人重伤、死亡罪,是指组织和利用会道门、邪教组织或者利用迷信蒙骗他人,致人重伤、死亡的行为。

本罪在客观方面表现为制造、散布迷信邪说,蒙骗其成员或者其他人实施绝食、自残、自虐等行为,或者阻止病人进行正常治疗,致人重伤、死亡的情形。组织和利用邪教组织制造、散布迷信邪说,指使、胁迫其成员或者其他人实施自杀、自伤行为的,组织、策划、煽动、教唆、帮助邪教组织人员自杀、自残的,分别以故意杀人罪、故意伤害罪定罪处罚。本罪的主体是已满16周岁且具有辨认控制能力的自然人。本罪的主观方面为故意。

四十六、聚众淫乱罪

聚众淫乱罪,是指聚集众人进行集体淫乱活动的行为。

本罪的客观方面表现为聚众淫乱的行为。本罪由一般主体构成,但刑法只惩罚首要分子和多次参加聚众淫乱活动的分子。本罪的主观方面为故意。

四十七、引诱未成年人聚众淫乱罪

引诱未成年人聚众淫乱罪,是指引诱未成年人参加聚众淫乱活动的行为。

本罪的对象是未成年人,即不满18周岁的男女。本罪在客观方面表现为引诱未成年人参加聚众淫乱活动。所谓引诱,是指通过金钱、物资或者语言、表演、示范、收听、观看淫秽音像制品等手段,拉拢、腐蚀、诱惑未成年人参加多人的淫乱活动。本罪的主体是已满16周岁且具有辨认控制能力的自然人。引诱未成年人参加聚众淫乱活动的,不管行为人是否为首要分子,是否多次参加,均成立本罪。本罪的主观方面为故意。

四十八、盗窃、侮辱、故意毁坏尸体、尸骨、骨灰罪

盗窃、侮辱、毁坏尸体、尸骨、骨灰罪,是指窃取、侮辱、故意毁坏他人尸体、尸骨、骨灰的行为。

本罪所侵犯的客体是国家的丧葬秩序和风俗。本罪的犯罪对象是尸体、尸骨或骨灰,即人停止生命活动后的遗体、尸骨或骨灰。本罪在客观方面表现为盗窃、侮辱、故意毁坏尸体、尸骨或者骨灰的行为。

本罪的主体是已满16周岁且具有刑事责任能力的自然人。本罪的主观方面为故意。

四十九、赌博罪

(一) 赌博罪的概念与特征

赌博罪,是指以营利为目的,聚众赌博、开设赌场或者以赌博为业的行为。本罪的构成特征表现为:本罪在客观方面表现为聚众赌博或者以赌博为业的行为。具体有两种行为方式:一是聚众赌博。根据2005年"两高"《关于办理赌博刑事案件具体应用法律若干问题的解释》的规定,以营利为目的,有下列情形之一的,属于聚众赌博:一是组织3人以上赌博,抽头渔利数额累计达到5000元以上的;二是组织3人以上赌博,赌资数额累计达到5万元以上的;三是组织3人以上赌博,参赌人数累计达到20人以上的;四是组织中华人民共和国公民10人以上赴境外赌博,从中收取回扣、中介费的。二是以赌博为业。这属于刑法理论上的常业犯,即将赌博作为职业或者兼业,以赌博行为所获取的收入为主要生活来源或者腐化生活来源。本罪的主

体是已满 16 周岁且具有辨认控制能力的自然人。本罪的主观方面为直接故意,且具有营利的目的。至于实际上是否营利,不影响本罪的成立。

(二) 赌博罪的认定

1. 罪与非罪的界限

这主要根据赌博罪的主客观特征进行区分。行为人不是聚众赌博、开设赌场或者以赌博为业的,不成立赌博罪。换言之,只是单纯参加赌博的行为,不成立赌博罪。行为人的目的不在于营利而在于一时娱乐的,不成立赌博罪。

2. 本罪与诈骗罪的界限

赌博罪中往往也伴有欺骗活动,但这种欺骗与诈骗罪中的欺骗不同。赌博罪中的欺骗是制造虚假事实,引诱他人参加赌博,但是赌博依然是以偶然的输赢进行赌事或者赌戏的行为。所谓偶然的输赢,是指结果取决于偶然因素,这种偶然因素对当事人而言具有不确定性。如果对于一方当事人而言,胜败的结果已经确定,则不能称为赌博。因此,行为人设置圈套诱骗他人参赌骗取钱财的,胜负并不取决于偶然因素,不符合赌博的特征,而完全符合诈骗罪的构成要件。

五十、开设赌场罪

开设赌场罪,是指行为人以营利为目的,开设赌场的行为。

本罪在客观方面表现为开设赌场的行为。根据 2010 年两高《关于办理网络赌博犯罪案件适用法律若干问题的意见》的规定,利用互联网、移动通讯终端等传输赌博视频、数据,组织赌博活动,具有下列情形之一的,属于开设赌场的行为:(1) 建立赌博网站并接受投注的;(2) 建立赌博网站并提供给他人组织赌博的;(3) 为赌博网站担任代理并接受投注的;(4) 参与赌博网站利润分成的。本罪的主体是已满 16 周岁且具有辨认控制能力的自然人。本罪的主观方面为故意。根据 2010 年《关于办理网络赌博犯罪案件适用法律若干问题的意见》的规定,明知是赌博网站,而为其提供下列服务或者帮助的,属于开设赌场罪的共同犯罪:(1) 为赌博网站提供互联网接入、服务器托管、网络存储空间、通讯传输通道、投放广告、发展会员、软件开发、技术支持等服务,收取服务费数额在 2 万元以上的;(2) 为赌博网站提供资金支付结算服务,收取服务费数额在 1 万元以上或者帮助收取赌资 20 万元以上的;(3) 为 10 个以上赌博网站投放与网址、赔率等信息有关的广告或者为赌博网站投放广告累计 100 条以上的。具有下列情形之一的,应当认定行为人"明知",但是有证据证明确实不知道的除外:(1) 收到行政主管机关书面等方式的告知后,仍然实施上述行为的;(2) 为赌博网站提供互联网接入、服务器托管、网络存储空间、通讯传输通道、投放广告、软件开发、技术支持、资金支付结算等服务,收取服务费明显异常的;(3) 在执法人员调查时,通过销毁、修改数据、账本等方式故意规避调查或者向犯罪嫌疑人通风报信的;(4) 其他有证据证明行为人明知的。

五十一、故意延误邮件投递罪

故意延误邮件投递罪,是指邮政工作人员严重不负责任,故意延误投递邮件,致使公共财产、国家和人民利益遭受重大损失的行为。

本罪的客体是国家对邮政通讯的管理秩序。本罪的行为对象是邮件,即通过邮政单位寄递的函件、邮包、汇款通知、印刷品、报刊等。本罪的客观方面表现为故意延误邮件投递,致使公共财产、国家和人民利益遭受重大损失的行为。本罪的主体是特殊主体,即邮政工作人员。本罪的主观方面为故意。

第二节 妨害司法罪

一、伪证罪

(一)伪证罪的概念与特征

伪证罪,是指在刑事诉讼中,证人、鉴定人、记录人、翻译人对与案件有重要关系的情节,故意作虚假证明、鉴定、记录、翻译,意图陷害他人或隐匿罪证的行为。本罪的构成特征表现为:

(1)本罪的主要客体是司法机关在刑事诉讼中的正常活动,次要客体是公民的人身权利。伪证犯罪行为,无论是陷害他人,使无罪的人受到刑事追究,还是隐匿罪证,放纵真正的犯罪分子,都必然妨害司法机关的正常活动。另一方面,陷害他人的伪证行为,往往又同时侵犯公民的人身权利。

(2)本罪在客观方面表现为,在刑事诉讼过程中,证人、鉴定人、记录人、翻译人对与案件有重要关系的情节作虚假的证明、鉴定、记录、翻译的行为。具体而言,必须同时具备以下三个条件:

第一,必须作虚假的证明、鉴定、记录、翻译。"虚假"一般包括两种情况:其一,无中生有,捏造或者夸大事实以陷人入罪;其二,将有说无,掩盖或者缩小事实以开脱罪责。虚假的认定应坚持主客观相统一的原则,即只有违反证人的记忆与实际体验且不符合客观事实的陈述才是虚假的,如果违反证人的记忆与实际体验但符合客观事实,就不可能妨害司法活动,不能认定为伪证罪;如果符合证人的记忆与实际体验但与客观事实不相符合,则行为人没有伪证罪的故意,不可能成立伪证罪。

第二,必须是对与案件有重要关系的情节作虚假的证明、鉴定、记录、翻译。与案件有重要关系的情节,是指对案件结论有影响的情节,即对是否构成犯罪、犯罪的性质、罪行的轻重、量刑的轻重具有重要关系的情节。伪证行为只要足以影响案件结论即可,不要求实际上影响了案件结论。

第三,必须在刑事诉讼中作虚假的证明、鉴定、记录、翻译。本罪只限于刑事案件,在民事案件中作伪证的,不成立本罪。在刑事诉讼中,是指在立案侦查后、审判终结前的过程中作伪证。在诉讼前作假证明包庇犯罪人的,成立包庇罪;在诉讼前作虚假告发,意图使他人受刑事追究的,成立诬告陷害罪。

（3）本罪的主体是特殊主体,特指刑事诉讼中的证人、鉴定人、记录人、翻译人,但都必须是已满16周岁且具有辨认控制能力的人。未满16周岁的人可能成为证人,但不能成为本罪主体。

（4）本罪的主观方面只能是直接故意,并且具有陷害他人或为他人隐匿罪证的目的,即行为人明知自己的行为会发生陷害他人或者为他人开脱罪责的结果,并且希望此结果的发生。

（二）伪证罪的认定

认定伪证罪,主要是区分本罪与诬告陷害罪的界限。两罪的主要区别是：(1) 行为发生的时间不同。伪证罪发生在刑事诉讼的过程中;诬告陷害罪则发生在立案侦查之前,而且可能是引起立案侦查的原因。(2) 客观行为的内容不同。伪证罪是对与刑事案件有重要关系的情节作虚假的证明、鉴定、记录、翻译;诬告陷害罪是捏造犯罪事实。(3) 犯罪主体不同。伪证罪的主体是证人、鉴定人、记录人、翻译人;诬告陷害罪的主体是一般主体。(4) 犯罪目的不同。伪证罪的主观上既可以是意图陷害他人,也可能是意图为他人开脱罪责;而诬告陷害罪的意图是使他人受刑事处分。

二、辩护人、诉讼代理人毁灭证据、伪造证据、妨害作证罪

辩护人、诉讼代理人毁灭证据、伪造证据、妨害作证罪,是指在刑事诉讼中,辩护人、诉讼代理人毁灭、伪造证据,帮助当事人毁灭、伪造证据,威胁、引诱证人违背事实改变证言或者作伪证的行为。

本罪在客观方面具有以下特征:(1) 行为发生在刑事诉讼中。(2) 行为方式具体表现为三种情况:毁灭、伪造证据;帮助当事人毁灭、伪造证据;威胁、引诱证人违背事实改变证言或者作伪证。本罪的主体是特殊主体,即刑事诉讼中的辩护人、诉讼代理人。本罪在主观方面表现为故意。

三、妨害作证罪

妨害作证罪,是指以暴力、威胁、贿买等方法阻止证人作证或者指使他人作伪证的行为。

本罪在客观方面表现为采用暴力、威胁、贿买或者其他方法阻止证人作证或者指使他人作伪证的行为。本罪不限于发生在刑事诉讼中,在民事、行政等诉讼中实施本罪行为的,也成立本罪。本罪的主体是已满16周岁且具有辨认控制能力的自然人,通常是案件的当事人或与案件有利害关系的人。本罪在主观方面表现为故意。

本罪与辩护人、诉讼代理人毁灭证据、伪造证据、妨害作证罪有相似之处,主要区别在于:(1) 犯罪主体不同。本罪只要求一般主体;而后罪的主体必须是辩护人或者诉讼代理人。(2) 客观行为不同。本罪只限于以各种方法阻止证人作证或者

指使他人作伪证;而后罪还包括毁灭、伪造证据等行为。(3)犯罪的时间不同。本罪可以发生在刑事、民事、行政等诉讼过程中或者诉讼活动开始前;而后罪只能发生在刑事诉讼中。

四、帮助毁灭、伪造证据罪

帮助毁灭、伪造证据罪,是指故意帮助当事人毁灭、伪造证据,情节严重的行为。

本罪在客观方面表现为实施了帮助当事人毁灭、伪造证据,情节严重的行为。本罪的主体是已满16周岁且具有辨认控制能力的自然人。但辩护人或者诉讼代理人在刑事诉讼中帮助当事人毁灭、伪造证据的,应认定为辩护人、诉讼代理人毁灭证据、伪造证据罪。本罪的主观方面为故意。

五、虚假诉讼罪

虚假诉讼罪,是指以捏造的事实提起民事诉讼,严重妨害司法秩序或者严重侵害他人合法权益的行为。

本罪所侵犯的客体是国家的司法秩序和他人的合法权益。本罪的客观方面表现为以捏造的事实提起民事诉讼,严重妨害司法秩序或者严重侵害他人合法权益的行为。所谓以捏造的事实提起民事诉讼,是指采用伪造证据、虚假陈述等手段,捏造民事法律关系,虚构民事纠纷,向人民法院提起民事诉讼。所谓严重妨害司法秩序或者严重侵害他人合法权益,是指以捏造的事实提起民事诉讼,致使人民法院因此而采取了财产保全或者行为保全措施;致使人民法院开庭审理,干扰正常司法活动;致使人民法院因此而作出裁判文书、制作财产分配方案,或者立案执行基于捏造的事实作出的仲裁裁决、公证债权文书;多次以捏造的事实提起民事诉讼、曾因以捏造的事实提起民事诉讼被采取民事诉讼强制措施或者受过刑事追究;其他妨害司法秩序或者严重侵犯他人合法权益的情形。为了侵占他人财产或逃跑合法债务而提起虚假民事诉讼,构成犯罪的,又构成诈骗罪、职务侵占罪、拒不执行判决、裁定罪、贪污罪等犯罪的,依照处罚较重的规定定罪处罚。

本罪的主体为已满16周岁且具有辨认控制能力的自然人和单位。

本罪的主观方面为故意,过失不能成立本罪。

根据《刑法》第307条之一的规定,犯本罪的,处3年以下有期徒刑、拘役或者管制,并处或者单处罚金。情节严重的,处3年以上7年以下有期徒刑,并处罚金。

单位犯前款罪的,对单位判处罚金,并对其直接负责的主管人员和其他直接责任人员,依照前款的规定处罚。

犯本罪的,非法占有他人财产或者逃避合法债务,又构成其他犯罪的,依照处罚较重的规定定罪从重处罚。

司法工作人员利用职权,与他人共同实施前三款行为的,从重处罚;同时构成其他犯罪的,依照处罚较重的规定定罪从重处罚。所谓其他犯罪,是指诈骗罪、贪污罪或职务侵占罪。

六、打击报复证人罪

打击报复证人罪,是指故意对证人进行打击报复的行为。

本罪在客观方面表现为行为人实施了对证人进行打击报复的行为。打击报复的形式多种多样,如降职降薪、解聘解雇、扣发工资奖金、恐吓伤害、骚扰安宁等。本罪的主体是已满16周岁且具有辨认控制能力的自然人。本罪在主观方面表现为故意。

本罪与妨害作证罪都是针对证人的故意犯罪行为。两罪的主要区别在于:(1)行为的时间不同。本罪一般发生在证人作证之后,后罪则发生在诉讼过程中、证人作证之前。(2)行为方式不完全相同。本罪是以暴力、压制等手段对证人的作证行为进行打击报复,后罪则是在诉讼过程中,以暴力、威胁、利诱等手段阻止证人作证,或者指使证人违背事实改变证言或者作伪证等。

七、泄露不应公开的案件信息罪

泄露不应公开的案件信息罪,是指司法工作人员、辩护人、诉讼代理人或者其他诉讼参与人,泄露依法不公开审理的案件中不应当公开的信息,造成信息公开传播或者其他严重后果的行为。

本罪所侵犯的客体是国家的司法秩序。本罪的客观方面表现为司法工作人员、辩护人、诉讼代理人或者其他诉讼参与人,泄露依法不公开审理的案件中不应当公开的信息,造成信息公开传播或者其他严重后果的行为。

本罪的主体为已满16周岁且具有辨认控制能力的自然人或单位。

本罪的主观方面为故意,过失不能成立本罪。

根据《刑法》第308条之一的规定,犯本罪的,处3年以下有期徒刑、拘役或者管制,并处或者单处罚金。

有前述行为,泄露国家秘密的,依照泄露国家秘密罪定罪处罚。

单位犯本罪的,对单位判处罚金,并对直接负责的主管人员和其他直接责任人员,处3年以下有期徒刑、拘役或者管制,并处或者单处罚金。

八、披露、报道不应公开的案件信息罪

披露、报道不应公开的案件信息罪,是指公开披露、报道依法不公开审理的案件中不应当公开的信息,情节严重的行为。

本罪所侵犯的客体是国家的司法秩序。本罪的客观方面表现为明知是依法不公开审理的案件中不应公开的司法信息,而披露、报道的行为。

本罪的主体为已满16周岁且具有辨认控制能力的自然人或单位。

本罪的主观方面为故意,过失不能成立本罪。

根据《刑法》第308条之一的规定,犯本罪的,处3年以下有期徒刑、拘役或者管制,并处或者单处罚金。有前述行为,泄露国家秘密的,依照《刑法》第398条的规定

定罪处罚。

单位犯本罪的,对单位判处罚金,并对直接负责的主管人员和其他直接责任人员,处3年以下有期徒刑、拘役或者管制,并处或者单处罚金。

九、扰乱法庭秩序罪

扰乱法庭秩序罪,是指严重扰乱法庭秩序的行为。

本罪的客体是正常的法庭秩序。

本罪在客观方面包括:(1)聚众哄闹、冲击法庭的;(2)殴打司法工作人员或者诉讼参与人的;(3)侮辱、诽谤、威胁司法工作人员或者诉讼参与人,不听法庭制止的;(4)有毁坏法庭设施,抢夺、损毁诉讼文书、证据等扰乱法庭秩序行为,情节严重的。上述严重扰乱法庭秩序的行为必须发生在诉讼案件审理过程中的法庭内。庭审结束或休庭期间发生上述行为的,不能成立本罪。

本罪的主体是已满16周岁且具有辨认控制能力的自然人。本罪在主观方面表现为故意。

十、窝藏、包庇罪

(一)窝藏、包庇罪的概念与特征

窝藏、包庇罪,是指明知是犯罪的人而为其提供隐藏处所、财物,帮助其逃匿,或者明知是犯罪的人而作假证明进行包庇,意图使其逃避法律制裁的行为。本罪的构成特征表现为:

(1)本罪的客体是司法机关的正常活动。本罪的对象必须是犯罪的人,既包括犯罪后尚未进入刑事诉讼程序甚至尚未被发现而畏罪潜逃的人,也包括已进入刑事诉讼程序的犯罪嫌疑人、被告人和罪犯。但是因犯罪情节显著轻微,被检察机关决定不起诉的,或者被免予刑事处分的,或者刑罚已经被执行完毕或者被赦免的,不能成为本罪的对象。

(2)本罪在客观方面表现为窝藏或包庇犯罪人的行为。所谓窝藏犯罪人,是指为犯罪的人提供隐藏处所、财物,帮助其逃匿的行为。根据《刑法》第362条的规定,旅馆业、饮食服务业、文化娱乐业、出租汽车业等单位的人员,在公安机关查处卖淫、嫖娼活动时,为违法犯罪分子通风报信,情节严重的,以本罪论处。所谓包庇犯罪人,是指为犯罪的人向司法机关作出虚假证明的行为。

(3)本罪的主体是已满16周岁且具有辨认控制能力的自然人。

(4)本罪在主观方面为故意,即行为人明知是犯罪的人而予以窝藏、包庇。

(二)窝藏、包庇罪的认定

1. 本罪与单纯的知情不举行为的界限

知情不举,即明知发生了犯罪事实或者明知犯罪人的去向,而不主动向公安、司法机关举报的行为。单纯的知情不举不成立本罪。知道犯罪事实,在公安、司法机关调查取证时,单纯不提供证言的,也不构成窝藏、包庇罪;但如果拒不提供间谍犯罪证据的,则成立相关犯罪。

2. 本罪与事前有通谋的共同犯罪的界限

本罪是在被窝藏、包庇者犯罪后实施的,其犯罪故意也是在他人实施犯罪之后产生的。而有通谋的共犯的窝藏、包庇故意在被窝藏、包庇者实施犯罪前或实施犯罪中就已产生。故而,《刑法》第310条第2款规定,犯窝藏、包庇罪,事前有通谋的,以共同犯罪论处。据此,即使共同犯罪所犯之罪的法定刑低于窝藏、包庇罪的法定刑,也应以共犯论处。

3. 本罪与伪证罪的界限

两罪的主要区别表现为:(1)犯罪主体不同。前罪的主体是一般主体,而后罪的主体仅限于刑事诉讼中的证人、鉴定人、翻译人、记录人四种。(2)行为发生的时间不同。前罪没有时间限制,而后罪只能发生在刑事诉讼过程中。(3)行为对象不同。前罪的对象包括已决犯和未决犯,而后罪的对象只能是未决犯。(4)行为方式不同。前罪是为犯罪的人提供隐藏处所、财物,帮助其逃匿或者作假证明的行为,而后罪则是行为人对与案件有重要关系的情节作虚假的证明、鉴定、记录或者翻译。(5)主观目的不同。前罪的目的是使犯罪分子逃避法律制裁,而后罪的目的则既包括隐匿罪证以使犯罪分子逃避法律制裁,也包括陷害他人使无罪者受到刑事追究。

4. 包庇罪与帮助毁灭、伪造证据罪的界限

旧刑法没有规定帮助毁灭、伪造证据罪,故以往的刑法理论认为,消灭罪迹与毁灭罪证的行为构成包庇罪。① 新刑法将帮助毁灭、伪造证据的行为规定为独立的犯罪,因而就不能将这种行为解释为包庇罪的表现形式,否则就不可能区分这两种犯罪了。因此,包庇罪在客观方面应仅限于作假证明包庇犯罪的人,而不包括帮助犯罪人毁灭或者伪造证据的行为。

5. 本罪与刑法其他特别规定的窝藏、包庇犯罪的界限

《刑法》第349条单独规定了包庇毒品犯罪分子罪,因此对包庇走私、贩卖、运输、制造毒品的犯罪分子的行为,根据特别法优于一般法的原则,不再以包庇罪论处。

十一、拒绝提供间谍犯罪、恐怖活动犯罪、极端主义犯罪证据罪

拒绝提供间谍犯罪恐怖活动犯罪、极端主义犯罪证据罪,是指明知他人有间谍犯罪、恐怖活动犯罪、极端主义犯罪行为,在司法机关向其调查有关情况、收集有关证据时,拒绝提供,情节严重的行为。

本罪的客观方面表现为在明知他人有间谍犯罪、恐怖活动犯罪、极端主义犯罪行为的情况下,在司法机关向其调查有关情况、收集有关证据时,拒绝提供,情节严重的行为。

---

① 参见高铭暄主编:《中国刑法学》,中国人民大学出版社1989年版,第551页。

本罪的主体是一般主体,即年满16周岁、具有辨认控制能力的自然人。

本罪的主观方面为故意。如果行为人没有明知他人有间谍犯罪、恐怖主义活动犯罪、极端主义犯罪行为,而拒绝提供间谍犯罪、恐怖主义活动犯罪、极端主义犯罪信息、证据的,不成立本罪。

十二、掩饰、隐瞒犯罪所得、犯罪所得收益罪

掩饰、隐瞒犯罪所得、犯罪所得收益罪,是指行为人明知是犯罪所得及其收益而予以窝藏、转移、收购或者代为销售,或者以其他方法掩饰、隐瞒的行为。

犯罪的对象是犯罪所得及其收益。本罪在客观方面表现为窝藏、转移、收购或者代为销售,或者以其他方法掩饰、隐瞒的行为。行为人只要实施上述行为之一,即可构成相应的犯罪。行为人实施多种行为的,也只成立一罪,不进行数罪并罚。本罪的主体是已满16周岁且具有辨认控制能力的自然人。本罪在主观方面为故意,即行为人明知是犯罪所得及其产生的收益而仍然予以窝藏、转移、收购或者代为销售,或者以其他方法掩饰、隐瞒。行为人实施了某种犯罪之后,对自己犯罪所得的财物予以藏匿、转移、销售的,属于在犯罪后对赃物的处理,这在刑法理论上属于犯罪的后续行为,为此前的犯罪实行行为所吸收,不另构成赃物犯罪。

十三、拒不执行判决、裁定罪

拒不执行判决、裁定罪,是指对人民法院已经发生法律效力的判决、裁定有能力执行而拒不执行,情节严重的行为。本罪的构成特征表现为:

本罪的客体是司法机关执行判决、裁定的正常活动。犯罪的对象是人民法院依法作出的具有执行内容并已发生法律效力的判决、裁定,既包括刑事判决与裁定,也包括民事、行政等方面的判决与裁定。人民法院为依法执行支付令、生效的调解书、仲裁裁决、公证债权文书等所作的裁定属于该条规定的裁定。[①]

本罪在客观方面表现为对人民法院发生法律效力的判决、裁定有能力执行而拒不执行,且情节严重的行为。所谓有能力执行而拒不执行,情节严重,是指下列情形:一是被执行人隐藏、转移、故意毁损财产或者无偿转让财产、以明显不合理的低价转让财产,致使判决、裁定无法执行的;二是担保人或者被执行人隐藏、转移、故意毁损或者转让已向人民法院提供担保的财产,致使判决、裁定无法执行的;三是协助执行义务人接到人民法院协助执行通知书后,拒不协助执行,致使判决、裁定无法执行的;四是被执行人、担保人、协助执行义务人与国家机关工作人员通谋,利用国家机关工作人员的职权妨害执行,致使判决、裁定无法执行的;五是其他有能力执行而拒不执行,情节严重的情形。如果行为人在暴力抗拒人民法院执行判决、裁定过程中,杀害、重伤执行人员的,以故意杀人罪、故意伤害罪定罪处罚。

---

① 参见2002年8月29日全国人大常委会《关于〈中华人民共和国刑法〉第三百一十三条的解释》。

本罪的主体是特殊主体,即负有执行人民法院的判决、裁定义务的被执行人、协助执行人、担保人或单位。

本罪在主观方面为故意。

十四、非法处置查封、扣押、冻结的财产罪

非法处置查封、扣押、冻结的财产罪,是指故意隐藏、转移、变卖、毁损已被司法机关查封、扣押、冻结的财产,情节严重的行为。

本罪在客观方面表现为故意隐藏、转移、变卖、毁损已被司法机关查封、扣押、冻结的财产,情节严重的行为。只要存在上述四种行为方式之一,即可构成本罪。所谓"情节严重"主要是指:非法处置已被司法机关查封、扣押、冻结的财产,严重妨害正常的诉讼活动的;因非法处置行为造成公私财产重大损失或者其他严重后果的等。本罪的主体是已满16周岁且具有辨认控制能力的自然人。本罪的主观方面为故意,即明知是已被司法机关查封、扣押、冻结的财产而故意将其非法隐藏、转移、变卖或毁损。

十五、破坏监管秩序罪

破坏监管秩序罪,是指依法被关押的罪犯故意破坏监管秩序,情节严重的行为。

本罪在客观方面表现为破坏监管秩序,情节严重的行为。(1)行为方式具体表现为以下几种:殴打监管人员;组织其他被监管人破坏监管秩序;聚众闹事,扰乱正常监管秩序;殴打、体罚或者指使他人殴打、体罚其他被监管人。行为人只要实施其中一种行为,便可构成本罪。(2)行为必须发生在行为人依法被关押期间。(3)成立本罪,要求情节严重。本罪的主体是特殊主体,即必须是依法被关押的已决犯,依法被关押的被告人、犯罪嫌疑人不能成为本罪主体。根据《刑法》第248条的规定,监管人员指使依法被关押的罪犯殴打或者体罚虐待被监管人的,对监管人员的行为,认定为虐待被监管人罪。本罪的主观方面为故意,即行为人明知自己的行为是破坏监管秩序的行为而决意实施。如果以杀人、伤害故意对监管人员或被监管人员实施杀人、伤害行为的,应认定为故意杀人罪与故意伤害罪。

十六、脱逃罪

(一)脱逃罪的概念与特征

脱逃罪,是指依法被关押的罪犯、被告人、犯罪嫌疑人逃脱的行为。本罪的构成特征表现为:

(1)本罪的客体是司法机关的正常监管秩序。

(2)本罪在客观方面表现为实施了脱逃行为。脱逃,是指脱离监管机关的实力支配的行为,具体表现为逃离关押场所。脱逃的方式没有限制,有乘监管人员疏忽而逃离关押场所,乘外出劳动逃离关押场所,对监管人员使用暴力、威胁手段而逃离关押场所,打破门窗或毁损械具后逃离关押场所等。受到监狱(包括劳改农场等监

管机构)奖励,节假日获准回家的罪犯,故意不在规定时间返回监狱,采取逃往外地等方式逃避入狱的,也应以脱逃罪论处。

(3)本罪的主体是特殊主体,即依法被关押的罪犯、被告人和犯罪嫌疑人。未被关押的罪犯、被告人与犯罪嫌疑人,不是本罪主体。但是,未被关押的人教唆、帮助上述人员脱逃的,成立本罪的共犯。

(4)本罪的主观方面为故意,且出于逃避监管机关的监管的目的。

(二)脱逃罪的认定

脱逃罪的认定,主要是弄清本罪的既遂与未遂问题。关于脱逃罪的既遂与未遂的区分标准,理论上有四种观点:(1)脱离说。该说认为应以行为人是否脱离监管场所这一特定的地理环境为标准。(2)控制说。该说认为应该以行为人是否脱离看守人员的监视控制为标准。(3)程度说。该说认为应以脱逃行为是否达到逃离羁押、关押的程度为标准。(4)脱离控制结合说。该说认为脱逃行为是否得逞,主要应看行为人是否逃出了羁押、改造场所,是否摆脱了看管人员的控制。① 我们认为,行为摆脱了监管机关与监管人员的实力支配(控制)时,就是脱逃罪的既遂。脱逃罪的本质是脱离监管机关的实力支配,行为人的主观目的也在于摆脱监管机关与监管人员的实力支配,因此摆脱了监管机关与监管人员的实力支配时,就应认定为既遂。

十七、劫夺被押解人员罪

劫夺被押解人员罪,是指劫夺押解途中的罪犯、被告人、犯罪嫌疑人的行为。

本罪的客体是国家监管机关的监押管理秩序。本罪在客观方面表现为在押解途中实施劫夺被押解的罪犯、被告人、犯罪嫌疑人的行为。(1)行为对象必须是被押解的罪犯、被告人、犯罪嫌疑人。(2)劫夺行为发生在押解途中。本罪的主体是已满16周岁且具有辨认控制能力的自然人。本罪的主观方面为故意。

十八、组织越狱罪

组织越狱罪,是指依法被关押的犯罪嫌疑人、被告人和罪犯相互勾结,有组织、有计划地越狱逃跑的行为。

本罪的客体是国家监管机关的监押管理秩序。本罪在客观方面表现为多个人犯相互勾结,有组织、有计划地从狱中逃跑的行为。行为方式具体有两种:组织越狱;积极参加有组织的越狱。本罪的主体是特殊主体,即依法被关押的罪犯、被告人、犯罪嫌疑人。本罪的主观方面为故意。本罪与脱逃罪的关键区别在于,是否有组织地越狱脱逃。判断是否有组织地越狱脱逃:(1)要看参与越狱脱逃的人数是否在3人以上;(2)要看是否有组织、策划、指挥的首要分子。由于脱逃罪既可以单独实施,也可以共同实施,因此从共同犯罪的角度而言,脱逃罪的共同犯罪属于任意共

---

① 参见马克昌主编:《刑法学》,高等教育出版社2003年版,第589页。

同犯罪,而组织越狱罪则是必要共同犯罪。可见,规定这两个罪名的法条之间存在法条竞合关系,根据特别法条优于普通法条的原则,应优先适用组织越狱罪定罪量刑。

十九、暴动越狱罪

暴动越狱罪,是指依法被关押的罪犯、被告人、犯罪嫌疑人,在首要分子组织、策划、指挥下,采用暴动方式,有组织地脱逃的行为。

本罪的客体是国家监管机关的监押管理秩序。本罪在客观方面表现为依法被关押的罪犯、被告人、犯罪嫌疑人,在首要分子组织、策划、指挥下,采用暴动方式,有组织地脱逃的行为。本罪的主体是特殊主体,即依法被关押的罪犯、被告人、犯罪嫌疑人。本罪的主观方面为故意。

本罪与组织越狱罪的关键区别在于犯罪行为方式不同。本罪只能是采用暴力手段;而组织越狱罪则既可以采用暴力手段,也可以采用秘密脱逃等非暴力手段。

二十、聚众持械劫狱罪

聚众持械劫狱罪,是指狱外人员在首要分子组织、策划、指挥下,持械劫夺狱中罪犯、被告人或犯罪嫌疑人的行为。

本罪的客体是国家监管机关的监押管理秩序。本罪在客观方面表现为在首要分子组织、策划、指挥下,持械劫夺狱中罪犯、被告人或犯罪嫌疑人的行为。是否有首要分子,是否持械,是否劫夺狱中的罪犯、被告人或犯罪嫌疑人,是本罪区别于劫夺被押解人员罪的关键。本罪的主体是狱外已满16周岁且具有辨认控制能力的自然人。本罪的主观方面为故意。

第三节 妨害国(边)境管理罪

一、组织他人偷越国(边)境罪

(一) 组织他人偷越国(边)境罪的概念与特征

组织他人偷越国(边)境罪,是指违反国(边)境管理法规,组织他人偷越国(边)境的行为。本罪的构成特征表现为:

(1) 本罪的客体是国家对国(边)境的管理秩序。

(2) 本罪在客观方面表现为违反国(边)境管理法规,非法组织他人偷越国(边)境的行为。具体包括以下两个方面的内容:一是行为违反了国家有关出入境管理规定,这是构成本罪的前提条件。二是行为人必须有组织他人偷越国(边)境的行为。所谓组织,是指采取煽动、串联、拉拢、诱骗甚至胁迫等方式策划、联络多人偷越国(边)境。2012年12月12日最高人民法院、最高人民检察院《关于办理妨害国(边)境管理刑事案件应用法律若干问题的解释》第1条的规定,领导、策划、指挥他人偷越国(边)境或者在首要分子指挥下,实施拉拢、引诱、介绍他人偷越国(边)境等行为的,也属于"组织他人偷越国(边)境"。

(3) 本罪的主体是已满16周岁且具有辨认控制能力的自然人。单位不构成本罪。

(4) 本罪的主观方面为故意,行为人通常具有营利的目的,但刑法没有将营利目的规定为本罪的主观要件。

(二) 组织他人偷越国(边)境罪的认定

认定本罪,应当注意本罪一罪与数罪的界限。根据《刑法》第318条第1款第3项的规定,"造成被组织人重伤、死亡的"是本罪的结果加重犯,不能进行数罪并罚。例如,在行为人非法组织他人偷越国(边)境的过程中,由于交通工具不安全、气候条件恶劣等原因,造成了被组织人员死亡、重伤的,对行为人仍应定本罪,适用《刑法》第318条第1款关于加重处罚的规定。但在犯本罪的过程中,对被组织人有杀害、伤害、强奸、拐卖等犯罪行为,或者对检查人员有杀害、伤害等犯罪行为的,根据《刑法》第318条第2款的规定,应以数罪论,依照数罪并罚的规定处罚。

(三) 组织他人偷越国(边)境罪的刑事责任

根据《刑法》第318条的规定,犯本罪的,处2年以上7年以下有期徒刑,并处罚金;有下列情形之一的,处7年以上有期徒刑或者无期徒刑,并处罚金或者没收财产:(1) 组织他人偷越国(边)境集团的首要分子。(2) 多次组织他人偷越国(边)境或者组织他人偷越国(边)境人数众多的。(3) 造成被组织人重伤、死亡的。(4) 剥夺或者限制被组织人人身自由的。(5) 以暴力、威胁方法抗拒检查的。(6) 违法所得数额巨大的。(7) 有其他特别严重情节的。犯本罪,对被组织人有杀害、伤害、强奸、拐卖等犯罪行为,或者对检查人员有杀害、伤害等犯罪行为的,依照数罪并罚的规定处罚。

二、骗取出境证件罪

骗取出境证件罪,是指以劳务输出、经贸往来或者其他名义,弄虚作假,骗取护照、签证等出境证件,为组织他人偷越国(边)境使用的行为。

本罪的行为对象是出境证件,包括护照或者代替护照使用的国际旅行证件,中华人民共和国海员证,中华人民共和国出入境通行证,中华人民共和国旅行证,中国公民往来香港、澳门、台湾地区证件,边境地区出入境通行证,签证、签注,出国(境)证明、名单,以及其他出境需要查验的资料。① 本罪在客观方面表现为以劳务输出、经贸往来或者其他名义,弄虚作假,骗取护照、签证等出境证件,为组织他人偷越国(边)境使用的行为。本罪的主体是已满16周岁且具有辨认控制能力的自然人和单位。本罪的主观方面为故意,并具有为组织他人偷越国(边)境使用的目的;非此目

---

① 参见2012年12月12日最高人民法院、最高人民检察院《关于办理妨害国(边)境管理刑事案件应用法律若干问题的解释》第2条的规定。

的,不构成本罪。

本罪与组织他人偷越国(边)境罪的区别主要表现为:(1)犯罪主体不完全相同。两罪的犯罪主体虽然都是一般主体,但本罪可以由单位构成,而组织他人偷越国(边)境罪的主体只能是自然人。(2)客观行为方式表现不同。本罪表现为以劳务输出、经贸往来或者其他名义,弄虚作假,骗取护照、签证等出境证件,以"合法"的形式组织他人偷越国(边)境。而组织他人偷越国(边)境罪在客观行为方式上则表现为,以煽动、拉拢、诱使等方式,有计划地策划、指挥、安排他人偷越国(边)境的行为。

三、提供伪造、变造的出入境证件罪

提供伪造、变造的出入境证件罪,是指为他人提供伪造、变造的护照、签证等出入境证件的行为。

本罪在客观方面表现为实施了为他人"提供"伪造、变造的出入境证件的行为,而不是"伪造、变造"行为。如果行为人不是向他人提供,而是伪造、变造后供自己偷越国(边)境使用的,应按照偷越国(边)境罪定罪处罚。提供既可以是有偿的,也可以是无偿的。如果行为人既伪造、变造护照、签证等出入境证件又提供给他人的,应按本罪与伪造、变造国家机关证件、印章罪的牵连犯处理。如果是组织他人偷越国(边)境犯罪集团成员分工伪造、变造出入境证件,供犯罪集团使用,应以组织他人偷越国(边)境罪的共犯论处。本罪的主体是已满16周岁且具有辨认控制能力的自然人。本罪的主观方面为故意。

四、出售出入境证件罪

出售出入境证件罪,是指向他人出售护照、签证等出入境证件的行为。

本罪在客观上表现为出售出入境证件的行为。所谓出售,是指有偿转让。出售的必须是真实护照、签证等出入境证件,如果出售的是伪造、变造的出入境证件,不构成本罪,应成立提供伪造、变造的出入境证件罪。本罪的主体是已满16周岁且具有辨认控制能力的自然人。本罪的主观方面为故意,一般具有营利的目的。

五、运送他人偷越国(边)境罪

运送他人偷越国(边)境罪,是指违反国(边)境管理法规,运送他人偷越国(边)境的行为。

本罪在客观方面表现为非法运送他人偷越国(边)境的行为。在运送他人偷越国(边)境的过程中,造成被运送人重伤、死亡或者以暴力、威胁方法抗拒检查的行为,属于结果加重犯或情节加重犯。其中,行为人对造成被运送人重伤或者死亡的结果是由于过失所致。如果在运送他人偷越国(边)境的过程中,对被运送人有杀害、伤害、强奸、拐卖等犯罪行为,或者对检查人员有杀害、伤害等行为的,依照数罪并罚的规定处罚。本罪的主体是已满16周岁且具有辨认控制能力的自然人。本罪

的主观方面为故意。

根据《刑法》第321条的规定,犯本罪的,处5年以下有期徒刑、拘役或者管制,并处罚金;有下列情形之一的,处5年以上10年以下有期徒刑,并处罚金:(1)多次实施运送行为或者运送人数众多的。(2)所使用的船只、车辆等交通工具不具备必要的安全条件,足以造成严重后果的。(3)违法所得数额巨大的。(4)有其他特别严重情节的。

六、偷越国(边)境罪

偷越国(边)境罪,是指违反国(边)境管理法规,偷越国(边)境,情节严重的行为。

本罪在客观方面具有以下特征:(1)违反国(边)境管理法规,这是构成本罪的前提条件。(2)实施了偷越国(边)境行为。(3)必须情节严重。本罪的主体是已满16周岁且具有辨认控制能力的自然人,无论是中国人或外国人,均能构成本罪。本罪的主观方面为故意。

根据《刑法》第322条的规定,犯本罪的,处1年以下有期徒刑、拘役或者管制,并处罚金;为参加恐怖活动组织、接受恐怖活动培训或者实施恐怖活动,偷越国(边)境的,处1年以上3年以下有期徒刑,并处罚金。

七、破坏界碑、界桩罪

破坏界碑、界桩罪,是指明知是国家边境的界碑、界桩而故意进行破坏的行为。

本罪在客观方面表现为破坏界碑、界桩的行为。所谓破坏,是指使界碑、界桩丧失或者减少其应有功能的一切行为,常见的手段是捣毁、拆除、损坏、盗窃、掩埋、移动位置等。本罪的主体是已满16周岁且具有辨认控制能力的自然人,既可以是中国人,也可以是外国人。本罪的主观方面为故意,即明知是界碑、界桩而决意破坏。

八、破坏永久性测量标志罪

破坏永久性测量标志罪,是指明知是国家设置的永久性测量标志而故意进行破坏的行为。

本罪在客观方面表现为破坏永久性测量标志的行为。本罪的主体是已满16周岁且具有辨认控制能力的自然人。本罪的主观方面为故意,即明知是永久性测量标志而决意破坏。

第四节 妨害文物管理罪

一、故意损毁文物罪

故意损毁文物罪,是指故意损毁国家保护的珍贵文物或者被确定为全国重点文物保护单位、省级文物保护单位的文物的行为。

本罪的客体是国家的文物管理秩序。本罪在客观上表现为故意损毁珍贵文物的行为。毁损的对象必须是国家保护的珍贵文物或者被确定为全国重点文物保护单位、省级文物保护单位的文物。本罪的主体是已满16周岁且具有辨认控制能力的自然人。本罪的主观方面为故意，即明知自己的行为会损毁珍贵文物，而希望或放任这种危害结果发生的心理态度。如果主观方面出自过失，则构成过失损毁文物罪。

二、故意损毁名胜古迹罪

故意损毁名胜古迹罪，是指故意损毁国家保护的名胜古迹，情节严重的行为。

本罪在客观上表现为损毁国家保护的名胜古迹的行为。毁损的对象必须是名胜古迹。此外，构成本罪还必须是情节严重。本罪的主体是已满16周岁且具有辨认控制能力的自然人。本罪的主观方面为故意。

三、过失损毁文物罪

过失损毁文物罪，是指过失损毁国家保护的珍贵文物或者被确定为全国重点文物保护单位、省级文物保护单位的文物，造成严重后果的行为。

本罪在客观上表现为损毁珍贵文物，造成严重后果的行为。本罪的主体为已满16周岁且具有辨认控制能力的自然人。本罪的主观方面为过失。

四、非法向外国人出售、赠送珍贵文物罪

非法向外国人出售、赠送珍贵文物罪，是指自然人或者单位违反文物保护法规，将收藏的国家禁止出口的珍贵文物私自出售或者私自赠送给外国人的行为。

行为对象是收藏的国家禁止出口的珍贵文物。本罪在客观方面表现为违反文物保护法规，将收藏的国家禁止出口的珍贵文物私自出售或私自赠与外国人的行为。出售，是有偿转让行为；赠送，为无偿转让行为。外国人，包括具有外国国籍的人与无国籍人。本罪的主体是自然人和单位。本罪的主观方面为故意。

五、倒卖文物罪

倒卖文物罪，是指以牟利为目的，倒卖国家禁止经营的文物，情节严重的行为。

本罪在客观方面表现为倒卖国家禁止经营的文物的行为。行为人所倒卖的文物必须是国家禁止经营的文物，其具体范围由国家文物主管部门确定。此外，成立本罪还必须情节严重。本罪的主体是符合犯罪主体一般条件的自然人和单位。本罪的主观方面为故意，并且具有牟利的目的。

六、非法出售、私赠文物藏品罪

非法出售、私赠文物藏品罪，是指国有博物馆、图书馆等单位，违反文物保护法

规,将国家保护的文物藏品出售或私自赠送给非国有单位或者个人的行为。

本罪对象仅限于国家保护的文物藏品。本罪在客观方面表现为将国有文物藏品出售或私自赠送给非国有单位或个人的行为。出售或者私自赠送的对象仅限于国内的非国有单位或者个人,如果出售或者私自赠送给外国机构、组织或者个人,则成立非法向外国人出售、赠送珍贵文物罪。本罪主体为特殊主体,只限于国有博物馆、图书馆等单位。主观方面只能出于故意。

七、盗掘古文化遗址、古墓葬罪

盗掘古文化遗址、古墓葬罪,是指违反国家文物管理法规,未经国家有关部门的批准,盗掘具有历史、艺术、科学价值的古文化遗址、古墓葬的行为。

本罪的对象包括清代和清代以前的具有历史、艺术、科学价值的古文化遗址、古墓葬以及辛亥革命以后与著名历史事件有关的名人墓葬、遗址和纪念地。本罪在客观方面表现为盗掘具有历史、艺术、科学价值的古文化遗址、古墓葬的行为。本罪的主体是已满16周岁且具有辨认控制能力的自然人。本罪的主观方面为故意,即明知是古文化遗址、古墓葬而故意盗掘。

根据《刑法》第328条第1款的规定,犯本罪的,处3年以上10年以下有期徒刑,并处罚金;情节较轻的,处3年以下有期徒刑、拘役或者管制,并处罚金;有下列情形之一的,处10年以上有期徒刑或者无期徒刑,并处罚金或者没收财产:(1)盗掘确定为全国重点文物保护单位和省级文物保护单位的古文化遗址、古墓葬的;(2)盗掘古文化遗址、古墓葬集团的首要分子;(3)多次盗掘古文化遗址、古墓葬的;(4)盗掘古文化遗址、古墓葬,并盗窃珍贵文物或者造成珍贵文物严重破坏的。

八、盗掘古人类化石、古脊椎动物化石罪

盗掘古人类化石、古脊椎动物化石罪,指未经国家批准,私自挖掘国家保护的具有科学价值的古人类化石、古脊椎动物化石的行为。

本罪在客观方面表现为盗掘古人类化石或古脊椎动物化石的行为。本罪的主体是符合犯罪主体一般条件的自然人。本罪的主观方面为故意。

根据《刑法》第328条第2款的规定,犯本罪的,处3年以上10年以下有期徒刑,并处罚金;情节较轻的,处3年以下有期徒刑、拘役或者管制,并处罚金;有下列情形之一的,处10年以上有期徒刑、无期徒刑或者死刑,并处罚金或者没收财产:(1)盗掘确定为全国重点保护和省级保护的古人类化石、古脊椎动物化石的;(2)盗掘古人类化石、古脊椎动物化石集团的首要分子;(3)多次盗掘古人类化石、古脊椎动物化石的;(4)盗掘古人类化石、古脊椎动物化石,并盗窃珍贵化石或者造成珍贵化石严重破坏的。

九、抢夺、窃取国有档案罪

抢夺、窃取国有档案罪,是指抢夺、窃取国家所有的档案的行为。

本罪在客观方面表现为公然夺取或秘密窃取国家所有的档案的行为。国家所有的档案是指由国家档案部门、国家机关、国有公司、企业、事业单位、人民团体管理的档案。本罪的主体是已满16周岁且具有辨认控制能力的自然人。本罪的主观方面为故意。

根据《刑法》第329条第1、3款的规定,犯本罪的,处5年以下有期徒刑或者拘役。犯本罪同时又构成刑法规定的其他犯罪的,依照处罚较重的罪定罪处罚。例如,盗窃属于国家秘密的国有档案,该行为既触犯了窃取国有档案罪,又构成非法获取国家秘密罪,属于典型的想象竞合犯,应从一重罪处罚。

十、擅自出卖、转让国有档案罪

擅自出卖、转让国有档案罪,是指违反档案法的规定,擅自出卖、转让国家所有的档案,情节严重的行为。

本罪在客观上表现为违反档案法的规定,擅自出卖或转让国有档案的行为。成立本罪还必须是情节严重的行为。本罪的主体是已满16周岁且具有辨认控制能力的自然人。本罪的主观方面为故意。

第五节 危害公共卫生罪

一、妨害传染病防治罪

妨害传染病防治罪,是指违反传染病防治法的规定,引起甲类传染病传播或者有传播严重危险的行为。

本罪的客体是国家关于传染病防治的管理秩序。本罪在客观方面表现为实施了违反传染病防治法规定的行为,造成甲类传染病传播或者有传播的严重危险。客观行为方式具体表现为四种情况:(1)供水单位供应的饮用水不符合国家规定的卫生标准的;(2)拒绝按照卫生防疫机构提出的卫生要求,对传染病病原体污染的污水、污物、粪便进行消毒处理的;(3)准许或者纵容传染病病人、病原携带者和疑似传染病病人从事国务院卫生行政部门规定禁止从事的易使该传染病扩散的工作的;(4)拒绝执行卫生防疫机构依照传染病防治法提出的预防、控制措施的。根据《传染病防治法》的规定,甲类传染病是指鼠疫与霍乱。国务院可以根据情况,增加或减少甲类传染病病种。本罪的主体是一般主体,包括自然人和单位。本罪的主观方面为过失。

二、传染病菌种、毒种扩散罪

传染病菌种、毒种扩散罪,是指从事实验、保藏、携带、运输传染病菌种、毒种的人员,违反国务院卫生行政部门的有关规定,造成传染病菌种、毒种扩散,后果严重的行为。

本罪在客观方面表现为违反国务院卫生行政部门的有关规定,在实验、保藏、携带、运输过程中,造成传染病菌种或者毒种扩散,后果严重的行为。本罪的主体是特殊主体,即只能是从事实验、保藏、携带、运输传染病菌种、毒种的人员。本罪的主观方面为过失。

三、妨害国境卫生检疫罪

妨害国境卫生检疫罪,是指自然人或者单位违反国境卫生检疫规定,引起检疫传染病传播或者有传播严重危险的行为。

本罪在客观方面表现为违反国境卫生检疫规定,逃避或者抗拒国境卫生检疫,引起检疫传染病传播或者有引起检疫传染病传播严重危险的行为。检疫传染病,是指鼠疫、霍乱、黄热病以及国务院确定和公布的其他传染病。本罪的主体是进出我国国境的个人或者有货物进出我国国境的单位。本罪的主观方面是过失。

四、非法组织卖血罪

非法组织卖血罪,是指行为人违反国家卫生行政部门的有关规定,组织他人出卖血液的行为。

本罪的对象是自愿的卖血者。本罪在客观方面表现为违反国家卫生行政部门的有关规定,组织他人出卖血液的行为。如果以暴力、威胁方法强迫他人出卖血液的,则构成强迫他人卖血罪。本罪的主体是符合一般主体条件的自然人。本罪的主观方面为故意,且一般具有牟取暴利的目的。

五、强迫卖血罪

强迫卖血罪,是指以暴力、威胁方法强迫他人出卖血液的行为。

本罪在客观方面表现为以暴力、威胁方法强迫他人出卖血液的行为。本罪与非法组织卖血罪的关键区别在于:本罪使用了暴力、威胁手段,出卖血液者不是自愿的;而非法组织卖血罪,只是通过策划、动员、拉拢、联络等方式组织他人出卖血液,行为人不使用暴力、威胁手段,出卖血液者是自愿的。本罪的主体为符合一般主体条件的自然人。本罪的主观方面为故意。

六、非法采集、供应血液、制作、供应血液制品罪

非法采集、供应血液、制作、供应血液制品罪,是指非法采集、供应血液或制作、供应血液制品,不符合国家规定的标准,足以危害人体健康或者已经造成严重后果的行为。

本罪在客观方面表现为非法采集、供应血液或制作、供应血液制品,不符合国家规定的标准,足以危害人体健康或者已经造成严重后果的行为。本罪行为方式表现为两种情况:(1)非法采集、供应血液;(2)非法制作、供应血液制品。本罪的主体是符合一般主体条件的自然人。本罪的主观方面为故意。

七、采集、供应血液、制作、供应血液制品事故罪

采集、供应血液、制作、供应血液制品事故罪,是指经国家主管部门批准采集、供应血液或者制作、供应血液制品的部门,不依照规定进行检测或者违背其他操作规定,造成危害他人身体健康后果的行为。

本罪的客体是国家对血液的采集、供应或血液制品制作、供应的管理制度和他人(包括受血者和输血者)的身体健康、生命安全。本罪在客观方面表现为在采集、供应血液或者制作、供应血液制品的工作中,不依照规定进行检测或者违背其他操作规定,造成危害他人身体健康后果的行为。本罪的主体只能是单位,而且必须是经国家主管部门批准采集、供应血液或者制作、供应血液制品的部门。本罪的主观方面为过失。

本罪与非法采集、供应血液、制作、供应血液制品罪的主要区别在于:(1)犯罪主体不同。前罪主体必须是经国家主管部门批准采集、供应血液或者制作、供应血液制品的部门,而后罪主体是自然人犯罪的一般主体。(2)客观行为不同。前罪的行为表现为不依照规定对血液、血液制品进行检测或者违背其他操作规定,而后罪行为表现为违反国家规定非法采集、制作、供应血液或血液制品。(3)成立犯罪的要求不同。前罪要求造成危害他人身体健康的结果,而后罪只要求足以危害人身健康。(4)罪过形式不同。前罪属于过失犯罪,而后罪属于故意犯罪。

八、医疗事故罪

(一)医疗事故罪的概念与特征

医疗事故罪,是指医务人员由于严重不负责任,造成就诊人死亡或者严重损害就诊人身体健康的行为。本罪在客观方面表现为严重不负责任,造成就诊人死亡或者严重损害就诊人身体健康。严重不负责任,是指医务人员在诊疗护理过程中,违反诊疗护理规章制度,不履行或者不正确履行诊疗护理职责。行为造成就诊人死亡或者严重损害就诊人身体健康的,才成立本罪。《医疗事故处理办法》第2条规定:"医疗机构及其医务人员在医疗活动中,违反医疗卫生管理法律、行政法规、部门规章和诊疗护理规范、常规,过失造成患者人身损害的事故。"对严重损害就诊人身体健康的认定,可以参照这一规定。本罪由特殊主体即医务人员构成。非法行医致人伤亡的,不构成本罪。本罪的主观方面为过失,即行为人对造成就诊人死亡或者严重损害就诊人身体健康的后果,在主观上持否定的态度。如果行为人在医疗护理工作中故意致死就诊人或故意严重损害就诊人身体健康,则应以故意杀人罪或故意伤害罪论处,而不以医疗事故罪认定。

(二)医疗事故罪的认定

1. 本罪与医疗意外的界限

所谓医疗意外,是指在诊疗护理过程中,由于就诊人的病情或体质特殊而发生了医务人员难以预料和难以抗拒的现象,致使就诊人残废、死亡或功能障碍。医疗

意外虽有严重后果,但医务人员无过失和违章行为的,不构成犯罪。本罪与医疗意外的区别,主要在于医务人员主观上是否存有过失。

2. 本罪与重大责任事故罪的区别

两罪的区别主要表现为:(1) 主体不同。前者的主体是医务人员,后者的主体是工厂、矿山、建筑企业或者其他企业、事业单位的领导或职工。(2) 危害结果不同。前者的危害结果仅限于就诊人死亡或身体健康受到严重损害,后者的危害结果除了重大伤亡,还包括重大财产损失。(3) 客观表现不同。前者是行为人在诊疗护理过程中严重不负责任的行为,后者表现为工厂、矿山、建筑企业或者其他企业、事业单位的职工不服管理,违反规章制度的行为或者强令工人违章冒险作业的行为。(4) 侵犯的客体不同。前者侵犯的客体是国家医务工作管理秩序和就诊人的生命、健康权利,后者侵犯的则是公共安全。

九、非法行医罪

非法行医罪,是指未取得医生执业资格的人非法行医,情节严重的行为。

本罪在客观方面表现为非法行医的行为。所谓非法行医,是指未取得医生执业资格,非法开展诊疗活动。成立本罪还必须情节严重。本罪的主体是未取得医生执业资格的人。本罪的主观方面为故意,即行为人明知自己没有取得医生执业资格,但为了牟利而非法行医。但对非法行医所造成的危害结果,一般是出于过失,即行为人不希望危害结果发生,也不是放任危害结果发生。否则,可能构成其他犯罪。

未取得医生执业资格非法行医,具有造成突发传染病病人、病原携带者、疑似突发传染病病人贻误诊治或者造成交叉感染等严重情节的,依照本罪从重处罚。①

十、非法进行节育手术罪

非法进行节育手术罪,是指未取得医生执业资格的人擅自为他人进行节育复通手术、假节育手术、终止妊娠手术或者摘取宫内节育器,情节严重的行为。

本罪在客观方面表现为擅自为他人进行节育复通手术、假节育手术、终止妊娠手术或者摘取宫内节育器。成立本罪还必须是情节严重。本罪的主体是未取得医生执业资格的人。本罪的主观方面为故意。

十一、妨害动植物防疫、检疫罪

妨害动植物防疫、检疫罪,是指违反有关动植物防疫、检疫的国家规定,引起重大动植物疫情,或者有引起重大动植物疫情危险,情节严重的行为。

本罪的客体是国家动植物防疫、检疫制度。本罪在客观方面表现为违反有关动植物防疫、检疫的国家规定,引起重大动植物疫情,或者有引起重大动植物疫情危

---

① 参见2003年5月14日最高人民法院、最高人民检察院《关于办理妨害预防、控制突发传染病疫情等灾害的刑事案件具体应用法律若干问题的解释》第12条。

险,情节严重的行为。所谓引起重大动植物疫情,一般是指引起动物一、二类传染病、寄生虫病或植物危险性病、虫、杂草等爆发流行或者传播、滋生、蔓延的情况。一类疫病主要有炭疽热、口蹄疫等;二类疾病主要有焦虫病、猪丹毒等。本罪的主体是一般主体,包括自然人和单位。本罪的主观方面为故意。

第六节 破坏环境资源保护罪

一、污染环境罪

(一) 污染环境罪的概念与特征

污染环境罪,是指违反国家规定,排放、倾倒或者处置有放射性的废物、含传染病病原体的废物、有毒物质或者其他有害物质,严重污染环境的行为。《关于执行〈中华人民共和国刑法〉确定罪名的补充规定(五)》根据《刑法修正案(八)》的规定,取消了重大环境污染事故罪的罪名,将本条的罪名确定为污染环境罪。本罪的构成特征为:

(1) 本罪的客体是国家环境保护制度与公民生命健康、财产安全。

(2) 本罪在客观方面要求具备三个条件:第一,违反国家环境保护方面的法律、法规,这主要是指违反《大气污染防治法》《固体废物污染环境防治法》《水污染防治法》《海洋环境保护法》《环境保护法》等法律以及国务院颁布的有关实施细则。这是构成本罪的前提条件。第二,排放、倾倒或者处置有放射性的废物、含传染病病原体的废物、有毒物质或者其他有害物质的行为。第三,严重污染环境,一般的轻微污染不构成本罪。具有下列情形之一的,应当认定为"严重污染环境":① 在饮用水水源一级保护区、自然保护区核心区排放、倾倒、处置有放射性的废物、含传染病病原体的废物、有毒物质的;② 非法排放、倾倒、处置危险废物3吨以上的;③ 放、倾倒、处置含铅、汞、镉、铬、砷、铊、锑的污染物,超过国家或者地方污染物排放标准3倍以上的;④ 排放、倾倒、处置含镍、铜、锌、银、钒、锰、钴的污染物,超过国家或者地方污染物排放标准10倍以上的;⑤ 通过暗管、渗井、渗坑、裂隙、溶洞、灌注等逃避监管的方式排放、倾倒、处置有放射性的废物、含传染病病原体的废物、有毒物质的;⑥ 两年内曾因违反国家规定,排放、倾倒、处置有放射性的废物、含传染病病原体的废物、有毒物质受过两次以上行政处罚,又实施前列行为的;⑦ 重点排污单位篡改、伪造自动监测数据或者干扰自动监测设施,排放化学需氧量、氨氮、二氧化硫、氮氧化物等污染物的;⑧ 违法减少防治污染设施运行支出100万元以上的;⑨ 违法所得或者致使公私财产损失30万元以上的;⑩ 造成生态环境严重损害的;⑪ 致使乡镇以上集中式饮用水水源取水中断12小时以上的;⑫ 致使基本农田、防护林地、特种用途林地5亩以上,其他农用地10亩以上,其他土地20亩以上基本功能丧失或者遭受永久性破坏的;⑬ 致使森林或者其他林木死亡50立方米以上,或者幼树死亡2500百株以上的;⑭ 致使疏散、转移群众5000人以上的;⑮ 致使30人以上中毒的;⑯ 致使

3人以上轻伤、轻度残疾或者器官组织损伤导致一般功能障碍的;⑰致使一人以上重伤、中度残疾或者器官组织损伤导致严重功能障碍的;⑱其他严重污染环境的情形。①

(3) 本罪的主体是一般主体,包括自然人和单位。

(4) 本罪的主观方面为过失。

(二) 污染环境罪的认定

认定本罪应当注意区分本罪与投放危险物质罪的界限。两罪的区别主要有:(1)本罪行为是通过污染环境造成公私财产的重大损失与人身伤亡结果;而投放危险物质罪的行为直接造成公私财产的重大损失与人身伤亡的结果。(2)本罪是违规排放、倾倒或者处置有放射性的废物、含传染病病原体的废物、有毒物质或者其他有害废物;投放危险物质罪一般是将毒害性、放射性、传染病病原体等物质投放于供不特定或者多数人饮食的食品或者饮料中,供人、畜等使用的河流、池塘、水井中或者不特定人、多数人通行的场所。(3)本罪应是排放、倾倒或者处置因产品的生产、加工等而产生的危险废物;投放危险物质罪则并无此要求。(4)本罪的行为人主观上是出于过失,不具有危害公共安全的故意;投放危险物质罪的行为人具有危害公共安全的故意。

二、非法处置进口的固体废物罪

非法处置进口的固体废物罪,是指违反国家规定,将境外固体废物进境倾倒、堆放、处置的行为。

本罪的客体是国家环境保护制度。本罪在客观方面表现为违反国家规定,将境外的固体废物进境倾倒、堆放、处置的行为。本罪的主体是一般主体,包括自然人和单位。本罪的主观方面为故意。

三、擅自进口固体废物罪

擅自进口固体废物罪,是指未经国务院有关主管部门许可,擅自进口固体废物用作原料,造成重大环境污染事故,致使公私财产遭受重大损失,或者严重危害人体健康的行为。

本罪在客观方面表现为未经国务院有关主管部门许可,擅自进口固体废物用作原料,造成重大环境污染事故,致使公私财产遭受重大损失或者严重危害人体健康的行为。我国《废物进口环境保护管理暂行规定》第8条规定:"列入附件一的任何废物,必须经国家环境保护局审查批准,方可进口。"该法第9条规定了进口废物的申请和审批程序。这就是说,凡是依法报经国家环保总局审查批准而进口固体废物的,不构成本罪。进口的必须是可以用作原料的固体废物,如果行为人以利用原料

---

① 有关"严重污染环境"的认定,参见2016年12月23日最高人民法院、最高人民检察院《关于办理环境污染刑事案件适用法律若干问题的解释》第1条的规定。

为名,进口不能用作原料的固体废物,则成立走私废物罪。本罪的主体是一般主体,包括自然人和单位。本罪的主观方面为故意。

四、非法捕捞水产品罪

非法捕捞水产品罪,是指违反保护水产资源法规,在禁渔区、禁渔期或者使用禁用的工具、方法捕捞水产品,情节严重的行为。

本罪的客观方面表现为违反保护水产资源法规,在禁渔区、禁渔期或者使用禁用的工具、方法捕捞水产品,情节严重的行为。具体包括以下内容:(1)违反保护水产资源法规,这是成立本罪的前提条件。(2)必须在禁渔区、禁渔期或者使用禁用的工具、方法捕捞水产品。禁渔区,是指对某些鱼虾蟹贝藻类以及其他水生生物产卵场、索饵场、越冬场和洄游通道,划定禁止全部作业或者部分作业的一定区域。禁渔期,是指根据上述主要水生生物幼体出现的不同盛期,划定禁止全部作业或者部分作业的一定期限。禁用的工具,是指禁止使用的超过国家按不同捕捞对象所分别规定的最小网眼尺寸的渔具或其他禁止使用的渔具。禁用的方法,是指禁止使用的损害水产资源正常繁殖、生长的方法,如炸鱼、毒鱼、滥用电力捕捞等。捕捞水产品行为只要违反此四项禁规之一,便可构成本罪。(3)必须达到情节严重。所谓"情节严重",主要是指非法捕捞水产品,造成水产资源重大损失的;非法捕捞水产品,数量巨大的;以暴力或以暴力相威胁抗拒渔政管理人员的(此处的暴力仅限于轻伤及轻微伤);经常非法捕捞水产品屡教不改的;采用炸鱼、电鱼、毒鱼等毁灭性的捕捞方法,对水产资源造成重大损害的等。如果使用炸鱼、毒鱼等危险方法捕捞水产品,危害公共安全的,应以危害公共安全的有关犯罪论处。本罪的主体是一般主体,包括自然人和单位。本罪的主观方面为故意,即行为人明知是在禁渔区、禁渔期或者是使用禁用的工具、方法,捕捞水产品,故意违反禁规实施捕捞行为。

五、非法猎捕、杀害珍贵、濒危野生动物罪

非法猎捕、杀害珍贵、濒危野生动物罪,是指违反国家有关野生动物保护法规,猎捕、杀害国家重点保护的珍贵、濒危野生动物的行为。

本罪的对象是国家重点保护的珍贵、濒危野生动物。根据最高人民法院2000年11月27日《关于审理破坏野生动物资源刑事案件具体应用法律若干问题的解释》(以下简称《野生动物资源解释》),珍贵、濒危野生动物,包括列入国家重点保护野生动物名录的国家一、二级保护野生动物,列入《濒危野生动植物种国际贸易公约》附录一、附录二的野生动物以及驯养繁殖的上述物种。本罪在客观方面表现为非法猎捕、杀害国家重点保护的珍贵、濒危野生动物的行为。行为的非法性是构成本罪的前提,具体是指行为人未取得特许猎捕证而进行捕杀,或者虽有特许猎捕证,但未按特许猎捕证规定的种类、数量、地点、期限或方式而捕杀的。行为方式包括猎捕和杀害两种,只要实施其中之一即可构成犯罪。

使用爆炸、投毒、设置电网等危险方法破坏野生动物资源,构成非法猎捕、杀害

珍贵、濒危野生动物罪，同时构成《刑法》第114条或者第115条规定之罪的，依照处罚较重的规定定罪处罚。实施本罪行为，又以暴力、威胁方法抗拒查处，构成其他犯罪的，依照数罪并罚的规定处罚。故意伤害珍贵、濒危野生动物的，应以故意毁坏财物罪论处。

六、非法收购、运输、出售珍贵、濒危野生动物、珍贵、濒危野生动物制品罪

非法收购、运输、出售珍贵、濒危野生动物、珍贵、濒危野生动物制品罪，是指违反有关野生动物保护法规，收购、运输、出售国家重点保护的珍贵、濒危野生动物及其制品的行为。

本罪的客体是国家对珍贵、濒危野生动物资源的重点保护制度。本罪的对象是国家重点保护的珍贵、濒危野生动物及其制品。野生动物制品，是指以野生动物为原料所制作的物品。本罪在客观方面表现为违反有关野生动物保护法规，收购、运输、出售国家重点保护的珍贵、濒危野生动物及其制品的行为。具体包括：(1) 行为人必须违反了我国野生动物保护法规。《野生动物保护法》第22条规定："因科学研究、驯养、繁殖、展览等特殊情况，需要出售、收购、利用国家一级保护野生动物或者其产品的，必须经国务院野生动物行政主管部门或者其授权的单位批准；需要出售、收购、利用国家二级保护野生动物或者其产品的，必须经省、自治区、直辖市政府野生动物行政主管部门或者其授权的单位批准。"第23条规定："运输、携带国家重点保护野生动物或者其产品出县境的，必须经省、自治区、直辖市政府野生动物行政主管部门或者其授权的单位批准。"凡是没有经法定有关部门或单位批准，在我国境内实施收购、运输、出售国家重点保护的一、二级野生动物及其制品的，就属于非法行为。(2) 实施了收购、运输、出售珍稀野生动物及其制品的行为。收购，包括以营利、自用等为目的的购买行为；运输，包括采用携带、邮寄、利用他人、使用交通工具等方法进行运送的行为；出售，包括出卖和以营利为目的的加工利用行为。① 行为人只要实施行为之一，即可构成本罪。本罪的主体是一般主体，包括自然人和单位。本罪的主观方面为故意，即行为人明知是珍贵、濒危野生动物及其制品，而故意实施非法收购、运输、出售的行为。实施本罪，又以暴力、威胁的方法抗拒查处，构成其他罪的，依照数罪并罚的规定处罚。② 如果直接向走私人非法收购国家禁止进出口的珍贵动物及其制品(包括国家重点保护的珍贵、濒危野生动物及其制品)的，在内海、领海运输、收购、贩卖国家禁止进出口的珍贵动物及其制品的，非法将珍贵、濒危野生动物运输出境的，都构成走私珍贵动物、珍贵动物制品罪，而不成立本罪。

七、非法狩猎罪

非法狩猎罪，是指违反狩猎法规，在禁猎区、禁猎期或者使用禁用的工具、方法

---

① 参见2000年11月27日最高人民法院《关于审理破坏野生动物资源刑事案件具体应用法律若干问题的解释》的规定。

② 同上。

进行狩猎,破坏野生动物资源情节严重的行为。

本罪的客体是国家对野生动物资源的保护制度。本罪的对象必须是珍贵、濒危野生动物以外的其他野生动物资源,如果狩猎的对象是珍贵、濒危野生动物,则构成非法猎捕、杀害珍贵、濒危野生动物罪。本罪在客观方面表现为违反狩猎法规,在禁猎区、禁猎期或者使用禁用的工具、方法进行狩猎,破坏野生动物资源,情节严重的行为。(1)必须违反狩猎法规,这是构成本罪的前提条件。所谓狩猎法规,是指我国保护野生动物资源法规中有关狩猎的各种规定。(2)在禁猎区、禁猎期或者使用禁用的工具、方法,非法实施了狩猎行为。所谓禁猎区,是指国家划定的禁止在其中进行狩猎活动的地区,主要包括:某些珍贵动物的主要栖息、繁殖地区等自然保护区;城镇、工矿区、革命圣地、名胜古迹等地区;各种风景区。所谓禁猎期,是指根据野生动物的繁殖和皮毛、肉食、药材的成熟季节,分别规定的禁止猎捕的期间。所谓禁用的工具,是指足以破坏野生动物资源,危害人畜安全以及破坏森林、草原的工具,如地弓、地枪、大铁、夹、军用武器等。所谓禁用方法,是指那些破坏、妨害野生动物正常繁殖、生长的方法,如投毒、爆炸、烟熏、火攻等方法。(3)非法狩猎必须达到情节严重。所谓"情节严重",是指非法狩猎野生动物在20只以上的;违反狩猎法规,在禁猎区或者禁猎期使用禁用的工具、方法狩猎的;具有其他严重情节的。本罪的主体是一般主体,包括自然人和单位。本罪的主观方面为故意,即行为人明知在禁猎区、禁猎期或者使用禁用的工具、方法,违反狩猎法规进行狩猎,会破坏野生动物资源,并希望或放任这种危害后果的发生。

八、非法占用农用地罪

非法占用农用地罪,是指违反土地管理法规,非法占用耕地、林地和草原等农用地,改变被占用土地用途,数量较大,造成耕地、林地等农用地大量毁坏的行为。本罪的客体是国家对土地的管理保护制度。本罪的行为对象包括耕地、林地和草原等农用地。其中,耕地是指适宜种植农作物,能够进行耕作并取得收益的土地。其范围包括可以连续耕种的熟地、休闲地(轮歇地)、撂荒地、新开荒的围垦地等种植粮食和经济作物的水田或旱地。林地主要是种植经济林木的土地或一般的林地。本罪在客观方面表现为违反土地管理法规,非法占用耕地、林地等农用地,改变被占用土地用途,数量较大,造成耕地、林地等农用地大量毁坏的行为。草原,是指天然草原和人工草地,天然草原包括草地、草山和草坡,人工草地包括改良草地和退耕还草地,不包括城镇草地。违反土地管理法规,根据立法解释,是指违反土地管理法、森林法、草原法等法律以及有关行政法规中关于土地管理的规定。① 成立本罪必须数量较大,造成耕地、林地和草原等农用地大量毁坏。罪的主体是一般主体,包括自然人和单位。本罪的主观方面为故意。

---

① 参见2001年8月31日全国人大常委会《关于〈中华人民共和国刑法〉第228条、第342条、第410条的解释》。

九、非法采矿罪

非法采矿罪,是指违反矿产资源法的规定,未取得采矿许可证擅自采矿,擅自进入国家规划矿区、对国民经济具有重要价值的矿区和他人矿区范围采矿,或者擅自开采国家规定实行保护性开采的特定矿种,情节严重的行为。

本罪的客体是国家对矿产资源的保护制度。本罪在客观方面具有以下特征:(1)违反矿产资源法的规定,这是构成本罪的前提条件。(2)非法采矿行为方式有三种:第一,未取得采矿许可证擅自采矿;第二,擅自进入国家规划矿区、对国民经济具有重要价值的矿区和他人矿区范围采矿的;第三,擅自开采国家规定实行保护性开采的特定矿种。实施三种行为方式之一的,即可构成本罪。本罪的犯罪主体是一般主体,包括自然人和单位。本罪的主观方面为故意,即行为人明知自己是非法采矿,但经责令停止开采后拒不停止开采,希望或放任矿产资源受到破坏。

根据《刑法》第343条第1款的规定,犯本罪的,处3年以下有期徒刑、拘役或者管制,并处或者单处罚金;情节特别严重的,处3年以上7年以下有期徒刑,并处罚金。根据《刑法》第346条的规定,单位犯本罪的,对单位判处罚金,并对其直接负责的主管人员和其他直接责任人员,依照自然人犯本罪的规定处罚。违反安全生产管理规定,非法采矿或排放、倾倒、处置有害物质严重污染环境,造成重大伤亡事故或者其他严重后果,同时构成危害生产安全犯罪和破坏环境资源保护犯罪的,依照数罪并罚的规定处罚。①

十、破坏性采矿罪

破坏性采矿罪,是指违反矿产资源法的规定,未取得采矿许可证擅自采矿,擅自进入国家规划矿区、对国民经济具有重要价值的矿区和他人矿区范围采矿,或者擅自开采国家规定实行保护性开采的特定矿种,情节严重的行为。

本罪的客体是国家对矿产资源的保护制度。本罪在客观方面表现为,违反矿产资源法的规定,未取得采矿许可证擅自采矿,擅自进入国家规划矿区、对国民经济具有重要价值的矿区和他人矿区范围采矿,或者擅自开采国家规定实行保护性开采的特定矿种,情节严重的行为。违反矿产资源法的规定,这是构成本罪的前提条件。本罪的主体是特殊主体,即已取得采矿许可证的自然人或单位。如果是未取得采矿许可证的人采取破坏性的方法开采矿产资源,应按非法采矿罪追究刑事责任。本罪的主观方面为故意。

根据《刑法》第343条第1款的规定,犯本罪的,处3年以下有期徒刑、拘役或者管制,并处或者单处罚金;情节特别严重的,处3年以上7年以下有期徒刑,并处罚金。根据《刑法》第346条的规定,单位犯本罪的,对单位判处罚金,并对其直接负责

---

① 参见2011年12月30日最高人民法院《关于进一步加强危害生产安全刑事案件审判工作的意见》。

的主管人员和其他直接责任人员,依照自然人犯本罪的规定处罚。违反安全生产管理规定,破坏性采矿或排放、倾倒、处置有害物质严重污染环境,造成重大伤亡事故或者其他严重后果,同时构成危害生产安全犯罪和破坏环境资源保护犯罪的,依照数罪并罚的规定处罚。①

十一、非法采伐、毁坏国家重点保护植物罪

非法采伐、毁坏国家重点保护植物罪,是指违反国家规定,非法采伐、毁坏珍贵树木或者国家重点保护的其他植物的行为。

本罪的客体是国家对珍贵植物的管理保护制度。本罪的对象是珍贵树木或者国家重点保护的其他植物。珍贵树木,即林业部门制定的《国家珍贵树种名录》中规定的珍贵树木,共132种,主要是具有较高的生态、科学研究、经济利用和观赏价值的树木。其中,国家一级珍贵树木主要包括银杉、巨柏、银杏、水松、南方红豆杉、天目、铁木等。国家二级珍贵树木包括云柏、红松、黄杉、白豆杉等。所谓国家保护的其他植物,是指列入国家重点保护野生植物名录的植物。本罪客观方面表现为违反国家规定,非法采伐、毁坏珍贵树木或者国家重点保护的其他植物的行为。违反国家规定是构成本罪的前提。客观行为方式包括非法采伐和毁坏两种,行为人只要实施其中之一即可构成本罪。本罪主体是一般主体,包括自然人和单位。本罪主观方面是故意。

十二、非法收购、运输、加工、出售国家重点保护植物、国家重点保护植物制品罪

本罪是《刑法修正案(四)》新增加的规定。《罪名的补充规定(二)》根据《刑法》的修订,将罪名确定为非法收购、运输、加工、出售国家重点保护植物、国家重点保护植物制品罪。

非法收购、运输、加工、出售国家重点保护植物、国家重点保护植物制品罪,是指违反国家规定,非法收购、运输、加工、出售国家重点保护植物、国家重点保护植物制品的行为。

本罪侵犯的客体是国家保护珍贵植物资源的制度。犯罪的对象是国家重点保护植物及其制品。本罪在客观方面表现为行为人违反国家规定,非法收购、运输、加工、出售国家重点保护植物、国家重点保护植物制品的行为。本罪主体是一般主体,包括自然人和单位。本罪主观方面是故意。

十三、盗伐林木罪

(一)盗伐林木罪的概念与特征

盗伐林木罪,是指盗伐森林或者其他林木,数量较大的行为。本罪的构成特征

---

① 参见2011年12月30日最高人民法院《关于进一步加强危害生产安全刑事案件审判工作的意见》。

表现为:

(1) 本罪的客体是国家对林业的管理制度和国家、集体或他人对林木的所有权。犯罪对象是森林或者其他林木。这里的"森林",是指大面积的原始森林和人造林,包括防护林、用材林、经济林、薪炭林和特种用途林等;"其他林木",是指小面积的树林和零星树木,但不包括农村农民房前屋后个人所有的零星树木。

(2) 本罪在客观方面表现为盗伐森林或者其他林木,数量较大的行为。所谓盗伐,是指以不法所有为目的,擅自砍伐森林或者其他林木的行为。根据2000年11月22日最高人民法院《关于审理破坏森林资源刑事案件具体应用法律若干问题的解释》(以下简称《森林资源解释》),盗伐行为包括:擅自砍伐国家、集体、他人所有或者他人承包经营管理的森林或者其他林木;擅自砍伐本单位或者本人承包经营管理的森林或者其他林木;在林木采伐许可证规定的地点以外采伐国家、集体、他人所有或者他人承包经营管理的森林或者其他林木。成立本罪要求数量较大。

(3) 本罪的主体是一般主体,包括自然人和单位。

(4) 本罪的主观方面表现为故意,而且行为人具有非法占有林木的目的。

(二) 盗伐林木罪的认定

1. 本罪与盗窃罪的界限

对于将国家、集体或者他人所有并且已经伐倒的树木窃为己有的,以及偷砍他人房前屋后、自留地种植的零星树木,数额较大或者多次偷砍的,应认定为盗窃罪。非法实施采种、采脂、挖笋、掘根、剥树皮等行为,牟取经济利益数额较大的,以盗窃罪定罪处罚;同时构成其他犯罪的,依照处罚较重的规定定罪处罚。

2. 本罪与非法采伐、毁坏国家重点保护植物罪的界限

盗伐珍贵林木、国家重点保护的其他植物的行为,实际上触犯了盗伐林木罪与非法采伐、毁坏国家重点保护植物罪两个罪名,应从一重罪论处。

十四、滥伐林木罪

滥伐林木罪,是指违反森林法的规定,滥伐森林或者其他林木,数量较大的行为。

本罪的客体是国家保护林业资源的管理制度。本罪在客观方面表现为违反森林法的规定,滥伐森林或者其他林木,数量较大的行为。根据《森林资源解释》,滥伐林木是指:(1) 未经林业行政主管部门及法律规定的其他主管部门批准并核发林木采伐许可证,或者虽持有林木采伐许可证,但违反林木采伐许可证规定的时间、数量、树种或者方式,任意采伐本单位所有或者本人所有的森林或者其他林木的;(2) 超过林木采伐许可证规定的数量采伐他人所有的森林或者其他林木的;(3) 林木权属争议一方在林木权属确权之前,擅自砍伐森林或者其他林木,数量较大的,以滥伐林木罪论处。本罪的犯罪主体既可以是自然人,也可以是单位。主观方面只能出于故意。

本罪与盗伐林木罪的主要区别在于：(1) 犯罪客体不完全相同。前者破坏了林业资源保护；后者不仅破坏了林业资源保护，而且侵犯了财产权。(2) 犯罪对象不完全相同。前者可能包括自己所有的林木；后者不包括自己所有的林木。(3) 客观行为方式不同。前者是不按要求任意砍伐的行为；后者是盗伐行为。(4) 主观故意的内容不完全相同。前者不具有非法所有的目的；后者具有不法所有的目的。

十五、非法收购、运输盗伐、滥伐的林木罪

非法收购、运输盗伐、滥伐的林木罪，是指自然人或者单位非法收购、运输明知是盗伐、滥伐的林木，情节严重的行为。

本罪的客体是国家保护林业资源的管理制度。本罪在客观方面表现为明知是盗伐、滥伐的林木，而非法收购、运输，情节严重的行为。本罪的主体包括自然人和单位。本罪的主观方面是故意，即明知是盗伐、滥伐的林木而非法收购、运输。根据《森林资源解释》，"明知"是指知道或者应当知道。具有下列情形之一的，可以视为应当知道，但是有证据证明确属被蒙骗的除外：(1) 在非法的木材交易场所或者销售单位收购木材的；(2) 收购以明显低于市场价格出售的木材的；(3) 收购违反规定出售的木材的。

第七节　走私、贩卖、运输、制造毒品罪

一、走私、贩卖、运输、制造毒品罪

(一) 走私、贩卖、运输、制造毒品罪的概念与特征

走私、贩卖、运输、制造毒品罪，是指违反国家毒品管制法规，走私、贩卖、运输、制造毒品的行为。本罪的构成特征表现为：

(1) 本罪的客体是国家对毒品的管理制度。本罪的行为对象必须是毒品。根据《刑法》第357条的规定，所谓毒品，是指鸦片、海洛因、甲基苯丙胺（冰毒）、吗啡、大麻、可卡因以及国家规定管制的其他能够使人形成瘾癖的麻醉药品和精神药品。根据《麻醉药品和精神药品管理条例》的规定，麻醉药品是指连续使用后易产生身体依赖性、能成瘾癖的药品。根据《麻醉药品和精神药品管理条例》的规定，精神药品是指直接作用于中枢神经系统，使之兴奋或抑制，连续使用能产生依赖性的药品。

(2) 本罪在客观方面表现为走私、贩卖、运输、制造毒品的行为。

所谓走私毒品，是指违反海关法规，逃避海关监管，非法运输、携带、邮寄毒品进出国（边）境的行为。此外，对下列间接走私行为应当视为走私毒品的行为：一是在领海、内海、界河、界湖运输、收购、贩卖毒品的；二是直接向走私毒品的犯罪分子购买毒品的。

所谓贩卖毒品,是指有偿转让毒品或者以贩卖为目的而非法收购毒品。依法从事生产、运输、管理、使用国家管制的麻醉药品、精神药品的单位和人员,明知对方是贩卖毒品的犯罪分子,而向其提供国家管制的麻醉药品、精神药品的,或者违反国家规定,以牟利为目的,向吸食、注射毒品的人提供国家管制的麻醉药品、精神药品的,都是贩卖毒品的行为。

所谓运输毒品,是指采用携带、邮寄、利用他人或者使用交通工具等方法在我国领域内转移毒品。运输毒品必须是在国内,而且不是在领海、内海运输国家禁止进出口的毒品,否则便是走私毒品。

所谓制造毒品,是指违反国家关于毒品的管理法规,非法用毒品原料提炼、加工、配制毒品的行为。

实施四种行为的一种或者几种,即可构成本罪。走私、贩卖、运输或制造毒品,无论数量多少,都构成犯罪。

(3) 犯罪主体既可以是自然人,也可以是单位。在自然人主体中,已满14周岁不满16周岁、具有辨认控制能力的人,可以成为贩卖毒品罪的主体;走私、运输、制造毒品罪的主体必须是已满16周岁、具有辨认控制能力的人。此外,与走私毒品的犯罪分子通谋,为其提供贷款、资金、实物或者提供保管、运输、藏匿及其他方便的,以走私毒品的共犯论处。

(4) 本罪的主观方面是故意,即行为人明知是毒品而故意走私、贩卖、运输、制造。

(二) 走私、贩卖、运输、制造毒品罪的认定

1. 关于毒品的数量的计算

根据《刑法》第347条第7款的规定,对多次走私、贩卖、运输、制造毒品,未经处理的,毒品数量累计计算。根据《刑法》第357条第2款的规定,毒品的数量以查证属实的走私、贩卖、运输、制造、非法持有毒品的数量计算,不以纯度折算。

2. 本罪与其他犯罪的界限

对于走私其他货物、物品的,以实际走私的货物、物品的性质认定犯罪,不能认定为走私毒品罪。行为人在一次走私活动中,走私的既有毒品又有其他货物、物品的,一般应按走私毒品罪和构成的其他走私罪,实行数罪并罚。行为人故意以非毒品冒充真毒品或者明知是假毒品而贩卖牟利的,应认定为诈骗罪,而非贩卖毒品罪。

(三) 走私、贩卖、运输、制造毒品罪的刑事责任

1. 根据《刑法》第347条的规定,走私、贩卖、运输、制造毒品罪的法定刑分为三个档次:

(1) 走私、贩卖、运输、制造鸦片不满200克、海洛因或者甲基苯丙胺不满10克或者其他少量毒品的,处3年以下有期徒刑、拘役或者管制,并处罚金;情节严重的,处3年以上7年以下有期徒刑,并处罚金。

(2) 走私、贩卖、运输、制造鸦片200克以上不满1000克、海洛因或者甲基苯丙胺10克以上不满50克或者其他毒品数量较大的,处7年以上有期徒刑,并处罚金。

这一规定只是以毒品的数量来决定法定刑升格。

(3) 走私、贩卖、运输、制造毒品，有下列情形之一的，处 15 年有期徒刑、无期徒刑或者死刑，并处没收财产：

第一，走私、贩卖、运输、制造鸦片 1000 克以上、海洛因或者甲基苯丙胺 50 克以上或者其他毒品数量大的；第二，走私、贩卖、运输、制造毒品集团的首要分子；第三，武装掩护走私、贩卖、运输、制造毒品的；第四，以暴力抗拒检查、拘留、逮捕，情节严重的；第五，参与有组织的国际贩毒活动的。

根据《刑法》第 347 条第 5 款的规定，单位犯本罪的，对单位判处罚金，并对其直接负责的主管人员和其他直接责任人员，依照自然人犯本罪的规定处罚。

2. 根据刑法的规定，具有下列情节的应当从重处罚：

(1) 根据《刑法》第 347 条第 6 款的规定，利用、教唆未成年人犯本罪，或者向未成年人出售毒品的，从重处罚。这里的未成年人是指未满 18 周岁的人。其中的利用，是指利用没有达到刑事法定年龄的人走私、贩卖、运输、制造毒品，由于被利用者是不负刑事责任的人，因此利用者属于间接正犯，他与被利用者不构成共犯，而是独立地承担刑事责任。其中的教唆，是指教唆达到法定年龄的未成年人走私、贩卖、运输、制造毒品。根据刑法理论，对间接正犯与直接正犯一样处罚，而不从重处罚，但刑法考虑到上述犯罪的危害特别严重，规定从重处罚。

(2) 因走私、贩卖、运输、制造、非法持有毒品被判过刑，又犯走私、贩卖、运输、制造毒品罪的，从重处罚。这是关于再犯从重处罚的规定。不论前罪何时受处罚、判处何种刑罚以及处刑轻重，对新罪一律从重处罚。这也是鉴于毒品犯罪的特殊危害所作的特殊规定。

(3) 根据《刑法》第 349 条第 2、3 款的规定，缉毒人员或者其他国家机关工作人员掩护、包庇走私、贩卖、运输、制造毒品的犯罪分子且事先通谋的，依照本罪从重处罚。

二、非法持有毒品罪

(一) 非法持有毒品罪的概念与特征

非法持有毒品罪，是指明知是毒品而非法持有，且数量较大的行为。本罪在客观方面表现为明知是毒品而非法持有，且数量较大的行为。具体而言，第一，行为人所持有的必须是毒品。第二，持有毒品行为是非法的。"持有"是一种事实上的支配，行为人与物之间有一种事实上的支配与被支配的关系，也就是行为人对毒品的事实上的支配。所谓非法，即行为人持有毒品违反了《麻醉药品和精神药品管理条例》的有关规定。如果行为人合法持有毒品，则不构成犯罪。换言之，依法生产、使用、研究毒品的人持有毒品的，是正当行为，不构成犯罪。例如，医生因病人病情的需要，为使用毒品而持有毒品的；经过有权机关批准从事毒品管理职业的；经过有权机关批准，制造毒品后持有毒品或依法运输毒品的，都是合法行为，不构成非法持有毒品罪。第三，非法持有的毒品数量较大。本罪的主体是已满 16 周岁且具有辨认控制能力的自然人。本罪在主观方面为故意,即行为人明知是毒品而持有。过失不构成本罪。

(二) 非法持有毒品罪的认定

1. 本罪与走私、贩卖、运输、制造毒品罪的关系

走私、贩卖、运输、制造毒品的犯罪人,都必然非法持有毒品,因此如果行为人是因为走私、贩卖、运输、制造毒品而非法持有毒品的,不能认定为非法持有毒品罪,而应认定为走私、贩卖、运输、制造毒品罪,也不能将该罪与非法持有毒品罪实行并罚。因为在走私、贩卖、运输、制造毒品的情况下,非法持有毒品要么是其行为的当然结果或者必经阶段,因而属于吸收犯;要么是一行为触犯数罪名,因而只依一个重罪论处。

2. 吸毒者持有毒品行为的定性问题

对于吸毒者实施的毒品犯罪,在认定犯罪事实和确定罪名上一定要慎重。吸毒者在购买、运输、存储毒品过程中被抓获,如没有证据证明被告人实施了其他毒品犯罪行为的,一般不应定罪处罚,但如果查获的毒品数量大的,应当以非法持有毒品罪定罪;毒品数量未超过《刑法》第348条及有关司法解释规定毒品数量最低标准的,不定罪处罚。有证据证明行为人不是以营利为目的,为他人代买仅用于吸食的毒品,毒品数量超过《刑法》第348条及有关司法解释规定的最低数量标准,构成犯罪的,托购者、代购者均构成非法持有毒品罪。对于以贩养吸的被告人,应以贩卖毒品罪认定。

(三) 非法持有毒品罪的处罚

根据《刑法》第348条的规定,犯本罪的,处3年以下有期徒刑、拘役或者管制,并处罚金;情节严重的,处3年以上7年以下有期徒刑,并处罚金;非法持有鸦片1000克以上、海洛因或者甲基苯丙胺50克以上或者其他毒品数量大的,处7年以上有期徒刑或者无期徒刑,并处罚金。根据《刑法》第356条的规定,因走私、贩卖、运输、制造和非法持有毒品罪被判过刑,又犯本罪的,从重处罚。

三、包庇毒品犯罪分子罪

包庇毒品犯罪分子罪,是指明知是走私、贩卖、运输、制造毒品的犯罪分子而向司法机关作假证明掩盖其罪行,或者帮助其湮灭罪证,以使其逃避法律制裁的行为。这是一种特殊的包庇罪,对符合本罪构成要件的行为,不能认定为包庇罪。

包庇的对象特指走私、贩卖、运输、制造毒品的犯罪分子,包庇其他毒品犯罪分子的,不构成本罪。本罪在客观方面表现为包庇走私、贩卖、运输、制造毒品的犯罪分子的行为。所谓包庇,是指为走私、贩卖、运输、制造毒品的犯罪分子掩盖罪行,向司法机关作虚假证明或湮灭罪证,以使其逃避法律制裁的行为。本罪的主体是符合一般主体条件的自然人。本罪的主观方面为故意,即明知是走私、贩卖、运输、制造毒品的犯罪分子而故意加以包庇。

根据《刑法》第349条的规定,犯本罪的,处3年以下有期徒刑、拘役或者管制;

情节严重的,处 3 年以上 10 年以下有期徒刑。缉毒人员或者其他国家机关工作人员掩护、包庇走私、贩卖、运输、制造毒品的犯罪分子的,依照本罪的规定从重处罚。犯本罪事先通谋的,以走私、贩卖、运输、制造毒品罪的共犯论处。根据《刑法》第 356 条的规定,因走私、贩卖、运输、制造、非法持有毒品罪被判过刑,犯本罪的,从重处罚。

四、窝藏、转移、隐瞒毒品、毒赃罪

窝藏、转移、隐瞒毒品、毒赃罪,是指为犯罪分子窝藏、转移、隐瞒毒品或者实施毒品犯罪所得财物的行为。

本罪在客观方面表现为为犯罪分子窝藏、转移、隐瞒毒品或者实施毒品犯罪所得财物的行为。(1)实施了窝藏、转移、隐瞒毒品或毒赃的行为。(2)窝藏、转移、隐瞒的对象是毒品、毒赃,即走私、贩卖、运输、制造毒品的犯罪分子的毒品和其犯罪所得的财物。本罪的主体是符合一般主体条件的自然人。本罪的主观方面为故意,即明知是走私、贩卖、运输、制造毒品的犯罪分子的毒品、毒赃,而决意为其窝藏、转移、隐瞒。

根据《刑法》第 349 条的规定,犯本罪的,处 3 年以下有期徒刑、拘役或者管制;情节严重的,处 3 年以上 10 年以下有期徒刑。犯本罪事先通谋的,以走私、贩卖、运输、制造毒品罪的共犯论处。根据《刑法》第 356 条的规定,因走私、贩卖、运输、制造、非法持有毒品罪被判过刑,又犯本罪的,从重处罚。

五、非法生产、买卖、运输制毒物品、走私制毒物品罪

非法生产、买卖、运输制毒物品、走私制毒物品罪,是指违反国家规定,非法生产、买卖、运输、走私醋酸酐、乙醚、三氯甲烷或者其他用于制造毒品的原料或者配剂,情节较重的行为。

本罪的对象特指醋酸酐、乙醚、三氯甲烷或者其他用于制造毒品的原料或者配剂。所谓其他用于制造毒品的原料或者配剂,是指如《联合国禁止非法贩运麻醉药品和精神药物公约》附件表一、表二所列物质中的丙酮、磷氨基苯甲酸、苯乙酸、邻氯苯基环戊酮、I-苯基-2-溴-1-丙酮和 3-氧-2-苯基丁腈等。如果不是这类制毒原料和配剂,则不构成本罪。这是本罪区别于其他毒品犯罪的一个重要标志。

本罪在客观方面表现违反国家规定,非法生产、买卖、运输、走私醋酸酐、乙醚、三氯甲烷或者其他用于制造毒品的原料或者配剂,情节严重的行为。具体而言,(1)违反国家有关规定,这是构成本罪的前提条件。(2)行为人实施了非法生产、买卖、运输制毒物品或携带上述物品进出境的行为。(3)情节较重。所谓情节较重,是指非法生产、买卖、运输、走私制毒物品数额较大;或者有影响坏等其他较重情节的。

本罪的主体是一般主体,包括自然人和单位。

本罪的主观方面为故意,过失不能成立本罪。

根据《刑法》第 350 条第 1 款的规定,犯本罪的,处 3 年以下有期徒刑、拘役或者管制,并处罚金;情节严重的,处 3 年以上 7 年以下有期徒刑,并处罚金;情节特别严重的,处 7 年以上有期徒刑,并处罚金或者没收财产。

明知他人制造毒品而为其生产、买卖、运输前款规定的物品的,以制造毒品罪的共犯论处。

单位犯本罪的,对单位判处罚金,并对其直接负责的主管人员和其他直接责任人员,依照前两款的规定处罚。

根据《刑法》第 356 条的规定,因走私、贩卖、运输、制造、非法持有毒品罪被判过刑,又犯本罪的,从重处罚。

六、非法种植毒品原植物罪

非法种植毒品原植物罪,是指非法种植罂粟、大麻等毒品原植物,情节严重的行为。

根据国务院《麻醉药品和精神药品管理条例》等有关法规的规定,种植麻醉药品原植物必须经过政府有关部门的审查批准,指定单位应严格按照批准的种植计划、限定数量进行种植。未经国家主管部门批准和指定,任何单位或个人私自种植,就是对国家管制毒品原植物秩序的侵犯。本罪在客观方面表现为实施了非法种植罂粟、大麻等毒品原植物,情节严重的行为。本罪的主体是符合一般主体条件的自然人。本罪的主观方面为故意。

对于非法种植毒品原植物后,利用自己种植的原植物制造毒品的,认定为制造毒品罪,不实行数罪并罚。但一方面非法种植毒品原植物,另一方面利用其他毒品原植物制造毒品的,则应当实行数罪并罚。

根据《刑法》第 351 条的规定,犯本罪的,处 5 年以下有期徒刑、拘役或者管制,并处罚金;非法种植罂粟 3000 株以上、大麻 3 万株以上或者其他毒品原植物数量大的,处 5 年以上有期徒刑,并处罚金或者没收财产。非法种植罂粟或者其他毒品原植物,在收获前自动铲除的,可以免除处罚。根据《刑法》第 356 条的规定,因走私、贩卖、运输、制造、非法持有毒品罪被判过刑,又犯本罪的,从重处罚。

七、非法买卖、运输、携带、持有毒品原植物种子、幼苗罪

非法买卖、运输、携带、持有毒品原植物种子、幼苗罪,是指非法买卖、运输、携带、持有未经灭活的罂粟等毒品原植物种子或者幼苗,数量较大的行为。

本罪的对象是未经灭活的罂粟等毒品原植物种子或者幼苗。本罪在客观方面表现为实施了非法买卖、运输、携带、持有未经灭活的罂粟等毒品原植物种子、幼苗的行为。行为人非法种植毒品原植物后又非法买卖、运输、携带、持有的,只成立非法种植毒品原植物罪。本罪的主体是符合一般主体条件的自然人。本罪的主观方面为故意,即明知是未经灭活的罂粟等毒品原植物种子或者幼苗,仍然实施非法买卖、运输、携带、持有的行为。

根据《刑法》第 352 条的规定，犯本罪的，处 3 年以下有期徒刑、拘役或者管制，并处或者单处罚金。根据《刑法》第 356 条的规定，因走私、贩卖、运输、制造、非法持有毒品罪被判过刑，又犯本罪的，从重处罚。

八、引诱、教唆、欺骗他人吸毒罪

引诱、教唆、欺骗他人吸毒罪，是指引诱、教唆、欺骗他人吸食、注射毒品的行为。

本罪在客观方面表现为实施了引诱、教唆、欺骗他人吸食、注射毒品的行为之一。本罪的主体是符合一般主体条件的自然人。本罪的主观方面为故意，即明知是毒品而有意引诱、教唆、欺骗他人吸食、注射。

根据《刑法》第 353 条第 1 款的规定，犯本罪的，处 3 年以下有期徒刑、拘役或者管制，并处罚金；情节严重的，处 3 年以上 7 年以下有期徒刑，并处罚金。引诱、教唆、欺骗未成年人吸食、注射毒品的，从重处罚。根据《刑法》第 356 条的规定，因走私、贩卖、运输、制造、非法持有毒品罪被判过刑，又犯本罪的，从重处罚。

九、强迫他人吸毒罪

强迫他人吸毒罪，是指违背他人意志，使用暴力、胁迫或者其他强制手段，强迫他人吸食、注射毒品的行为。

本罪在客观方面表现为违背他人意志，使用暴力、胁迫等手段，强迫他人吸食、注射毒品的行为。采用某种方法使他人暂时丧失知觉或者利用他人暂时丧失知觉的状态，给他人注射毒品的，应认定为强迫他人吸毒罪。本罪的主体是符合一般主体条件的自然人。本罪的主观方面为故意。

根据《刑法》第 353 条第 2 款的规定，犯本罪的，处 3 年以上 10 年以下有期徒刑，并处罚金。强迫未成年人吸食、注射毒品的，从重处罚。根据《刑法》第 356 条的规定，因走私、贩卖、运输、制造、非法持有毒品罪被判过刑，又犯本罪的，从重处罚。

十、容留他人吸毒罪

容留他人吸毒罪，是指容留他人吸食、注射毒品的行为。

本罪在客观方面表现为容留他人吸食、注射毒品的行为。如果行为人容留他人吸食、注射毒品并向其出售毒品的，应按贩卖毒品罪处理。本罪的主体是符合一般主体条件的自然人。本罪的主观方面为故意，即行为人明知对方是吸毒者而为其吸毒提供场所。

根据《刑法》第 354 条的规定，犯本罪的，处 3 年以下有期徒刑、拘役或者管制，并处罚金。根据《刑法》第 356 条的规定，因走私、贩卖、运输、制造、非法持有毒品罪被判过刑，又犯本罪的，从重处罚。

十一、非法提供麻醉药品、精神药品罪

非法提供麻醉药品、精神药品罪，是指依法从事生产、运输、管理、使用国家管制

的麻醉药品、精神药品的人员与单位,违反国家规定,向吸食、注射毒品的人提供国家规定管制的能够使人形成瘾癖的麻醉药品或者精神药品的行为。

本罪在客观方面表现为,行为人违反国家规定,向吸食、注射毒品的人提供国家规定管制的能够使人形成瘾癖的麻醉药品或者精神药品的行为。(1)行为具有非法性,即行为人违反国家规定,向吸毒者提供国家规定管制的能够使人形成瘾癖的麻醉药品、精神药品。(2)行为具有无偿性,即无偿提供麻醉药品、精神药品。否则,便构成贩卖毒品罪。(3)行为对象的特定性,即必须是向吸毒者提供麻醉药品、精神药品。本罪的主体是依法从事生产、运输、管理、使用国家管制的麻醉药品、精神药品的人员和单位。本罪的主观方面为故意,并且必须没有牟利目的。

根据《刑法》第355条的规定,犯本罪的,处3年以下有期徒刑或者拘役,并处罚金;情节严重的,处3年以上7年以下有期徒刑,并处罚金。向走私、贩卖毒品的犯罪分子或者以牟利为目的,向吸食、注射毒品的人提供国家规定管制的能够使人形成瘾癖的麻醉药品、精神药品的,依照《刑法》第347条规定的走私、贩卖毒品罪定罪处罚。单位犯本罪的,对单位判处罚金,并对其直接负责的主管人员和其他直接责任人员,依照个人犯本罪的规定处罚。根据《刑法》第356条的规定,因走私、贩卖、运输、制造、非法持有毒品罪被判过刑,又犯本罪的,从重处罚。

第八节 组织、强迫、引诱、容留、介绍卖淫罪

一、组织卖淫罪

组织卖淫罪,是指以招募、雇佣、纠集等手段,管理或控制他人从事卖淫活动的行为。本罪的构成特征表现为:

(1)本罪的客体是良好的社会道德风尚。

(2)本罪在客观方面表现为组织他人卖淫的行为。具体包括以下内容:第一,具有组织行为,即以招募、雇佣、纠集等手段,管理或控制多人从事卖淫活动。一般情况下,组织行为主要表现为两种方式:一种形式是设置卖淫场所或者变相的卖淫场所,如有的犯罪分子以开饭店、旅馆、出租房屋等各种名义,故意招募、纠集一些卖淫人员在该场所内进行卖淫活动;另一种形式是没有固定的卖淫场所,但行为人通过自己掌握控制的卖淫人员有组织地进行卖淫活动。第二,组织行为的对象是他人,既指女性也指男性,通常是那些愿意出卖自己肉体的男女;而且被组织者必须是多人(三人以上的)。但在被组织者中也有不明真相被诱骗或因其他原因被胁迫而来的,如果他们不愿意卖淫,组织者以强制的手段迫使其卖淫的,则属于强迫他人卖淫的行为。第三,组织他人进行卖淫活动。所谓卖淫,是指以营利为目的,与不特定的异性发生性交或其他淫乱活动。之所以将性交以外的其他淫乱活动包含在卖淫之内,是考虑到:一方面,公安部1995年8月10日《关于对以营利为目的的手淫、口淫等行为定性处理问题的批复》中指出,卖淫嫖娼是指不特定的男女之间以金钱、财

物为媒介发生不正当性关系的行为。卖淫嫖娼行为指的是一个过程,在这一过程中卖淫妇女与嫖客之间的相互勾引、结识、讲价、支付、发生手淫、口淫、性交行为及与此有关的行为都是卖淫嫖娼的组成部分。另一方面,从外国刑事立法的规定来看,在有关卖淫犯罪的规定中,行为方式并未限定为性交,还包括性交之外的猥亵行为。①

(3) 本罪的主体是已满16周岁且具有辨认控制能力的自然人,组织者既可以是一人,也可以是多人。旅馆业、饮食服务业、文化娱乐业、出租汽车业等单位的人员或者负责人,利用本单位的条件,组织他人卖淫的,应认定为组织卖淫罪。

(4) 本罪的主观方面是故意。

根据《刑法》第358条的规定,犯本罪的,处5年以上10年以下有期徒刑,并处罚金;情节严重的,处10年以上有期徒刑或者无期徒刑,并处罚金或者没收财产。

根据《刑法》第361条的规定,旅馆业、饮食服务业、文化娱乐业、出租汽车业等单位的人员,利用本单位的条件,组织他人卖淫的,依照自然人犯本罪处罚。所列单位的主要负责人犯本罪的,从重处罚。

组织未成年人卖淫的,依照前述规定从重处罚。

组织他人卖淫,并有杀害、伤害、强奸、绑架等犯罪行为的,依照数罪并罚的规定处罚。

二、强迫卖淫罪

强迫卖淫罪,是指使用暴力、威胁、虐待等强制方法迫使他人卖淫。

本罪的对象是他人,包括成年妇女、少女、幼女和男人。本罪的客观方面表现为使用暴力、威胁、虐待等强制方法迫使他人卖淫。(1) 行为方法具有强迫性,即违背他人意志,采用暴力、胁迫、虐待或者其他强制手段。这是本罪成立的关键性因素,也是本罪与引诱、容留、介绍卖淫罪的主要区别。(2) 行为的内容具有特定性,即必须是强迫他人从事卖淫活动,而不是强迫他人从事其他活动。本罪的主体是已满16周岁且具有辨认控制能力的自然人。本罪的主观方面是直接故意。

根据《刑法》第358条的规定,犯本罪的,处5年以上10年以下有期徒刑,并处罚金;情节严重的,处10年以上有期徒刑或者无期徒刑,并处罚金或者没收财产。

根据《刑法》第361条第1款的规定,旅馆业、饮食服务业、文化娱乐业、出租汽车业等单位的人员,利用本单位的条件,强迫他人卖淫的,按照本罪定罪处罚。根据《刑法》第361条第2款的规定,上列单位的主要负责人,利用本单位的条件,犯强迫卖淫罪的,从重处罚。

强迫未成年卖淫的,依照前述规定从重处罚。

强迫他人卖淫,并有杀害、伤害、强奸、绑架等犯罪行为的,依照数罪并罚的规定

---

① 参见张明楷:《刑法学》,法律出版社2003年版,第883页。

处罚。

三、协助组织卖淫罪

协助组织卖淫罪,是指为组织卖淫的人招募、运送人员或者有其他协助组织他人卖淫行为的行为。

本罪在客观上表现为为组织卖淫的人招募、运送人员或者有其他协助组织他人卖淫行为的行为。在具有营业执照的会所、洗浴中心等经营场所担任保洁员、收银员、保安员等,从事一般服务性、劳务性工作,仅领取正常薪酬,不属于协助组织卖淫行为。从本质上讲,它是组织卖淫罪的一种帮助行为,如果刑法没有规定本罪,对协助组织他人卖淫的行为,应认定为组织卖淫罪的共犯行为,但刑法考虑到这种行为的严重危害程度,便将其规定为独立犯罪。据此,协助组织他人卖淫的行为与组织他人卖淫的行为,不构成共同犯罪,应当分别定罪量刑处罚。本罪的主体是已满16周岁且具有辨认控制能力的自然人。本罪的主观方面为故意,即明知他人在组织卖淫而提供协助。

四、引诱、容留、介绍卖淫罪

引诱、容留、介绍卖淫罪,是指引诱、容留、介绍他人卖淫的行为。本罪在客观方面表现为引诱、容留、介绍他人卖淫的行为。具体包括以下内容:一是行为对象是他人,既包括女性,也包括男性,但引诱行为的对象不包括幼女,否则成立引诱幼女卖淫罪。二是行为方式表现为引诱、容留、介绍。引诱,是指在他人本无卖淫意愿的情况下,使用勾引、利诱等手段使他人从事卖淫活动的行为。容留,是指允许他人在自己管理的场所卖淫或者为他人卖淫提供场所的行为。介绍,一般是指在卖淫者与嫖客之间牵线搭桥,勾通撮合,使他人卖淫得以实现的行为。[①] 这三种行为只要实施其中一种,即可构成本罪;同时实施上述行为的,也只认定为一罪,不实行数罪并罚。本罪的主体是已满16周岁且具有辨认控制能力的自然人。旅馆业、饮食服务业、文化娱乐业、出租汽车业等单位的人员,利用本单位的条件,引诱、容留、介绍他人卖淫的,应认定为本罪。本罪的主观方面为故意,即明知自己实施的是引诱、容留、介绍他人卖淫的行为,仍有意而为。是否出于营利目的,不影响本罪的成立。

认定本罪时,主要是要区分本罪与组织卖淫罪的界限。由于组织卖淫罪的组织行为中也包含了引诱、容留、介绍行为,因此行为人在组织他人卖淫的犯罪活动中,对被组织的人有引诱、容留、介绍卖淫行为的,应当作为组织卖淫罪的量刑情节予以考虑,不实行数罪并罚。如果这些行为是对被组织者以外的其他人实施的,即被组织者与被引诱、容留、介绍者不具有同一性时,仍应分别定罪,实行数罪并罚。

---

① 参见高铭暄、马克昌主编:《刑法学》,北京大学出版社、高等教育出版社2000年版,第603页。

五、引诱幼女卖淫罪

引诱幼女卖淫罪，是指明知是不满14周岁的幼女而引诱其进行卖淫活动的行为。

本罪的对象是不满14周岁的幼女。本罪在客观方面表现为引诱幼女进行卖淫的行为。构成本罪的行为仅限于引诱，至于采取何种方式进行引诱，不影响本罪的成立。如果是容留或介绍幼女卖淫，应定容留、介绍他人卖淫罪。引诱幼女卖淫，同时又容留、介绍卖淫的，应分别认定为引诱幼女卖淫罪与容留、介绍卖淫罪，实行数罪并罚。本罪的主体是已满16周岁且具有辨认控制能力的自然人。本罪的主观方面是故意，即行为人明知被引诱的对象是不满14周岁的幼女，仍然实行引诱其卖淫的行为。明知包括明知必然和明知可能。

六、传播性病罪

（一）传播性病罪的概念与特征

传播性病罪，是指明知自己患有梅毒、淋病等严重性病而卖淫或者嫖娼的行为。本罪的客观方面表现为明知自己患有梅毒、淋病等严重性病而卖淫或者嫖娼的行为。卖淫是指以营利为目的，满足不特定对方的性欲的行为，包括与不特定的对方发生性交和从事其他猥亵活动；嫖娼则是指以交付金钱或其他财物为代价，使对方满足自己性欲的行为，包括与卖淫者发生性交或从事其他猥亵活动。如果行为人实施的不是卖淫或者嫖娼行为，即使与他人发生性行为，也不构成本罪。本罪的主体为特殊主体，即患有梅毒、淋病等严重性病，且已满16周岁并具有辨认控制能力的自然人。一般的卖淫、嫖娼行为并不构成犯罪，只有严重性病患者的卖淫、嫖娼行为才构成犯罪。根据刑法的规定，行为人必须患有梅毒、淋病等严重性病。本罪的主观方面为故意，即明知自己患有梅毒、淋病等严重性病而实施卖淫嫖娼的行为。

（二）传播性病罪的认定

1. 本罪与故意伤害罪的界限

两者之间的区别在于：(1) 侵犯的客体不同。前者的客体为良好的社会道德风尚，他人的身体健康是随意客体；而后者的客体为他人的身体健康。(2) 行为的表现形式不同。前者为卖淫、嫖娼的行为；后者则更为多样，可以卖淫嫖娼的方式伤害他人。(3) 故意的内容不同。前者是行为人明知自己患有梅毒、淋病等严重性病，而故意实施卖淫嫖娼的行为；后者则具有伤害他人身体健康的故意。(4) 主体不同。前者为特殊主体；后者为一般主体。如果行为人为了伤害他人，以卖淫、嫖娼为手段，意在使他人染上性病，且客观上造成了这种结果的，则应以故意伤害罪论处。

2. 一罪与数罪的问题

如果行为人是严重的性病患者，又嫖宿了幼女的，属于刑法中的想象竞合犯，应从一重罪处罚，即以嫖宿幼女罪论处；如果行为人是严重的性病患者，既实施了组织、强迫、引诱、容留、介绍他人卖淫的行为，又从事了卖淫嫖娼活动的，行为人实施了数个行为,且又具有数个故意内容,成立数罪,实行并罚。

第九节 制作、贩卖、传播淫秽物品罪

一、制作、复制、出版、贩卖、传播淫秽物品牟利罪

制作、复制、出版、贩卖、传播淫秽物品牟利罪,是指以牟利为目的,制作、复制、出版、贩卖、传播淫秽物品的行为。本罪的构成特征表现为:

(1)本罪的客体是良好的社会道德风尚和国家对文化市场的管理秩序。本罪的对象是淫秽物品。《刑法》第367条第1款规定:"本法所称淫秽物品,是指具体描绘性行为或者露骨宣扬色情的诲淫性的书刊、影片、录像带、录音带、图片及其他淫秽物品。"

(2)本罪在客观方面表现为实施了制作、复制、出版、贩卖或者传播淫秽物品的行为。制作,是指生产、录制、编写、绘画、印刷等创造、产生淫秽物品的行为。复制,是指通过翻印、翻拍、复印、转录等方式将原已存在的淫秽物品制作一份或多份的行为。出版,是指将淫秽作品编辑加工后,经过复制向公众发行的行为。贩卖,通常是指低价购进再高价卖出的行为。传播,是指通过播放、陈列、在互联网上建立淫秽网站、网页等方式使淫秽物品让不特定或者多数人感知以及通过出借、赠送等方式散布、流传淫秽物品的行为。实施上述行为之一的,即可成立本罪;同时实施上述行为的,也只认定为一罪,不实行数罪并罚。因此,本罪名是选择性罪名。

(3)本罪的主体是一般主体,包括自然人和单位。

(4)本罪的主观方面为故意,即明知是淫秽物品而制作、复制、出版、贩卖或者传播,且以牟利为目的。至于行为人盈亏与否不影响本罪构成。如果不以牟利为目的而实施制作、复制、出版、贩卖、传播淫秽物品的行为,不能构成本罪,但可能构成其他淫秽物品犯罪。

在认定本罪时要注意区分本罪与走私淫秽物品罪的界限。两罪的相似之处在于:犯罪对象都是淫秽物品;侵犯的都是复杂客体,且都包括社会管理秩序。两罪的区别在于:(1)犯罪客体不同。除社会管理秩序外,前者还侵犯了社会主义道德风尚;后者侵犯的则是国家对进出口物品的管理秩序。(2)犯罪的客观方面表现不同。前者表现为制作、复制、出版、贩卖、传播淫秽物品的行为;后者则表现为违反海关法规,逃避海关监管,非法运输、携带或者邮寄淫秽物品进出国(边)境的走私行为。(3)犯罪主体不同。前者的主体仅限于出版单位;而后者无此限制。(4)主观故意内容不同。前者行为人主观上具有牟利的目的;后者既可以是具有牟利的目的,也可以是具有传播的目的。如果行为人走私进口淫秽物品后予以贩卖、传播的,其贩卖、传播行为视为走私后续行为,以走私淫秽物品罪一罪论处。如果行为人走私进口淫秽物品后予以大量复制、出版的,应以复制、出版淫秽物品罪和走私淫秽物品罪实行并罚。

二、为他人提供书号出版淫秽书刊罪

为他人提供书号出版淫秽书刊罪,是指违反国家书号管理规定,为他人提供书号,出版淫秽书刊的行为。

本罪在客观方面表现为为他人提供书号,出版淫秽书刊的行为。(1)行为人实施了为他人出版淫秽书刊提供书号的行为。所谓书号,是指依照国家新闻出版行政法规的规定,对全国出版物统一按类别、科目、顺序进行登记而产生的图书编号。(2)必须发生了他人利用书号出版淫秽书刊的结果,否则不成立本罪。本罪主体既可以是自然人,也可以是单位,一般是出版单位及其工作人员。本罪主观上只能是过失,即应当预见自己提供书号的行为可能导致他人出版淫秽书刊的结果,但因为疏忽大意而没有预见,或者已经预见而轻信能够避免。如果明知他人用于出版淫秽书刊而提供书号,则属于故意犯罪,成立出版淫秽物品牟利罪。

三、传播淫秽物品罪

传播淫秽物品罪,是指不以牟利为目的,传播淫秽书刊、影片、音像、图片或者其他淫秽物品,情节严重的行为。本罪的客体是良好的社会道德风尚和国家禁止传播淫秽物品的制度。本罪的行为对象是淫秽物品。本罪的客观方面表现为:(1)行为人实施了向不特定的人传播淫秽的书刊、影片、音像、图片或其他淫秽物品的行为。(2)传播淫秽物品的行为必须达到情节严重。本罪的主体是年满16周岁且具有刑事责任能力的自然人和单位。本罪的主观方面为故意,即行为人明知是淫秽物品而向不特定的人传播,但必须排除以牟利为目的。否则,构成传播淫秽物品牟利罪。

四、组织播放淫秽音像制品罪

(一)组织播放淫秽音像制品罪的概念与特征

组织播放淫秽音像制品罪,是指不以牟利为目的,组织播放淫秽的电影、录像等音像制品的行为。本罪在客观方面表现为组织播放淫秽的电影、录像等音像制品的行为。其一,行为人实施了组织播放淫秽音像制品的行为。所谓组织,是指安排、筹划、指挥他人播放或聚集多人收看、收听淫秽音像制品的行为。所谓播放,是指利用录音机、录像机、CD机、影碟机等播放设备将图像、声音等信息予以展示供人观看或收听的行为。其二,必须具备一定的情节。本罪的主体是一般主体,包括自然人和单位。本罪的主观方面为故意,即行为人明知是淫秽音像制品而组织播放,但必须没有牟利目的。

(二)组织播放淫秽音像制品罪的认定

1. 本罪与传播淫秽物品罪的界限

两者的主体、侵犯的客体是相同的。其主要区别在于:(1)对象不同。前者仅限于淫秽音像制品,后者的对象则包括淫秽音像制品在内的所有淫秽物品。(2)客观表现不同。前者表现为不以牟利为目的,组织播放淫秽的电影、录像等音像制品的行为,后者则表现为行为人采取除组织播放以外的各种形式进行传播。

2. 本罪与传播淫秽物品牟利罪的界限

两者的主要区别在于,行为人是否以牟利为目的。如果行为人组织播放淫秽音像制品的目的是营利,则构成传播淫秽物品牟利罪。否则,便构成组织播放淫秽音像制品罪。

3. 本罪与制作、复制、传播淫秽物品牟利罪的界限

根据《刑法》第364条第3款的规定,制作、复制淫秽的电影、录像等音像制品组织播放的,依照本罪从重处罚。这是指行为人既制作、复制淫秽的电影、录像等音像制品又组织播放的行为。但其中的制作、复制行为与组织传播行为,都必须出于非牟利目的。如果行为人出于牟利目的制作、复制淫秽的音像制品然后组织播放的,或者制作、复制时没有牟利目的,但后来以牟利目的组织播放的,则成立《刑法》第363条规定的制作、复制、传播淫秽物品牟利罪。

五、组织淫秽表演罪

组织淫秽表演罪,是指组织进行淫秽表演的行为。

本罪在客观方面表现为组织进行淫秽表演的行为。所谓淫秽表演,是指通过表演者的语言、动作具体描绘性行为或露骨宣扬色情的诲淫性演出。本罪的主体是一般主体,包括自然人和单位。本罪的主观方面是故意。

本章重点问题提示

一、关于《刑法》第277条的罪名确定问题

《关于执行〈中华人民共和国刑法〉确定罪名的规定》将其罪名确定为妨害公务罪,但在刑法理论上,关于本条的罪名确定存在争议。"一罪名说"认为,该条文只规定了一个罪名,即"妨害公务罪"。[①]"三罪名说"认为,第277条规定了三个罪名:妨害公务罪,阻碍"红十字"会工作人员依法履行职责罪,阻碍执行国家安全工作任务罪。因为第2款规定中的"人民代表"从本质上说也是依法从事国家管理活动的权力机关的工作人员,因此将第1、2款规定为妨害公务罪是可以的;第3款规定之罪同第1、2、4款规定之罪在构成要件上有差别,不但行为对象不同,而且危害行为只能发生在特定的场合即自然灾害和突发事件中,所以应单列为"阻碍'红十字'会工作人员依法履行职责罪",从罪名上突出我国对这种国际性志愿救护、救济团体工作的支持和特殊保护。前3款规定是行为犯,只要以暴力、威胁方法实施特定阻碍行为便构成犯罪,而第4款规定则是结果犯,法条明示,虽"未使用暴力、威胁方法",但

---

① 参见齐文远主编:《刑法学》,法律出版社1999年版;赵秉志主编:《刑法新教程》,中国人民大学出版社2000年版。

只要"造成严重后果的",就构成犯罪,因此本款应当是一个独立的罪名,即"阻碍执行国家安全工作任务罪"。① "四罪名说"认为,该条每一款均应为一独立的罪名。因为根据《刑法》第157条第2款"以暴力、威胁方法抗拒缉私的,以走私罪和本法第277条规定的阻碍国家机关工作人员依法执行职务罪,实行数罪并罚"之规定可以看出,立法者对该条并没有概括为妨害公务罪这一罪名,而是表现出将该条各款分别确定罪名的做法。此其一。其二,妨害公务罪是原《刑法》第157条规定的一个罪名,其含义是以暴力、胁迫方法妨害国家工作人员依法执行职务的行为。修订的《刑法》第277条对原《刑法》第157条作了较大修改,无视修订前后刑法的区别,无视第4款不同于前3款的构成要件,将第277条笼统概括为"妨害公务罪",一方面会使人误认为修订前后刑法规定相同,另一方面又会出现同一罪名下包括构成要件不同的各种犯罪行为的情况,违背罪名和犯罪构成的基本理论,因此颇为不妥。② 我们基本同意三罪名说。

二、伪证罪中"虚假"的含义

伪证罪在客观上表现为在刑事诉讼中,对与案件有重要关系的情节,作虚假证明、鉴定、记录、翻译。关于"虚假"的含义,国外刑法理论上有不同学说。"主观说"认为,证人应当将自己的记忆与实际体验原封不动地予以陈述,对证人证言的真实性、可靠性的判断是法官的任务。因此,按照自己的记忆与实际体验陈述的,即使与客观事实不相符合,也不是虚假的;反之,不按照自己的记忆与实际体验陈述的,即使与客观事实相符合,也是虚假的。"客观说"则认为,只有陈述的内容与客观事实不相符合的,才是虚假的。"折中说"认为,虚假是指违反自己的记忆与实际体验的陈述,但如果其内容与客观事实相符合,则不符合伪证罪的构成要件。③ 我们认为应当采用主客观相统一的方法认定"虚假"的含义。

> 思考题

1. 妨害公务罪的构成特征是什么?
2. 招摇撞骗罪与诈骗罪的主要区别是什么?
3. 非法获取国家秘密罪与为境外窃取、刺探、收买、非法提供国家秘密罪有何异同?
4. 窝藏、包庇罪与伪证罪有何异同?
5. 制作、复制、出版、贩卖、传播淫秽物品牟利罪的构成特征是什么?

---

① 参见赵廷光:《论犯罪构成与罪名确定》,载《法学》1999年第5期。
② 参见刘艳红:《罪名确定的科学性》,载《法学研究》1998年第6期。
③ 参见〔日〕前田雅英:《刑法各论讲义》,东京大学出版会1999年版,第473页。

第二十七章　危害国防利益罪

内容提要

本章主要论述危害国防利益罪的概念与构成特征,危害国防利益罪中各种具体犯罪的概念与犯罪构成。重点在于阻碍军人执行职务罪等重点、难点罪名的概念与犯罪构成。

关键词

国防利益　军事　战时　军人

危害国防利益罪,是指破坏或者干扰国防活动,严重危害国防利益的行为。根据我国《宪法》和《国防法》的规定,我国的国防是指国家为防备和抵抗侵略,制止武装颠覆,保卫国家的主权、统一、领土完整和安全所进行的军事活动,以及与军事有关的政治、经济、外交、科技、教育等方面的活动。我国的国防利益,是指国防活动能够顺利进行的正常状态及其所产生的国家安全效益。国防事关国家生死存亡,国防利益直接影响国家安全,体现着国家和人民的根本利益,不容犯罪行为侵犯。因此,在刑法中规定危害国防利益罪,有重大实践意义。

第一节　危害军事行动的犯罪

军事行动,狭义上是指对敌采取的攻击或者防卫的具体活动;广义上还包括一切备战和作战活动及其相关的活动,即平时军事行动和战时军事行动。本节的军事行动,主要是指作战行动和平时的训练、执勤、演习、执行特定任务等。

一、阻碍军人执行职务罪

(一) 阻碍军人执行职务罪的概念与特征

本罪是指以暴力、威胁方法阻碍军人执行职务,危害国防利益的行为。本罪在构成要件上的特征是:

(1) 本罪客体是军队担负的国防职能。国防职能的中心任务是作战和备战。军队是专门担负国防职能的武装集团,而其职能又是通过全体军人执行法定职务来实现的,因此阻碍军人依法执行职务,实质上是侵害了军队所担负的国防职能。本罪的犯罪对象主要是现役军人,包括正在或正要依法执行职务的中国人民解放军的现役军官、文职干部、士兵及有军籍的学员,中国人民武装警察部队的现役警官、文职干部、士兵及有军籍的学员,也可包括正在执行军事任务的预备役人员和其他人员。阻碍军人依法执行职务,无论是否实际造成军人人身伤害,都侵害了军队所担负的国防职能。不能把阻碍军人执行职务的行为单纯理解为是对军人个人的侵害。

(2) 本罪在客观方面表现为以暴力、威胁方法阻碍军人依法执行职务的行为。军人依法执行职务,是指军人依照有关军事法规定的权限、内容、条件、方法和程序,行使职权或履行职责的活动。阻碍行为必须以暴力、威胁方法实施才能构成本罪。只要以暴力、威胁方法实施了阻碍军人依法执行职务的行为,无论是否造成军人伤亡,也无论是否导致军人难以或无法履行职务,即可构成本罪。

(3) 本罪的主体是不具有军人身份且未执行军事任务的非军职人员。军职人员阻碍其他军人依法执行职务的,应按军人违反职责罪的有关罪名认定。

(4) 本罪在主观方面出于故意。行为人实施行为时必须明知军人正在或正要执行职务;否则,不构成本罪。

(二) 阻碍军人执行职务罪的认定

(1) 本罪与其他以军人为对象的暴力犯罪的界限。因为使用暴力犯本罪,致军人重伤、死亡的,或者犯本罪时抢夺、抢劫军人枪支、弹药以及其他武器装备,从而构成伤害、杀人、抢夺、抢劫等罪名的,应当按想象竞合犯的原则处断。但是,在军人集体执行职务的情况下,因阻碍多名军人执行职务的行为导致其中部分军人伤亡的,应按本罪和有关罪名认定为数罪。

(2) 本罪与妨害公务罪的区别。主要区别是公务范围不同,具体体现为犯罪对象不同。凡对军人执行公务的行为进行阻碍的行为,均应认定为本罪。

二、阻碍军事行动罪

(一) 阻碍军事行动罪的概念与特征

阻碍军事行动罪,是指故意阻碍武装部队军事行动,造成严重后果,危害国防利益的行为。本罪在构成要件上的主要特点是:

(1) 本罪的客体与阻碍军人执行职务罪的客体基本相同。但是,本罪的对象范围要宽于阻碍军人执行职务罪的对象范围,即本罪不仅可以针对参与武装部队军事行动的军人,也可以针对军事行动所需的物品和设施等。

(2) 本罪在客观方面表现为阻碍武装部队军事行动的行为和该行为造成的严重后果。军事行动,是指武装部队奉命执行作战、演习、戒严、平暴、调防等任务的活动以及与此相联系的武装开进或驻扎过程。对正在执行救助自然灾害任务的部队进行阻碍的,亦可构成本罪。阻碍军事行动的方法多种多样,包括暴力、威胁的方法或者其他方法。其他方法主要指各种设障阻拦、肆意骚扰、制造破坏等阻碍手段,也可以是不履行自己担负的为正在执行军事任务的武装部队提供必要条件的义务的不作为方式。构成本罪还必须发生严重后果,主要是指阻碍行为造成了军事行动的迟延或影响了军事行动的效果,或者造成武装部队人员伤亡、武器装备受到较大损失等情况。

(3) 本罪的主体是一般主体。非军人和军人均能构成本罪。

(4) 本罪在主观方面是出于故意。行为人的目的就是要使武装部队的军事行动无法完成或难以完成。犯罪动机一般不影响本罪的构成,但是如果行为人阻碍武装部队军事行动是为了颠覆国家或背叛国家,则应按危害国家安全罪的有关罪名处断。过失阻碍军事行动的,不构成本罪。

(二) 阻碍军事行动罪的认定

(1) 本罪与阻碍军人执行职务罪的界限。两罪都是危害军队担负的国防职能的故意犯罪,且都表现为阻碍军队职能活动的行为。两罪的区别主要是:前者的犯罪对象包括人与物,而后者的对象仅限于军人;前者在客观上除了行为还需发生结果才能构成,而后者并不把结果作为构成要件。

(2) 本罪与某些危害公共安全罪的界限。有时,阻碍武装部队的行为是以破坏公共设施或设备的方法实施的,例如,以放火、决水、爆炸、投毒等危险方法或者通过破坏交通、通信工具和设施,破坏电力、易燃易爆设备等来阻碍军事行动,就会在触犯本罪的同时,触犯了某些危害公共安全罪的罪名,此时,可按从一重原则处断。

(3) 本罪与某些妨害社会管理秩序罪的界限。有时,阻碍武装部队的行为是以扰乱公共秩序、制造社会混乱的方法实施的,例如,非法举行游行示威,煽动群众围攻部队,聚众对部队"打砸抢",侵扰部队计算机系统,扰乱公共场所或阻碍交通等,就会在触犯本罪的同时,触犯某些妨害社会管理秩序罪的罪名,此时,亦可从一重处断。

三、战时故意提供虚假敌情罪

本罪是指战时故意提供虚假敌情,造成严重后果的行为。本罪在客观方面表现为战时提供虚假敌情的行为和该行为导致的严重后果。虚假敌情,是指与实际情况不相符的有关敌方活动的信息。这里的虚假,可以是纯属凭空捏造,也可以是对有关事实的歪曲;可以是行为人本人编造,也可以是他人编造。提供虚假敌情,是将虚假敌情谎称为真实敌情而正式报告给武装部队、有关部门和人员,可以是在被问及敌情时提供,也可以是主动提供。本罪只能是作为且限于战时。严重后果,指因行为人提供的虚假敌情导致作战行动受阻或付出本不应付出的较大代价等情况。本罪主体是除军人之外的其他人员,军人的此种行为按违反军人职责罪处理。本罪在主观方面是出于故意,即必须是行为人明知所提供的情况是虚假敌情。

根据《刑法》第377条的规定,犯本罪的,处3年以上10年以下有期徒刑;造成特别严重后果的,处10年以上有期徒刑或者无期徒刑。特别严重后果,是指因行为人提供的虚假敌情导致作战行动失利、重大作战行动受阻或付出本不应付出的极大代价等情况。

四、战时造谣扰乱军心罪

本罪是指军人在战时造谣惑众,扰乱军心的行为。本罪客观方面表现为战时造谣惑众,扰乱军心的行为,即制造谣言、混淆视听、蛊惑人心、引起混乱的行为。成立本罪,只要谣言足以惑众和扰乱军心即可,至于众人是否相信了谣言,军心是否因此而扰乱,不影响本罪的构成。本罪以战时为成立条件。本罪主观方面是故意。如果行为人因不知情而传播不实消息,不构成本罪。

五、战时拒绝军事征收、征用罪

本罪是指战时拒绝军事征收、征用,情节严重的行为。本罪的客体是国家的战时军事征用秩序。军事征收、征用,是指有权代表国家的军事部门出于军事目的接管、使用他人所有、经管或使用的土地、房屋、设施、运输工具以及其他物质资源或人力资源的行为。本罪只能发生在战时。情节严重,主要是指:暴力抗拒,纠集多人共同拒绝,因拒绝而致军事行动无法进行或遭受损失。本罪主体是一般主体。主观方面是故意。

第二节 危害国防物质基础[①]的犯罪

一、破坏武器装备、军事设施、军事通信罪

本罪是指故意破坏武器装备、军事设施或者军事通信的行为。本罪的客体是国防资产的安全。武器装备,是指军队直接用于实战和保障作战的武器和器材的总称,包括枪支、火炮、弹药、爆破器材、地雷、水雷、鱼雷、炸弹、导弹、核弹、坦克、装甲车或其他运兵车辆、军舰、军用飞机、雷达、电子对抗装备、通信指挥器材、军用测绘器材、气象保障器材、侦察探测器材、情报处理器材、军用电子计算机、人身防护器材、伪装器材、水上过渡器材、野战工程机械。军事设施,是指国家直接用于军事目的的建筑、场地和设备,包括指挥部、地面和地下的指挥工程、作战工程;军用机场、港口、码头、营区、训练场、试验场;军用洞库、仓库;军用通信、侦察、导航、观测台站和测量、导航、助航标志;军用公路、铁路专用线;军用通信、军用输油、输水管道等。军事通信,是指军队专用的各种通信手段,表现为各种军用通信设施、设备和工具,如通信站、电台、电话系统、通讯线路、计算机通信网络系统、信号通信系统、军用邮件等。破坏武器装备、军事设施、军事通信的行为是多种多样的,例如爆炸、放火、水淹、冲撞、拆卸、放入异物、改变结构、换入伪劣部件、信息或能量干扰、无谓运转或损耗等。只要实施了足以导致武器装备、军事设施、军事通信损坏、毁灭、失去应有功

[①] 国防物质基础,是指国防建设所需要的、作为国防实力及军队战斗力的基本物质条件的总和,包括武器装备、军事设施、军用设备等。

能或不能发挥应有作用、严重缩短使用寿命的破坏行为,即可构成本罪。是否导致了危害结果的实际发生,不影响本罪的成立。本罪的主体为一般主体。非军人和军人都能成为本罪的主体。本罪在主观方面是出于故意。犯罪动机通常不影响本罪的构成,但如果行为人为了颠覆国家或投敌叛国而实施破坏武器装备、军事设施、军事通信的行为,不构成本罪,应按危害国家安全罪的有关罪名处断。

认定本罪时,首先应注意其与危害公共安全罪的界限。在危害公共安全罪中,有一系列以危险手段破坏公用设施、设备或工具的罪名,这些罪名与本罪的区别主要在于犯罪对象及其体现的犯罪客体不同:本罪的对象是武器装备、军事设施、军事通信,危害公共安全罪有关罪名中不存在这些对象;本罪的客体是军事活动物质基础的正常和安全状态,危害公共安全罪的客体是公共安全,与国防利益无直接关联。其次应注意本罪与盗窃罪的界限。盗窃武器装备、军事设施、军事通信的零件或部件,导致或足以导致武器装备、军事设施、军事通信被破坏的情况,属于想象竞合犯,即触犯了本罪与盗窃罪两个罪名。按从一重处断原则,此种情况应认定为本罪。

二、过失损坏武器装备、军事设施、军事通信罪

本罪是由《刑法修正案(五)》第3条增设的。本罪是指因疏忽大意或者过于自信而导致损坏武器装备、军事设施、军事通信的行为。本罪在客观方面表现为损坏武器装备、军事设施、军事通信的行为和因此导致的严重后果。严重后果,是指造成人员重伤、死亡或重大财产损失、严重影响军事任务完成等情况。本罪主体为一般主体,包括军人和非军人。本罪在主观方面是出于过失。

三、故意提供不合格武器装备、军事设施罪

本罪是指明知是不合格的武器装备、军事设施而提供给武装部队的行为。本罪在客观方面表现为提供不合格武器装备、军事设施的行为。行为人提供的不合格武器装备、军事设施是否造成了严重后果,接收单位是否接收了这些不合格的武器装备、军事设施,不影响本罪的构成。本罪主体是特殊主体,限于负责生产、建造、维修、采购武器装备或军事设施的军队或地方的单位和自然人。本罪在主观方面是出于故意。

四、过失提供不合格武器装备、军事设施罪

本罪是指负责提供武器装备、军事设施的人员因过失而提供了不合格武器装备、军事设施,造成严重后果的行为。本罪在客观方面表现为提供不合格武器装备、军事设施的行为,及所提供的不合格武器装备、军事设施已被接收并因此导致了严重后果。严重后果,是指造成人员重伤、死亡或重大财产损失、严重影响军事任务完成等情况。本罪主体是负责提供武器装备、军事设施的个人,包括军人和非军人。本罪在主观方面是出于过失。

五、战时拒绝、故意延误军事订货罪

本罪是指战时拒绝、故意延误军事订货,情节严重的行为。本罪的客体是国家的军事订货秩序。军事订货,是指军事单位向有关企业订购武器装备、军用设施或设备、军用物资,由企业生产、供货的要约。情节严重主要是指:多次拒绝军事订货,拒绝或延误紧缺、急需军事订货,因拒绝或延误军事订货而影响了部队战斗力或军事任务的完成等情况。本罪只能发生在战时。本罪主体是有生产能力或供货能力的企业单位。本罪在主观方面是出于故意。因无生产或供货能力而拒绝接受军事订货任务、因不可抗力而延误军事订货的,不构成犯罪。

第三节 危害国防管理秩序①的犯罪

一、聚众冲击军事禁区罪

本罪是指聚众冲击军事禁区,严重扰乱军事禁区秩序的行为。军事禁区,是指国家根据军事设施的性质、作用、安全保密的需要和使用效能的特殊要求,在依法划定的范围内,采取特殊措施重点保护的区域,可以是陆域、水域或空域。本罪的客体是军事禁区的秩序。本罪在客观方面表现为聚众冲击军事禁区的行为和严重扰乱军事禁区秩序的各种后果。聚众冲击,是指组织、策划、指挥、带领众多人员以各种方法强行进入军事禁区。三人以上即可理解为众多人员。严重扰乱军事禁区秩序,是指冲击行为使得军事禁区在一定程度上失控、禁区内的正常活动无法进行或难以进行、无法或难以正常地出入禁区等情况。本罪主体是符合一般主体条件的,聚众冲击军事禁区的首要分子或积极参加者。本罪在主观方面是出于故意。

二、聚众扰乱军事管理区秩序罪

本罪是指聚众扰乱军事管理区秩序,情节严重,致使军事管理区的工作无法进行,造成严重损失的行为。军事管理区,是国家根据军事设施的特点、作用、安全保密的需要和使用效能的要求,在依法划定的陆域、水域的一定范围内,采取比较严格保护措施的区域。本罪的客体是军事管理区秩序。本罪在客观方面表现为聚众扰乱军事管理区的行为,以及该行为情节严重,导致军事管理区工作无法进行,造成严重损失的危害结果。情节严重,一般是指聚众人数多、冲击区域大、持续时间长、携有凶器甚或武器弹药和爆炸物等情况。军事管理区工作,包括对此区域的管理执勤工作和在此区域内进行的其他各种活动。严重损失,是指上述行为导致的人员伤亡、财物损毁、军事任务无法完成或难以进行。本罪主体是一般主体,但必须是首要

---

① 国防管理秩序,是指围绕国防事务的行政管理而形成的特殊社会秩序,具体体现在国防行政管理部门针对国防物质条件和人力资源的管理。

分子或积极参加者。本罪在主观方面是出于故意。

三、冒充军人招摇撞骗罪

(一) 冒充军人招摇撞骗罪的概念与特征

本罪是指不具有军人身份的人员冒充军人,骗取私利的行为。本罪在客观方面表现为冒充军人招摇撞骗的行为。冒充军人的行为大致有几种情况:通过花言巧语伪称军人;利用能够证明他人军人身份的真实证件或证明冒名顶替;通过能够起到标示军人身份作用的服装或其他物品冒充军人;利用假证件或假证明冒充军人。招摇撞骗,是指假借军人的名义和身份进行诈骗活动。骗取的利益,主要是人身利益、政治地位、社会地位以及各种社会活动的机会等,也可包括一定的经济利益。是否实际取得这些利益,不影响本罪的构成。由于艺术表演等原因而穿着军服或佩带军人标志的,不构成犯罪。本罪的主体是指不具有军人身份的非军职人员。军人不能成为本罪主体。本罪在主观方面是出于故意。犯罪目的主要是骗取一定利益。单纯地出于好奇或为了炫耀而冒充军人的,不构成犯罪。但是,为了丑化军人而冒充军人的,虽无骗取私利的目的,也应构成本罪。

(二) 冒充军人招摇撞骗罪的认定

(1) 本罪与招摇撞骗罪的界限。两罪主体、主观方面和客观行为相似,但客体和对象明显不同:本罪客体是军人和军队的良好信誉,后罪的客体是国家机关的威信;本罪对象是军人,后罪的对象是国家机关工作人员。军人冒充军队机关人员或其他军人,或者伪称自己具有军队的某种级别、职务、军衔,并招摇撞骗的,应按招摇撞骗罪处断。

(2) 本罪与诈骗罪的界限。实施本罪骗取钱财的情况与诈骗罪相似,但实际上两罪是根本不同的:实施本罪骗取钱财固然会侵犯财产所有权,但作为本罪构成要件的客体是军人和军队的良好信誉,诈骗罪的客体是公私财产所有权;本罪犯罪目的内容宽泛,追求的利益有多种情况,而诈骗罪的犯罪目的单一,只能是追求钱财;本罪骗取的钱财数额不是太大,而诈骗罪则以骗取财物的数额为构成要件。故冒充军人诈骗的钱财数额不大时,按本罪处断;数额巨大时,应认定为诈骗罪。

四、伪造、变造、买卖武装部队公文、证件、印章罪

本罪是指伪造、变造、买卖武装部队公文、证件、印章的行为。本罪在客观方面表现为伪造、变造、买卖等方式,其对象是武装部队的公文、证件、印章。本罪主体是一般主体。主观方面是出于故意。

五、盗窃、抢夺武装部队公文、证件、印章罪

本罪是指盗窃、抢夺武装部队公文、证件、印章的行为。本罪的客体是武装部队公文、证件、印章管理秩序。本罪在客观方面表现为盗窃或抢夺的方式,其对象是武装部队的公文、证件、印章。主体是一般主体。主观方面为故意。

六、非法生产、买卖武装部队制式服装罪①

本罪是指非法生产、买卖武装部队制式服装且情节严重的行为。本罪在客观方面有两种行为表现：一是生产，二是买卖，二者都没有得到合法的授权，其对象都是武装部队制式服装，只要有其中一种行为即可构成本罪。非法生产、买卖，是在无法定依据或合法授权的情况下制造、销售或购买武装部队制式服装的行为。本罪主体是一般主体，包括个人和单位。主观方面是故意。本罪要求"情节严重"，需要在实践中具体把握。

七、伪造、盗窃、买卖、非法提供、非法使用武装部队专用标志罪②

本罪是指伪造、盗窃、买卖或者非法提供、使用武装部队车辆号牌等专用标志，情节严重的行为。本罪对象为武装部队车辆号牌等专用标志。本罪行为表现为伪造、盗窃、买卖、非法提供、非法使用，实施其中一种行为即可成立本罪，实施多种行为的，也只以本罪论处，不能数罪并罚。本罪主体为一般主体，包括个人和单位。主观方面是故意。本罪要求"情节严重"才能构成。

第四节 危害国家武装力量的犯罪

国家武装力量，是以武装手段维护和实现国家利益的专门组织。我国的武装力量是为抵御侵略、防止内乱、应对紧急事件和维护世界和平而建立的。《中华人民共和国国防法》第22条第1款规定："中华人民共和国的武装力量，由中国人民解放军现役部队和预备役部队、中国人民武装警察部队、民兵组成。"

一、煽动军人逃离部队罪

本罪是指煽动军人逃离部队，情节严重的行为。煽动，是指各种以口头或书面的形式唆使、怂恿、鼓动军人离开部队的行为。该行为只能是作为。情节严重，主要是指战时或军人执行重大任务时煽动、煽动多人、煽动的对象是指挥人员或重要部门和关键岗位的军人等情况。主体是一般主体。主观方面是出于故意。

---

① 1997年修订的《刑法》第375条第2款原文为："非法生产、买卖武装部队制式服装、车辆号牌等专用标志，情节严重的，处三年以下有期徒刑、拘役或者管制，并处或者单处罚金。"相应地，经最高人民法院和最高人民检察院的司法解释，该款罪名为"非法生产、买卖军用标志罪"。《刑法修正案（七）》将该款中的"车辆号牌等专用标志"移入新增的第3款，只留"制式服装"在第2款，而第3款罪名又不能包括第2款内容，故第2款罪名应当改成"非法生产、买卖武装部队制式服装罪"。

② 本罪罪名来自于《刑法修正案（七）》为《刑法》第375条增加的第3款。该款以原第2款中的"车辆号牌等专用标志"为对象，增加了盗窃、非法提供、非法使用的行为表现。据此，最高人民法院和最高人民检察院通过司法解释明确了该款的罪名为"伪造、盗窃、买卖、非法提供、非法使用武装部队专用标志罪"。

二、雇佣逃离部队军人罪

本罪是指明知是逃离部队的军人而雇用,情节严重的行为。本罪的客体是部队正常的兵员管理秩序。雇用,是经他人同意,使他人在自己的管理和领导之下工作或劳动,并付给报酬的行为。逃离部队军人,是指未经部队允许而脱离部队且不准备归队的军人。情节严重,主要是指雇用战时或执行重大任务时逃离部队的军人、雇用多名逃跑军人、多次雇用逃跑军人、雇用担负重要职务或处于重要岗位的逃跑军人、因雇用逃跑军人而使其难以被追究、逃跑军人在雇用期间犯罪等情况。本罪主体主要是各类企业、事业单位、团体以及个体工商户的负责人员。本罪在主观方面是出于故意,即必须明知被雇用者是逃离部队的军人。

三、接送不合格兵员罪

(一) 接送不合格兵员罪的概念与特征

接送不合格兵员罪,是指在征兵工作中徇私舞弊,接送不合格兵员,情节严重的行为。本罪在客观方面表现为在征兵工作中徇私舞弊,接送不合格兵员,情节严重的行为。不合格兵员,是指不符合年龄、身体、精神、政审等法定标准的兵员。符合一般兵员标准但不符合特种兵员标准的,如被作为特种兵员接送,亦是接送不合格兵员。徇私舞弊,是指在征兵工作中徇私情或图私利,弄虚作假,违法乱纪。只接送了不合格兵员而没有徇私舞弊,不构成本罪。犯本罪还必须是情节严重的行为。情节严重,主要是指多次接送不合格兵员、接送多个不合格兵员、所接送的兵员中有犯罪嫌疑人或逃犯、弄虚作假的手段恶劣,或给征兵工作带来严重困难、造成严重经济损失、给部队工作带来重大损失等。本罪的主体是特殊主体。具体而言,本罪的主体只能是在征兵工作中担负征兵职权和职责的人员,包括接收兵员的部队中负责接兵的人员、地方有关部门负有征兵职责的非军职人员、人民武装工作部门的军职人员等。本罪在主观方面是出于故意。过失接送不合格兵员的,不构成本罪。

(二) 接送不合格兵员罪的认定

在认定本罪时,对在征兵工作中收受贿赂数额较大或有索贿等严重情节,并利用职务之便接送不合格兵员的,应以受贿罪一罪论处。另外,由于本罪的行为特征是弄虚作假,故在弄虚作假的过程中,往往触犯其他罪名,如伪造、变造、买卖国家机关公文、证件、印章罪,伪造公司、企业、事业单位、人民团体印章罪,伪造、变造居民身份证罪,伪造、变造、买卖武装部队公文、证件、印章罪等。对此,应按处罚牵连犯的原则从一重罪论处。

四、战时拒绝、逃避征召、军事训练罪

本罪是指预备役人员战时拒绝、逃避征召或者军事训练,情节严重的行为。本罪行为表现为战时拒绝、逃避征召或者军事训练的不作为。情节严重,是指影

响作战或重要军事任务的完成、以暴力抗拒征召或军事训练、多人共同抗拒或聚众抗拒等。本罪主体是特殊主体,即只能是预备役人员。本罪在主观方面是出于故意。

五、战时拒绝、逃避服役罪

本罪是指公民战时拒绝、逃避服役,情节严重的行为。本罪在客观方面表现为战时拒绝或逃避服役且情节严重的行为。本罪主体是除现役军职人员和预备役人员之外的普通公民。本罪在主观方面是出于故意。

六、战时窝藏逃离部队军人罪

本罪是指战时明知是逃离部队的军人而为其提供隐蔽处所、财物,情节严重的行为。隐蔽处所,是指行为人自认为不被人发现的处所。仅提供处所或仅提供财物或同时提供两者,均可构成本罪。本罪对象必须是逃跑军人,为其他人员或并未逃跑的军人提供处所或财物,不构成本罪。本罪只能发生于战时。情节严重,主要指因窝藏行为而使被窝藏者得以隐藏或足以隐藏。本罪主体是一般主体。主观方面是故意,即行为人必须明知其所窝藏的是逃跑军人。

本章重点问题提示

一、关于危害国防利益罪的概念

关于危害国防利益罪,刑法学界主要有五种定义:(1)危害国防利益罪,是指违反国防法规,危害国防利益的行为;(2)危害国防利益罪,是指个人和单位违反国防法律、法规,拒不履行国防义务、维护国防利益,依法应当受刑罚处罚的行为;(3)危害国防利益罪,是指违反国防法规,故意或过失危害国防利益的行为;(4)危害国防利益罪,是指危害作战和军事行动,危害国防物质基础和国防建设活动,妨害国防管理秩序,拒绝或者逃避履行国防义务,损害部队声誉的行为;(5)危害国防利益罪,是指违反国防法律的规定,拒不履行国防义务,或以其他形式危害国防利益,依法应受刑罚处罚的行为。[①]

二、关于国防的概念

国防即国家的防务,是指国家为防备和抵抗侵略,制止武装颠覆,保卫国家的主权、统一、领土完整和安全所进行的军事活动,以及与军事有关的政治、经济、外交、科技、教育等方面的活动。国防是一个系统工程,它的基本构成要素是:(1)国防的主体是国家,国防的实行者是国家,国防是国家的一项重要事业。国防是国家力量和阶级意志的体现,只有国家才能领导和组织国家建设和斗争。(2)国防的对象主

[①] 参见黄林异主编:《危害国防利益罪》,中国人民公安大学出版社 1999 年版,第 7 页。

要是外国武装侵略和内外勾结形式的颠覆活动。(3)国防的目的主要是保卫国家主权、统一、领土完整和安全。(4)国防的手段是动用军事武装去抵御侵略和平息颠覆活动。①

三、关于武装部队的概念

武装部队即军队。但是,军队是一个整体性的抽象概念,而武装部队是一个局部性的具体概念。一般认为,军队是指"一国武装力量的总称,亦即国家为了进攻或防御而维持的有组织的武装集团"。②就我国军队来看,这个定义既有可取的一面,也有不准确的一面。可取的一面是,它把军队与武装力量的范围等同起来,符合我国的情况。我国《国防法》第22条规定:"中华人民共和国的武装力量,由中国人民解放军现役部队和预备役部队、中国人民武装警察部队、民兵组成。中国人民解放军现役部队是国家的常备军,主要担负防卫作战任务,必要时可以依照法律规定协助维护社会秩序;预备役部队平时按照规定进行训练,必要时可以依照法律规定协助维护社会秩序,战时根据国家发布的动员令转为现役部队。中国人民武装警察部队在国务院、中央军事委员会的领导指挥下,担负国家赋予的安全保卫任务,维护社会秩序。民兵在军事机关的指挥下,担负战备勤务、防卫作战任务,协助维护社会秩序。"《兵役法》第4条也规定了同样的内容,并在第2条中把"民兵与预备役相结合"作为我国兵役制度的主要特征。这样一来,不仅中国人民解放军的现役部队和中国人民武装警察部队是典型的军队组织形式,而且通过中国人民解放军的预备役部队以及民兵与预备役相结合的体制,民兵这一本不属于军队的军事组织形式也被纳入了军队系统。因此,在范围上,军队与武装力量是一致的或等同的概念,即武装力量的范围就是军队的范围。上述定义不准确的一面是,它把军队作为武装力量的上位概念,即军队是武装力量的"总称",军队是表示总体的概念,武装力量是表示部分的概念,这是不符合我国国防法和兵役法关于武装力量组成的规定的,因为这些规定恰恰是把武装力量作为军队的上位概念,即武装力量是"由"军队组织形式"组成"的,相对于军队而言,武装力量是表示总体的概念,军队是表示部分的概念。上述定义中的武装力量实际上是武装部队。武装部队作为与军队整体相对应的概念,是由军队单位来体现的。军队单位是军队建制中的不同层次和不同种类的组织系统,例如军区、集团军、师、旅、团等,但层次较低且无机关设置的营、连、排、班等战斗组织单元不是单独的军队单位,当然也不能被称为武装部队,但是这些单元是军队单位或武装部队的组成部分,对其军事活动进行侵害或干扰,就是对武装部队进行侵害或干扰。

---

① 参见黄林异主编:《危害国防利益罪》,中国人民公安大学出版社1999年版,第13—14页。
② 宋原放主编:《简明社会科学词典》,上海辞书出版社1982年版,第394页。

思考题

1. 怎样理解危害国防利益罪的概念和特征?
2. 什么是国防和国防利益?
3. 危害国防利益罪有哪些种类和罪名?
4. 危害国防利益罪中的具体犯罪对象主要有哪些?

第二十八章 贪污贿赂罪

内容提要

本章主要论述贪污贿赂罪的概念与构成特征,贪污贿赂罪中各种具体犯罪的概念与犯罪构成。重点在于贪污罪、挪用公款罪、受贿罪等重点、难点罪名的概念与犯罪构成。

关键词

贪污罪 挪用公款罪 受贿罪 行贿罪 巨额财产来源不明罪 私分国有资产罪 私分罚没财物罪

第一节 贪污犯罪

一、贪污罪

(一) 贪污罪的概念与特征

贪污罪,是指国家工作人员和受国家机关、国有公司、企业、事业单位、人民团体委托管理、经营国有财产的人员,利用职务上的便利,侵吞、窃取、骗取或者以其他手段非法占有公共财物的行为。本罪构成要件如下:

(1) 本罪的犯罪客体是复杂客体,主要客体是国家工作人员行为的廉洁性,次要客体是公共财产所有权。

本罪的犯罪对象是公共财物。根据《刑法》第91条的规定,公共财物包括:国有财产,劳动群众集体所有的财产;用于扶贫和其他公益事业的社会捐助或者专项基金的财产;在国内公务活动或者对外交往中接受的应交公礼物,以及在国家机关、国有公司、企业、集体企业和人民团体管理、使用或者运输中的私人财产。至于国家参股或者控股股份公司的财产,在理论上有争议。根据最高人民法院《关于在国有资本控股、参股的股份有限公司中从事管理工作的人员利用职务便利非法占有本公司财物如何定罪问题的批复》的规定:在国有资本控股、参股的股份有限公司中从事管理工作的人员,除受国家机关、国有公司、企业、事业单位委派从事公务的以外,不属于国家工作人员。对其利用职务上的便利,将本单位财物非法占为己有,数额较大的,应当依照《刑法》第271条第1款的规定,以职务侵占罪定罪处罚。这说明,关于国家参股或者控股的股份公司的财产的性质,根据行为人的身份来确定。

(2) 本罪客观方面表现为,国家工作人员和受国家机关、国有公司、企业、事业单位、人民团体委托管理、经营国有财产的人员,利用职务上的便利,侵吞、窃取、骗取或者以其他手段非法占有公共财物。第一,行为人必须利用职务上的便利。所谓利用职务上的便利,是指利用行为人在职务上所具有的主管、管理、经手公共财物的权力和便利条件。主管,是指国家工作人员不具体负责、经手、管理公共财物,但依其职权范围或者职务地位具有调拨、支配、转移、使用或者以其他方式支配公共财物的职权,在主管期间,他对公共财物具有决定权。管理,是指具有监守或者保管公共财物的职权,这种管理的期限一般较长,管理人在管理期间对管理的公共财物具有处置权。经手,是指具有领取、支出等经办公共财物的流转事务的权限,经手人虽然不负责公共财物的管理和处置,但对公共财物具有临时的控制权。如果行为人仅仅因为工作上的原因,熟悉作案环境,或凭借犯罪主体身份便于接近目标物等方便条件,就不能认为是利用职务之便。第二,行为人还必须实施了侵吞、窃取、骗取或者以其他手段非法占有公共财物的行为。侵吞,是指行为人利用职务上的便利,将自己主管、管理或经手的公共财物非法占有。窃取,即行为人利用职务之便,秘密将自己管理、使用、经手的公共财物占为己有。骗取,即行为人利用职务之便,使用欺骗的手段,如造假账、伪造、涂改单据、虚报冒领差旅费等,将公共财物占为己有。其他方法,指上述三种常见方法之外的方法,如私自将回扣占为己有、巧立名目私分公共财物等。

根据《刑法》第183条的规定,国有保险公司工作人员和国有保险公司委派到非国有保险公司从事公务的人员,利用职务上的便利,故意编造未曾发生的保险事故进行虚假理赔,骗取保险金归自己所有,以贪污罪定罪处罚;根据《刑法》第394条的规定,国家工作人员在国内公务活动或者对外交往中接受礼物,依照国家规定应当交公而不交公,数额较大的,以贪污罪定罪处罚。

(3) 本罪犯罪主体是特殊主体,即必须是国家工作人员。根据《刑法》第93条的规定,国家工作人员,是指国家机关中从事公务的人员。另外,国有公司、企业、事业单位、人民团体中从事公务的人员和国家机关、国有公司、企业、事业单位委派到非国有公司、企业、事业单位、社会团体中从事公务的人员,以及其他依照法律从事公务的人员,以国家工作人员论。据此,我们可以把国家工作人员划分为如下几类:第一,国家机关工作人员,即在各级国家机关,如国家权力机关、国家行政机关、国家审判机关、国家检察机关和国家军事机关从事公务的人员。第二,在国有公司、企业、事业单位、人民团体中从事公务的人员。第三,受国家机关、国有公司、企业、事业单位委派,到非国有公司、企业、事业单位、社会团体中从事公务的人员。第四,其他依照法律从事公务的人员,包括依法履行职责的各级人民代表大会代表;依法履行审判职责的人民陪审员;协助乡镇人民政府、街道办事处从事行政管理工作的村民委员会、居民委员会等农村和城市基层组织人员;其他由法律授权从事公务的人员。如《刑法》第382条第2款规定的受国家机关、国有公司、企业、事业单位、人民团体委托,因承包、租赁、聘用等而管理、经营国有财产的人员;2000年4月29日全国人民代表大会常务委员会《关于〈中华人民共和国刑法〉第93条第2款的解释》规定,村民委员会等村基层组织人员协助人民政府从事下列行政管理工作,属于《刑法》第93条第2款规定的"其他依照法律从事公务的人员":救灾、抢险、防汛、优抚、扶贫、移民、救济款物的管理;社会捐助公益事业款物的管理;国有土地的经营和管理;土地征用补偿费用的管理;代征、代缴税款;有关计划生育、户籍、征兵工作;协助人民政府从事的其他行政管理工作。村民委员会等村基层组织人员从事前述规定的公务,利用职务上的便利,非法占有公共财物,构成犯罪的,适用刑法贪污罪的规定。在中国共产党各级机关和政治协商会议各级机关从事公务的人员,也属于国家工作人员,只是究竟是属于国家机关工作人员还是其他国家工作人员,则有待进一步研究。

(4) 本罪是直接故意,并且具有非法占有的目的。根据1998年4月29日最高人民法院《关于审理挪用公款案件具体应用法律若干问题的解释》(以下简称"挪用公款解释")第6条的规定,携带挪用的公款潜逃的,依照贪污罪的规定定罪处罚。一般来说,行为人挪用公款之时,并没有非法占有的目的,但如果在挪用之后产生了非法占有的目的的,主观意思发生了变换,应该认为行为人具有贪污公款的意图。而携带公款潜逃的客观举动,反映出行为人挪用款物的行为转变为据为己有的行为,其行为性质发生了转化,应该以贪污罪定罪处罚。

(二) 认定本罪应注意的问题

1. 本罪与非罪的界限

认定是否构成贪污罪,首先要把原因不明的短款区别开。原因不明的短款,是指账面应存金额与实际支出之后的节余金额数目不一致,资金去向不清,没有合法凭据。这种现象主要是因为业务不精通,工作有疏忽造成的,行为人主观上没有故意,所以不应定为贪污行为。其次要区别贪污行为和贪污罪。据《刑法》第383条的规定,贪污罪的构成要求个人贪污数额较大或者有其他较重情节的,才能成立犯罪。所以贪污行为是否成立犯罪应该从贪污数额和情节两个方面综合认定。

2. 本罪与职务侵占罪的界限

贪污罪和职务侵占罪都是利用职务上的便利,将有关财物通过侵吞、窃取、骗取或者其他手段,非法占为己有,所以两罪较易混淆。它们的区别是:第一,犯罪所侵犯的客体不同。根据我国刑法的规定,前罪侵犯的主要客体是国家工作人员行为的廉洁性,次要客体是公共财产所有权;后罪侵犯的主要客体是单位财产所有权,次要客体是职务或者业务要求的诚信关系。第二,犯罪主体不同。前罪的主体是国家工作人员;后罪的主体是公司、企业或者其他单位不具有国家工作人员身份的工作人员。

3. 贪污罪的完成形态

贪污罪是一种以非法占有为目的的财产性职务犯罪,所以应当以行为人是否实际控制财物作为区分贪污罪既遂与未遂的标准。对于行为人利用职务上的便利,实施了虚假平账等贪污行为,但公共财物尚未实际转移,或者尚未被行为人控制就查获的,应当认定为贪污未遂。行为人控制财物后,是否将财物据为己有,不影响贪污既遂的认定。

4. 贪污罪共犯的认定

对贪污罪共犯的认定,一般应参照刑法总则规定。但由于贪污主体的复杂,所以在国家工作人员和非国家工作人员相互勾结、侵占单位财物时,在定性时需要注意:(1) 行为人与国家工作人员勾结,利用国家工作人员的职务便利,共同侵吞、窃取、骗取或者以其他手段非法占有公共财物的,以贪污罪共犯论处。(2) 行为人与公司、企业或者其他单位的人员勾结,利用公司、企业或者其他单位人员的职务便利,共同将该单位财物非法占为己有,数额较大的,以职务侵占罪共犯论处。(3) 公司、企业或者其他单位中,不具有国家工作人员身份的人与国家工作人员勾结,分别利用各自的职务便利,共同将本单位财物非法占为己有的,按照主犯的犯罪性质定罪。

(三) 本罪的刑事责任

根据《刑法》第383条的规定,犯本罪的,根据情节轻重,分别依照下列规定处罚:

(1) 贪污数额较大或者有其他较重情节的,处3年以下有期徒刑或者拘役,并处罚金。

(2) 贪污数额巨大或者有其他严重情节的,处3年以上10年以下有期徒刑,并处罚金或者没收财产。

(3) 贪污数额特别巨大或者有其他特别严重情节的,处10年以上有期徒刑或者无期徒刑,并处罚金或者没收财产;数额特别巨大,并使国家和人民利益遭受特别重大损失的,处无期徒刑或者死刑,并处没收财产。

对多次贪污未经处理的,按照累计贪污数额处罚。

犯本罪,在提起公诉前如实供述自己罪行、真诚悔罪、积极退赃、避免、减少损害结果的发生,有第(1)项规定情形的,可以从轻、减轻或者免除处罚;有第(2)项、第(3)项规定情形的,可以从轻处罚。

犯本罪,被判处死刑缓期执行的,人民法院根据犯罪情节等情况可以同时决定在其死刑缓期执行2年期满依法减为无期徒刑后,终身监禁,不得减刑、假释。

二、巨额财产来源不明罪

巨额财产来源不明罪,是指国家工作人员的财产或者支出明显超过合法收入,且差额巨大,经责令说明来源,本人不能说明其来源的行为。

本罪在客观方面表现为行为人明知自己的财产或者支出超过合法收入,且差额巨大,经责令说明来源,而又不能说明其合法来源的行为。具体而言,巨额财产来源不明罪的客观要素包括:第一,行为人的财产或者支出明显超过合法收入,且差额巨大。第二,行为人不能说明与合法收入差额巨大的财产或者支出的合法来源。本罪的犯罪主体是国家工作人员。犯罪主观方面是直接故意。

三、隐瞒境外存款罪

隐瞒境外存款罪,是指国家工作人员对在境外的存款,应当依照国家规定申报而隐瞒不报,数额较大的行为。

本罪构成要件如下:(1)犯罪客体是国家关于国家工作人员境外存款的申报制度,行为对象是国家工作人员在境外的存款。(2)本罪在客观方面表现为,国家工作人员对在境外的存款,应当依照国家规定申报而隐瞒不报,且数额较大。境外是指目前我国大陆以外的地区或国家。境外存款既包括在外国(中国以外的国家或地区)的存款,也包括在我国港、澳、台地区的存款。不论是国家工作人员在境外的工作报酬、继承的遗产或接受的赠与,还是违法犯罪所得;也不论是本人亲自存在境外的,还是托人辗转存于境外的,都是境外存款。存款包括各种货币、有价证券、货币支付凭证以及黄金等具有货币价值的贵重金属。本罪行为构成具体包括:第一,行为人有申报境外存款的义务。第二,行为人不履行申报义务。它有两种表现形式:一是不进行申报;二是进行虚假申报,主要是故意少报。第三,隐瞒不报的存款数额较大。(3)本罪主体是国家工作人员。(4)犯罪主观方面是直接故意,表现为行为人在自己境外有存款的情况下,明知根据国家的申报规定自己负有申报的义务,却有意隐瞒不报。如果不是故意隐瞒,而是漏报的,不构成犯罪。

四、私分国有资产罪

私分国有资产罪,是指国家机关、国有公司、企业、事业单位、人民团体,违反国家规定,以单位名义将国有资产集体私分给个人,数额较大的行为。本罪构成要件如下:

(1)犯罪客体是国家廉政制度和国有资产所有权。本罪的犯罪对象是国有资产,包括:国家专项拨款、补贴;国家给予国有公司、企业的生产性贷款、生产性资金;国家机关、国有公司、企业、事业单位、人民团体中国家出资形成的固定资产;应当上交国家的税金;行政执法机关的罚没款、法院的罚金;没收的财物;以国家名义暂时扣押的、保管的非国有资产;国有资产的自然孳生物。

(2)本罪在客观方面表现为,违反国家规定,以单位名义将国有资产私分给个人,数额较大的行为。具体表现是:第一,违反国家规定。第二,以单位名义实施。"以单位名义"是指经单位领导集体研究决定,体现了单位的意识和意志。第三,将国有资产集体私分给个人。"集体私分给个人"是指将国有资产擅自分给单位中的每一个成员或者大多数成员。第四,私分国有资产"数额较大"。参照最高人民检察院《关于检察机关直接受理立案侦查案件中若干数额、数量标准的规定(试行)》的规定,私分国有资产数额在10万元以上的,要追究刑事责任。

(3) 犯罪主体一般是国有单位。① 但有观点认为,本罪主体是自然人而不是单位。其理由是,私分国有资产罪,虽然是经集体研究决定或负责人员决定实施的犯罪,具有单位犯罪的某些特点,但这种犯罪并不是为单位整体谋取非法利益,而是为本单位个人谋取非法利益。也就是说,它是一种自然人以单位名义,为个人(不限于本人)非法占有国有资产而实施的犯罪。② 笔者认为,将单位犯罪理解为是寻求单位利益而不包括单位成员的个人利益的犯罪,显然是比较狭隘的,不利于处罚集体私分国有资产的行为,而且刑法明文规定对单位也要处罚,所以本罪的犯罪主体是国有单位。

4. 本罪的主观方面只能是直接故意。

五、私分罚没财物罪

私分罚没财物罪,是指司法机关、行政执法机关违反国家规定,将应当上缴国家的罚没财物以单位名义集体私分给个人的行为。本罪构成要件如下:

(1) 犯罪客体是国家司法、行政执法机关的廉政制度与国家资产。犯罪对象是罚没财物,包括:被追缴或者应当退赔的犯罪分子违法所得的一切财物;应当返还给被害人的合法财产;没收的违禁品和供犯罪所用的本人财物;没收的财物和罚金;在行政执法中依法应当予以销毁的物品和依法没收的非法财物。

(2) 本罪在客观方面表现为,司法机关、行政执法机关违反国家规定,将应当上缴国家的罚没财物予以私分。即私分罚没财物罪在客观上必须同时具备三个条件:一是违反国家规定。即私分罚没财物的行为违反了法律、行政法规以及有关规定。二是将应当上缴国家的罚没财物以单位名义集体私分给个人。"以单位名义",是指私分罚没财物给个人经过单位领导集体决定,反映了单位组织的整体意志。"私分给个人",是指擅自将财物分给单位所有成员或者大多数成员。该行为具体包括:第一,司法机关、行政执法机关将应当上缴国家的罚没财物不予上缴,截留在本单位;第二,司法机关、行政执法机关将应当上缴的罚没财物以单位的名义,集体分给单位所有员工或大部分员工。三是私分罚没财物数额较大。

(3) 犯罪主体是特殊主体,即司法机关和行政执法机关。司法机关一般是指公安机关、国家安全机关、检察机关、审判机关;行政执法机关则包括海关、税务、工商行政管理、卫生检疫、商检、环保等享有行政处罚权的国家各级行政机关。

(4) 本罪的主观方面属于直接故意,即国家司法机关、行政执法机关明知是应当上缴国家的罚没财物,而违反规定加以私分。

---

① 参见高铭暄、马克昌主编:《刑法学》,高等教育出版社、北京大学出版社2000年版,第644页。
② 参见张鸣胜:《集体私分国有资产罪浅论》,载《学海》1998年第5期。

第二节 挪用公款罪

一、挪用公款罪的概念与特征

挪用公款罪,是指国家工作人员利用职务上的便利,挪用公款归个人使用,进行非法活动的,或者挪用公款数额较大、进行营利活动的,或者挪用公款数额较大、超过3个月未还的行为。本罪的构成要件为:

(1)犯罪主要客体是国家工作人员的廉洁性,次要客体是国家对公款的占有、使用和收益权。挪用公款罪的危害对象,主要是公款和特定财物。根据《刑法》第272条第2款的规定,被委派到非国有单位从事公务的国家工作人员,利用职务上的便利挪用本单位的资金归个人使用或者借贷给他人的,同样以挪用公款罪论处。另外根据《刑法》第384条第2款的规定,挪用用于救灾、抢险、防汛、优抚、扶贫、移民、救济款物归个人使用的,从重处罚。依照该规定,特定财物也属于挪用公款罪的对象。其他公物不是本罪的危害对象。但须指出的是,虽然一般公物不是挪用公款罪的危害对象,但并非挪用公物的案件一概不能构成挪用公款罪。如果行为人的目的是利用公物本身的价值,用所得的价款为个人从事非法活动或其他活动的,如将公物出售转换成货币,由于该项价款的所有权属于单位所有,所以是单位的公款,行为人对价款的使用,是一种特殊的挪用公款行为,可以构成挪用公款罪。

(2)本罪在客观方面表现为利用职务上的便利,挪用公款归个人使用,进行非法活动,或者挪用公款数额较大、进行营利活动,或者挪用公款数额较大、超过3个月未还。利用职务上的便利,是指行为人利用自己主管、经手、管理公款的权力及便利条件,既包括直接的经手和管理,也包括利用主管权力进行调拨、支配等。挪用公款归个人使用,是指挪用公款归本人或者其他自然人(包括不具有法人资格的私营独资企业、私营合伙企业)使用,实践中表现为如下三种方式:其一,将公款供本人、亲友或者其他自然人使用的;其二,以个人名义将公款供其他单位使用的;其三,个人决定以单位名义将公款供其他单位使用,谋取个人利益的。根据使用人对于被挪用公款的用途不同,成立挪用公款罪的三种形式的要件有所不同:

第一,挪用公款进行非法活动。非法活动包括一切违反国家法律、法令的活动,如赌博、走私等。这种情况构成挪用公款罪,在立法中没有数额和挪用时间的限制。挪用公款给他人使用,明知使用人用于非法活动的,才认定为挪用公款进行非法活动。但对挪用公款进行非法活动,并不是完全不要求数额,根据2016年4月18日最高人民法院、最高人民检察院《关于办理贪污贿赂刑事案件适用法律若干问题的解释》的规定,挪用公款进行非法活动的,以3万元为追究刑事责任的起点。

第二,挪用公款数额较大、进行营利活动。营利活动是国家法律所许可的以营利为目的的活动,如用于投资、购买股票、国债及存入银行取息等。这种情况的挪用公款罪,不受挪用时间和公款是否归还的限制。挪用公款给他人使用,明知使用人用于营利活动的,才认定为挪用公款进行营利活动;但要求达到数额较大的程度。根据上述司法解释的规定,挪用公款进行营利活动,以挪用公款 5 万元为数额较大的起点,对营利活动所获取的利益、收益等违法所得,应予以追缴,但不计入挪用公款的数额。

第三,挪用公款归个人使用,数额较大,且超过 3 个月未还。这种情形的挪用公款罪,是指挪用公款给自己或者他人,用于非法活动和营利活动之外的活动,如购物、建房、还债等。超过 3 个月未还,是指案发前未归还。挪用公款进行营利活动,以挪用公款 5 万元为数额较大的起点。

(3) 犯罪主体是特殊主体,只能是国家工作人员。至于受国家机关、国有公司、企业、事业单位、人民团体委托管理、经营国有财产的人员可否构成本罪主体,理论上有争议。根据最高人民法院《关于对受委托管理、经营国有财产人员挪用国有资金行为如何定罪问题的批复》的精神,对于受国家机关、国有公司、企业、事业单位、人民团体委托,管理、经营国有财产的非国家工作人员,利用职务上的便利,挪用国有资金归个人使用构成犯罪的,应当认定为挪用资金罪。这说明,只有受国家机关、国有公司、企业、事业单位、人民团体委托,管理、经营国有财产的国家工作人员,利用职务上的便利,挪用国有资金归个人使用,才构成挪用公款罪;如果被委托管理、经营国有资产的人不是国家工作人员,挪用国有资金,只能构成挪用资金罪。但是,根据前述关于《刑法》第 93 条的立法解释的规定,村民委员会等基层组织的工作人员协助人民政府从事公务时,利用职务便利挪用公款,构成犯罪的,适用刑法关于挪用公款罪的规定。

(4) 犯罪主观方面是直接故意,即行为人明知是公款而挪用,但不具有非法占有的目的。

二、认定本罪应注意的问题

1. 本罪与非罪的界限

在司法实践中,首先要区别挪用公款罪与合法借贷行为。一般来说,挪用公款用于非法活动、营利活动,是不存在所谓合法借贷的,即使行为人办理了借贷手续,其实质也是非法借贷。只有出于正当需要,并经过单位领导批准,并办理借贷手续的,才是合法借贷。其次要区别挪用公款罪与一般挪用行为,主要根据挪用公款的数额以及挪用用途和时间进行认定。

2. 此罪与彼罪的界限

(1) 本罪与挪用资金罪的界限。前罪和后罪在客观方面都表现为将单位资金挪作他用,并且主观方面都是故意而且不具有非法占为己有的目的。它们的主要区别是:第一,犯罪所侵犯的客体不同。前罪侵犯的是公共财产占有、使用和收益权以及国家工作人员的职务廉洁性,而后罪侵犯的是单位财产的占有、使用和收益权。第二,犯罪主体不同。前罪的犯罪主体是国家工作人员,而后罪的犯罪主体是非国有公司、企业和其他非国有单位的工作人员。

(2) 本罪与贪污罪的界限。前罪和后罪侵犯的都是复杂客体,但它们的区别是:第一,犯罪所侵犯的客体有一定区别。前罪侵犯的是财产的占有、使用和收益权,后罪侵犯的是所有权。在犯罪对象方面,前罪仅指公款和特定公物,后罪则包含一切公共财物。第二,客观表现不同。前罪是利用职务上的便利,挪用公款进行非法活动,或者挪用数额较大公款,进行营利活动,或者挪用公款进行其他活动,数额较大,超过3个月未归还;而后罪是利用职务之便,采取侵吞、窃取、骗取或其他手段,非法占有公共财产。第三,犯罪主体范围不同。前罪仅限于国家工作人员,而后罪还包括受国家机关、国有公司、企业或者其他国有单位委托,管理、经营国有资产的人员。第四,犯罪主观方面不同。前罪以使用为目的,后罪以非法占有为目的。

(3) 本罪与挪用特定款物罪的界限。前罪和后罪都具有将一定财物挪作他用的表现,但它们的区别是:第一,犯罪侵犯的客体不同。前罪侵犯的是国家工作人员职务上的廉洁性和公共财产的占有、使用和收益权,后罪除了侵犯国家工作人员的廉洁性,还侵犯国家的财经制度。第二,犯罪主体不同。前罪是国家工作人员,后罪是管理、支配、经手特定款物的直接责任人员。第三,挪用用途不同。这是一个重要的区别。前罪是将公款挪为私用,后罪是将特定款物挪为其他公用,所以国家工作人员挪用特定款物私用的,构成挪用公款罪。

三、本罪的刑事责任

根据《刑法》第384条的规定,犯本罪的,处5年以下有期徒刑或者拘役;情节严重的,处5年以上有期徒刑。挪用公款数额巨大不退还的,处10年以上有期徒刑或者无期徒刑。

根据相关司法解释,挪用公款归个人使用,进行非法活动,数额在3万元以上的,成立挪用公款罪;数额在300万元以上的,应当认定为数额巨大。挪用公款归个人使用,进行非法活动,有下列情形之一的,认定为"情节严重":挪用公款数额在100万元以上的;挪用特定款物,数额在50万元以上不满100万元的;挪用公款不退怀,数额在50万元以上不满100万元的;其他严重情节。挪用公款归个人使用,进行营利活动或者超过3个月未还的,以挪用公款5万元为"数额较大"的起点,以挪用公款500万元为"数额巨大"的起点。挪用公款归个人使用,进行营利活动或者超过3个月未还的,具有下列情形之一的,认定为"情节严重":挪用公款数额在200万元以上的;挪用特定款物,数额在100万元以上不满200万元的;挪用公款不退还,数额在100万元以上不满200万元的;其他严重情节。此外,多次挪用公款不还的,挪用公款数额累计计算;多次挪用公款,并以后次挪用的公款归还前次挪用的公款的,挪用公款数额以案发时未还的实际数额认定。挪用公款数额巨大不退还,是指挪用公款数额巨大,因客观原因在一审宣判前不能退还。如果携带挪用的公款潜逃的,依照《刑法》第382、383条的规定,以贪污罪定罪处罚。因挪用公款索取、收受贿赂构成犯罪的,依照数罪并罚的规定处罚。挪用公款进行非法活动构成其他犯罪的,依照数罪并罚的规定处罚。挪用公款给他人使用,使用人与挪用人共谋,指使或者参与策划取得挪用款的,以挪用公款罪的共犯定罪处罚。

第三节 贿 赂 罪

一、受贿罪

(一) 受贿罪的概念与特征

受贿罪,是指国家工作人员利用职务上的便利,索取他人财物的,或者非法收受他人财物,为他人谋取利益的行为。本罪构成要件如下:

(1) 犯罪客体是国家工作人员职务的廉洁性。"财物"为贿赂的内容,对它应如何理解,理论上有财物论、财产性利益论和利益论三种见解。[①] 有些学者提出"性贿赂"概念,并主张将其视为一种贿赂物。有的甚至主张设立"性贿赂罪"。[②] 我们认为,从完善惩治贿赂犯罪的立法角度,应将贿赂的范围由财物扩大到一切利益。如果将贿赂狭隘地理解为实物、货币和有价证券,那么不能很好地防范和打击贿赂犯罪。当前,贿赂除了上述形式外,还包括提供子女学习、旅游等,所以对于以间接方式行受贿之实的,完全可以作为贿赂的内容。至于"性贿赂",主要指行贿者利用社会上的"色情服务",但也包含行贿当事人自己或与自己有关系的人与受贿人发生性关系,对此,应该区别对待。如果是后者,不能作为贿赂对待;但前种情况,可以认为是贿赂,其中的数额,以行贿人的支出为标准。

(2) 本罪客观上表现为利用职务上的便利,索取他人财物或者非法收受他人财物,为他人谋取利益。据此,可将受贿方式分为索贿型受贿与单纯受贿。索取型受贿,是指利用职务上的便利,索取他人财物的行为。单纯受贿是指,利用职务上的便利,非法收受他人财物,为他人谋取利益的行为。

利用职务上的便利,既包括利用本人职务上主管、负责、承办某项公共事务的职权,也包括利用职务上有隶属、制约关系的其他国家工作人员的职权。担任单位领导职务的国家工作人员通过不属自己主管的下级部门的国家工作人员的职务为他人谋取利益的,也应当认定为"利用职务上的便利"为他人谋取利益。索取,是指行为人主动向他人明示或暗示,要求对方给予自己财物。收受,是指受贿者接受他人给予自己的财物。为他人谋取利益,包括承诺、实施和实现三个阶段的行为,只要具有其中一个阶段的行为,如国家工作人员收受他人财物时,根据他人提出的具体请托事项,承诺为他人谋取利益的,就具备了为他人谋取利益的要件。明知他人有具体请托事项而收受其财物的,视为承诺为他人谋取利益。

以下情形以受贿罪论处:

[①] 参见高铭暄、马克昌主编:《刑法学》(下编),中国法制出版社 1999 年版,第 1137 页。
[②] 参见金卫东:《应设立"性贿赂罪"》,载《江苏公安专科学校学报》2000 年第 6 期。

第一,在经济往来中,违反国家规定,收受各种名义的回扣、手续费,归个人所有。回扣,是在商业活动中,货币的接受者根据一定的比例从收到的价款中,向支出货款的一方返还部分价款。手续费是多种费用的总称,如辛苦费、介绍费、酬劳、信息费等。在商业活动中,允许正常的回扣和手续费,但是如果违反国家规定,则是不合法的。国家工作人员受国家机关、国有公司、企业、事业单位、人民团体的委托或者委派,从事商业活动,不允许私自收受回扣、手续费,否则属于一种特殊的受贿行为。

第二,利用本人职权或者地位形成的便利条件,通过其他国家工作人员职务上的行为,为请托人谋取不正当利益,索取请托人财物或者收受请托人的财物。过去,有的学者称之为斡旋受贿罪或者居间受贿罪。有的国家也称之为斡旋受贿罪,但我国刑法将其作为非典型的受贿类型。斡旋受贿的条件是:第一,行为人利用本人职权或者地位形成的便利条件。所谓利用职权或地位形成的便利条件,是指行为人与被其利用的国家工作人员之间在职务上虽然没有隶属、制约关系,但是行为人利用了本人职权或者地位产生的影响和一定的工作联系,如单位内不同部门的国家工作人员之间、上下级单位没有职务上隶属、制约关系的国家工作人员之间、有工作联系的不同单位的国家工作人员之间等。如果没有利用职权或者职务上的地位,而是利用朋友关系或者亲戚关系,不构成斡旋受贿。第二,为请托人谋取不正当的利益。如果为请托人谋取的是正当利益,不构成斡旋受贿。第三,请托人谋取的利益的实现需要通过其他国家工作人员。第四,行为人索取或者收受了请托人的财物。

第三,虚假的商品交易。国家工作人员利用职务上的便利为请托人谋取利益,以下列交易形式收受请托人财物的:第一,以明显低于市场的价格向请托人购买房屋、汽车等物品的;第二,以明显高于市场的价格向请托人出售房屋、汽车等物品的;第三,以其他交易形式非法收受请托人财物的。其中的受贿数额,要按照交易时当地市场价格与实际支付价格的差额计算。但是,根据商品经营者事先设定的各种优惠交易条件,以优惠价格购买商品的,不属于受贿。国家工作人员收受请托人房屋、汽车等物品,未变更权属登记或者借用他人名义办理权属变更登记的,不影响受贿的认定。

第四,收受干股。干股是指未出资而获得的股份。国家工作人员利用职务上的便利为请托人谋取利益,收受请托人提供的干股的,应以受贿论处。进行了股权转让登记,或者相关证据证明股份发生了实际转让的,受贿数额按转让行为时股份价值计算,所分红利按受贿孳息处理。股份未实际转让,以股份分红名义获取利益的,实际获利数额应当认定为受贿数额。

第五,虚假的合作投资。国家工作人员利用职务上的便利为请托人谋取利益,由请托人出资,"合作"开办公司或者进行其他"合作"投资的,或者国家工作人员利用职务上的便利为请托人谋取利益,以合作开办公司或者其他合作投资的名义获取"利润",没有实际出资和参与管理、经营的,以受贿论处。

第六,虚假的理财投资。国家工作人员利用职务上的便利为请托人谋取利益,以委托请托人投资证券、期货或者其他委托理财的名义,未实际出资而获取"收益",或者虽然实际出资,但获取"收益"明显高于出资应得收益的,以受贿论处。受贿数额,前一情形,以"收益"额计算;后一情形,以"收益"额与出资应得收益额的差额计算。

第七,通过赌博方式收受请托人财物。国家工作人员利用职务上的便利为请托人谋取利益,通过赌博方式收受请托人财物的,构成受贿。

第八,通过特定关系人"挂名"领取薪酬。国家工作人员利用职务上的便利为请托人谋取利益,要求或者接受请托人以给特定关系人安排工作为名,使特定关系人不实际工作却获取所谓薪酬的,以受贿论处。

(3) 犯罪主体是特殊主体,即只能由国家工作人员构成。这里所说的国家工作人员,一般是在职的国家工作人员,但根据2000年6月30日最高人民法院《关于国家工作人员利用职务上的便利为他人谋取利益离退休后收受财物行为如何处理问题的批复》的规定,国家工作人员利用职务上的便利为请托人谋取利益,并与请托人事先约定,在其离退休后收受请托人财物,构成犯罪的,以受贿罪定罪处罚。这说明离职的国家工作人员也可以构成受贿罪。

(4) 本罪的主观方面是直接故意,即行为人明知自己的受贿行为会损害国家工作人员职务上的廉洁性,仍然实施受贿行为。

(二) 认定本罪应注意的问题

1. 罪与非罪的界限

(1) 受贿罪与接受亲友财物的界限。亲友相互之间给予礼物馈赠是一种比较正常的社会现象。但是,国家工作人员接受亲友馈赠的财物,并非不能构成受贿罪,应该分情形处理:如果亲友出于亲情或者友谊,单方面、无条件地馈赠财物,如逢年过节、婚丧喜事等给予财物的,一般不属于受贿;如果亲友是有事相求,希望国家工作人员利用其职务为其谋取不正当的利益,则可以构成受贿罪。

(2) 受贿罪与获得合法报酬的界限。行为人在法律、政策允许的范围内,利用自己的知识和劳动,在业余时间为他人提供服务而获得的报酬是合法收入,不属于受贿。例如,教师利用节日为学生补课,根据课时收取一定费用。

(3) 受贿罪与一般受贿行为的界限。受贿罪和一般受贿行为的区别主要是受贿财物的数额和受贿情节。个人受贿,一般以3万元为构成犯罪的数额起点;受贿数额在1万以上不满3万元,情节严重的,也可以构成受贿罪。但是,如果个人受贿不足3万元,而且情节也不严重的,则属于一般受贿行为。

2. 此罪与彼罪的界限

(1) 本罪与贪污罪的界限。受贿罪和贪污罪都侵犯了国家工作人员职务上的廉洁性,但是两者之间还是有区别的,具体表现为:第一,受贿罪只侵犯了国家工作人员职务上的廉洁性,而贪污罪既侵犯了国家工作人员职务上的廉洁性,还侵犯了公共财产所有权。第二,行为在客观方面的表现不同。受贿罪在客观方面表现为行为人利用职务上的便利,索取他人财物或者非法收受他人财物并为他人谋取利益;

贪污罪表现为行为人利用职务上的便利,使用侵吞、窃取、骗取或者其他方法非法占有公共财物。第三,犯罪主体的范围不同。受贿罪的犯罪主体只能是国家工作人员,而贪污罪的犯罪主体除了国家工作人员之外,还可以由受国家机关、国有公司、企业、事业单位、人民团体委托管理、经营国有财产的人员构成。第四,犯罪目的不同。受贿罪的犯罪目的是非法获取他人财物,而贪污罪的目的是非法占有自己合法主管、经管的公共财物。

(2) 本罪和敲诈勒索罪的界限。两罪的界限一般很清楚,但当国家工作人员索取贿赂的时候,如何确定行为性质则比较困难。两罪的区别除了表现为客体、犯罪主体不同之外,更重要的体现在客、胁迫等手段,使其在精神上产生恐惧。

(3) 本罪与非国家工作人员受贿罪的界限。本罪与非国家工作人员受贿罪的区别主要体现为犯罪的客体和犯罪主体身份不同。本罪侵犯的是国家工作人员职务上的廉洁性,而非国家工作人员受贿罪侵犯的是公司、企业、其他单位的管理秩序。本罪的犯罪主体是国家工作人员,而非国家工作人员受贿罪的犯罪主体是不具有国家工作人员身份的人员。由于上述区别,关于客观方面的构成也不尽一致,在索贿型受贿方式中,本罪不要求为他人谋取利益,而非国家工作人员受贿罪要求必须为他人谋取利益。

(三) 本罪的刑事责任

根据《刑法》第386条、第383条的规定,犯本罪的,根据情节轻重,分别依照下列规定处罚:

(1) 受贿数额较大或者有其他较重情节的,处3年以下有期徒刑或者拘役,并处罚金。

(2) 受贿数额巨大或者有其他严重情节的,处3年以上10年以下有期徒刑,并处罚金或者没收财产。

(3) 受贿数额特别巨大或者有其他特别严重情节的,处10年以上有期徒刑或者无期徒刑,并处罚金或者没收财产;数额特别巨大,并使国家和人民利益遭受特别重大损失的,处无期徒刑或者死刑,并处没收财产。

对多次受贿未经处理的,按照累计受贿数额处罚。

犯本罪,在提起公诉前如实供述自己罪行、真诚悔罪、积极退赃,避免、减少损害结果的发生,有第(1)项规定情形的,可以从轻、减轻或者免除处罚;有第(2)项、第(3)项规定情形的,可以从轻处罚。

犯本罪,被判处死刑缓期执行的,人民法院根据犯罪情节等情况可以同时决定在其死刑缓期执行2年期满依法减为无期徒刑后,终身监禁,不得减刑、假释。

二、利用影响力受贿罪

利用影响力受贿罪,是指国家工作人员的近亲属或者其他与该国家工作人员关系密切的人,通过该国家工作人员职务上的行为,或者利用该国家工作人员职权或者地位形成的便利条件,通过其他国家工作人员职务上的行为,为请托人谋取不正当利益,索取请托人财物或者收受请托人财物,数额较大或者情节较重的行为。

本罪的构成要件如下:(1)犯罪客体是国家廉政制度。(2)犯罪客观方面表现为两种情形,其一,通过和自己关系密切的国家工作人员职务上的行为,为请托人谋取不正当利益,索取请托人财物或者收受请托人财物,数额较大或者情节较重的行为。其二,利用和自己关系密切的国家工作人员的职权或者地位形成的便利条件,通过其他国家工作人员职务上的行为,为请托人谋取不正当利益,索取请托人财物或者收受请托人财物,数额较大或者情节较重的行为。离职的国家工作人员或者其近亲属以及其他与其关系密切的人,利用该离职的国家工作人员原职权或者地位形成的便利条件实施上述行为的,属于后种情形。(3)犯罪主体是和任现职的国家工作人员关系密切的人,包括任现职的国家工作人员的近亲属、情妇(夫)、以前的同事和其他有共同利益关系的人,以及离职的国家工作人员或者其近亲属以及其他与其关系密切的人。(4)主观方面是故意。

三、单位受贿罪

单位受贿罪是指国家机关、国有公司、企业、事业单位、人民团体索取、非法收受他人财物,为他人谋取利益,情节严重的行为。

本罪的构成要件如下:(1)犯罪客体是国家的廉政制度。(2)客观方面表现为索取或者非法收受他人财物,为他人谋取利益,情节严重的行为;或者在经济往来中,违反国家规定,于账外暗中收受各种名义的回扣、手续费的行为。(3)犯罪主体是国家机关、国有公司、企业、事业单位和人民团体。值得注意的是,以单位的分支机构或者内设机构、部门的名义收受贿赂,违法所得亦归分支机构或者内设机构、部门所有的,应认定为单位受贿罪。(4)主观方面是直接故意,目的是为单位谋取非法的利益。

四、行贿罪

(一)行贿罪的概念与特征

行贿罪是指为谋取不正当的利益,给予国家工作人员以财物的行为。本罪构成要件如下:

(1)犯罪客体主要是国家廉政制度,其次还包括由于行贿所侵犯的社会秩序。犯罪对象仅限于国家工作人员。

(2)本罪客观上表现为行为人给予国家工作人员以财物。贿赂的方式有两种:一是典型行贿,即为谋取不正当利益,给予国家工作人员以财物的行为。二是非典型行贿,即在经济往来中,违反国家规定,给予国家工作人员数额较大的财物或者各种名义的回扣、手续费的行为,以达到实质行贿的目的。虽然法律对于行贿的数额没有规定,但是如果行为人为了谋取不正当利益而给予国家工作人员少量财物,并且不具备严重情节的,则不宜按犯罪处理。

(3)犯罪主体是一般主体,即年满16周岁且具有刑事责任能力的自然人。

（4）犯罪主观方面是直接故意，具有谋取不正当利益的目的。不正当利益包括：违反法律、法规、国家政策和国务院各部门规章规定的利益，即非法利益，如走私所得财物等；要求国家工作人员或有关单位提供违反法律、法规、国家政策和国务院各部门规章规定的帮助和便利条件，如不具备升学条件得以升学等。如果为了获得合法利益向国家工作人员给予财物的，不能构成本罪。

（二）认定本罪应注意的问题

（1）本罪和馈赠行为的界限。两者的区别表现为：第一，行为目的不同。行贿是为了谋取不正当的利益；馈赠行为是出于一定的礼节要求或者为了增加感情。第二，行为的客观表现不同。行贿往往是秘密的，而馈赠是公开的。

（2）本罪和一般行贿行为的界限。区别两者应从行贿的数额、行贿行为的情节等方面加以把握。行贿数额不大，情节不严重的，不宜作为犯罪处理；数额较大或者具有严重情节的，构成行贿罪。

（三）本罪的刑事责任

根据《刑法》第390条的规定，犯本罪的，处5年以下有期徒刑或者拘役，并处罚金；因行贿谋取不正当利益，情节严重的，或者使国家利益遭受重大损失的，处5年以上10年以下有期徒刑，并处罚金；情节特别严重的，或者使国家利益遭受特别重大损失的，处10年以上有期徒刑或者无期徒刑，并处罚金或者没收财产。行贿人在被追诉前主动交待行贿行为的，可以从轻或者减轻处罚。其中，犯罪较轻的，检举揭发行为对侦破重大案件起关键作用，或者有其他重大立功表现的，可以免除处罚。

五、对有影响力的人行贿罪

对有影响力的人行贿罪，是指为谋取不正当利益，向国家工作人员的近亲属或者其他与该国家工作人员关系密切的人，或者离职的国家工作人员或者其近亲属以及其他与其关系密切的人行贿的行为。

本罪所侵犯的客体是国家的廉政制度。本罪的客观方面表现为谋取不正当利益，向国家工作人员的近亲属或者其他与该国家工作人员关系密切的人，或者离职的国家工作人员或者其近亲属以及其他与其关系密切的人行贿的行为。所谓为谋取不正当利益，是指为了谋取非法利益或者其他未通过合法程序获取的利益。行贿的对象是国家工作人员的近亲属或者其他与该国家工作人员关系密切的人，或者离职的国家工作人员或者其近亲属以及其他与其关系密切的人。

本罪的主观方面为故意。

本罪的主体包括自然人和单位。

六、对单位行贿罪

对单位行贿罪，是指个人或者单位为谋取不正当利益，给予国家机关、国有公司、企业、事业单位、人民团体以财物的，或者在经济往来中，违反国家规定，给予各种名义的回扣、手续费的行为。本罪的客体是国家机关、国有公司、企业、事业单位、人民团体等国有单位的正常管理活动。行贿的对象必须是国家机关、国有公司、企业、事业单位、人民团体;向非国有公司、企业、事业单位、人民团体给予财物的,不能构成对单位行贿罪。本罪在客观方面表现为:一是给予国家机关、国有公司、企业、事业单位、人民团体以财物;二是在经济往来中,给予上述单位以各种名义的回扣、手续费。犯罪主体既可以是自然人,也可以是单位。犯罪主观方面是故意,并具有谋取不正当利益的目的。

根据《刑法》第391条的规定,犯本罪的,处3年以下有期徒刑或者拘役,并处罚金。

七、介绍贿赂罪

介绍贿赂罪,是指向国家工作人员介绍贿赂,情节严重的行为。本罪的客体是国家廉政制度。本罪在客观方面表现为在行贿人和受贿人之间进行沟通、撮合,使得行贿和受贿行为得以实现。介绍贿赂的行为具体表现为:(1)为受贿人寻找索贿对象,转告索贿要求;(2)受行贿人之托,寻找行贿对象,转达行贿要求,转交贿赂。此外,构成介绍贿赂罪必须具有严重情节。犯罪主体是一般主体,即年满16周岁且具有刑事责任能力的自然人。犯罪主观方面是直接故意。

根据《刑法》第392条的规定,犯本罪的,处3年以下有期徒刑或者拘役,并处罚金。介绍贿赂人在被追诉前主动交代介绍贿赂行为的,可以减轻处罚或者免除处罚。

八、单位行贿罪

单位行贿罪,是指单位为谋取不正当利益,给予国家工作人员以财物或者违反国家规定,在经济往来中,给予国家工作人员各种名义的回扣、手续费,情节严重的行为。本罪具有如下构成特征:本罪客体是国家的廉政制度,犯罪对象仅限于国家工作人员。本罪在客观方面表现为单位为谋取不正当的利益给予国家工作人员以财物或者违反国家规定,给予国家工作人员以回扣、手续费,情节严重的行为。单位行贿行为构成犯罪,必须具备情节严重这一特征。犯罪主体是单位,主观方面是直接故意。

根据《刑法》第393条的规定,犯本罪的,对单位判处罚金,并对其直接负责的主管人员和其他直接责任人员,处5年以下有期徒刑或者拘役,并处罚金。因行贿取得的违法所得归个人所有的,依照行贿罪定罪处罚。

本章重点问题提示

一、关于"从事公务"的理解

"从事公务"应当是判定国家工作人员的实质特征。关于"从事公务"的确切含义,我国刑法理论界存在以下几种不同观点:(1)"从事公务"就是"依法履行职责的职务行为以及其他办理国家事务的行为";(2)"从事公务"是指"依法所进行的管理国家、社会或集体事务的职能活动";(3) 所谓"从事公务",就是指"在国家机关、国有公司、企业、事业单位、人民团体等单位中履行组织、领导、监督、管理等职责";(4)"从事公务"是指代表国家对公共事务所进行的管理、组织、领导、监督等活动。①

我们认为,对于"从事公务",应当从活动的职能性和内容性两个方面或两个层次上来加以认识和把握。② 据此,第三种观点显然过于狭隘。其他几种观点几乎都是从职能和内容两方面界定"从事公务"的,但是各自理解的范围不同。就职能而言,第一种观点仅仅抽象地描述为"履行职责"和"办理"国家事务,第二种观点认为是"管理"活动,第三、四种观点认为是管理、组织、领导、监督等活动;就内容来说,第一种观点认为是职务行为和国家事务,第二种观点认为是国家、社会或者集体事务,第四种观点认为是公共事务。那么究竟哪一种揭示了公务的实质呢?

(1) 从公务的职能分析。很多学者认为,从事公务的活动是一种具有领导、指导、组织、监督、管理性质的职能活动。还有的认为,这种职能活动也可以简括为管理活动。③ 可是,这种解释是不符合实际情况的。第一,国家司法机关的主要职能活动并不能为"领导、指导、组织、监督、管理"所涵盖。以人民法院的工作为例,其职能通常被认为是居于中间的立场从事裁判工作。裁判工作完全没有领导、指导、组织以及监督乃至管理的含义。第二,将公务活动当作管理活动理解,不符合行政工作的实际,因为就政府工作来说,不仅具有管理的职能,还具有服务的职能,特别是在现代社会,我们提倡"小政府,大社会",就是认为政府的管理工作要减少,服务工作要增多。第三,人民团体、国有事业单位的工作很难被认为是领导、指导、组织、监督、管理工作。如某省人民医院的医生的工作对社会而言,理解为服务比较合理。所以,"从事公务"在形式上应该理解为根据国家法律法规的规定,对社会进行管理和提供特定服务。服务的内容主要限于涉及公民基本权利方面的文化、教育、卫生、权利保障等具体内容。

(2) 就公务的内容分析,关键是要将公务和职务区别开来。职务与公务是有区别的,职务的范围比较广泛,妨碍职务行为、破坏职务并不一定会破坏国家管理职能。例如,一个非国有公司的工作人员侵占公司财产,只是破坏了该公司的正常业务活动和公司人员在业务活动中的廉洁性,并不会破坏国家的管理职能。但是公务行为则不同,它的范围是有一定的限制的,即它不仅如职务一样需要一定的法定权力和身份,而且还必须是一种国家行为所派生出来的行为,所以在该种行为中的一些非正常现象(如渎职、主体廉洁性遭破坏等)会破坏国家的管理职能。④ 可见,公

---

① 参见赵秉志、于志刚、孙勤:《论国家工作人员范围的界定》,载《法律科学》1999 年第 5 期。
② 参见阮方民:《"国家工作人员"概念若干问题辨析》,载《浙江大学学报(人文社会科学版)》2000 年第 2 期。
③ 参见同上。
④ 参见赵秉志、于志刚、孙勤:《论国家工作人员范围的界定》,载《法律科学》1999 年第 5 期。

务带有公共事务的性质,而职务则具有多种含义,它既含有社会管理的性质,也包含单位事务的特性,公务的范围要比职务狭窄。

公务事务可以分为以下几类事务:第一,国家事务,即关系国家主权、独立安全、领土完整及国计民生的事务。第二,地方事务,即关系到地方经济、文化、社会发展的重大事务。第三,社区事务,即关系到一定社区范围内居民正常生活的事务。第四,企事业单位事务,即关系到对某个单位、组织、团体正常的业务活动进行管理的事务。第五,社会公益事务,即关系到公共利益的各类慈善救助活动,如帮助贫穷儿童上学的希望工程、帮助贫穷妇女脱贫的幸福工作、帮助患病者或受灾群众的捐款资助活动、"青年志愿者"活动等。

综上所述,"从事公务"是根据国家法律法规的规定,对于社会公共事务进行管理和提供特定服务的活动。从事公务有两个基本特征:一是公务活动以公共权力的存在为前提;二是公务活动具有管理性或服务性。

二、有身份者和无身份者可否构成受贿罪的共同犯罪

受贿罪是身份犯,因此关于非国家工作人员与国家工作人员相互勾结收受贿赂,能否构成受贿罪共犯,在理论上有肯定说和否定说两种争议。

(一)否定说

该说认为,1988年全国人大常委会《关于惩治贪污罪贿赂罪的补充规定》(以下简称《补充规定》),对内外勾结、伙同受贿的情形作了规定,但1997年刑法却只规定了内外勾结的贪污罪共犯,实际上取消了内外勾结的受贿罪共犯的规定。理由如下:(1)受贿罪是身份犯,其犯罪主体必须是国家工作人员,不具有这一特定身份的人不能与国家工作人员构成共犯,除非法律有特别规定。(2)适用刑法总则共同犯罪的规定,其条件是各共同犯罪人的行为均应符合构成要件,缺一不可。但非国家工作人员收受他人财物的故意行为不构成受贿罪。(3)刑法保留内外勾结的贪污共犯,取消内外勾结的受贿共犯,是因为两罪侵犯的客体有区别。非国家工作人员虽不能单独利用职务便利构成贪污罪,但却能勾结国家工作人员完成贪污行为,侵犯公共财物的所有权。在伙同受贿的情形中,非国家工作人员虽然得到了一定财物,但要利用职权为他人谋取利益,还得靠国家工作人员的行为才能完成。所以,刑法取消内外勾结的受贿罪共犯是科学的。[①]

(二)肯定说

肯定说认为,对非国家工作人员与国家工作人员相勾结,伙同受贿的,可直接适用刑法总则关于共同犯罪的规定,追究非国家工作人员受贿罪的刑事责任。肯定说的主要理论依据是:(1)一般主体不能单独构成特殊主体才能构成的犯罪,这是完全正确的,但一般主体可以与特殊主体共同构成特殊主体才能构成的犯罪,这正是共同犯罪与单独犯罪的区别所在。在这种情况下,如果法律有特别规定,如内外勾

---

① 参见姜伟、侯亚辉:《共同受贿犯罪若干问题探讨》,载《中国刑事法杂志》2002年第2期。

结的贪污共犯,可以直接适用这一规定;如果法律没有特别规定,就要适用刑法总则关于共同犯罪的规定,这是由我国刑法总则和分则的关系所决定的。(2)按照刑法共同犯罪理论及我国刑法总则的规定,任何形式的共同犯罪都要符合主观和客观相统一的原则。共同犯罪在客观方面必须是各个共同犯罪人实施了共同犯罪活动,这就是说各个共同犯罪人不管具体分工如何不同,他们的犯罪活动是在同一目标之下,彼此联系、相互配合而实施的,犯罪的危害结果与各个共同犯罪人的行为之间有因果关系。在主观方面,各共同犯罪人的犯罪都出自共同故意。在主体要件方面,身份犯的犯罪主体应为两人以上,要求至少一人具有特定身份,并不要求所有行为人都具有特定身份。(3)虽然贪污罪和受贿罪所侵犯的客体都是复杂客体,但两罪的主要客体都是国家工作人员职务行为的廉洁性。国家工作人员利用职务便利收受贿赂的行为会侵犯这一客体,非国家工作人员帮助或者教唆国家工作人员,伙同受贿,同样也会对这一客体造成侵害。(4)非国家工作人员勾结国家工作人员伙同受贿,构成受贿罪的共犯,也为1997年修订的《刑法》实施后的司法实践所认同。[1](5)我国刑法虽没有"无特定身份者可以构成身份犯的共犯"的规定,但根据共同犯罪人有关条款,可以得出身份犯的共犯不一定需要具备特定身份才能构成的结论。例如,《刑法》第29条关于教唆犯的规定就清楚表明,无特定身份者完全可以构成身份犯的共犯。[2]

我们赞同肯定论观点。

思考题

1. 贪污罪的概念和基本特征是什么?
2. 巨额财产来源不明罪的基本特征是什么?
3. 挪用公款罪的基本特征是什么?
4. 受贿罪的基本特征是什么?
5. 行贿罪的基本特征是什么?
6. 私分国有资产罪和私分罚没财物罪的区别何在?

---

[1] 参见姜伟、侯亚辉:《共同受贿犯罪若干问题探讨》,载《中国刑事法杂志》2002年第2期。
[2] 参见糜方强:《共同受贿主体的认定》,载《法学杂志》2002年第5期。

第二十九章 渎 职 罪

内容提要

本章主要论述渎职罪的概念与构成特征,渎职罪中各种具体犯罪的概念与犯罪构成。重点在于滥用职权罪等重点、难点罪名的概念与犯罪构成。

关键词

国家机关工作人员　　滥用职权　　玩忽职守　　徇私舞弊　　泄露国家秘密

第一节　滥用职权型渎职罪

渎职罪,是指国家机关工作人员在公务活动中滥用职权、玩忽职守、徇私舞弊,严重妨害国家机关正常管理活动,具有严重社会危害性的行为。我国1979年《刑法》所规定的渎职罪包括贪污罪、贿赂罪等国家工作人员的犯罪,为广义的渎职罪;而现行《刑法》规定的渎职罪仅指国家机关工作人员故意或过失妨害国家机关正常管理活动的犯罪,排除了国家工作人员得利型犯罪,为狭义的渎职罪。

吏治,自古以来就是国家管理的重点,也是社会治理的难点所在。所谓"天下难治,人皆以为民难治也;不知难治者,非民也,官也"①。《刑法》将原有罪名进行了扩张,将原有的9个罪名进行剔除、分立后,增加到36个。《刑法修正案(四)》又增加了2个罪名,即"执行判决、裁定失职罪"和"执行判决、裁定滥用职权罪";《刑法修正案(六)》又增加了1个罪名,即"枉法仲裁裁决罪";《刑法修正案(八)》又增加了2个罪名,即"滥用食品安全监管职权罪"和"食品安全监管失职罪"。

对渎职罪的分类,理论上存在不同的标准,如行为标准、客体标准、主体标准、主观标准等。② 鉴于行为表现不同,渎职犯罪表现为不同的客观特征,其中行为特征的区别较明显,采取行为标准可以将渎职罪分为滥用职权型、玩忽职守型、泄露秘密型和徇私舞弊型四类渎职犯罪。

滥用职权型渎职罪,主要是指那些故意违法使用职权或应当使用而违法不使用职权,情节严重或导致重大损失的渎职犯罪。滥用职权型渎职罪包括:滥用职权罪,

---

① (清)唐甄:《潜书·柅政》。
② 参见张俊霞、郝守财主编:《渎职罪的理论与司法适用》,中国检察出版社2002年版,第9页。

执行判决、裁定滥用职权罪,私放在押人员罪,滥用管理公司、证券职权罪,违法提供出口退税凭证罪,违法发放林木采伐许可证罪,食品监管渎职罪,非法批准征收、征用、占用土地罪,非法低价出让国有土地使用权罪,滥用食品安全监管职权罪,放纵走私罪,办理偷越国(边)境人员出入境证件罪,放行偷越国(边)境人员罪,不解救被拐卖、绑架妇女、儿童罪,阻碍解救被拐卖、绑架妇女、儿童罪,帮助犯罪分子逃避处罚罪等。

一、滥用职权罪

(一)滥用职权罪的概念与特征

滥用职权罪,是指国家机关工作人员超越职权,违法决定、处理其无权决定、处理的事项,或者违反规定处理公务,致使公共财产、国家和人民利益遭受重大损失的行为。

滥用职权罪的构成特征为:

(1)犯罪客体为国家机关的正常管理活动,即各级国家机关对经济、文化等社会生活各个领域所进行的各种管理活动,如工商行政管理部门的市场管理活动、财政部门的预算执行活动等。

(2)犯罪的客观方面表现为超越职权,违法决定、处理其无权决定、处理的事项,或者违反规定处理公务,并使公共财产、国家和人民利益遭受重大损失。具体而言,对本罪客观方面可以从两个方面来理解:

一方面,行为人有滥用职权的行为,主要包括两种情况:一是行为人超越职权,违法决定、处理其无权决定、处理的事项。如公安机关参与工商行政管理,扣押他人的营业执照;工商行政管理部门超越注册登记权限,为他人登记,颁发营业执照。二是行为人违反规定处理公务,即采取不恰当的手段执行公务。如质检部门依法应该对货物进行检查,一般抽样检查即可,但工作人员却强制全面检查,浪费人力物力。至于"滥用职权"行为能否被理解为"以不正当目的实施的职务行为"[①],我们认为,"滥用职权"是客观方面的问题,而是否有"不正当目的"是主观方面的问题,不宜作为评价客观行为要件的依据。[②] 关于滥用职权行为是否包括不作为,司法解释中并没有涉及,从理论上看,对于国家工作人员明知可能会出现重大损失,当为而不为,致使公共财产、国家和人民利益遭受重大损失的,也应属于"违反规定处理公务"的行为。因此,滥用职权也应该包括不作为。这里要注意不作为的滥用职权与玩忽职守的区别。对于国家机关工作人员超越职权,违法发放石油、天然气勘查、开采、加工、经营许可证、林木采伐许可证等,批准、验收通过不符合矿山法定安全生产条件的事项等,都属于滥用职权行为。

另一方面,行为人滥用职权行为使公共财产、国家和人民利益遭受重大损失。

---

① 张明楷:《刑法学》(第二版),法律出版社 2003 年版,第 940 页。
② 参见蒋小燕、王安异:《渎职罪比较研究》,中国人民公安大学出版社 2004 年版,第 185 页。

重大损失包括经济损失。经济损失是指渎职犯罪或者与渎职犯罪相关联的犯罪立案是已经实际造成的财产损失,包括为挽回渎职犯罪所造成损失而支付的各种开支、费用等。国家机关工作人员滥用职权,具有下列情形之一的,应当认定为"致使公共财产、国家和人民利益遭受重大损失":造成死亡1人以上,或者重伤3人以上,或者轻伤9人以上,或者重伤2人、轻伤3人以上,或者重伤1人、轻伤6人以上的;造成经济损失30万元以上的;造成恶劣社会影响的;其他致使公共财产、国家和人民利益遭受重大损失的情形。①

(3) 犯罪的主体为特殊主体,即只有具备国家机关工作人员身份的人,才能构成滥用职权罪。国家机关工作人员包括:在依照法律、法规规定行使国家行政管理职权的组织中从事公务的人员,或者在受国家机关委托代表国家机关行使职权的组织中从事公务的人员,或者虽未列入国家机关人员编制但在国家机关中从事公务的人员等。国家机关工作人员"是指在国家机关中从事公务的人员,包括在各级国家权力机关、行政机关、司法机关和军事机关中从事公务的人员。在依照法律、法规规定行使国家行政管理职权的组织中从事公务的人员,或者在受国家机关委托代表国家行使职权的组织中从事公务的人员,或者虽未列入国家机关人员编制但在国家机关中从事公务的人员,在代表国家机关行使职权时,视为国家机关工作人员。在乡(镇)以上中国共产党机关、人民政协机关中从事公务的人员,视为国家机关工作人员"。

(4) 犯罪的主观要件为故意,即行为人明知滥用职权行为会侵犯国家机关正常管理活动,仍然希望或放任该危害的发生。对公共财产、国家和人民利益遭受"重大损失"之结果,行为人至少有预见的可能性,否则不承担责任。

(二) 滥用职权罪的认定

1. 滥用职权罪与非罪的界限

滥用职权罪与一般滥用职权行为的区别主要在于是否致使公共财产、国家和人民利益遭受重大损失。这种重大损失并不限于直接经济损失。滥用职权造成重大损失的,构成滥用职权罪;未造成重大损失的,则属于一般的滥用职权行为。

2. 滥用职权罪与其他滥用职权型渎职犯罪的界限

《刑法》分则第9章所规定的滥用职权型犯罪还有执行判决、裁定滥用职权罪,私放在押人员罪,滥用管理公司、证券职权罪,违法发放林木采伐许可证罪,非法批准征收、征用、占用土地罪等。滥用职权罪与这些犯罪是普通法条与特别法条的关系。当滥用职权行为同时触犯滥用职权罪和其他相关条款的规定时,应当按照特别法优于一般法的原则,以其他特别的滥用职权型渎职罪定罪处罚。只有在滥用职权行为不构成特别的滥用职权型渎职犯罪,而仅触犯普通法条时,才可以普通的滥用职权罪处罚。

---

① 参见2012年12月7日最高人民法院、最高人民检察院《关于办理渎职刑事案件适用法律若干问题的解释(一)》第8条和第1条的规定。

二、执行判决、裁定滥用职权罪

执行判决、裁定滥用职权罪,是《刑法修正案(四)》新增加的罪名,指司法工作人员在执行判决、裁定活动过程中,滥用职权,不依法采取诉讼保全措施、不履行法定执行职责,或者违法采取诉讼保全措施、强制执行措施,致使当事人或者其他人的利益遭受重大损失的行为。

执行判决、裁定滥用职权罪具备以下构成特征:

(1) 本罪的客体是司法程序,具体而言就是执行和裁定程序,即为了保障司法审判程序顺利进行和保障判决、裁定的顺利执行而规定的一系列诉讼保全程序和执行程序。

(2) 本罪的客观方面是执行判决、裁定滥用职权的行为,致使当事人或者其他人的利益遭受重大损失。执行判决、裁定滥用职权行为表现为:在执行判决、裁定活动中,严重不负责任或者滥用职权,不依法采取诉讼保全措施、不履行法定执行职责,或者违法采取诉讼保全措施、强制执行措施。

(3) 本罪的主体为司法工作人员,一般是负责诉讼保全、判决和裁定执行的司法工作人员,这类司法工作人员与一般的审判人员不同,具有一定的执行权和决定权。

(4) 本罪的主观方面为故意,即行为人明知其行为破坏了司法程序,而希望或放任破坏司法程序的心理态度;对给当事人或者其他人的利益造成重大损失之结果,行为人主观上至少有认识的可能性。

三、私放在押人员罪

私放在押人员罪是指司法工作人员私放在押(包括在羁押场所和押解途中)的犯罪嫌疑人、被告人或者罪犯的行为。

本罪客观方面表现为利用监管职务的便利,非法将在押的犯罪嫌疑人、被告人或罪犯放走。本罪主体为特殊主体,即司法工作人员,包括公安机关、国家安全机关、检察机关、审判机关、狱政管理机关的负责监管、看守工作的人员。执行监所看守任务的武警人员也可以成为本罪的主体。本罪主观方面只能为故意,即明知是在押的犯罪嫌疑人、被告人或罪犯,而希望或放任其脱逃的心理态度。过失不构成本罪。

四、滥用管理公司、证券职权罪

滥用管理公司、证券职权罪,是指工商行政管理、证券管理等国家有关主管部门的工作人员徇私舞弊,滥用职权,对不符合法律规定条件的公司设立、登记申请或者股票、债券发行、上市申请予以批准或者登记,致使公共财产、国家和人民利益遭受重大损失的行为,以及上级部门、当地政府强令登记机关及其工作人员实施上述行为的行为。

本罪的客观方面表现为：徇私舞弊、滥用职权，对不符合法律规定条件的公司设立、登记申请或者股票、债券发行、上市申请予以批准或者登记，致使公共财产、国家和人民利益遭受重大损失的行为。具体包括以下五种情况：一是工商管理部门的工作人员对不符合法律规定条件的公司设立、登记申请，违法予以批准、登记，严重扰乱市场秩序的；二是金融证券管理机构工作人员对不符合法律规定条件的股票、债券发行、上市申请，违法予以批准，严重损害公众利益，或者严重扰乱金融秩序的；三是工商管理部门、金融证券管理机构的工作人员对不符合法律规定条件的公司设立、登记申请或者股票、债券发行、上市申请违法予以批准或者登记，致使犯罪行为得逞的；四是上级部门强令登记机关及其工作人员实施徇私舞弊，滥用职权，对不符合法律规定条件的公司设立、登记申请或者股票、债券发行、上市申请予以批准或者登记，致使公共财产、国家或者人民利益遭受重大损失的；五是其他致使公共财产、国家和人民利益遭受重大损失的情形。本罪客观方面还要求其行为致使公共财产、国家和人民利益遭受重大损失。

本罪的主体为特殊主体，即工商行政管理、证券管理等国家有关主管部门的工作人员，还包括上述部门的上级部门、当地政府的相关工作人员。本罪的主观方面为故意。

五、违法提供出口退税凭证罪

违法提供出口退税凭证罪，是指海关、外汇管理等国家机关工作人员违反国家规定，在提供出口货物报关单、出口收汇核销单等出口退税凭证的工作中，徇私舞弊，致使国家利益遭受重大损失的行为。

违法提供出口退税凭证罪，根据《立案标准》第1条第16款的规定，在实践中一般表现为：(1) 徇私舞弊，致使国家税收损失累计达10万元以上的；(2) 徇私舞弊，致使国家税收损失累计不满10万元，但具有索取、收受贿赂或者其他恶劣情节的；(3) 其他致使国家利益遭受重大损失的情形。

六、违法发放林木采伐许可证罪

违法发放林木采伐许可证罪，是指林业主管部门的工作人员违反森林法的规定，超过批准的年采伐限额发放林木采伐许可证或者违反规定滥发林木采伐许可证，情节严重，致使森林遭受严重破坏的行为。

本罪客观方面表现为违反森林法的规定，超过批准的年采伐限额发放林木采伐许可证或者违反规定滥发林木采伐许可证，情节严重，致使森林遭受严重破坏的行为。违法发放林木采伐许可证，只有情节严重、致使森林遭受严重破坏的，才构成本罪。本罪主体为特殊主体，即林业主管部门的工作人员。本罪主观上只能是故意，过失不构成本罪。

七、食品监管渎职罪

食品监管渎职罪,是指负有食品安全监督管理职责的国家机关工作人员,滥用职权,或者玩忽职守导致发生重大食品安全事故或者造成其他严重后果的行为。本罪以"导致发生重大食品安全事故或者造成其他严重后果"为构成要件。

八、非法批准征收、征用、占用土地罪

非法批准征收、征用、占用土地罪,是指国家机关工作人员徇私舞弊,违反土地管理法规,滥用职权,非法批准征收、征用、占用土地,情节严重的行为。

所谓违反土地管理法规,是指违反土地管理法、森林法、草原法等法律以及有关行政法规中关于土地管理的规定。所谓非法批准征用、占用土地,是指非法批准征用、占用耕地、林地等农用地以及其他土地的行为。

九、非法低价出让国有土地使用权罪

非法低价出让国有土地使用权罪,是指国家机关工作人员徇私舞弊,违反土地管理法规,滥用职权,非法低价出让国有土地使用权,情节严重的行为。

十、放纵走私罪

放纵走私罪,是指海关工作人员徇私舞弊,放纵走私,情节严重的行为。

十一、办理偷越国(边)境人员出入境证件罪

办理偷越国(边)境人员出入境证件罪,是指负责办理护照、签证以及其他出入境证件的国家机关工作人员对明知是企图偷越国(边)境的人员,予以办理出入境证件的行为。

十二、放行偷越国(边)境人员罪

放行偷越国(边)境人员罪,是指边防、海关等国家机关工作人员对明知是偷越国(边)境的人员予以放行的行为。

十三、不解救被拐卖、绑架妇女、儿童罪

不解救被拐卖、绑架妇女、儿童罪,是指对被拐卖、绑架的妇女、儿童负有解救职责的公安、司法等国家机关工作人员接到被拐卖、绑架的妇女、儿童及其家属的解救要求或者接到其他人的举报后,而对被拐卖、绑架的妇女、儿童不进行解救,造成严重后果的行为。

构成不解救被拐卖、绑架妇女、儿童罪,必须造成"严重后果"。

十四、阻碍解救被拐卖、绑架妇女、儿童罪

阻碍解救被拐卖、绑架妇女、儿童罪，是指对被拐卖、绑架的妇女、儿童负有解救职责的公安、司法等国家机关工作人员利用职务阻碍解救被拐卖、绑架妇女、儿童的行为。

十五、帮助犯罪分子逃避处罚罪

帮助犯罪分子逃避处罚罪，是指有查禁犯罪活动职责的司法及公安、国家安全、海关、税务等国家机关的工作人员向犯罪分子通风报信、提供便利，帮助犯罪分子逃避处罚的行为。

第二节 玩忽职守型渎职罪

玩忽职守型渎职罪，主要是指严重不负责任，不履行或者不认真履行职责，过失导致重大损失的渎职犯罪。玩忽职守型渎职罪包括：玩忽职守罪、执行判决、裁定失职罪、失职致使在押人员脱逃罪、国家机关工作人员签订、履行合同失职被骗罪、环境监管失职罪、传染病防治失职罪、商检失职罪、动植物检疫失职罪、失职造成珍贵文物损毁、流失罪。

一、玩忽职守罪

（一）玩忽职守罪的概念与特征

玩忽职守罪，是指国家机关工作人员严重不负责任，不履行或者不认真履行职责，致使公共财产、国家和人民利益遭受重大损失的行为。

玩忽职守罪必须具备以下四个方面的特征：

（1）犯罪客体是国家机关的正常管理活动。也有观点认为，玩忽职守罪的犯罪客体是复杂客体，除了国家机关的正常管理活动之外，还包括公共财产、国家和人民利益。这种观点值得商榷。

（2）犯罪的客观方面表现为：严重不负责任，不履行或者不认真履行职责，致使公共财产、国家和人民利益遭受重大损失。严重不负责任，是指行为人对职责漠不关心、得过且过、疏忽马虎的态度。不履行职责，是指根据职责要求，应作为而不作为，或者放弃职守、擅离岗位，一般表现为不作为的方式。不认真履行职责，是指国家机关工作人员在从事公务的过程中，违反规定或者违反操作规程，采取不合法或不合理的方法、手段，或者不及时、不完全履行职责的行为。

本罪的客观方面还要求有危害结果，即公共财产、国家和人民利益遭受重大损失。重大损失包括经济损失。经济损失是指渎职犯罪或者与渎职犯罪相关联的犯罪立案时已经实际造成的财产损失，包括为挽回渎职犯罪所造成损失而支付的各种开支、费用等。国家机关工作人员玩忽职守，具有下列情形之一的，应当认定为"致

使公共财产、国家和人民利益遭受重大损失":造成死亡 1 人以上,或者重伤 3 人以上,或者轻伤 9 人以上,或者重伤 2 人、轻伤 3 人以上,或者重伤 1 人、轻伤 6 人以上的;造成经济损失 30 万元以上的;造成恶劣社会影响的;其他致使公共财产、国家和人民利益遭受重大损失的情形。①

(3) 犯罪主体是特殊主体,即国家机关工作人员,主要是公务员,也包括其他依照法律、法规规定行使国家行政管理职权的组织中从事公务的人员,或者在受国家机关委托代表国家机关行使职权的组织中从事公务的人员,或者虽未列入国家机关工作人员编制但在国家机关中从事公务的人员等。

(4) 犯罪的主观方面为过失,即违反职责所要求的预见义务和结果避免义务,疏忽大意或过于自信,对于其行为可能会导致公共财产、国家和人民利益遭受的重大损失应当预见而没有预见,或者已经预见而轻信能够避免的心理态度。玩忽职守罪的主观罪过包括监督过失,即处于监督管理地位的人违反监督管理义务,对其应当防止的危害结果因疏忽大意或者过于自信而没有防止的心理态度。②

(二) 玩忽职守罪的认定

认定玩忽职守罪,要注意以下几个方面的界限:

(1) 玩忽职守罪与一般玩忽职守行为的区别。玩忽职守罪,要求给公共财产、国家和人民利益造成重大损失;而一般的玩忽职守行为则没有导致公共财产、国家和人民利益遭受重大损失。

(2) 玩忽职守罪与其他玩忽职守型渎职犯罪的区别。《刑法》分则第 9 章所规定的玩忽职守型犯罪还有执行判决、裁定失职罪,失职致使在押人员脱逃罪,国家机关工作人员签订、履行合同失职被骗罪等,玩忽职守罪与这些犯罪是普通法条与特别法条的关系。当玩忽职守行为同时触犯玩忽职守罪和其他相关条款的规定时,应当按照特别法优于一般法的原则,以其他特别的玩忽职守型渎职罪定罪处罚。只有在玩忽职守行为不构成特别的玩忽职守型渎职犯罪,而仅触犯普通法条时,才可以普通的玩忽职守罪处罚。

(3) 玩忽职守罪与危害公共安全罪中的有关责任事故犯罪的区别。危害公共安全罪中的有关责任事故犯罪,如工程重大安全事故罪等,与玩忽职守罪较为相似,很容易混淆,因此理论上有明确区分的必要。玩忽职守罪与这些犯罪的主要区别在于:从犯罪客体看,玩忽职守罪侵犯的客体是国家机关的正常管理活动,而责任事故类犯罪则危害了公共安全;从犯罪的客观方面看,玩忽职守罪发生在国家机关的社会、经济管理过程中,而责任事故的犯罪则一般发生在各种生产、作业、工程建设活动中;从犯罪主体上看,玩忽职守罪的犯罪主体是国家机关工作人员,而危害公共安全罪中的有关责任事故犯罪的主体可能是国家工作人员,也可能是非国家工作人员。

---

① 参见 2012 年 12 月 7 日最高人民法院、最高人民检察院《关于办理渎职刑事案件适用法律若干问题的解释(一)》第 8 条和第 1 条的规定。

② 参见王安异:《浅谈监督过失的注意义务》,载《华中科技大学学报(社科版)》2005 年第 6 期。

二、执行判决、裁定失职罪

执行判决、裁定失职罪,是指司法工作人员在执行判决、裁定活动中,严重不负责任,不依法采取诉讼保全措施、不履行法定执行职责,或者违法采取诉讼保全措施、强制执行措施,致使当事人或者其他人的利益遭受重大损失的行为。

三、失职致使在押人员脱逃罪

失职致使在押人员脱逃罪,是指司法工作人员由于严重不负责任,不履行或者不认真履行职责,致使在押的犯罪嫌疑人、被告人、罪犯脱逃,造成严重后果的行为。

四、国家机关工作人员签订、履行合同失职被骗罪

国家机关工作人员签订、履行合同失职被骗罪,是指国家机关工作人员在签订、履行合同过程中,因严重不负责任,不履行或者不认真履行职责被诈骗,致使国家利益遭受重大损失的行为。

五、环境监管失职罪

环境监管失职罪,是指负有环境保护监督管理职责的国家机关工作人员严重不负责任,不履行或不认真履行环境保护监管职责,导致发生重大环境污染事故,致使公私财产遭受重大损失或者造成人身伤亡的严重后果的行为。

六、传染病防治失职罪

传染病防治失职罪,是指从事传染病防治的政府卫生行政部门的工作人员严重不负责任,不履行或者不认真履行传染病防治监管职责,导致传染病传播或者流行,情节严重的行为。

七、商检失职罪

商检失职罪,是指国家商检部门、商检机构的工作人员严重不负责任,对应当检验的物品不检验,或者延误检验出证、错误出证,致使国家利益遭受重大损失的行为。

八、动植物检疫失职罪

动植物检疫失职罪,是指国家检验检疫部门及检验检疫机构中从事动植物检疫工作的人员严重不负责任,对应当检疫的检疫物不检疫,或者延误检疫出证、错误出证,致使国家利益遭受重大损失的行为。

九、失职造成珍贵文物损毁、流失罪

失职造成珍贵文物损毁、流失罪,是指国家机关工作人员严重不负责任,造成珍贵文物损毁或者流失,后果严重的行为。

第三节 泄露国家秘密型渎职罪

泄露国家秘密型渎职犯罪是指违反保守国家秘密法,使国家秘密泄露的渎职犯罪。泄露国家秘密型渎职罪主要包括故意泄露国家秘密罪、过失泄露国家秘密罪两种。

一、故意泄露国家秘密罪

(一)故意泄露国家秘密罪的概念与特征

故意泄露国家秘密罪,是指国家机关工作人员或者非国家机关工作人员违反保守国家秘密法,故意使国家秘密被不应知悉者知悉,或者故意使国家秘密超出了限定的接触范围,情节严重的行为。

故意泄露国家秘密罪的特征为:

(1)犯罪客体为国家的保密制度。我国的保守国家秘密制度是由以《保守国家秘密法》为核心的系列法律法规所构建的一整套国家保密制度,如《保守国家秘密法实施办法》《国家秘密技术出口审查规定》等,旨在保护我国的政治、经济、国防、科学技术安全,保护我国的国计民生和公共利益。泄露国家秘密,则会带来一系列的相关危害。

(2)犯罪的客观方面表现为违反保守国家秘密法,使国家秘密被不应知悉者知悉,或者使国家秘密超出了限定的接触范围,情节严重。泄露国家秘密的行为,是指把自己所掌握或知悉的国家秘密让不应知悉的人知悉,或者使国家秘密超出了限定的接触范围。泄露的方式多种多样,可以是公开的,也可以是秘密的;可以是口头泄露,也可以是通过行为泄露。

本罪的对象要件为国家秘密。根据保守国家秘密法的规定,国家秘密是指关系国家的安全和利益,依照法定程序确定,在一定时间内只限定在某个范围内的人员所知悉的事项,包括国家事务重大决策中的秘密事项、国防建设和武装力量活动中的秘密事项、外交和外事活动中的秘密事项、国民经济和社会发展中的秘密事项、科学技术的秘密事项、维护国家安全活动和追查刑事犯罪中的秘密事项等。

泄露国家秘密,情节严重的,才构成犯罪。

(3)犯罪主体主要为国家机关工作人员,非国家机关工作人员也可构成本罪。

(4)犯罪的主观方面为故意,即行为人明知是国家秘密而加以泄露的心理态度。行为人如果出于危害国家安全的目的,而故意将国家秘密提供给境外机构、组织或人员的,应以《刑法》第111条的为境外窃取、刺探、收买、非法提供国家秘密、情报罪处罚。

(二)故意泄露国家秘密罪的认定

1.本罪与为境外窃取、刺探、收买、非法提供国家秘密、情报罪的区别

上述两罪的区别主要在于:(1)犯罪客体不同,前者侵犯的客体为国家的保密

制度,后者侵犯的客体为国家安全;(2) 客观构成要件不同,前者不需要特定泄露对象,要求以情节严重为构成要件,而后者则需要为境外机构、组织和人员提供秘密,且不需要以情节严重为构成要件;(3) 犯罪主体不同,前者主要是国家机关工作人员,而后者则是一般主体,只要其行为危害国家安全,就可以构成犯罪。

2. 本罪与非法获取国家秘密罪的区别

上述两罪的区别主要在于:(1) 客观行为表现不同。前者表现为泄露行为,后者表现为窃取、刺探、收买行为;(2) 犯罪主体不同。前者的主体是具有保密义务的人,主要是国家机关工作人员,而后者则为一般主体,不需要负有保密义务。

二、过失泄露国家秘密罪

过失泄露国家秘密罪,是指国家机关工作人员或者非国家机关工作人员违反保守国家秘密法,过失泄露国家秘密,或者遗失秘密文件,致使国家秘密被不应知悉者知悉或者超出了限定的接触范围,情节严重的行为。

第四节 徇私舞弊型渎职罪

徇私舞弊型渎职罪,是指国家机关工作人员徇情、徇私,而违法行使职权的渎职犯罪。徇私舞弊型渎职犯罪包括:徇私枉法罪,民事、行政枉法裁判罪,枉法仲裁罪,徇私舞弊减刑、假释、暂予监外执行罪,徇私舞弊不移交刑事案件罪,徇私舞弊不征、少征税款罪,徇私舞弊发售发票、抵扣税款、出口退税罪,商检徇私舞弊罪,动植物检疫徇私舞弊罪,放纵制售伪劣商品犯罪的行为罪,招收公务员、学生徇私舞弊罪。

一、徇私枉法罪

(一) 徇私枉法罪的概念与特征

徇私枉法罪,是指司法工作人员徇私枉法、徇情枉法,对明知是无罪的人而使他受追诉、对明知是有罪的人而故意包庇不使他受追诉,或者在刑事审判活动中故意违背事实和法律作枉法裁判的行为。

徇私枉法罪的构成特征为:

(1) 犯罪客体是国家司法机关的刑事司法公正。国家司法机关的刑事诉讼秩序,要求司法机关依法办案、严格执法,实现刑事司法公正。因为本罪只是涉及刑事诉讼中的枉法行为,所以犯罪客体也应该为刑事司法公正,而不包括民事、行政司法公正。

(2) 犯罪的客观方面为对明知是无罪的人而使他受追诉、对明知是有罪的人而故意包庇不使他受追诉,或者在刑事审判活动中违背事实和法律作枉法裁判的行为。徇私,是指徇个人私情、私利,不包括为了本单位利益。徇私枉法罪的行为表现为:其一,对明知是没有犯罪事实或者其他依法不应当追究刑事责任的人,采取伪造、隐匿、毁灭证据或者其他隐瞒事实、违反法律的手段,以追究刑事责任为目的立案、侦查、起诉、审判的;其二,对明知是有犯罪事实需要追究刑事责任的人,采取伪造、隐匿、毁灭证据或者其他隐瞒事实、违反法律的手段,故意包庇使其不受立案、侦查、起诉、审判的;其三,采取伪造、隐匿、毁灭证据或者其他隐瞒事实、违反法律的手段,故意使罪重的人受较轻的追诉,或者使罪轻的人受较重的追诉的;其四,在立案后,采取伪造、隐匿、毁灭证据或者其他隐瞒事实、违反法律的手段,应当采取强制措施而不采取强制措施,或者虽然采取强制措施,但中断侦查或者超过法定期限不采取任何措施,实际放任不管,以及违法撤销、变更强制措施,致使犯罪嫌疑人、被告人实际脱离司法机关侦控的;其五,在刑事审判活动中故意违背事实和法律,作出枉法判决、裁定,即有罪判无罪、无罪判有罪,或者重罪轻判、轻罪重判的;其六,其他徇私枉法应予追究刑事责任的情形。

(3) 犯罪主体为特殊主体,即司法工作人员,具体而言,就是依法行使刑事侦查权、刑事起诉权和刑事审判权的机关,包括公安机关、国家安全机关、检察机关、审判机关的工作人员。这些机关中没有行使刑事追诉权的人员,如财会人员、后勤人员等不能构成本罪。帮助司法工作人员行使追诉权的专业技术人员,也可以构成本罪。

(4) 犯罪的主观方面为故意,且只能是直接故意,还必须有徇情、徇私的动机。徇情,是指行为人出于感情而产生犯罪动机,这种感情包括亲情、友情和爱情等多种情感,徇情的动机可以表现为接受请托、袒护亲友等;徇私,是指行为人出于追求个人私利的动机,一般表现为贪恋女色、报复泄愤、嫉妒逞能、邀功请赏等个人私欲私利。① 缺乏徇私和徇情的动机,而仅仅因为业务水平较低而出现冤假错案的,则不构成本罪。"徇私"应理解为徇个人私情、私利,如果国家机关工作人员为了本单位的利益,实施滥用职权、玩忽职守行为,构成犯罪的,应当依照《刑法》第 397 条第 1 款的规定定罪处罚。② 徇情、徇私仅是犯罪动机,属主观超过要素,并不要求客观上真的为本人或他人谋取了利益。

(二) 徇私枉法罪的认定

1. 徇私枉法罪与妨害作证罪、帮助毁灭证据罪、伪造证据罪、包庇罪的区别

徇私枉法罪可以是包庇行为,也可以是毁灭证据、伪造证据、威胁、贿买证人、妨害作证的行为,与妨害作证罪、帮助毁灭证据罪、伪造证据罪、包庇罪有相似之处,容易混淆。要明确本罪与上述犯罪的区别,应当注意:(1) 客观方面不同,本罪的行为人利用了自己直接办理或主管刑事案件的便利条件,而其他犯罪则没有这一条件;(2) 犯罪主体不同,本罪的主体为司法机关工作人员,其他犯罪的主体则为一般主体;(3) 犯罪主观方面不同,本罪要求有徇私、徇情的动机,而其他的犯罪并不以犯罪动机为构成要件。

2. 徇私枉法罪的共同犯罪

非司法工作人员与司法工作人员勾结,共同实施徇私枉法行为,构成犯罪的,应

---

① 参见王安异:《刑法第 399 条中"枉法"的认定》,载《法学评论》2003 年第 2 期。
② 参见 2003 年 11 月最高人民法院《全国法院审理经济犯罪案件工作座谈会纪要》。

当以徇私枉法罪的共犯追究刑事责任。

二、民事、行政枉法裁判罪

民事、行政枉法裁判罪,是指审判人员在民事、行政审判活动中,故意违背事实和法律作枉法裁判,情节严重的行为。

三、枉法仲裁罪

枉法仲裁罪,是指依法承担仲裁职责的人员,在仲裁活动中故意违背事实和法律作枉法裁决,情节严重的行为。

本罪的客体是仲裁公正。我国仲裁制度包括经济仲裁、劳动仲裁等,是司法外解决纠纷的一种方式,要求各仲裁人依法公正仲裁,维护当事人的权利。枉法仲裁行为破坏的就是这种公正秩序。本罪客观上表现为违背事实和法律,违法裁决,且情节严重的行为。本罪主体为特殊主体,即仲裁人。仲裁人是在仲裁活动中承担仲裁职责的人,具有特定的法律地位。本罪主观上只能是故意。

四、徇私舞弊减刑、假释、暂予监外执行罪

徇私舞弊减刑、假释、暂予监外执行罪,是指司法工作人员徇私舞弊,对不符合减刑、假释、暂予监外执行条件的罪犯予以减刑、假释、暂予监外执行的行为。

五、徇私舞弊不移交刑事案件罪

徇私舞弊不移交刑事案件罪,是指行政执法人员,徇私情、私利,伪造材料,隐瞒情况,弄虚作假,对依法应当移交司法机关追究刑事责任的刑事案件,不移交司法机关处理,情节严重的行为。

徇私,是指出于私情、私利的动机,此为主观要素,只要行为人暴露出该动机即可,并不要求实际上私情得偿所愿或者谋取了私利;舞弊,是指实施伪造材料、隐瞒情况、弄虚作假的行为。徇私舞弊包括主客观两方面的内容,徇私为主观决定因素,表现了不移交刑事案件的主观动机,而舞弊则为客观的行为表现,表现了不移交刑事案件的手段。

"不移交刑事案件"的行为,是指将本来应该移交刑事侦查、审判的案件,拒不移交的行为。对此,行为人主观上明知该案件涉嫌犯罪,应该移交刑事侦查机关,否则就会放纵犯罪;客观上也确实使本应受到刑事查处的行为面临逃脱刑事审判的危险。如果该行为根本就不构成犯罪,则即使不移交,也不构成本罪。徇私舞弊不移交刑事案件的,情节严重才构成犯罪。

六、徇私舞弊不征、少征税款罪

徇私舞弊不征、少征税款罪,是指税务机关工作人员徇私舞弊,不征、少征应征税款,致使国家税收遭受重大损失的行为。

七、徇私舞弊发售发票、抵扣税款、出口退税罪

徇私舞弊发售发票、抵扣税款、出口退税罪，是指税务机关工作人员违反法律、行政法规的规定，在办理发票发售、抵扣税款、出口退税工作中徇私舞弊，致使国家利益遭受重大损失的行为。

八、商检徇私舞弊罪

商检徇私舞弊罪，是指国家商检部门、商检机构的工作人员徇私舞弊，伪造检验结果的行为。

九、动植物检疫徇私舞弊罪

动植物检疫徇私舞弊罪，是指国家检验检疫部门及检验检疫机构中从事动植物检疫工作的人员徇私舞弊，伪造检疫结果的行为。

十、放纵制售伪劣商品犯罪行为罪

放纵制售伪劣商品犯罪行为罪，是指对生产、销售伪劣商品犯罪行为负有追究责任的国家工商行政管理、质量技术监督等机关工作人员徇私舞弊，不履行法律规定的追究职责，情节严重的行为。

十一、招收公务员、学生徇私舞弊罪

招收公务员、学生徇私舞弊罪，是指国家机关工作人员在招收公务员、省级以上教育行政部门组织招收的学生工作中徇私舞弊，情节严重的行为。

本章重点问题提示

一、关于滥用职权罪罪过形式的争论

对滥用职权罪的罪过形式，刑法没有明文规定，理论上颇有分歧，主要有六种观点：(1) 认为滥用职权罪的罪过形式属于过失[1]；(2) 认为滥用职权罪的罪过形式属于复合罪过，即可能是间接故意和过失的复合统一体[2]；(3) 认为滥用职权罪的罪过形式是故意，即行为人明知自己滥用职权的行为会导致公共财产、国家和人民利益遭受重大损失的结果，并且希望或者放任这种结果发生[3]；(4) 认为滥用职权罪的罪

---

[1] 参见李洁：《论滥用职权罪的罪过形式》，载《法学家》1998年第4期。
[2] 参见储槐植、杨书文：《复合罪过形式探析》，载《法学研究》1999年第1期；齐文远主编：《新刑法概论》，中国方正出版社1997年版，第457页。
[3] 参见高铭暄、马克昌主编：《刑法学》，北京大学出版社、高等教育出版社2000年版，第649页。

过形式只能是间接故意①;(5)认为滥用职权罪的主观罪过为故意,即明知自己的行为是滥用职权行为,而希望或放任该行为实施的,行为人对"重大损失"的危害结果至少应有预见可能性②;(6)认为滥用职权罪的罪过形式是故意,但"重大损失"的结果只是客观处罚条件③。

通说是第三种观点,但仍有可议之处。

二、关于"徇私"概念的争论

对渎职犯罪中的"徇私"概念,理论上有两种不同理解。

一种观点认为,徇私仅指徇个人私情、私利,即徇一己之私;私情、私利与单位利益相对应,徇单位之私不能理解为徇私。④

另一种观点认为,徇私不仅包括徇个人之私,而且包括徇单位、集体之私。⑤

从字面理解"徇私",则第一种观点是正确的,"私"只能是一己之私,如果将"徇单位之私""徇集体之私"也纳入"徇私"的范围,则明显超出了对"徇私"概念的正常理解范围,而使"徇私"概念失去确定外延,从而违反罪刑法定原则。但是,从另一方面看,为了"徇单位"之私而枉法裁判的社会危害性也非常严重,严重侵犯了职务行为的公正性和廉洁性。

所以,问题的关键不是"徇私"概念的字面含义,而是"徇单位之私"应否处罚。对于一些单纯的"徇单位之私"而无涉任何"个人利益"的行为,不能理解为"徇私";而那些名义上"徇单位之私",实际上还包含了"个人私利"的行为,则仍然属于"徇私"范畴。

这样理解,既不与"徇私"的词义相悖,又有利于明确"徇私"的界限,还可以打击一些表面上"徇单位之私""徇集体之私"的行为。

三、关于"徇私"性质的争论

关于"徇私"到底应该属于主观要件还是客观要件,理论上有四种不同的观点:第一种观点认为:徇私既是客观的构成要件,又是主观的构成要件⑥;第二种观点认为:徇私是客观的构成要件,即徇私的行为⑦;第三种观点认为:徇私是目的;第四种观点认为:徇私是犯罪动机,属于主观的超过要素⑧。

"徇私"类犯罪往往并不要求行为人客观上还实行了特别的徇私行为,也不需要因徇私而实际取得利益,如果将"徇私"理解为客观构成要件,则会因缺乏可操作性而影响刑法的实效。

---

① 参见刘家琛主编:《新刑法新问题新罪名通释》,人民法院出版社1997年版,第1084页。
② 参见王安异:《裁判规范还是行为规范?》,载《现代法学》2006年第4期。
③ 张明楷:《"客观的超过要素"概念之提倡》,载《法学研究》1999年第3期。
④ 参见牛克乾、阎芳:《试论徇私枉法罪中"徇私"的理解与认定》,载《政治与法律》2003年第3期。
⑤ 参见张明楷:《论渎职罪中的"徇私""舞弊"》,载李希慧、刘宪权主编:《中国刑法学年会文集》(第二卷),中国人民公安大学出版社2005年版,第182页。
⑥ 参见李文生:《关于渎职罪徇私问题的探讨》,载《中国刑事法杂志》2002年第4期。
⑦ 参见王福生:《浅谈徇私舞弊罪客观方面的认定》,载《人民检察》2001年第3期。
⑧ 参见王安异:《刑法第399条中"枉法"的认定》,载《法学评论》2003年第2期。

至于"徇私"究竟是动机抑或目的,关键在于正确区分犯罪动机和犯罪目的两个概念。

> **思考题**

1. 渎职罪的犯罪主体是什么?国家机关工作人员包括哪些人员?
2. 滥用职权罪与玩忽职守罪的区别何在?
3. 如何理解《刑法》中"徇私舞弊"的概念?
4. 如何认定枉法裁判的行为?

第三十章 军人违反职责罪

> **内容提要**

本章主要论述军人违反职责罪的概念与构成特征,军人违反职责罪中各种具体犯罪的概念与犯罪构成。重点在于战时违抗命令罪、故意泄露军事秘密罪等重点、难点罪名的概念与犯罪构成。

> **关键词**

军人违反职责罪 国家军事利益 军职人员 战时 战场

军人违反职责罪,是指军人违反职责,危害国家军事利益,依照法律应当受刑罚处罚的行为。这类犯罪具有如下特征:

(1) 军人违反职责罪的客体是国家军事利益。军事,是一切有关武装斗争事项的总称。军事与国防是两个密切关联的概念。国家军事利益,是包括国防在内的各种军事活动过程中形成的特殊国家利益。国家军事利益集中体现为军队的职能活动。军队职能活动必须通过全体军人履行法定职责的行为才能得到实现。军人违反法定职责,必然危害国家军事利益。故依法惩治军人违反职责的犯罪行为,是维护国家军事利益的需要。

(2) 军人违反职责罪在客观方面主要表现为违反军人职责的行为。军人职责,是指由有关军事法加以明确的对军人履行军队职能的行为所提出的要求。军人职责包括一般职责和具体职责,一般职责是对所有军人的共同要求,具体职责是对不同职务不同岗位上的军人分别提出的特殊要求。规定军人职责的有关军事法形式主要是军队的各种条令、条例,包括《内务条令》《纪律条令》等共同条令和《战斗条令》《舰艇条令》《飞行条令》《保密条例》《政工条例》等专业条令与条例。违反军人职责的行为既有作为也有不作为。危害结果以及"战场上""战时"等空间和时间因素也是一部分军人违反职责罪的构成要件。刑法对"战时"作了明确规定:战时即指国家宣布进入战争状态、部队受领作战任务或者遭敌突然袭击时。此外,部队执行戒严任务或者处置突发性暴力事件时,以战时论。须明确的是,并非所有违反军人职责的行为都是犯罪,违反军人职责情节显著轻微危害不大的,仅仅是违反军纪的行为,不构成军人违反职责罪。

（3）军人违反职责罪的主体是军职人员。作为特殊主体的军职人员包括具有军籍的现役人员和正在履行军事职责的非现役人员。现役人员包括中国人民解放军的现役军官、文职干部、士兵及具有军籍的学员和中国人民武装警察部队的现役警官、文职干部、士兵及具有军籍的学员。一般说来，现役军人的起止时间，应当从公民依法被正式批准入伍之日开始，至被正式批准退役、退休、离休，或被除名、开除军籍之日为止。正在服刑或被劳教的军人在理论上也属于军人违反职责罪的主体，但由于这类军人实际上已暂停履行军人职责，故一般不可能在此期间因违反职责而犯罪。非现役人员是指执行军事任务的预备役人员和其他人员。未执行军事任务的预备役人员不能成为军人违反职责罪的主体。执行军事任务的其他人员，是指执行军事任务的不具有军籍的军队在编人员和受命临时执行军事任务的人员。

（4）军人违反职责罪在主观方面多数是出于故意，也有的是出于过失。故意实施军人违反职责罪中规定的某些行为，但行为人的主观意图是要危害国家主权、领土完整和安全，分裂国家或破坏国家统一，颠覆或动摇国家政权的，应按危害国家安全罪处断。

军人违反职责罪列于《刑法》分则第 10 章，共设有 32 个条文（第 420—451 条），含 31 个罪名。对于军人违反职责罪，可依照其侵害的直接客体、犯罪主体、犯罪发生的时间或空间等多种标准分类，较多的是依直接客体分类。①

军人违反职责罪的法定刑设置有着明显的特殊性，即该类所有罪名都没有规定管制、罚金、没收财产等几种我国刑法总则规定的主刑和附加刑。根据罪刑法定原则，对于没有在法定刑中明文规定的刑罚种类，实践中不得在认定各军职罪罪名时加以适用。在军职罪法条及罪名中，规定死刑的有 11 个条文、12 个罪名。根据《刑法》总则第 57 条的规定，对于被判处死刑、无期徒刑的犯罪分子，应当剥夺政治权利终身。因此，虽然军职罪一章的各个法条中没有明文规定剥夺政治权利这一附加刑，但它仍然可以附加适用于规定有死刑的军职罪条文及罪名。

第一节 危害军队作战行动的犯罪

军队作战行动，是指军队对敌方采取的军事打击活动，包括军事进攻和军事防御。军队作战行动体现军队职能的核心，是国家军事利益重心所在。

一、战时违抗命令罪

（一）战时违抗命令罪的概念与特征

本罪是指军人在战时违抗上级命令，对作战造成危害的行为。本罪的构成特征如下：

---

① 参见本章重点问题提示。

（1）本罪直接客体是军事指挥关系和作战利益。在战时，军队的各种活动都以作战为中心，而要保证作战的胜利，必须严格要求军人做到令行禁止，否则，军队的战略意图和战术安排难以实现，必然会危害作战利益，轻者贻误战机，重者导致作战失利。因此，刑法规定惩治战时违抗命令，干扰作战指挥关系，危害作战利益的行为。

（2）本罪在客观方面表现为战时违抗上级命令并对作战造成危害的行为。命令，指军队中的上级对下级发出的行动指令，包括作战、开进、撤退、驻守、兵力和装备调配、行政管理、人事任免等方面的军令或政令。本罪中的上级，主要是指行政职务高的首长。违抗命令，是指主观上故意，客观上违背、抗拒首长、上级职权范围内的命令，包括拒绝接受命令，或者不按照命令的具体要求行动等。这里的违抗命令行为包括作为与不作为，但必须是在战时实施并对作战造成了危害。对作战造成危害，主要指：扰乱作战部署或者贻误战机的；造成作战任务不能完成或者迟缓完成的；造成我方人员死亡1人以上，或者重伤2人以上，或者轻伤3人以上的；造成武器装备、军事设施、军用物资损毁，直接影响作战任务完成的；对作战造成其他危害的。

（3）本罪主体是军职人员。主要是指战时或非常情况下执行军事任务的解放军官兵、武警官兵和预备役人员。本罪的主体通常是作为首长部属的下级人员。

（4）本罪主观方面是故意。犯罪动机不影响本罪的构成。

（二）战时违抗命令罪的认定

认定本罪，主要应注意区分其与违纪行为的界限。军队的条令要求军人必须坚决执行命令，违抗命令是违反军纪的行为。本罪当然也是违反军纪的行为，但违反军纪的行为并非都能构成本罪。战时虽有违抗命令的行为，但情节显著轻微，未对作战造成危害的，以及平时发生的违抗命令的行为，不构成本罪，可按军纪处罚。

二、隐瞒、谎报军情罪

本罪是指军人故意隐瞒、谎报军情，对作战造成危害的行为。本罪客体是作战利益。隐瞒是指知情不报，谎报是指歪曲或编造，本罪可表现为其中一种行为，也可是两种兼而有之。成立本罪必须是对作战造成实际危害。本罪常发生于战时，但也可能发生于战前。本罪主观方面为故意。

三、拒传、假传军令罪

本罪是指军人拒传军令或者假传军令，对作战造成危害的行为。军令，是指军队中的上级对下级发出的具有强制性法律效力的指示。拒传，是指拒绝传达军令内容或传递军令载体；假传，是指传达或传递伪造的虚假军令或经篡改的军令。成立本罪必须对作战造成实际危害。本罪主观方面是故意。

四、投降罪

本罪是指军人在战场上贪生怕死,自动放下武器投降敌人。本罪客观方面表现为在战场上自动放下武器投降敌人的行为。平时投靠敌对势力或在战场上因弹尽粮绝、寡不敌众或伤病昏迷而被俘的等,均不构成本罪。主观方面是故意。

五、战时临阵脱逃罪

(一) 战时临阵脱逃罪的概念与特征

本罪是指军人在其所在部队已经领受作战任务或正在作战时擅自脱离部队的行为。本罪的特征如下:

(1) 客体是军队战斗力。参与作战行动的军人是战时军队战斗力的基本构成因素,军人临阵脱逃,不仅造成非战斗减员,而且动摇军心,瓦解斗志,严重危害作战利益。

(2) 客观方面表现为战时临阵脱逃的行为。临阵,是指行为人所在的部队或分队正在执行作战任务,或者尚未实际执行但已经领受作战任务的情况。脱逃,是指擅自离开自己所在的部队或分队的行为,可以是秘密离开,也可以是公然离开。行为人已知自己即将担负作战任务而脱逃的,亦可构成本罪。临阵脱逃是否造成危害结果,不影响本罪构成。本罪以战时为成立条件。

(3) 主体是执行或面临执行作战任务的军人。教唆、帮助他人临阵脱逃的,可构成本罪的共犯。

(4) 主观方面为故意,且行为人必须有脱离部队的目的。无此目的,因伤病、体力或其他客观原因而掉队或与部队失去联系的,不构成犯罪。

(二) 战时临阵脱逃罪的认定

认定本罪时,主要应注意其与战时违抗命令罪的界限。两者都是战时犯罪。一般说来,犯战时违抗命令罪并不一定伴随临阵脱逃的行为,但是犯临阵脱逃罪却往往伴随着战时违抗命令的行为。如果行为人因临阵脱逃而违抗命令或以临阵脱逃来违抗命令,应按从一重处断原则,认定为战时临阵脱逃罪。

(三) 战时临阵脱逃罪的刑事责任

根据《刑法》第424条的规定,犯本罪的,处3年以下有期徒刑;情节严重的,处3年以上10年以下有期徒刑。情节严重,主要是指率众或组织临阵脱逃、处于重要岗位的军人临阵脱逃、在紧要或危急关头脱逃、携带重要机密脱逃、采用恶劣手段脱逃等。致使战斗、战役遭受重大损失的,处10年以上有期徒刑、无期徒刑或者死刑。

六、违令作战消极罪

本罪是指军队的指挥人员在战时违抗命令,临阵畏缩,作战消极,造成严重后果的行为。本罪客观方面表现为战时违抗命令,临阵畏缩,作战消极,造成严重后果。本罪只能发生于战时,违抗的是作战命令,具体表现是临阵畏缩或者作战消极。临阵畏缩,是指行为人面对上级交给的作战任务却步不前、不敢上阵;作战消极,是指行为人在执行上级交给的作战任务的过程中无故拖延、不尽全力。两种行为表现都是不作为。严重后果,是指贻误战机、增加伤亡等情况。本罪主体是负有一定指挥职责的军人。主观方面是故意。

七、拒不救援友邻部队罪

本罪是指军队指挥人员在战场上明知友邻部队处境危急请求救援,能救援而不救援,致使友邻部队遭受重大损失的行为。本罪客观方面表现为能救援而不救援因处境危急而请求救援的友邻部队的行为。本罪属于战时犯罪,且必须发生在战场上。友邻部队,主要是指与行为人所在部队并肩作战或协同执行作战任务的其他部队。处境危急,是指友邻部队已难以抵挡敌人的进攻而又无法摆脱敌人,面临被敌人消灭或俘获的危险境地。请求救援,是指友邻部队直接或间接地向行为人所在部队发出请求,而行为人已接到请求。能救援而不救援,是指行为人所在部队有能力有条件救援而有意回避、按兵不动、消极观望的不作为。本罪主体是在战场上负有军事指挥职责的人员。主观方面是故意。

八、战时造谣惑众罪

本罪是指军人在战时造谣惑众,动摇军心的行为。本罪客观方面表现为战时造谣惑众,动摇军心的行为,即制造谣言、混淆视听、蛊惑人心、引起混乱的行为。成立本罪,只要谣言足以惑众和动摇军心即可,至于众人是否相信了谣言,军心是否因此而动摇,不影响本罪的构成。本罪以战时为成立条件。本罪主观方面是故意。如果行为人因不知情而传播不实消息,不构成本罪。

根据《刑法》第433条的规定,犯本罪的,处3年以下有期徒刑;情节严重的,处3年以上10年以下有期徒刑;情节特别严重的,处10年以上有期徒刑或者无期徒刑。

九、战时自伤罪

本罪是指军人战时自伤身体,逃避军事义务的行为。本罪客观方面表现为战时自伤身体的行为。自伤身体,是指行为人用各种方法伤害自己的身体,其伤害结果足以导致自己承担的军事义务无法履行或难以履行。本罪以战时为条件。平时自伤身体,逃避军事义务的行为,不构成犯罪。本罪主体是战时负有军事义务的军人。主观方面是故意,目的是逃避军事义务。军人在战时因武器装备肇事而导致自己身体伤害的,不构成本罪。

第二节 危害军队勤务和管理的犯罪

军队勤务和管理,是指军队内部日常军事活动和行政活动及其正常秩序,直接关系到军队的高度集中统一和严格纪律的实现,从而影响到军队的凝聚力和战斗力。

一、擅离、玩忽军事职守罪

本罪是指军队中的指挥人员和值班、值勤人员擅离职守或者玩忽职守,造成严重后果的行为。本罪客观方面表现为擅离职守或者玩忽职守行为以及该行为造成的严重后果。擅离职守,是指无合法依据或未经允许擅自离开指挥、值班、值勤岗位。玩忽职守,是指在指挥、值班、值勤岗位上粗心大意、马虎草率、不尽职责。构成本罪必须是造成了严重后果。造成严重后果,是指在部队引起严重混乱、延误了重要军事行动、给敌特或其他破坏分子以可乘之机等情况。本罪主体是军队的指挥人员、值班人员、值勤人员。主观方面主要是过失,但在擅离职守的情况下也可能是故意。

二、阻碍执行军事职务罪

本罪是指以暴力、威胁方法阻碍指挥人员、值班人员、值勤人员执行职务的行为。阻碍,是指阻止或妨碍。本罪行为必须以暴力、威胁方法实施。阻碍行为的对象是正在执行职务的指挥人员、值班人员、值勤人员。主观方面是故意。

根据《刑法》第 426 条的规定,犯本罪的,处 5 年以下有期徒刑或者拘役;情节严重的,处 5 年以上 10 年以下有期徒刑;情节特别严重的,处 10 年以上有期徒刑或者无期徒刑。战时从重处罚。

三、指使部属违反职责罪

本罪是指军人滥用职权,指使部属进行违反职责的活动并造成严重后果的行为。本罪客观方面表现为滥用职权指使部属进行违反职责的活动的行为和该行为导致的严重后果。指使,是指利用职权和由职权带来的威信指令和唆使部属进行违反职责的活动。指使的对象必须是行为人的部属。严重后果,主要是指被指使的部属实施了违反职责的犯罪行为、被指使的部属不堪指使而自杀或精神失常等情况。本罪主体是处于首长或上级职位的军人。主观方面是故意,目的是使部属进行违反职责的活动。

四、军人叛逃罪

(一) 军人叛逃罪的概念与特征

本罪是指军人在履行公务期间,擅离岗位,叛逃境外或者在境外叛逃,危害国家军事利益的行为。本罪客观方面表现为在履行公务期间擅离岗位并叛逃境外或者在境外叛逃的行为。在此,擅离岗位和叛逃互相结合在一起构成本罪的行为。擅离岗位,是指军人在履行公务期间未经允许而自行放弃公务的履行并脱离军队指挥管理系统。叛逃,是指违背军人神圣誓言,背叛军队和国家,逃往境外或在境外不归的行为。逃往或滞留外国驻华使馆或领事馆,应属叛逃境外或在境外叛逃。主体是军人。非军人在履行公务期间擅离岗位并叛逃境外或在境外叛逃的,不构成本罪。主观方面是出于故意。行为人的目的是要脱离军队和国家,逃往境外或滞留境外。行为人动机如何不影响本罪的构成。

(二) 军人叛逃罪的认定

(1) 本罪与投敌叛变罪的界限。本罪必须在背叛国家的同时背叛军队,危害国家军事利益,而后罪不一定涉及军队和军事利益;本罪以境外为叛逃去向,不一定与敌对势力接触,而后罪以敌对国家和地区为去向并投靠敌人;本罪主体是特殊主体,而后罪主体是一般主体。

(2) 本罪与叛逃罪的界限。本罪主要危害国家军事利益,叛逃罪主要危害国家安全利益;本罪主体是军人,而叛逃罪主体是不包括军人在内的国家机关工作人员。

(3) 本罪与投降罪的界限。本罪可犯于任何时间和场所,投降罪则仅限于战时,而且必须是在战场上;本罪以境外为叛逃去向,投降罪则表现为投降敌人。

(三) 军人叛逃罪的刑事责任

根据《刑法》第 430 条的规定,犯本罪的,处 5 年以下有期徒刑或者拘役;情节严重的,处 5 年以上有期徒刑。"情节严重"是指:结伙叛逃;在履行重要公务期间叛逃;叛逃至敌对国家或地区等情况。驾驶航空器、舰船犯本罪,或者有其他特别严重情节的,处 10 年以上有期徒刑、无期徒刑或者死刑。"其他特别严重情节",是指胁迫他人叛逃;策动多人叛逃;携带重要军事机密叛逃等情况。

五、逃离部队罪

(一) 逃离部队罪的概念与特征

本罪是指军人违反兵役法规,逃离部队,情节严重的行为。客观方面表现为违反兵役法规定,非法逃离部队且情节严重的行为。兵役法规,是指《兵役法》以及规定军人服役事项和要求的军事法规。逃离部队,是指军人未经允许而脱离部队的行为。脱离部队行为,可以是私自从部队出走的行为,也可以是在探亲或休假时拒不归队的不作为;可以是秘密的,也可以是公然的。情节严重,是指携带武器弹药或重要装备逃离部队;驾驶军用机动装备逃离部队;结伙或多人共同逃离部队;在执行重要任务时逃离部队等情况。情节一般的逃离部队行为,尤其是刚刚入伍因不习惯部队生活而逃离部队的行为,通常不构成犯罪。主体是正在服役的军人。正在服役的军人,是指依法应征入伍并已经到部队服役,尚未被依法批准退役、退休、离休的人员。主观方面是出于故意。行为人的目的是永久脱离部队。如果行为人无此目的,只是一时离岗或为躲避某项任务而暂时离队,不构成本罪。

(二) 逃离部队罪的认定

(1) 本罪与战时拒绝、逃避征召、军事训练罪的界限。本罪在侵害国家兵役制度的同时,也造成了部队非战斗减员或者兵员流失,侵害了军队的管理秩序和战斗力,而后罪只是侵犯了国防利益和减弱军队战斗力,还不会直接侵害军队管理秩序;本罪主体主要是现役军人,而后罪主体只能是预备役人员;本罪在平时和战时都能成立,而后罪是战时犯罪。

(2) 本罪与战时拒绝、逃避服役罪的界限。本罪必然侵害军队战斗力,后罪还不会直接影响到部队战斗力;本罪主体主要是现役军人,后罪主体是一般公民;本罪在任何时候都能成立,而后罪的成立以战时为条件。

(3) 本罪与战时临阵脱逃罪的界限。两罪在客体、客观行为和主观方面相同或基本相同,只是战时临阵脱逃罪加有"战时临阵"的限制,故规定两罪的条文属普通条款与特别条款的关系,应按特别法条优于普通法条的原则来决定条文的适用。

(4) 本罪与军人叛逃罪的界限。本罪以脱离部队为目的,而后罪行为人在主观上不仅希望脱离部队,而且希望生活于境外即脱离国家;本罪不以在履行公务时实施为条件,而后罪必须是在履行一定公务期间实施。

六、武器装备肇事罪

本罪是指军人违反武器装备使用规定,情节严重,因而发生责任事故,致人重伤、死亡或者造成其他严重后果的行为。本罪在客观方面表现为违规使用武器装备,情节严重的行为,以及该行为导致的责任事故并致人重伤、死亡等严重后果。武器装备使用规定,是指军队制定的有关武器装备使用的管理规定和操作规程。情节严重,主要是指在管理使用武器装备过程中严重不负责任、违规使用武器装备不听劝告和制止、经常或多次违规使用武器装备而屡教不改、随意动用自己无权动用的武器装备等情况。本罪主观方面只能是过失。

七、擅自改变武器装备编配用途罪

本罪是指军人违反武器装备管理规定,擅自改变武器装备编配用途,造成严重后果的行为。本罪客观方面表现为违反武器装备管理规定,擅自改变武器装备编配用途的行为,以及该行为造成的严重后果。服务于一定的军事目的,编配于军队的每一种武器装备都有其特定的军事用途,擅自改变武器装备的编配用途,必然有害于国家军事利益。擅自改变武器装备编配用途,可以是擅自对武器装备进行改装而使其用途发生改变,也可以是不按武器装备编配用途直接将武器装备用作他途;可以是私自将武器装备改作民用,也可以是自作主张将武器装备由编配用途改为另一种非编配军事用途。无论何种情况,都必须是造成严重后果的才成立本罪。严重后果,是指造成武器装备损毁、影响部队执行任务、引发伤亡或事故、导致泄密、被犯罪活动所利用等情况。本罪主观方面是故意。

八、私放俘虏罪

本罪是指军人非法释放俘虏的行为。俘虏,是指在战争或武装冲突中被我方俘获的敌方作战人员。本罪的客观方面表现为私放俘虏的行为。私放,是指没有合法根据或授权而擅自释放俘虏。本罪主体是军人,多为负有看管俘虏职责的军人。主观方面是故意。

第三节　危害军事秘密的犯罪

一、非法获取军事秘密罪

本罪是指违反国家和军队的保密规定，采取窃取、刺探、收买方法，非法获取军事秘密的行为。本罪客观方面表现违反国家和军队的保密规定，采取窃取、刺探、收买方法，非法获取军事秘密的行为。窃取，是以避免他人知道的方法取得军事秘密；刺探，是以听或看的方法获取军事秘密；收买，是以钱物等手段从掌握军事秘密的人员那里换取军事秘密。军事秘密是指关系国防安全和军事利益，依照规定的权限和程序确定，在一定时间内只限一定范围的人员知悉的事项。行为人是否实际掌握了军事秘密的内容或载体，不影响本罪的构成。本罪主观方面是故意。

二、为境外窃取、刺探、收买、非法提供军事秘密罪

本罪是指军人为境外的机构、组织、人员窃取、刺探、收买、非法提供军事秘密的行为。本罪客观方面表现为为境外机构、组织或人员窃取、刺探、收买、非法提供军事秘密的行为。本罪主体是军人。在非法提供军事秘密的情况下，主体是只能合法掌握军事秘密的军人。本罪主观方面是故意。

三、故意泄露军事秘密罪

（一）故意泄露军事秘密罪的概念与特征

本罪是指违反保守国家和军队的保密规定，故意使军事秘密被不应知悉者知悉或者超出了限定的接触范围，情节严重的行为。本罪客观方面表现为非法泄露军事秘密且情节严重的行为。本罪必须是违反保守国家秘密法规的行为。保守国家秘密法规，主要是指《保守国家秘密法》《中国人民解放军保密条例》等法律和军事法规。泄露，是指以各种方式将自己知悉的军事秘密透露给不应掌握该项军事秘密的人员。"情节严重"，主要是指泄露的军事秘密被广为传播而失控；利用军事秘密进行非法活动；出卖军事秘密；在危急关头泄露军事秘密；因泄露军事秘密而使军事行动受损等情况。主体是军职人员，包括现役军人和执行军事任务的预备役人员。主观方面为故意。即行为人在明知自己掌握的是军事秘密且不应向他人透露的情况下，向他人透露该军事秘密。

（二）故意泄露军事秘密罪的认定

认定本罪，主要应注意区分本罪与泄露国家秘密罪。本罪中的秘密只能是军事秘密，而后罪中的秘密是包括军事秘密在内的国家秘密；本罪的主体是军职人员，而后罪的主体是国家机关工作人员。因此，对符合本罪构成要件的，应认定为本罪而不按故意泄露国家秘密罪论处。

四、过失泄露军事秘密罪

本罪是指违反国家和军队的保密规定,过失泄露军事秘密,致使军事秘密被不应知悉者知悉或者超出了限定的接触范围,情节严重的行为。本罪客观方面表现为违反保守国家秘密法规而泄露军事秘密且情节严重。行为方式包括口头或书面透露出军事秘密内容、自己管护的军事秘密内容被不该看见的人员看见、自己管护的军事秘密载体丢失等。成立本罪必须是情节严重。本罪主体是合法掌握一定军事秘密的军人。主观方面是过失,即行为人保密观念不强,由于疏忽大意或过于自信而泄露军事秘密。如果行为人对保守军事秘密尽职尽责,由于不能预见或不能抗拒的原因导致泄密或者是从他人处泄密的,不构成犯罪。

第四节 危害军队物质基础的犯罪

军队物质基础,是指军队战斗力赖以形成不可缺少的物质条件,包括武器装备、军用物资、军事设施、军队房产等。这些物质基础与军人共同有机构成军队的战斗力。

一、盗窃、抢夺武器装备、军用物资罪

(一)盗窃、抢夺武器装备、军用物资罪的概念与特征

本罪是指以非法占有为目的,盗窃或者抢夺武器装备、军用物资的行为。本罪在客观方面表现为盗窃或者抢夺武器装备、军用物资的行为。所谓武器装备,是指实施和保障军事行动的武器、武器系统和军事技术器材的统称。军用物资,是指除武器装备意外专供武装力量使用的各种物资的统称,包括装备器材、军需物资、医疗物资、油料物资、营房物资等。① 行为人使用暴力、胁迫或其他强制性手段抢劫武器装备、军用物资的,也应构成本罪。行为人是否实际取得武器装备、军用物资,不影响本罪的成立。本罪的主体是军人。其他人员盗窃、抢夺武器装备、军用物资的,不构成本罪。本罪在主观方面是出于故意,且行为人具有非法持有武器装备、军用物资的目的。

(二)盗窃、抢夺武器装备、军用物资罪的认定

(1)本罪与盗窃、抢夺枪支、弹药、爆炸物罪的界限。本罪的对象是武器装备、军用物资,危害的是国家军事利益,后罪的对象是枪支、弹药和爆炸物,危害的是公共安全;本罪行为方式可包括抢劫,而后罪中不包括抢劫;本罪主体是特殊主体即军人,而后罪的主体是包括军人在内的一般主体。军人盗窃、抢夺非军用的枪支、弹药、爆炸物的,应认定为盗窃、抢夺枪支、弹药、爆炸物罪。

---

① 参见 2013 年 2 月 26 日最高人民检察院、解放军总政治部《军人违反职责罪案件立案标准的规定》第 37、38 条的规定。

(2) 本罪与盗窃罪、抢夺罪和抢劫罪的界限。本罪归属于违反军人职责罪，而盗窃罪、抢夺罪和抢劫罪属于侵犯财产罪；本罪是特殊主体的犯罪，而盗窃罪、抢夺罪和抢劫罪的主体是一般主体。军人盗窃、抢夺以及抢劫的对象不是武器装备和军用物资，非军人盗窃、抢夺、抢劫枪支、弹药、爆炸物以外的武器装备、军用物资的，均不构成本罪，而成立盗窃罪、抢夺罪或抢劫罪。

（三）盗窃、抢夺武器装备、军用物资罪的刑事责任

根据《刑法》第438条的规定，犯本罪的，处5年以下有期徒刑或者拘役；情节严重的，处5年以上10年以下有期徒刑。情节严重，主要是指多次盗窃或抢夺、盗窃或抢夺的数量较多、因盗窃或抢夺而干扰或阻碍了军事行动等情况。情节特别严重的，处10年以上有期徒刑、无期徒刑或者死刑。情节特别严重，主要是指盗窃或抢夺大型或高新技术的武器装备和军用物资、因盗窃或抢夺行为而导致军事行动失利或重大伤亡后果等情况。

二、非法出卖、转让武器装备罪

（一）非法出卖、转让武器装备罪的概念与特征

本罪是指军人无合法根据而擅自出卖武器装备的行为。本罪客观方面表现为非法出卖或转让武器装备的行为。非法，是指既无法律依据，也无合法授权，违反了武器装备管理规定。有关管理规定主要体现于军队的条令、条例中。出卖是指有偿地销售；转让，是无偿地给予。非法出卖或转让的武器装备，既可以是自己合法掌握的，也可以是非法取得的。如果是盗窃或抢夺武器装备后又出卖或转让的，应依本罪与盗窃、抢夺武器装备、军用物资罪数罪并罚。在平时，向谁出卖或转让武器装备，不影响本罪构成，但战时将武器装备出卖或转让给敌人的，应按资敌罪处断。主体是军人。非军人将其非法持有的武器装备出卖或转让的，不构成本罪。主观方面是故意。就本罪中的出卖来说，行为人主观上往往是为了牟利，但转让的情况又表明，行为人并非都是为了钱财。行为人必须明知其出卖或转让的是武器装备，否则不构成本罪。

（二）非法出卖、转让武器装备罪的认定

（1）本罪与违规制造、销售枪支罪的界限。本罪的对象是军队在编的武器装备，侵害的是国家军事利益，而后罪的对象是尚未入编或并非军用的枪支，侵害的是公共安全；本罪行为不包括制造，而后罪行为不包括转让；本罪主体是作为自然人的军人个人，而后罪主体是依法被指定、确定的枪支制造企业、销售企业及其主管人员和其他直接责任人员。

（2）本罪与非法出租、出借枪支罪的界限。本罪对象是军队在编武器装备，侵害的是国家军事利益，而后罪对象不排除非军用枪支，侵害的是公共安全；本罪中的出卖、转让行为明显不同于非法出租、出借枪支的行为；本罪主体是军人且不一定是武器装备的合法持有人，而后罪主体是依法配备公务用枪或依法配置枪支的人员，这些人员显然就是枪支的合法持有人。

（三）非法出卖、转让武器装备罪的刑事责任

根据《刑法》第 439 条的规定,犯本罪的,处 3 年以上 10 年以下有期徒刑;出卖、转让大量武器装备或者有其他特别严重情节的,处 10 年以上有期徒刑、无期徒刑或者死刑。其他特别严重情节,主要是指将武器装备出卖或转让给敌对势力或犯罪分子,出卖或转让大型或高新技术武器装备,因出卖或转让武器装备而导致危害公共安全或危害国家军事利益的严重后果等情况。

三、遗弃武器装备罪

本罪是指负有保管、使用武器装备义务的军人,违抗命令,故意遗弃武器装备的行为。本罪客观方面表现为违抗命令,遗弃武器装备的行为。主体是合法持有一定武器装备的军人。主观方面是故意。

四、遗失武器装备罪

本罪是指军人遗失武器装备,不及时报告或者有其他严重情节的行为。本罪客观方面表现为遗失武器装备,不及时报告或者有其他严重情节的行为。严重情节,是指遗失大量武器装备或重要武器装备;因遗失武器装备而给军事行动带来重大损失;所遗失的武器装备被敌人或犯罪分子利用;所遗失的武器装备造成伤亡事故等。遗失武器装备后及时报告且无上述严重情节的,不构成犯罪。本罪主体是合法持有一定武器装备的军人。主观方面是过失。

五、擅自出卖、转让军队房地产罪

本罪是指违反军队房地产管理和使用规定,未经有权机关批准,擅自出卖、转让军队房地产,情节严重的行为。本罪客观方面表现为违反军队房地产管理和使用规定,未经有权机关批准,非法出卖、转让军队房地产且情节严重的行为。军队房地产,是指依法由军队使用管理的土地及其地上地下用于营房保障的建筑物、构筑物、附属设施设备,以及其他附着物。情节严重,是指出卖、转让大量或重要的军队房地产;因出卖、转让行为而造成了不可挽回的损失;出卖、转让的房地产被犯罪分子利用等情况。本罪主体是依法担负军队房地产管理职责,对擅自出卖、转让房地产行为负有直接责任的军人。主观方面是故意,行为人是为本单位利益还是牟取私利,不影响本罪的构成。

第五节 危害军队声誉和人道主义的犯罪

一、虐待部属罪

本罪是指军人滥用职权,虐待部属,情节恶劣,致人重伤或者造成其他严重后果的行为。本罪客观方面表现为滥用职权,虐待部属,情节恶劣,致人重伤或造成其他

严重后果。虐待部属,是指采用殴打、体罚、冻饿或者其他有损身心健康的手段,折磨、摧残部属的行为。情节恶劣,是指虐待多人、长期虐待、采用暴力或严重侮辱人格的手段虐待等情况。其他严重后果,是指因其犯罪而致部属逃离部队、行凶报复、自杀未遂等情况。对部属采取粗暴行为,但未滥用职权,或者对上级或同级军人采取粗暴行为,均不构成本罪。本罪主体是作为被虐待者的上级首长。主观方面是故意。

二、遗弃伤病军人罪

本罪是指在战场上故意遗弃我方伤病军人,情节恶劣的行为。本罪客观方面表现为在战场上遗弃我方伤病军人,情节恶劣的行为。本罪以发生于战场上为条件。遗弃,是有能力、有条件救助而不予救助。情节恶劣,是指遗弃我方多名伤病军人;遗弃负有重大指挥职权的首长;遗弃时采取了非法强制手段;被遗弃的我方伤病军人被敌人俘获或致残致死;被遗弃的伤病军人投降敌人等情况。本罪主体是遗弃伤病军人的直接责任人员。主观方面是故意。

三、战时拒不救治伤病军人罪

本罪是指战时在救护治疗职位上的军人或有关人员,有条件救治而拒不救治危重伤病军人的行为。本罪客观方面表现为战时有条件救治而拒不救治危重伤病军人的不作为。是否发生严重结果,不影响本罪构成。本罪主体是战时在救护治疗职位上的军人或有关人员。主观上是故意。

四、战时残害居民、掠夺居民财物罪

本罪是指军人战时在军事行动地区,残害无辜居民或者掠夺无辜居民财物的行为。本罪客观方面表现为战时在军事行动地区残害无辜居民或者掠夺无辜居民财物的行为。残害,是指对无辜居民加以杀害、伤害、奸淫、摧残的行为;掠夺,是指对无辜居民的财物进行抢劫、抢夺、掠取的行为。本罪只能发生于战时的军事行动地区。本罪主观方面是故意。

五、虐待俘虏罪

本罪是指军人虐待俘虏,情节恶劣的行为。本罪客观方面表现为虐待俘虏,情节恶劣的行为。情节恶劣,包括(1)指挥人员虐待俘虏的;(2)虐待俘虏3人以上,或者虐待俘虏3次以上的;(3)虐待俘虏手段特别残忍的;(4)虐待伤病俘虏的;(5)导致俘虏自杀、逃跑等严重后果的;(6)造成恶劣影响的;(7)有其他恶劣情节的。本罪主观方面是故意。

本章重点问题提示

一、关于军人违反职责罪的概念

1981年的《惩治军人违反职责罪暂行条例》，第一次以生效的立法形式明文规定了军人违反职责罪的概念。该条例第2条规定："中国人民解放军的现役军人，违反军人职责，危害国家军事利益，依照法律应当受刑罚处罚的行为，是军人违反职责罪。但是情节显著轻微、危害不大的，不认为是犯罪，按军纪处理。"1994年10月，中国人民解放军军事法院《惩治军人违反职责罪暂行条例》修改小组草拟的《惩治违反军事职责罪法》(大改修改稿)第2章第8条对军人违反职责罪概念的表述是："军职人员违反军事职责，危害国家军事利益，依照本法应当受刑罚处罚的行为，是违反军事职责罪。但是，情节显著轻微、危害不大的，不认为是犯罪。"而在其同时草拟的"小改修改稿"中，其第2条对军人违反职责罪概念的表述稍有不同："中国人民解放军和武装警察部队的现役军人，违反军人职责，危害国家军事利益，依照法律应当受刑罚处罚的行为，是军人违反职责罪。但是情节显著轻微、危害不大的，不认为是犯罪。"1995年4月18日，中国人民解放军军事法院《惩治军人违反职责罪暂行条例》修改小组拟定《军人违反职责罪惩治法(草案)》(征求意见稿)第4条规定："军人违反职责，危害国家军事利益，依照本法应当受刑罚处罚的行为，是军人违反职责罪；但是情节显著轻微、危害不大的，不认为是犯罪。"这里的表述与现行《刑法》的规定已经比较接近，只是多了"但书"而已。1995年9月，中国人民解放军军事法院《惩治军人违反职责罪暂行条例》修改小组拟定的《惩治军人违反职责犯罪条例(草案)》第2条基本采用了这种表述，仅有个别用词和标点上的差异："军人违反职责，危害国家军事利益，依照法律应当受刑罚处罚的行为，是军人违反职责犯罪；但是情节显著轻微危害不大的，不认为是犯罪。"1995年12月7日，中国人民解放军总政治部草拟的《惩治军人违反职责罪条例(草案)》，由中央军事委员会提请全国人大常委会审议，该草案第2条对军人违反职责罪的表述，与1995年9月的方案完全相同。1997年1月，为了适应国家立法机关制定统一刑法典的需要，中央军委法制局、中国人民解放军军事法院又拟定了刑法分则"军人违反职责罪"一章草案，其中，关于军人违反职责罪概念的表述，仍然是1995年9月拟定的方案。① 1997年修订的《刑法》在这一方案的基础上，删去"但书"，形成了目前的表述。根据现行《刑法》，军人违反职责罪，是指军人违反职责，危害国家军事利益，依照法律应当受刑罚处罚的行为。这一定义是犯罪一般定义在军职罪上的具体体现。犯罪的危害性、违法性和可罚性三个特征在军职罪中表现为：军职罪是危害国家军事利益的行为；军职罪是违反军人职责的行为；军职罪是依照刑法分则第10章的具体法条及罪名和刑法总则

---

① 以上内容参见黄林异、王小鸣：《军人违反职责罪》，中国人民公安大学出版社1998年版，第331、241、254、282、317、331页。

的规定应当受到刑罚处罚的行为。

依法惩治军人违反职责的犯罪行为,是维护国家军事利益的需要。国家军事利益集中体现在军队的职能活动之中。从内容上看,军队职能活动主要包括作战、平暴、战备、行军、演习、训练、设施建设、武器保养、装备维护、物资保障、军事科研、军校培训、军工生产等。军队职能活动通过军事法规变为各种军职人员的具体职责,全体军职人员切实履行其法定职责的行为才会使军队职能得到实现。因此,违反军人职责与危害国家军事利益是一个问题的两个方面,是法律形式与实质内容的关系。军人违反法定职责,必然危害国家军事利益,如果危害严重,应当受到刑罚处罚。尽管现行《刑法》在"军人违反职责罪"的概念表述中取消了原军职罪条例的"但书",但是"情节显著轻微、危害不大的,不认为是犯罪,按军纪处理"的含义仍在其中。原条例规定这些内容的立法含义,本来是要将"军人违反职责的犯罪行为,同一般违反军队纪律的行为区别开来,明确了罪与非罪的界限,防止扩大化"①,由于刑法典总则规定的犯罪一般概念中已经有"情节显著轻微危害不大的,不认为是犯罪"的"但书",完全适用于分则各类犯罪,包括第10章"军人违反职责罪",无须重复规定同样的"但书"。将《刑法》第420条军人违反职责罪概念与第13条犯罪一般概念结合起来理解,它已经表明了情节显著轻微危害不大的军人违反职责行为不构成犯罪,同时,由于这种不构成犯罪的违反军人职责的行为,必然违反军纪(因为军纪的基本要求就是要求军人履行其担负的职责),当然要受到军纪的制裁,这是不言自明的。

二、关于军人的概念

所谓军人,主要是指在军队中服现役的人员。我国《兵役法》第5条规定:"在中国人民解放军服现役的称现役军人;编入民兵组织或者经过登记服预备役的称预备役人员。"相应地,在中国人民武装警察部队中服役的人员也是现役军人——现役警官和现役警士。《中国人民解放军现役士兵服役条例》第51条规定:"本条例适用于中国人民武装警察部队。"《现役军官条例》第53条规定:"中国人民武装警察部队现役警官适用本法,具体办法由国务院和中央军事委员会规定。"国务院、中央军委于1988年12月17日发布的《中国人民武装警察部队实行警官警衔制度的具体办法》中也明确规定:"中国人民武装警察部队是国家武装力量的组成部分,执行公安保卫任务,实行义务兵与志愿兵相结合的兵役制度,执行人民解放军的条令、条例。"可见,武警部队与解放军担负的任务有不同侧重,但它们都是我国的军队,其兵员都应根据我国兵役法和现役士兵服役条例的规定应征服现役和退出现役,其军官和警官都应根据现役军官条例的规定服役和退出现役。虽然武警部队官兵称谓不同,但毫无疑问他们是军人。根据《中国人民解放军文职干部暂行条例》的有关规定,解放军的文职干部分为有军籍和无军籍的两种人员,无论是由现役军官改任文职干部而

---

① 以上内容参见黄林异、王小鸣:《军人违反职责罪》,中国人民公安大学出版社1998年版,第233页。

保留军籍的,还是由地方新进部队入伍而取得军籍的,只要有军籍的现役人员就是现役军人。应当指出,没有军籍的军队在编工作人员(包括军队聘用的文职人员和军队在编职工)和服预备役人员,虽然不是军人,但在其涉及国家军事利益的岗位上所实施的行为也应该受到军事法规范的管辖。

思考题

1. 怎样理解军人违反职责罪的概念和特征?
2. 军人违反职责罪有哪些种类和罪名?
3. 军人违反职责罪的法定刑有什么特点?

后 记

应北京大学出版社之邀，我们组织中南财经政法大学法学院刑法学科的骨干教师撰写了本《刑法学》教材，该教材也是北京大学出版社"法学精品课程系列教材"之一。该教材依据《全国高等学校法学专业核心课程教学基本要求》和教育部教学评估的需要，力求完整、准确地阐释刑法学的基本原理、基础知识和基本技能，是一本既适合于高等院校法学本科生的教学用书，也适合于各类法律专业成人教育、国家统一司法考试的教材用书。

我们认为，本教材具有以下特色："视野开阔"，每章正文主要贯彻刑法学理论通说，章后"重点问题提示"部分介绍、评价各种学说争鸣或昭显作者独到看法，以扩展读者理论视野与刑法思维；"更新及时"，及时根据最新颁布的刑法立法修改（包括了《刑法修正案（八）》）和有关司法解释补充与修订了相关内容，是一本最新的刑法学教科书；"内容全面"，全书分两编：上编为刑法总论，系统阐述刑法学的基本原理和刑法总则的规范；下编为刑法分论，按照《刑法》分则编的体例论述具体犯罪的特征和刑事责任；"作者队伍整齐"，作者均为中南财经政法大学法学院刑法学科长期从事刑法学教学与科研的教授、副教授，都具有丰富的教学经验与学术积累。

全书由主编列出写作提纲与要求，并最后统编定稿。本教材的撰写分工如下（按撰写的章节顺序）：

齐文远——导论、第一、二、四、十三、二十章；
童德华——第三、六章，第八章第一、二、三、五、六节，第十、二十八章；
王安异——第五、九、二十九章；
夏　勇——第七章第一至二节，第二十七、三十章；
王良顺——第七章第三节；
郭泽强——第八章第四节，第十一、十二、二十四章；
苏彩霞——第十四、十五、十六、十七、十八章；
辛忠孝——第十九章；
赵俊新、黄洪波——第二十一章；
夏朝晖——第二十二章；
赵俊新——第二十三章；
欧阳竹筠——第二十五、二十六章。

编　者

2011 年 5 月